圖書在版編目(CIP)數據

國家圖書館藏敦煌遺書・第五十七册/中國國家圖書館編;任繼愈主編. —北京:北京圖書館出版社,2007.7

ISBN 978-7-5013-3209-0

Ⅰ.國… Ⅱ.①中…②任… Ⅲ.敦煌學-文獻 Ⅳ.K870.6

中國版本圖書館 CIP 數據核字(2007)第 035891 號

ISBN 978-7-5013-3209-0

書　　名　國家圖書館藏敦煌遺書・第五十七册

著　　者　中國國家圖書館編　任繼愈主編

責任編輯　徐　蜀　孫　彦

封面設計　李　瓘

出　　版　北京圖書館出版社　(100034　北京西城區文津街 7 號)

發　　行　010-66139745　66151313　66175620　66126153
66174391(傳真)　66126156(門市部)

E-mail　cbs@nlc.gov.cn(投稿)　btsfxb@nlc.gov.cn(郵購)

Website　www.nlcpress.com

經　　銷　新華書店

印　　刷　北京文津閣印務有限責任公司

開　　本　八開

印　　張　51.25

版　　次　2007 年 7 月第 1 版第 1 次印刷

印　　數　1-250 册(套)

書　　號　ISBN 978-7-5013-3209-0/K・1436

定　　價　990.00 圓

中國國家圖書館編

國家圖書館藏敦煌遺書

第五十七册　北敦〇四二〇一號——北敦〇四二七八號

北京圖書館出版社

圖書在版編目(CIP)數據

國家圖書館藏敦煌遺書・第五十七册/中國國家圖書館編;任繼愈主編.—北京:北京圖書館出版社,2007.7

ISBN 978-7-5013-3209-0

Ⅰ.國… Ⅱ.①中…②任… Ⅲ.敦煌學-文獻 Ⅳ.K870.6

中國版本圖書館 CIP 數據核字(2007)第 035891 號

書　名　國家圖書館藏敦煌遺書・第五十七册
著　者　中國國家圖書館編　任繼愈主編
責任編輯　徐　蜀　孫　彦
封面設計　李　璀

出　版　北京圖書館出版社　(100034　北京西城區文津街 7 號)
發　行　010-66139745　66151313　66175620　66126153
66174391(傳真)　66126156(門市部)
E-mail　cbs@nlc.gov.cn(投稿)　btsfxb@nlc.gov.cn(郵購)
Website　www.nlcpress.com
經　銷　新華書店
印　刷　北京文津閣印務有限責任公司

開　本　八開
印　張　51.25
版　次　2007 年 7 月第 1 版第 1 次印刷
印　數　1-250 册(套)

書　號　ISBN 978-7-5013-3209-0/K・1436
定　價　990.00 圓

編輯委員會

主　編　任繼愈

常務副主編　方廣錩

副 主 編　李際寧　張志清

編委（按姓氏筆畫排列）　王克芬　王姿怡　吳玉梅　胡新英　陳　穎　黄　霞（常務）　劉玉芬

出版委員會

主　任　詹福瑞

副主任　陳　力

委　員（按姓氏筆畫排列）　李　健　姜　紅　郭又陵　徐　蜀　孫　彦

攝製人員（按姓氏筆畫排列）

于向洋　王富生　王遂新　谷韶軍　張　軍　張紅兵　張　陽　曹　宏　郭春紅　楊　勇　嚴　平

原件修整人員（按姓氏筆畫排列）

朱振彬　杜偉生　李　英　胡玉清　胡秀菊　張　平　劉建明

目録

具皆是一相一種聖所稱歎能生淨妙第一
之樂舍利弗如彼長者初以三車誘引諸子
然後但與大車寶物莊嚴安隱第一然彼長
者无虛妄之咎如來亦復如是无有虛妄初
說三乘引導衆生然後但以大乘而度脫之
何以故如來有无量智慧力无所畏諸法之
藏能與一切衆生大乘之法但不盡能受舍
利弗以是因緣當知諸佛方便力故於一佛
乘分別說三佛欲重宣此義而說偈言
譬如長者 有一大宅 其宅久故 而復頓弊
堂舍高危 柱根摧朽 梁棟傾斜 基陛頹毀
牆壁圮坼 泥塗褫落 覆苫亂墜 椽梠差脫
周障屈曲 雜穢充遍 有五百人 止住其中
鵄梟鵰鷲 烏鵲鳩鴿 蚖蛇蝮蠍 蜈蚣蚰蜒
守宮百足 鼬貍鼷鼠 諸惡蟲輩 交橫馳走
屎尿臭處 不淨流溢 蜣蜋諸蟲 而集其上
狐狼野干 咀嚼踐蹋 嚌齧死屍 骨肉狼藉
由是羣狗 競來搏撮 飢羸慞惶 處處求食

鵄梟鵰鷲 烏鵲鳩鴿 蚖蛇蝮蠍 蜈蚣蚰蜒
守宮百足 鼬貍鼷鼠 諸惡蟲輩 交橫馳走
屎尿臭處 不淨流溢 蜣蜋諸蟲 而集其上
狐狼野干 咀嚼踐蹋 嚌齧死屍 骨肉狼藉
由是羣狗 競來搏撮 飢羸慞惶 處處求食
鬪諍摣掣 啀喍嗥吠 其舍恐怖 變狀如是
處處皆有 魑魅魍魎 夜叉惡鬼 食噉人肉
毒蟲之屬 諸惡禽獸 孚乳產生 各自藏護
夜叉競來 爭取食之 食之既飽 惡心轉熾
鬪諍之聲 甚可怖畏 鳩槃荼鬼 蹲踞土埵
或時離地 一尺二尺 往返遊行 縱逸嬉戲
捉狗兩足 撲令失聲 以腳加頸 怖狗自樂
復有諸鬼 其身長大 裸形黑瘦 常住其中
發大惡聲 叫呼求食 復有諸鬼 其咽如針
復有諸鬼 首如牛頭 或食人肉 或復噉狗
頭髮蓬亂 殘害兇險 飢渴所逼 叫喚馳走
夜叉餓鬼 諸惡鳥獸 飢急四向 窺看窗牖
如是諸難 恐畏无量 是朽故宅 屬于一人
其人近出 未久之間 於後宅舍 忽然火起
四面一時 其焰俱熾 棟梁椽柱 爆聲震裂
摧折墮落 牆壁崩倒 諸鬼神等 揚聲大叫
鵰鷲諸鳥 鳩槃荼等 周慞惶怖 不能自出
惡獸毒蟲 藏竄孔穴 毗舍闍鬼 亦住其中
薄福德故 為火所逼 共相殘害 飲血噉肉

摧折墮落 牆壁崩倒 諸鬼神等 揚聲大叫
鵰鷲諸鳥 鳩槃荼等 周章惶怖 不能自出
惡獸毒蟲 藏竄孔穴 毗舍闍鬼 亦住其中
薄福德故 為火所逼 共相殘害 飲血噉肉
野干之屬 並已前死 諸大惡獸 競來食噉
臭烟烽㶿 四面充塞 蜈蚣蚰蜒 毒蛇之類
為火所燒 爭走出穴 鳩槃荼鬼 隨取而食
又諸餓鬼 頭上火然 飢渴熱惱 周章悶走
其宅如是 甚可怖畏 毒害火災 眾難非一
是時宅主 在門外立 聞有人言 汝諸子等
先因遊戲 來入此宅 稚小无知 歡娛樂著
長者聞已 驚入火宅 方宜救濟 令无燒害
告喻諸子 說眾患難 惡鬼毒蟲 災火蔓莚
眾苦次第 相續不絕 毒蛇蚖蝮 及諸夜叉
鳩槃荼鬼 野干狐狗 鵰鷲鵄梟 百足之屬
飢渴惱急 甚可怖畏 此苦難處 況復大火
諸子无知 雖聞父誨 猶故樂著 嬉戲不已
是時長者 而作是念 諸子如此 益我愁惱
今此舍宅 无一可樂 而諸子等 耽湎嬉戲
不受我教 將為火害 即便思惟 設諸方便
告諸子等 我有種種 珍玩之具 妙寶好車
羊車鹿車 大牛之車 今在門外 汝等出來
吾為汝等 造作此車 隨意所樂 可以遊戲
諸子聞說 如此諸車 即時奔競 馳走而出

BD04201號　妙法蓮華經卷二

（5–3）

不受我教 將為火害 即便思惟 設諸方便
告諸子等 我有種種 珍玩之具 妙寶好車
羊車鹿車 大牛之車 今在門外 汝等出來
吾為汝等 造作此車 隨意所樂 可以遊戲
諸子聞說 如此諸車 即時奔競 馳走而出
到於空地 離諸苦難 長者見子 得出火宅
住於四衢 坐師子座 而自慶言 我今快樂
此諸子等 生育甚難 愚小无知 而入險宅
多諸毒蟲 魑魅可畏 大火猛焰 四面俱起
而此諸子 貪樂嬉戲 我已救之 令得脫難
是故諸人 我今快樂
尒時諸子 知父安坐 皆詣父所 而白父言
願賜我等 三種寶車 如前所許 諸子出來
當以三車 隨汝所欲 今正是時 唯垂給與
長者大富 庫藏眾多 金銀琉璃 車渠馬瑙
以眾寶物 造諸大車 莊校嚴飾 周帀欄楯
四面懸鈴 金繩交絡 真珠羅網 張施其上
金華諸瓔 處處垂下 眾綵雜飾 周帀圍繞
柔軟繒纊 以為茵蓐 上妙細㲲 價直千億
鮮白淨潔 以覆其上 有大白牛 肥壯多力
形體姝好 以駕寶車 多諸儐從 而侍衛之
以是妙車 等賜諸子 諸子是時 歡喜踊躍
乘是寶車 遊於四方 嬉戲快樂 自在无礙
告舍利弗 我亦如是 眾聖中尊 世間之父
一切眾生 皆是吾子 深著世樂 无有慧心

BD04201號　妙法蓮華經卷二

（5–4）

須賜我等　三種寶車　如前所許　諸子出來
當以三車　隨汝所欲　今正是時　唯垂給與
長者大富　庫藏衆多　金銀瑠璃　車𤦲馬瑙
以衆寶物　造諸大車　裝校嚴飾　周帀欄楯
四面懸鈴　金繩交絡　真珠羅網　張施其上
金華諸瓔　處處垂下　衆綵雜飾　周帀圍繞
柔軟繒纊　以為茵蓐　上妙細疊　價直千億
鮮白淨潔　以覆其上　有大白牛　肥壯多力
形體姝好　以駕寶車　多諸儐從　而侍衛之
以是妙車　等賜諸子　諸子是時　歡喜踊躍
乘是寶車　遊於四方　嬉戲快樂　自在无礙
告舍利弗　我亦如是　衆聖中尊　世間之父
一切衆生　皆是吾子　深著世樂　无有慧心
三界无安　猶如火宅　衆苦充滿　甚可怖畏
常有生老　病死憂患　如是等火　熾然不息
如來已離　三界火宅　寂然閑居　安處林野
今此三界　皆是我有　其中衆生　悉是吾子
而今此處　多諸患難　唯我一人　能為救護

BD04201 號　妙法蓮華經卷二　（5–5）

座高五由旬種種諸寶以為莊校亦无大海
江河及目真隣陁山摩訶目真隣陁山鐵圍
山大鐵圍山須弥山等諸山王通為一佛國
土寶地平正寶交露幔遍覆其上懸諸幡蓋
燒大寶香諸天寶華遍布其地釋迦牟尼佛
為諸佛當來坐故復於八方各更變二百万億
那由他國皆令清淨无有地獄餓鬼畜生及
阿脩羅又移諸天人置於他土所化之國亦
以瑠璃為地寶樹莊嚴樹高五百由旬枝葉
華菓次第莊嚴樹下皆有寶師子座高五由
旬亦以大寶而校飾之亦无大海江河及目
真隣陁山摩訶目真隣陁山鐵圍山大鐵圍
山須弥山等諸山王通為一佛國土寶地平
正寶交露幔遍覆其上懸諸幡蓋燒大寶香
諸天寶華遍布其地尒時東方釋迦牟尼所
分之身百千万億那由他恒河沙等國土中
諸佛各各說法來集於此如是次第十方諸
佛皆悉來集坐於八方尒時一一方四百万
億那由他國土諸佛如來遍滿其中是時諸
佛各在寶樹下坐師子座皆遣侍者問訊釋

BD04202 號　妙法蓮華經卷四　（4–1）

諸天寶華遍布其地尒時東方釋迦牟尼所
分之身百千万億那由他恒河沙等國土中
諸佛各各說法來集於此如是次第十方諸
佛皆悉來集坐於八方尒時一一方四百万
億那由他國土諸佛如來遍滿其中是時諸
佛各在寶樹下坐師子座皆遣侍者問訊釋
迦牟尼佛各齎寶華滿掬而告之言善男子
汝往詣耆闍崛山釋迦牟尼佛所如我辭曰
少病少惱氣力安樂及菩薩聲聞衆悉安隱
不以此寶華散佛供養而作是言彼某甲佛
與欲開此寶塔諸佛遣使亦復如是尒時釋
迦牟尼佛見所分身佛悉已來集各各坐於
師子之座皆聞諸佛與欲同開寶塔即從座
起住虛空中一切四衆起立合掌一心觀佛
於是釋迦牟尼佛以右指開七寶塔戶出大
音聲如却關鑰開大城門即時一切衆會皆
見多寶如來於寶塔中坐師子座全身不散
如入禪定又聞其言善哉善哉釋迦牟尼佛
快說是法華經我為聽是經故而來至此尒
時四衆等見過去无量千万億劫滅度佛說
如是言歎未曾有以天寶華聚散多寶佛及
釋迦牟尼佛上尒時多寶佛於寶塔中分半
座與釋迦牟尼佛而作是言釋迦牟尼佛可
就此座即時釋迦牟尼佛入其塔中坐其半
座結跏趺坐尒時大衆見二如來在七寶塔

BD04202號　妙法蓮華經卷四　（4–2）

如是言歎未曾有以天寶華聚散多寶佛及
釋迦牟尼佛上尒時多寶佛於寶塔中分半
座與釋迦牟尼佛而作是言釋迦牟尼佛可
就此座即時釋迦牟尼佛入其塔中坐其半
座結跏趺坐尒時大衆見二如來在七寶塔
中師子座上結跏趺坐各作是念佛座高遠
唯願如來以神通力令我等輩俱處虛空即
時釋迦牟尼佛以神通力接諸大衆皆在虛
空以大音聲普告四衆誰能於此娑婆國土
廣說妙法華經今正是時如來不久當入涅
槃佛欲以此妙法華經付囑有在尒時世尊
欲重宣此義而說偈言
聖主世尊　雖久滅度　在寶塔中　尚為法來
諸人云何　不勤為法　此佛滅度　无鞅數劫
處處聽法　以難遇故　彼佛本願　我滅度後
在在所往　常為聽法　又我分身　无量諸佛
如恒沙等　來欲聽法　及見滅度　多寶如來
各捨妙土　及弟子衆　天人龍神　諸供養事
令法久住　故來至此　為坐諸佛　以神通力
移无量衆　令國清淨　諸佛各各　詣寶樹下
如清淨池　蓮華莊嚴　其寶樹下　諸師子座
佛坐其上　光明嚴飾　如夜闇中　然大炬火
身出妙香　遍十方國　衆生蒙薰　喜不自勝
譬如大風　吹小樹枝　以是方便　令法久住
告諸大衆　我滅度後　誰能護持　讀說斯經

BD04202號　妙法蓮華經卷四　（4–3）

彩无量衆 令國清淨 諸佛各各 詣寶樹下
如清淨池 蓮華莊嚴 其寶樹下 諸師子座
佛坐其上 光明嚴飾 如夜暗中 然大炬火
身出妙香 遍十方國 衆生蒙薰 喜不自勝
譬如大風 吹小樹枝 以是方便 令法久住
告諸大衆 我滅度後 誰能護持 讀說斯經
今於佛前 自說誓言 其多寶佛 雖久滅度
以大誓願 而師子吼 多寶如來 及與我身
所集化佛 當知此意 諸佛子等 誰能護法
當發大願 令得久住 其有能護 此經法者
則為供養 我及多寶 此多寶佛 處於寶塔
常遊十方 為是經故 亦復供養 諸來化佛
莊嚴光飾 諸世界者 若說此經 則為見我
多寶如來 及諸化佛 諸善男子 各諦思惟
此為難事 宜發大願 諸餘經典 數如恒沙
雖說此等 未足為難 若接須彌 擲置他方
无數佛土 亦未為難 若以足指 動大千界
遠擲他國 亦未為難 若立有頂 為衆演說
无量餘經 亦未為難 若佛滅後 於惡世中
能說此經 是則為難 假使有人 手把虛空

BD04202號　妙法蓮華經卷四　　（4–4）

生
衆生壽者
法以是義故如來常
我說法如筏喻者法尚應捨何況
須菩提於意云何如來得阿耨多羅
菩提耶如來有所說法耶須菩提言如我解
佛所說義无有定法名阿耨多羅三藐三菩
提亦无有定法如來可說何以故如來所說法
皆不可取不可說非法非非法所以者何一
切賢聖皆以无為法而有差別
須菩提於意云何若人滿三千大千世界七寶
以用布施是人所得福德寧為多不須菩提
提言甚多世尊何以故是福德即非福德
性是故如來說福德多若復有人於此經中受
持乃至四句偈等為他人說其福勝彼何以故
須菩提一切諸佛及諸佛阿耨多羅三藐三
菩提法皆從此經出須菩提所謂佛法者
即非佛法
須菩提於意云何須陀洹能作是念我
得須陀洹果不須菩提言不也世尊何以故須
陀洹名為入流而无所入不入色聲香味觸法
是名須陀洹須菩提於意云何斯陀含能作

BD04203號　金剛般若波羅蜜經　　（4–1）

菩提法皆從此經出須菩提所謂佛法者
即非佛法
須菩提於意云何須陁洹能作是念我
得須陁洹果不須菩提言不也世尊何以故須
陁洹名為入流而无所入不入色聲香味觸法
是名須陁洹須菩提於意云何斯陁含能作
是念我得斯陁含果不須菩提言不也世尊
何以故斯陁含名一往来而實无往来是名
斯陁含須菩提於意云何阿那含能作是念
我得阿那含果不須菩提言不也世尊何以
故阿那含名為不来而實无来是故名阿那
含須菩提於意云何阿羅漢能作是念我得
阿羅漢道不須菩提言不也世尊何以故實无
有法名阿羅漢世尊若阿羅漢作是念我得
阿羅漢道即為著我人衆生壽者世尊佛說
我得无諍三昧人中最為第一是第一離欲
阿羅漢我不作是念我是離欲阿羅漢世尊
我若作是念我得阿羅漢道世尊則不說須
菩提是樂阿蘭那行者以須菩提實无所
行而名須菩提是樂阿蘭那行
佛告須菩提於意云何如来昔在然燈佛
所於法有所得不世尊如来在然燈佛所於
法實无所得
須菩提於意云何菩薩莊嚴佛土不不也世
尊何以故莊嚴佛土者則非莊嚴是名莊

BD04203號　金剛般若波羅蜜經　（4–2）

行而名須菩提是樂阿蘭那行
佛告須菩提於意云何如来昔在然燈佛
所於法有所得不世尊如来在然燈佛所於
法實无所得
須菩提於意云何菩薩莊嚴佛土不不也世
尊何以故莊嚴佛土者則非莊嚴是名莊
嚴是故須菩提諸菩薩摩訶薩應如是
生清淨心不應住色生心不應住聲香味觸法
生心應无所住而生其心須菩提譬如有人身如
須弥山王於意云何是身為大不須菩提言
甚大世尊何以故佛說非身是名大身
須菩提如恒河中所有沙數如是沙等恒河於
意云何是諸恒河沙寧為多不須菩提言
甚多世尊但諸恒河尚多无數何況其沙須
菩提我今實言告汝若有善男子善女人以
七寶滿尒所恒河沙數三千大千世界以用布
施得福多不須菩提言甚多世尊佛告須
菩提若善男子善女人於此經中乃至受持
四句偈等為他人說而此福德勝前福德
復次須菩提隨說是經乃至四句偈等當知
此處一切世間天人阿脩羅皆應供養如佛塔
廟何況有人盡能受持讀誦須菩提當知
是人成就最上第一希有之法若是經典所
在之處則為有佛若尊重弟子
尒時須菩提白佛言世尊當何名此經我等

BD04203號　金剛般若波羅蜜經　（4–3）

七寶滿尒所恒河沙數三千大千世界以用布
施得福多不須菩提言甚多世尊佛告須
菩提若善男子善女人於此經中乃至受持
四句偈等為他人說而此福德勝前福德
復次須菩提隨說是經乃至四句偈等當知
此處一切世間天人阿脩羅皆應供養如佛塔
廟何況有人盡能受持讀誦須菩提當知
是人成就最上第一希有之法若是經典所
在之處則為有佛若尊重弟子
尒時須菩提白佛言世尊當何名此經我等
云何奉持佛告須菩提是經名為金剛般若
波羅蜜以是名字汝當奉持所以者何須菩
提佛說般若波羅蜜則非般若波羅蜜須菩
提於意云何如來有所說法不須菩提白佛言
世尊如來无所說須菩提於意云何三千大
千世界所有微塵是為多不須菩提言甚
多世尊須菩提諸微塵如來說非微塵是
名微塵如來說世界非世界是名世界須菩

BD04203 號　金剛般若波羅蜜經

（4–4）

舍利弗西方世
量幢佛大光佛大明佛
等恒河沙數諸佛各於其
覆三千大千世界說誠實言
信是稱讚不可思議功德一切諸佛
舍利弗北方世界有焰肩佛最勝音佛難阻
佛日生佛網明佛如是等恒河沙數諸佛各於
其國出廣長舌相徧覆三千大千世界說誠
實言汝等衆生當信是稱讚不可思議功
德一切諸佛所護念經
舍利弗下方世界有師子佛名聞佛名光佛
達摩佛法幢佛持法佛如是等恒河沙數諸
佛各於其國出廣長舌相徧覆三千大千世
界誠說實言汝等衆生當信是稱讚不可
思議功德一切諸佛所護念經
舍利弗上方世界有梵音佛宿王佛香上佛
香光佛大焰肩佛雜色寶華嚴身佛娑羅
樹王佛寶華德佛見一切義佛如須弥山佛

BD04204 號　阿彌陀經

（3–1）

達摩佛法幢佛持法佛如是等恒河沙數諸
佛各於其國出廣長舌相徧覆三千大千世
界誠說實言汝等衆生當信是稱讚不可
思議功德一切諸佛所護念經
舍利弗上方世界有梵音佛宿王佛香上佛
香光佛大焰肩佛雜色寶華嚴身佛娑羅
樹王佛寶華德佛見一切義佛如須弥山佛
如是等恒河沙數諸佛各於其國出廣長舌
相徧覆三千大千世界說誠實言汝等衆生
當信是稱讚不可思議功德一切諸佛所護念
經
舍利弗於汝意云何何故名一切諸佛所護念
經舍利弗若有善男子善女人聞是諸佛所
說名及經名者是諸善男子善女人皆為
一切諸佛共所護念皆得不退轉於阿耨多
羅三藐三菩提是故舍利弗汝等皆當信受
我語及諸佛所說舍利弗若有人已發願今發
願當發願欲生阿弥陁佛國者是諸人等皆
得不退轉於阿耨多羅三藐三菩提於彼
國土若已生若今生若當生是故舍利弗諸
善男子善女人若有信者應當發願生彼國
土舍利弗如我今者稱讚諸佛不可思議功
德彼諸佛等亦稱說我不可思議功德而作
是言釋迦牟尼佛能為甚難希有之事能於
娑婆國土五濁惡世劫濁見濁煩惱濁衆生
濁命濁中得阿耨多羅三藐三菩提為諸
衆生說是一切世間難信之法舍利弗當知

BD04204 號　阿彌陀經　（3–2）

一切諸佛共所護念皆得不退轉於阿耨多
羅三藐三菩提是故舍利弗汝等皆當信受
我語及諸佛所說舍利弗若有人已發願今發
願當發願欲生阿弥陁佛國者是諸人等皆
得不退轉於阿耨多羅三藐三菩提於彼
國土若已生若今生若當生是故舍利弗諸
善男子善女人若有信者應當發願生彼國
土舍利弗如我今者稱讚諸佛不可思議功
德彼諸佛等亦稱說我不可思議功德而作
是言釋迦牟尼佛能為甚難希有之事能於
娑婆國土五濁惡世劫濁見濁煩惱濁衆生
濁命濁中得阿耨多羅三藐三菩提為諸
衆生說是一切世間難信之法舍利弗當知
我於五濁惡世行此難事得阿耨多羅三藐
三菩提為一切世間說此難信之法是為
甚難佛說此經已舍利弗及諸比丘一切世
間天人阿脩羅等聞佛所說歡喜信受作
礼而去

BD04204 號　阿彌陀經　（3–3）

世尊復於衆中告
男子有陁羅尼名曰金勝若
人欲求親見過去未來現在
應當受持此陁羅尼何以
現未來諸佛之母是故當知持此陁羅尼者
具大福德已於過去無量佛所殖諸善
本今得受持於戒清淨不毀不缺無有障礙
稱諸佛及菩薩名至心礼敬然後誦呪
南謨十方一切諸佛　南謨諸大菩薩摩訶薩
南謨聲聞緣覺一切賢聖
南謨釋迦牟尼佛　南謨東方不動佛
南謨南方寶幢佛　南謨西方阿弥陁佛
南謨北方天鼓音王佛　南謨上方廣衆德佛
南謨下方明德佛　南謨寶藏佛
南謨普光佛　南謨普明佛
南謨香積王佛　南謨蓮花勝佛
南謨平等見佛　南謨寶髻佛
南謨寶上佛　南謨寶光佛
南謨無垢光明佛　南謨辯才莊嚴思惟佛
南謨淨月光稱相王佛　南謨花嚴光佛
南謨光明王佛　南謨善光無垢稱王佛
南謨觀察無畏自在佛　南謨無畏名稱佛

BD04205號　金光明最勝王經卷五　（15–1）

南謨寶上佛　南謨寶光佛
南謨無垢光明佛　南謨辯才莊嚴思惟佛
南謨淨月光稱相王佛　南謨花嚴光佛
南謨光明王佛　南謨善光無垢稱王佛
南謨觀察無畏自在佛　南謨無畏名稱佛
南謨最勝王佛
南謨觀自在菩薩摩訶薩　南謨地藏菩薩摩訶薩
南謨虛空藏菩薩摩訶薩　南謨妙吉祥菩薩摩訶薩
南謨金剛手菩薩摩訶薩　南謨普賢菩薩摩訶薩
南謨無盡意菩薩摩訶薩　南謨大勢至菩薩摩訶薩
南謨慈氏菩薩摩訶薩　南謨善思菩薩摩訶薩
陁羅尼曰
南謨曷喇怛娜怛喇夜也怛姪他
君睇君睇矩折囇矩折囇
壹室哩　蜜室哩、莎訶
佛告善住菩薩此陁羅尼是三世佛母若有
善男子善女人持此呪者能生無量無邊福
德之聚即是供養恭敬尊重讚歎無數諸
佛如是諸佛皆與此人授阿耨多羅三藐三菩
提記善住若有人能持此呪者隨其所欲衣
食財寶多聞聰慧無病長壽獲福甚多隨所
願求無不遂意善住持是呪者乃至未證無
上菩提常與金城山菩薩慈氏菩薩大海菩
薩觀自在菩薩妙吉祥菩薩大氷伽羅菩薩
等而共居止為諸菩薩之所攝護善住當知
持此呪時作如是法先應誦持滿一万八遍
為前方便次於闇室莊嚴道場黑月一日清
淨洗浴着鮮潔衣燒香散花種種供養并諸

BD04205號　金光明最勝王經卷五　（15–2）

[illegible]
薩觀自在菩薩妙吉祥菩薩大氷伽羅菩薩
等而共居止為諸菩薩之所攝護當知
持此呪時作如是法先應誦持滿一万八遍
為前方便次於闇室莊嚴道場黑月一日清
淨洗浴著鮮潔衣燒香散花種種供養并諸
飲食入道場中先當稱禮如前所說諸佛菩
薩至心慇重悔先罪已右膝著地可誦前呪
滿一千八遍端坐思惟念其所願日未出時
於道場中食淨黑食日唯一食至十五日方
出道場能令此人福德威力不可思議隨所
願求無不圓滿若不遂意重入道場既稱心
已常持莫忘

金光明冣勝王經顯空性品第九

尒時世尊說此呪已為欲利益菩薩摩訶薩
人天大衆令得悟解甚深真實第一義故重
明空性而說頌曰
我已於餘甚深經　廣說真空微妙法
今復於此經王內　略說空法不思議
於諸廣大甚深法　有情無智不能解
故我於斯重敷演　令於空法得開悟
大悲哀愍有情故　以善方便勝因緣
我今於此大衆中　演說令彼明空義
當知此身如空聚　六賊依止不相知
六塵諸賊別依根　各不相知亦如是
眼根常觀於色處　耳根聽聲不斷絕
鼻根恒齅於香境　舌根鎮嘗於美味
身根受於輕耎觸　意根了法不知猒

六塵諸賊別依根　各不相知亦如是
眼根常觀於色處　耳根聽聲不斷絕
鼻根恒齅於香境　舌根鎮嘗於美味
身根受於輕耎觸　意根了法不知猒
此等六根隨事起　各於自境生分別
識如幻化非真實　依止根處妄貪求
如人奔走空聚中　六識依根亦如是
心遍馳求隨處轉　託根緣境了諸事
常受色聲香味觸　於法尋思無暫停
隨緣遍行於六根　如鳥飛空無障礙
籍此諸根作依處　方能了別於外境
此身無知無作者　體不堅固託緣成
皆從虛妄分別生　譬如機關由業轉
地水火風共成身　隨彼因緣招異果
同在一處相違害　如四毒蛇居一篋
此四大蛇性各異　雖居一處有昇沉
或上或下遍於身　斯等終歸於滅法
於此四種毒蛇中　地水二蛇多沉下
風火二蛇性輕舉　由此乖違衆病生
心識依止於此身　造作種種善惡業
當往人天三惡趣　隨其業力受身形
連諸疾病身死後　大小便利悉盈流
膿爛蟲蛆不可樂　棄在屍林如朽木
汝等當觀法如是　云何執我有衆生
一切諸法盡無常　悉從無明緣力起
彼諸大種咸虛妄　本非實有體無生
故說大種性皆空　知此浮虛非實有

膖爛蟲蛆不可樂　棄在屍林如朽木
汝等當觀法如是　云何執我有衆生
一切諸法盡無常　悉從無明緣力起
彼諸大種咸虛妄　本非實有體無生
故說大種性皆空　知此浮虛非實有
無明自性本是無　藉衆緣力和合有
於一切時失正慧　故我說彼無明為
行識為緣有名色　六處及觸受隨生
受取有緣生老死　憂悲苦惱恒隨逐
衆苦惡業常纏迫　生死輪迴無息時
本來非有體是空　由不如理生分別
我斷一切諸煩惱　常以正智現前行
了五蘊宅悉皆空　求證菩提真實處
我開甘露大城門　示現甘露微妙器
既得甘露真實味　常以甘露施群生
我擊最勝大法鼓　我吹最勝大法螺
我然最勝大明燈　我降最勝大法雨
降伏煩惱諸怨結　建立無上大法幢
於生死海濟群迷　我當關閉三惡趣
煩惱熾火燒衆生　無有救護無依止
清涼甘露充足彼　身心熱惱並皆除
由是我於無量劫　恭敬供養諸如來
堅持禁戒趣菩提　求證法身安樂處
施他眼耳及手足　妻子僮僕心無悋
財寶七珍莊嚴具　隨來求者咸供給
忍等諸度皆遍修　十地圓滿成正覺
故我得稱一切智　無有衆生度量者
假使三千大千界　盡此土地生長物

BD04205 號　金光明最勝王經卷五

（15–5）

財寶七珍莊嚴具　隨來求者咸供給
忍等諸度皆遍修　十地圓滿成正覺
故我得稱一切智　無有衆生度量者
假使三千大千界　盡此土地生長物
所有叢林諸樹木　稻麻竹葦及枝條
此等諸物皆伐取　並悉細末作微塵
隨處積集量難知　乃至充滿虛空界
一切十方諸剎土　所有三千大千界
地土皆悉末為塵　此微塵量不可數
假使一切衆生智　以此智慧與一人
如是智者量無邊　容可知彼微塵數
牟尼世尊一念智　令彼智人共度量
於多俱胝劫數中　不能算知其少分
時諸大衆聞佛說此甚深空性有無量衆
生悉能了達四大五蘊體性俱空六根六
境妄生繫縛願捨輪迴正修出離深心慶
喜如說奉持
金光明最勝王經依空滿願品第十
爾時如意寶光耀天女於大衆中聞說深法
歡喜踊躍從座而起偏袒右肩右膝著地合
掌恭敬白佛言世尊唯願為說於甚深理修
行之法而說頌言
我問照世界　兩足最勝尊　菩薩正行法　唯願慈聽許
佛言善天女　若有所疑者　隨汝意所問　吾當分別說
是時天女請世尊曰
云何諸菩薩　行菩提正行　離生死涅槃　饒益自他故
佛告善女天依於法界行菩提法修平等行
云何依於法界行菩[illegible]

BD04205 號　金光明最勝王經卷五

（15–6）

我聞照世界　兩足最勝尊　菩薩正行法　唯願為聽許
佛言善天女　若有疑惑者　隨汝意所問　吾當分別說
是時天女請世尊曰
云何諸菩薩　行菩提正行　離生死涅槃　饒益自他故
佛告善女天依於法界行菩提法修平等行
云何依於法界行菩提法修平等行謂於五
蘊能現法界法界即是五蘊五蘊不可說非
五蘊亦不可說何以故若法界是五蘊即是
斷見若離五蘊即是常見離於二相不著二
邊不可見過所見無名無相是則名為說於
法界善天女云何五蘊能現法界如是五蘊
不從因緣生何以故若從因緣生者為已生故
生為未生故生若已生生者何用因緣若未
生生者不可得生何以故未生諸法即是非
有無名無相非校量譬喻之所能及非是
因緣之所生故善女天譬如鼓聲依木依皮
及桴手等故得出聲如是鼓聲過去亦空未
來亦空現在亦空何以故是鼓音聲不從木
生不從皮生及桴手生不於三世生是則不
生若不可生則不可滅若不可滅無所從來
若無所從來亦無所去若無所去則非常非
斷若非常非斷則不一不異何以故此若是
一則不異法界若如是者凡夫之人應見真
諦得於無上安樂涅槃既不如是故知不一
若言異者一切諸佛菩薩行相既是執著未
得解脫煩惱繫縛即不證阿耨多羅三藐三
菩提何以故一切聖人於行非行同真實性
是故不異故知五蘊非有非無不從因緣生

BD04205號　金光明最勝王經卷五　（15–7）

諦得於無上安樂涅槃既不如是故知不一
若言異者一切諸佛菩薩行相既是執著未
得解脫煩惱繫縛即不證阿耨多羅三藐三
菩提何以故一切聖人於行非行同真實性
是故不異故知五蘊非有非無不從因緣生
非無因緣生是聖所知非餘境故亦非言說
之所能及無名無相無因無緣亦無譬喻始
終寂靜本來自空是故五蘊能現法界善女
天若善男子善女人欲求阿耨多羅三藐三
菩提異真異俗難可思量於凡聖境體非一
異不捨於俗不離於真依於法界行菩提行
尒時世尊作是語已時善女天踊躍歡喜即
從座起偏袒右肩右膝著地合掌恭敬一心
頂禮而白佛言世尊如上所說菩提正行我
今當學是時索訶世界主大梵天王於大眾
中問如意寶光耀善女天曰此菩提行難可
修行汝今云何於菩提行而得自在尒時善
女天答梵王曰大梵王如佛所說實是甚深
一切異生不解其義是聖境界微妙難知若
使我今依於此法得安樂住是實語者願令
一切五濁惡世無量無數無邊眾生皆得金
色卅二相非男非女坐寶蓮花受無量樂雨
天妙花諸天音樂不鼓自鳴一切供養皆悉
具足時善女天說是語已一切五濁惡世所
有眾生皆悉金色具大人相非男非女坐寶
蓮花受無量樂猶如他化自在天宮無諸惡
道寶樹行列七寶蓮花遍滿世界又雨七寶
上妙天花作天伎樂如意寶光耀善女天即

BD04205號　金光明最勝王經卷五　（15–8）

色世二相非男非女坐寶蓮花受無量樂爾
天妙花諸天音樂不鼓自鳴一切供養皆悉
具足時善女天說是語已一切五濁惡世所
有衆生皆悉金色具大人相非男非女坐寶
蓮花受無量樂猶如他化自在天宮無諸惡
道寶樹行列七寶蓮花遍滿世界又雨七寶
上妙天花作天伎樂如意寶光耀善女天即
轉女身作梵天身時大梵王問如意寶光
耀菩薩言仁者如何行菩提行答言梵王若水
中月行菩提行我亦行菩提行若夢中行菩
提行我亦行菩提行若陽焰行菩提行我亦
行菩提行若谷響行菩提行我亦行菩提行
時大梵王聞此說已白菩薩言仁依何義而
說此語答言梵王無有一法是實相者但由
因緣而得成故梵王言若如是者諸凡夫人
皆悉應得阿耨多羅三藐三菩提答言仁以
何意而作是說愚癡人異智慧人異菩提異
非菩提異解脫異非解脫異梵王如是諸法
平等無異於此法界真如不異無有中間而
可執著無增無減梵王譬如幻師及幻弟子
善解幻術於四衢道取諸沙土草木葉等聚
在一處作諸幻術使人覩見象衆馬衆車兵
等衆七寶之聚種種倉庫若有衆生愚癡無
智不能思惟不知幻本若見若聞作是思惟
我所見聞象馬等衆此是實有餘皆虛妄
於後更不審察思惟有智之人則不如是了於
幻本若見若聞作如是念如我所見象馬等衆
非是真實唯有幻事惑人眼目妄謂象等

智不能思惟不知幻本若見若聞作是思惟
我所見聞象馬等衆此是實有餘皆虛妄
於後更不審察思惟有智之人則不如是了於
幻本若見若聞作如是念如我所見象馬等衆
非是真實唯有幻事惑人眼目妄謂象等
及諸倉庫有名無實如我見聞不執為實後
時思惟知其虛妄是故智者了一切法皆無
實體但隨世俗如見如聞表宣其事思惟諦
理則不如是復由假說顯實義故梵王愚癡
異生未得出世聖慧之眼未知一切諸法真
如不可說故是諸凡愚若見若聞行非行法
如是思惟便生執著謂以為實於第一義不
能了知諸法真如是不可說是諸聖人若見
若聞行非行法隨其力能不生執著以為實
有能知一切無實行法無實非行法但妄思
量行非行相唯有名字無有實體是諸聖人
隨世俗說為欲令他知真實義如是梵王是
諸聖人以聖智見了真如不可說故行法行
非亦復如是令他證知故說種種世俗名
言時大梵王問如意寶光耀菩薩言有幾衆
生能解如是甚深正法答言梵王有衆幻人
心心數法能解如是甚深正法梵王曰此幻化
人體是非有此之心數從何而生答曰若
知法界不有不無如是衆生能解深義
尒時梵王白佛言世尊是如意寶光耀菩薩
不可思議通達如是甚深之義佛言如是如
是梵王如汝所言此如意寶光耀已教汝等
發心修學無生忍法是時大梵天王與諸梵

尒時梵王白佛言世尊是如意寶光耀菩薩
不可思議通達如是甚深之義佛言如是如
是梵王如汝所言此如意寶光耀已教汝等
發心修學無生忍法是時大梵天王與諸梵
衆從座而起偏袒右肩合掌恭敬頂礼如意
寶光耀菩薩足作如是言希有希有我等
今日幸遇大士得聞正法
尒時世尊告梵王言是如意寶光耀於未來
世當得作佛号寶燄吉祥藏如來應正遍
知明行圓滿善逝世間解無上士調御丈夫天
人師佛世尊說是品時有三千億菩薩於阿
耨多羅三藐三菩提得不退轉八千億天子
無量無數國王臣民遠塵離垢得法眼淨
尒時會中有五十億苾芻行菩薩行欲退菩
提心聞如意寶光耀菩薩說是法時皆得堅
固不可思議滿足上願更復發起菩提之心
各自脫衣供養菩薩重發無上勝進之心作
如是願願令我等功德善根悉皆不退迴向
阿耨多羅三藐三菩提梵王是諸苾芻依此
功德如說修行過九十大劫當得解悟出離
生死尒時世尊即為授記汝諸苾芻過丗阿
僧祇劫當得作佛劫名難勝光王國名無垢
光同時皆得阿耨多羅三藐三菩提皆同一
号名願莊嚴間飾王十号具足梵王是金光
明微妙經典若正聞持有大威力假使有人
於百千大劫行六波羅蜜無方便者有善
男子善女人書寫如是金光明經半月半月
專心讀誦是功德聚於前功德百分不及一

BD04205 號　金光明最勝王經卷五　（15–11）

号名願莊嚴間飾王十号具足梵王是金光
明微妙經典若正聞持有大威力假使有人
於百千大劫行六波羅蜜無方便者有善
男子善女人書寫如是金光明經半月半月
專心讀誦是功德聚於前功德百分不及一
乃至筭數譬喻所不能及梵王是故我今令
汝修學憶念受持為他廣說何以故我於往
昔行菩薩道時猶如勇士入於戰陣不惜身
命流通如是微妙經王受持讀誦為他解說
梵王譬如轉輪聖王若王在世七寶不滅王若
命終所有七寶自然滅盡梵王是金光明微
妙經王若現在世無上法寶悉皆不滅若無
是經隨處隱沒是故應當於此經王專心
聽聞受持讀誦為他解說勸令書寫行精進
波羅蜜不惜身命不憚疲勞功德中勝我諸
弟子應當如是精勤修學
尒時大梵天王學無量梵衆帝釋四王及諸
藥叉俱從座起偏袒右肩右膝著地合掌恭
敬而白佛言世尊我等皆願守護流通是金
光明微妙經典及說法師若有諸難我當除
遣此具衆善色力充足辯才無礙身意泰然
時會聽者皆受安樂所在國土若有飢饉惡
賊非人為惱害者我等天衆皆為擁護使其
人民安隱豐樂無諸枉橫皆是我等天衆
之力若有供養是經典者我等亦當恭敬供
養如佛不異
尒時佛告大梵天王及諸梵衆乃至四王諸
藥叉等善哉善哉汝等得聞甚深妙法復能

BD04205 號　金光明最勝王經卷五　（15–12）

人民安隱豐樂無諸枉横皆是我等天衆
之力若有供養是經典者我等亦當恭敬供
養如佛不異
尒時佛告大梵天王及諸梵衆乃至四王諸
藥叉等善哉善哉汝等得聞甚深妙法復能
於此微妙經王發心擁護及持經者當獲無
邊殊勝之福速成無上正等菩提時梵王等
聞佛語已歡喜頂受

金光明冣勝王經四天王觀察人天品第十一

尒時多聞天王持國天王增長天王廣目天王
俱從座起偏袒右肩右膝著地合掌向佛
礼佛足已白言世尊是金光明冣勝王經一
切諸佛常念觀察一切菩薩之所恭敬一切
天龍常所供養及諸天衆常生歡喜一切護
世稱揚讚歎聲聞獨覺皆共受持悉能明照
諸天宮殿能與一切衆生殊勝安樂止息地
獄餓鬼傍生諸趣苦惱一切怖畏悉能除殄
所有怨敵尋即退散飢饉惡時皆令豐稔
疾疫病苦皆令蠲愈一切災變百千苦惱咸悉
消滅世尊是金光明冣勝王經能為如是安隱
利樂饒益我等唯願世尊於大衆中廣為
宣說我等四王并諸眷屬聞此甘露無上法
味氣力充實增益威光精進勇猛神通倍勝
世尊我等四王修行正法常說正法以法化世
我等令彼天龍藥叉揵闥婆阿蘇羅揭路荼
俱槃荼緊那羅莫呼羅伽及諸人王常以
正法而化於世遮去諸惡所有鬼神吸人精
氣無慈悲者悉令遠去世尊我等四王與二

世尊我等四王修行正法常說正法以法化世
我等令彼天龍藥叉揵闥婆阿蘇羅揭路荼
俱槃荼緊那羅莫呼羅伽及諸人王常以
正法而化於世遮去諸惡所有鬼神吸人精
氣無慈悲者悉令遠去世尊我等四王與二
十八部藥叉大將并與無量百千藥叉以淨
天眼過於世人觀察擁護此贍部洲世尊以
此因緣我等諸王名護世者又復於此洲中
若有國王被他怨賊常來侵擾及多飢饉疾
疫流行無量百千災厄之事世尊我等四王
於此金光明冣勝王經恭敬供養若有苾芻
法師受持讀誦我等四王共往覺悟勸請其
人時彼法師由我神通覺悟力故往彼國界
廣宣流布是金光明微妙經典由經力故令
彼無量百千衰惱災厄之事悉皆除遣世尊
若諸人王於其國內有持是經苾芻法師至彼
國時當知此經亦至其國世尊時彼國王應
往法師處聽其所說聞已歡喜於彼法師
恭敬供養深心擁護令無憂惱演說此經利
益一切世尊以是緣故我等四王皆共一心護
是人王及國人民令離災患常得安隱世尊
若有苾芻苾芻尼鄔波索迦鄔波斯迦持
是經者時彼人王隨其所須供給供養令無乏
少我等四王令彼國主及以國人悉皆安隱
遠離災患世尊若有受持讀誦是經典
者人王於此供養恭敬尊重讚歎我等當令
彼於諸王中恭敬尊重冣為第一諸餘國王
共所稱歎大衆聞已歡喜受持

國時當知[illegible]
往法師處聽其所說聞已歡喜於彼法師
恭敬供養深心擁護令無憂惱演說此經利
益一切世尊以是緣故我等四王皆共一心護
是人王及國人民令離災患常得安隱世尊
若有苾芻苾芻尼鄔波索迦鄔波斯迦持
是經者時彼人王隨其所須供給供養令無乏
少我等四王令彼國主及以國人悉皆安隱
遠離災患世尊若有受持讀誦是經典
者人王於此供養恭敬尊重讚歎我等當令
彼於諸王中恭敬尊重最為第一諸餘國王
共所稱歎大衆聞已歡喜受持

金光明最勝王經卷第五

奭 盈益　齅 許救　窒 丁結　稔 甚任

BD04205 號　金光明最勝王經卷五　（15–15）

菩提彼諸佛法皆不可得凡夫不可得凡夫
法亦不可得聲聞不可得聲聞法亦不可得
辟支佛不可得辟支佛法亦不可得菩薩不
可得菩薩法亦不可得佛不可得佛法亦不
可得菩提不可得涅槃亦不可得我等於此
諸法之中解了无疑爾時魏牽隨天於斯法
中既无疑慮於世尊所樂脩供養所作供養
勝夜摩天頂礼佛足右繞三帀却住一面即以
偈頌讚世尊曰
所有性佛功德者　如來為其說行法
彼得三種解脫門　无等境界中脩行
无色亦无受想行　无其受者亦无心
斯則无礙智境界　棄離欲陰人師子
彼諸智慧妙丈夫　不取發於菩提想
離墮已獲勝善根　於佛功德无疑慮
志願无上大菩提　然於菩提離取着
是故內心无憂喜　名為佛子脩聖行
同佛見法悉平等　見故於法无所畏

BD04206 號　大寶積經（兌廢稿）卷六七　（2–1）

[illegible]
偈頌讚世尊曰
所有住佛功德者　如來為其說行法
彼得三種解脫門　无等境界中脩行
无色亦无受想行　无其受者亦无心
斯則无礙智境界　樂離欲陰人師子
彼諸智慧妙丈夫　不取發於菩提想
離陰已獲勝善根　於佛功德无疑慮
志願无上大菩提　欲於菩提離取著
是故內心无憂喜　名為佛子脩聖行
同佛見法悉平等　見故於法无所畏
智者於此世間處　求佛功德起脩行
簡擇色相无所著　棄捨一切有相心
於彼三有不起顛　觀察諸有悉皆空
能知五陰各不生　如來授記及菩提
菩提心等亦无生　住是說者非愚惑
如來功德及生死　此諸佛法悉无生
如是知者人中勝　是為真實如來子
若能知是陰不滅　界入及以如來法
佛興菩提及受記　斯等諸法皆不滅
若為菩提脩行者　當知諸法是不滅
知諸世間不滅故　彼求菩提不為難

BD04206 號　大寶積經（兌廢稿）卷六七　（2–2）

別生不生不以滅不滅分別布施
亦不以布施波羅蜜多分別滅不
不滅分別淨戒安忍精進靜慮
多亦不以淨戒安忍精進靜慮
多分別滅不滅不以寂靜不寂靜
波羅蜜多亦不以布施波羅蜜
不寂靜不以寂靜不寂靜分別淨
進靜慮般若波羅蜜多亦不以淨
進靜慮般若波羅蜜多分別寂靜不寂靜
以遠離不遠離分別布施波羅蜜多亦不以
布施波羅蜜多分別遠離不遠離不以遠離
不遠離分別淨戒安忍精進靜慮般若波羅
蜜多亦不以淨戒安忍精進靜慮般若波羅
蜜多分別遠離不遠離
如是人等終不以空不空分別四靜慮亦不
以四靜慮分別空不空不以空不空分別四
無量四無色定亦不以四無量四無色定分
別空不空不以有相無相分別四靜慮亦不
以四靜慮分別有相無相不以有相無相分

BD04207 號　大般若波羅蜜多經卷八三　（17–1）

如是人等終不以空不空分別四靜慮亦不
以四靜慮分別空不空不以空不空分別四
無量四無色定亦不以四無量四無色定分
別空不空不以有相無相分別四靜慮亦不
以四靜慮分別有相無相不以有相無相分
別四無量四無色定亦不以四無量四無色
定分別有相無相不以有願無願分別四靜
慮亦不以四靜慮分別有願無願不以有願
無願分別四無量四無色定亦不以四無量
四無色定分別有願無願不以生不生分別
四靜慮亦不以四靜慮分別生不生不以生
不生分別四無量四無色定亦不以四無量
四無色定分別生不生不以滅不滅分別四
靜慮亦不以四靜慮分別滅不滅不以滅不
滅分別四無量四無色定亦不以四無量四
無色定分別滅不滅不以寂靜不寂靜分別
四靜慮亦不以四靜慮分別寂靜不寂靜不
以寂靜不寂靜分別四無量四無色定亦不
以四無量四無色定分別寂靜不寂靜不以
遠離不遠離分別四靜慮亦不以四靜慮分
別遠離不遠離不以遠離不遠離分別四無
量四無色定亦不以四無量四無
遠離不遠離
如是人等終不以空不空分別八解脫亦不
以八解脫分別空不空不以空不空分別八
勝處九次第定十遍處亦不以八勝處九次

BD04207號　大般若波羅蜜多經卷八三　（17–2）

量四無色定亦不以四無量四無
遠離不遠離
如是人等終不以空不空分別八解脫亦不
以八解脫分別空不空不以空不空分別八
勝處九次第定十遍處亦不以八勝處九次
第定十遍處分別空不空不以有相無相分
別八解脫亦不以八解脫分別有相無相不
以有相無相分別八勝處九次第定十遍處
亦不以八勝處九次第定十遍處分別有相
無相不以有願無願分別八解脫亦不以八
解脫分別有願無願不以有願無願分別八
勝處九次第定十遍處亦不以八勝處九次
第定十遍處分別有願無願不以生不生分
別八解脫亦不以八解脫分別生不生不以
生不生分別八勝處九次第定十遍處亦不
以八勝處九次第定十遍處分別生不生不
以滅不滅分別八解脫亦不以八解脫分別
滅不滅不以滅不滅分別八勝處九次第定
十遍處亦不以八勝處九次第定十遍處分
別滅不滅不以寂靜不寂靜分別八解脫亦
不以八解脫分別寂靜不寂靜不以寂靜不
寂靜分別八勝處九次第定十遍處亦不以
八勝處九次第定十遍處分別寂靜不寂靜
不以遠離不遠離分別八解脫亦不以八解
脫分別遠離不遠離不以遠離不遠離分別
八勝處九次第定十遍處亦不以八勝處九

BD04207號　大般若波羅蜜多經卷八三　（17–3）

八勝處九次第定十遍處分[illegible]
不以遠離不遠離分別八解脫亦不以八解
脫分別遠離不遠離不以遠離不遠離分別
八勝處九次第定十遍處亦不以八勝處九
次第定十遍處分別遠離不遠離
如是人等終不以空不空分別四念住亦不
以四念住分別空不空不以空不空分別四
正斷四神足五根五力七等覺支八聖道支
亦不以四正斷四神足五根五力七等覺支
八聖道支分別空不空不以有相無相分別
四念住亦不以四念住分別有相無相不以
有相無相分別四正斷四神足五根五力七
等覺支八聖道支亦不以四正斷四神足五
根五力七等覺支八聖道支分別有相無相
不以有願無願分別四念住亦不以四念住
分別有願無願不以有願無願分別四正斷
四神足五根五力七等覺支八聖道支亦不
以四正斷四神足五根五力七等覺支八聖
道支分別有願無願不以生不生分別四念
住亦不以四念住分別生不生不以生不生
分別四正斷四神足五根五力七等覺支八
聖道支亦不以四正斷四神足五根五力七
等覺支八聖道支分別生不生不以滅不滅
分別四念住亦不以四念住分別滅不滅不
以滅不滅分別四正斷四神足五根五力七
等覺支八聖道支亦不以四正斷四神足五
[illegible]

聖道支亦不以四正斷四神足五根五力七
等覺支八聖道支分別生不生不以滅不滅
分別四念住亦不以四念住分別滅不滅不
以滅不滅分別四正斷四神足五根五力七
等覺支八聖道支亦不以四正斷四神足五
根五力七等覺支八聖道支分別滅不滅不
以寂靜不寂靜分別四念住亦不以四念住
分別寂靜不寂靜不以寂靜不寂靜分別四
正斷四神足五根五力七等覺支八聖道支
亦不以四正斷四神足五根五力七等覺支
八聖道支分別寂靜不寂靜不以遠離不遠
離分別四念住亦不以四念住分別遠離不
遠離不以遠離不遠離分別四正斷四神足
五根五力七等覺支八聖道支亦不以四正
斷四神足五根五力七等覺支八聖道支分
別遠離不遠離
如是人等終不以空不空分別空解脫門亦
不以空解脫門分別空不空不以空不空分
別無相無願解脫門亦不以無相無願解脫
門分別空不空不以有相無相分別空解脫
門亦不以空解脫門分別有相無相不以有
相無相分別無相無願解脫門亦不以無相
無願解脫門分別有相無相不以有願無願
分別空解脫門亦不以空解脫門分別有願
無願不以有願無願分別無相無願解脫門
亦不以無相無願解脫門分別有願無願不
[illegible]

相無相分別無相無願解脫門亦不以無相
無願解脫門分別有相無相不以有願無願
分別空解脫門亦不以空解脫門分別有願
無願不以有願無願分別無相無願解脫門
亦不以無相無願解脫門分別有願無願不
以生不生分別空解脫門亦不以空解脫門
分別生不生不以生不生分別無相無願解
脫門亦不以無相無願解脫門分別生不生
不以滅不滅分別空解脫門亦不以空解脫
門分別滅不滅不以滅不滅分別無相無願
解脫門亦不以無相無願解脫門分別滅不
滅不以寂靜不寂靜分別空解脫門亦不以
空解脫門分別寂靜不寂靜不以寂靜不寂
靜分別無相無願解脫門亦不以無相無願
解脫門分別寂靜不寂靜不以遠離不遠離
分別空解脫門亦不以空解脫門分別遠離
不遠離不以遠離不遠離分別無相無願解
脫門亦不以無相無願解脫門分別遠離不
遠離
如是人等終不以空不空分別五眼亦不以
五眼分別空不空不以空不空分別六神通
亦不以六神通分別空不空不以有相無相
分別五眼亦不以五眼分別有相無相不以
有相無相分別六神通亦不以六神通分別
有相無相不以有願無願分別五眼亦不以
五眼分別有願無願不以有願無願分別六

BD04207號　大般若波羅蜜多經卷八三　（17–6）

五眼分別空不空不以空不空分別六神通
亦不以六神通分別空不空不以有相無相
分別五眼亦不以五眼分別有相無相不以
有相無相分別六神通亦不以六神通分別
有相無相不以有願無願分別五眼亦不以
五眼分別有願無願不以有願無願分別六
神通亦不以六神通分別有願無願不以生
不生分別五眼亦不以五眼分別生不生不
以生不生分別六神通亦不以六神通分別
生不生不以滅不滅分別五眼亦不以五眼
分別滅不滅不以滅不滅分別六神通亦不
以六神通分別滅不滅不以寂靜不寂靜分
別五眼亦不以五眼分別寂靜不寂靜不以
寂靜不寂靜分別六神通亦不以六神通分
別寂靜不寂靜不以遠離不遠離分別五眼
亦不以五眼分別遠離不遠離不以遠離不
遠離分別六神通亦不以六神通分別遠離
不遠離
如是人等終不以空不空分別佛十力亦不
以佛十力分別空不空不以空不空分別四
無所畏四無礙解大慈大悲大喜大捨十八
佛不共法亦不以四無所畏四無礙解大慈
大悲大喜大捨十八佛不共法分別空不空
不以有相無相分別佛十力亦不以佛十力
分別有相無相不以有相無相分別四無所
畏四無礙解大慈大悲大喜大捨十八佛不

BD04207號　大般若波羅蜜多經卷八三　（17–7）

大悲大喜大捨十八佛不共法分別空不空
不以有相無相分別佛十力亦不以佛十力
分別有相無相不以有相無相分別四無所
畏四無礙解大慈大悲大喜大捨十八佛不
共法亦不以四無所畏四無礙解大慈大悲
大喜大捨十八佛不共法分別有相無相不
以有願無願分別佛十力亦不以佛十力分
別有願無願不以有願無願分別四無所畏
四無礙解大慈大悲大喜大捨十八佛不共
法亦不以四無所畏四無礙解大慈大悲大
喜大捨十八佛不共法分別有願無願不以
生不生分別佛十力亦不以佛十力分別生
不生不以生不生分別四無所畏四無礙解
大慈大悲大喜大捨十八佛不共法亦不以
四無所畏四無礙解大慈大悲大喜大捨十
八佛不共法分別生不生不以滅不滅分別
佛十力亦不以佛十力分別滅不滅不以滅
不滅分別四無所畏四無礙解大慈大悲大
喜大捨十八佛不共法亦不以四無所畏四
無礙解大慈大悲大喜大捨十八佛不共法
分別滅不滅不以寂靜不寂靜分別佛十力
亦不以佛十力分別寂靜不寂靜不以寂靜
不寂靜分別四無所畏四無礙解大慈大悲
大喜大捨十八佛不共法亦不以四無所畏
四無礙解大慈大悲大喜大捨十八佛不共
法分別寂靜不寂靜不以遠離不遠離分別

BD04207號　大般若波羅蜜多經卷八三　（17–8）

亦不以佛十力分別寂靜不寂靜不以寂靜
不寂靜分別四無所畏四無礙解大慈大悲
大喜大捨十八佛不共法亦不以四無所畏
四無礙解大慈大悲大喜大捨十八佛不共
法分別寂靜不寂靜不以遠離不遠離分別
佛十力亦不以佛十力分別遠離不遠離不
以遠離不遠離分別四無所畏四無礙解大
慈大悲大喜大捨十八佛不共共法亦不以四
無所畏四無礙解大慈大悲大喜大捨十八
佛不共法分別遠離不遠離
如是之等終不以空不空分別無忘失法亦
不以無忘失法分別空不空不以空不空分
別恒住捨性亦不以恒住捨性分別空不空
不以有相無相分別無忘失法亦不以無忘
失法分別有相無相不以有相無相分別恒
住捨性亦不以恒住捨性分別有相無相不
以有願無願分別無忘失法亦不以無忘失
法分別有願無願不以有願無願分別恒住
捨性亦不以恒住捨性分別有願無願不以
生不生分別無忘失法亦不以無忘失法分
別生不生不以生不生分別恒住捨性亦不
以恒住捨性分別生不生不以滅不滅分別
無忘失法亦不以無忘失法分別滅不滅不
以滅不滅分別恒住捨性亦不以恒住捨性
分別滅不滅不以寂靜不寂靜分別無忘失
法亦不以無忘失法分別寂靜不寂靜不以

BD04207號　大般若波羅蜜多經卷八三　（17–9）

以恒住捨性分別生不生不以滅不滅分別
無忘失法亦不以無忘失法分別滅不滅不
以滅不滅分別恒住捨性亦不以恒住捨性
分別滅不滅不以滅不滅分別無忘失
法亦不以無忘失法分別寂靜不寂靜不以
寂靜不寂靜分別恒住捨性亦不以恒住捨
性分別寂靜不寂靜不以遠離不遠離分別
無忘失法亦不以無忘失法分別遠離不遠
離不以遠離不遠離分別恒住捨性亦不以
恒住捨性分別遠離不遠離
如是人等終不以空不空分別一切陁羅尼門
亦不以一切陁羅尼門分別空不空不以空
不空分別一切三摩地門亦不以一切三摩
地門分別空不空不以有相無相分別一切
陁羅尼門亦不以一切陁羅尼門分別有相
無相不以有相無相分別一切三摩地門亦
不以一切三摩地門分別有相無相不以有
願無願分別一切陁羅尼門亦不以一切陁
羅尼門分別有願無願不以有願無願分別
一切三摩地門亦不以一切三摩地門分別
有願無願不以生不生分別一切陁羅尼門
亦不以一切陁羅尼門分別生不生不以生
不生分別一切三摩地門亦不以一切三摩
地門分別生不生不以滅不滅分別一切陁
羅尼門亦不以一切陁羅尼門分別滅不滅
不以滅不滅分別一切三摩地門亦不以一

BD04207號　大般若波羅蜜多經卷八三　（17–10）

不生分別一切三摩地門亦不以一切三摩
地門分別生不生不以滅不滅分別一切陁
羅尼門亦不以一切陁羅尼門分別滅不滅
不以滅不滅分別一切三摩地門亦不以一
切三摩地門分別滅不滅不以寂靜不寂
靜分別一切陁羅尼門亦不以一切陁羅尼
門分別寂靜不寂靜不以寂靜不寂靜分別
一切三摩地門亦不以一切三摩地門分別
寂靜不寂靜不以遠離不遠離分別一切陁
羅尼門亦不以一切陁羅尼門分別遠離不
遠離不以遠離不遠離分別一切三摩地門
亦不以一切三摩地門分別遠離不遠離
如是人等終不以空不空分別一切智亦不
以一切智分別空不空不以空不空分別道
相智一切相智亦不以道相智一切相智分
別空不空不以有相無相分別一切智亦不
以一切智分別有相無相不以有相無相分
別道相智一切相智亦不以道相智一切相
智分別有相無相不以有願無願分別一切
智亦不以一切智分別有願無願不以有願
無願分別道相智一切相智亦不以道相智
一切相智分別有願無願不以生不生分別
一切智亦不以一切智分別生不生不以生
不生分別道相智一切相智亦不以道相智
一切相智分別生不生不以滅不滅分別一
切智亦不以一切智分別滅不滅不以滅不

BD04207號　大般若波羅蜜多經卷八三　（17–11）

一切智亦不以一切智分別生不生不以生
不生分別道相智一切相智亦不以道相智
一切相智分別生不生不以滅不滅分別一
切智亦不以一切智分別滅不滅不以滅不
滅分別道相智一切相智亦不以道相智一
切相智分別滅不滅不以寂靜不寂靜分別
一切智亦不以一切智分別寂靜不寂靜不
以寂靜不寂靜分別道相智一切相智亦不
以道相智一切相智分別寂靜不寂靜不以
遠離不遠離分別一切智亦不以一切智分
別遠離不遠離不以遠離不遠離分別道相
智一切相智亦不以道相智一切相智分別
遠離不遠離
如是人等終不以空不空分別聲聞乘亦不
以聲聞乘分別空不空不以空不空分別獨
覺乘無上乘亦不以獨覺乘無上乘分別空
不空不以有相無相分別聲聞乘亦不以聲
聞乘分別有相無相不以有相無相分別獨
覺乘無上乘亦不以獨覺乘無上乘分別有
相無相不以有願無願分別聲聞乘亦不以
聲聞乘分別有願無願不以有願無願分別
獨覺乘無上乘亦不以獨覺乘無上乘分別
有願無願不以生不生分別聲聞乘亦不以
聲聞乘分別生不生不以生不生分別獨覺
乘無上乘亦不以獨覺乘無上乘分別生不
生不以滅不滅分別聲聞乘亦不以聲聞乘
分別滅不滅不以滅不滅分別獨覺乘無上

BD04207號　大般若波羅蜜多經卷八三　（17–12）

有願無願不以生不生分別聲聞乘亦不以
聲聞乘分別生不生不以生不生分別獨覺
乘無上乘亦不以獨覺乘無上乘分別生不
生不以滅不滅分別聲聞乘亦不以聲聞乘
分別滅不滅不以滅不滅分別獨覺乘無上
乘亦不以獨覺乘無上乘分別滅不滅不以
寂靜不寂靜分別聲聞乘亦不以聲聞乘分
別寂靜不寂靜不以寂靜不寂靜分別獨覺
乘無上乘亦不以獨覺乘無上乘分別寂靜
不寂靜不以遠離不遠離分別聲聞乘亦不
以聲聞乘分別遠離不遠離不以遠離不遠
離分別獨覺乘無上乘亦不以獨覺乘無上
乘分別遠離不遠離
如是人等終不以空不空分別預流亦不以
預流分別空不空不以空不空分別一來不
還阿羅漢亦不以一來不還阿羅漢分別空
不空不以有相無相分別預流亦不以預流
分別有相無相不以有相無相分別一來不
還阿羅漢亦不以一來不還阿羅漢分別有
相無相不以有願無願分別預流亦不以預
流分別有願無願不以有願無願分別一來
不還阿羅漢亦不以一來不還阿羅漢分別
有願無願不以生不生分別預流亦不以預
流分別生不生不以生不生分別一來不還
阿羅漢亦不以一來不還阿羅漢分別生不
生不以滅不滅分別預流亦不以預流分別

BD04207號　大般若波羅蜜多經卷八三　（17–13）

不還阿羅漢亦不以一来不還阿羅漢分別
有願無願不以生不生分別預流亦不以預
流分別生不生不以生不生分別一来不還
阿羅漢亦不以一来不還阿羅漢分別生不
生不以滅不滅分別預流亦不以預流分別
滅不滅不以滅不滅分別一来不還阿羅漢
亦不以一来不還阿羅漢分別滅不滅不以
寂靜不寂靜分別預流亦不以預流分別寂
靜不寂靜不以寂靜不寂靜分別一来不還
阿羅漢亦不以一来不還阿羅漢分別寂靜
不寂靜不以遠離不遠離分別預流亦不以
預流分別遠離不遠離不以遠離不遠離分
別一来不還阿羅漢亦不以一来不還阿羅
漢分別遠離不遠離
如是人等終不以空不空分別預流向預流
果亦不以預流向預流果分別空不空不以
空不空分別一来向一来果不還向不還果
阿羅漢向阿羅漢果亦不以一来向一来果
不還向不還果阿羅漢向阿羅漢果分別空
不空不以有相無相分別預流向預流果亦
不以預流向預流果分別有相無相不以有
相無相分別一来向一来果不還向不還果
阿羅漢向阿羅漢果亦不以一来向一来果
不還向不還果阿羅漢向阿羅漢果分別有
相無相不以有願無願分別預流向預流果
亦不以預流向預流果分別有願無願不以

BD04207號　大般若波羅蜜多經卷八三　（17–14）

相無相分別一来向一来果不還向不還果
阿羅漢向阿羅漢果亦不以一来向一来果
不還向不還果阿羅漢向阿羅漢果分別有
相無相不以有願無願分別預流向預流果
亦不以預流向預流果分別有願無願不以
有願無願分別一来向一来果不還向不還
果阿羅漢向阿羅漢果亦不以一来向一来
果不還向不還果阿羅漢向阿羅漢果分別
有願無願不以生不生分別預流向預流果
亦不以預流向預流果分別生不生不以生
不生分別一来向一来果不還向不還果阿
羅漢向阿羅漢果亦不以一来向一来果不
還向不還果阿羅漢向阿羅漢果分別生不
生不以滅不滅分別預流向預流果亦不以
預流向預流果分別滅不滅不以滅不滅分
別一来向一来果不還向不還果阿羅漢向
阿羅漢果亦不以一来向一来果不還向不
還果阿羅漢向阿羅漢果分別滅不滅不以
寂靜不寂靜分別預流向預流果亦不以預流
向預流果分別寂靜不寂靜不以寂靜不寂
靜分別一来向一来果不還向不還果阿羅
漢向阿羅漢果亦不以一来向一来果不還
向不還果阿羅漢向阿羅漢果分別寂靜不
寂靜不以遠離不遠離分別預流向預流果
亦不以預流向預流果分別遠離不遠離不
以遠離不遠離分別一来向一来果不還向

BD04207號　大般若波羅蜜多經卷八三　（17–15）

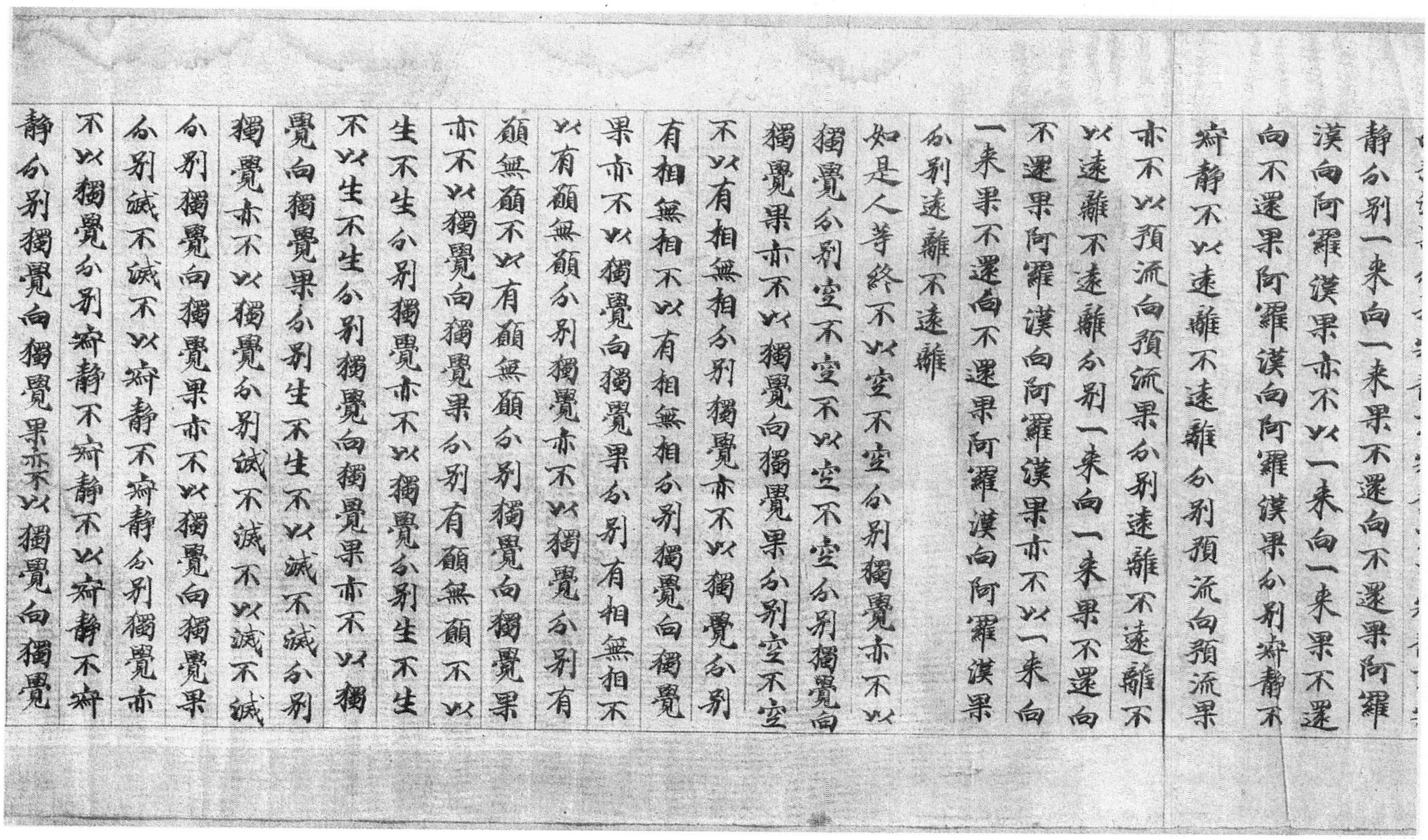

靜分別一來向一來果不還向不還果阿羅
漢向阿羅漢果亦不以一來向一來果不還
向不還果阿羅漢向阿羅漢果分別寂靜不
寂靜不以遠離不遠離分別預流向預流果
亦不以預流向預流果分別遠離不遠離不
以遠離不遠離分別一來向一來果不還向
不還果阿羅漢向阿羅漢果亦不以一來向
一來果不還向不還果阿羅漢向阿羅漢果
分別遠離不遠離
如是人等終不以空不空分別獨覺亦不以
獨覺分別空不空不以空不空分別獨覺向
獨覺果亦不以獨覺向獨覺果分別空不空
不以有相無相分別獨覺亦不以獨覺分別
有相無相不以有相無相分別獨覺向獨覺
果亦不以獨覺向獨覺果分別有相無相不
以有願無願分別獨覺亦不以獨覺分別有
願無願不以有願無願分別獨覺向獨覺果
亦不以獨覺向獨覺果分別有願無願不以
生不生分別獨覺亦不以獨覺分別生不生
不以生不生分別獨覺向獨覺果亦不以獨
覺向獨覺果分別生不生不以滅不滅分別
獨覺亦不以獨覺分別滅不滅不以滅不滅
分別獨覺向獨覺果亦不以獨覺向獨覺果
分別滅不滅不以寂靜不寂靜分別獨覺亦
不以獨覺分別寂靜不寂靜不以寂靜不寂
靜分別獨覺向獨覺果亦不以獨覺向獨覺

BD04207 號　大般若波羅蜜多經卷八三　（17–16）

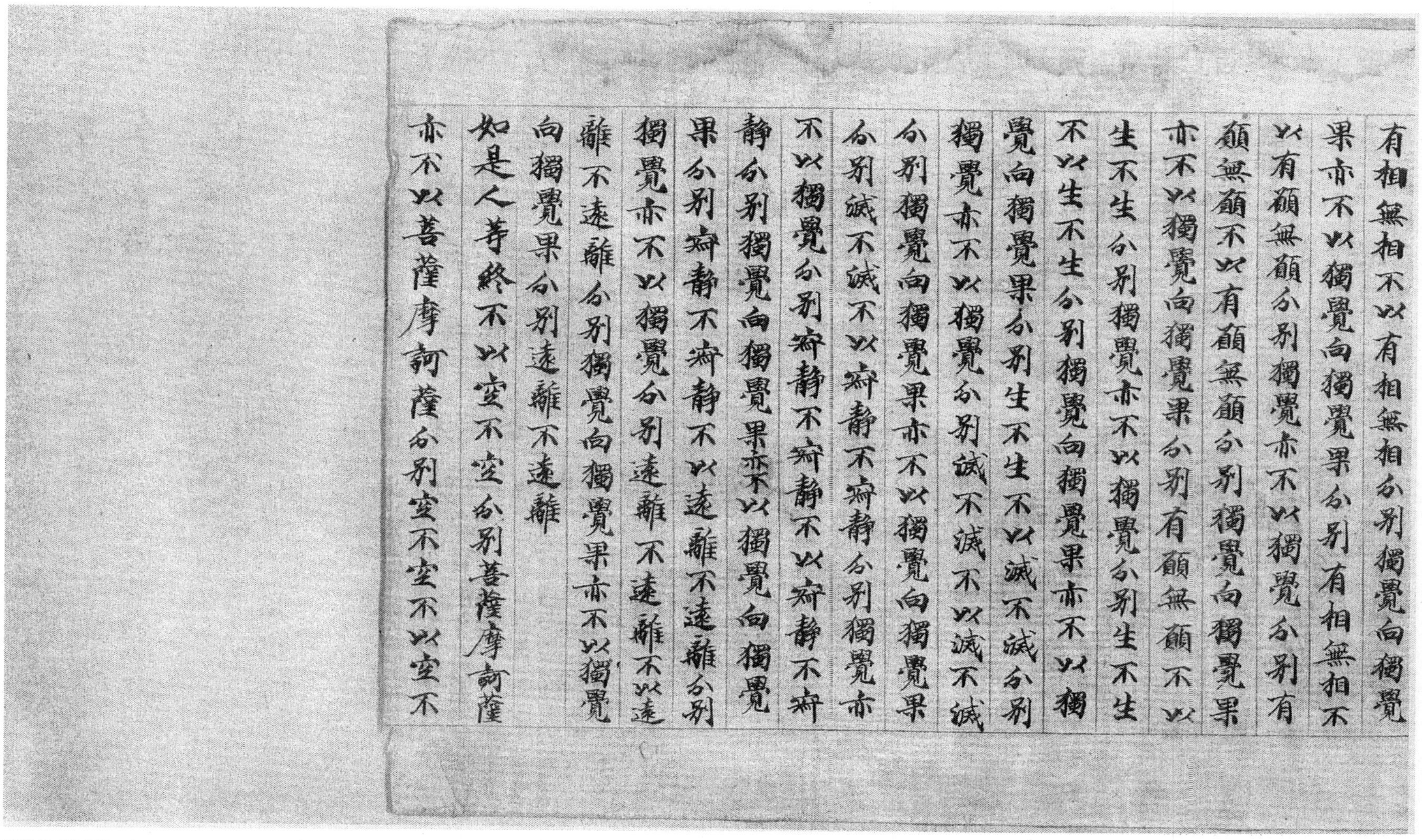

有相無相不以有相無相分別獨覺向獨覺
果亦不以獨覺向獨覺果分別有相無相不
以有願無願分別獨覺亦不以獨覺分別有
願無願不以有願無願分別獨覺向獨覺果
亦不以獨覺向獨覺果分別有願無願不以
生不生分別獨覺亦不以獨覺分別生不生
不以生不生分別獨覺向獨覺果亦不以獨
覺向獨覺果分別生不生不以滅不滅分別
獨覺亦不以獨覺分別滅不滅不以滅不滅
分別獨覺向獨覺果亦不以獨覺向獨覺果
分別滅不滅不以寂靜不寂靜分別獨覺亦
不以獨覺分別寂靜不寂靜不以寂靜不寂
靜分別獨覺向獨覺果亦不以獨覺向獨覺
果分別寂靜不寂靜不以遠離不遠離分別
獨覺亦不以獨覺分別遠離不遠離不以遠
離不遠離分別獨覺向獨覺果亦不以獨覺
向獨覺果分別遠離不遠離
如是人等終不以空不空分別菩薩摩訶薩
亦不以菩薩摩訶薩分別空不空不以空不

BD04207 號　大般若波羅蜜多經卷八三　（17–17）

於最……諸佛……與
大苾芻衆九萬八千人皆是阿羅……調
伏如大象王諸漏已除無復煩惱心善解脫
慧善解脫所作已畢捨諸重擔逮得己利盡
諸有結得大自在住清淨戒善巧方便智慧
莊嚴證八解脫已到彼岸其名曰具壽阿若
憍陳如具壽阿說侍多具壽婆濕波具壽摩
訶那摩具壽婆帝利迦大迦攝波優樓頻螺
迦攝伽耶迦攝那提迦攝舍利子大目乾連
唯阿難陀住於學地如是等諸大聲聞各於
晡時從定而起往詣佛所頂礼佛足右繞三
帀退坐一面
復有菩薩摩訶薩百千萬億人俱有大威德
如大龍王名稱普聞衆所知識施戒清淨常
樂奉持忍行精勤經无量劫超諸靜慮繫
念現前開闡慧門善修方便自在游戲微妙神
通逮得揔持辯才无盡斷諸煩惱累染皆亡
不久當成一切種智降魔軍衆而擊法鼓制
諸外道令起淨心轉妙法輪度人天衆十方
佛土悉已莊嚴六趣有情无不蒙益成就大

BD04208號　金光明最勝王經卷一　（19–1）

如大龍王名稱普聞衆所知識施戒清淨常
樂奉持忍行精勤經无量劫超諸靜慮繫
念現前開闡慧門善修方便自在游戲微妙神
通逮得揔持辯才无盡斷諸煩惱累染皆亡
不久當成一切種智降魔軍衆而擊法鼓制
諸外道令起淨心轉妙法輪度人天衆十方
佛土悉已莊嚴六趣有情无不蒙益成就大
智具足大忍住大慈悲心有大堅固力歷事
諸佛不般涅槃發弘誓心盡未來際廣於佛
所深種淨因於三世法悟无生忍逾於二乘
所行境界以大善巧化世間於大師教能敷
演祕密之法甚深空性皆已了知无復疑惑
其名曰无障礙轉法輪菩薩常發心轉法輪
菩薩常精進菩薩不休息菩薩慈氏菩薩
妙吉祥菩薩觀自在菩薩揔持自在王菩薩
大辯莊嚴王菩薩妙高山王菩薩大海深王菩
薩寶幢菩薩大寶幢菩薩地藏菩薩虛空藏
菩薩寶手自在菩薩金剛手菩薩歡喜力
菩薩大法力菩薩大莊嚴光菩薩大金光莊
嚴菩薩淨戒菩薩常定菩薩極清淨慧菩薩
堅固精進菩薩心如虛空菩薩不斷大願菩薩
施藥菩薩療諸煩惱病菩薩醫王菩薩歡喜
高王菩薩得上授記菩薩大雲淨光菩薩大
雲持法菩薩大雲名稱喜樂菩薩大雲現无
邊稱菩薩大雲師子吼菩薩大雲牛王吼菩
菩大雲吉祥菩薩大雲寶德菩薩大雲日藏
菩薩大雲月藏菩薩大雲星光菩薩大雲火

BD04208號　金光明最勝王經卷一　（19–2）

高王菩薩得上授記菩薩大雲淨光菩薩大
雲持法菩薩大雲名稱喜樂菩薩大雲現无
邊稱菩薩大雲師子吼菩薩大雲牛王吼菩
薩大雲吉祥菩薩大雲寶德菩薩大雲日藏
菩薩大雲月藏菩薩大雲星光菩薩大雲火
光菩薩大雲電光菩薩大雲雷音菩薩大雲
慧雨充遍菩薩大雲清淨雨王菩薩大雲花
樹王菩薩大雲青蓮花香菩薩大雲寶旃檀
香清涼身菩薩大雲除闇菩薩大雲破翳菩
薩如是等无量大菩薩衆各於晡時從定而
起往詣佛所頂礼佛足右繞三帀退坐一面
復有梨車毗童子五億八千其名曰師子光
童子師子慧童子法授童子因陁羅授童子
大光童子大猛童子佛護童子法護童子僧
護童子金剛護童子虛空護童子虛空吼童
子寶藏童子吉祥妙藏童子如是等人而為
上首悉皆安住无上菩提於大乘中深信歡
喜各於晡時往詣佛所頂礼佛足右繞三帀
退坐一面
復有四萬二千天子其名曰喜見天子喜悅
天子日光天子月髻天子明慧天子虛空淨
慧天子除煩惱天子吉祥天子如是等天而
為上首皆發弘願護持大乘紹隆正法能使
不絕各於補時往詣佛所頂礼佛足右繞三
帀退坐一面
復有二萬八千龍王蓮花龍王醫羅葉龍王
大力龍王大吼龍王小波龍王持駛水龍王

BD04208號　金光明最勝王經卷一

（19–3）

為上首皆發弘願護持大乘紹隆正法能使
不絕各於補時往詣佛所頂礼佛足右繞三
帀退坐一面
復有二萬八千龍王蓮花龍王醫羅葉龍王
大力龍王大吼龍王小波龍王持駛水龍王
金面龍王如意龍王是等龍王而為上首於
大乘法常樂受持發深信心稱揚擁護各於
晡時往詣佛所頂礼佛足右繞三帀退坐一
面
復有三萬六千諸藥叉衆毗沙門天王而為
上首其名曰菴婆藥叉持菴婆藥叉蓮花
光藏藥叉蓮花面藥叉頻眉藥叉現大怖藥叉
動地藥叉吞食藥叉是等藥叉悉皆愛樂如
來正法深心護持不生疲懈各於晡時往詣
佛所頂礼佛足右繞三帀退坐一面
復有四萬九千揭路荼王香象勢力王而為
上首及餘健闥婆阿蘇羅緊那羅莫呼洛伽
等山林河海一切神仙并諸大國所有王衆
中宮后妃淨信男女人天大衆悉皆雲集咸
願擁護无上大乘讀誦受持書寫流布各於
晡時往詣佛所頂礼佛足右繞三帀退坐一
面如是等聲聞菩薩人天大衆龍神八部既
雲集已各各至心合掌恭敬瞻仰尊容目未
曾捨願樂欲聞殊勝妙法尒時薄伽梵於日
晡時從定而起觀察大衆而說頌曰
金光明妙法　最勝諸經王　甚深難得聞　諸佛之境界
我當為大衆　宣說如是經　并四方四佛　威神共加護

BD04208號　金光明最勝王經卷一

（19–4）

而如是等聲聞菩薩人天大衆龍神八部既
雲集已各各至心合掌恭敬瞻仰尊容目未
曾捨願樂欲聞殊勝妙法尒時薄伽梵於日
晡時從定而起觀察大衆而說頌曰
金光明妙法　最勝諸經王　甚深難得聞　諸佛之境界
我當為大衆　宣說如是經　并四方四佛　威神共加護
東方阿閦尊　南方寶相佛　西方无量壽　北方天鼓音
我復演妙法　吉祥懺中勝　能滅一切罪　淨除諸惡業
及消衆苦患　常與无量樂　一切智根本　諸功德莊嚴
衆生身不具　壽命將損減　諸惡相現前　天神皆捨離
親友懷瞋恨　眷屬悉分離　彼此共乖違　珍財皆散失
惡星為變怪　或被邪蠱侵　若復多憂愁　衆苦之所逼
睡眠見惡夢　因此生煩惱　是人當澡浴　應著鮮潔衣
於此妙經王　甚深佛所讚　專注心无亂　讀誦聽受持
由此經威力　能離諸災橫　及餘衆苦難　无不皆除滅
護世四王衆　及大臣眷屬　无量諸藥叉　一心皆擁衛
大辯才天女　尼連河水神　訶利底母神　堅牢地神衆
梵王帝釋主　龍王緊那羅　及金翅鳥王　阿蘇羅天衆
如是天神等　并將其眷屬　皆來護是人　晝夜常不離
我當說是經　甚深佛行處　諸佛秘密教　千万劫難逢
若有聞是經　能為他演說　若心生隨喜　或設於供養
如是諸人等　當於无量劫　常為諸天人　龍神所恭敬
此福聚无量　數過於恒沙　讀誦是經者　當獲斯功德
亦為十方尊　深行諸菩薩　擁護持經者　令離諸苦難
供養是經者　如前澡浴身　飲食及香花　恒起慈悲意
若欲聽是經　令心淨无垢　常生歡喜念　能長諸功德
若以尊重心　聽聞是經者　善生於人趣　遠離諸苦難

BD04208號　金光明最勝王經卷一　（19–5）

此福聚无量　數過於恒沙　讀誦是經者　當獲斯功德
亦為十方尊　深行諸菩薩　擁護持經者　令離諸苦難
供養是經者　如前澡浴身　飲食及香花　恒起慈悲意
若欲聽是經　令心淨无垢　常生歡喜念　能長諸功德
若以尊重心　聽聞是經者　善生於人趣　遠離諸苦難
彼人善根熟　諸佛之所讚　方得聞是經　及以懺悔法
金光明最勝王經如來壽量品第二
尒時王舍大城有一菩薩摩訶薩名曰妙幢
已於過去无量俱胝那庾多百千佛所承事
供養殖諸善根是時妙幢菩薩獨於靜處作
是思惟以何因緣釋迦牟尼如來壽命短促
唯八十年復作是念如佛所說有二因緣得
壽命長云何為二一者不害生命二者施他
飲食然釋迦牟尼如來曾於无量百千万億
无數大劫不害生命行十善道常以飲食惠
施一切飢餓衆生乃至已身血肉骨髓亦持
施與令得飽滿況餘飲食時彼菩薩於世尊
所作是念時以佛威力其室忽然廣博嚴淨
帝青琉璃種種衆寶雜綵間飾如佛淨土有
妙香氣過諸天香芬馥充滿於其四面各有
上妙師子之座四寶所成以天寶衣而敷其
上復於此座有妙蓮花種種珎寶以為嚴飾
量等如來自然顯現於蓮花上有四如來東
方不動南方寶相西方无量壽北方天鼓音是四
如來各於其座跏趺而坐放大光明周遍照
耀王舍大城及此三千大千世界乃至十方

BD04208號　金光明最勝王經卷一　（19–6）

上復於此座有妙蓮花種種珎寶以為嚴飾
垂等如來自然顯現於蓮花上有四如來東
方不動南方寶相西方无量壽北方天鼓音是四
如來各於其座跏趺而坐放大光明周遍照
耀王舍大城及此三千大千世界乃至十方
恒河沙等諸佛國土雨諸天花奏諸天樂尒
時於此贍部洲中及三千大千世界所有衆
生以佛威力受勝妙樂无有乏少若身不具
皆蒙具足盲者能視聾者得聞瘂者能言愚
者得智若心亂者得本心若无衣者得衣服
被惡賤者人所敬有垢穢者身清潔於此世
間所有利益未曾有事悉皆顯現
尒時妙幢菩薩見四如來及希有事歡喜踊
躍合掌一心瞻仰諸佛殊勝之相亦復思惟
釋迦牟尼如來无量功德唯於壽命生疑
惑心云何如來功德无量壽命短促唯八十
年尒時四佛告妙幢菩薩言善男子汝今不
應思忖如來壽命長短何以故善男子我等
不見諸天世間梵魔沙門婆羅門等人及非
人有能算知佛之壽量知其齊限唯除无上
正遍知者時四如來欲說釋迦牟尼佛所有
壽量以佛威力欲色界天諸龍鬼神健闥婆
阿蘇羅揭路荼緊那羅莫呼洛伽及无量百
千億那庾多菩薩摩訶薩悉來集會入妙幢
菩薩淨妙室中尒時四佛於大衆中欲顯釋
迦牟尼如來所有壽量而說頌曰
一切諸海水　可知其滴數　无有能數知　釋迦之壽量

阿蘇羅揭路荼緊那羅莫呼洛伽及无量百
千億那庾多菩薩摩訶薩悉來集會入妙幢
菩薩淨妙室中尒時四佛於大衆中欲顯釋
迦牟尼如來所有壽量而說頌曰
一切諸海水　可知其滴數　无有能數知　釋迦之壽量
析諸妙高山　如芥可知數　无有能數知　釋迦之壽量
一切大地土　可知其塵數　无有能算知　釋迦之壽量
假使量虛空　可得盡邊際　无有能度知　釋迦之壽量
若人住億劫　盡力常算數　亦復不能知　世尊之壽量
不害衆生命　及施於飲食　由斯二種因　得壽命長遠
是故大覺尊　壽命難知數　如劫无邊際　壽量亦如是
妙幢汝當知　不應起疑惑　最勝壽无量　莫能知數者
尒時妙幢菩薩聞四如來說釋迦牟尼佛壽
量无限白言世尊云何如來示現如是短促壽
量時四世尊告妙幢菩薩言善男子彼釋
迦牟尼佛於五濁世出現之時人壽百年稟
性下劣善根微薄復无信解此諸衆生多有
我見人見衆生壽者養育邪見我我所見斷
常見等為欲利益此諸異生及衆外道如是
等類令生正解速得成就无上菩提是故釋
迦牟尼如來示現如是短促壽命善男子然
彼如來欲令衆生見涅槃已生難遭想憂苦
等想於佛世尊所說經教速當受持讀誦通
利為人解說不生謗毀是故如來現斯短壽
何以故彼諸衆生若見如來不般涅槃不生
恭敬難遭之想如來所說甚深經典亦不受
持讀誦通利為人宣說所以者何以常見佛

利為人解說不生謗毀是故如來現斯短壽
何以故彼諸衆生若見如來不般涅槃不生
恭敬難遭之想如來所說甚深經典亦不受
持讀誦通利為人宣說所以者何以常見佛
不尊重故善男子譬如有人見其父母多有
財產珎寶豐盈便於財物不生希有難遭
之想所以者何於父財物生常想故善男子彼
諸衆生亦復如是若見如來不入涅槃不生
希有難遭之想所以者何由常見故善男子
譬如有人父母貧窮資財乏少然彼貧人或
詣王家或大臣舍見其倉庫種種珎財悉皆
盈滿生希有心難遭之想時彼貧人為欲求財
廣設方便策勤无怠所以者何為捨貧窮受
安樂故善男子彼諸衆生亦復如是若見如
來入於涅槃生難遭想乃至憂苦等想復作
是念於无量劫諸佛如來出現於世如烏曇
跋花時乃一現彼諸衆生發希有心起難遭
想若遇如來心生敬信聞說正法生實語想
所有經典悉皆受持不生毀謗善男子以是
因緣彼佛世尊不久住世速入涅槃善男子
是諸如來以如是等善巧方便成就衆生尒
時四佛說是語已忽然不現
尒時妙幢菩薩摩訶薩與无量百千菩薩及
无量億那庾多百千衆生俱共往詣鷲峯山
中釋迦牟尼如來正遍知所頂禮佛足在一面
立時妙幢菩薩以如上事具白世尊時四如
來亦詣鷲峯至釋迦牟尼佛所各隨本方

BD04208號　金光明最勝王經卷一　（19–9）

尒時妙幢菩薩摩訶薩與无量百千菩薩及
无量億那庾多百千衆生俱共往詣鷲峯山
中釋迦牟尼如來正遍知所頂禮佛足在一面
立時妙幢菩薩以如上事具白世尊時四如
來亦詣鷲峯至釋迦牟尼佛所各隨本方
就座而坐告侍者菩薩言善男子汝今可詣
釋迦牟尼佛所為我致問少病少惱起居輕
利安樂行不復作是言善哉善哉釋迦牟尼
如來今可演說金光明經甚深法要為欲饒
益一切衆生除去飢饉令得安樂我當隨喜
時彼侍者各詣釋迦牟尼佛所頂礼雙足却
住一面俱白佛言彼天人師致問无量少病
少惱起居輕利安樂行不復作是言善哉善
哉釋迦牟尼如來今可演說金光明經甚深
法要為欲利益一切衆生除去飢饉令得安
樂尒時釋迦牟尼如來應正等覺告彼侍者
諸菩薩言善哉善哉彼四如來乃能為諸衆
生饒益安樂勸請於我宣揚正法尒時世尊
而說頌曰
我常在鷲山　宣說此經寶　成就衆生故　示現般涅槃
凡夫起邪見　不信我所說　為成就彼故　示現般涅槃
時大會中有婆羅門姓憍陳如名曰法師授
記與无量百千婆羅門衆供養佛已聞世尊
說入般涅槃涕淚交流前礼佛足白言世尊若
實如來於諸衆生有大慈悲憐愍利益令
得安樂猶如父母餘无等者能與世間作歸
依處如淨滿月以大智慧能為照明如日初

BD04208號　金光明最勝王經卷一　（19–10）

說入般涅槃涕淚交流前礼佛足白言世尊若
實如来於諸衆生有大慈悲憐愍利益令
得安樂猶如父母餘无等者能與世間作歸
依處如淨滿月以大智慧能為照明如日初
出普觀衆生愛无偏黨如羅怙羅唯願世尊
施我一願尒時世尊默然而止佛威力故於
此衆中有梨車毗童子名一切衆生喜見語
婆羅門憍陳如言大婆羅門汝今從佛欲乞
何願我能與汝婆羅門言童子我欲供養无
上世尊今從如来求請舍利如芥子許何以
故我曾聞說若善男子善女人得佛舍利如
芥子許恭敬供養是人當生三十三天而為
帝釋是時童子語婆羅門曰若欲願生三十
三天受勝報者應當至心聽是金光明最勝
王經於諸經中最為殊勝難解難入聲聞獨
覺所不能知此經能生无量无邊福德果報
乃至成辦无上菩提我今為汝略說其事婆
羅門言善哉童子此金光明甚深最上難解
難入聲聞獨覺尚不能知何況我等邊鄙之
人智慧微淺而能解了是故我今求佛舍利如
芥子許持還本處置寶函中恭敬供養命
終之後得為帝釋常受安樂云何汝今不能
為我從明行足求斯一願作是語已尒時童
子即為婆羅門而說頌曰
恒河駛流水　可生白蓮花　黃鳥作白形　黑烏變為赤
假使贍部樹　可生多羅果　朅樹羅枝中　能出菴羅葉

BD04208號　金光明最勝王經卷一　（19–11）

為我從明行足求斯一願作是語已尒時童
子即為婆羅門而說頌曰
恒河駛流水　可生白蓮花　黃鳥作白形　黑烏變為赤
假使贍部樹　可生多羅果　朅樹羅枝中　能出菴羅葉
斯等希有物　或容可轉變　世尊之舍利　畢竟不可得
假使用龜毛　織成上妙服　寒時可被著　方求佛舍利
假使蚊蚋足　可使成樓觀　堅固不搖動　方求佛舍利
假使水蛭蟲　口中生白齒　長大利如鋒　方求佛舍利
假使持兔角　用成於梯蹬　可昇上天宮　方求佛舍利
鼠緣此梯上　除去阿蘇羅　能障空中月　方求佛舍利
若蠅飲酒醉　周行村邑中　廣造於舍宅　方求佛舍利
若使驢脣色　赤如頻婆果　善作於歌舞　方求佛舍利
烏與鵂鶹鳥　同共一處遊　彼此相順從　方求佛舍利
假使波羅葉　可成於傘蓋　能遮於大雨　方求佛舍利
假令大船舶　盛滿諸財寶　能令陸地行　方求佛舍利
假使鷦鷯鳥　以嘴銜香山　隨處任遊行　方求佛舍利
尒時法師授記婆羅門聞此頌已亦以伽他荅
一切衆生喜見童子曰
善哉大童子　此衆中吉祥　善巧方便心　得佛无上記
如来大威德　能救護世間　仁可至心聽　我今次第說
諸佛境難思　世間无與等　法身性常住　修行无差別
諸佛體皆同　所說法亦尒　諸佛无作者　亦復本无生
世尊金剛體　權現於化身　是故佛舍利　无如芥子許
佛非血肉身　云何有舍利　方便留身骨　為益諸衆生
法身是正覺　法界即如来　此是佛真身　亦說如是法
尒時會中三万二千天子聞說如来壽命長
遠皆發阿耨多羅三藐三菩提心歡喜踊躍

BD04208號　金光明最勝王經卷一　（19–12）

世尊金剛體　權現於化身　是故佛舍利　无如芥子許
佛非血肉身　云何有舍利　方便留身骨　為益諸衆生
法身是正覺　法界即如来　此是佛真身　亦說如是法
爾時會中三万二千天子聞說如来壽命長
遠皆發阿耨多羅三藐三菩提心歡喜踊躍
得未曾有異口同音而說頌曰
佛不般涅槃　正法亦不滅　為利衆生故　示現有滅盡
世尊不思議　妙體无異相　為利衆生故　現種種莊嚴
爾時妙幢菩薩親於佛前及四如来并二大
士諸天子所聞說釋迦牟尼如来壽量事已
復從座起合掌恭敬白佛言世尊若實如是
諸佛如来不般涅槃无舍利者云何經中說有
涅槃及佛舍利令諸人天恭敬供養過去諸
佛現有身骨流布於世人天供養得福无
邊今復言无致生疑惑唯願世尊哀愍我等
廣為分別
爾時佛告妙幢菩薩及諸大衆汝等當知去
般涅槃有舍利者是密意說如是之義當一
心聽善男子菩薩摩訶薩如是應知有其十
法能解如来應正等覺真實理趣說有究
竟大般涅槃云何為十一者諸佛如来究竟斷
盡諸煩惱障所知障故名為涅槃二者諸佛
如来善能解了有情无性及法无性故名為
涅槃三者能轉身依及法依故名為涅槃四
者於諸有情任運休息化因緣故名為涅槃
五者證得真實无差別相平等法身故名為
涅槃六者了知生死及以涅槃无二性故名為

如来善能解了有情无性及法无性故名為
涅槃三者能轉身依及法依故名為涅槃四
者於諸有情任運休息化因緣故名為涅槃
五者證得真實无差別相平等法身故名為
涅槃六者了知生死及以涅槃无二性故名為
涅槃七者於一切法了其根本證清淨故
名為涅槃八者於一切法无生无滅善脩行
故名為涅槃九者真如法界實際平等行正
智故名為涅槃十者於諸法性及涅槃性得
无差別故名為涅槃是謂十法說有涅槃
復次善男子菩薩摩訶薩如是應知復有
十法能解如来應正等覺真實理趣說有究
竟大般涅槃云何為十一者一切煩惱以樂欲
為本從樂欲生諸佛世尊斷樂欲故名為涅
槃二者以諸如来斷諸樂欲不取一法以不
取故无去无来无所取故名為涅槃三者以
无去来及无所取是則法身不生不滅无生
滅故名為涅槃四者此无生滅非言所宣言
語斷故名為涅槃五者无有我人唯法生滅得
轉依故名為涅槃六者煩惱隨惑皆是客塵
法性是主无来无去佛了知故名為涅槃七
者真如是實餘皆虛妄實性體者即是真
如真如性者即是如来名為涅槃八者實際
之性无有戲論唯獨如来證實際法戲論永
斷名為涅槃九者无生是實生是虛妄愚癡
之人漂溺生死如来體實无有虛妄名為涅槃

如真如性者即是如來名為涅槃八者實際
之性无有戲論唯獨如來證實際法戲論永
斷名為涅槃九者无生是實生是虛妄愚癡
之人漂溺生死如來體實无有虛妄名為涅槃
十者不實之法是從緣生真實之法不從緣
起如來法身體是真實名為涅槃善男子
是謂十法說有涅槃
復次善男子菩薩摩訶薩如是應知復有十
法能解如來應正等覺真實理趣說有究竟
大般涅槃云何為十一者如來善知施及施果
无我我所此施及果不正分別永除滅故名
為涅槃二者如來善知戒及戒果无我我所
此戒及果不正分別永除滅故名為涅槃三
者如來善知忍及忍果无我我所此忍及
果不正分別永除滅故為涅槃四者如來善
知勤及勤果无我我所此勤及果不正分別
永除滅故名為涅槃五者如來善知定及定
果无我我所此定及果不正分別永除滅故
名為涅槃六者如來善知慧及慧果无我
我所此慧及果不正分別永除滅故名為涅
槃七者諸佛如來善能了知一切有情非有
情一切諸法皆无性不正分別永除滅故名
為涅槃八者若自愛著便起追求由追求故
受眾苦惱諸佛如來除自愛故永絕追求无
追求故名為涅槃九者有為之法皆有數
量无法者數量皆除佛離有為證无為法无
數量故名為涅槃十者如來了知有情及法

BD04208號　金光明最勝王經卷一

(19–15)

為涅槃八者若自愛著便起追求由追求故
受眾苦惱諸佛如來除自愛故永絕追求无
追求故名為涅槃九者有為之法皆有數
量无法者數量皆除佛離有為證无為法无
數量故名為涅槃十者如來了知有情及法
體性皆空離空非有空性即是真法身故名
為涅槃善男子是謂十法說有涅槃
復次善男子豈唯如來不般涅槃是為希有
復有十種希有之法是如來行云何為十一
者生死過失涅槃寂靜由於生死及以涅槃
證平等故不處流轉不住涅槃於諸有情不
生厭背是如來行二者佛於眾生不作是念
此諸愚夫行顛倒見為諸煩惱之所纏迫我
今開悟令得解脫然由往昔慈善根力於彼
有情隨其根性意樂勝解不起分別任運濟
度示教利喜盡未來際无有窮盡是如來
行三者佛无是念我今演說十二分教利益有
情然由往昔慈善根力於彼有情廣說乃至
盡未來際无有窮盡是如來行四者佛无是
念我今往彼城邑聚落王及大臣婆羅門剎
帝利薜舍戍達羅等舍從其乞食然由往昔
身語意行串習力故任運詣彼為利益事而
行乞食是如來行五者如來之身无有飢渴
亦無便利羸憊之相雖行乞食而无所食亦
無分別然為任運利益有情是有食相是如
來行六者佛无是念此諸眾生有上中下隨
彼機性而為說法然佛世尊无有分別隨其

BD04208號　金光明最勝王經卷一

(19–16)

行乞食是如来行五者如来之身无有飢渴
亦無便利羸憊之相雖行乞取而无所食亦
無分別然為任運利益有情是有食相是如
来行六者佛无是念此諸衆生有上中下隨
彼根性而為說法然佛世尊无有分別隨其
器量善應機緣為彼說法是如来行七者佛
无是念此類有情不恭敬我常於我所出呵
罵言不能與彼共為言論彼類有情恭敬於
我常於我所共相讚歎我當與彼共為言說
然而如来起慈悲心平等无二是如来行八者
諸佛如来无有愛憎憍慢貪惜及諸煩惱
然而如来常樂寂靜讚歎少欲離諸諠鬧是
如来行九者如来無有一法不知不善通達
於一切處鏡智現前无有分別然而如来見
彼有情所作事業隨彼意轉方便誘引令得
出離是如来行十者如来若見一分有情得富
盛時不生歡喜見其衰損不起憂慼然而
如来見彼有情修習正行无礙大慈自然救
攝若見有情修習邪行无礙大慈自然救攝
是如来行善男子如是當知如来應正等覺
說有如是无邊正行汝等當知是謂涅槃真實
之相或時見有般涅槃者是權方便及留舍
利令諸有情恭敬供養皆是如来慈善根
力若供養者於未来世遠離八難逢事諸佛
遇善知識不失善心福報无邊速當出離不
為生死之所纏縛如是妙行汝等勤脩勿為
放逸

BD04208號　金光明最勝王經卷一　（19–17）

力若供養者於未来世遠離八難逢事諸佛
遇善知識不失善心福報无邊速當出離不
為生死之所纏縛如是妙行汝等勤脩勿為
放逸
尒時妙幢菩薩聞佛親說不般涅槃及甚深
行合掌恭敬白言我今始知如来大師不般涅
槃及留舍利普益衆生身心踊悅歎未曾
有說是如来壽量品時無量无數无邊衆生
皆發无等等阿耨多羅三藐三菩提心時四
如来忽然不現妙幢菩薩礼佛足已從座而
起還其本處

金光明最勝王經卷第一

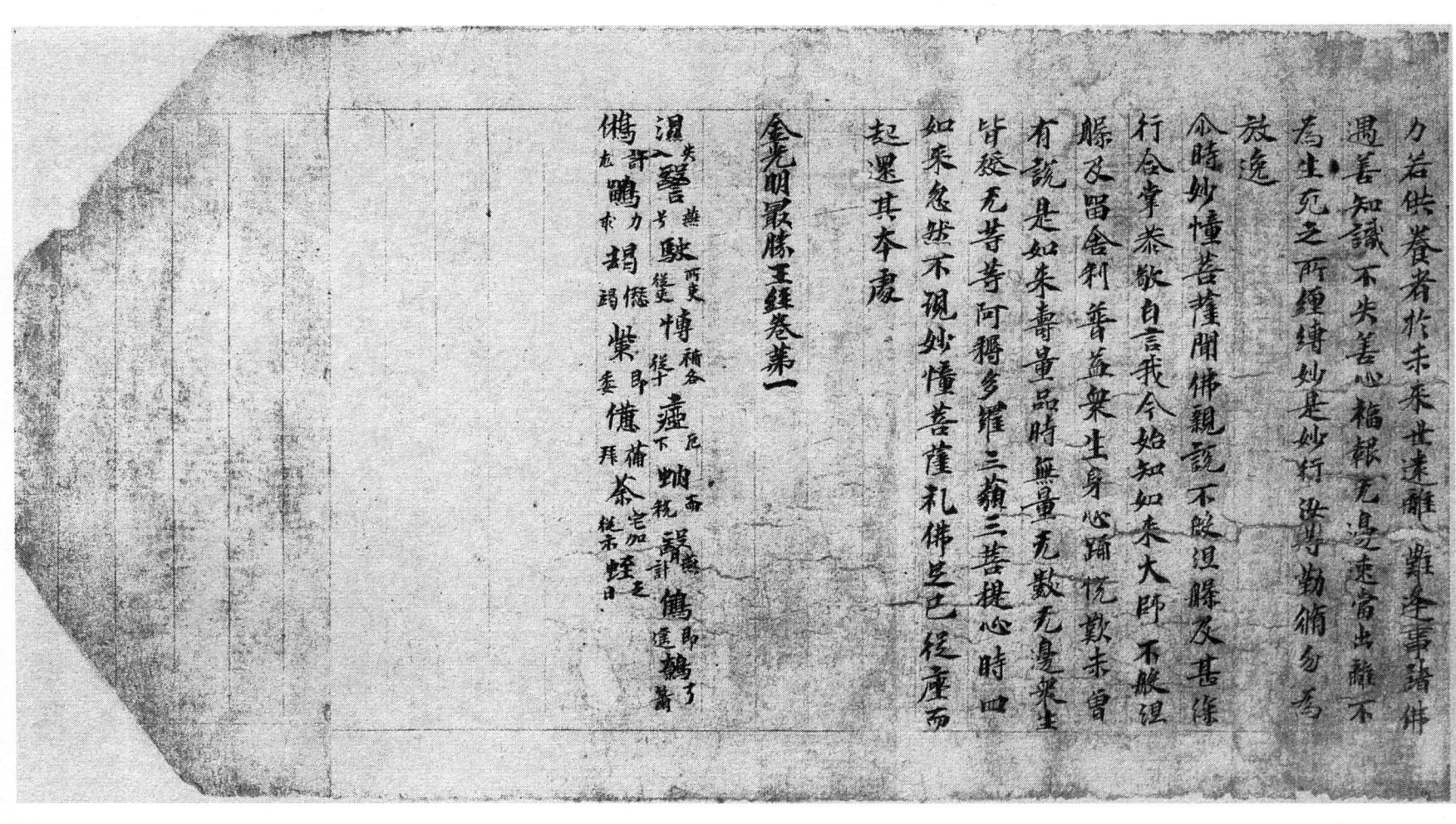

濕失入 謦去挺 駛所吏 博補各 瘂尼下 蚋而税 翳於計 鷦即遼 鷯了蕭
鵂許尤 鶹力求 揭憩謁 紫即委 僃蒲拜 荼宅加從示 蛭之日

BD04208號　金光明最勝王經卷一　（19–18）

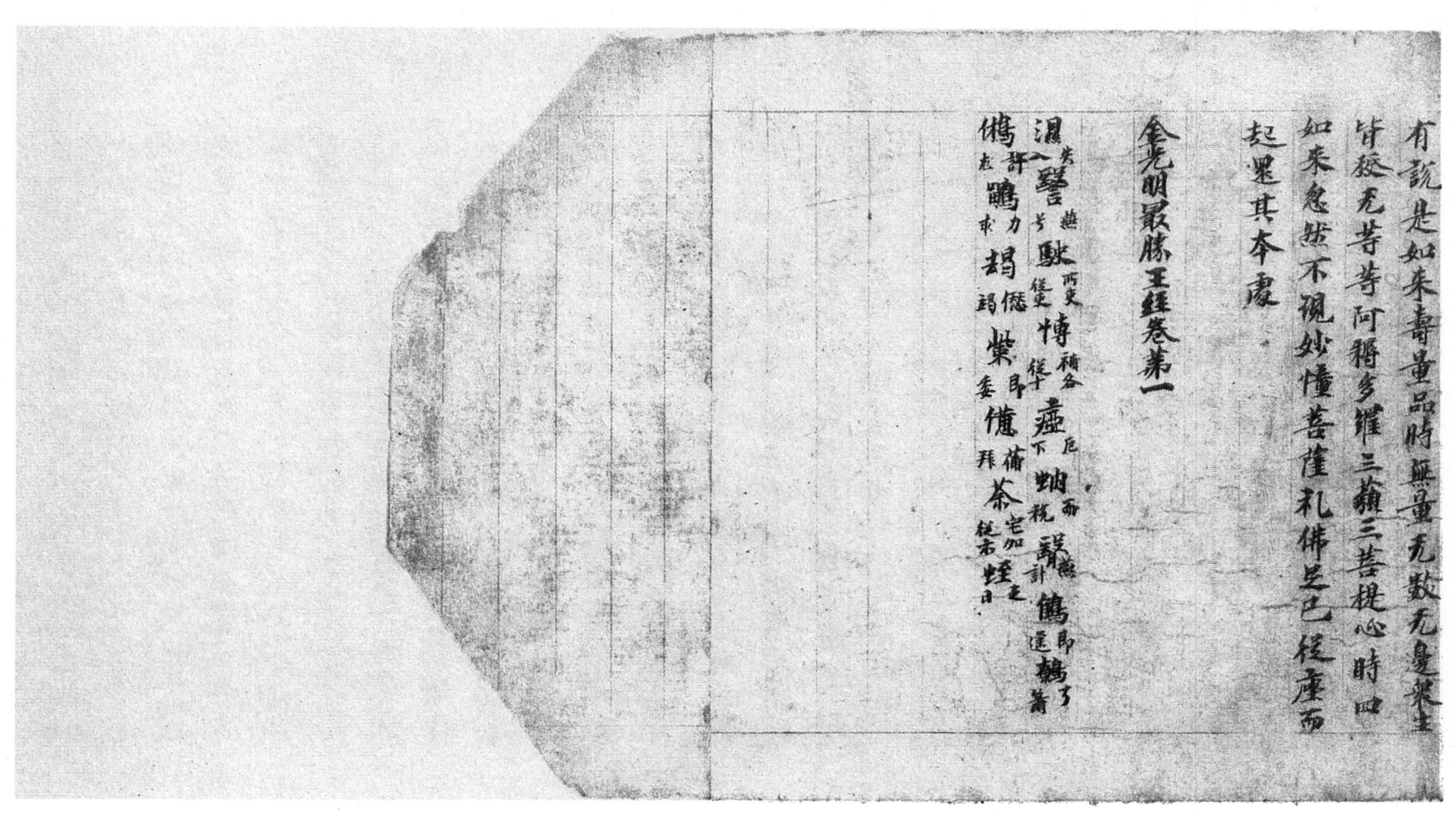

有說是如來壽量品時無量无數无邊衆生
皆發无等等阿耨多羅三藐三菩提心時四
如來忽然不現妙幢菩薩礼佛足已從座而
起還其本處

金光明最勝王經卷第一

淈失入 譬烏兮 駛所吏 愽補各 瘂厄下 蚋而税 翳烏計 鶺即還 鴒了青
鵂許尤 鶹力求 揭憩謁 紫即委 憊蒲拜 荼宅加從示 蛭之日

BD04208 號　金光明最勝王經卷一　（19–19）

七寶供養如来若復有人勸請如來轉大法
輪所得功德其福勝彼何以故彼是財施此
是法施善男子且置三千大千世界七寶布
施若人以滿恒河沙數大千世界七寶供養一
切諸佛勸請功德亦勝於彼由其法施有五
勝利云何為五一者法施兼利自他財施不
爾二者法施能令衆生出於三界財施之福
不出欲界三者法施能淨法身財施但唯增
長於色四者法施无窮財施有盡五者法施
能斷无明財施唯伏貪愛是故善男子勸請
功德无量无邊難可譬喻如我昔行菩薩道
時勸請諸佛轉大法輪由彼善根是故今日
一切帝釋諸梵王等勸請於我轉大法輪善
男子請轉法輪為欲度脫安樂諸衆生故我
於往昔為菩提行勸請如來久住於世莫般
涅槃依此善根我得十力四无所畏四无礙辯
大慈大悲證得无數不共之法我當入於无
餘涅槃我之正法久住於世我法身者清淨
无比種種妙相无量智慧无量自在无量功

BD04209 號　金光明最勝王經卷三　（5–1）

男子請轉法輪為欲度脫安樂諸衆生故我
於往昔為菩提行勸請如來久住於世莫般
涅槃依此善根我得十力四无所畏四无礙辯
大慈大悲證得无數不共之法我當入於无
餘涅槃我之正法久住於世我法身者清淨
无比種種妙相无量智慧无量自在无量功
德難可思議一切衆生皆蒙利益百千万
劫說不能盡法身攝藏一切諸法一切諸法
不攝法身法身常住不隨常見雖復斷滅亦
非斷見能破衆生種種異見能生衆生種種
真見能解一切衆生之縛无縛可解能植衆
生諸善根本未成熟者令成熟已成熟者令
解脫无作无動遠離憒閙寂靜无為自在安
樂過於三世能現三世出於聲聞獨覺之境
諸大菩薩之所修行一切如來體无有異此
等皆由勸請功德善根力故如是法身我今
已得是故若有欲得阿耨多羅三藐三菩提
者於諸經中一句一頌為人解說功德善根
尚无限量何況勸請如來轉大法輪久住於
世莫般涅槃
時天帝釋復白佛言世尊若善男子善女人
為求阿耨多羅三藐三菩提故修三乘道所
有善根云何迴向一切智智佛告天帝善男
子若有衆生欲求菩提修三乘道所有善根
願迴向者當於晝夜六時慇重至心作如是
說我從无始生死以來於三寶所修行成就

BD04209號　金光明最勝王經卷三　（5–2）

時天帝釋復白佛言世尊若善男子善女人
為求阿耨多羅三藐三菩提故修三乘道所
有善根云何迴向一切智智佛告天帝善男
子若有衆生欲求菩提修三乘道所有善根
願迴向者當於晝夜六時慇重至心作如是
說我從无始生死以來於三寶所修行成就
所有善根乃至施與傍生一摶之食或以善
言和解諍訟或受三歸及諸學處或復懺悔
勸請隨喜所有善根我今作意悉皆攝取
迴施一切衆生无悔悋心是解脫分善根所攝
如佛世尊之所知見不可稱量无礙清淨如是
所有功德善根悉以迴施一切衆生不住相心
不捨相心我亦如是功德善根悉以迴施一
切衆生願皆獲得如意之手撝空出寶滿
衆生願富樂无盡智慧无窮妙法辯才悉皆
无滯共諸衆生同證阿耨多羅三藐三菩提
得一切智因此善根更復出生无量善法亦
皆迴向无上菩提又如過去諸大菩薩修行
之時功德善根悉皆迴向一切種智現在未
來亦復如是然我所有功德善根亦皆迴向
阿耨多羅三藐三菩提是諸善根願共一切
衆生俱成正覺如餘諸佛坐於道場菩提樹
下不可思議无礙清淨住於无盡法藏陀羅
尼首楞嚴定破魔波旬无量兵衆應見覺
知應可通達如是一切一剎那中悉皆照了
於後夜中獲甘露法證甘露義我及衆生願
皆同證如是妙覺猶如

BD04209號　金光明最勝王經卷三　（5–3）

下不可思議光瑕清淨住於无盡法藏陁羅
尼首楞嚴定破魔波旬无量兵衆應見覺
知應可通達如是一切一剎那中悉皆照了
於後夜中獲甘露法證甘露義我及衆生願
皆同證如是妙覺猶如
无量壽佛　勝光佛　妙光佛　阿閦佛
功德善光佛　師子光明佛　百光明佛　網光明佛
寶相佛　寶焰佛　焰明佛　焰盛光明佛
吉祥上王佛　微妙聲佛　妙莊嚴佛　法幢佛
上勝身佛　可愛色身佛　光明遍照佛　梵淨王佛
上性佛
如是等如來應正遍知過去未來及以現在
亦現應化得阿耨多羅三藐三菩提轉无上
法輪為度衆生我亦如是廣說如上
善男子若有淨信男子女人於此金光明最
勝王經滅業障品受持讀誦憶念不忘為他
廣說得无量无邊大功德聚譬如三千大
千世界所有衆生一時皆得成就人身得人
身已成獨覺道若有男子女人盡其形壽恭
敬尊重四事供養一一獨覺各施七寶如須彌
山與諸獨覺入涅槃後皆以珎寶起塔供養
其塔高廣十二踰繕那以諸花香寶幢幡蓋
常為供養善男子於意云何是人所獲功德
寧為多不天帝釋言甚多世尊善男子若
復有人於此金光明微妙經典衆經之王滅業
障品受持讀誦憶念不忘為他廣說所獲功

BD04209號　金光明最勝王經卷三　（5–4）

常為供養善男子於意云何是人所獲功德
寧為多不天帝釋言甚多世尊善男子若
復有人於此金光明微妙經典衆經之王滅業
障品受持讀誦憶念不忘為他廣說所獲功
德於前所說供養功德百分不及一百千万
億分乃至校量譬喻所不能及何以故是善
男子善女人住正行中勸請十方一切諸佛轉
无上法輪皆為諸佛歡喜讚歎善男子如我
所說一切施中法施為勝是故善男子於三
寶所設諸供養不可為比勸受三歸持一切
戒无有毀犯三業不空不可為比一切世界
一切衆生隨力隨能隨所願樂於三乘中勸
發菩提心不可為比於三世中一切世界所
有衆生皆得无礙速令成就无量功德不
可為比三世剎土一切衆生令无障礙得三
菩提不可為比三世剎土一切衆生勸令速
出四惡道苦不可為比三世剎土一切衆生
勸令除滅極重惡業不可為比一切苦惱勸
令解脫不可為比一切怖畏苦惱逼切皆令
得解不可為比三世佛前一切衆生所有功
德勸令隨喜發菩提願不可為比勸除惡行
罵辱之業一切功德皆願成就所在生中勸
請供養尊重讚歎一切三寶勸請衆生淨修

BD04209號　金光明最勝王經卷三　（5–5）

彼衆常来此　覩[illegible]
佘時月幢世尊无量分身在於欲色諸天宮
殿有无央數菩薩及諸天等圍遶供養說密
嚴中諸无畏者所脩觀行實相之法彼諸菩
薩聞說是已得內證智相應三昧心不樂於
正位之樂不住實際即於定中互相觀察心
各念言其誰已見證於實相觀行之首去何
而得見斯人乎心生渴仰僉然而住彼諸佛
子復更思惟何者是定去何非定於何所定
孰是其定所待之緣作是念已以三昧力見
密嚴土中菩薩之王首戴寶冠三十二相以
爲嚴飾彼諸菩薩便從定起著上好衣從他
方无量佛國而来此會一心瞻仰金剛藏尊佘
時金剛藏菩薩摩訶薩周顧四方見諸大衆
便生覺念將欲說法熈怡微笑發和雅音而
說偈言
汝等諸佛子　咸應一心聽　定境難可思　非分別所了
定及於定者　定緣亦復然
離諸欲不善　而有於覺觀　寂静生喜樂　是謂入初禪

BD04210 號　大乘密嚴經（地婆訶羅本）卷下　（8–1）

時金剛藏菩薩摩訶薩周顧四方見諸大衆
便生覺念將欲說法熈怡微笑發和雅音而
說偈言
汝等諸佛子　咸應一心聽　定境難可思　非分別所了
定及於定者　定緣亦復然
離諸欲不善　而有於覺觀　寂静生喜樂　是謂入初禪
如是漸次第　四八至于十
外道著我者　常脩此諸定　一切聲聞衆　辟支佛亦然
了知於世間　諸法之自相　蘊處如空聚　此中无有我
无思无動作　如機關起尸　但有三和合　本无能作者
外道脩定人　起於空性見　此人迷法相　壞於一切法
若有能脩行　如來微妙定　善知蘊无我　諸見悉除滅
一切唯有識　諸法相皆无　无能相所相　无果亦无蘊
分析至微塵　此皆无所住
地水等衆物　皆從分別生　不知其性者　取於如是相
惡色与好色　似色餘亦然　譬如虛空中　雲蜺等衆彩
思惟如骨𤨏　遍滿於世間　及遍處想觀　觀於諸天等
身有色无色　定者常諦思　著於緣一心　即緣說清淨
如其所分別　即彼或所緣　非定非定者　妄計以爲定
定者在定中　了世皆藏識　法及諸法相　一切皆除遣
獲於勝定者　善說於諸定　破諸脩定人　妄智所知法
著人生小智　取法及於我　自謂誠諦言　善巧說諸法
計著諸法相　自壞亦壞他　无能相所相　妄生差別見
甜持能除熱　苦醋鹹亡淡　辛物變於冷　鹹能已風疾
身中有淡熱　共生於瘧病　或復但因風　或三和合起

BD04210 號　大乘密嚴經（地婆訶羅本）卷下　（8–2）

獲於勝定者 善說於諸定 破諸惛定人 妄智所知法
著人主小智 取法及於我 自謂誠諦言 善巧說諸法
計著諸法相 自壞亦壞他 无能相所相 妄生差別見
甜性能除熱 苦醋鹹亦淡 辛物變於冷 鹹能已風疾
身中有淡熱 共生於痤病 或復但因風 或三和合起
以病各差別 良醫說衆方 石蜜并六分 庚沙諸食等
能除衆生身 種種諸痤病 若法有自性 及以諸相者
藥无除病能 病者不應差 云何世人見 服藥病除愈
定者觀世間 但是賴耶識 變異而流轉 譬如衆幻獸
无能相所相 瀘與於瀘者 亦无支分珠 及以有支分
世中无能作 而作於世間 亦非散十方 微塵之所聚
非初最微細 漸次大如指 二指或復三 諸物轉和合
求那各差別 如是義皆无 非時非勝性 及三法所作
亦非无有因 自然而得有
斯由業習氣 擾濁於內心 依心及眼根 種種妄分別
意与於意識 及以阿賴耶 普現於世間 如幻作衆物
瓶等衆境界 悉以心為體 非瓶似瓶現 是故說為空
世間所有色 諸天宮殿等 皆是阿賴耶 變異而可見
衆生身所有 從頭至手足 頓生或漸次 無非阿賴耶
習氣濁於心 凡愚不能了
此性非是有 亦復非是空 如人以諸物 擊破於瓶等
物體若是空 即无能所破
譬如須弥量 我見未為惡 憍慢而著空 此惡過於彼
空性隨應說 不應演非處 若演於非處 甘露即為毒
一切諸衆生 生於種種見 欲令斷諸見 為說於空理

BD04210 號　大乘密嚴經（地婆訶羅本）卷下　（8–3）

此性非是有 亦復非是空 如人以諸物 擊破於瓶等
物體若是空 即无能所破
譬如須弥量 我見未為惡 憍慢而著空 此惡過於彼
空性隨應說 不應演非處 若演於非處 甘露即為毒
一切諸衆生 生於種種見 欲令斷諸見 為說於空理
聞空執為實 不能斷諸見 此見不可除 如病醫所捨
譬如火燒木 木盡火不留 見木若已燒 空火亦應滅
生於智慧火 諸見得滅時 普燒諸煩惱 一切皆清淨
牟尼以此智 密嚴而解脫
不見以菟角 觸壞於太山 曾无石女兒 執箭射於物
未聞欲鬪戰 而求菟角弓 誰復須宮室 令石女兒造
一切法空性 與法常同體 始於胎藏時 色生便滅壞
離空无有色 離色无有空 如月與光明 始終恒不異
諸法亦如是 空性與之一 展轉无差別 所為皆得成
是身如死屍 本來无自性 恒為愛繩縛 境界所牽動
佛說於空理 為欲斷諸見 汝等有智人 宜應一心學
譬如工幻者 以諸呪術力 草木等衆像 隨意之所作
依於眼及愛 作意色与明 如是眼識生 如幻亦如燄
是識无來處 去亦无處所 識識性如是 不應著有无
譬如石女兒 菟角手輪等 本來无有體 妄立於名字
師子熊羆類 此皆无有角 何故不分別 唯言菟角无
善巧談論者 豈不能宣說 古先諸智人 但說菟无角
惑者妄分別 如瘖及聾瞽 斯人无現智 不能自證法
但隨他語轉 何用分別為 若離於分別 當生密嚴土
一心定之中 普見十方國

BD04210 號　大乘密嚴經（地婆訶羅本）卷下　（8–4）

譬如石女兒　[illegible]
師子熊羆類　此皆无有角　何故不分別　唯言兔角无
善巧談論者　豈不能宣說　古先諸智人　但說兔无角
惑者妄分別　如瘖及聾瞽　斯人无現智　不能自證法
但隨他語轉　何用分別為　若離於分別　當生密嚴土
一心正定中　普現十方國
譬如天宮殿　眾星及日月　依止須彌山　風力所持運
七識亦如是　依於阿賴耶　習氣之所持　處處恒流轉
譬如依大地　發生種種物　一切諸含情　乃至眾珍寶
藏識亦如是　眾識之所依
譬如孔雀鳥　毛羽多光色　雄雌相愛樂　鼓舞共歡遊
定者觀賴耶　應知亦如是　種子及諸法　展轉相依住
譬如百川流　日夜歸大海　川流无有盡　海亦不分別
藏識亦如是　甚深无有涯　諸識之習氣　日夜常歸往
如地有眾寶　及餘種種物　給施諸眾生　隨其所資用
藏識亦如是　與諸分別俱　增長於生死　轉依成正覺
善行清淨行　出過於十地　入如來地中　十力皆圓滿
正住於真際　常恒不壞滅　如地无分別　應化无有窮
如春眾花發　人鳥皆欣玩　執持識亦然　定者多迷取
如是諸佛子　无慧離真實　於義不善知　妄言生決定
非法離聞語　誑惑於眾生　諸法別異住　而別起言說
譬如工幻師　善用於咒術　於无花異處　現種種花菓
如是佛菩薩　善巧方便智　世間別異住　別異而安立
說種種教門　誘誨无終已　決定真實法　密嚴中顯現
六界與十八　十二處丈夫　意繩之所牽　眾生以流轉

BD04210號　大乘密嚴經（地婆訶羅本）卷下　（8–5）

非法離聞語　誑惑於眾生　諸法別異住　而別起言說
譬如工幻師　善用於咒術　於无花異處　現種種花菓
如是佛菩薩　善巧方便智　世間別異住　別異而安立
說種種教門　誘誨无終已　決定真實法　密嚴中顯現
六界與十八　十二處丈夫　意繩之所牽　眾生以流轉
八識諸界處　共起而和合　從於意繩轉　前身復後身
佛說此丈夫　隨世因流轉　是一切身者　續生无斷絕
尒時金剛藏菩薩摩訶薩說諸界處丈夫義
已摩尼寶藏清淨宮中已得无畏諸大菩薩
皆前頂礼又有无量佛菩薩眾從諸國土来
此會者同聲讚曰善哉善哉眾中復有无量
菩薩諸天及諸天女皆從座起合掌而立遞
相瞻顧而說偈言
一切定者中　惟仁為上首　今為諸菩薩　說微妙丈夫
遠離於外道　著我等之論
如仁所宣示　六界淨丈夫　但是諸界合　隨因以流轉
譬如虛空中　有鳥跡明現　亦如離於木　而火得熾然
空中鳥跡現　離木而有火　我及諸世間　未曾見是事
鳥飛以羽翰　空中无有跡　仁者說丈夫　與鳥跡相似
云何於諸有　得有輪迴義　而說界丈夫　常流轉生死
受諸苦樂果　所作業无失
如農夫作業　未嘗不得果　此果成熟已　後果當復生
身者亦復然　住身脩善行　前生後生處　恒受人天樂
或常脩福德　資糧為佛因　解脫及諸度　速成於正覺

BD04210號　大乘密嚴經（地婆訶羅本）卷下　（8–6）

云何於諸有　得有輪迴義　而說眾丈夫　常流轉生死
受諸苦樂果　所作業无失
如農夫作業　未嘗不得果　此果成熟已　後果當復生
身者亦復然　往身脩善行　前生後生處　恒受人天樂
或常脩福德　資糧為佛因　解脫及諸度　速成於正覺
生天自在果　觀行見真義　若離趣丈夫　一切悉无有
有丈夫流轉　在於生死中　下從阿鼻獄　上至諸天處
是業如生果　所作不唐捐
若內外世間　牙力而生起　此法似於彼　彼從於此生
雖離趣丈夫　得有輪迴者　如言石女子　威儀而進退
菟角有銛利　沙中能出油
尒時會中諸菩薩天及天女說是語已皆共
供養所應供者金剛藏尊并諸菩薩供養畢
已復共同心而說偈言
法眼具无缺　因喻皆莊嚴　能伏他人論　顯示自宗德
是故大精進　宜應速開演　此會天人等　一心皆願聞
尒時金剛藏菩薩摩訶薩以偈答曰
此法深難思　分別不能及　瑜伽清淨理　因喻所開敷
密嚴脩定處　於中我宣說　汝等諸天人　咸應一心聽
尒時金剛藏菩薩摩訶薩說是語已復向大
樹緊那羅王而說偈言
大樹緊那羅　汝應知法性　諸法云何住　性空无所有
如是見相應　於定不迷惑　如飯一粒熟　餘粒即可知
諸法亦復然　知一即知彼　譬如撌賂者　嘗之以指端
如是諸法性　可以一觀察　法性非是有　亦復非是空

BD04210 號　大乘密嚴經（地婆訶羅本）卷下　（8–7）

尒時金剛藏菩薩摩訶薩以偈答曰
此法深難思　分別不能及　瑜伽清淨理　因喻所開敷
密嚴脩定處　於中我宣說　汝等諸天人　咸應一心聽
尒時金剛藏菩薩摩訶薩說是語已復向大
樹緊那羅王而說偈言
大樹緊那羅　汝應知法性　諸法云何住　性空无所有
如是見相應　於定不迷惑　如飯一粒熟　餘粒即可知
諸法亦復然　知一即知彼　譬如撌賂者　嘗之以指端
如是諸法性　可以一觀察　法性非是有　亦復非是空
藏識之所變　藏以空為相
尒時大樹緊那羅王以偈問曰
云何心量中　而有眾丈夫　云何生諸眾　堅濕及煖動
尒時金剛藏菩薩摩訶薩聞是語已偈答之言
善哉大樹王　汝今作是問　欲令脩行者　其心諦真實
我今為汝說　琴師應善聽　汝昔乘宮殿　并諸眷屬俱
鼓樂從空下　而來詣佛所　汝手所鳴琴　瑠璃以為飾
撫奏聲和雅　悅動於眾心　无量諸聲聞　在佛所觀聽
不能持本志　各自起而舞
葉等言　汝等離欲人　云何而舞戲
大力　譬如旋嵐風

BD04210 號　大乘密嚴經（地婆訶羅本）卷下　（8–8）

羅緊那羅摩睺羅伽人非人等千万億衆以
一切華香瓔珞幡蓋伎樂供養寶塔恭敬尊
重讚歎尒時寶塔中出大音聲歎言善哉善
哉釋迦牟尼世尊能以平等大慧教菩薩法
佛所護念妙法華經為大衆說如是如是釋
迦牟尼世尊如所說者皆是真實尒時四衆
見大寶塔住在空中又聞塔中所出音聲皆得
法喜怪未曾有從座而起恭敬合掌却住一
面尒時有菩薩摩訶薩名大樂說知一切世
間天人阿脩羅等心之所疑而白佛言世尊
以何因緣有此寶塔從地踊出又於其中發
是音聲尒時佛告大樂說菩薩此寶塔中有
如來全身乃往過去東方无量千万億阿僧
祇世界國名寶淨彼中有佛號曰多寶其
佛行菩薩道時作大誓願若我成佛滅度之
後於十方國土有說法華經處我之塔廟為
聽是經故踊現其前為作證明讚言善哉彼
佛成道已臨滅度時於天人大衆中告諸比
丘我滅度後欲供養我全身者應起一大塔

BD04211號　妙法蓮華經卷四　（6–1）

祇世界國名寶淨彼中有佛號曰多寶其
佛行菩薩道時作大誓願若我成佛滅度之
後於十方國土有說法華經處我之塔廟為
聽是經故踊現其前為作證明讚言善哉彼
佛成道已臨滅度時於天人大衆中告諸比
丘我滅度後欲供養我全身者應起一大塔
其佛神通願力十方世界在在處處若有說
法華經者彼之寶塔皆踊出其前全身在於
塔中讚言善哉善哉大樂說今多寶如來塔
聞說法華經故從地踊出讚言善哉善哉是
時大樂說菩薩以如來神力故白佛言世尊
我等願欲見此佛身佛告大樂說菩薩摩訶
薩是多寶佛有深重願若我寶塔為聽法華
經故出於諸佛前時其有欲以我身示四衆
者彼佛分身諸佛在於十方世界說法盡還
集一處然後我身乃出現耳大樂說我分身
諸佛在於十方世界說法者今應當集大樂
說白佛言世尊我等亦願欲見世尊分身諸
佛禮拜供養尒時佛放白毫一光即見東方
五百万億那由他恒河沙等國土諸佛彼諸
國土皆以頗梨為地寶樹寶衣以為莊嚴无
數千万億菩薩充滿其中遍張寶幔寶網羅
上彼國諸佛以大妙音而說諸法及見无量
千万億菩薩遍滿諸國為衆說法南西北方
四維上下白毫相光所照之處亦復如是尒時

BD04211號　妙法蓮華經卷四　（6–2）

國土皆以頗梨為地寶樹寶衣以為莊嚴无
數千万億菩薩充滿其中遍張寶幔寶網羅
上彼國諸佛以大妙音而說諸法及見无量
千万億菩薩遍滿諸國為衆說法南西北方
四維上下白毫相光所照之處亦復如是尒時
十方諸佛各告衆菩薩言善男子我今應往
娑婆世界釋迦牟尼佛所并供養多寶如來
塔時娑婆世界即變清淨瑠璃為地寶樹莊
嚴黃金為繩以界八道无諸聚落村營城邑
大海江河山川林藪燒大寶香曼陁羅華遍
布其地以寶網幔羅覆其上懸諸寶鈴唯留
此會衆移諸天人置於他土是時諸佛各將
一大菩薩以為侍者至娑婆世界各到寶
樹下一一寶樹高五百由旬枝葉華菓次第
莊嚴諸寶樹下皆有師子之座高五由旬亦
以大寶而挍飾之尒時諸佛各於此座結加
趺坐如是展轉遍滿三千大千世界而於釋
迦牟尼佛一方所分之身猶故未盡時釋迦
牟尼佛欲容受所分身諸佛故八方各更變
二百万億那由他國皆令清淨无有地獄餓
鬼畜生及阿脩羅又移諸天人置於他土所
化之國亦以瑠璃為地寶樹莊嚴樹高五百
由旬枝葉華菓次第嚴飾樹下皆有寶師子
座高五由旬種種諸寶以為莊挍亦无大海
江河及目真隣陁山摩訶目真隣陁山鐵圍
山大鐵圍山須弥山等諸山通為一佛國土

BD04211號　妙法蓮華經卷四　（6–3）

鬼畜生及阿脩羅又移諸天人置於他土所
化之國亦以瑠璃為地寶樹莊嚴樹高五百
由旬枝葉華菓次第嚴飾樹下皆有寶師子
座高五由旬種種諸寶以為莊挍亦无大海
江河及目真隣陁山摩訶目真隣陁山鐵圍
山大鐵圍山須弥山等諸山通為一佛國土
寶地平正寶交露幔遍覆其上懸諸幡蓋
燒大寶香諸天寶華遍布其地釋迦牟尼佛
為諸佛當來坐故復於八方各更變二百万億
那由他國皆令清淨无有地獄餓鬼畜生及
阿脩羅又移諸天人置於他土所化之國亦
以瑠璃為地寶樹莊嚴樹高五百由旬枝葉
華菓次第莊嚴樹下皆有寶師子座高五由
旬亦以大寶而挍飾之亦无大海江河及目
真隣陁山摩訶目真隣陁山鐵圍山大鐵圍
山須弥山等諸山王通為一佛國土寶地平
正寶交露幔遍覆其上懸諸幡蓋燒大寶香
諸天寶華遍布其地尒時東方釋迦牟尼所
分之身百千万億那由他恒河沙等國土中
諸佛各各說法來集於此如是次第十方諸
佛皆悉來集坐於八方尒時一一方四百万
億那由他國土諸佛如來遍滿其中是時諸
佛各在寶樹下坐師子座皆遣侍者問訊釋
迦牟尼佛各賫寶華滿掬而告之言善男子
汝往詣耆闍崛山釋迦牟尼佛所如我辭曰

BD04211號　妙法蓮華經卷四　（6–4）

佛皆悉来集坐於八方尒時一一方四百万
億那由他國土諸佛如来遍滿其中是時諸
佛各在寶樹下坐師子座皆遣侍者問訊釋
迦牟尼佛各賫寶華滿掬而告之言善男子
汝往詣耆闍崛山釋迦牟尼佛所如我辭曰
少病少惱氣力安樂及菩薩聲聞衆悉安隠
不以此寶華散佛供養而作是言彼某甲佛
與欲開此寶塔諸佛遣使亦復如是尒時釋
迦牟尼佛見所分身佛悉已来集各各坐於
師子之座皆聞諸佛與欲同開寶塔即從座
起住虚空中一切四衆起立合掌一心觀佛
於是釋迦牟尼佛以右指開七寶塔戶出大
音聲如却關鑰開大城門即時一切衆會皆
見多寶如来於寶塔中坐師子座全身不散
如入禪定又聞其言善哉善哉釋迦牟尼佛
快說是法華經我為聽是經故而来至此尒
時四衆等見過去无量千万億劫滅度佛說
如是言歎未曾有以天寶華聚散多寶佛及
釋迦牟尼佛上尒時多寶佛於寶塔中分半
座與釋迦牟尼佛而作是言釋迦牟尼佛可
就此座即時釋迦牟尼佛入其塔中坐其半
座結跏趺坐尒時大衆見二如来在七寶塔
中師子座上結跏趺坐各作是念佛座高遠
唯願如来以神通力令我等輩俱處虚空即
時釋迦牟尼佛以神通力接諸大衆皆在虚

BD04211號　妙法蓮華經卷四　（6–5）

中師子座上結跏趺坐各作是念佛座高遠
唯願如来以神通力令我等輩俱處虚空即
時釋迦牟尼佛以神通力接諸大衆皆在虚
空以大音聲普告四衆誰能於此娑婆國土
廣說妙法華經今正是時如来不久當入涅
槃佛欲以此妙法華經付囑有在尒時世尊
欲重宣此義而說偈言

聖主世尊　雖久滅度　在寶塔中　尚為法来
諸人云何　不勤為法　此佛滅度　无央數劫
處處聽法　以難遇故　彼佛本願　我滅度後
在在所往　常為聽法　又我分身　无量諸佛
如恒沙等　来欲聽法　及見滅度　多寶如来
各捨妙土　及弟子衆　天人龍神　諸供養事
令法久住　故来至此　為坐諸佛　以神通力
移无量衆　令國清淨　諸佛各各　詣寶樹下
如清淨池　蓮華莊嚴　其寶樹下　諸師子座
佛坐其上　光明嚴飾　如夜闇中　然大炬火
身出妙香　遍十方國　衆生蒙薰　喜不自勝
譬如大風　吹小樹枝　以是方便　令法久住
告諸大衆　我滅度後　誰能護持　讀說斯經
今於佛前　自說誓言　其多寶佛　雖久滅度
以大誓願　而師子吼　多寶如来　及與我身
所集化佛　當知此意　諸佛子等　誰能護法
當發大願　令得久住　其有能護　此經法者

BD04211號　妙法蓮華經卷四　（6–6）

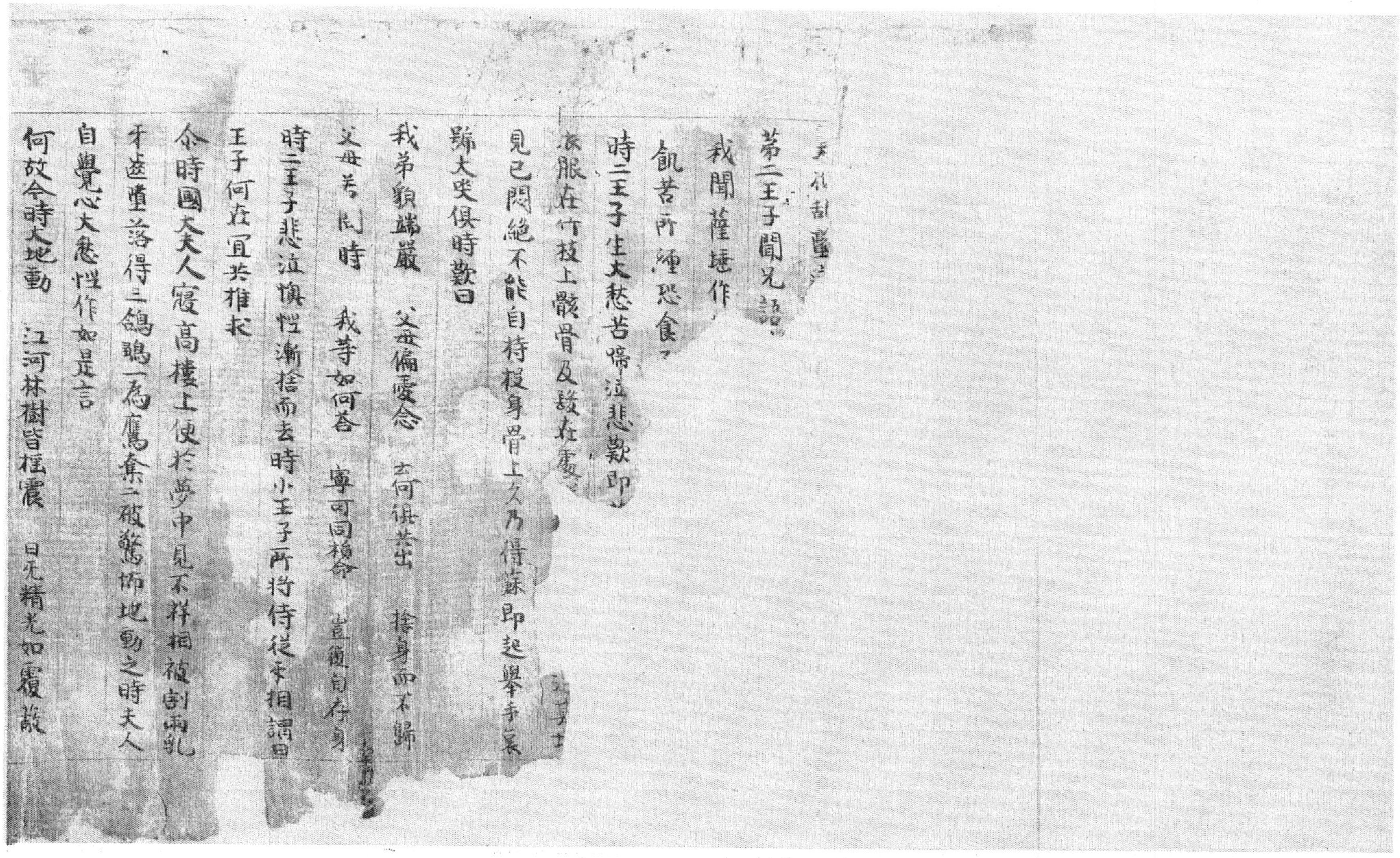

天衣亂墜
第二王子聞兄語
我聞薩埵作
飢苦所纏恐食
時二王子生大愁苦啼泣悲歎即
淚眼在竹枝上骸骨及髮在處
見已悶絕不能自持投身骨上久乃得蘇即起舉手哀
號大哭俱時歎曰
我弟貌端嚴　父母偏愛念　云何俱共出　捨身而不歸
父母若問時　我等如何荅　寧可同捐命　豈復自存身
時二王子悲泣懊惱漸捨而去時小王子所將侍從互相謂曰
王子何在宜共推求
尒時國大夫人寢高樓上便於夢中見不祥相被割兩乳
牙齒墮落得三鴿鶵一為鷹奪二被驚怖地動之時夫人
自覺心大愁惱作如是言
何故今時大地動　江河林樹皆搖震　日无精光如覆蔽

BD04212 號　金光明最勝王經卷一〇　（8–1）

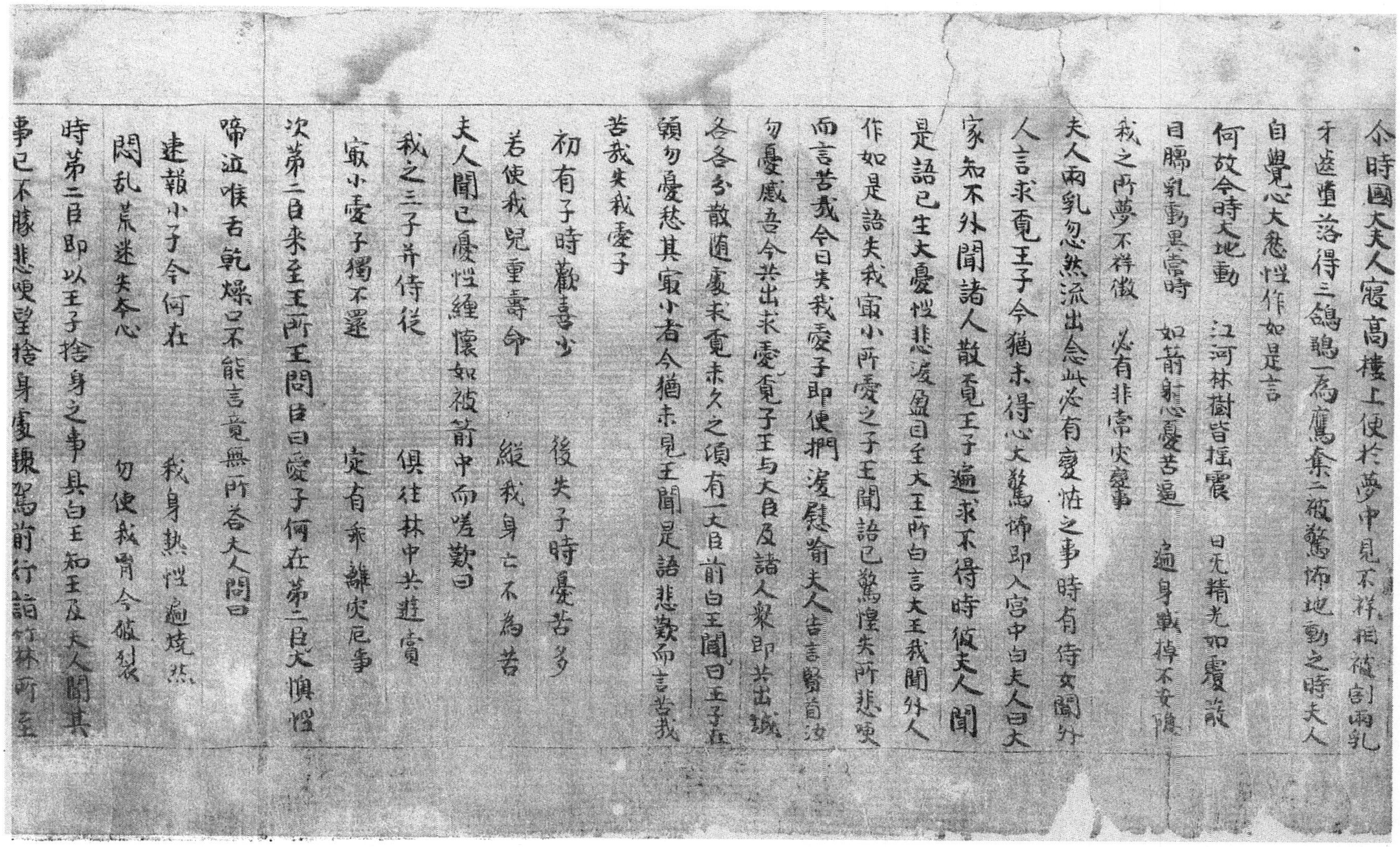

尒時國大夫人寢高樓上便於夢中見不祥相被割兩乳
牙齒墮落得三鴿鶵一為鷹奪二被驚怖地動之時夫人
自覺心大愁惱作如是言
何故今時大地動　江河林樹皆搖震　日无精光如覆蔽
目瞤乳動異常時　如箭射心憂苦逼　遍身戰掉不安隱
我之所夢不祥徵　必有非常灾變事
夫人兩乳忽然流出念此必有變恠之事時有侍女聞外
人言求覓王子今猶未得心大驚怖即入宮中白夫人曰大
家知不外聞諸人散覓王子遍求不得時彼夫人聞
是語已生大憂惱悲淚盈目至大王所白言大王我聞外人
作如是語失我最小所愛之子王聞語已驚惶失所悲哽
而言苦哉今日失我愛子即便抆淚慰喻夫人告言賢首汝
勿憂慼吾今共出求覓愛子王與大臣及諸人衆即共出城
各各分散隨處求覓未久之頃有一大臣前白王聞曰王子在
願勿憂愁其最小者今猶未見王聞是語悲歎而言苦哉
苦哉失我愛子
初有子時歡喜少　後失子時憂苦多
若使我兒重壽命　縱我身亡不為苦
夫人聞已憂惱纏懷如被箭中而嗟歎曰
我之三子并侍從　俱往林中共遊賞
最小愛子獨不還　定有乖離灾厄事
次第二臣來至王所王問臣曰愛子何在第二臣大懊惱
啼泣喉舌乾燥口不能言竟無所荅夫人問曰
速報小子今何在　我身熱惱遍燒然
悶亂荒迷失本心　勿使我胷今破裂
時第二臣即以王子捨身之事具白王知王及夫人聞其
事已不勝悲哽望捨身處驟駕前行詣竹林所至

BD04212 號　金光明最勝王經卷一〇　（8–2）

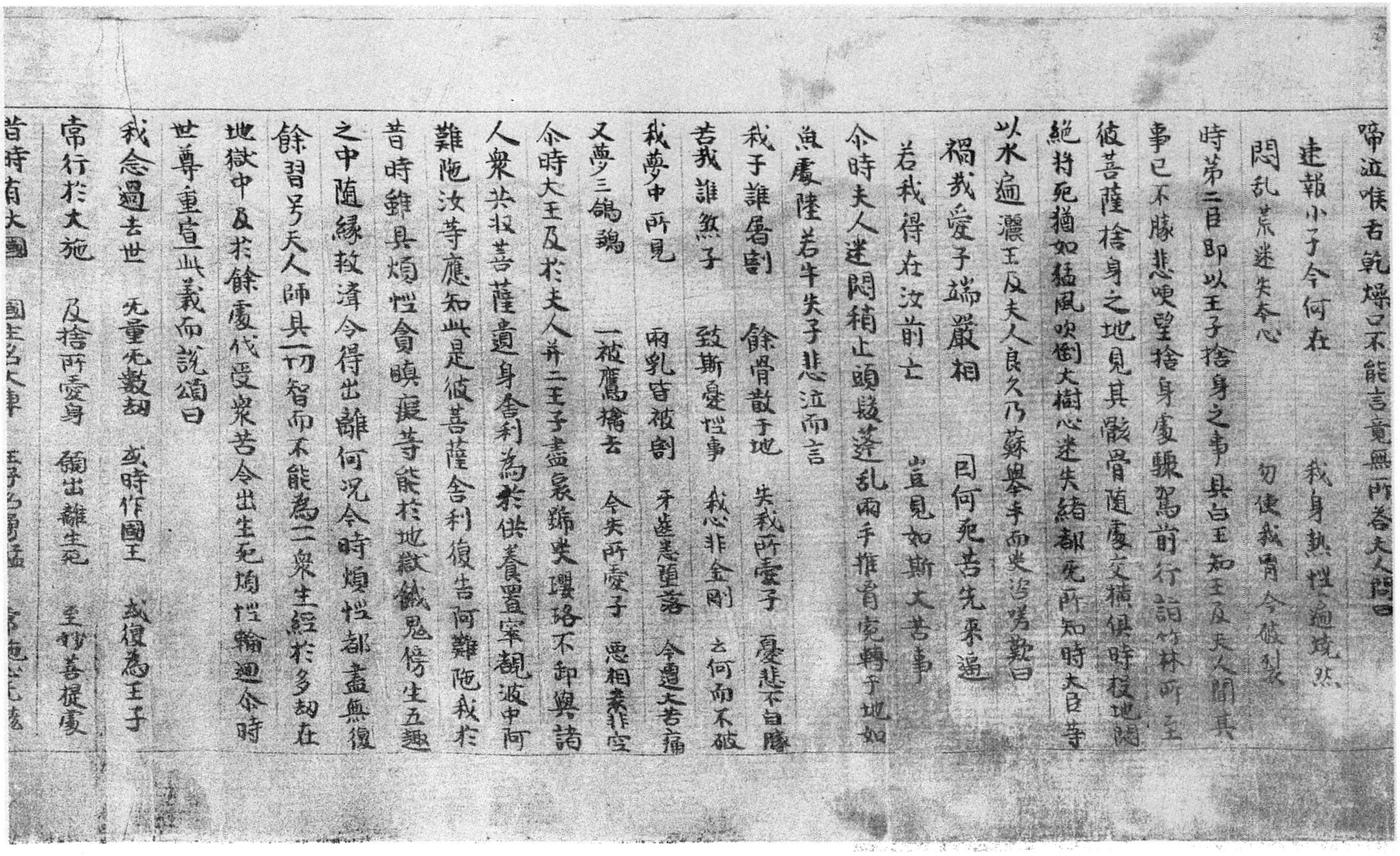

啼泣懊惱乾燥口不能言竟無所荅夫人問曰
速報小子今何在　我身熱惱遍燒然
悶乱荒迷失本心　勿使我胷今破裂
時弟二臣即以王子捨身之事具白王知王及夫人聞其
事已不勝悲哽望捨身處驟駕前行詣竹林所至
彼菩薩捨身之地見其骸骨隨處交橫俱時投地悶
絶將死猶如猛風吹倒大樹心迷失緒都无所知時大臣等
以水遍灑王及夫人良久乃蘇舉手而哭嗟歎曰
禍哉愛子端嚴相　因何死苦先來逼
若我得在汝前亡　豈見如斯大苦事
尒時夫人迷悶稍止頭髮蓬乱兩手推胷宛轉于地如
魚處陸若牛失子悲泣而言
我子誰屠割　餘骨散于地　失我所愛子　憂悲不自勝
苦哉誰煞子　致斯憂惱事　我心非金剛　云何而不破
我夢中所見　兩乳皆被割　牙齒悉墮落　今遭大苦痛
又夢三鴿鶵　一被鷹擒去　今失所愛子　惡相表非空
尒時大王及於夫人并二王子盡哀號哭瓔珞不御與諸
人衆共收菩薩遺身舍利為於供養置窣覩波中阿
難陁汝等應知此是彼菩薩舍利復告阿難陁我於
昔時雖具煩惱貪瞋癡等能於地獄餓鬼傍生五趣
之中隨緣救濟令得出離何況今時煩惱都盡無復
餘習号天人師具一切智而不能為一一衆生經於多劫在
地獄中及於餘處代受衆苦令出生死煩惱輪迴尒時
世尊重宣此義而說頌曰
我念過去世　无量无數劫　或時作國王　或復為王子
常行於大施　及捨所愛身　願出離生死　至妙菩提處
昔時有大國　國主名大車　王子名勇猛　常施心无悋

BD04212 號　金光明最勝王經卷一〇　（8–3）

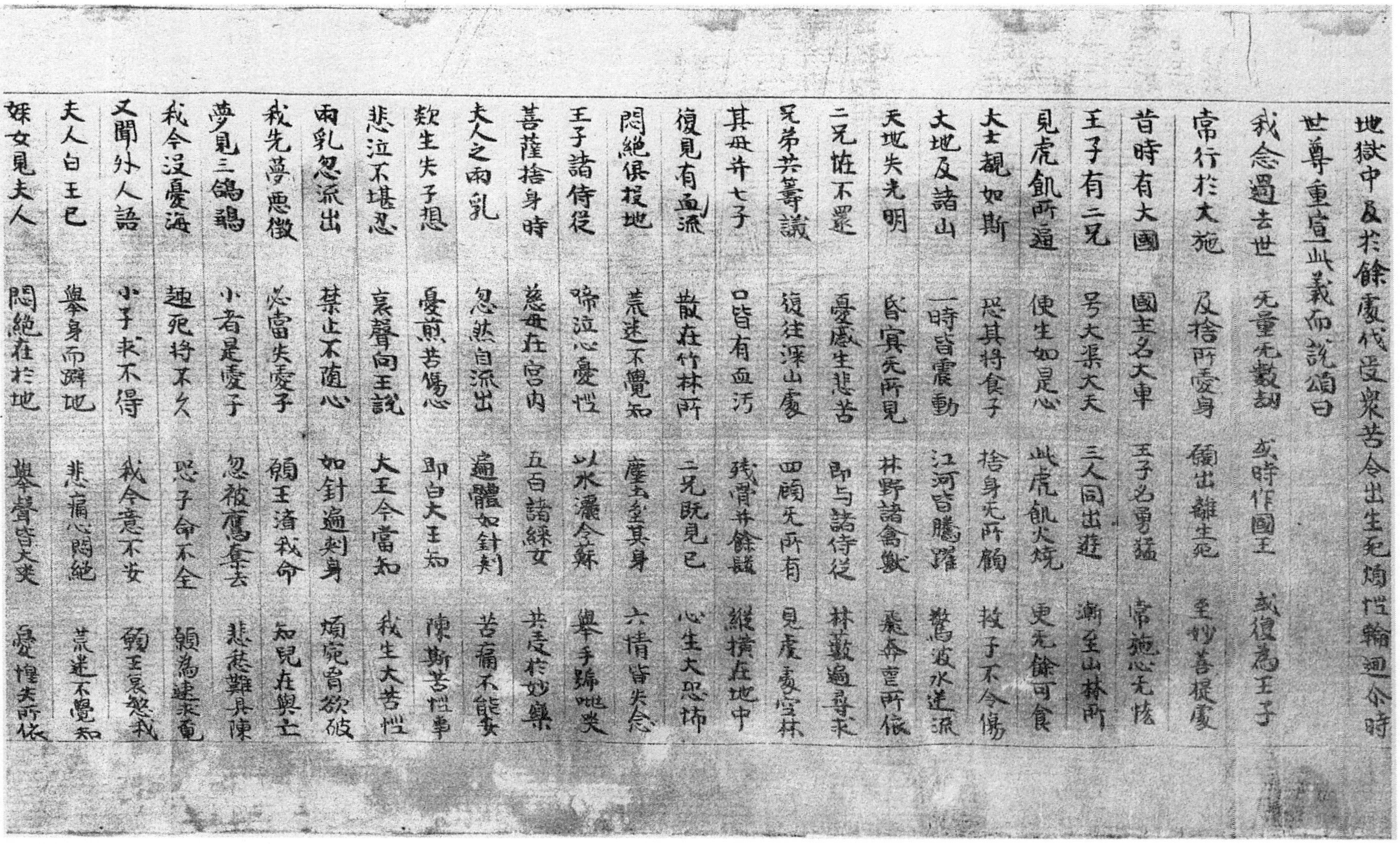

地獄中及於餘處代受衆苦令出生死煩惱輪迴尒時
世尊重宣此義而說頌曰
我念過去世　无量无數劫　或時作國王　或復為王子
常行於大施　及捨所愛身　願出離生死　至妙菩提處
昔時有大國　國主名大車　王子名勇猛　常施心无悋
王子有二兄　号大渠大天　三人同出遊　漸至山林所
見虎飢所逼　便生如是心　此虎飢火燒　更无餘可食
大士覩如斯　恐其將食子　捨身无所顧　救子不令傷
大地及諸山　一時皆震動　江河皆騰躍　驚波水逆流
天地失光明　昏冥无所見　林野諸禽獸　飛奔喪所依
二兄怪不還　憂感生悲苦　即与諸侍從　林藪遍尋求
兄弟共籌議　復往深山處　四顧无所有　見虎處空林
其母并七子　口皆有血污　殘骨并餘髮　縱橫在地中
復見有血流　散在竹林所　二兄既見已　心生大恐怖
悶絶俱躃地　荒迷不覺知　塵土坌其身　六情皆失念
王子諸侍從　啼泣心憂惱　以水灑令蘇　舉手號咷哭
菩薩捨身時　慈母在宮內　五百諸綵女　共受於妙樂
夫人之兩乳　忽然自流出　遍體如針刺　苦痛不能安
欻生失子想　憂煎苦傷心　即白大王知　陳斯苦惱事
悲泣不堪忍　哀聲向王說　大王今當知　我生大苦惱
兩乳忽流出　禁止不隨心　如針遍刺身　煩冤胷欲破
我先夢惡徵　必當失愛子　願王濟我命　知兒在與亡
夢見三鴿鶵　小者是愛子　忽被鷹奪去　悲慼難具陳
我今沒憂海　趣死將不久　恐子命不全　願為速求覓
又聞外人語　小子求不得　我今意不安　願王哀愍我
夫人白王已　舉身而躃地　悲痛心悶絶　荒迷不覺知
婇女見夫人　悶絶在於地　舉聲皆大哭　憂惶失所依

BD04212 號　金光明最勝王經卷一〇　（8–4）

夢見三鴿鶵　小者是愛子　忽被鷹奪去　悲慈難具陳
我今沒憂海　趣死將不久　恐子命不全　願為速求覓
又聞外人語　小子求不得　我今意不安　願王哀愍我
夫人白王已　舉身而躄地　悲痛心悶絕　荒迷不覺知
婇女見夫人　悶絕在於地　舉聲皆大哭　憂惶失所依
王聞如是語　懷憂不自勝　因命諸群臣　尋求所愛子
皆共出城外　隨處而追覓　涕泣問諸人　王子今何在
今者為存亡　誰諸所去處　云何令得見　適我憂惱心
諸人悲共傳　咸言王子死　聞者皆傷悼　悲歎苦難裁
尒時大車王　悲號從座起　即就夫人處　以水灑其身
夫人蒙水灑　久乃得醒悟　悲號以問王　我兒今在不
王告夫人曰　我已使諸人　四向求王子　尚未有消息
王又告夫人　汝莫生煩惱　且當自安慰　可共出追尋
王即与夫人　嚴駕而前進　號慟聲悽感　憂心若火然
士庶百千万　亦隨王出城　各欲求王子　悲號聲不絕
王求愛子故　目視於四方　見有一人來　被髮身塗血
遍體蒙塵土　悲哭逆前來　王見是惡相　倍復生憂惱
王便舉兩手　哀號不自裁　初有一大臣　急忙至王所
進白大王曰　幸願勿悲哀　王之所愛子　今雖求未獲
不久當來至　以釋大王憂　王復更前行　見次大臣至
其臣詣王所　流淚白王言　二子今見存　被憂火所逼
其第三王子　已被无常吞　見餓虎初生　將欲食其子
彼薩埵王子　見此起悲心　願求无上道　當度一切眾
繫想妙菩提　廣大深如海　即上高山頂　投身餓虎前
虎羸不能食　以竹自傷頸　遂噉王子身　唯有餘骸骨
時王及夫人　聞已俱悶絕　心沒於憂海　煩惱火燒然
臣以栴檀水　灑王及夫人　俱起大悲號　舉手椎胸臆

BD04212號　金光明最勝王經卷一〇　（8–5）

繫想妙菩提　廣大深如海　即上高山頂　投身餓虎前
虎羸不能食　以竹自傷頸　遂噉王子身　唯有餘骸骨
時王及夫人　聞已俱悶絕　心沒於憂海　煩惱火燒然
臣以栴檀水　灑王及夫人　俱起大悲號　舉手椎胸臆
第三大臣來　白王如是語　我見二王子　悶絕在林中
臣以冷水灑　尒乃蹔蘇息　顧視於四方　如猛火周遍
暫起而還復　悲號不自勝　舉手以哀言　稱歎弟稀有
王聞如是說　倍增憂火煎　夫人大號咷　高聲作是語
我之小子偏鍾愛　已為无常羅剎吞　餘有二子今見存
復被憂火所燒逼　我今速可詣山下　安慰令其保餘命
即便馳駕望前路　一心詣彼捨身崖　路逢二子行啼泣
椎胸懊惱失容儀　父母見已抱憂悲　俱往山林捨身處
既至菩薩捨身地　共聚悲號生大苦　脫去瓔珞盡哀心
收取菩薩身餘骨　与諸人眾同供養　共造七寶窣覩波
以彼舍利置函中　整駕懷憂還宮邑
復告阿難陀　往時薩埵者　即我牟尼是　勿生於異念
王是父淨飯　后是母摩耶　太子謂慈氏　次曼殊室利
虎是大世主　五兒五苾芻　一是大目連　一是舍利子
我為汝等說　往昔利他緣　如是菩薩行　成佛因當學
菩薩捨身時　發如是弘願　願我身餘骨　來世益眾生
此是捨身處　七寶窣覩波　以經无量時　遂沉於厚地
由昔本願力　隨緣興濟度　為利於人天　從地而涌出
尒時世尊說是往昔因緣之時，無量阿僧企耶人天大
眾皆大悲喜，歎未曾有，悉發阿耨多羅三藐三菩提
心。復告樹神：我為報恩故，致礼敬。佛攝神力，其窣覩
波還沒于地。
十方菩薩讚歎品第廿七

BD04212號　金光明最勝王經卷一〇　（8–6）

由昔本願力　隨緣興濟度　為利於人天　從地而涌出
尒時世尊說是往昔因緣之時無量百千億那庾多人天大
衆皆大悲喜歎未曾有悉發阿耨多羅三藐三菩提
心復告樹神我為報恩故致礼敬佛攝神力其窣覩
波還沒于地
金光明最勝王經十方菩薩讚歎品第廿七
尒時釋迦牟尼如來說是經時於十方世界有无量百千
万億諸菩薩衆各從本土詣鷲峯山至世尊所五輪
着地礼世尊已一心合掌異口同音而讚歎曰
佛身微妙真金色　其光普照等金山　清淨柔軟若蓮花
无量妙彩而嚴飾　三十二相遍莊嚴　八十種好皆圓備
光明炳着无與等　離垢猶如淨滿月　其聲清徹甚微妙
如師子吼震雷音　八種微妙應群機　超勝迦陵頻伽等
百福妙相以嚴容　光明具足淨无垢　智慧澄明如大海
功德廣大若虛空　圓光遍滿十方界　隨緣普濟諸有情
煩惱愛染習皆除　法炬恒然不休息　哀愍利益諸衆生
現在未來能與樂　常為宣說第一義　令證涅槃真寂靜
佛說甘露殊勝法　能與甘露微妙義　引入甘露涅槃城
令受甘露无為樂　常於生死大海中　解脫一切衆生苦
令彼能住安隱路　恒與難思如意樂　如來德海甚深廣
非諸譬喻所能知　於衆常起大悲心　方便精勤恒不息
如來智海无邊際　一切人天共測量　假使千万億劫中
不能得知其少分　我今略讚佛功德　於德海中唯一滴
迴斯福聚施群生　皆願速證菩提果
尒時世尊告諸菩薩言善哉善哉汝等善能如是讚佛功
德利益有情廣興佛事能滅諸罪生无量福
金光明最勝王經妙幢菩薩讚歎品第廿八

BD04212號　金光明最勝王經卷一〇　（8–7）

佛身微妙真金色　其光普照等金山　清淨柔軟若蓮花
无量妙彩而嚴飾　三十二相遍莊嚴　八十種好皆圓備
光明炳着无與等　離垢猶如淨滿月　其聲清徹甚微妙
如師子吼震雷音　八種微妙應群機　超勝迦陵頻伽等
百福妙相以嚴容　光明具足淨无垢　智慧澄明如大海
功德廣大若虛空　圓光遍滿十方界　隨緣普濟諸有情
煩惱愛染習皆除　法炬恒然不休息　哀愍利益諸衆生
現在未來能與樂　常為宣說第一義　令證涅槃真寂靜
佛說甘露殊勝法　能與甘露微妙義　引入甘露涅槃城
令受甘露无為樂　常於生死大海中　解脫一切衆生苦
令彼能住安隱路　恒與難思如意樂　如來德海甚深廣
非諸譬喻所能知　於衆常起大悲心　方便精勤恒不息
如來智海无邊際　一切人天共測量　假使千万億劫中
不能得知其少分　我今略讚佛功德　於德海中唯一滴
迴斯福聚施群生　皆願速證菩提果
尒時世尊告諸菩薩言善哉善哉汝等善能如是讚佛功
德利益有情廣興佛事能滅諸罪生无量福
金光明最勝王經妙幢菩薩讚歎品第廿八
尒時妙幢菩薩即從座起偏袒右肩右膝着地合掌向佛而
說讚曰

BD04212號　金光明最勝王經卷一〇　（8–8）

直得衣者尼薩耆波逸提
若比丘尼與比丘尼衣已後瞋恚若自奪若教人奪取還我衣
來不與汝是比丘尼應還衣彼取衣者尼薩耆波逸提
若比丘尼有諸病畜藥酥油生酥蜜石蜜得食殘宿乃至
七日得服若過七日服尼薩耆波逸提
若比丘尼十日未滿夏三月若有急施衣比丘尼知是急施衣
應受受已乃至衣時應畜若過畜者尼薩耆波逸提
若比丘尼知物向僧自求入已者尼薩耆波逸提
若比丘尼欲索是更索彼者尼薩耆波逸提
若比丘尼知檀越所為僧施異迴作餘用者尼薩耆
波逸提
若比丘尼所為施物異自求為僧迴作餘用者尼薩耆
波逸提
若比丘尼檀越所施物異迴作餘用者尼薩耆波逸提
若比丘尼檀越所施物異自求為僧迴作餘用者尼薩耆
波逸提　若比丘尼畜長鉢者尼薩耆波逸提
若比丘尼多畜好色器者尼薩耆波逸提
若比丘尼許他比丘尼病衣後不與者尼薩耆波逸提
若比丘尼以非時衣受作時衣者尼薩耆波逸提
若比丘尼與比丘尼貿易衣後瞋恚還自奪取若使人奪某妹
還我衣來我不與汝汝衣屬汝我衣還我者尼薩耆波逸提
若比丘尼乞重衣齊價直四張氍過者尼薩耆波逸提

BD04213號　四分比丘尼戒本

（5–1）

若比丘尼多畜好色器者尼薩耆波逸提
若比丘尼許他比丘尼病衣後不與者尼薩耆波逸提
若比丘尼以非時衣受作時衣者尼薩耆波逸提
若比丘尼與比丘尼貿易衣後瞋恚還自奪取若使人奪某妹
還我衣來我不與汝汝衣屬汝我衣還我者尼薩耆波逸提
若比丘尼乞重衣齊價直四張氍過者尼薩耆波逸提
若比丘尼欲乞輕衣極重價直兩張半氍過者尼薩耆
波逸提
諸大姊我已說三十尼薩耆波逸提法今問諸大姊是
中清淨不　如是三說
諸大姊是中清淨默然故是事如是持
諸大姊是一百七十八波逸提法半月半月說戒經中來
若比丘尼故妄語者波逸提
若比丘尼毀呰語者波逸提
若比丘尼兩舌語者波逸提　若比丘尼與男子同室
宿者波逸提
若比丘尼共未受大戒女人同一室宿若過三宿者波逸提
若比丘尼與未受具戒人共誦法者波逸提
若比丘尼知他有麤惡罪向未受大戒人說除僧羯磨者波逸
提　若比丘尼向未受大戒人說過人法言我知是我見是
實者波逸提
若比丘尼與男子說法過五六語除有知女人波逸提
若比丘尼自手掘地若教人掘者波逸提　一十
若比丘尼壞鬼神村者波逸提　若比丘尼妄作異語惱他
者波逸提　若比丘尼嫌罵他者波逸提
若比丘尼取僧繩床若木床若臥具坐褥露地自敷若教
人敷捨去不自舉不教人舉者波逸提
若比丘尼於僧房中取僧臥具自敷若教人敷在中若坐若
臥從彼處捨去不自舉不教人舉者波逸提
若比丘尼知比丘尼先住處後來於中間敷臥具止宿念
言彼若嫌迮者自當避我去作如是因緣非餘非威儀者

BD04213號　四分比丘尼戒本

（5–2）

人數捨去不自舉不教人舉者波逸提
若比丘尼於僧房中取僧卧具自敷若教人敷在中若坐若
卧從彼處捨去不自舉不教人舉者波逸提
若比丘尼知比丘尼先住處後來於中間敷卧具止宿念
言彼若嫌迮者自當避我去作如是因緣非餘非威儀者
波逸提
若比丘尼瞋他比丘尼不喜眾僧房中自牽出若教人牽
出者波逸提
若比丘尼若在重閣上脫脚繩牀若木牀若坐若卧
波逸提
若比丘尼知水有虫自用澆泥若草若教人澆者波逸提 二十
若比丘尼作大房戶扉窓牖及餘莊飾具指授覆苫齊二
三節若過者波逸提
若比丘尼施一食處無病比丘尼應一食若過受者波逸提
若比丘尼別眾食除餘時者病時作衣時施衣時道行時
船上時大會時沙門施食時此是時
若比丘尼至檀越家殷勤請與餅麨飯比丘尼欲須者當
二三鉢應受持至寺內分與餘比丘尼食若比丘尼無病過
三鉢受持至寺中不分與餘比丘尼食者波逸提
若比丘尼非時受食者波逸提
若比丘尼殘宿食噉者波逸提
若比丘尼不受食及藥著口中除水楊枝波逸提
若比丘尼先受請已若前食後食行詣餘家不屬餘比丘尼
除餘時波逸提餘時者病時作衣時此是時
若比丘尼食家中有寶強安坐者波逸提
若比丘尼食家中有寶在屏處坐者波逸提 三十
若比丘尼獨與男子露地一處共坐者波逸提
若比丘尼語比丘尼如是語大姊共汝至聚落當與汝食彼
比丘尼竟不教與是比丘尼食如是言大姊去我與汝一處共坐
共語不樂我獨坐獨語樂以是因緣非餘方便遣去者波逸提

BD04213號　四分比丘尼戒本　（5–3）

若比丘尼食家中有寶在屏處坐者波逸提
若比丘尼獨與男子露地一處共坐者波逸提
若比丘尼語比丘尼如是語大姊共汝至聚落當與汝食彼
比丘尼竟不教與是比丘尼食如是言大姊去我與汝一處共坐
共語不樂我獨坐獨語樂以是因緣非餘方便遣去者波逸提
若比丘尼請比丘尼四月與藥無病比丘尼應受若過受除
常請更請分請盡形請波逸提
若比丘尼往觀軍陣除時因緣波逸提
若比丘尼有因緣至軍中若二宿三宿過者波逸提
若比丘尼軍中住若二宿三宿或時觀軍陣闘戰若觀遊
軍象馬勢力波逸提
若比丘尼飲酒者波逸提　若比丘尼水中戲者波逸提
若比丘尼以指相擊攊者波逸提
若比丘尼不受諫者波逸提 四十
若比丘尼恐怖他比丘尼者波逸提
若比丘尼半月洗浴無病比丘尼應受若過受除餘時波逸
提餘時者熱時病時作時風雨時遠行來時此是時
若比丘尼無病為炙身故露地然火若教人然除時波逸提
若比丘尼藏他比丘尼若鉢若衣若坐具針筩自藏教人
藏下至戲笑者波逸提
若比丘尼淨施比丘比丘尼式叉摩那尼沙弥沙弥尼衣後
不問主取著者波逸提
若比丘尼得新衣當作三種染壞色青黑木蘭若比丘尼
得新衣不作三種染壞色青黑木蘭新衣持者波逸提
若比丘尼故斷畜生命者波逸提
若比丘尼知水有虫飲者波逸提
若比丘尼故惱他比丘尼乃至少時不樂波逸提 五十
若比丘尼知比丘尼有麁惡罪覆藏者波逸提
若比丘尼知僧諍事如法懺悔已後更發舉者波逸提
若比丘尼知是賊伴共期一道行乃至一聚落波逸提

BD04213號　四分比丘尼戒本　（5–4）

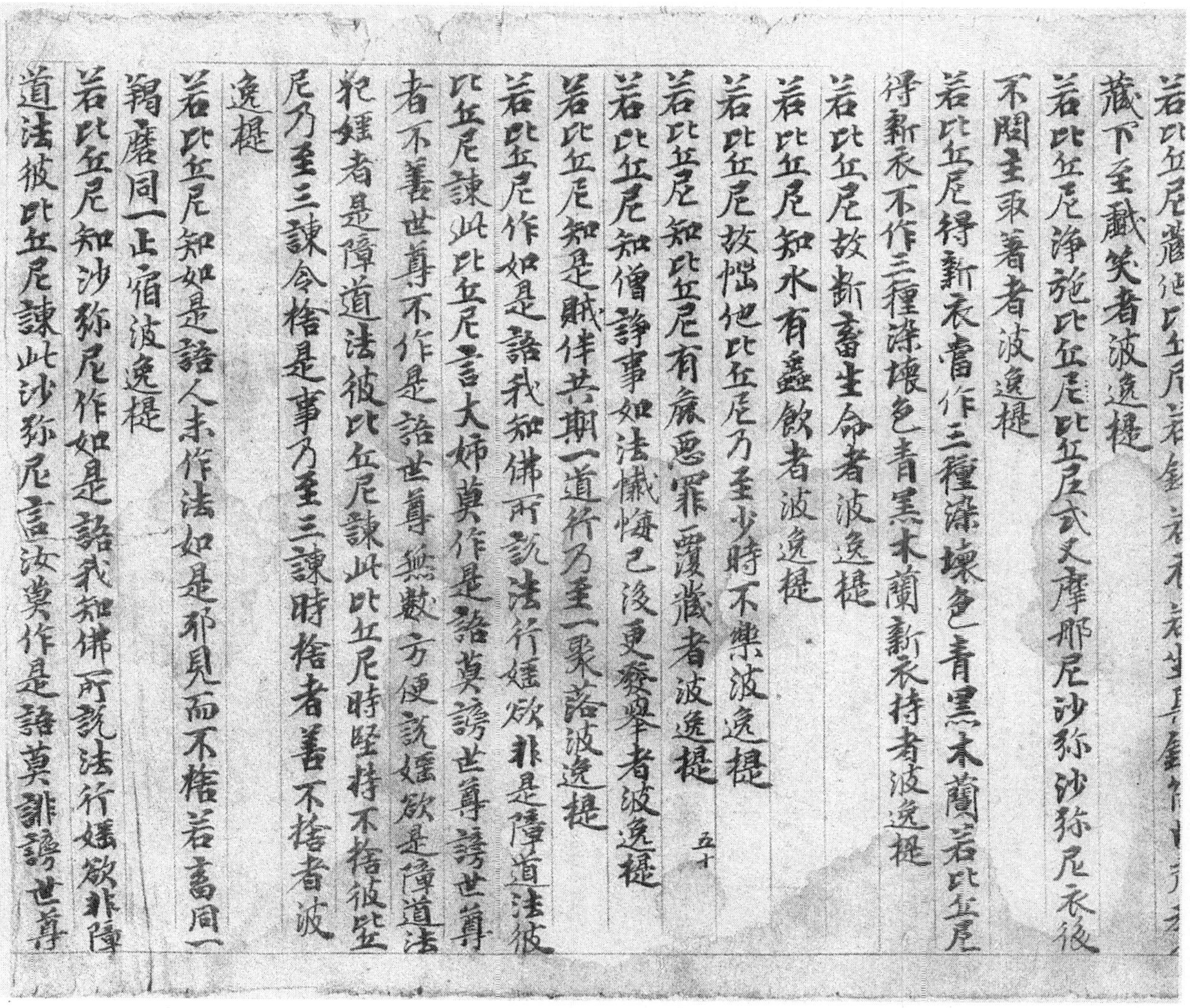
若比丘尼藏他比丘尼若鉢若衣若坐具針筒若自藏若教人
藏下至戲笑者波逸提
若比丘尼淨施比丘比丘尼式叉摩那尼沙弥沙弥尼衣後
不問主取著者波逸提
若比丘尼得新衣當作三種染壞色青黑木蘭若比丘尼
得新衣不作三種染壞色青黑木蘭新衣持者波逸提
若比丘尼故斷畜生命者波逸提
若比丘尼知水有蟲飲者波逸提
若比丘尼故惱他比丘尼乃至少時不樂波逸提
若比丘尼知比丘尼有麁惡罪覆藏者波逸提 五十
若比丘尼知僧諍事如法懺悔已後更發舉者波逸提
若比丘尼知是賊伴共期一道行乃至一聚落波逸提
若比丘尼作如是語我知佛所說法行婬欲非是障道法彼
比丘尼諫此比丘尼言大姉莫作是語莫謗世尊謗世尊
者不善世尊不作是語世尊無數方便說婬欲是障道法
犯婬者是障道法彼比丘尼諫此比丘尼時堅持不捨彼比丘
尼乃至三諫令捨是事乃至三諫時捨者善不捨者波
逸提
若比丘尼知如是語人未作法如是邪見而不捨若畜同一
羯磨同一止宿波逸提
若比丘尼知沙弥尼作如是語我知佛所說法行婬欲非障
道法彼比丘尼諫此沙弥尼言汝莫作是語莫誹謗世尊

BD04213 號　四分比丘尼戒本　（5–5）

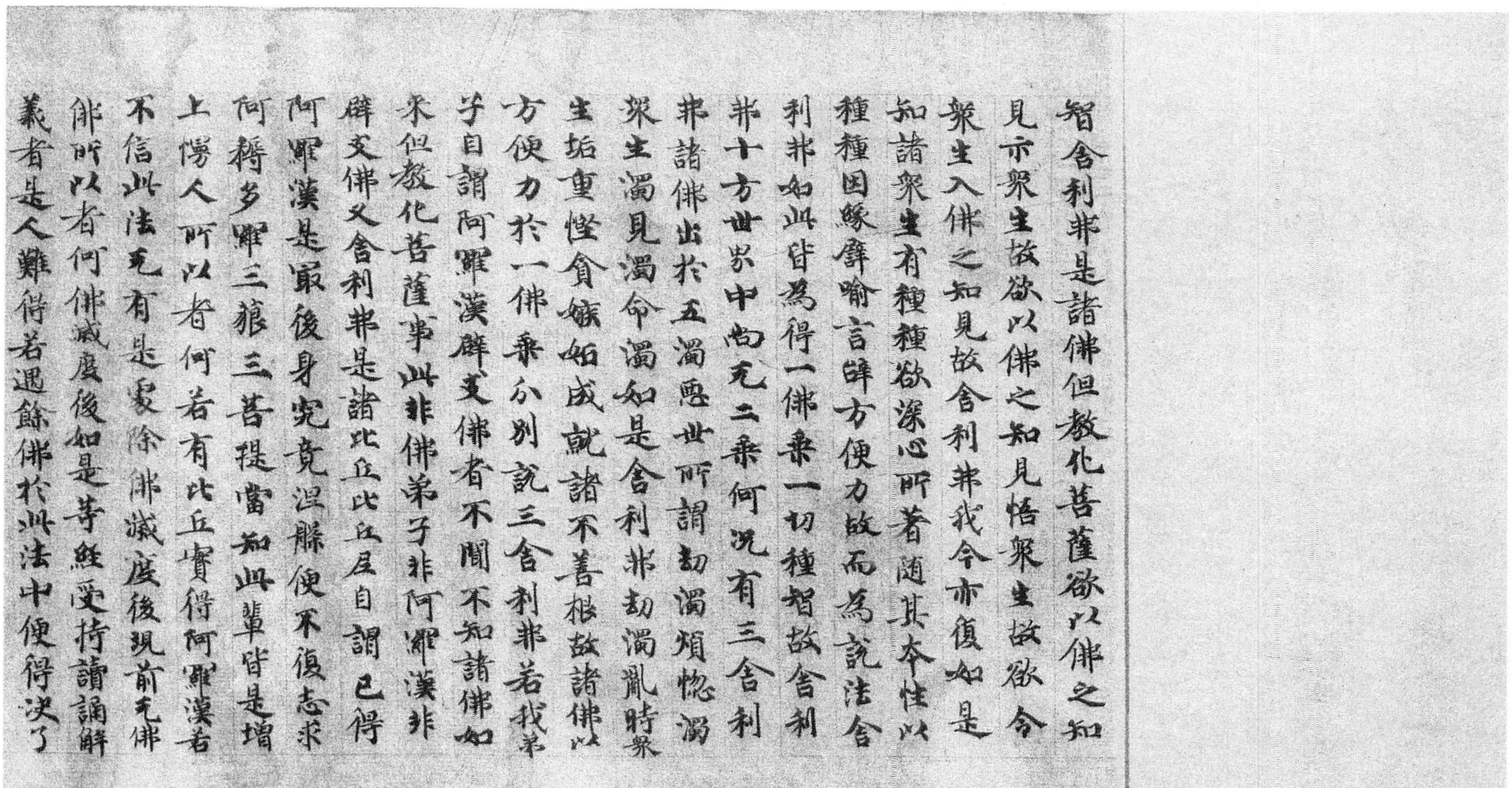
智舍利弗是諸佛但教化菩薩欲以佛之知
見示衆生故欲以佛之知見悟衆生故欲令
衆生入佛之知見故舍利弗我今亦復如是
知諸衆生有種種欲深心所著隨其本性以
種種因緣譬喻言辭方便力故而為說法舍
利弗如此皆為得一佛乘一切種智故舍利
弗十方世界中尚無二乘何況有三舍利
弗諸佛出於五濁惡世所謂劫濁煩惱濁
衆生濁見濁命濁如是舍利弗劫濁亂時衆
生垢重慳貪嫉妬成就諸不善根故諸佛以
方便力於一佛乘分別說三舍利弗若我弟
子自謂阿羅漢辟支佛者不聞不知諸佛如
來但教化菩薩事此非佛弟子非阿羅漢非
辟支佛又舍利弗是諸比丘比丘尼自謂已得
阿羅漢是最後身究竟涅槃便不復志求
阿耨多羅三藐三菩提當知此輩皆是增
上慢人所以者何若有比丘實得阿羅漢若
不信此法無有是處除佛滅度後現前無佛
佛所以者何佛滅度後如是等經受持讀誦解
義者是人難得若遇餘佛於此法中便得決了

BD04214 號　妙法蓮華經卷一　（5–1）

阿耨多羅三藐三菩提當知此輩皆是增
上慢人所以者何若有比丘實得阿羅漢若
不信此法无有是處除佛滅度後現前无佛
佛所以者何佛滅度後如是等經受持讀誦解
義者是人難得若遇餘佛於此法中便得決了
舍利弗汝等當一心信解受持佛語諸佛如來
言无虛妄无有餘乘唯一佛乘爾時世尊欲
重宣此義而說偈言
比丘比丘尼 有懷增上慢 優婆塞我慢 優婆夷不信
如是四衆等 其數有五千 不自見其過 於戒有缺漏
護惜其瑕疵 是小智已出 衆中之糟糠 佛威德故去
斯人尠福德 不堪受是法 此衆无枝葉 唯有諸貞實
舍利弗善聽 諸佛所得法 无量方便力 而為衆生說
衆生心所念 種種所行道 若干諸欲性 先世善惡業
佛悉知是已 以諸緣譬喻 言辭方便力 令一切歡喜
或說脩多羅 伽陀及本事 本生未曾有 亦說於因緣
譬喻并祇夜 優婆提舍經 鈍根樂小法 貪著於生死
於諸无量佛 不行深妙道 衆苦所惱亂 為是說涅槃
我設是方便 令得入佛慧 未曾說汝等 當得成佛道
所以未曾說 說時未至故 今正是其時 決定說大乘
我此九部法 隨順衆生說 入大乘為本 以故說是經
有佛子心淨 柔軟亦利根 无量諸佛所 而行深妙道
為此諸佛子 說是大乘經 我記如是人 來世成佛道
以深心念佛 脩持淨戒故 此等聞得佛 大喜充遍身
佛知彼心行 故為說大乘 聲聞若菩薩 聞我所說法
乃至於一偈 皆成佛无疑 十方佛土中 唯有一乘法

BD04214號　妙法蓮華經卷一　（5–2）

為此諸佛子 說是大乘經 我記如是人 來世成佛道
以深心念佛 脩持淨戒故 此等聞得佛 大喜充遍身
佛知彼心行 故為說大乘 聲聞若菩薩 聞我所說法
乃至於一偈 皆成佛无疑 十方佛土中 唯有一乘法
无二亦无三 除佛方便說 但以假名字 引導於衆生
說佛智慧故 諸佛出於世 唯此一事實 餘二則非真
終不以小乘 濟度於衆生 佛自住大乘 如其所得法
定慧力莊嚴 以此度衆生 自證无上道 大乘平等法
若以小乘化 乃至於一人 我則墮慳貪 此事為不可
若人信歸佛 如來不欺誑 亦无貪嫉意 斷諸法中惡
故佛於十方 而獨无所畏 我以相嚴身 光明照世間
无量衆所尊 為說實相印 舍利弗當知 我本立誓願
欲令一切衆 如我等无異 如我昔所願 今者已滿足
化一切衆生 皆令入佛道 若我遇衆生 盡教以佛道
无智者錯亂 迷惑不受教 我知此衆生 未曾脩善本
堅著於五欲 癡愛故生惱 以諸欲因緣 墜墮三惡道
輪迴六趣中 備受諸苦毒 受胎之微形 世世常增長
薄德少福人 衆苦所逼迫 入邪見稠林 若有若无等
依止此諸見 具足六十二 深著虛妄法 堅受不可捨
我慢自矜高 諂曲心不實 於千万億劫 不聞佛名字
亦不聞正法 如是人難度 是故舍利弗 我為設方便
說諸盡苦道 示之以涅槃 我雖說涅槃 是亦非真滅
諸法從本來 常自寂滅相 佛子行道已 來世得作佛
我有方便力 開示三乘法 一切諸世尊 皆說一乘道
今此諸大衆 皆應除疑惑 諸佛語无異 唯一无二乘
過去无數劫 无量滅度佛 百千万億種 其數不可量
如是諸世尊 種種緣譬喻 无數方便力 演說諸法相

BD04214號　妙法蓮華經卷一　（5–3）

亦不聞正法　如是人難度　是故舍利弗　我為設方便
說諸盡苦道　示之以涅槃　我雖說涅槃　是亦非真滅
諸法從本來　常自寂滅相　佛子行道已　來世得作佛
我有方便力　開示三乘法　一切諸世尊　皆說一乘道
今此諸大眾　皆應除疑惑　諸佛語无異　唯一无二乘
過去无數劫　无量滅度佛　百千万億種　其數不可量
如是諸世尊　種種緣譬喻　无數方便力　演說諸法相
是諸世尊等　皆說一乘法　化无量眾生　令入於佛道
又諸大聖主　知一切世間　天人群生類　深心之所欲
更以異方便　助顯第一義　若有眾生類　值諸過去佛
若聞法布施　或持戒忍辱　精進禪智等　種種脩福德
如是諸人等　皆已成佛道　諸佛滅度已　若人善軟心
如是諸眾生　皆已成佛道　諸佛滅度已　供養舍利者
起万億種塔　金銀及頗梨　車璖與馬瑙　玫瑰琉璃珠
清淨廣嚴飾　莊校於諸塔　或有起石廟　栴檀及沉水
木櫁并餘材　塼瓦泥土等　若於曠野中　積土成佛廟
乃至童子戲　聚沙為佛塔　如是諸人等　皆已成佛道
若人為佛故　建立諸形像　刻彫成眾相　皆已成佛道
或以七寶成　鍮石赤白銅　白鑞及鉛錫　鐵木及與泥
或以膠漆布　嚴飾作佛像　如是諸人等　皆已成佛道
綵畫作佛像　百福莊嚴相　自作若使人　皆已成佛道
乃至童子戲　若草木及筆　或以指爪甲　而畫作佛像
如是諸人等　漸漸積功德　具足大悲心　皆已成佛道
但化諸菩薩　度脫无量眾　若人於塔廟　寶像及畫像
以華香幡蓋　敬心而供養　若使人作樂　擊鼓吹角貝
簫笛琴箜篌　琵琶鐃銅鈸　如是眾妙音　盡持以供養
或以歡喜心　歌唄頌佛德　乃至一小音　皆已成佛道

BD04214號　妙法蓮華經卷一　（5–4）

又諸大聖主　知一切世間　天人群生類　深心之所欲
更以異方便　助顯第一義　若有眾生類　值諸過去佛
若聞法布施　或持戒忍辱　精進禪智等　種種脩福德
如是諸人等　皆已成佛道　諸佛滅度已　若人善軟心
如是諸眾生　皆已成佛道　諸佛滅度已　供養舍利者
起万億種塔　金銀及頗梨　車璖與馬瑙　玫瑰琉璃珠
清淨廣嚴飾　莊校於諸塔　或有起石廟　栴檀及沉水
木櫁并餘材　塼瓦泥土等　若於曠野中　積土成佛廟
乃至童子戲　聚沙為佛塔　如是諸人等　皆已成佛道
若人為佛故　建立諸形像　刻彫成眾相　皆已成佛道
或以七寶成　鍮石赤白銅　白鑞及鉛錫　鐵木及與泥
或以膠漆布　嚴飾作佛像　如是諸人等　皆已成佛道
綵畫作佛像　百福莊嚴相　自作若使人　皆已成佛道
乃至童子戲　若草木及筆　或以指爪甲　而畫作佛像
如是諸人等　漸漸積功德　具足大悲心　皆已成佛道
但化諸菩薩　度脫无量眾　若人於塔廟　寶像及畫像
以華香幡蓋　敬心而供養　若使人作樂　擊鼓吹角貝
簫笛琴箜篌　琵琶鐃銅鈸　如是眾妙音　盡持以供養
或以歡喜心　歌唄頌佛德　乃至一小音　皆已成佛道

BD04214號　妙法蓮華經卷一　（5–5）

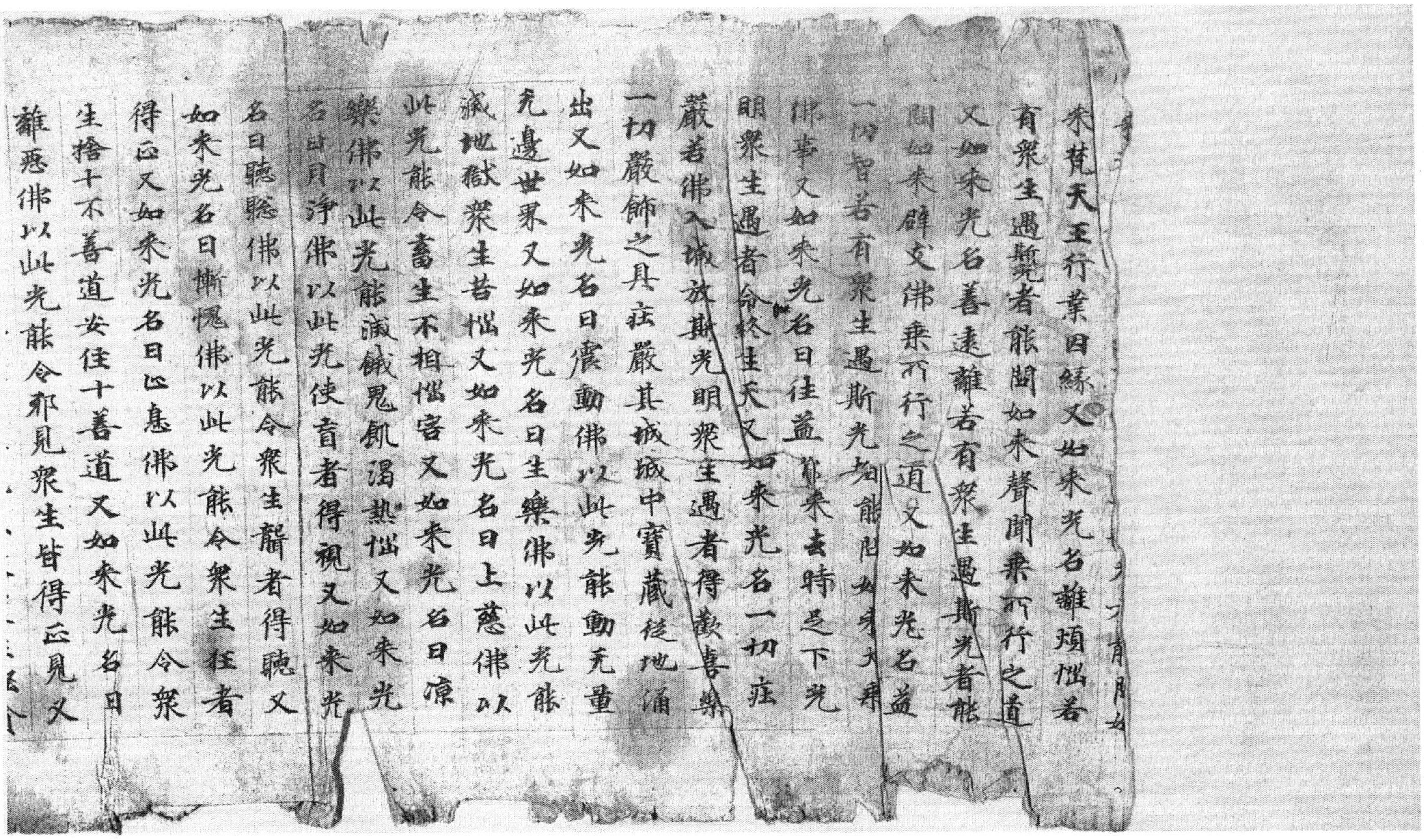
來梵天王行業因緣又如來光名離煩惱若
有衆生遇斯光者能聞如來聲聞乘所行之道
又如來光名善遠離若有衆生遇斯光者能
聞如來辟支佛乘所行之道又如來光名益
一切智若有衆生遇斯光者能聞如來大乘
佛事又如來光名曰往益衆生去時足下光
明衆生遇者命終生天又如來光名一切莊
嚴若佛入城放斯光明衆生遇者得歡喜樂
一切嚴飾之具莊嚴其城城中寶藏從地涌
出又如來光名曰震動佛以此光能動无量
无邊世界又如來光名曰生樂佛以此光能
滅地獄衆生苦惱又如來光名曰上慈佛以
此光能令畜生不相惱害又如來光名曰涼
樂佛以此光能滅餓鬼飢渴熱惱又如來光
名曰月淨佛以此光使盲者得視又如來光
名曰聽聰佛以此光能令衆生聾者得聽又
如來光名曰慚愧佛以此光能令衆生狂者
得正又如來光名曰正息佛以此光能令衆
生捨十不善道安住十善道又如來光名曰
離惡佛以此光能令邪見衆生皆得正見又

BD04215 號　思益梵天所問經卷一　（26–1）

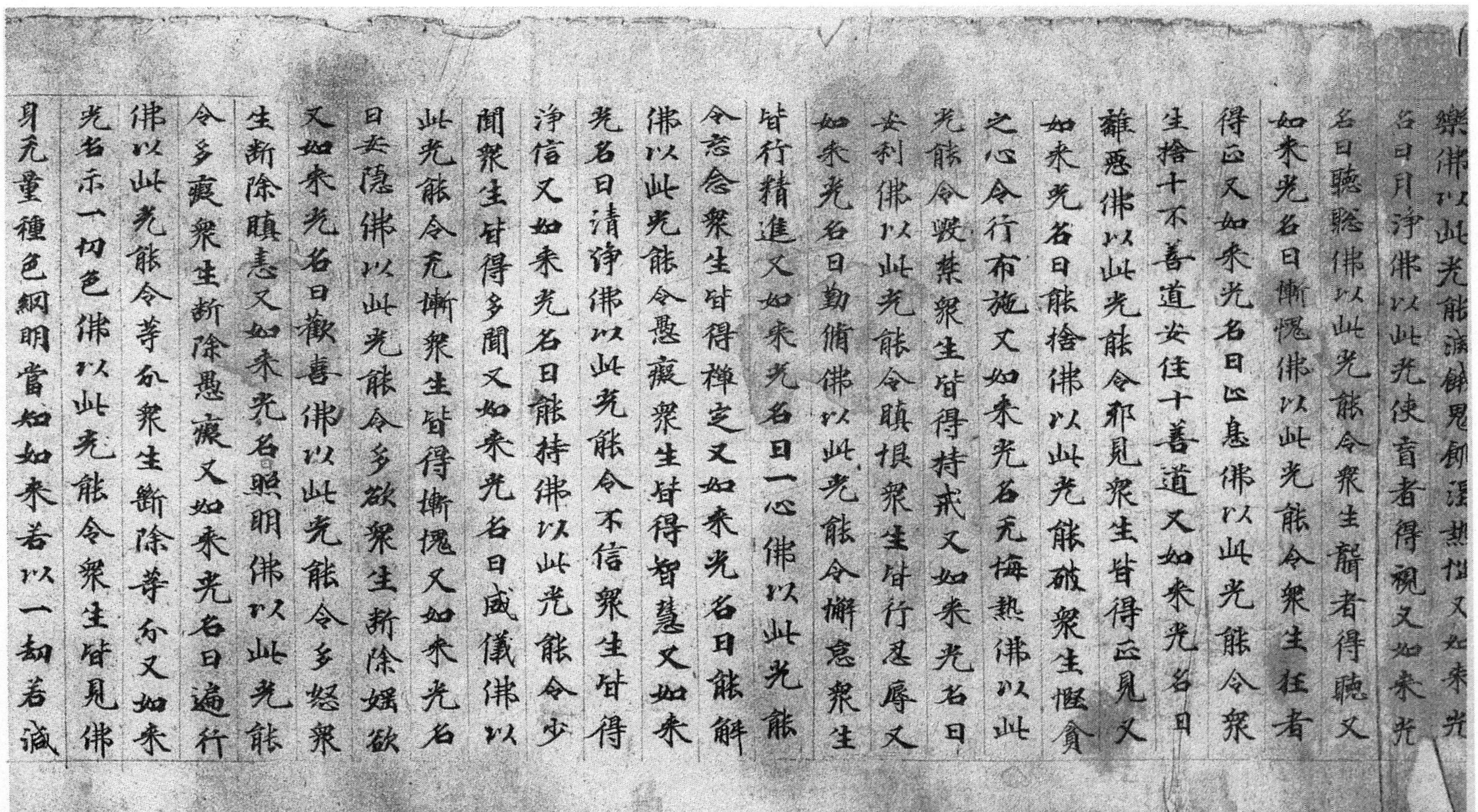
樂佛以此光能滅餓鬼飢渴熱惱又如來光
名曰月淨佛以此光使盲者得視又如來光
名曰聽聰佛以此光能令衆生聾者得聽又
如來光名曰慚愧佛以此光能令衆生狂者
得正又如來光名曰正息佛以此光能令衆
生捨十不善道安住十善道又如來光名曰
離惡佛以此光能令邪見衆生皆得正見又
如來光名曰能捨佛以此光能破衆生慳貪
之心令行布施又如來光名无悔熱佛以此
光能令毀禁衆生皆得持戒又如來光名曰
安利佛以此光能令瞋恨衆生皆行忍辱又
如來光名曰勤脩佛以此光能令懈怠衆生
皆行精進又如來光名曰一心佛以此光能
令忘念衆生皆得禪定又如來光名曰能解
佛以此光能令愚癡衆生皆得智慧又如來
光名曰清淨佛以此光能令不信衆生皆得
淨信又如來光名曰能持佛以此光能令少
聞衆生皆得多聞又如來光名曰威儀佛以
此光能令无慚衆生皆得慚愧又如來光名
曰安隱佛以此光能令多欲衆生斷除婬欲
又如來光名曰歡喜佛以此光能令多怒衆
生斷除瞋恚又如來光名照明佛以此光能
令多癡衆生斷除愚癡又如來光名曰遍行
佛以此光能令等分衆生斷除等分又如來
光名示一切色佛以此光能令衆生皆見佛
身无量種色網明當知如來若以一劫若減

BD04215 號　思益梵天所問經卷一　（26–2）

生斷除瞋恚又如來光名照明佛以此光能
令多癡衆生斷除愚癡又如來光名日遍行
佛以此光能令等分衆生斷除等分又如來
光名示一切色佛以此光能令衆生皆見佛
身无量種色網明當知如來若以一劫若減
一劫說此光明力用名号不可窮盡
尒時網明菩薩白佛言未曾有也世尊如來
身者即是无量光明之藏說法方便亦不可
思議世尊我自昔來未曾聞此光明名号如
我解佛所說義若有菩薩聞斯光明名号信
心清淨皆得如是光明之身世尊唯願今日
放諸光令他方菩薩善問難者見斯光
已發心來此娑婆世界尒時世尊受網明菩
薩請已即放光明照於三千大千世界普及
十方无量佛土於是諸方无量百千万億菩
薩見斯光已皆來至此娑婆世界尒時東方
過七十二恒河沙佛土有國名清潔佛号日
月光如來應供正遍知今現在世其佛國土
有菩薩梵天名曰思益住不退轉見此光已
到日月光佛所頭面禮白佛言世尊我欲詣
娑婆世界釋迦牟尼佛所奉覲供養親近諮
受彼佛亦復欲見我等其佛告言便往梵天
今正是時彼娑婆國有若干千億諸菩薩集
汝應以十法遊於彼土何等為十於毀於譽
心无增減聞善聞惡心无分別於諸愚智等
以悲心於上中下衆生之類意常平等於

BD04215號　思益梵天所問經卷一　（26–3）

受彼佛亦復欲見我等其佛告言便往梵天
今正是時彼娑婆國有若干千億諸菩薩集
汝應以十法遊於彼土何等為十於毀於譽
心无增減聞善聞惡心无分別於諸愚智等
以悲心於上中下衆生之類意常平等於
輕毀供養心无有二於他闕失莫見其過見
種種乘皆是一乘聞三惡道亦勿驚畏於諸
菩薩生如來想佛出五濁生希有想梵天汝
當以此十法遊彼世界思益梵天白佛言世
尊我不敢於如來前作師子吼我所能行佛
自知之今當以此十法於彼世界一心脩行尒
時日月光佛國有諸菩薩白佛言世尊我
得大利不生如是惡衆生中其佛告言善男
子勿作是語所以者何若菩薩於此國中百
千劫淨脩梵行不如彼土從旦至食无瞋㝵
心其福為勝即時有万二千菩薩與思益梵
天俱共發來而作是言我等亦欲以此十法
遊彼世界釋迦牟尼佛於是思益梵天與万
二千菩薩俱於彼佛土忽然不現譬如壯士
屈申臂頃到娑婆世界釋迦牟尼佛所却住
一面
尒時佛告網明菩薩汝見是思益梵天不唯
然已見網明當知思益梵天於諸正問菩薩
中為第一於諸善　分別諸法菩薩中為
第一於諸說隨宜經意菩薩中為最第一
於諸慈心菩薩中為最第一於諸悲心菩薩

BD04215號　思益梵天所問經卷一　（26–4）

尒時佛告網明菩薩汝見是思益梵天不唯
然已見網明當知思益梵天於諸正問菩薩
中為最第一於諸善分別諸法菩薩中為
最第一於諸說隨宜經意菩薩中為最第一
於諸慈心菩薩中為最第一於諸悲心菩薩
中為最第一於諸喜心菩薩中為最第一於
諸捨心菩薩中為最第一於諸爽語菩薩中
為最第一於諸不瞋导菩薩中為最第一於
諸先意問訊菩薩中為最第一於諸決疑
菩薩中為最第一尒時思益梵天與万二千
菩薩俱頭面礼佛足右繞三迊合掌向佛
以偈讚曰
世尊大名勝　普聞於十方　所在諸如來　无不稱歎者
有諸餘淨國　无三惡道名　捨如是妙土　慈悲故生此
佛智无減少　與諸如來等　以大悲本願　處斯穢惡土
若人於淨國　持戒滿一劫　此土須臾間　行慈為最勝
若人於此土　起身口意罪　應墮三惡道　現世受得除
生此土菩薩　不應懷憂怖　設有惡道罪　頭痛則得除
此土諸菩薩　若能守護法　世世所生處　不失於正念
若人欲斷縛　滅煩惱業罪　於此土護法　增益一切智
淨土多億劫　受持法解說　於此娑婆界　從旦至食時
我見喜樂國　及見安樂土　此中无苦惱　亦无苦惱名
於彼作功德　未足以為奇
於此煩惱處　能忍不可事　亦教他此法　其福為最勝
我礼无上尊　大悲救苦者　能為惡衆生　說法甚為難
佛集无量衆　十方世界中　名聞諸菩薩　聽法无厭足

BD04215號　思益梵天所問經卷一　（26–5）

我見喜樂國　及見安樂土　此中无苦惱　亦无苦惱名
於彼作功德　未足以為奇
於此煩惱處　能忍不可事　亦教他此法　其福為最勝
我礼无上尊　大悲救苦者　能為惡衆生　說法甚為難
佛集无量衆　十方世界中　名聞諸菩薩　聽法无厭足
佛集十方界　名聞諸菩薩　聽法无厭足　如海吞衆流
為如是人等　廣說於佛道
釋梵四天王　諸天龍神等　皆集欲求法　隨所信樂說
比丘比丘尼　及清信士女　是四衆普集　願時為演說
有樂佛乘者　及緣覺聲聞　佛知其深心　悉皆為斷疑
不斷佛種者　能出生三寶　為是諸菩薩　我今請法王
名稱普流者　十方菩薩聞　皆悉共來集　為說无上道
此无上大法　二乘所不及　我等信力故　得入如是法
不可思議慧　非我等所及
佛雖无疲倦　我今有所請　悔過於世尊　願說菩提道
尒時思益梵天說此偈已白佛言世尊何謂
菩薩其心堅固而无疲倦何謂菩薩所言決
定而不中悔何謂菩薩增長善根何謂菩薩
无所恐畏威儀不轉何謂菩薩成就白法何
謂菩薩善知從一地至一地何謂菩薩於衆
生中善知方便何謂菩薩善化衆生何謂
菩薩世世不失菩提之心何謂菩薩能一其
心而无雜行何謂菩薩善求法寶何謂菩薩善
出毀禁之罪何謂菩薩善除煩惱何謂菩薩
善入諸大衆何謂菩薩善開法施何謂菩薩
导先因力不失善根何謂菩薩不由他教而

BD04215號　思益梵天所問經卷一　（26–6）

生中善知方便何謂菩薩善化衆生何謂
菩薩世世不失菩提之心何謂菩薩能一其
心而无雜行何謂菩薩求法寶何謂菩薩善
出毁禁之罪何謂菩薩善除煩惱何謂菩薩
善入諸大衆何謂菩薩善開法施何謂菩薩
得先因力不失善根何謂菩薩不由他教而
能自行六波羅蜜何謂菩薩能轉捨禪定還
生欲界何謂菩薩於諸佛法得不退轉何謂
菩薩不斷佛種
尒時世尊讃思益梵天善哉善哉能問如來
如此之事汝今諦聽善思念之唯然世尊願
樂欲聞佛告思益梵天菩薩有四法堅固其
心而不疲惓何謂四一者於諸衆生起大悲
心二者精進不懈三者信解生死如夢四者
正思惟佛之智慧菩薩有此四法堅固其心
而不疲惓梵天菩薩有四法所言決定而不中
悔何等爲四一者決定說諸法无我二者決
定說諸生處无可樂者三者決定常讃大乘
四者決定說罪福業不失是爲四法梵天菩
薩有四法增長善根何等爲四一者持戒二
者多聞三者布施四者出家是爲四梵天菩
薩有四法无所畏威儀不轉何等四一者
失利二者惡名三者毁辱四者苦惱是爲四
梵天菩薩有四法成就白法何等四一者教
人令信罪福二者布施不求果報三者守護
正法四者以智慧教諸菩薩是爲四梵天菩

BD04215號　思益梵天所問經卷一　（26-7）

薩有四法增長善根何等爲四一者持戒二
者多聞三者布施四者出家是爲四梵天菩
薩有四法无所畏威儀不轉何等四一者
失利二者惡名三者毁辱四者苦惱是爲四
梵天菩薩有四法成就白法何等四一者教
人令信罪福二者布施不求果報三者守護
正法四者以智慧教諸菩薩是爲四梵天菩
薩有四法善知從一地至一地何等四一者
久殖善根二者離諸過咎三者善知方便迴
向四者勤行精進是爲四梵天菩薩有四法
善知方便何等四一者順衆生意二者於他
功德起隨喜心三者悔過除罪四者勸請諸
佛是爲四梵天菩薩有四法善化衆生何等
四一者常求利安衆生二者自捨己樂三者
心和忍辱四者除捨憍慢是爲四梵天菩薩
有四法世世不失菩提之心何等四一者常憶
念佛二者所作功德常爲菩提三者親近
善知識四者稱揚大乘是爲四梵天菩薩
有四法能一其心而无雜行何等四一者離聲
聞心二者離辟支佛心三者求法无猒四者
如所聞法廣爲人說是爲四梵天菩薩有
四法善求法寶何等四一者於法中生寶想
以難得故二者於法中生藥想療衆生病故
三者於法中生財利想以不失故四者於法中
生滅一切苦想得至涅槃故是爲四梵天菩薩
有四法善出毁禁之罪何等四一者得无生

BD04215號　思益梵天所問經卷一　（26-8）

四法善求法寶何等四一者於法中生寶想
以難得故二者於法中生藥想療衆生病故
三者於法中生財利想以不失故四者於法中
生滅一切苦想得至涅槃故是爲四梵天菩薩
有四法善出毀禁之罪何等四一者得无生
法忍以諸法无滅忍以諸法
无去故三者得因緣忍知諸法因緣生故四
者得无住忍无異心相續故是爲四梵天菩
薩有四法善除煩惱何等四一者正憶念二
者鄣諸根三者得善法力四者獨處遠離
是爲四梵天菩薩有四法善入諸大衆何等
四一者求法不求勝二者恭敬心无憍慢三者
唯求法利不自顯現四者教人善法不求名
利是爲四梵天菩薩有四法善開法施何等
四一者守護於法二者自益智慧亦益他人
三者行善人法四者示人始淨是爲四梵天
菩薩有四法得先因力不失善根何等四一
者見他人闕不以爲過二者於瞋怒人常脩
慈心三者常說諸法因緣四者常念菩提是
爲四梵天菩薩有四法不由他教而能自行
六波羅蜜何等四一者以施尊人二者不說
他人毀禁之罪三者善知攝法教化衆生四
者解達深法是爲四梵天菩薩有四法能轉
捨禪定還生欲界何等四一者其心柔濡二
者得諸根善力三者不捨一切衆生四者善
脩智慧方便之力是爲四梵天菩薩有四法

BD04215號　思益梵天所問經卷一

（26–9）

六波羅蜜何等四一者[illegible]
他人毀禁之罪三者善知攝法教化衆生四
者解達深法是爲四梵天菩薩有四法能轉
捨禪定還生欲界何等四一者其心柔濡二
者得諸根善力三者不捨一切衆生四者善
脩智慧方便之力是爲四梵天菩薩有四法
於諸佛法得不退轉何等四一者受无量生
死二者供養无量諸佛三者脩行无量慈心
四者信解无量佛慧是爲四梵天菩薩有四
法不斷佛種何等四一者不退本願二者言
必施行三者大欲精進四者深心行於佛道
是爲菩薩有四法不斷佛種說是諸四法時
三万二千天及人皆發阿耨多羅三藐三菩
提心五千人得无生法忍十方諸來菩薩
供養於佛所散天華周遍三千大千世界
積至于膝
尒時網明菩薩問思益梵天言佛說汝於正問
菩薩中爲最第一何謂菩薩所問爲正問耶
梵天言網明若菩薩以彼我問名爲邪問
分別法問名爲邪問若无彼我問名爲正問
不分別法問名爲正問又網明以生故問名
爲邪問以滅故問名爲邪問以住故問名爲
邪問若不以生故問不以滅故問不以住故問
名爲正問又網明若菩薩爲垢故問名爲邪
問爲淨故問名爲邪問爲生死故問名爲邪
問爲出生死故問名爲邪問爲涅槃故問名

BD04215號　思益梵天所問經卷一

（26–10）

邪問若不以生故問不以滅故問不以住故問
名為正問又網明若菩薩為垢故問名為邪
問為淨故問名為邪問為生死故問名為邪
問為出生死故問名為邪問為涅槃故問名
為邪問若不為垢淨故問不為生死出生死
故問不為涅槃故問名為正問所以者何法
位中无垢无淨无生死无涅槃又網明若菩
薩為見故問為斷故問為證故問為脩故
問為得故問為果故問名為邪問若无見无
斷无證无脩无得无果故問名為正問又網
明是善是不善名為邪問是世間法是出世
間法是有罪法是无罪法是有漏法是无漏
法是有為法是无為法如是等二法隨所依
而問者名為邪問若不見二不見不二問名
為正問
又網明若菩薩分別佛問名為邪問分別法
分別僧分別眾生分別佛國分別諸乘問名
為邪問若於法不作一異問者名為正問又
網明一切法正一切法邪網明言梵天何謂
一切法正一切法邪梵天言於諸法性无心
故一切法名為正若於无心法中以心分別
觀者一切法名為邪觀一切法離相名為正若
不信解是離相是即分別諸法若分別諸法
則入增上慢隨所分別皆名為邪網明言何
謂為諸法正性梵天言諸法離自性離欲際
是名正性網明言少有能解如是正性梵天

觀者一切法名為邪觀一切法離相名為正
不信解是離相是即分別諸法若分別諸法
則入增上慢隨所分別皆名為邪網明言何
謂為諸法正性梵天言諸法離自性離欲際
是名正性網明言少有能解如是正性梵天
言是正性不一不多網明若有善男子善女
人能如是知諸法正性若已知若今知若當
知是人无有法已得无有法今得无有法當
得所以者何佛說无得无分別名為所作已
辦相若人聞是諸法正性懃行精進是名如
說脩行不從一地至一地若不從一地至一地
是人不在生死不在涅槃所以者何諸佛不
得生死不得涅槃網明言佛不為度生死故
說法耶梵天言佛所示法有度生死耶網明
言无耶梵天言以是因緣當知佛不令眾生
出生死入涅槃但為度妄想分別生死涅槃
二相者耳此中實无度生死至涅槃者所
以者何諸法平等无有往來生死无入涅槃
尒時世尊讚思益梵天言善哉善哉說
諸法正性應如汝所說說是法時二千比丘不
受諸法漏盡心得解脫佛告梵天我不得生
死不得涅槃如來雖說生死實无有人往來
生死雖說涅槃實无有人得滅度者若有入
此法門者是人非生死相非滅度相尒時會
中五百比丘從坐而起作是言我等空脩梵
行今實見有滅度者而言无有滅度我等

死不得涅槃如來雖說生死實无有人往來
生死雖說涅槃實无有人得滅度者若有入
此法門者是人非生死相非滅度相尒時會
中五百比丘從坐而起作是言我等空脩梵
行今實見有滅度者而言无有滅度我等
何用脩道求智慧為
尒時網明菩薩白佛言世尊若有於法生見
則於其人佛不出世世尊若有决定見涅槃
者是人不度生死所以者何涅槃名為除滅
諸相遠離一切動念戲論世尊是諸比丘於
佛正法出家而今墮於外道邪見見涅槃决
定相譬如從麻出油從酪出蘇世尊若人於諸
法相中求涅槃者我說是輩皆為增上慢
人世尊正行道者於法不作不生不作滅无
得无果網明謂梵天言是五百比丘從坐起
者汝當為作方便引道其心入此法門令得
信解離諸邪見梵天言善男子縱使令去至
恒河沙劫不能得出如此法門譬如癡人畏
於虛空捨空而走在所至處不離虛空此諸
比丘亦復如是雖復遠去不出空相不出无
相相不出无作相又如一人求索虛空東西
馳走言我欲得空我欲得空是人但說虛空
名字而不得空於空中行而不見空此諸比
丘亦復如是求欲求涅槃行涅槃中而不得
涅槃所以者何涅槃者但有名字猶如虛空
但有名字不可得取涅槃亦復如是但有名

BD04215號　思益梵天所問經卷一　（26–13）

馳走言我欲得空我欲得空是人但說虛空
名字而不得空於空中行而不見空此諸比
丘亦復如是求欲求涅槃行涅槃中而不得
涅槃所以者何涅槃者但有名字猶如虛空
但有名字不可得取涅槃亦復如是但有名
字而不可得尒時五百比丘聞說是法不受
諸法漏盡心得解脫得阿羅漢道作是言世
尊若人於諸法畢竟滅相中求涅槃者則於其
人佛不出世世尊我等今者非凡夫非學非无
學不在生死不在涅槃所以者何佛出故名
為遠離一切動念戲論
尒時長老舍利弗謂諸比丘汝今得正智為
已利耶五百比丘言長老舍利弗我等今者得
諸煩惱不可作而作舍利弗言何故說此諸比
丘言知諸煩惱實相故言得諸煩惱涅槃是
无作性我等已證故說不可作而作舍利弗
言善哉善哉汝等今者住於福田能消供養
諸比丘言大師世尊尚不能消諸供養何況
我等舍利弗言何故說此諸比丘言世尊知
見諸法性性常淨故於是思益梵天白佛言
世尊誰應受供養佛告梵天不為世法之所
牽者世尊誰能消供養佛言於法无所取者
世尊誰為世間福田佛言不壞菩提性者世
尊誰為眾生善知識佛言於一切眾生不
捨慈心者世尊誰知報佛恩佛言不斷佛
[illegible]世尊誰能供養佛舍利弗言能通達无生

BD04215號　思益梵天所問經卷一　（26–14）

事者世尊誰能消供養佛言於法无所取著
世尊誰為世間福田佛言不壞菩提性者世
尊誰為衆生善知識佛言於一切衆生不
捨慈心者世尊誰知報佛恩佛言不斷佛
種者世尊誰能供養佛佛言能通達无生
際者世尊誰能親近於佛佛言乃至失命因
緣不毀禁者世尊誰能恭敬於佛佛言善覆
六根者世尊誰名財富佛言成就七財者世
尊誰名知足佛言得出世間智慧者世尊誰
為遠離佛言於三界中无所願者世尊誰為
具足佛言能斷一切諸結使者世尊誰為樂人
佛言无貪著者世尊誰无貪著佛言知見
五陰者世尊誰度欲河佛言能捨六入者世尊
誰住彼岸佛言能知諸道平等者世尊何謂
菩薩能為施主佛言菩薩能教衆生一切智
心世尊何謂菩薩能奉持戒佛言常能不捨菩
提之心世尊何謂菩薩能行忍辱佛言見心
相念念滅世尊何謂菩薩能行精進佛言求
心不得世尊何謂菩薩能行禪定佛言除身
心麁相世尊何謂菩薩能行智慧佛言於一
切法无有戲論世尊何謂菩薩能行慈心佛
言不生衆生想世尊何謂菩薩能行悲心佛
言不生法想世尊何謂菩薩能行喜心佛言
不生我相世尊何謂菩薩能行捨心佛言不
生彼我相世尊何謂菩薩安住於信佛言信

BD04215 號　思益梵天所問經卷一　（26–15）

言不生衆生想世尊何謂菩薩能行悲心佛
言不生法想世尊何謂菩薩能行喜心佛言
不生我相世尊何謂菩薩能行捨心佛言不
生彼我相世尊何謂菩薩安住於信佛言信
解心淨无有濁法世尊何謂菩薩安住於空
言不著一切語言世尊何謂菩薩名為有慚
佛言知見內法世尊何謂菩薩名為有愧佛
言捨於外法世尊何謂名為菩薩遍行佛言
能淨身口意業尒時世尊而說偈言
若身淨无惡　口淨常實語　心淨常行慈　是菩薩遍行
行慈无貪著　觀不淨无恚　行捨而不癡　是菩薩遍行
若在聚空野　及與處大衆　威儀終不轉　是菩薩遍行
知法名為佛　知離名為法　知无名為僧　是菩薩遍行
知多欲所行　知恚癡所行　善知轉此行　是菩薩遍行
不依止欲界　不住色无色　行如是禪定　是菩薩遍行
信解諸法空　及无相无作　而不盡諸漏　是菩薩遍行
善知聲聞乘　及辟支佛乘　通達於佛乘　是菩薩遍行
明解於諸法　不疑道非道　憎愛心无異　是菩薩遍行
於過去未來　及與現在世　一切无分別　是菩薩遍行
尒時思益梵天白佛言世尊何謂菩薩過世
間法通達世間法通達世間法已度衆生於
世間法行於世間不壞世間尒時世尊以偈
答言
說五陰是世　世間所依止　依止於五陰　不脫世間法
菩薩有智慧　知世間實性　所謂五陰如　世間法不染

BD04215 號　思益梵天所問經卷一　（26–16）

於過去未來 及與現在世 一切無分別 是菩薩遍行
尒時思益梵天白佛言世尊何謂菩薩過世
間法通達世間法通達世間法已度衆生於
世間法行於世間不壞世間尒時世尊以偈
荅言
說五陰是世 世間所依止 依止於五陰 不脫世間法
菩薩有智慧 知世間實性 所謂五陰如 世間法不染
利衰及毀譽 稱譏與苦樂 如此之八法 常牽於世間
大智慧菩薩 散滅世間法 見世毀譽相 處之而不動
得利心不高 失利心不下 其心堅不動 譬如須弥山
利衰及毀譽 稱譏與苦樂 於此世八法 其心常平等
知世間虛妄 皆從顛倒起 如是之人等 不行世間道
世間所有道 菩薩皆識知 故能於世間 度衆生苦惱
雖行於世間 如蓮花不染 亦不壞世間 通達法性故
世間行世間 不知是世間 菩薩行世間 明了世間相
世間虛空相 虛空亦無相 菩薩知如是 不染於世間
如所知世間 隨知而演說 知世間性故 亦不壞世間
五陰無自性 是即世間性 若人不知是 常住於世間
若見知五陰 無生亦無起 是人行世間 而不依世間
凡夫不知法 於世起諍訟 是實是不實 住是二相中
我常不與世 起於諍訟事 世間之實相 悉已了知故
諸佛所說法 皆悉無諍訟 知世平等故 非實非虛妄
若佛法決定 有實有虛妄 是即為貪著 與外道無異
而今實義中 無實無虛妄 是故我常說 出世法無二
若人知世間 如是之實性 於實於虛妄 不取此惡見

BD04215號　思益梵天所問經卷一　（26–17）

我常不與世 起於諍訟事 世間之實相 悉已了知故
諸佛所說法 皆悉無諍訟 知世平等故 非實非虛妄
若佛法決定 有實有虛妄 是即為貪著 與外道無異
而今實義中 無實無虛妄 是故我常說 出世法無二
若人知世間 如是之實性 於實於虛妄 不取此惡見
如是知世間 清淨如虛空 是大名稱人 照世間如日
若人見世間 如我之所見 如斯之人等 能見十方佛
諸法從緣生 自無有定性 若知此因緣 則達法實相
若知法實相 是則知空相 若能知空相 則為見導師
若有人得聞 如是世間相 雖行於世間 而不住世間
依止諸見人 不能及此事 云何行世間 而不依世間
若佛滅度後 有樂是法者 佛則於其人 常現於法身
若人解達此 則守護我法 亦為供養我 亦是世導師
若人須臾聞 世間性如此 是人終不爲 惡魔所得便
若能達此義 則為大智慧 法財之施主 亦是具禁戒
若知世如此 忍辱力勇健 具足諸禪定 通達於智慧
所在聞此法 其方則有佛 如是諸菩薩 不久坐道場
若有深愛樂 如是世間性 則能降衆魔 疾得無上道
佛復告思益梵天如來出過世間亦說世間
若世間集世間滅世間滅道梵天五陰名為
世間貪著五陰名為世間集五陰盡名為世間
滅以無二法求五陰名為世間滅道又梵天
所言五陰者但有言說於中取相分別生見
而說是名世間若不捨是見是名世間集是
見自相是名世間滅隨以何道不取是見是
名世間滅道梵天以何因緣故我為外道仙

BD04215號　思益梵天所問經卷一　（26–18）

滅以无二法求五陰名為世間滅道又梵天
所言五陰者但有言說於中取相分別生見
而說是名世間苦不捨是見是名世間集是
見自相是名世間滅隨以何道不取是見是
名世間滅道梵天以何因緣故我為外道仙
人說言仙人於汝身中即說世間苦世間集
世間滅世間滅道
尒時思益梵天白佛言世尊所說四種諦何
等是真聖諦梵天苦不名為聖諦苦集不名
為聖諦苦滅不名為聖諦苦滅道不名為聖
諦所以者何若苦是聖諦者一切牛驢畜生
等皆應有苦聖諦若集是聖諦者一切在所
生處衆生皆應有集聖諦所以者何以集故
生諸趣中若苦滅是聖諦者觀滅者說斷滅
者皆應有滅聖諦若道是聖諦者緣一切有
為道者皆應有道聖諦梵天以是因緣故當
知聖諦非苦非集非滅非道聖諦者知苦无
生是名苦聖諦知集无和合是名集聖諦於
畢竟滅法中知无生无滅是名滅聖諦於一
切法平等以不二法得道是名道聖諦梵天
真聖諦者无有虛妄虛妄者所謂著我著
衆生著人著壽命者著養育者著有著无
著生著滅著生死著涅槃梵天若行者言我知
見苦是虛妄我斷集是虛妄我滅證是虛妄我
脩道是虛妄所以者何是人違失佛所許念
是故說為虛妄何等是佛所許念所謂不憶

BD04215號　思益梵天所問經卷一

（26–19）

衆生著人著壽命者著養育者著有著无
著生著滅著生死著涅槃梵天若行者言我知
見苦是虛妄我斷集是虛妄我滅證是虛妄我
脩道是虛妄所以者何是人違失佛所許念
是故說為虛妄何等是佛所許念所謂不憶
念一切諸法是為佛所許念若行者住是念
中則不住一切相若不住一切相則住實際若
住實際是名不住心若不住心是人名為非
實語非妄語者梵天是故當知若非實非虛
妄者是名聖諦梵天實者終不住不實若
有佛若无佛法性常住所謂生死性涅槃性
常實所以者何非離生死得涅槃名為聖諦
若人證如是四聖諦是名世間實語者梵天
當來有比丘不脩身不脩戒不脩心不脩慧是
人說生相是苦諦衆緣和合是集諦滅法
是滅諦以二法求相是道諦佛言我說此愚
人等是外道徒黨我非彼人師彼非我弟子
是人隨於邪道破失法故說言有諦梵天汝
且觀我坐道場時不得一法是實是虛妄若佛
不得法是法寧可於衆中有言說有論議有
教化邪梵天言不也世尊梵天以諸法无所
得故諸法離自性故我菩提是无貪著相
尒時思益梵天白佛言世尊若如來於法无
所得者有何利益說如來得菩提名為佛佛
言梵天於汝意云何我所說諸法若有為若
无為是法為實為虛妄耶梵天言是法虛妄

BD04215號　思益梵天所問經卷一

（26–20）

得故諸法離自性故我菩提是无貪著相
尒時思益梵天白佛言世尊若如來於法无
所得者有何利益說如來得菩提名為佛
言梵天於汝意云何我所說諸法若有為若
无為是法為實為虛妄耶梵天言是法虛妄
非實於汝意云何若法虛妄非實是法為有
為无梵天言世尊若法虛妄是法不應說有
不應說无梵天於汝意云何若法非有非无
是法有得者不梵天言无有得者梵天如來
坐道場時唯得虛妄顛倒所起煩惱畢竟空
性以无所得故得以无所知故知所以者何我
所得法不可見不可聞不可覺不可識不可取
不可著不可說不可難出過一切法相无語
无說无有文字无言說道梵天此法如是猶
如虛空汝欲於如是法中得利益耶梵天言
不也世尊諸佛如來甚為希有成就未曾有
法深入大慈大悲得如是寂滅相法而以文
字言說教人令得悟解世尊其有聞是能
信解者當知是人不從小功德來世尊是法一
切世間之所難信所以者何世間貪著實而是法
无實无虛妄世間貪著法而是法无法无非
法世間貪著涅槃而是法无生死无涅槃世
間貪著善法而是法无善无非善世間貪著
樂而是法无苦无樂世間貪著佛出世而是
法无佛出世亦无涅槃雖有說法而是法非

BD04215 號　思益梵天所問經卷一　（26–21）

无實无虛妄世間貪著法而是法无法无非
法世間貪著涅槃而是法无生死无涅槃世
間貪著善法而是法无善无非善世間貪著
樂而是法无苦无樂世間貪著佛出世而是
法无佛出世亦无涅槃雖有說法而是法非
可說相雖讚說僧而僧即是无為是故此法
一切世間之所難信譬如水中出火火中出水
難可得信如是煩惱中有菩提菩提中有煩
惱是亦難信所以者何如來得是虛妄顛倒
煩惱之性而亦无法可得有所說法亦无有形
雖有所知亦无分別雖證涅槃亦无滅者世尊
若有善男子善女人能信解如是法義者當知
是人得脫諸見當知是人已親近无量諸佛
當知是人已供養无量諸佛當知是人為善
知識所護當知是人志意曠大當知是人善
根深厚當知是人守護諸佛法藏當知是人
能善思量起於善業當知是人種性尊貴
生如來家當知是人能行大捨捨諸煩惱當
知是人得持戒力非煩惱力當知是人得忍辱
力非瞋恚力當知是人得精進力无有疲懈當
知是人得禪定力滅諸惡心當知是人得智慧
力離惡邪見當知是人一切惡魔不能得便
當知是人一切怨賊所不能破當知是人不
誑世間當知是人是真語者善說法相故
當知是人是實語者說第一義故當知是
人善為諸佛之所護念當知是人柔和易善

BD04215 號　思益梵天所問經卷一　（26–22）

力離惡邪見當知是人一切惡魔不能得便
當知是人一切怨賊所不能破當知是人不
誑世間當知是人是真語者善說法相故
當知是人是實語者說第一義故當知是
人善為諸佛之所護念當知是人柔和濡善
同止安樂當知是人名為大富有聖財故當
知是人常能知足行聖種故當知是人易滿
易養離貪食故當知是人得安隱心到彼岸
故當知是人度未度者當知是人解未解者
當知是人安未安者當知是人滅未滅者當
知是人能示正道當知是人能說解說當知
是人為大醫王善知諸藥當知是人猶如良
藥善療眾病當知是人智慧勇健當知是人
為有大力堅固究竟當知是人有精進力不
隨他語當知是人為如師子无所怖畏當知
是人為如象王其心調柔當知是人為如善
馬其心隨順當知是人為如牛王能導大眾
當知是人為大勇健能破魔怨當知是人為
大丈夫處眾无畏當知是人无所忌難得无
畏法當知是人无所畏難說真諦法故當
知是人具清白法如月盛滿當知是人智慧
光明猶如日明當知是人除諸闇冥猶如執
炬當知是人樂行捨心離諸憎愛當知是人
載育眾生猶如地當知是人洗諸塵垢猶如
水當知是人燒諸動念猶如火當知是人於

BD04215號　思益梵天所問經卷一　（26–23）

知是人具清白法如月盛滿當知是人智慧
光明猶如日明當知是人除諸闇冥猶如執
炬當知是人樂行捨心離諸憎愛當知是人
載育眾生猶如地當知是人洗諸塵垢猶如
水當知是人燒諸動念猶如火當知是人於
法无鄣猶如風當知是人其心不動猶如須
彌當知是人其心堅固如金剛山當知是人
一切外道覽勝論者所不能動當知是人一
切聲聞辟支佛所不能測當知是人多饒法寶
猶如大海當知是人煩惱不現如波陁羅當知
是人求法无猒當知是人以智慧知足當知
是人能轉法輪如轉輪王當知是人身色妹
妙如天帝釋當知是人心得自在如梵天王
當知是人說法音聲猶如雷震當知是人降
法甘露猶如時雨當知是人能增長无漏根力覺
分當知是人已度生死汙泥當知是人入佛智慧
當知是人近佛菩提當知是人能多學問未與
等者當知是人无有量已過量當知是人智慧
辯才无有鄣閡當知是人憶念堅固得陁羅尼當
知是人知諸眾生深心所行當知是人行於正念
正觀諸法故解達義趣當知是人懃行精進
利安世間當知是人趣出於世當知是人不可染
汙猶如蓮華當知是人不為世法所覆當知是人
利根者所愛當知是人多聞者所敬當知是人
智者所念當知是人天人供養當知是人禪
者所礼當知是人善人所貴當知是人聲聞辟

BD04215號　思益梵天所問經卷一　（26–24）

利安世間當知是人超出於世當知是人不可染
汙猶如蓮華當知是人不為世法所覆當知是人
利根者所愛當知是人多聞者所敬當知是人
智者所念當知是人天人供養當知是人禪
者所礼當知是人善人所貴當知是人聲聞辟
支佛之所貪慕當知是人不貪小行當知是人
不覆藏罪不顯功德當知是人威儀備具
生他淨心當知是人身色端政見者悅樂當
知是人有大威德衆所宗仰當知是人以
三十二相莊嚴其身當知是人能繼佛種當
知是人能讃法寶當知是人能供養僧當知
是人諸佛所見當知是人為得法眼當知是
人以佛智慧而得受記當知是人具足三忍
當知是人安住道場當知是人破壞魔軍當
知是人得一切種智當知是人轉於法輪當
知是人作无量佛事若人信解如是法義不
驚疑怖畏者得如是功德是人於諸佛阿耨
多羅三藐三菩提甚深難解難知難信難入
而能信受讀誦通利廣為人說如說脩行亦
教他人如說脩行如是之人我以一劫若減一
劫說其功德猶不能盡

思益經卷第一

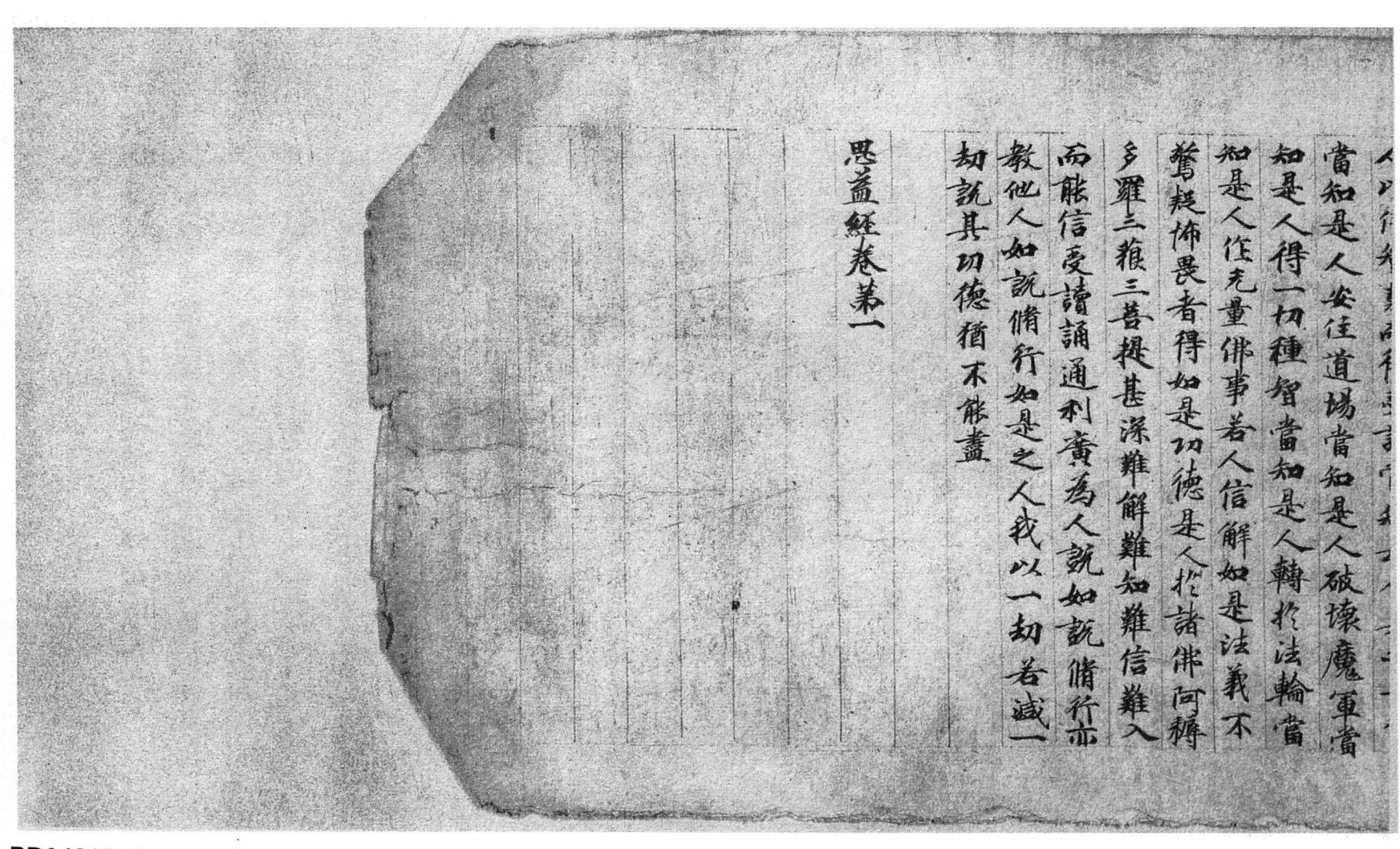

BD04215號　思益梵天所問經卷一　　（26–25）

當知是人安住道場當知是人破壞魔軍當
知是人得一切種智當知是人轉於法輪當
知是人作无量佛事若人信解如是法義不
驚疑怖畏者得如是功德是人於諸佛阿耨
多羅三藐三菩提甚深難解難知難信難入
而能信受讀誦通利廣為人說如說脩行亦
教他人如說脩行如是之人我以一劫若減一
劫說其功德猶不能盡

思益經卷第一

BD04215號　思益梵天所問經卷一　　（26–26）

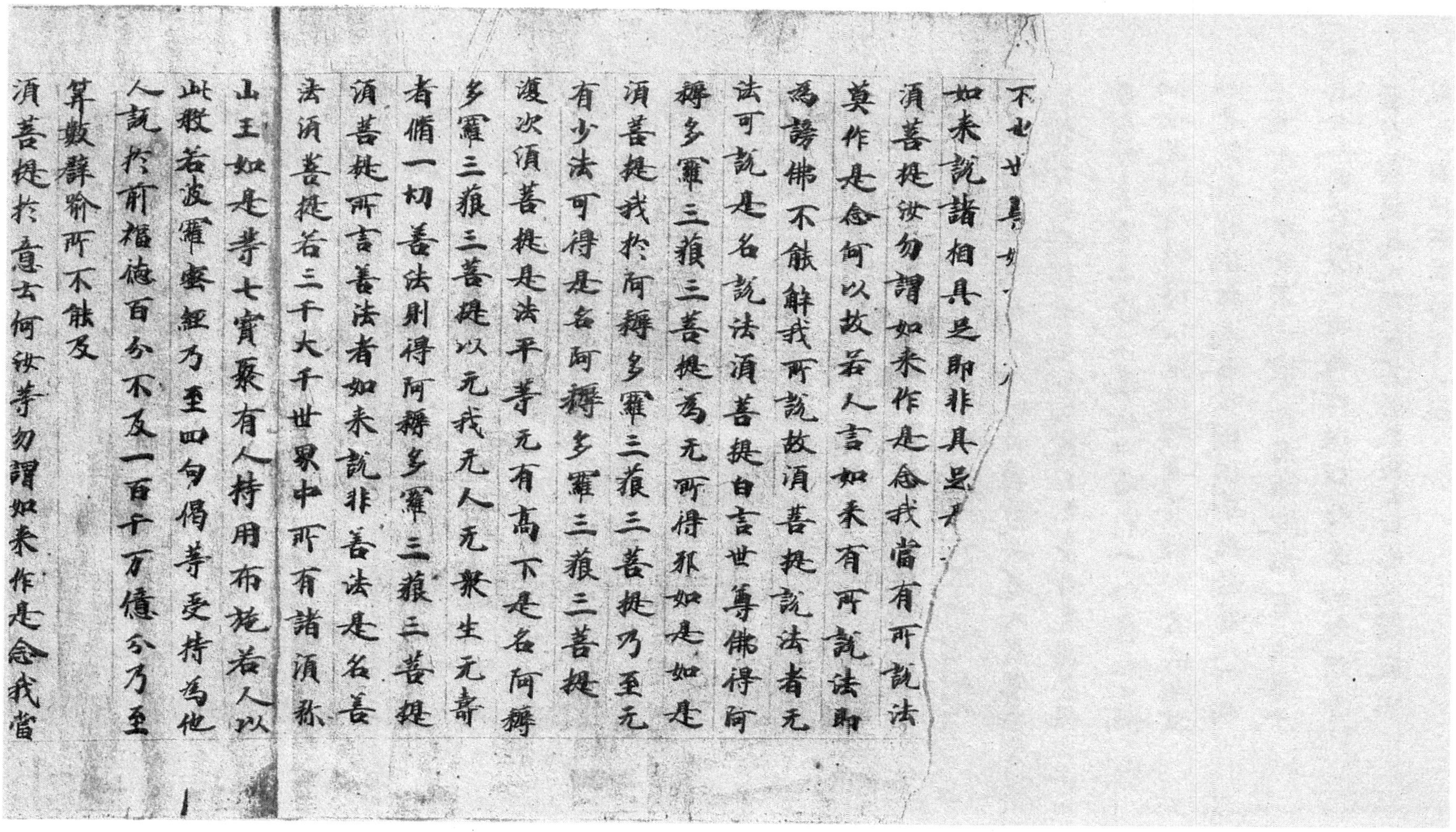

不也世尊如

如来說諸相具足即非具足是名

須菩提汝勿謂如来作是念我當有所說法

莫作是念何以故若人言如来有所說法即

爲謗佛不能解我所說故須菩提說法者无

法可說是名說法須菩提白佛言世尊佛得阿

耨多羅三藐三菩提爲无所得耶如是如是

須菩提我於阿耨多羅三藐三菩提乃至无

有少法可得是名阿耨多羅三藐三菩提

復次須菩提是法平等无有高下是名阿耨

多羅三藐三菩提以无我无人无衆生无壽

者脩一切善法則得阿耨多羅三藐三菩提

須菩提所言善法者如来說非善法是名善

法須菩提若三千大千世界中所有諸須弥

山王如是等七寶聚有人持用布施若人以

此般若波羅蜜經乃至四句偈等受持爲他

人說於前福德百分不及一百千万億分乃至

筭數譬喻所不能及

須菩提於意云何汝等勿謂如来作是念我當

BD04216 號　金剛般若波羅蜜經　（4–1）

山王如是等七寶聚有人持用布施若人以

此般若波羅蜜經乃至四句偈等受持爲他

人說於前福德百分不及一百千万億分乃至

筭數譬喻所不能及

須菩提於意云何汝等勿謂如来作是念我當

度衆生須菩提莫作是念何以故實无有衆

生如来度者若有衆生如来度者如来則有

我人衆生壽者須菩提如来說有我者則非

有我而凡夫之人以爲有我須菩提凡夫者

如来說則非凡夫須菩提於意云何可以卅二

相觀如来不須菩提言如是如是以卅二相觀

如来佛言須菩提若以卅二相觀如来者轉輪

聖王則是如来須菩提白佛言世尊如我解

佛所說義不應以卅二相觀如来尒時世尊而

說偈言

若以色見我　以音聲求我　是人行邪道　不能見如来

須菩提汝若作是念如来不以具足相故得阿耨

多羅三藐三菩提須菩提莫作是念如来不

以具足相故得阿耨多羅三藐三菩提須菩

汝若作是念發阿耨多羅三藐三菩提者說

諸法斷滅相莫作是念何以故發阿耨多羅

三藐三菩提者於法不說斷滅相須菩提若

菩薩以滿恒河沙等世界七寶布施若復有人

知一切法无我得成於忍此菩薩勝前菩薩

所得功德須菩提以諸菩薩不受福德故須菩

提白佛言世尊云何菩薩不受福德須菩提所

作福德不應貪著是故說不受福德須菩提若

BD04216 號　金剛般若波羅蜜經　（4–2）

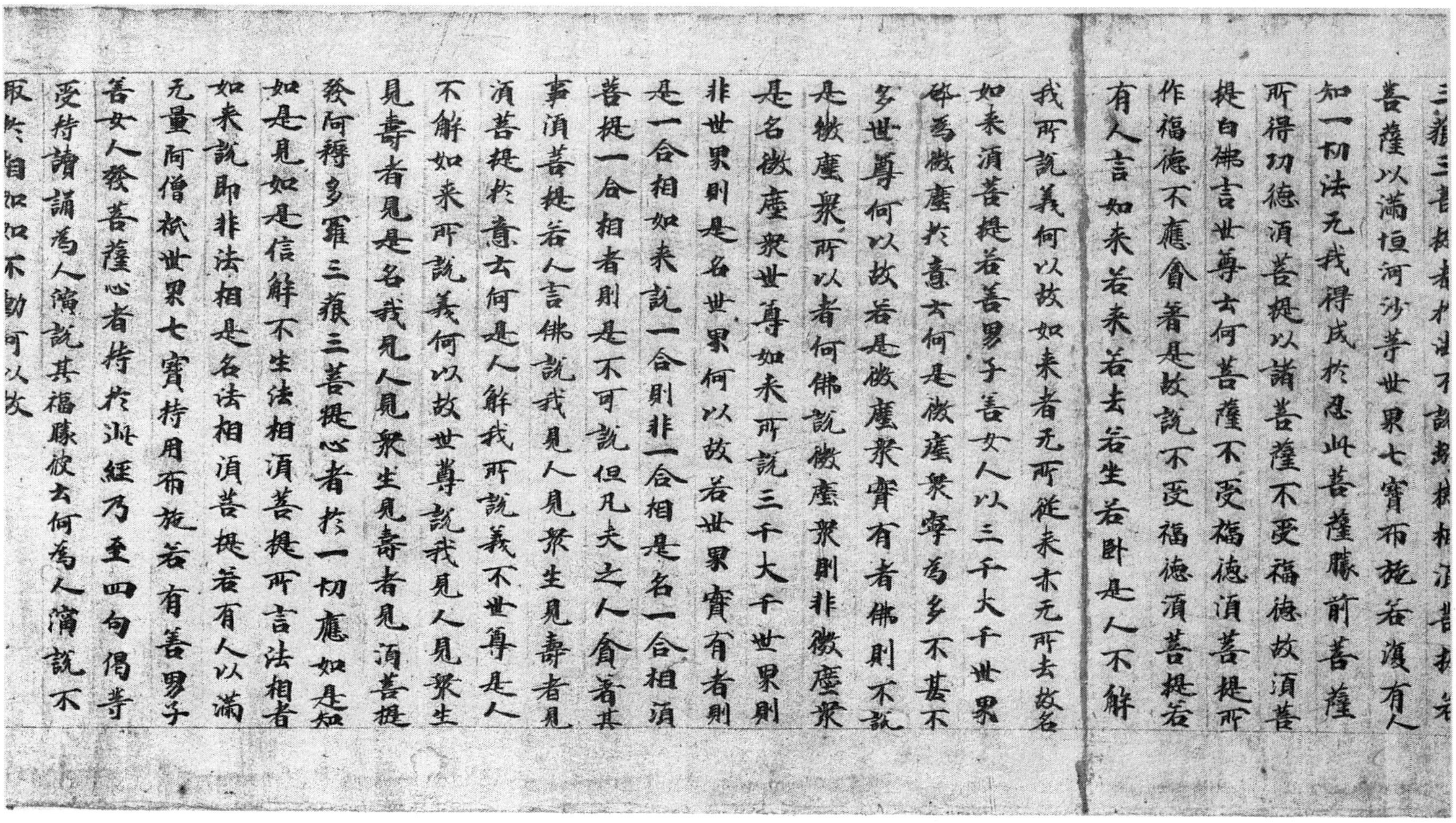

三藐三菩提者於法不說斷滅相須菩提若
菩薩以滿恒河沙等世界七寶布施若復有人
知一切法无我得成於忍此菩薩勝前菩薩
所得功德須菩提以諸菩薩不受福德故須菩
提白佛言世尊云何菩薩不受福德須菩提所
作福德不應貪著是故說不受福德須菩提若
有人言如來若來若去若坐若卧是人不解
我所說義何以故如來者无所從來亦无所去故名
如來須菩提若善男子善女人以三千大千世界
碎為微塵於意云何是微塵衆寧為多不甚多
世尊何以故若是微塵衆實有者佛則不說
是微塵衆所以者何佛說微塵衆則非微塵衆
是名微塵衆世尊如來所說三千大千世界則
非世界是名世界何以故若世界實有者則
是一合相如來說一合則非一合相是名一合相須
菩提一合相者則是不可說但凡夫之人貪著其
事須菩提若人言佛說我見人見衆生見壽者見
須菩提於意云何是人解我所說義不世尊是人
不解如來所說義何以故世尊說我見人見衆生
見壽者見是名我見人見衆生見壽者見須菩提
發阿耨多羅三藐三菩提心者於一切法應如是知
如是見如是信解不生法相須菩提所言法相者
如來說即非法相是名法相須菩提若有人以滿
无量阿僧祇世界七寶持用布施若有善男子
善女人發菩薩心者持於此經乃至四句偈等
受持讀誦為人演說其福勝彼云何為人演說不
取於相如如不動何以故

BD04216號　金剛般若波羅蜜經　（4–3）

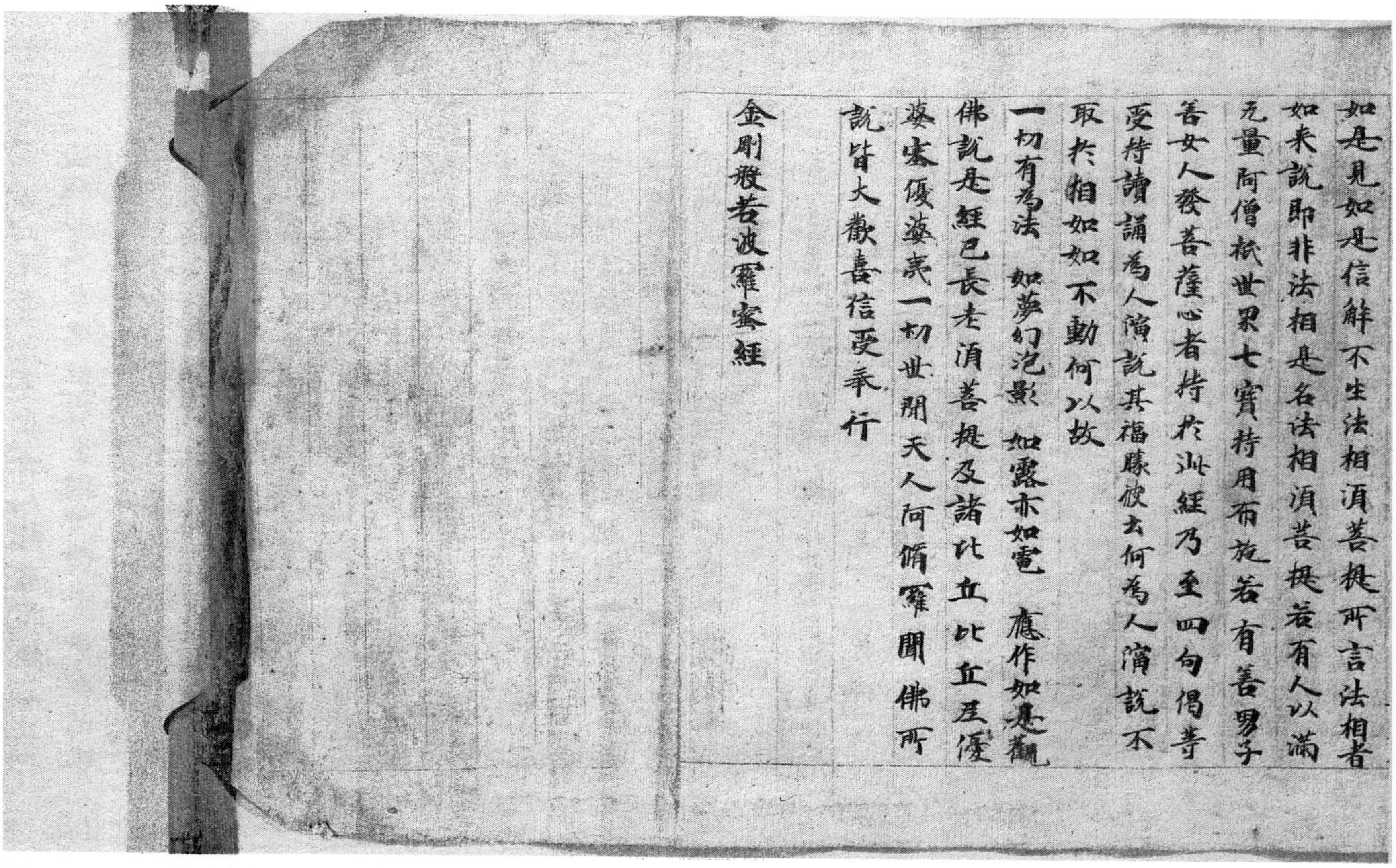

如是見如是信解不生法相須菩提所言法相者
如來說即非法相是名法相須菩提若有人以滿
无量阿僧祇世界七寶持用布施若有善男子
善女人發菩薩心者持於此經乃至四句偈等
受持讀誦為人演說其福勝彼云何為人演說不
取於相如如不動何以故
一切有為法　如夢幻泡影　如露亦如電　應作如是觀
佛說是經已長老須菩提及諸比丘比丘尼優
婆塞優婆夷一切世間天人阿脩羅聞佛所
說皆大歡喜信受奉行

金剛般若波羅蜜經

BD04216號　金剛般若波羅蜜經　（4–4）

有衆生求佛道者若見若
信解受持者當知是人得近
三菩提藥王譬如有人渴乏須水於彼高原
穿鑿求之猶見乾土知水尚遠施功不已轉
見濕土遂漸至泥其心決定知水必近菩薩
亦復如是若未聞未解未能脩習是法[illegible]
當知是人去阿耨多羅三藐三菩提尚遠若
得聞解思惟脩習必知得近阿耨多[illegible]
三菩提所以者何一切菩薩阿耨多[illegible]
三菩提皆屬此經此經開方便門示真實相
是法華經藏深固幽遠无人能到今佛教化
成就菩薩而為開示藥王若有菩薩聞是法
華經驚疑怖畏當知是為新發意菩薩若聲
聞人聞是經驚疑怖畏當知是為增上慢者
藥王若有善男子善女人如來滅後欲為
衆說是法華經者云何應說是善男子善女
人入如來室著如來衣坐如來座尒乃應為
四衆廣說斯經如來室者一切衆生中大慈
悲心是如來衣者柔和忍辱心是如來座者

BD04218號　妙法蓮華經卷四　（6–1）

聞人聞是經驚疑怖畏當知是為增上慢者
藥王若有善男子善女人如來滅後欲為
衆說是法華經者云何應說是善男子善女
人入如來室著如來衣坐如來座尒乃應為
四衆廣說斯經如來室者一切衆生中大慈
悲心是如來衣者柔和忍辱心是如來座者
一切法空是安住是中然後以不懈怠心為
諸菩薩及四衆廣說是法華經藥王我於餘
國遣化人為其集聽法衆亦遣化比丘比丘
尼優婆塞優婆夷聽其說法是諸化人聞法
信受隨順不逆若說法者在空閑處我時廣
遣天龍鬼神乾闥婆阿脩羅等聽其說法我
雖在異國時時令說法者得見我身若於此
經忘失句逗我還為說令得具足尒時世尊
欲重宣此義而說偈言
欲捨諸懈怠　應當聽此經　是經難得聞　信受者亦難
如人渴須水　穿鑿於高原　猶見乾燥土　知去水尚遠
漸見濕土泥　決定知近水　藥王汝當知　如是諸人等
不聞法華經　去佛智甚遠　若聞是深經　決了聲聞法
是諸經之王　聞已諦思惟　當知此人等　近於佛智慧
若人說此經　應入如來室　著於如來衣　而坐如來座
處衆无所畏　廣為分別說　大慈悲為室　柔和忍辱衣
諸法空為座　處此為說法　若說此經時　有人惡口罵
加刀杖瓦石　念佛故應忍　我千万億土　現淨堅固身
於无量億劫　為衆生說法　若我滅度後　能說此經者
我遣化四衆　比丘比丘尼　及清信士女　供養於法師

BD04218號　妙法蓮華經卷四　（6–2）

處衆无所畏　廣為分別說　大慈悲為室　柔和忍辱衣
諸法空為座　處此為說法　若說此經時　有人惡口罵
加刀杖瓦石　念佛故應忍　我千万億土　現淨堅固身
於无量億劫　為衆生說法　若我滅度後　能說此經者
我遣化四衆　比丘比丘尼　及清信士女　供養於法師
引導諸衆生　集之令聽法　若人欲加惡　刀杖及瓦石
則遣變化人　為之作衛護　若說法之人　獨在空閑處
寂漠无人聲　讀誦此經典　我尒時為現　清淨光明身
若忘失章句　為說令通利　若人具是德　或為四衆說
空處讀誦經　皆得見我身　若人在空閑　我遣天龍王
夜叉鬼神等　為作聽法衆　是人樂說法　分別无罣礙
諸佛護念故　能令大衆喜　若親近法師　速得菩薩道
隨順是師學　得見恒沙佛
妙法蓮華經見寶塔品第十一
尒時佛前有七寶塔高五百由旬縱廣二百
五十由旬從地踊出住在空中種種寶物而
莊校之五千欄楯龕室千万无數幢幡以為
嚴飾垂寶瓔珞寶鈴万億而懸其上四面皆
出多摩羅跋栴檀之香充遍世界其諸幡蓋
以金銀瑠璃車𤦲馬瑙真珠玫瑰七寶合成
高至四天王宮三十三天雨天曼陀羅華供
養寶塔餘諸天龍夜叉乾闥婆阿脩羅迦樓
羅緊那羅摩睺羅伽人非人等千万億衆以
一切華香瓔珞幡蓋伎樂供養寶塔恭敬尊
重讚歎尒時寶塔中出大音聲歎言善哉善
哉釋迦牟尼世尊能以平等大慧教菩薩法

BD04218 號　妙法蓮華經卷四　（6–3）

高至四天王宮三十三天雨天曼陀羅華供
養寶塔餘諸天龍夜叉乾闥婆阿脩羅迦樓
羅緊那羅摩睺羅伽人非人等千万億衆以
一切華香瓔珞幡蓋伎樂供養寶塔恭敬尊
重讚歎尒時寶塔中出大音聲歎言善哉善
哉釋迦牟尼世尊能以平等大慧教菩薩法
佛所護念妙法華經為大衆說如是如是釋
迦牟尼世尊如所說者皆是真實尒時四衆
見大寶塔住在空中又聞塔中所出音聲皆
得法喜怪未曾有從座而起恭敬合掌却住
一面尒時有菩薩摩訶薩名大樂說知一切
世間天人阿脩羅等心之所疑而白佛言世
尊以何因緣有此寶塔從地踊出又於其中
發是音聲尒時佛告大樂說菩薩此寶塔中
有如來全身乃往過去東方无量千万億阿
僧祇世界國名寶淨彼中有佛号曰多寶其
佛行菩薩道時作大誓願若我成佛滅度之
後於十方國土有說法華經處我之塔廟為
聽是經故踊現其前為作證明讚言善哉彼
佛成道已臨滅度時於天人大衆中告諸比
丘我滅度後欲供養我全身者應起一大塔
其佛神通願力十方世界在在處處若有說
法華經者彼之寶塔皆踊出其前全身在於
塔中讚言善哉善哉大樂說今多寶如來塔
聞說法華經故從地踊出讚言善哉善哉是
時大樂說菩薩以如來神力故白佛言世尊

BD04218 號　妙法蓮華經卷四　（6–4）

[illegible]
丘我滅度後欲供養我全身者應起一大塔
其佛神通願力十方世界在在處處若有說
法華經者彼之寶塔皆踊出其前全身在於
塔中讚言善哉善哉大衆說今多寶如來塔
聞說法華經故從地踊出讚言善哉善哉是
時大樂說菩薩以如來神力故白佛言世尊
我等願欲見此佛身佛告大樂說菩薩摩
訶薩是多寶佛有深重願若我寶塔為聽法
華經故出於諸佛前時其有欲以我身示四衆
者彼佛分身諸佛在於十方世界說法盡還
集一處然後我身乃出現耳大樂說我分身
諸佛在於十方世界說法者今應當集大樂
說白佛言世尊我等亦願欲見世尊分身諸
佛禮拜供養尒時佛放白毫一光即見東方
五百万億那由他恒河沙等國土諸佛彼諸
國土皆以頗梨為地寶樹寶衣以為莊嚴无
數千万億菩薩充滿其中遍張寶幔寶網羅
上彼國諸佛以大妙音而說諸法及見无量
万億菩薩遍滿諸國為衆說法南西北方四
維上下白毫相光所照之處亦復如是尒時
十方諸佛各告衆菩薩言善男子我今應往
娑婆世界釋迦牟尼佛所并供養多寶如來
寶塔時娑婆世界即變清淨瑠璃為地寶樹
莊嚴黃金為繩以界八道无諸聚落村營城
邑大海江河山川林藪燒大寶香曼陁羅華

BD04218號　妙法蓮華經卷四　（6–5）

上彼國諸佛以大妙音而說諸法及見无量
万億菩薩遍滿諸國為衆說法南西北方四
維上下白毫相光所照之處亦復如是尒時
十方諸佛各告衆菩薩言善男子我今應往
娑婆世界釋迦牟尼佛所并供養多寶如來
寶塔時娑婆世界即變清淨瑠璃為地寶樹
莊嚴黃金為繩以界八道无諸聚落村營城
邑大海江河山川林藪燒大寶香曼陁羅華
遍布其地以寶網幔羅覆其上懸諸寶鈴
唯留此會衆移諸天人置於他土是時諸佛各
將一大菩薩以為侍者至娑婆世界各到寶
樹下一一寶樹高五百由旬枝葉華菓次第
莊嚴諸寶樹下皆有師子之座高五由旬亦
以大寶而挍飾之尒時諸佛各於此座結加
趺坐如是展轉遍滿三千大千世界而於釋
迦牟尼佛一方所分之身猶故未盡時釋迦
牟尼佛欲容受所分身諸佛故八方各更變
二百万億那由他國皆令清淨无有地獄餓
鬼畜生及阿脩羅又移諸天人置於他土所
化之國亦以瑠璃為地寶樹莊嚴樹高五百
由旬枝葉華菓次第嚴飾樹下皆有寶師子

BD04218號　妙法蓮華經卷四　（6–6）

礼圍遶以諸華
復次須菩提善男子善女人受持讀誦此經
若為人輕賤是人先世罪業應墮惡道以今
世人輕賤故先世罪業則為消滅當得阿耨
多羅三藐三菩提須菩提我念過去无量阿僧
祇劫於然燈佛前得值八百四千万億那由他
諸佛悉皆供養承事无空過者若復有人
於後末世能受持讀誦此經所得功德於我
所供養諸佛功德百分不及一千万億分乃
至筭數譬喻所不能及須菩提若善男子善
女人於後末世有受持讀誦此經所得功
德我若具說者或有人聞心則狂亂狐疑不
信須菩提當知是經義不可思議果報亦不
可思議
尒時須菩提白佛言世尊善男子善女人發
阿耨多羅三藐三菩提心云何應住云何降
伏其心佛告須菩提善男子善女人發阿
多羅三藐三菩提者當生如是心我應滅度
一切眾生滅度一切眾生已而无有一眾生
實滅度者何以故若菩薩有我相人相眾生
相壽者相則非菩薩所以者何須菩提實无

BD04219號　金剛般若波羅蜜經　（4–1）

伏其心佛告須菩提善男子善女人發阿發
多羅三藐三菩提者當生如是心我應滅度
一切眾生滅度一切眾生已而无有一眾生
實滅度者何以故若菩薩有我相人相眾生
相壽者相則非菩薩所以者何須菩提實无
有法發阿耨多羅三藐三菩提者
須菩提於意云何如來於然燈佛所有法得
阿耨多羅三藐三菩提不不也世尊如我解
佛所說義佛於然燈佛所无有法得阿耨多
羅三藐三菩提佛言如是如是須菩提實无
有法如來得阿耨多羅三藐三菩提須菩提
若有法如來得阿耨多羅三藐三菩提者然燈
佛則不與我受記汝於來世當得作佛号釋
迦牟尼以實无有法得阿耨多羅三藐三菩
提是故然燈佛與我受記作如是言汝於來
世當得作佛号釋迦牟尼何以故如來者即
諸法如義若有人言如來得阿耨多羅三藐
三菩提須菩提實无有法佛得阿耨多羅三藐
三菩提須菩提如來所得阿耨多羅三藐三
菩提於是中无實无虛是故如來說一切法
皆是佛法須菩提所言一切法者即非一切
法是故名一切法
須菩提譬如人身長大須菩提言世尊如來
說人身長大則為非大身是名大身
須菩提菩薩亦如是若作是言我當滅度无量
眾生則不名菩薩何以故須菩提實无有法

BD04219號　金剛般若波羅蜜經　（4–2）

法是故名一切法
須菩提譬如人身長大須菩提言世尊如来
説人身長大則為非大身是名大身
須菩提菩薩亦如是若作是言我當滅度无量
衆生則不名菩薩何以故須菩提實无有法
名為菩薩是故佛説一切法无我无人无衆
生无壽者須菩提若菩薩作是言我當莊嚴
佛土是不名菩薩何以故如来説莊嚴佛土
者即非莊嚴須菩提若菩薩通達无我法者
如来説名真是菩薩
須菩提於意云何如来有肉眼不如是世尊
如来有肉眼須菩提於意云何如来有天眼
不如是世尊如来有天眼須菩提於意云何
如来有慧眼不如是世尊如来有慧眼須菩
提於意云何如来有法眼不如是世尊如来
有法眼須菩提於意云何如来有佛眼不如
是世尊如来有佛眼須菩提於意云何如恒
河中所有沙佛説是沙不如是世尊如来説
是沙須菩提於意云何如一恒河中所有沙
有如是等恒河是諸恒河所有沙數佛世界
如是寧為多不甚多世尊佛告須菩提尒所國
土中所有衆生若干種心如来悉知何以故
如来説諸心皆為非心是名為心所以者何
須菩提過去心不可得現在心不可得未来
心不可得須菩提於意云何若有人滿三千
大千世界七寶以用布施是人以因緣得福
多不如是世尊此人以是因緣得福甚多

BD04219 號　金剛般若波羅蜜經　（4–3）

有法眼須菩提於意云何如来有佛眼不如
是世尊如来有佛眼須菩提於意云何如恒
河中所有沙佛説是沙不如是世尊如来説
是沙須菩提於意云何如一恒河中所有沙
有如是等恒河是諸恒河所有沙數佛世界
如是寧為多不甚多世尊佛告須菩提尒所國
土中所有衆生若干種心如来悉知何以故
如来説諸心皆為非心是名為心所以者何
須菩提過去心不可得現在心不可得未来
心不可得須菩提於意云何若有人滿三千
大千世界七寶以用布施是人以因緣得福
多不如是世尊此人以是因緣得福甚多
須菩提若福德有實如来不説得福德多以
福德无故如来説得福德多
須菩提於意云何佛可以具足色身見不不
也世尊如来不應以具足色身見何以故如
来説具足色身即非具足色身是名具足色身
須菩提於意云何如来可以具足諸相見不
……如来不應以具足諸相見何以故
……名諸相具足

BD04219 號　金剛般若波羅蜜經　（4–4）

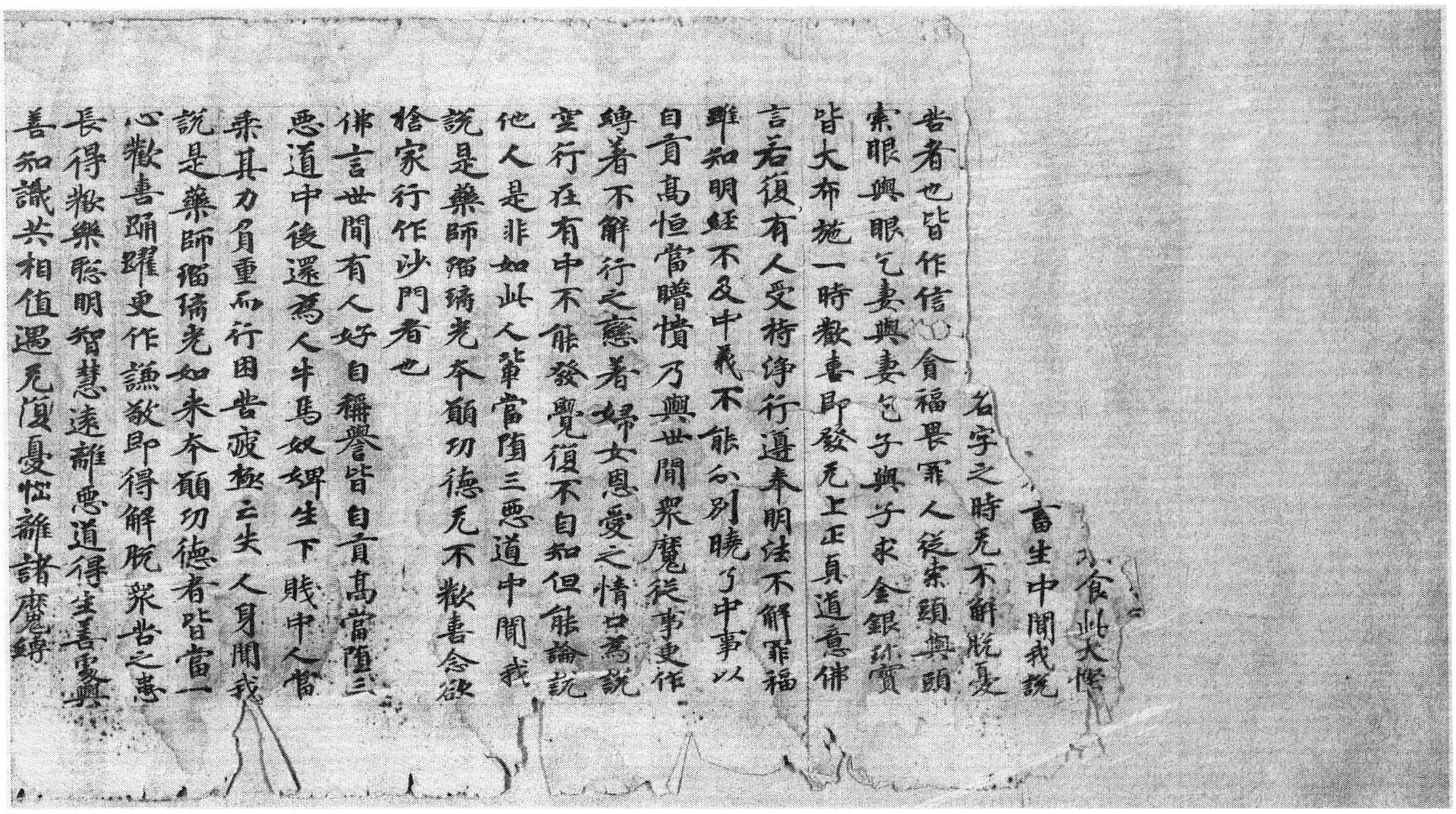

食此大[illegible]
畜生中聞我說
名字之時无不解脫憂
苦者也皆作信貪福畏罪人從索頭與頭
索眼與眼乞妻與妻乞子與子求金銀珍寶
皆大布施一時歡喜即發无上正真道意佛
言若復有人受持淨行遵奉明法不解罪福
雖知明經不及中義不能分別曉了中事以
自貢高恒當瞻憒乃興世間衆魔從事吏作
縛著不解行之惡著婦女恩愛之情口爲說
空行在有中不能發覺復不自知但能論說
他人是非如此人輩當墮三惡道中聞我
說是藥師瑠璃光本願功德无不歡喜念欲
捨家行作沙門者也
佛言世間有人好自稱譽皆自貢高當墮三
惡道中後還爲人牛馬奴婢生下賤中人皆
乘其力負重而行因苦疲極之失人身聞我
說是藥師瑠璃光如來本願功德者皆當一
心歡喜踊躍更作謙敬即得解脫衆苦之患
長得歡樂聰明智慧遠離惡道得生善處與
善知識共相值遇无復憂惱離諸魔縛

BD04220 號　灌頂章句拔除過罪生死得度經　　（4–1）

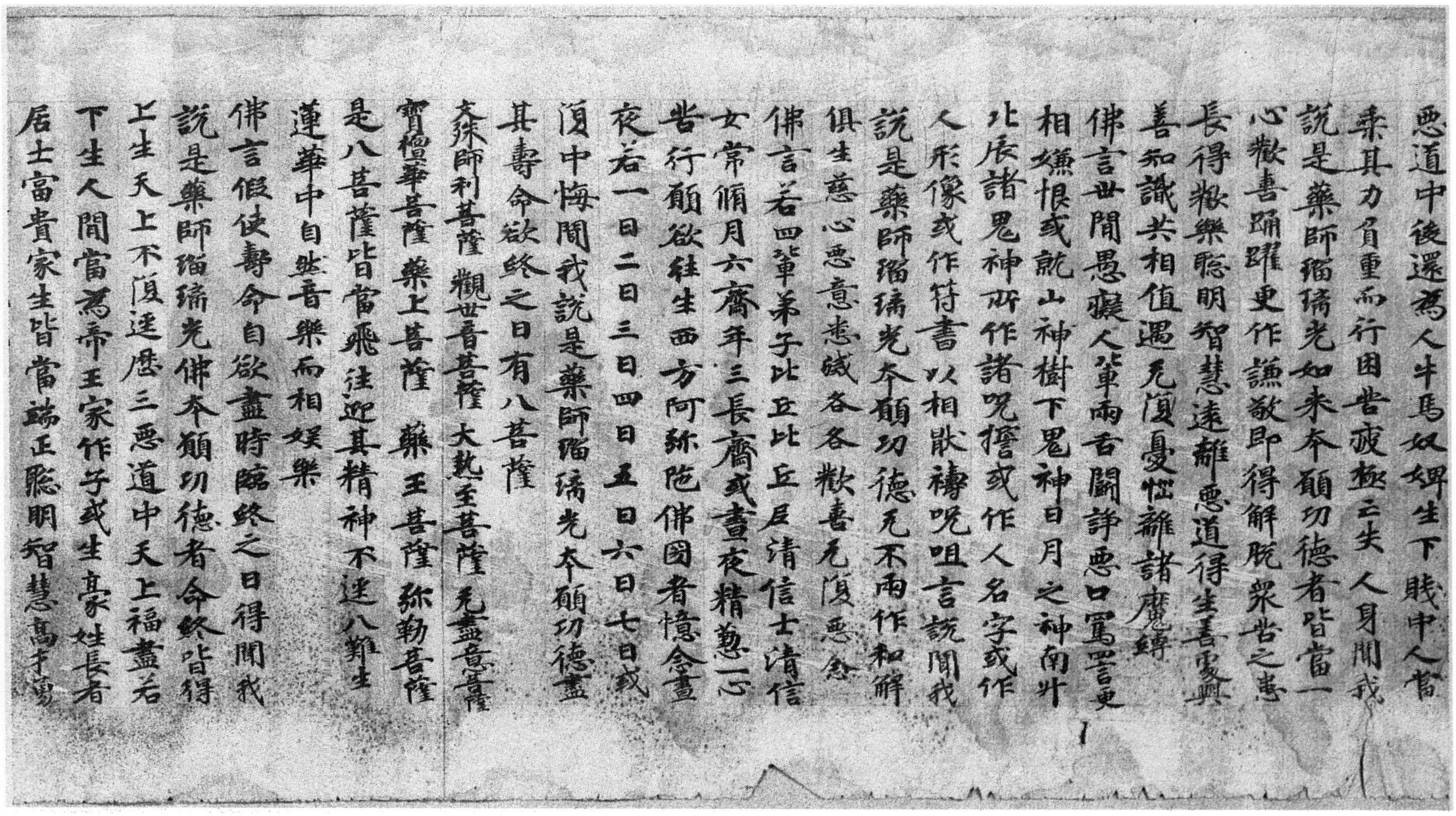

惡道中後還爲人牛馬奴婢生下賤中人皆
乘其力負重而行因苦疲極之失人身聞我
說是藥師瑠璃光如來本願功德者皆當一
心歡喜踊躍更作謙敬即得解脫衆苦之患
長得歡樂聰明智慧遠離惡道得生善處與
善知識共相值遇无復憂惱離諸魔縛
佛言世間愚癡人輩兩舌鬬諍惡口罵詈更
相嫌恨或就山神樹下鬼神日月之神南斗
北辰諸鬼神所作諸呪檀或作人名字或作
人形像或作符書以相厭禱呪咀言說聞我
說是藥師瑠璃光本願功德无不兩作和解
俱生慈心惡意悉滅各各歡喜无復惡念
佛言若四輩弟子比丘比丘尼清信士清信
女常脩月六齋年三長齋或晝夜精懃一心
苦行願欲往生西方阿彌陀佛國者憶念晝
夜若一日二日三日四日五日六日七日或
復中悔聞我說是藥師瑠璃光本願功德盡
其壽命欲終之日有八菩薩
文殊師利菩薩　觀世音菩薩　大勢至菩薩　无盡意菩薩
寶檀華菩薩　藥上菩薩　藥王菩薩　彌勒菩薩
是八菩薩皆當飛往迎其精神不逕八難生
蓮華中自然音樂而相娛樂
佛言假使壽命自欲盡時臨終之日得聞我
說是藥師瑠璃光佛本願功德者命終皆得
上生天上不復逕歷三惡道中天上福盡若
下生人間當爲帝王家作子或生豪姓長者
居士富貴家生皆當端正聰明智慧高才勇

BD04220 號　灌頂章句拔除過罪生死得度經　　（4–2）

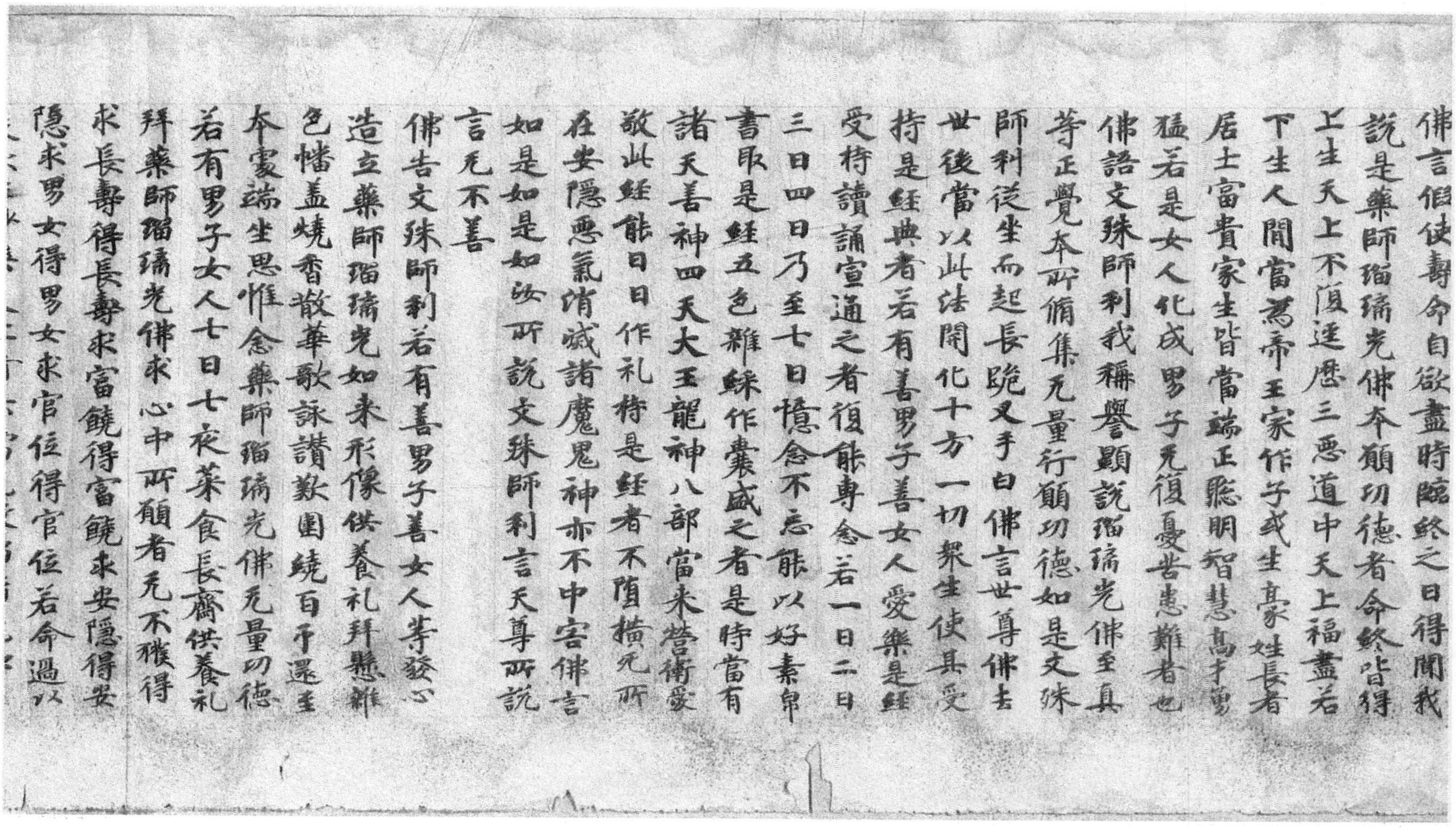
佛言假使壽命自欲盡時臨終之日得聞我
說是藥師瑠璃光佛本願功德者命終皆得
上生天上不復逕歷三惡道中天上福盡若
下生人間當爲帝王家作子或生豪姓長者
居士富貴家生皆當端正聰明智慧高才勇
猛若是女人化成男子无復憂苦患難者也
佛語文殊師利我稱譽顯說瑠璃光佛至真
等正覺本所脩集无量行願功德如是文殊
師利從坐而起長跪叉手白佛言世尊佛去
世後當以此法開化十方一切衆生使其受
持是經典者若有善男子善女人愛樂是經
受持讀誦宣通之者復能專念若一日二日
三日四日乃至七日憶念不忘能以好素帛
書取是經五色雜綵作囊盛之者是時當有
諸天善神四天大王龍神八部當來營衛愛
敬此經能日日作礼持是經者不墮橫死所
在安隱惡氣消滅諸魔鬼神亦不中害佛言
如是如是如汝所說文殊師利言天尊所說
言无不善
佛告文殊師利若有善男子善女人等發心
造立藥師瑠璃光如來形像供養礼拜懸雜
色幡蓋燒香散華歌詠讚歎圍繞百帀還至
本處端坐思惟念藥師瑠璃光佛无量功德
若有男子女人七日七夜菜食長齋供養礼
拜藥師瑠璃光佛求心中所願者无不獲得
求長壽得長壽求富饒得富饒求安隱得安
隱求男女得男女求官位得官位若命過以

BD04220號　灌頂章句拔除過罪生死得度經　（4–3）

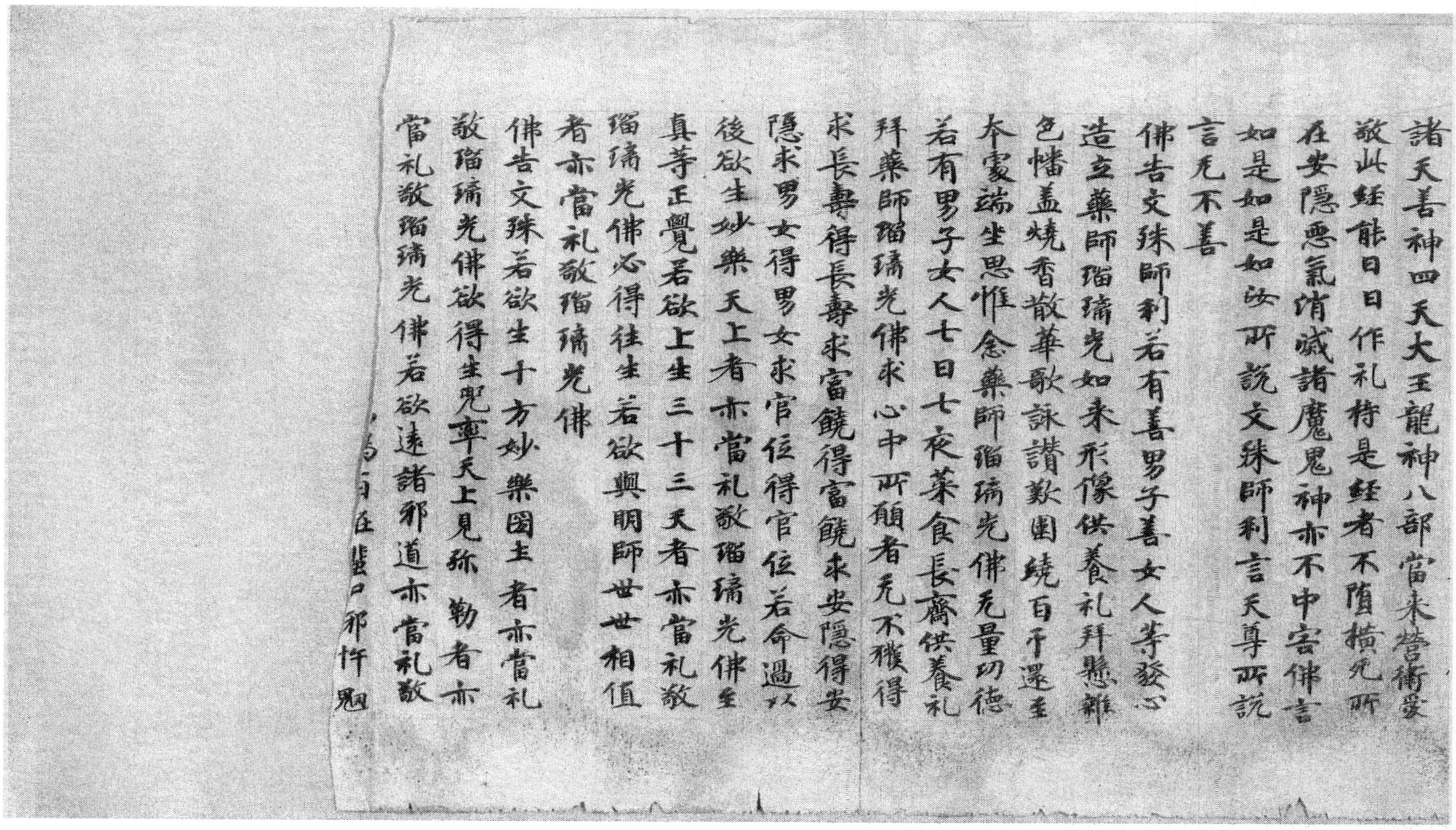
諸天善神四天大王龍神八部當來營衛愛
敬此經能日日作礼持是經者不墮橫死所
在安隱惡氣消滅諸魔鬼神亦不中害佛言
如是如是如汝所說文殊師利言天尊所說
言无不善
佛告文殊師利若有善男子善女人等發心
造立藥師瑠璃光如來形像供養礼拜懸雜
色幡蓋燒香散華歌詠讚歎圍繞百帀還至
本處端坐思惟念藥師瑠璃光佛无量功德
若有男子女人七日七夜菜食長齋供養礼
拜藥師瑠璃光佛求心中所願者无不獲得
求長壽得長壽求富饒得富饒求安隱得安
隱求男女得男女求官位得官位若命過以
後欲生妙樂天上者亦當礼敬瑠璃光佛至
真等正覺若欲上生三十三天者亦當礼敬
瑠璃光佛必得往生若欲興明師世世相值
者亦當礼敬瑠璃光佛
佛告文殊若欲生十方妙樂國土者亦當礼
敬瑠璃光佛欲得生兜率天上見彌勒者亦
當礼敬瑠璃光佛若欲遠諸邪道亦當礼敬
[illegible]百怪蠱[illegible]邪忤魍

BD04220號　灌頂章句拔除過罪生死得度經　（4–4）

可思議
尒時須菩提白佛言世尊善男子善女人發
阿耨多羅三藐三菩提心云何應住云何降
伏其心佛告須菩提善男子善女人發阿耨
多羅三藐三菩提心者當生如是心我應滅
度一切衆生滅度一切衆生已而无有一衆
生實滅度者何以故若菩薩有我相人相衆
生相壽者相則非菩薩所以者何須菩提實
无有法發阿耨多羅三藐三菩提心者須菩
提於意云何如來於然燈佛所有法得阿耨
多羅三藐三菩提不不也世尊如我解佛所
說義佛於然燈佛所无有法得阿耨多羅三
藐三菩提佛言如是如是須菩提實无有法
如來得阿耨多羅三藐三菩提須菩提若有
法如來得阿耨多羅三藐三菩提然燈佛則
不與我受記汝於來世當得作佛号釋迦牟
尼以實无有法得阿耨多羅三藐三菩提是
故然燈佛與我受記作是言汝於來世當得
作佛号釋迦牟尼何以故如來者即諸法如
義若有人言如來得阿耨多羅三藐三菩提
須菩提實无有法佛得阿耨多羅三藐三菩

BD04221號　金剛般若波羅蜜經　（6–1）

不與我受記汝於來世當得作佛号釋迦牟
尼以實无有法得阿耨多羅三藐三菩提是
故然燈佛與我受記作是言汝於來世當得
作佛号釋迦牟尼何以故如來者即諸法如
義若有人言如來得阿耨多羅三藐三菩提
須菩提實无有法佛得阿耨多羅三藐三菩
提須菩提如來所得阿耨多羅三藐三菩提
於是中无實无虛是故如來說一切法皆是
佛法須菩提所言一切法者即非一切法是
故名一切法須菩提譬如人身長大須菩提
言世尊如來說人身長大則爲非大身是名
大身須菩提菩薩亦如是若作是言我當滅
度无量衆生則不名菩薩何以故須菩提實
无有法名爲菩薩是故佛說一切法无我无人
无衆生无壽者須菩提若菩薩作是言我當
莊嚴佛土是不名菩薩何以故如來說莊嚴
佛土者即非莊嚴是名莊嚴須菩提若菩薩
通達无我法者如來說名真是菩薩
須菩提於意云何如來有肉眼不如是世尊
如來有肉眼須菩提於意云何如來有天眼
不如是世尊如來有天眼須菩提於意云何
如來有慧眼不如是世尊如來有慧眼須菩
提於意云何如來有法眼不如是世尊如來
有法眼須菩提於意云何如來有佛眼不如
是世尊如來有佛眼須菩提於意云何恒河
中所有沙佛說是沙不如是世尊如來說是
沙須菩提於意云何如一恒河中所有沙有
如是等恒河是諸恒河所有沙數佛世界如

BD04221號　金剛般若波羅蜜經　（6–2）

有法眼須菩提於意云何如來有佛眼不如
是世尊如來有佛眼須菩提於意云何恒河
中所有沙佛說是沙不如是世尊如來說是
沙須菩提於意云何如一恒河中所有沙有
如是等恒河是諸恒河所有沙數佛世界如
是寧為多不甚多世尊佛告須菩提尒所國
土中所有衆生若干種心如來悉知何以故
如來說諸心皆為非心是名為心所以者何
須菩提過去心不可得現在心不可得未來
心不可得須菩提於意云何若有人滿三千
大千世界七寶以用布施是人以是因緣得
福多不如是世尊此人以是因緣得福甚多
須菩提若福德有實如來不說得福德多以
福德无故如來說得福德多
須菩提於意云何佛可以具足色身見不不
也世尊如來不應以色身見何以故如來說具
足色身即非具足色身是名具足色身 須
菩提於意云何如來可以具足諸相見不不
也世尊如來不應以具足諸相見何以故 如
來說諸相具足即非具足是名諸相具足 須
菩提汝勿謂如來作是念我當有所說法莫
作是念何以故若人言如來有所說法即為
謗佛不能解我所說故須菩提說法者无法
可說是名說法須菩提白佛言世尊佛得阿
耨多羅三藐三菩提為无所得耶如是 如 是
須菩提我於阿耨多羅三藐三菩提乃至无
有少法可得是名阿耨多羅三藐三菩提復
次須菩提是法平等无有高下是名阿耨多

BD04221 號　金剛般若波羅蜜經

（6–3）

可說是名說法須菩提白佛言世尊佛得阿
耨多羅三藐三菩提為无所得耶如是 如 是
須菩提我於阿耨多羅三藐三菩提乃至无
有少法可得是名阿耨多羅三藐三菩提復
次須菩提是法平等无有高下是名阿耨多
羅三藐三菩提以无我无人无衆生无壽者
脩一切善法則得阿耨多羅三藐三菩提須
菩提所言善法者如來說非善法是名善法
須菩提若三千大千世界中所有諸須弥山
王如是等七寶聚有人持用布施若人以此
般若波羅蜜經乃至四句偈等受持讀誦為
他人說於前福德百分不及一百千万億分
乃至筭數譬喻所不能及
須菩提於意云何汝等勿謂如來作是念我
當度衆生須菩提莫作是念何以故實无有
衆生如來度者若有衆生如來度者如來則
有我人衆生壽者須菩提如來說有我者則
非有我而凡夫之人以為有我須菩提凡夫
者如來說則非凡夫須菩提於意云何可以
卅二相觀如來不須菩提言如是如是不以
卅二相觀如來佛言須菩提若以卅二相觀
如來者轉輪聖王則是如來須菩提白佛言
世尊如我解佛所說義不應以卅二相觀如
來尒時世尊而說偈言
若以色見我 以音聲求我 是人行邪道 不能見如來
須菩提汝若作是念如來不以具足相故得
阿耨多羅三藐三菩提須菩提莫作是念如
來不以具足相故得阿耨多羅三藐三菩提

BD04221 號　金剛般若波羅蜜經

（6–4）

世尊如我解佛所說義不應以卅二相觀如
來尒時世尊而說偈言
若以色見我 以音聲求我 是人行邪道 不能見如來
須菩提汝若作是念如來不以具足相故得
阿耨多羅三藐三菩提須菩提莫作是念如
來不以具足相故得阿耨多羅三藐三菩提
須菩提汝若作是念發阿耨多羅三藐三菩
提心者說諸法斷滅莫作是念何以故發
阿耨多羅三藐三菩提心者於法不說斷滅
相須菩提若菩薩以滿恒河沙等世界七寶
布施若復有人知一切法无我得成於忍此
菩薩勝前菩薩所得功德須菩提以諸菩薩
不受福德故須菩提白佛言世尊云何菩薩
不受福德須菩提菩薩所作福德不應貪著
是故說不受福德須菩提若有人言如來若
來若去若坐若卧是人不解我所說義何以
故如來者无所從來亦无所去故名如來
須菩提若善男子善女人以三千大千世界
碎為微塵於意云何是微塵衆寧為多不甚
多世尊何以故若是微塵衆實有者佛則不
說是微塵衆所以者何佛說微塵衆則非微
塵衆是名微塵衆世尊如來所說三千大千
世界則非世界是名世界何以故若世界實
有者則是一合相如來說一合相則非一合
相是名一合相須菩提一合相者則是不可
說但凡夫之人貪著其事須菩提若人言佛
說我見人見衆生見壽者見須菩提於意云
何是人解我所說義不世尊是人不解如來
[illegible]

BD04221號　金剛般若波羅蜜經　　（6–5）

塵衆是名微塵衆世尊如來所說三千大千
世界則非世界是名世界何以故若世界實
有者則是一合相如來說一合相則非一合
相是名一合相須菩提一合相者則是不可
說但凡夫之人貪著其事須菩提若人言佛
說我見人見衆生見壽者見須菩提於意云
何是人解我所說義不世尊是人不解如來
所說義何以故世尊說我見人見衆生見壽
者見即非我見人見衆生見壽者見是名我
見人見衆生見壽者見須菩提發阿耨多羅
三藐三菩提心者於一切法應如是知如是
見如是信解不生法相須菩提所言法相者
如來說即非法相是名法相須菩提若有人以
滿无量阿僧祇世界七寶持用布施若有善
男子善女人發菩薩心者持於此經乃至四
句偈等受持讀誦為人演說其福勝彼云何
為人演說不取於相如如不動何以故
一切有為法 如夢幻泡影 如露亦如電 應作如是觀
佛說是經已長老須菩提及諸比丘比丘尼
優婆塞優婆夷一切世間天人阿脩羅聞佛
所說皆大歡喜信受奉行

金剛般若波羅蜜經

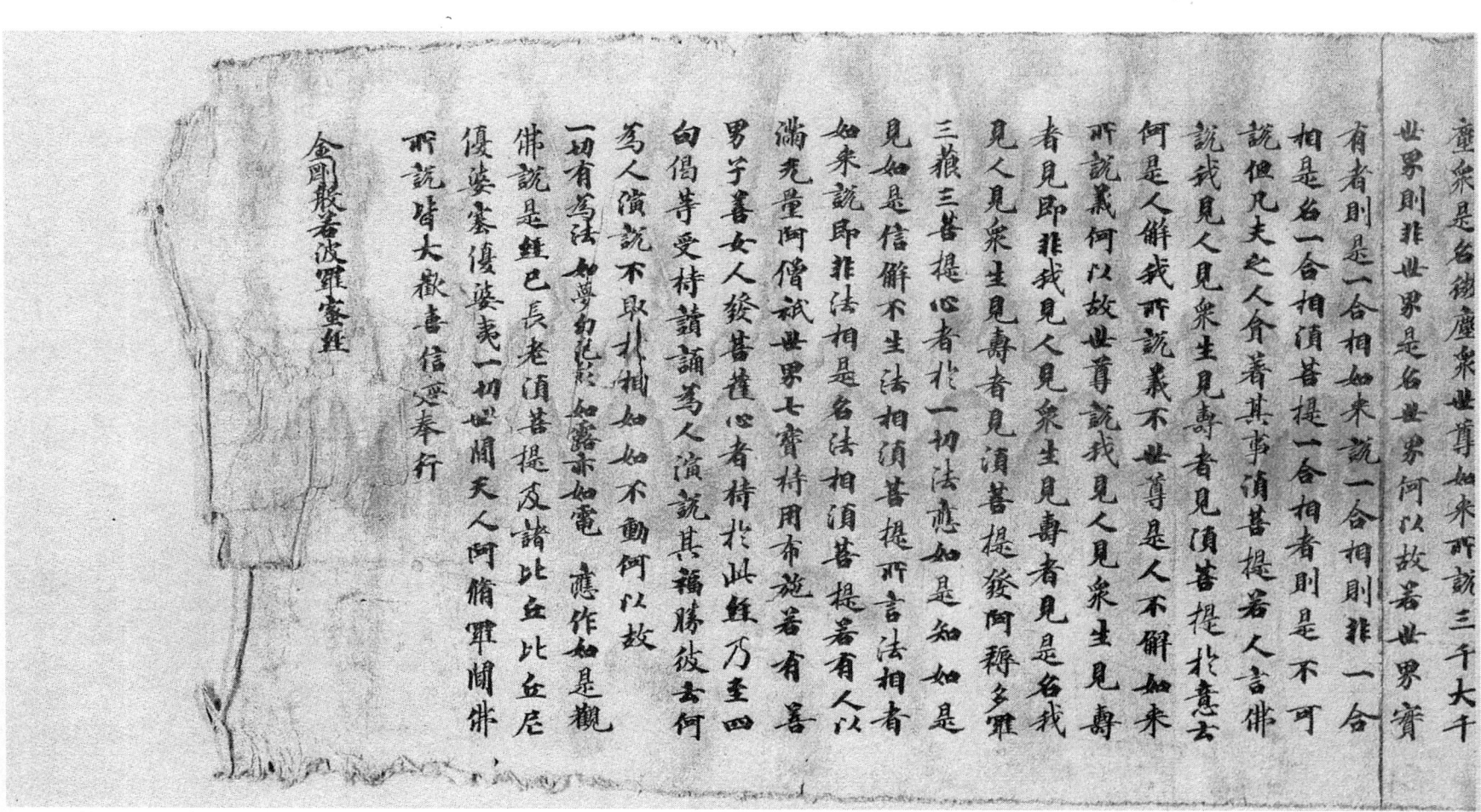

BD04221號　金剛般若波羅蜜經　　（6–6）

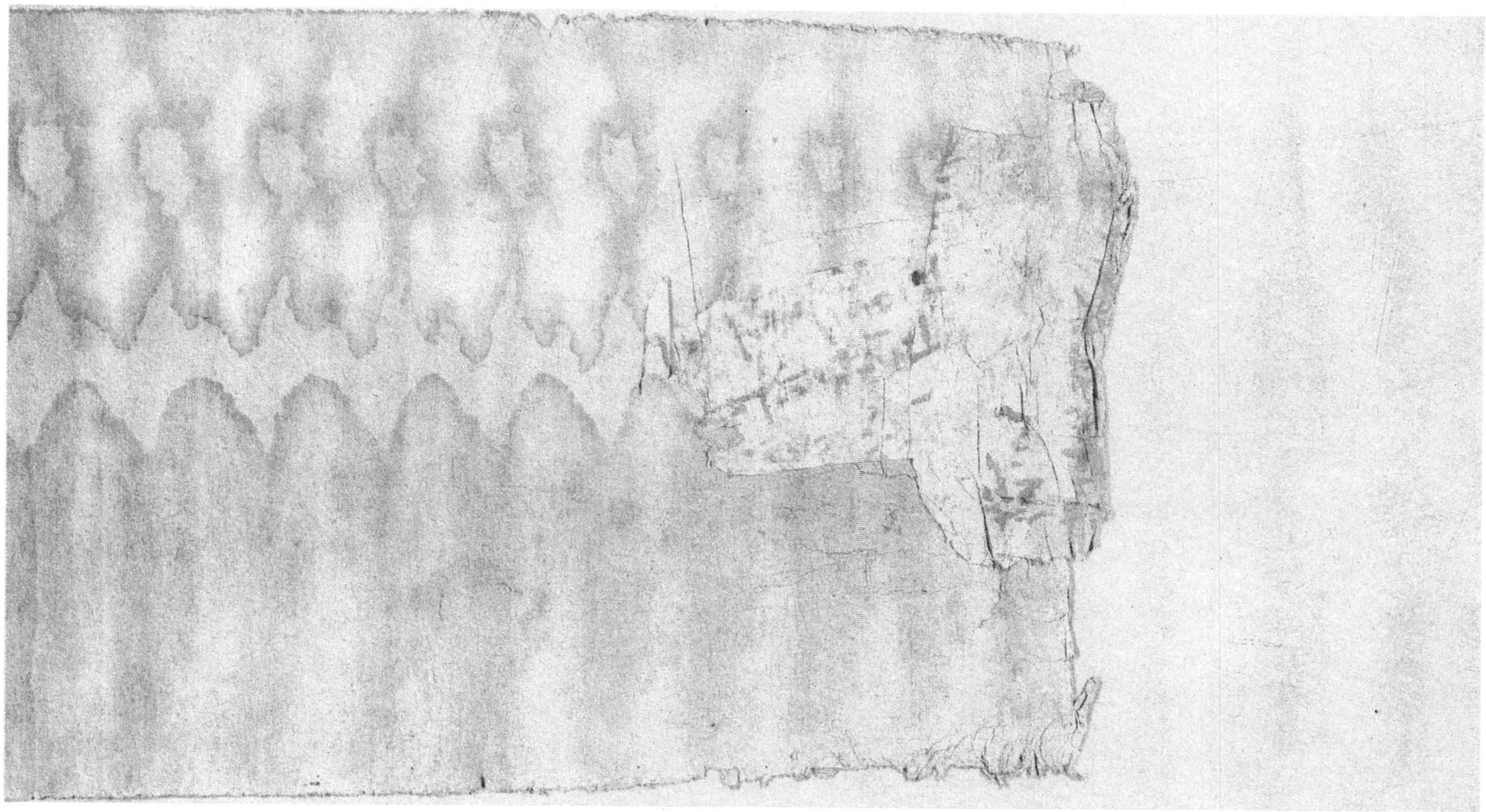

BD04221 號背　殘文書（擬）

（1–1）

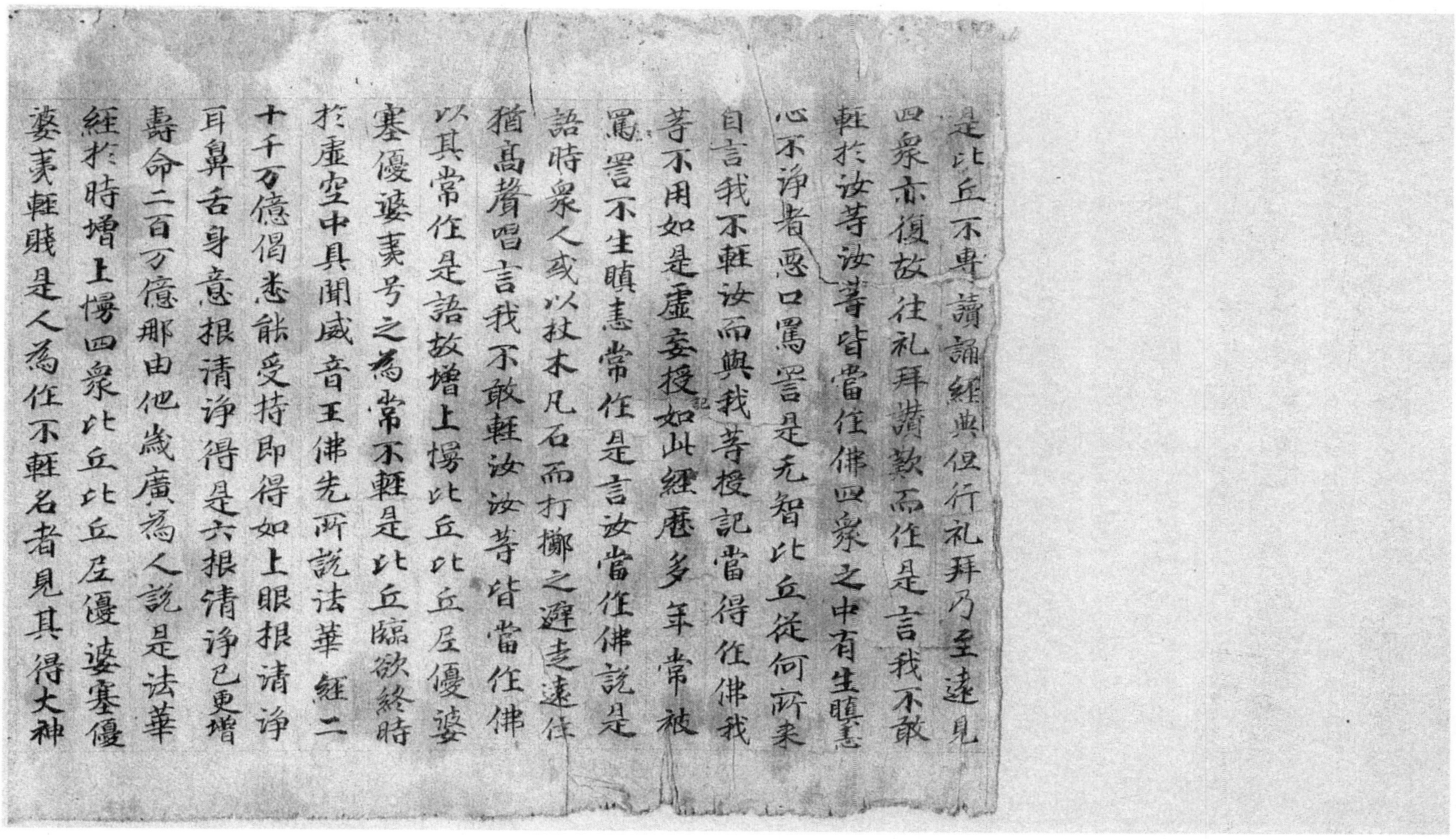

是比丘不專讀誦經典但行礼拜乃至遠見
四衆亦復故往礼拜讚歎而作是言我不敢
輕於汝等汝等皆當作佛四衆之中有生瞋恚
心不淨者惡口罵詈是无智比丘從何所来
自言我不輕汝而與我等授記當得作佛我
等不用如是虛妄授記如此經歷多年常被
罵詈不生瞋恚常作是言汝當作佛說是
語時衆人或以杖木瓦石而打擲之避走遠住
猶高聲唱言我不敢輕汝汝等皆當作佛
以其常作是語故增上慢比丘比丘尼優婆
塞優婆夷号之為常不輕是比丘臨欲終時
於虛空中具聞威音王佛先所說法華經二
十千万億偈悉能受持即得如上眼根清淨
耳鼻舌身意根清淨得是六根清淨已更增
壽命二百万億那由他歲廣為人說是法華
經於時增上慢四衆比丘比丘尼優婆塞優
婆夷輕賤是人為作不輕名者見其得大神

BD04222 號　妙法蓮華經卷六

（17–1）

十千万億偈悉能受持即得如上眼根清淨
耳鼻舌身意根清淨得是六根清淨已更增
壽命二百万億那由他歲廣爲人說是法華
經於時增上慢四衆比丘比丘尼優婆塞優
婆夷輕賤是人爲作不輕名者見其得大神
通力樂說辯力大善寂力聞其所說皆信伏
隨從是菩薩復化千万億衆令住阿耨多羅
三藐三菩提命終之後得值二千億佛皆号
日月燈明於其法中說是法華經以是因緣
復值二千億佛同号雲自在燈王於此諸佛
法中受持讀誦爲諸四衆說此經典故得是
常眼清淨耳鼻舌身意諸根清淨於四衆中
說法心无所畏得大勢是常不輕菩薩摩訶
薩供養如是若干諸佛恭敬尊重讚歎種諸
善根於後復值千万億佛亦於諸佛法中說
是經典功德成就當得作佛得大勢於意云
何尒時常不輕菩薩豈異人乎則我身是若
我於宿世不受持讀誦此經爲他人說者不
能疾得阿耨多羅三藐三菩提我於先佛所
受持讀誦此經爲人說故疾得阿耨多羅三
藐三菩提得大勢彼時四衆比丘比丘尼優
婆塞優婆夷以瞋恚意輕賤我故二百億劫
常不值佛不聞法不見僧千劫於阿鼻地獄
受大苦惱畢是罪已復遇常不輕菩薩教
化阿耨多羅三藐三菩提得大勢於汝意云

受持讀誦此經爲人說故疾得阿耨多羅三
藐三菩提得大勢彼時四衆比丘比丘尼優
婆塞優婆夷以瞋恚意輕賤我故二百億劫
常不值佛不聞法不見僧千劫於阿鼻地獄
受大苦惱畢是罪已復遇常不輕菩薩教
化阿耨多羅三藐三菩提得大勢於汝意云
何尒時四衆常輕是菩薩者豈異人乎今此會
中跋陁婆羅等五百菩薩師子月等五百比
丘尼思佛等五百優婆塞皆於阿耨多羅三
藐三菩提不退轉者是得大勢當知是法華
經大饒益諸菩薩摩訶薩能令至於阿耨多
羅三藐三菩提是故諸菩薩摩訶薩於如是
滅後常應受持讀誦解說書寫是經尒時世
尊欲重宣此義而說偈言
過去有佛　号威音王　神智无量　將導一切
天人龍神　所共供養　是佛滅後　法欲盡時
有一菩薩　名常不輕　時諸四衆　計著於法
不輕菩薩　往到其所　而語之言　我不輕汝
汝等行道　皆當作佛　諸人聞已　輕毀罵詈
不輕菩薩　能忍受之　其罪畢已　臨命終時
得聞此經　六根清淨　神通力故　增益壽命
復爲諸人　廣說是經　諸著法衆　皆蒙菩薩
教化成就　令住佛道　不輕命終　值无數佛
說是經故　得无量福　漸具功德　疾成佛道
彼時不輕　則我身是　時四部衆　著法之者
聞不輕言　汝當作佛　以是因緣　值无數佛

教化成就 令住佛道 不輕命終 值无數佛
說是經故 得无量福 漸具功德 疾成佛道
彼時不輕 則我身是 時四部衆 著法之者
聞不輕言 汝當作佛 以是因緣 值无數佛
此會菩薩 五百之衆 并及四部 清信士女
今於我前 聽法者是 我於前世 勸是諸人
聽受斯經 第一之法 開示教人 令住涅槃
世世受持 如是經典 億億万劫 至不可議
時乃得聞 是法華經 億億万劫 至不可議
諸佛世尊 時說是經 是故行者 於佛滅後
聞如是經 勿生疑惑 應當一心 廣說此經
世世值佛 疾成佛道
妙法蓮華經如來神力品第二十一
尒時千世界微塵等菩薩摩訶薩從地踊
出者皆於佛前一心合掌瞻仰尊顏而白佛言
世尊我等於佛滅後世尊分身所在國土滅
度之處當廣說此經所以者何我等亦自欲
得是真淨大法受持讀誦解說書寫而供養
之尒時世尊於文殊師利等无量百千万億
舊住娑婆世界菩薩摩訶薩及諸比丘比丘
尼優婆塞優婆夷天龍夜叉乾闥婆阿脩羅
迦樓羅緊那羅摩睺羅伽人非人等一切衆
前現大神力出廣長舌上至梵世一切毛孔
放於无量无數色光皆悉遍照十方世界衆
寶樹下師子座上諸佛亦復如是出廣長舌

BD04222號 妙法蓮華經卷六 （17–4）

迦樓羅緊那羅摩睺羅伽人非人等一切衆
前現大神力出廣長舌上至梵世一切毛孔
放於无量无數色光皆悉遍照十方世界衆
寶樹下師子座上諸佛亦復如是出廣長舌
放无量光釋迦牟尼佛及寶樹下諸佛現神
力時滿百千歲然後還攝舌相一時謦欬俱
共彈指是二音聲遍至十方諸佛世界地皆
六種震動其中衆生天龍夜叉乾闥婆阿脩
羅迦樓羅緊那羅摩睺羅伽人非人等以佛
神力故皆見此娑婆世界无量无邊百千万
億衆寶樹下師子座上諸佛及見釋迦牟尼
佛共多寶如來在寶塔中坐師子座又見无
量无邊百千万億菩薩摩訶薩及諸四衆恭
敬圍繞釋迦牟尼佛既見是已皆大歡喜得
未曾有即時諸天於虛空中高聲唱言過此
无量无邊百千万億阿僧祇世界有國名娑
婆是中有佛名釋迦牟尼今為諸菩薩摩訶
薩說大乘經名妙法蓮華教菩薩法佛所護
念汝等當深心隨喜亦當礼拜供養釋迦牟
尼佛彼諸衆生聞虛空中聲已合掌向娑婆
世界作如是言南无釋迦牟尼佛南无釋迦
牟尼佛以種種華香瓔珞幡蓋及諸嚴身之
具珍寶妙物皆共遙散娑婆世界所散諸物
從十方來譬如雲集變成寶帳遍覆此間

BD04222號 妙法蓮華經卷六 （17–5）

世界作如是言南无釋迦牟尼佛南无釋迦
牟尼佛以種種華香瓔珞幡蓋及諸嚴身之
具珎寶妙物皆共遥散娑婆世界所散諸物
從十方来譬如雲集變成寶帳遍覆此間
諸佛之上于時十方世界通達无礙如一佛土
尒時佛告上行等菩薩大衆諸佛神力如是
无量无邊不可思議若我以是神力於无量
无邊百千万億阿僧祇劫為囑累故說此經
功德猶不能盡以要言之如来一切所有之
法如来一切自在神力如来一切祕要之藏
如来一切甚深之事皆於此經宣示顯說是
故汝等於如来滅後應一心受持讀誦解說
書寫如說脩行所在國土若有受持讀誦解
說書寫如說脩行若經卷所住之處若於園
中若於林中若於樹下若於僧坊若白衣舍
若在殿堂若山谷曠野是中皆應起塔供養
所以者何當知是處即是道場諸佛於此得
阿耨多羅三藐三菩提諸佛於此轉于法輪
諸佛於此而般涅槃尒時世尊欲重宣此義
而說偈言
諸佛救世者　住於大神通　為悅衆生故　現无量神力
舌相至梵天　身放无數光　為求佛道者　現此希有事
諸佛謦欬聲　及彈指之聲　周聞十方國　地皆六種動
以佛滅度後　能持是經故　諸佛皆歡喜　現无量神力
囑累是經故　讚美受持者　於无量劫中　猶故不能盡

BD04222號　妙法蓮華經卷六　（17-6）

舌相至梵天　身放无數光　為求佛道者　現此希有事
諸佛謦欬聲　及彈指之聲　周聞十方國　地皆六種動
以佛滅度後　能持是經故　諸佛皆歡喜　現无量神力
囑累是經故　讚美受持者　於无量劫中　猶故不能盡
是人之功德　无邊无有窮　如十方虛空　不可得邊際
能持是經者　則為已見我　亦見多寶佛　及諸分身者
又見我今日　教化諸菩薩　能持是經者　令我及分身
滅度多寶佛　一切皆歡喜　十方現在佛　并過去未来
亦見亦供養　亦令得歡喜　諸佛坐道場　所得祕要法
能持是經者　不久亦當得　能持是經者　於諸法之義
名字及言辭　樂說无窮盡　如風於空中　一切无鄣礙
於如来滅後　知佛所說經　因緣及次第　隨義如實說
如日月光明　能除諸幽冥　斯人行世間　能滅衆生闇
教无量菩薩　畢竟住一乘　是故有智者　聞此功德利
於我滅度後　應受持斯經　是人於佛道　決定无有疑
妙法蓮華經囑累品第二十二
尒時釋迦牟尼佛從法座起現大神力以右
手摩无量菩薩摩訶薩頂而作是言我於无
量百千万億阿僧祇劫脩習是難得阿耨多
羅三藐三菩提法今以付囑汝等汝等應當
一心流布此法廣令增益如是三摩諸菩薩
摩訶薩頂而作是言我於无量百千万億阿
僧祇劫脩習是難得阿耨多羅三藐三菩提
法今以付囑汝等汝等當受持讀誦廣宣此
法令一切衆生普得聞知所以者何如来有

BD04222號　妙法蓮華經卷六　（17-7）

摩訶薩頂而作是言我於无量百千万億阿
僧祇劫脩習是難得阿耨多羅三藐三菩提
法今以付囑汝等汝等當受持讀誦廣宣此
法令一切衆生普得聞知所以者何如來有
大慈悲无諸慳悋亦无所畏能與衆生佛之
智慧如來智慧自然智慧如來是一切衆生
之大施主汝等亦應隨學如來之法勿生慳
悋於未來世若有善男子善女人信如來智
慧者當為演說此法華經使得聞知為令其
人得佛慧故若有衆生不信受者當於如來
餘深妙法中示教利喜汝等若能如是則為
已報諸佛之恩時諸菩薩摩訶薩聞佛作是
說已皆大歡喜遍滿其身益加恭敬曲躬低
頭合掌向佛俱發聲言如世尊勑當具奉行
唯然世尊願不有慮諸菩薩摩訶薩衆如
是三反俱發聲言如世尊勑當具奉行唯然世
尊願不有慮尒時釋迦牟尼佛令十方來諸
分身佛各還本土而作是言諸佛各隨所安
多寶佛塔還可如故說是語時十方无量分
身諸佛坐寶樹下師子座上者及多寶佛并
上行等无邊阿僧祇菩薩大衆舍利弗等
聲聞四衆及一切世間天人阿脩羅等聞佛
所說皆大歡喜
妙法蓮華經藥王菩薩本事品第二十三
尒時宿王華菩薩白佛言世尊藥王菩薩云

BD04222 號　妙法蓮華經卷六　（17–8）

上行等无邊阿僧祇菩薩大衆舍利弗等
聲聞四衆及一切世間天人阿脩羅等聞佛
所說皆大歡喜
妙法蓮華經藥王菩薩本事品第二十三
尒時宿王華菩薩白佛言世尊藥王菩薩云
何遊於娑婆世界世尊是藥王菩薩有若干
百千万億那由他難行苦行善哉世尊願少
解說諸天龍神夜叉乾闥婆阿脩羅迦樓羅
緊那羅摩睺羅伽人非人等又他國土諸來
菩薩及此聲聞衆聞皆歡喜尒時佛告宿王
華菩薩乃往過去无量恒河沙劫有佛号日
月淨明德如來應供正遍知明行足善逝世
間解无上士調御丈夫天人師佛世尊其佛有
八十億大菩薩摩訶薩七十二恒河沙大
聲聞衆佛壽四万二千劫菩薩壽命亦等彼
國无有女人地獄餓鬼畜生阿脩羅等及以諸
難地平如掌琉璃所成寶樹莊嚴寶帳覆
上垂寶華幡寶瓶香鑪周遍國界七寶為臺
一樹一臺其樹去臺盡一箭道此諸寶樹皆
有菩薩聲聞而坐其下諸寶臺上各有百億
諸天作天伎樂歌歎於佛以為供養尒時彼
佛為一切衆生喜見菩薩及衆菩薩諸聲
聞衆說法華經是一切衆生喜見菩薩樂習苦
行於日月淨明德佛法中精進經行一心求佛

BD04222 號　妙法蓮華經卷六　（17–9）

諸天作天伎樂歌歎於佛以為供養尒時彼
佛為一切衆生喜見菩薩及衆菩薩諸聲
聞衆說法華經是一切衆生喜見菩薩樂習苦
行於日月淨明德佛法中精進經行一心求佛
滿万二千歲已得現一切色身三昧得此三
昧已心大歡喜即作念言我得現一切色身
三昧皆是得聞法華經力我今當供養日
月淨明德佛及法華經即時入是三昧於虛
空中雨曼陁羅華摩訶曼陁羅華細抹堅黑栴
檀滿虛空中如雲而下又雨海此岸栴檀之香
此香六銖價直娑婆世界以供養佛作是供
養已從三昧起而自念言我雖以神力供養
於佛不如以身供養即服諸香栴檀薰陸兜
樓婆畢力迦沈水膠香又飲瞻蔔諸華香
油滿千二百歲已香油塗身於日月淨明德
佛前以天寶衣而自纏身灌諸香油以神
通力願而自然身光明遍照八十億恒河沙
世界其中諸佛同時讚言善哉善哉善男
子是真精進是名真法供養如來若以華香
瓔珞燒香抹香塗香天繒幡蓋及海此岸栴
檀之香如是等種種諸物供養所不能及假使
國城妻子布施亦所不及善男子是名第一
之施於諸施中冣尊冣上以法供養諸如来
故作是語已而各嘿然其身火然千二百歲
過是已後其身乃盡一切衆生喜見菩薩作

BD04222號　妙法蓮華經卷六　（17–10）

國城妻子布施亦所不及善男子是名第一
之施於諸施中冣尊冣上以法供養諸如来
故作是語已而各嘿然其身火然千二百歲
過是已後其身乃盡一切衆生喜見菩薩作
如是法供養已命終之後復生日月淨明德
佛國中於淨德王家結加趺坐忽然化生即
為其父而說偈言
大王今當知　我經行彼處　即時得一切　現諸身三昧
懃行大精進　捨所愛之身
說是偈已而白父言日月淨明德佛今故現
在我先供養佛已得解一切衆生語言陁羅
尼復聞是法華經八百千万億那由他甄迦
羅頻婆羅阿閦婆等偈大王我今當還供
養此佛白已即坐七寶之臺上昇虛空高七
多羅樹往到佛所頭面礼足合十指爪以偈讚佛
容顏甚奇妙　光明照十方　我適曾供養　今復還親覲
尒時一切衆生喜見菩薩說是偈已而白佛言
世尊世尊猶故在世尒時日月淨明德佛
告一切衆生喜見菩薩善男子我涅槃時到
滅盡時至汝可安施牀座我於今夜當般涅
槃又勑一切衆生喜見菩薩善男子我以佛
法囑累於汝及諸菩薩大弟子并阿耨多羅
三藐三菩提法亦以三千大千七寶世界諸寶
樹寶臺及給侍諸天悉付於汝我滅度後
所有舍利亦付囑汝當令流布廣設供養應

BD04222號　妙法蓮華經卷六　（17–11）

槃又勑一切衆生喜見菩薩善男子我以佛
法囑累於汝及諸菩薩大弟子并阿耨多羅
三藐三菩提法亦以三千大千七寶世界諸寶
樹寶臺及給侍諸天悉付於汝我滅度後
所有舍利亦付囑汝當令流布廣設供養應
起若干千塔如是日月淨明德佛勑一切衆
生喜見菩薩已於夜後分入於涅槃尒時一
切衆生喜見菩薩見佛滅度悲感懊惱戀慕
於佛即以海此岸栴檀爲𧂐供養佛身而以
燒之火滅已後收取舍利作八万四千寶瓶
以起八万四千塔高三世界表刹莊嚴垂諸
幡蓋懸衆寶鈴尒時一切衆生喜見菩薩復
自念言我雖作是供養心猶未足我今當更
供養舍利便語諸菩薩大弟子及天龍夜叉
等一切大衆汝等當一心念我今供養日月淨
明德佛舍利作是語已即於八万四千塔前
然百福莊嚴臂七万二千歲而以供養令无
數求聲聞衆无量阿僧祇人發阿耨多羅三
藐三菩提心皆使得住現一切色身三昧尒
時諸菩薩天人阿脩羅等見其无臂憂惱
悲哀而作是言此一切衆生喜見菩薩是我等
師教化我者而今燒臂身不具足于時一切衆
生喜見菩薩於大衆中立此誓言我捨兩
臂必當得佛金色之身若實不虛令我兩臂
還復如故作是誓已自然還復由斯菩薩福

BD04222號　妙法蓮華經卷六　（17–12）

時諸菩薩天人阿脩羅等見其无臂憂惱
悲哀而作是言此一切衆生喜見菩薩是我等
師教化我者而今燒臂身不具足于時一切衆
生喜見菩薩於大衆中立此誓言我捨兩
臂必當得佛金色之身若實不虛令我兩臂
還復如故作是誓已自然還復由斯菩薩福
德智慧淳厚所致當尒之時三千大千世界
六種震動天雨寶華一切人天得未曾有佛
告宿王華菩薩於汝意云何一切衆生喜見
菩薩豈異人乎今藥王菩薩是也其所捨身
布施如是无量百千万億那由他數宿王華
若有發心欲得阿耨多羅三藐三菩提者能
然手指乃至足一指供養佛塔勝以國城妻
子及三千大千國土山林河池諸珎寶物而
供養者若復有人以七寶滿三千大千世界
供養於佛及大菩薩辟支佛阿羅漢是人所
得功德不如受持此法華經乃至一四句偈
其福最多宿王華譬如一切川流江河諸水
之中海爲第一此法華經亦復如是於諸如
來所說經中最爲深大又如土山黑山小鐵圍
山大鐵圍山及十寶山衆山之中須弥山爲
第一此法華經亦復如是於諸經中最爲
其上又如衆星之中月天子最爲第一此法
華經亦復如是於千万億種諸經法中最爲
照明又如日天子能除諸闇此經亦復如是

BD04222號　妙法蓮華經卷六　（17–13）

第一此法華經亦復如是於諸經中最為
其上又如衆星之中月天子最為第一此法
華經亦復如是於千万億種諸經法中最為
照明又如日天子能除諸闇此經亦復如是
能破一切不善之闇又如諸小王中轉輪聖王
最為第一此經亦復如是於衆經中最為
其尊又如帝釋於三十三天中王此經亦復
如是諸經中王又如大梵天王一切衆生之
父此經亦復如是一切賢聖學无學及發菩
薩心者之父又如一切凡夫人中須陁洹斯
陁含阿那含阿羅漢辟支佛為第一此經亦
復如是一切如來所說若菩薩所說若聲聞
所說諸經法中最為第一有能受持是典經
者亦復如是於一切衆生中為第一一切聲
聞辟支佛中菩薩為第一此經亦復如是
於一切諸經法中最為第一如佛為諸法王
此經亦復如是諸經中王宿王華此經能救
一切衆生者此經能令一切衆生離諸苦惱
此經能大饒益一切衆生充滿其願如清涼
池能滿一切諸渴乏者如寒者得火如裸者
得衣如商人得主如子得母如渡得船如病
得醫如暗得燈如貧得寶如民得王如賈客
得海如炬除暗此法華經亦復如是能令衆
生離一切苦一切病痛能解一切生死之縛
若人得聞此法華經若自書若使人書所得

BD04222號　妙法蓮華經卷六　（17–14）

得衣如商人得主如子得母如渡得船如病
得醫如暗得燈如貧得寶如民得王如賈客
得海如炬除暗此法華經亦復如是能令衆
生離一切苦一切病痛能解一切生死之縛
若人得聞此法華經若自書若使人書所得
功德以佛智慧籌量多少不得其邊若書是
經卷華香瓔珞燒香抹香塗香幡蓋衣服種
種之燈蘇燈油燈諸香油燈瞻蔔油燈須曼
那油燈波羅羅油燈婆利師迦油燈那婆摩
利油燈供養所得功德亦復无量宿王華若
有人聞是藥王菩薩本事品者亦得无量无
邊功德若有女人聞是藥王菩薩本事品能
受持者盡是女身後不復受若如來滅後後
五百歲中若有女人聞是經典如說脩行於
此命終即往安樂世界阿弥陁佛大菩薩衆
圍繞住處生蓮華中寶座之上不復為貪欲
所惱亦復不為瞋恚愚癡所惱亦復不為憍
慢嫉妬諸垢所惱得菩薩神通无生法忍得
是忍已眼根清淨以是清淨眼根見七百万
二千億那由他恒河沙等諸佛如來是時諸
佛遥共讚言善哉善哉善男子汝能於釋迦
牟尼佛法中受持讀誦思惟是經為他人說
所得福德无量无邊火不能燒水不能漂汝
之功德千佛共說不能令盡汝今已能破諸
魔賊壞生死軍諸餘怨敵皆悉摧滅善男子

BD04222號　妙法蓮華經卷六　（17–15）

二千億那由他恒河沙等諸佛如来是時諸
佛遥共讚言善哉善哉善男子汝能於釋迦
牟尼佛法中受持讀誦思惟是經為他人說
所得福德无量无邊火不能燒水不能漂汝
之功德千佛共說不能令盡汝今已能破諸
魔賊壊生死軍諸餘怨敵皆悉摧滅善男子
百千諸佛以神通力共守護汝於一切世間
天人之中无如汝者唯除如来其諸聲聞辟
支佛乃至菩薩智慧禪定无有與汝等者宿
王華此菩薩成就如是功德智慧之力若有
人聞是藥王菩薩本事品能随喜讚善者是
人現世口中常出青蓮華香身毛孔中常出
牛頭栴檀之香所得功德如上所說是故宿
王華以此藥王菩薩本事品囑累於汝我滅
度後後五百歲中廣宣流布於閻浮提无令
斷絶惡魔魔民諸天龍夜叉鳩槃荼等得
其便也宿王華汝當以神通之力守護是經所
以者何此經則為閻浮提人病之良藥若人
有病得聞是經病即消滅不老不死宿王華
汝若見有受持是經者應以青蓮華盛滿抹
香供散其上散已作是念言此人不久必當
取草坐於道場破諸魔軍當吹法螺擊大法
鼓度脫一切衆生老病死海是故求佛道者
見有受持是經典人應當如是生恭敬心說
是藥王菩薩本事品時八万四千菩薩得解

BD04222 號　妙法蓮華經卷六　　(17–16)

人現世口中常出青蓮華香身毛孔中常出
牛頭栴檀之香所得功德如上所說是故宿
王華以此藥王菩薩本事品囑累於汝我滅
度後後五百歲中廣宣流布於閻浮提无令
斷絶惡魔魔民諸天龍夜叉鳩槃荼等得
其便也宿王華汝當以神通之力守護是經所
以者何此經則為閻浮提人病之良藥若人
有病得聞是經病即消滅不老不死宿王華
汝若見有受持是經者應以青蓮華盛滿抹
香供散其上散已作是念言此人不久必當
取草坐於道場破諸魔軍當吹法螺擊大法
鼓度脫一切衆生老病死海是故求佛道者
見有受持是經典人應當如是生恭敬心說
是藥王菩薩本事品時八万四千菩薩得解
一切衆生語言陀羅尼多寶如来於寶塔中
讚宿王華菩薩言善哉善哉宿王華汝成就
不可思議功德乃能問釋迦牟尼佛如此之事
利益无量一切衆生

妙法蓮華經卷第六

BD04222 號　妙法蓮華經卷六　　(17–17)

BD04222 號背　勘記　　（1–1）

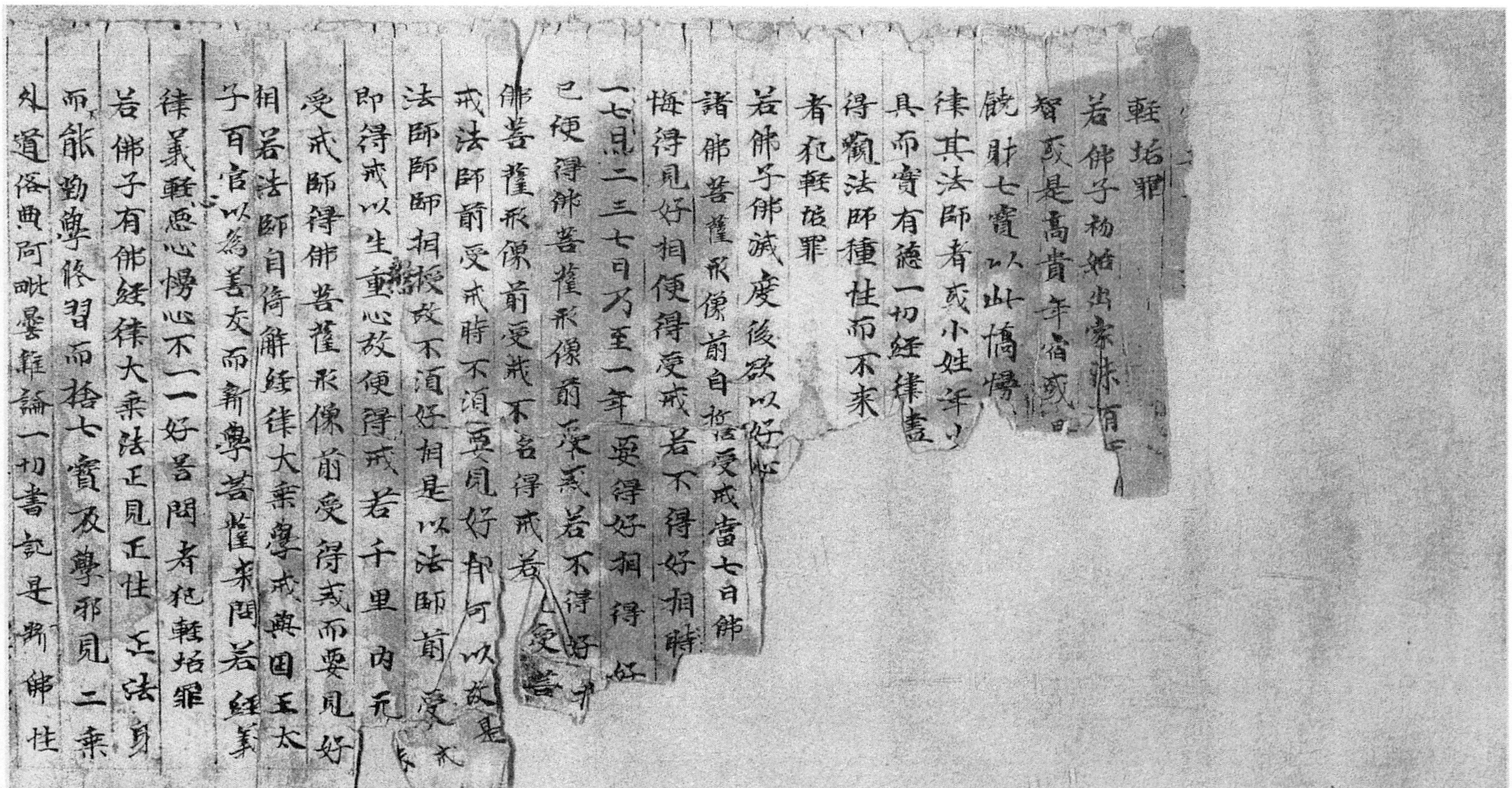

輕垢罪
若佛子初始出家未有所
智或是高貴年宿或白
饒財七寶以此憍慢
律其法師者或小姓年少
具而實有德一切經律盡
得觀法師種姓而不來
者犯輕垢罪
若佛子佛滅度後欲以好心
諸佛菩薩形像前自誓受戒當七日佛
悔得見好相便得受戒若不得好相時
一七日二三七日乃至一年要得好相得好
已便得佛菩薩形像前受戒若不得好
佛菩薩形像前受戒不名得戒若
戒法師前受戒時不須要見好相何以故是
法師師師相授故不須好相是以法師前受戒
即得戒以生重心故便得戒若千里內無
受戒師得佛菩薩形像前受得戒而要見好
相若法師自倚解經律大乘學戒與國王太
子百官以為善友而新學菩薩來問若經義
律義輕心惡心慢心不一一好答問者犯輕垢罪
若佛子有佛經律大乘法正見正性正法身
而能勤學修習而捨七寶反學邪見二乘
外道俗典阿毗曇雜論一切書記是斷佛性

BD04223 號 1　梵網經盧舍那佛說菩薩心地戒品第十卷下　　（13–1）

即得戒以生重心故便得戒若千里內无
受戒師得佛菩薩形像前受得戒而要見好
相若法師自倚解經律大乘學戒與国王太
子百官以為善友而新學菩薩來問若經義
律義輕慢心惡心憍心不一一好答問者犯輕垢罪
若佛子有佛經律大乘法正見正性正法身
而不能勤學修習而捨七寶反學邪見二乘
外道俗典阿毗曇雜論一切書記是斷佛性
障道因緣非行菩薩道若故作者犯輕垢罪
若佛子佛滅度後為說法主為僧房主教化主
坐禪主行來主應生慈心善和鬪諍善守護
三寶物莫无度用如自己有而反亂眾鬪諍
恣心用三寶物者犯輕垢罪
若佛子先住僧房中住後見客菩薩比丘來
入僧房舍宅城邑若國王宅舍中乃至夏坐安
居處及大會中而先住僧應迎來送去飲
食供養房舍卧具繩床木床事事給與若无
物應賣自身及男女身供給所須悉以與之
若有檀越來請眾僧客僧有利養分僧房
主應次第差客僧受請而先住僧獨受請而
不差客僧者房主得无量罪畜生无異非沙
門非釋種性者犯輕垢罪
若佛子一切不得受別請利養入己而此利養
屬十方僧而別受請即取十方僧物入己及
八福田中諸佛聖人一一師僧父母病人物自
已用者犯輕垢罪
若佛子有出家菩薩在家菩薩及一切檀越
請僧福田求願之時應入僧房中問知事人
今欲次第請者即得十方賢聖僧而世人別
請五百羅漢菩薩僧不如僧次一凡夫僧若
別請僧者是外道法七佛无別請法不順孝

BD04223 號 1　梵網經盧舍那佛說菩薩心地戒品第十卷下　（13–2）

八福田中諸佛聖人一一師僧父母病人物自
已用者犯輕垢罪
若佛子有出家菩薩在家菩薩及一切檀越
請僧福田求願之時應入僧房中問知事人
今欲次第請者即得十方賢聖僧而世人別
請五百羅漢菩薩僧不如僧次一凡夫僧若
別請僧者是外道法七佛无別請法不順孝
道若故別請僧者犯輕垢罪
若佛子以惡心故為利養故販賣男女色自
手作食自磨自舂占相男女解夢吉凶是男
是女呪術工巧調鷹方法和合百種毒藥千
種毒藥蛇毒生金銀蠱毒都无慈心无孝順
心者犯輕垢罪
若佛子以惡心故自身謗三寶詐現親附口便
說空行在有中為白衣通致男女交會婬色
作諸縛著於六齋日年三長齋月作殺生劫
盜破齋犯戒者犯輕垢罪
如是十戒應當學敬心奉持　制戒品中廣解
佛言佛子佛滅度後於惡世中若見外道一
切惡人劫賊賣佛菩薩父母形像販賣經律販
賣比丘比丘尼亦賣發菩提心行菩薩道人
或為官使與一切人作奴婢者而菩薩見是
事已應生慈心方便救護處處教化取物贖
佛菩薩父母形像及比丘比丘尼一切經律
若不贖者犯輕垢罪
若佛子不得畜刀杖弓箭販賣輕秤小斗因
官形勢取人財物害心繫縛破壞成功長養
貓狸猪狗若故養者犯輕垢罪
若佛子以惡心故觀一切男女等鬪軍陣兵將
劫賊等鬪亦不得聽吹貝鼓角琴瑟箏笛箜
篌歌叫伎樂之聲不得樗蒲圍碁波羅塞

BD04223 號 1　梵網經盧舍那佛說菩薩心地戒品第十卷下　（13–3）

賣比丘比丘尼亦賣發菩提心行菩薩道人
或為官使與一切人作奴婢者而菩薩見是
事已應生慈心方便救護處處教化取物贖
佛菩薩父母形像及比丘比丘尼一切經律
若不贖者犯輕垢罪
若佛子不得畜刀杖弓箭販賣輕秤小斗因
官形勢取人財物害心繫縛破壞成功長養
猫狸猪狗若故養者犯輕垢罪
若佛子以惡心故觀一切男女等鬪軍陣兵將
劫賊等鬪亦不得聽吹貝鼓角琴瑟箏笛箜
篌歌叫伎樂之聲不得摴蒱圍碁波羅塞
戲彈碁六博拍毱擲石投壺八道行城爪
鏡芝草楊枝鉢盂髑髏而作卜筮不作盜賊使
命一一不得作若故作者犯輕垢罪
若佛子護持禁戒行住坐臥日夜六時讀誦
是戒猶如金剛如帶持浮囊欲度大海如草
繫比丘常生大乘信自知我是未成之佛諸佛
是已成之佛發菩提心念念不去心若起一
念二乘外道心者犯輕垢罪
若佛子常應發一切願孝順父母師僧三寶
常願得好師同學善知識常教我大乘經律
十發趣十長養十金剛十地使我開解如法
修行堅持佛戒寧捨身命念念不去心若
一切菩薩不發是願者犯輕垢罪
若佛子發十大願已持佛禁戒作是願言寧
以此身投熾然猛火大坑刀山終不毀犯三
世諸佛經律與一切女人作不淨行
復作是願寧以熱鐵羅網千重周匝纏身終
不以破戒之身受信心檀越一切衣服
復作是願寧以此口吞熱鐵丸及大流猛火經
百千劫終不以此破戒之口食信心檀越百味

BD04223 號 1　梵網經盧舍那佛說菩薩心地戒品第十卷下　（13–4）

以此身投熾然猛火大坑刀山終不毀犯三
世諸佛經律與一切女人作不淨行
復作是願寧以熱鐵羅網千重周匝纏身終
不以破戒之身受信心檀越一切衣服
復作是願寧以此口吞熱鐵丸及大流猛火經
百千劫終不以此破戒之口食信心檀越百味
飲食
復作是願寧以此身臥大猛火羅網熱鐵地
上終不以此破戒之身受信心檀越百種牀座
復作是願寧以此身受三百鉾刺身經一劫二
劫終不以破戒之身受信心檀越百味醫藥
復作是願寧以此身投熱鐵鑊經百千劫
終不以此破戒之身受信心檀越千種房舍屋
宅園林田地
復作是願寧以鐵鎚打碎此身從頭至足令
如微塵終不以此破戒之身受信心檀越恭敬
禮拜
復作是願寧以百千熱鐵刀鉾挑其兩目終
不以此破戒之心視他好色復作是願寧以百
千鐵錐遍身撓刺耳根經一劫二劫終不以
此破戒之心聽好音聲復作是願寧以百千
刃刀割去其鼻終不以此破戒之心貪嗅諸香
復作是願寧以百千刃刀割斷其舌終不以此
破戒之心食人百味淨食復作是願寧以利
斧斬斫其身終不以此破戒之心貪著好觸
復作是願願一切衆生悉得成佛菩薩若不
發是願者犯輕垢罪
若佛子常應二時頭陀冬夏坐禪結夏安居
常用楊枝澡豆三衣瓶鉢坐具錫杖香爐漉
水囊手巾刀子火燧鑷子繩牀經律佛像菩薩

BD04223 號 1　梵網經盧舍那佛說菩薩心地戒品第十卷下　（13–5）

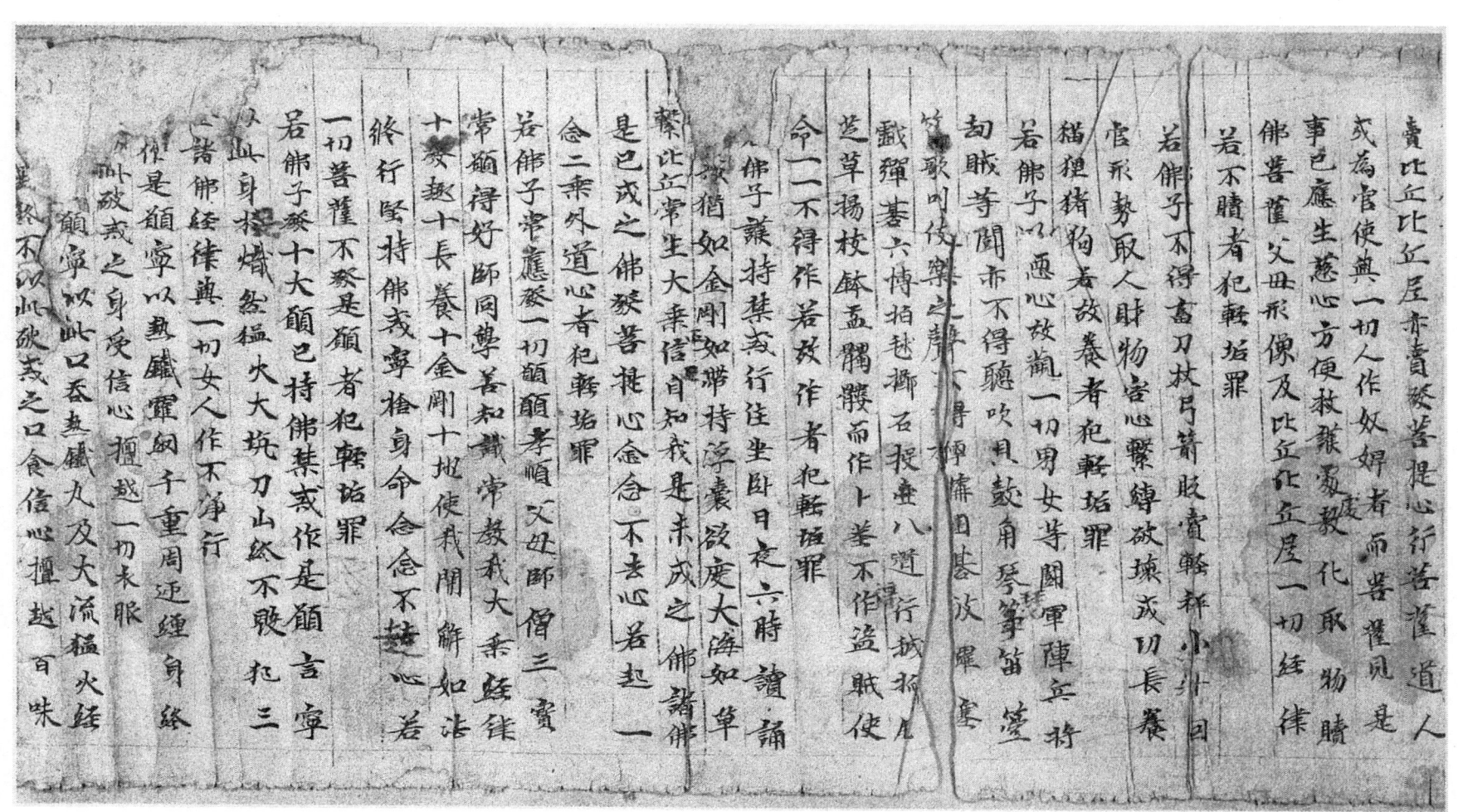

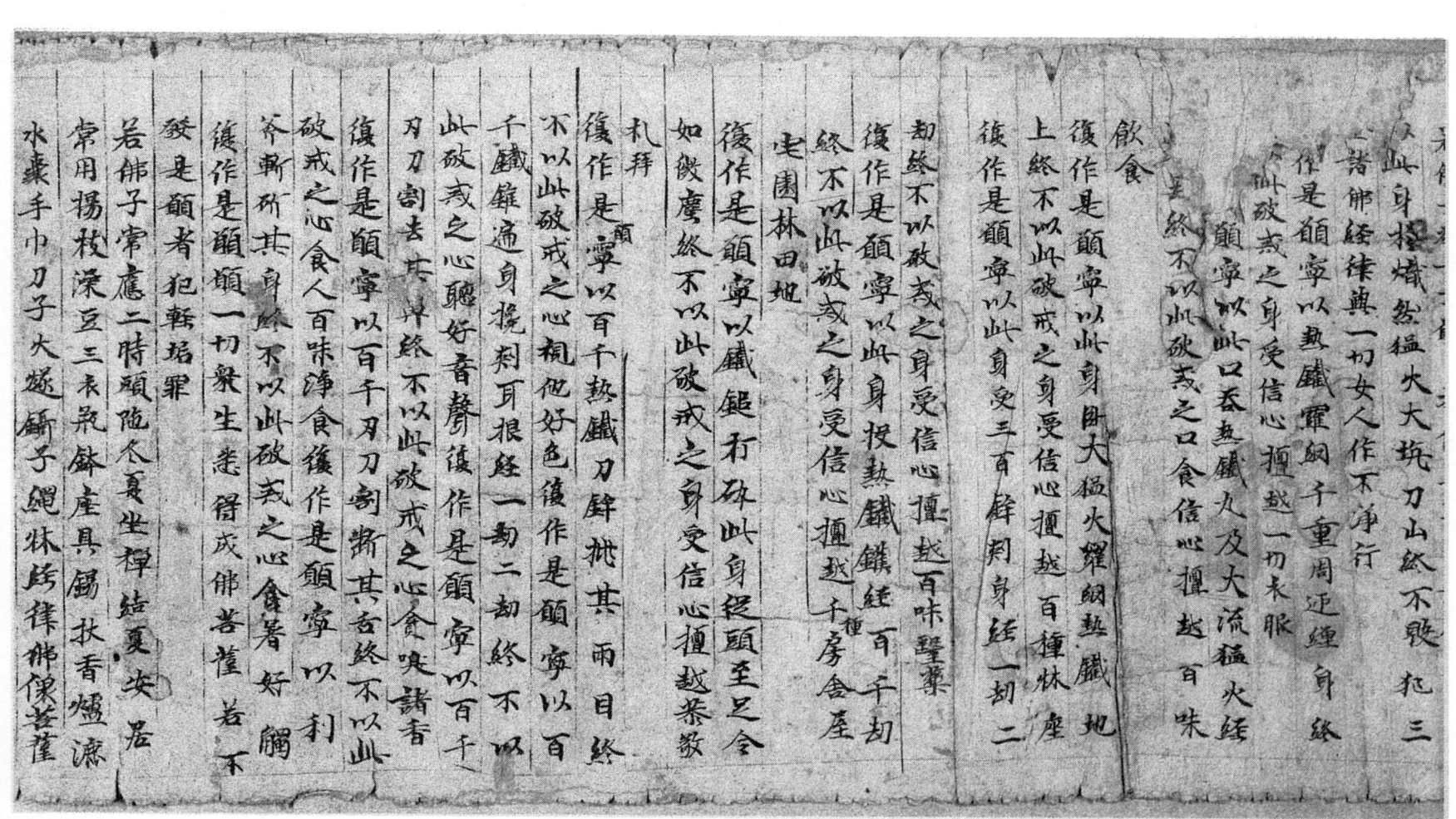

斧斫所其身終不以此破戒之心貪著好觧
後作是願願一切衆生悉得成佛菩薩若不
發是願者犯輕垢罪
若佛子常應二時頭陁冬夏坐禪結夏安居
常用楊枝澡豆三衣瓶鉢坐具錫杖香爐漉
水囊手巾刀子火燧鑷子繩牀經律佛像菩薩
形像而菩薩行頭陁時及遊方時行來百
里千里此十八種物常隨其身頭陁者從正月
十五日至三月十五八月十五日至十月十五
日是二時中此十八種物常隨其身如鳥二
翼若布薩日新學菩薩半月半月布薩誦
十重四十八輕戒若誦戒時當於諸佛菩薩
形像前誦若一人布薩即一人誦若二若三乃
至百千人亦一人誦誦者高座聽者下坐各各
披九條七條五條袈裟結夏安居一一如法
若行頭陁時莫入難處若國難惡王土地高
下草木深邃師子虎狼水火惡風劫賊毒蛇道
路一切難處悉不得入而菩薩頭陁行道
乃至夏坐安居是諸難處皆不得入若故入
者犯輕垢罪
若佛子應如法次第坐先受戒者在前坐後
受戒者在後坐不問老少比丘比丘尼貴人國
王王子百官乃至黃門奴婢皆應先受戒者在
前坐後受戒者隨次第而坐莫如外道癡人
若老若少无前无後坐无次第如兵奴之法我
佛法中先者先坐後者後坐而菩薩一一不如
法次第坐者犯輕垢罪
若佛子常應教化一切衆生建立僧坊山林
園田立作佛塔冬夏安居坐禪處所一切行道
處皆應立之而菩薩應為一切衆生講說
大乘經律若疾病國難賊難父母兄弟和上阿

BD04223 號 1　梵網經盧舍那佛說菩薩心地戒品第十卷下　（13–6）

法次第坐者犯輕垢罪
若佛子常應教化一切衆生建立僧坊山林
園田立作佛塔冬夏安居坐禪處所一切行道
處皆應立之而菩薩應為一切衆生講說
大乘經律若疾病國難賊難父母兄弟和上阿
闍梨亡滅之日及三七日四五七日乃至七七日
亦應講此大乘經律齋會求福行來治
生大火所燒大水所漂黑風所吹船舫江河
大海羅剎之難乃至一切罪報三惡七逆八
難杻械枷鎖繫縛其身多婬多瞋多愚癡
多疾病皆應讀誦講此大乘經律而新學菩
薩若不尒者犯輕垢罪
如是九戒應當學敬心奉持 梵壇品應當說
佛言佛子與人受戒時不得簡擇一切國王王
子大臣百官比丘比丘尼信男信女婬男
婬女十八梵六欲天无根二根黃門奴婢一切
鬼神盡得受戒應教身所著袈裟皆使壞
色與道相應皆染使青黃赤黑紫色一切
染衣乃至臥具盡以壞色身所著衣一切染
色若一切國土中人所著衣服比丘皆應與
其俗服有異若欲受戒時師應問言汝現身
不作七逆罪耶菩薩法師不得與七逆人現
身受戒七逆者出佛身血殺父母和上阿闍
梨破羯磨轉法輪僧殺聖人若具七遮即身
不得戒餘一切人盡得受戒出家人法不向國
王禮拜不向父母禮拜六親不敬鬼神不禮但
解法師語有百里千里來求大乘戒者而菩
薩法師以惡心瞋心而不即與授一切衆生
戒者犯輕垢罪
若佛子教化人起信心時菩薩與他人作教戒
法師者見欲受戒人應教請二師和上阿闍

BD04223 號 1　梵網經盧舍那佛說菩薩心地戒品第十卷下　（13–7）

解法師語有百里千里來求大乘戒者而菩
薩法師以惡心瞋心而不即與授一切衆生
戒者犯輕垢罪
若佛子教化人起信心時菩薩與他人作教戒
法師者見欲受戒人應教請二師和上阿闍
梨二師應問言汝有七遮罪不若現身有
七遮罪者師不應與受戒若无七遮罪者得
與受戒若有犯十戒者應教懺悔在佛菩薩形
像前日夜六時誦十重四十八輕戒若到礼三
世千佛得見好相若一七日二三七日乃至一年
要見好相好相者佛來摩頂若見光華種種
異相便得滅罪若无好相雖懺无益是人現
身亦不得戒而得增受戒若犯四十八輕戒
者對手懺悔罪便得滅不同七遮而教戒師
於是法中一一好解若不解大乘經律若輕若
重是非之相不解第一義諦習種性長養性
種性不可壞性道種性正法性其中多少觀
行出入十禪支一切行法一一不得此法中意
而菩薩為利養故為名聞故惡求多求
貪利弟子而詐現解一切經律為供養故是
自欺詐亦欺詐他人故與人受戒者犯輕垢罪
若佛子不得為利養故於未受菩薩戒者前
外道惡人前說此千佛大戒耶見人前亦不得
說除國王餘一切人亦不得說是惡人輩不受
佛戒名為畜生生生不見三寶如木石无心名
為外道耶見人輩木頭无異而菩薩於是
惡人前說七佛教戒者犯輕垢罪
若佛子信心出家受佛正戒故起心毀犯聖戒
者不得受一切檀越供養亦不得國王地上行
不得飲國王水五千大鬼常遮其前鬼言大賊
若入房舍城邑宅中鬼復常掃其腳跡一切世

BD04223 號 1　梵網經盧舍那佛說菩薩心地戒品第十卷下　（13-8）

為外道耶見人輩木頭无異而菩薩於是
惡人前說七佛教戒者犯輕垢罪
若佛子信心出家受佛正戒故起心毀犯聖戒
者不得受一切檀越供養亦不得國王地上行
不得飲國王水五千大鬼常遮其前鬼言大賊
若入房舍城邑宅中鬼復常掃其腳跡一切世
人罵言佛法中賊一切衆生眼不欲見犯戒
之人如畜生无異木頭无異若菩薩若毀
正戒者犯輕垢罪
若佛子常應一心受持讀誦大乘經律剥皮
為紙刺血為墨以髓為水析骨為筆書寫
佛戒木皮穀紙絹素竹帛亦應悉書持常以
七寶无價香華一切雜寶為箱盛經律卷若
不如法供養者犯輕垢罪
若佛子常起大悲心若入一切城邑舍宅中見
一切衆生應唱言汝等衆生盡應受三歸十
戒若見牛馬猪羊一切畜生應心念口言汝是
畜生發菩薩心而菩提入一切處山林川野皆
使一切衆生發菩提心是菩薩若不教化衆生
者犯輕垢罪
若佛子常行教化起大悲心若入檀越貴人家
一切衆中不得立為白衣說法應白衣四衆前
高座上坐法師比丘不得地立為四衆白衣說
法若說法時法師高座香華供養四衆聽者
下坐如孝順父母敬順師教如事火婆羅門其
說法者若不如法說者犯輕垢罪
若佛子皆以信心受佛正戒者若國王太子百
官四部弟子自恃高貴破滅佛法戒律（明作制）
法制我四部弟子不聽出家行道亦復不聽造
立形像佛塔經律破三寶之罪若故作破
法者犯輕垢罪

BD04223 號 1　梵網經盧舍那佛說菩薩心地戒品第十卷下　（13-9）

說法者若不如法說者犯輕垢
若佛子皆以信心受佛正戒者若國王太子百
官四部弟子自恃高貴破滅佛法戒律明作制
法制我四部弟子不聽出家行道亦復不聽造
立形像佛塔經律破三寶之罪若故作破
法者犯輕垢罪
若佛子以好心出家而為名聞利養於國王百
官前說七佛戒橫與比丘比丘尼菩薩弟子作
繫縛事如師子身中蟲自食師子肉非外道
天魔能破若受佛戒者應護佛戒如念一子如
事父母而聞外道惡人以惡言謗佛戒時如三
百鉾刺心千刀万杖打拍其身等无有異寧自
入地獄百劫而不一聞惡言破佛戒之事而況自
破佛戒教人破法因緣亦无孝順之心若故作
者犯輕垢罪
如是九戒應當學敬心奉持
諸佛子是四十八輕戒汝等受持過去諸菩
薩已誦未來諸菩薩當誦現在諸菩薩今誦
佛子諦聽十重四十八輕戒三世諸佛菩薩
已誦當誦今誦我今亦如是誦汝等一切大衆
若國王王子百官比丘比丘尼信男信女受持
菩薩戒者應受持讀誦解說書寫佛性常
住戒卷流通三世一切衆生化化不絕得見
千佛佛佛授手世世不墮惡道八難常生人
道天中我今在此樹下略開七佛法戒汝等
大衆應當一心學波羅提木叉歡喜奉行如
无相天王品勸學中一一廣明三千學士時
坐聽者聞佛自誦心心頂戴喜躍受持
尒時釋迦牟尼佛說上蓮華臺藏世界盧
舍那佛心地法門品中十无盡戒法品竟千
百億釋迦亦如是說從摩醯首羅天王宮
至此道樹十住處說法品為一切菩薩不可

BD04223 號 1　梵網經盧舍那佛說菩薩心地戒品第十卷下　（13–10）

坐聽者聞佛自誦心心頂戴喜躍受持
尒時釋迦牟尼佛說上蓮華臺藏世界盧
舍那佛心地法門品中十无盡戒法品竟千
百億釋迦亦如是說從摩醯首羅天王宮
至此道樹十住處說法品為一切菩薩不可
說大衆受持讀誦解說其義亦如是千百
億世界蓮華藏世界微塵世界一切佛心
藏地藏戒藏无量行願藏因果佛性常住
藏如如一切佛說无量一切法藏竟千百
億世界中一切衆生受持歡喜奉行
若廣開心相如佛華光王品中說
明人忍慧強　能持如是法　未成佛道間　安獲五種利
一者十方佛　愍念常守護　二者命終時　正見心歡喜
三者生生處　為諸菩薩友　四者功德聚　戒度悉成就
五者今後世　生戒福慧滿　此是諸佛子　智慧善思量
計我著相者　不能生是法　滅受取證者　亦非下種處
欲長菩提苗　光明照世間　應當靜觀察　諸法真實相
不生亦不滅　不常復不斷　不一又不異　不來亦不去
如是一心中　方便勤莊嚴　菩薩所應作　應當次第學
於學於无學　勿生分別想　是名第一道　亦名摩訶衍
一切戲論惡　悉由是處滅　諸佛薩婆若　悉由是處出
是故諸佛子　宜發大勇猛　能持如明珠　過去諸菩薩
已於是中學　未來者當學　現在者今學　此是佛行處
聖主所稱歎　我亦隨順說　福德无量聚　迴以施衆生
共向一切智　願聞是法者　疾得成佛道　七佛遺教戒
第一辟衛佛說教戒
忍辱第一道　涅槃佛稱最　菩薩惱他人　不名為菩薩
第二戒佛說教戒
譬如明眼人　能離嶮惡道　世有聰明人　能遠離諸惡
第三隨葉佛說教戒
不惱不說過　如戒所說行　飲食知節量　常樂在閑處

BD04223 號 1　梵網經盧舍那佛說菩薩心地戒品第十卷下　（13–11）

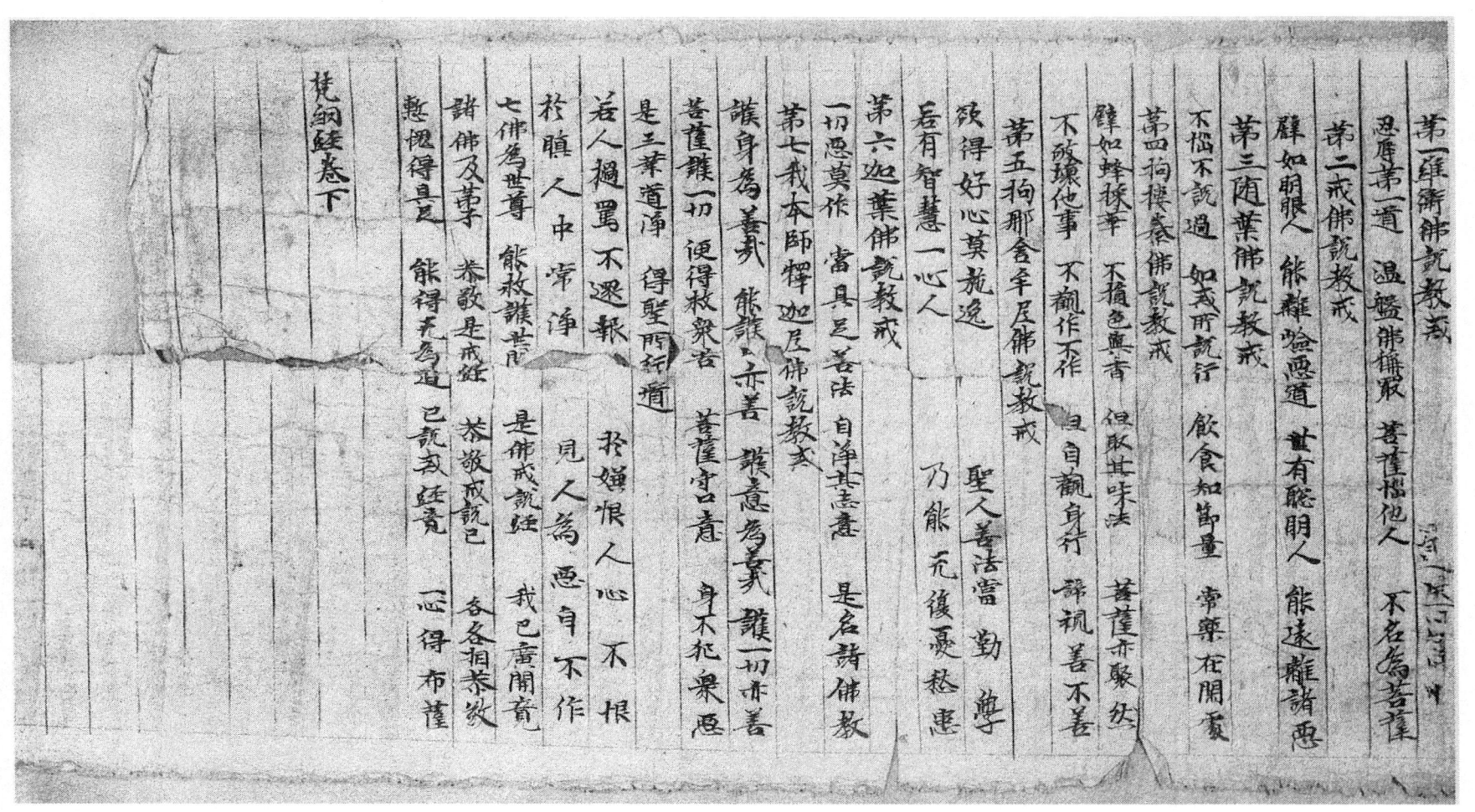

第一維衛佛說教戒
忍辱第一道　涅槃佛稱最　菩薩惱他人　不名為菩薩
第二戒佛說教戒
譬如明眼人　能離險惡道　世有聰明人　能遠離諸惡
第三隨葉佛說教戒
不惱不說過　如戒所說行　飲食知節量　常樂在閑處
第四拘樓秦佛說教戒
譬如蜂採華　不損色與香　但取其味去　菩薩亦如是
不破壞他事　不觀作不作　但自觀身行　諦視善不善
第五拘那含牟尼佛說教戒
欲得好心莫放逸　聖人善法當勤學
若有智慧一心人　乃能无復憂愁患
第六迦葉佛說教戒
一切惡莫作　當具足善法　自淨其志意　是名諸佛教
第七我本師釋迦尼佛說教戒
護身為善哉　能護〻亦善　護意為善哉　護一切亦善
菩薩護一切　便得救眾苦　菩薩守口意　身不犯眾惡
是三業道淨　得聖所行道
若人撾罵不還報　於嫌恨人心不根
於瞋人中常淨　見人為惡自不作
七佛為世尊　能救護世間　是佛戒說經　我已廣開竟
諸佛及弟子　恭敬是戒經　恭敬戒說已　各各相恭敬
慙愧得具足　能得无為道　已說戒經竟　一心得布薩
梵網經卷下

BD04223號2　七佛遺教偈　（13–12）

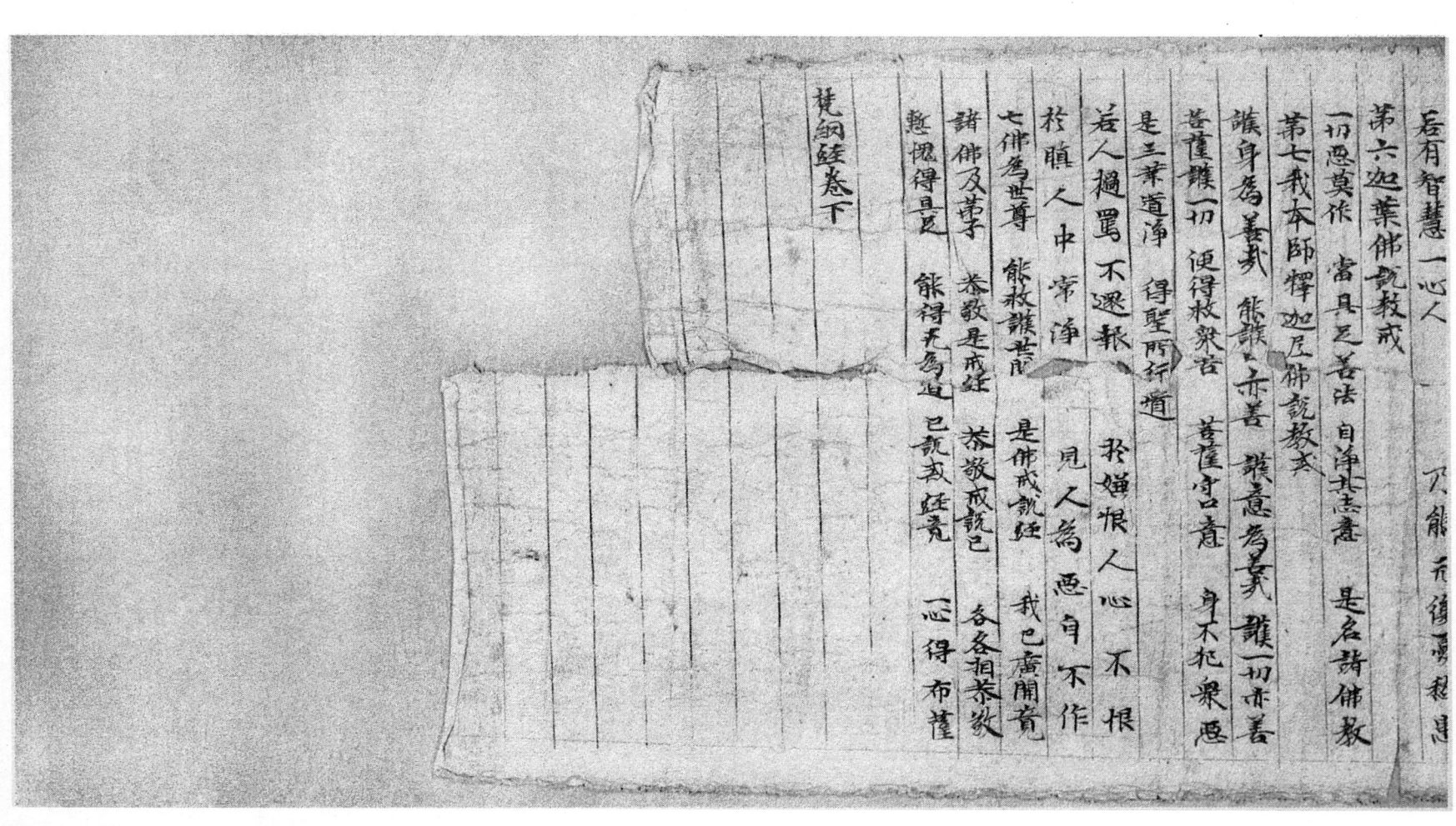

若有智慧一心人　乃能无復憂愁患
第六迦葉佛說教戒
一切惡莫作　當具足善法　自淨其志意　是名諸佛教
第七我本師釋迦尼佛說教戒
護身為善哉　能護〻亦善　護意為善哉　護一切亦善
菩薩護一切　便得救眾苦　菩薩守口意　身不犯眾惡
是三業道淨　得聖所行道
若人撾罵不還報　於嫌恨人心不根
於瞋人中常淨　見人為惡自不作
七佛為世尊　能救護世間　是佛戒說經　我已廣開竟
諸佛及弟子　恭敬是戒經　恭敬戒說已　各各相恭敬
慙愧得具足　能得无為道　已說戒經竟　一心得布薩
梵網經卷下

BD04223號2　七佛遺教偈　（13–13）

BD04223 號背　白畫人像（擬）

（1–1）

……者已……

二以涅槃即法身德

有万德而菩提是万中

淨餘德故以菩提即涅槃法身明淨菩提即淨餘德

……滿於

第三明果滿故曰滿此与前覆却言也又分為四

第一正明果滿故曰滿從後即究竟法身者果是　第一明之相即意

如前從无異如来果是　第三結果滿故曰滿從後即究竟法身

者果是　第四釋究竟義從究竟者果是　第二明之體三寶又分

為五　第一明常住大悲為歸依之本虛空常住而不大悲菩薩

大悲而不常住並不可依故兼舉常悲以為依本又分為五

第一明常住世尊如来已下是无限齊者不可限擄也後際等住者

一切衆生成仏都盡此為後際也而衆生盡如来常住与後際等則

常住不盡　第二明大悲從如来无限齊已下是　第三勸說大悲從

若復說言已下是　第四勸說常住　第五結成常住大悲可歸依之義從是故

來說果是　第二正出常住歸依者已下是言只是一而有三、

義以自覺覺他名之為仏體天悲法是名為法与性理和即名為僧

第三斲前今昔二依得失之異此有七事又分為二　第一有六事

斲前法僧二寶又分為二　第一有四事明昔撿擿法僧為悲即分

為四　第一雙條昔撿擿法僧從法者說一乘道已下是說一乘即

一乘教也撿擿三寶以經教為法寶學衆為僧寶說一乘教該三

乘教並是法寶學一乘衆學三乘衆並是僧寶一乘教勝三乘教

今舉勝以兼劣也舉手低頭皆學一乘通於凡下故不取為僧學三乘

衆[illegible]

[illegible]

斷前法僧二寶又分為二　第一有四事明昔攝受法僧為悲即分

為四　第一雙牒昔攝受法僧從法者説一乘道已下是顯一乘即

一乘教也攝受三寶以經教為法寶學眾為僧寶説一乘教説三

乘教並是法寶學一乘眾學三乘眾並是僧寶一乘教勝三乘教

今舉勝以兼劣也舉羊位頭皆學一乘通於凡下故不取為僧學三乘

眾習理脩行法事和同故取為僧也　第二明昔日法僧非是究竟

少分已下是　第三釋昔法僧非究竟意先釋法

非究竟從何以故眾是顯一乘道法者説一乘道法能得究竟法身

則一乘非極也於上更無説一乘法事者於法身上更不説乃進趣

則法身是極也究竟既在法身則知昔日以言教為法非是極也後

釋僧非究竟從三乘眾者已下是言三乘之眾既有怖畏歸依於

他故非究竟也　第四結二依非究竟從是故二依已下是

第二有二事明今日一驗法僧為是即分為二　第一一事正明今

日一驗法僧為是從若有眾生已下是歸依法僧者歸依常住

法僧也言此眾生已受調伏得法利益心生信樂故為説極教

法僧也所以此明一體法僧者以上結來攝受已竟故也　第二有

一事明今日歸依勝是二歸依者是今日常住二歸依也非此二歸

依者非此攝受二歸依次也言昔也不如今日勝也是歸依如來

者言今日二歸依即是如來所以勝也又一解是二歸依非昔日二歸依

為非也此二歸依是明今歸依為是也歸依如來者以一體故歸依法

僧即歸依如來也　第二有一事遍明佛寶歸依眾勝從歸依第

一義者已下是無常苦空為苦常樂我理為第一義也　第四結一

體三歸依又分為三　第一正結一體三歸依同是究竟從此二歸依第一

義已下是　第二釋所以同是究竟從何以故已下是無異如來者無別

法僧異於如來無別如來異於法法僧僧如來即是體所以同是究

竟也　第三釋所以無異從何以故已下是説一乘道者明三歸依同

以一乘道為因所以體一也承説師子吼者引佛説為證也　第五遠

結一乘明果既同所以還結一乘章也分又四　第一明昔隨宜説三從如來

[illegible]是　第二會二[illegible]是　第三釋所以[illegible]

BD04224號　勝鬘經疏（擬）　　（14–2）

事也一是　第二釋所以同是寶貴從何以故乙下是无異如來者无別
法僧異於如來无別如來異於法々僧々如來即是體所以同是究竟
竟也　第三釋所以无異從何以故乙下是說一乘道者明三歸依同
以一乘道爲因所以體一也成就師子吼者引仏說爲證也　第五遠
結一乘明果既同所以還結一乘章也分爲又四　第一明昔隨宜說三從如來
隨彼乙下是　第二會二即大從即是乙下是
故也從二乘者乙下是　第三釋所以即大以入大
第四嘆乘是菓從一乘者乙下是十地經云說是一
乘是說第一義諦說三乘是說世諦也
就第六无邊聖諦章大判爲二　第一拆明是令先辨昔非又分爲
五　第一牒二乘所得又分爲四　第一直牒具初觀聖諦者觀有量四、
聖諦也　第二牒具斷以一智以一相住諦知也斷諸住地者斷四或也
第三牒具得斷功德四斷知者因斷知得四住地或斷故因四處之斷
以爲斷知也亦可以四諦下結爲斷知功德住證者證无爲功德也
第四牒具得少分觀亦善知此四法義者四住諦義也　第二奪其上
々之名又分爲四　第一正奪无有上々智從世尊无有乙下是昔謂羅漢
金剛心是學中之極以爲世間之上羅漢果心名爲上々今明二乘未
滿不得稱上智也　第二以智釋无上々四智漸至者智既未滿更應
漸有所至非上々也又釋云更有四諦勝智應漸至也　第三以境釋无
上々及四緣漸至者更有除四諦爲智之緣應漸至也　第四舉仏爲上
々智顯二乘之非上々也從无漸至乙下是言仏智圓極无所更至故言无
漸至也　第三奪具第一義智六句合爲三雙々第一雙々牒是非即
爲章門此中本明非而說者題非也初牒是從世尊金剛喻者乙下
是言如來或盡常住生滅所不能摧可喻金剛也後牒非從世
尊非聲聞乙下是第二雙々釋是非初釋非從世尊以无二乙下是二乘但
有住諦无々住帝智以无而有四諦之智故言无二也斷諸地住者四
住地也　後釋是從世尊如來應等乙下是　第三雙々結是非初結
是世尊若壞一切乙下是　後結非從初聖諦智乙下是　第四奪聖義又
分爲三　第一正奪聖義從世尊聖義者乙下是　第二釋奪以其
成就有量功德所以奪也　第三以少分之聖從成就少分乙下是

BD04224號　勝鬘經疏（擬）　（14–3）

住地也　後釋是從世尊如來應等已下是　第三雙々結是非初結
是世尊若壞一切乃至是　後結非從初聖諦竭乃至是　第四尊聖義又
分為三　第一正尊聖義從世尊聖義者已下是　第二釋尊以其
成就有量功德所以尊也　第三明少分之聖從成就少分乃至是
第五尊具諦以其不能窮諦理故非具諦也又分為二　第一非聖
諦又分為二　第一明苦習非具諦從聖諦者已下是是之非帝者亦明
苦習也　第二明滅道非具諦從亦非已下是功德者即滅道也　第二
明是如來諦又分為三　第一明如來窮知諦理從世尊此諦已下是
第二明為物宣說從然後已下是　第三結諦屬佛從是故已下是
第二正明令是又分為五　第一舉如來藏嘆八帝甚深又分為三　第一正
嘆即為章門又分為三　第一嘆深妙難知從聖帝者說甚深已下
是　第二明非二乘所知唯佛能照從非思量即是二乘是智者即是
如來也　第三明非凡夫所信從一切世間已下是　第二釋嘆又分為三
第一釋嘆深妙難知從何以故已下是此說甚深如來之體藏者於
此八諦如來藏々既甚深八帝亦甚深也无作滅帝即如來藏自餘七
諦非即藏體亦皆言甚深者亦普帝集能隱於藏二道一滅能顯於藏故
皆名甚深也　第二釋非二乘所知唯佛能照從如來藏者已下是
第三以藏照帝釋非凡夫所信如來藏處說聖諦義此句是也言藏
既甚深故凡不能信也　第三結嘆又分為三　第一結深妙難知從如來
藏處甚深已下是　第二結嘆非二乘所知從悲思量已下是　第三結
嘆非凡夫所信從一切世間已下是　第二舉法身勸信八諦又分為二
第一勝信如來藏以勸信法々身々即藏信藏則應信法身也又分
為二　第一勝信從若於无量已下是　第二勸從於出无量乃至是
第二勝信藏信法身及信二智以勸信八帝又分為二　第一勝從於說
如來藏乃至是　第二勸從此則信解已下是　第三明八帝體相凡
有十句分以為六　第一々句標唱有二種聖諦從如是難乃至是
第二一雙句列二聖諦名初句列作諦名從何等為已下是後列
无作帝名從說无作乃至是　第三雙句釋會有量二名一體初句
宣會從說作聖帝義者已下是後句釋所以名有作有量從何以

第二隨信藏信法身及信二竭以勸信八諦又分為二　第一隨從於誠
如來藏已下是　第二勸從此則信解已下是　第三明八諦體相化
之十句分以為六　第一一句揔唱之二種聖諦從如是難已下是
第二一雙句列二聖諦名初句列作諦名從何等為已下是後列
无作諦名從說无作已下是　第三雙句釋會之量二名一雙初句
直會從說作聖諦義者已下是後句釋所以名之作有量從何以
故是二種聖諦和對應之十名三界內諦名五之中一者有作諦二者
之量諦三者之遍諦四者之為諦五者之餘諦三界外諦亦有五
名一者无作諦二者无量諦三者无邊諦四者无為諦五者无餘
餘諦此十種名皆從人而立也二乘七地猶有循習之作故名為作
思量之境故名之量既可思量故名之邊猶之循習之為名之循習
尚自有餘也故名餘也八地以上循習已滿无復循習之作故名作絕
思量之境故名无量既不可量故名无邊无復循習之為故名无為
循習已滿无復之餘故名无餘此於如來不得彌此五无形於下地故
言五无有三界內諦既為二乘七地所照以境從人故道之前五名
亦有此十名今但論其從人得名遍有然八地以上亦照三界內諦二
乘七地亦復仰信三界外諦今遂其義顯以為名也二乘七地所
見分明齊三界故以三界內諦從名為八地以上照三界外諦以
彼深境從之立稱也非因他能知也非
此因他能知一切苦如是无量人也此言一切是少分一切也又釋云因
他是二乘人非此因他之人能知以三界內外一切苦集滅道也既不
不一切皆知則非无作无量之人故所照之諦是之作之量也
第四一雙句以二種生死二種涅槃釋所以有二種聖諦初句
明之二種生死從是故世尊已下是二乘七地名之為人分段生死是
有為人所知故因之為生死八地已上名无為人變易生死是无為
人所知故因无為生死也有為生死即是有量苦習无為生死即
是无量苦習也後句明之二種涅槃從涅槃亦如如已下是有餘、
謂二乘涅槃也无餘謂佛涅槃為之餘人所知所得名之餘涅槃

第四一實知以二釋乃二種二涅槃釋兩以有二種聖對初句
如〻二種生死從是故世尊乃是二乃七地名四為人分段生死是
有為人所知四日四為生死八地是名无為人變易生死是无為
人所知四日无為生死也有為生死即是有量苦習无為生死即
是无量苦習也後句明二種涅槃從涅槃亦知如已下是有餘、
謂二乃涅槃也无餘謂仏涅槃名明餘人所知所得名明餘涅槃
若无餘人所知所得名无餘涅槃有餘涅槃兼有滅量道无餘
涅槃即兼无量滅道也　第五一襄句釋會无作无量二名一
體初句直會從說无作聖諦義也是後句釋所以名无作无
量從何以故是不是以自力知乃八地以上入法流水不復循習念念自知
知也无作人所知名无作諦也　第六一句揔結從如是八已下是如
來說四聖諦者於八諦之中如來者為小乘之人但說有作四聖
諦義也又釋三界內外離有八諦如來通說合為四諦內外雖
殊同是一苦餘三亦然　第四結四无作聖諦唯在於仏又分為
四　第一章明唯仏究竟從如是无作聖已下是　第二一章明
明非二乘究竟從非阿羅漢已下是　第三釋非章二乘究竟
從何以故已下是非下中上法得者下者聲聞中者緣覺上者
如來非三種人皆得究竟涅槃唯上者得可下中不得也
第四釋唯仏究竟從何以故如來已下是何故義同何以故也知一切未
來苦者此苦於仏乃是過去則於二乘故名未來也二乘已知位
諦作諦為過去未知作諦作諦為未來也一切煩惱者明无
地也上煩惱者恒沙上煩惱也所攝受乃謂无漏業為煩惱
所攝受也一切集乃揔收前業煩惱為業集也滅一切意生
身陰乃謂滅諦也一切苦滅作證乃擬道帝也　第五斷前二種滅帝
句餘三諦唯滅乃殊亦同是乃法苦滅是无令滅妙乃兩相、
顯殊故偏復斷簡又分為二　第一昔滅非真從世尊非壞已下是
斷煩惱滅名壞法滅不可以此滅為无作真滅也　第二明今滅是真
從所言苦滅已下是无作趣者此三明是无生金剛心謝種習初無
得言始亦得為万行所作亦得言趣但則得常住无復乃終如言夫
始不復更作故曰无作起者言生以是无滅故言无起也乃盡離乃

隨殊故偏復斷簡又分為二　第一昔滅非真從世尊非壞法已下是
斷煩惱滅名壞法滅不可以此滅為無作真滅也　第二明今滅是真
從所言苦滅已下是無作起者此三明其無生金剛心謝種智初照
得言始亦得為万行所作亦得言起但則得常住無復可終始之夫
始不復更作故曰無作起者言生以其無滅故言無起　也非盡離於
此二可其無滅常住於通非滅生也自性清淨於此可離非壞滅以離於
煩惱亦名為滅也如來藏章法身章更無別文即是前嘆其深
及勸信二段也附明已顯不暇別出也　就第九空義隱覆章
為釋疑故明此義也又分為四　第一明壞之真實又分為三
第一以藏即法身從世尊過於恒沙已下是明此藏為過恒沙煩惱所
纏不離不脫不異於煩惱隱在煩惱之也此藏若成就時即說為
法身也　第二以法身即藏若世尊如是已下是此二文實相可也
第三舉智以可境不以如來藏智是如來空智之此句是也未離煩惱
名如來藏智照此藏名如來藏智法身已離煩惱之為空智照法
身名為空智只照隱時之藏即知顯時為法身更無異體如言如
來藏智是空智也若法身顯時亦智是若曰隱時之藏亦得言空智是
如來藏智以智知之不異故知境是一體也　第二明隱覆從如來
藏亦界是此中但言如來藏亦唯據於境不據於智故知可境隱
覆也本所不見亦正以如來說昔空無常之教隱覆此理故三乘
見不得也　第三可智之境之真實又分為三　第一正明智從世
尊可二種已下是空智爲但言二種如來藏智於義亦足所以復言
空智亦以壞可空亦空智爲名復空故正言空智也　第二出空如來藏
從世尊空如來也界是即法身也空無煩惱包藏衆德謂空如來
藏此舉境以顯智也　第三出不空如來藏從世尊不空界是未離煩
惱故名不空此亦舉境以顯智　第四可隱覆此中據智不據於境以
知智覆也隱也又分為四　第一可令日為說二藏空智二乘駛信從此
二空智界是　第二可昔日所以不得談適以二乘亦四倒之或不得
中常昔日所以為說苦空無常之教也從一切阿羅漢界是不
顛倒境界轉亦續佛地常樂是不顛倒但迴常樂之計在生死中者

藏此舉境以顯智也　第三出不空如來藏從世尊不空已下是亦離煩
惱故名不空此亦舉境以顯智　第四明隱覆此中偽智不能於壞似
知智覆也隱也又分為四　第一明今日為說二藏空智二乘能信從此
二空智已下是　第二明善哉所以不得彼邊以二乘明四倒亦不得
中常苦哉所以為說苦空无常之教也從一切阿羅漢已下是不
顛倒境界轉亦結仏地常樂是不顛倒但迴常樂之計在生死中事
轉也　第三計二乘不見即隱覆故也從是故一切已下是
第四結唯仏獨證從一切苦滅已下是　就第十一諦章又分為
三　第一明一諦體相漸漸異於三諦此中漸漸八諦而但言
四諦者有苦有集有道有滅並各合為一但言三諦无常則不
歸彼除也苦有滅諦亦不破壞々法々之滅々之非无常故不涉言
理亦被除也又釋作四聖諦一句不論但就无作四諦捨三取一有分
為四　第一明捨章門三是无常此句是也无常故應捨也
第二明取章門一是常此句是也常故宜取也　第三釋捨章門有
分為三　第一明三是々累法也　第一明是有為相三諦入有為相此
句是也有為相猶是有也　第二明是无常入有相者是无常此句
是也　第三明是虛妄法此句是也　第二明三非々勝法也　第一明苦諦虛
妄法者非諦此句是也諦者言實非諦則對上是虛妄也
第二明非常對前是无常也　第三明非依對前是々有々為相々
故不可依也　第三結三非第一結非諦從是故苦諦已下是非第
一義諦即結非諦也　第二結非常　第三結非依　第四釋取章
門又分為三　第一明三非々累法也　第一明非有為一苦滅諦離相
有此句是也離有為猶非有為也　第二明无常離有為相是常
此句是也義應言非无常也　第三明非虛妄法此句是也　第二明
三是勝法也　第一是諦非虛妄者是諦此句是也　第二明是常
第三明是依　第三結是諦從是故滅諦已下是應循結三略之也
第二嘆一諦甚深凡有五雙　第一雙正嘆甚深初句明非凡夫所緣
從是滅諦過下是後句明非二乘境界從正非一切已下是　第二雙
作辟初句為凡夫作辟如生盲已下是凡夫无智不見一諦如生盲无眼

BD04224號　勝鬘經疏（擬）　　（14–8）

三是勝彼也　第一是諦非虛妄者是諦此句是也　第二明是常
第三明是依　第三結是諦從是故滅諦已下是應補結三略二也
第二嘆一帝　甚深凡有五雙　第一雙正嘆甚深初句明非凡夫所緣
從是滅諦過下是後句明非二乘境界從此非一切已下是　第二雙
初作辭句為凡夫作辭如生盲已下是凡夫无獨不見一諦如生盲无眼
不見衆色後句為二乘作辭從七日已是二乘獨淺但照所覩也
第三雙合辭初合生盲辭從苦滅帝亦已下是後合嬰兒辭此非二
乘已下是　第四雙斬蔔二乙雖同不見而不見不同初明凡夫愚
惑故不能知從凡夫識者已下是二見者斬常見也顛倒者也後明
二乘獨淺故不能見從一切阿羅漢已下是則清淨者无有二見顛
倒也雖是清淨而不見也　第五重更廣釋前第四雙初釋凡
夫愚惑故不能知又分為二　第一釋二見凡八事前後各為一連中
六合為三雙　第一一事明二見從我見生從過見亦已下是相亦是
計即離之我也即故生斷離故生常　第二雙列二見之名初
列常一見所謂常見此句是也後列斷見即兩字是也　第三一雙生
槃死涅槃相對以明二見初明計生死神明都斷為斷見也從
見諸行无常已下是後明計生死有涅槃是常見涅槃常已下
是　第四一雙就色相對以明二見初明於色計斷從於身諸根分
是初見身懷命終五根不續便謂色法永滅故生斷見也於有相
續不見亦謂來身也後明於心計常從於心相續已下是夫心
識起動支離已謝与境遷移未曾暫息但微若相續謂為一
心而愚亦不達執以為常也　第五一事明二見失於中道從
此是相是於彼義者謂中道義也計常則太過計斷則不及
亦可計斷為太過計常為不及俱失中道也　第二釋顛倒即迴
四倒也從顛倒衆生於是後釋二乘獨淺故不見從一切阿難至是
第三勸信一諦又分為三　第一正勸信從或有衆生已下是四若
信仏語則是正見也　第二釋何以故勸意何以故已下是以仏是常
槃我淨共相待實即是正見可以勸也是常波羅蜜者有因有
果无相彼岸是因波羅蜜常槃我淨是因果彼岸究竟也

四依也從真依究竟真是依釋二弟知法為不見從一切何觀見是
第三勸信一諦又分為三　第一正勸信德或有眾生乙下是四若
信佛語則是正見也　第二釋何以故勸意何以故乙下是以佛是常
樂我淨共相符實即是正見所以勸也是常波羅蜜者有因有
果无相彼埒是回波羅蜜常樂我淨是因果彼岸究竟也
第三結勸從於佛法身乙下是是佛真子者信常正見能紹佛種也
從佛口生者教生而也從正法生者藉理而生也從法化生者藉教會理
化乃為聖也得法餘財佛佛七財乙先得今隨佛後得佛之財餘財七法
就第十一依章又分為二　第一明首依為非又分為三　第一明依首依之
人又分為三　第一正出依首之人從世尊淨𣧑者乙下是除三界頭名為
淨𣧑无三界相稱𣧑波羅蜜也　第二釋上說下不𣧑滅諦從此淨
𣧑者乙下是說四依𣧑二依乘〻淨〻𣧑尚非境界說五方便中依四住
諦生𣧑而能得知耶又釋佛為五方便人說依法不依人等四依也
第三釋所以與前一乘章相違意從何以故乙下是前云不畏於法
今云尚非境界二言相承須釋也前云不畏於法乃是當覺當
得不言乙覺乙得但仰信而乙今言非其境界見也於取
義者滅諦義也　第二正明首為二乘故說四依從為彼故乙下是四
依即是四諦為𣧑之所依也　第三正非首依從世尊此四依者乙下是
第二明今依為是又分為三　第一以住无作於有作諦故名為上一依
者一依上此句是也　第二以一滅諦作无作三諦為出世間上〻
第三正出一依之體〻即滅諦勝出故三〻第一也　就第十二顛倒真實
章又分為六　第一明生死依如來藏本際深故不可知又分為二
第一正明生死依如來藏始終不知從世尊生死者乙下是生死則是顛
倒如來藏即是真實夫一切眾生皆有真之性若无此性則一化便
盡与草木不殊緣有此性必得大明自未得中間終〻不〻斷〻絕由
此真實故言生死依如來藏前一依章明出於万或堪為物依今明非唯出
或之後〻堪為物依未來出或時乙為生死所依也本際不可知者夫
生死非无始終但始終難測故言不可知本際即眾生之原也
第二明如理而誤名為善說從世尊有如來藏乙下是　第二釋生死
義又分為二　第一釋生死相從世尊生〻死〻者乙下是所以…

此真實故言生死依如来藏前一依章明出於万惑堪為物依今明非唯出
惑之後々堪為物依未来未出惑時已為生死所依也本際不可知者長
生死非无始終但始終難測故言不可知本際即衆生之原也
第二明如理而説名為善説從世尊有如来藏已下是　第二釋生死
義又分為二　第一釋生死相從世尊生々死生々者已下是所以重言生
死者上生死隊承前語後生死名向下釋也諸受根沒名之諸根皆名
通識隨緣義故名受根生名死時諸根不能通識謂為沒也不受起
名之通識隨緣之根次善起也　第二明生死二法能藏如来從
世尊死生者已下是前言生死各言一邊也俗言皆應名二死生々名生
也　第三斷前生死与藏異又分為二　第一正明生死從世尊世間
言説已下是謂以言説世間法名生名死也死者根識壞不為解
生死義舉此顯如来藏无生死也　第二明如来藏无生死又分
為二　第一正明藏无生死從如来藏已下是　第二結從是故
如来已下是以如来藏常住不変故能為生死住依持建立也
第四正明生死依如来藏如来藏能為依持建立也又分為二
第一出所依之法從世尊不離已下是不離者言如来藏不離煩
惱也不斷者未斷煩惱也不脫者未脫煩惱也不異者与煩惱
俱未得相異也不思議佛法者明如来藏雖在煩惱之中而具理
深妙非下地所測故謂為不思議佛法也又一釋云藏体真實堅固
因之可離不可斷不可脫勝与理不異　第二明生死依之法從世
尊斷脫已下是生死之法衆可斷可脫可異可外也已可言理異
名理外通結皆是有為法也言能為此有為法住依持建立者是
如来藏也　第五明衆生必有藏理不得无也又分為二　第一明假設无
藏則為失又分為二　第一明若无藏則一念便斷果不動種皆獻苦而
樂求涅槃從世尊若无已下是　第二釋從何以故已下是沒心諸識
者意根能傳解与識故稱為獨也刹那不住者若无當果一化便、
盡安得種苦而求涅槃也　第二明如名為得從世尊如来藏者无前
已下是无前際名謂未来也不起者謂現在也不滅者謂過去也又言

……也又分為二　第二明假說无
藏則為失又分為二　第一明若无藏則一念便斷不動種皆散苦而
槃求涅槃從世尊若无已下是　第二釋從何以故已下是及心法智
者意根能傳解與識故稱為智也剎那不住者若无當果一化便、
盡安得種苦而求涅槃也　第二明以四為得從世尊如來藏者无剎
已下是无剎除亦謂未來也不起者謂現在也以不滅者謂過去也又云
應有无後際經文少也不起則无前不滅即无後也由此當果之理故生死
依之而不斷未減仍中間或種衆苦或求涅槃　第六明藏體異於橫計
又分為二　第一正明不同橫計從世尊如來藏非我已下是　第二明、
非為意境界從如來藏者隨身已下是　第十三自性清淨心隱覆等
又分為二　第一勝鬘自說又分為四　第一將欲明藏深不隱義先立稱
藏无分別體一者如來藏隱在煩惱之內故名為藏以可包含當來萬德
謂之藏為二者法界藏謂常住法性也三者法身藏四者出世間上上
藏五者自性清淨藏前一後一是隱時中三是顯時隱顯雖殊而體一
第二明自性清淨心而為煩惱隱覆從此自性清淨已下是客塵煩惱
亦四住地或也上煩惱亦恒沙或也言為此或所染者是也不思議如來境
界可可非餘人所知也此意以不染而染也佛性與法身一體其性真
實故言不染而為煩惱所覆故言而染也　第三舉世間近事以況
遠理以為釋也言生死中心染與不染常難了知況佛性染與
與不染而易可知耶正應仰信而已寧可生疑又分為二
第一正明近事又分為二　第一正明實法无染從何以故已下是剎那善心非
煩惱染亦、實法道中善心滅後煩惱後生既不相及安得有染剎
那不善心亦非煩惱所染者不善心起即是煩惱有何煩惱更
來相染也煩惱不觸心亦觸猶及也由煩惱自滅不後心既不及來
以何染　第二明相續以染從世尊然以有下是煩惱染心亦相
續道中假名以染以前善不滅轉為後惡有染前之義也
第三明遠理難知從自性清淨心已下是難可了知者向明善不
善心染與不染尚難了知況佛性染理故宜難可了知也
第四推義與佛以唯佛證知從唯世尊已下是　第五如來述成
勝鬘說上四段之意即分為四　第一述其會五種藏義從勝

心何染　第二明相續心染從世尊並心界是煩惱染心亦相
續道中假名心染以前善不派轉為淺惡有淡前之義也
第三明遠理難知從自性清淨心界是難可了知者四明善不
善心染亦不染尚難可知況仏性深理故至難可了知也
第四推業与仏心唯仏證知從唯世尊已下是　第五如來述成
勝鬘說上四段之意即分為四　第一述其會五種藏義從勝
鬘夫人已下是　第二述其明自性清淨心而為煩惱隱覆從自
性清淨心已下是　第三述具舉世間近事況遠理從心二法難
可了知已下是二法者即述上近遠兩理也　第四述具推崇
与仏從如此二法界是二法者仏性之理及善惡之心也具向明唯仏
證知仏令推解在已師及弟子互相讚成也　說第當真子章文
分為二　第一仏略明說真子但明信順二忍也又分為三　第一章
門又分為二　第一明信忍章門從若我弟子已下是信增上者
謂發信之信之中是上也　又云此信信仏性增上之法也　第二明順
忍章門從依明信已已下是　第三出忍勝以釋上章門
明順忍兼明信忍若五種觀成則是順忍觀若不成則
分別明信忍也五種巧便者第一觀十八界觀察施設
根假施設也意者謂意根也六識也境界者謂六塵也
第二觀因果觀察業報此句是也　第三觀阿羅漢眼阿羅漢禮
无明地故也　第四觀智禪觀察心自在樂者謂智慧照境任放
為樂也禪樂者即釋禪定樂也　第五觀三乘神通從觀察阿
羅漢辟支仏已下是　第三結從於我滅後已下是言此人於仏滅
後能衆行大乘也亦得究竟者美其解不際亦際業也大乘道
因者言大乘道因為仏作因也又云八地是大乘道信順二忍是大乘
道之因　第二勝鬘廣說子真備有三忍也又分為二　第一勝鬘
八真子又分為五　第一摠唱三種善人從尒時勝鬘已下是住
自然像者能不能諸也　第二列先善從
第三列頃界成就随順法智此句是也　第三
法已下是　第五明調伏惡人從除此諸

所又分為二　第一以信忍章所得者果第之也　下是信增上者
謂發信之信之中之上也　又云此信信佛性增上之法也　第二明順
忍章門從依以信已下是　第二正出忍體以釋上章門
明順忍稟以信忍若五種觀成則是順忍觀若不成則□
分別以信忍也五種巧便者第一觀十八界觀察施設□
根假施設也意者謂意根也六識也境界者謂六塵也
第二觀因果觀察業報此句是也　第三觀阿羅漢眼阿羅漢得
无四地故也　第四觀智禪觀察心自在樂者謂智慧照境任放
為樂也禪樂者即禪禪定樂也　第五觀三乘神通從觀察阿
羅漢辟支佛已下是　第三結從於我滅後已下是言此人於佛滅
後能業行大乘也而得究竟者美具解果際而染業也大乘道
因者言大乘道因為佛作因也又云八地是大乘道信情二忍是大乘
道之因　第二勝鬘廣說子真備有三忍也又分為二　第一勝鬘
真子又分為五　第一總唱三種善人從尔時勝鬘已下是
白戲像者能不□諦也　第二列无畏□從
第三列順忍成就隨順法智此句是也　第
法已下是　第五以調伏惡人從除此諸
第二如來述成勝鬘所說真子從佛言
于偏□其第五段調伏惡人
就第三流通說又分為三　第
分為三　第一明佛說言竟已
□

無量那庾多佛亦聞其聲謂其世界有其如來
應正等覺若千百千聲聞菩薩恭敬圍繞
說如是法或於夢中見十方界各有無量百
庾多佛入般涅槃彼一一佛般涅槃後各有
施主為供養佛設利羅故以妙七寶各起無
量大窣堵波復於一一窣堵波所各持無量
上妙花鬘乃至燈明經無量劫供養恭敬尊
重讚歎憍尸迦是善男子善女人等見如是類
讚善夢相若睡若覺身心安樂諸天神等益
其精氣令彼自覺身體輕便由此因緣不多
貪著飲食醫藥衣服臥具於四供養其心輕
微如瑜伽師入勝妙定由彼定力滋潤身心從
定出已雖遇美膳而心輕微此亦如是何以
故憍尸迦是善男子善女人等由此三千大
千國土及餘十方無邊世界諸佛菩薩獨
覺聲聞天龍藥叉阿素洛等慈悲護念以妙
精氣冥注身心令其志勇體充盛故憍尸迦
若善男子善女人等欲得如是現法勝利於
深般若波羅蜜多應常聽聞受持讀誦精勤
脩學如理惟廣為有情宣說開示憍尸迦
若善男子善女人等雖於般若波羅蜜多不

BD04225號　大般若波羅蜜多經卷五五七　（2–1）

量大窣堵波復於一一窣堵波所各持無量
上妙花鬘乃至燈明經無量劫供養恭敬尊
重讚歎憍尸迦是善男子善女人等見如是類
讚善夢相若睡若覺身心安樂諸天神等益
其精氣令彼自覺身體輕便由此因緣不多
貪著飲食醫藥衣服臥具於四供養其心輕
微如瑜伽師入勝妙定由彼定力滋潤身心從
定出已雖遇美膳而心輕微此亦如是何以
故憍尸迦是善男子善女人等由此三千大
千國土及餘十方無邊世界諸佛菩薩獨
覺聲聞天龍藥叉阿素洛等慈悲護念以妙
精氣冥注身心令其志勇體充盛故憍尸迦
若善男子善女人等欲得如是現法勝利於
深般若波羅蜜多應常聽聞受持讀誦精勤
脩學如理惟廣為有情宣說開示憍尸迦
若善男子善女人等雖於般若波羅蜜多不
能聽聞受持讀誦精勤脩學如理思惟廣為
有情宣說開示而為正法久住世間利樂有
情不滅沒故書寫如是甚深般若波羅蜜
多衆寶嚴飾復持無量上妙花鬘乃至燈明
供養恭敬尊重讚歎亦得如前所說勝利

大般若波羅蜜多經卷第五百五十七

BD04225號　大般若波羅蜜多經卷五五七　（2–2）

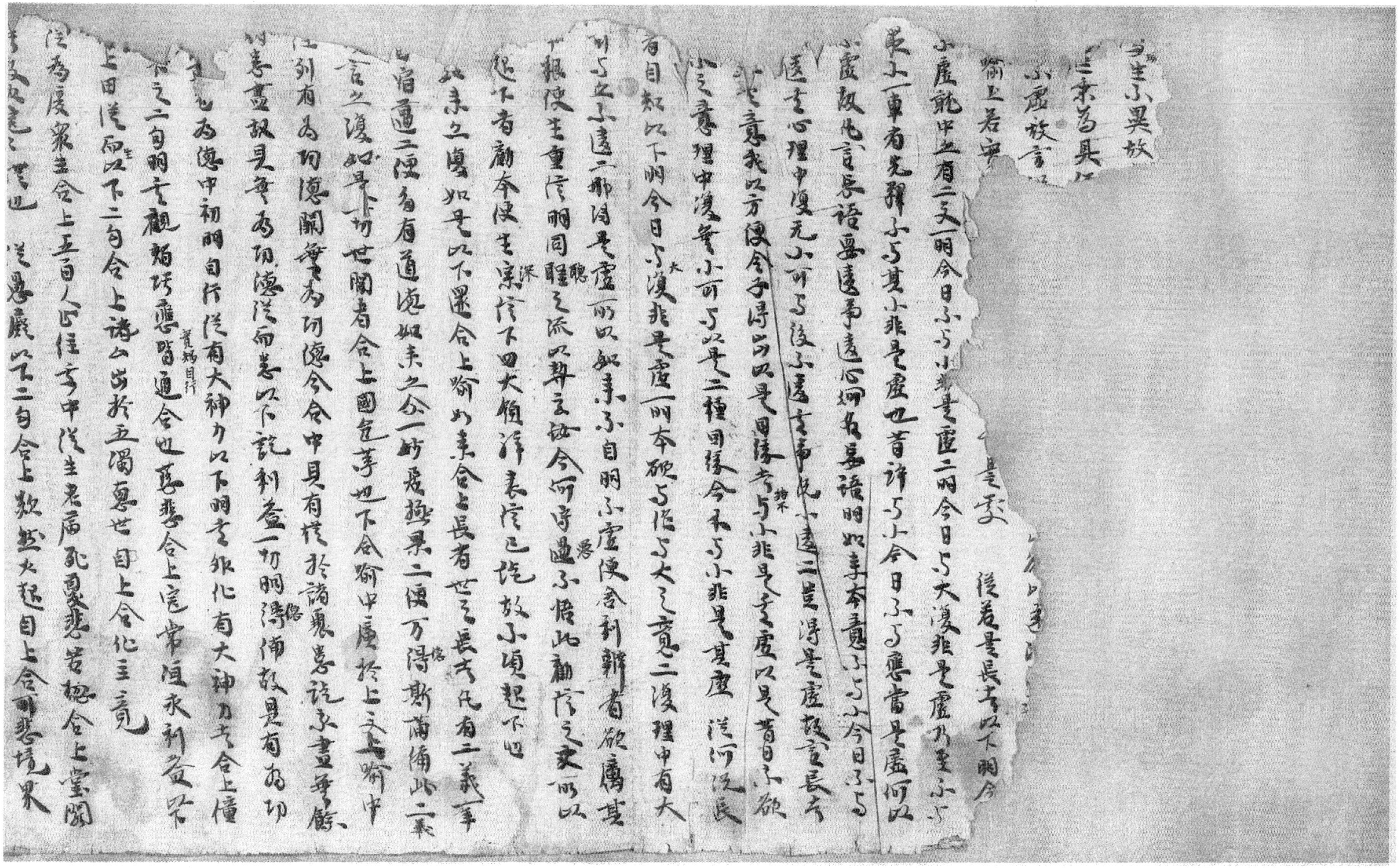

BD04226號　法華經疏（擬）　　（15–1）

說三□如……
□列有爲功德關爭爲功德合中具有從於諸衆生說衣盡爭餘
明壽盡故是爭爲功德從而善以下說利益一切明得備故是有爲功
德也爲德中初明自行從有大神力以下明其化他有大神力者合上僮
下之二句明其觀智巧應皆通合也慈悲合上宅常恆求利益衆
上田從而生以下二句合上諸子出於五濁惡世自上合化主竟
從爲度衆生合上五百人正住其中從生老病死憂悲苦惱合上堂閣
朽故火宅之體也 從悉覆以下二句合上數然火起自上合所悲境界
竟此中略不合上道狹也 從教化以下合上能非之心教化令得菩提
此道以心恆願使人同己所證但衆生不受此中但合我雖能於此安
得出不合見喜此正合上第一思惟從見諸衆生以下合上第三思惟
此中所以自第二合第三者欲取後合第二時舉實惠理深不得爲
說正說於方便起抱三是便故自之也上第三中稀……
前八苦二明三大所識僧初捨後捨自此二……
第二但明八苦勸令厭背仰求出果此出……
從舍利弗如見此已以下說合其施戲合……
法被燒都生令出生死故言……
從舍利弗如來復作是念以下說爲求……
三之合還一一合之從初說何由能解出之
念說出爲所燒者我但以神力者但說……
又其增誘脫沉苦海故言不能以是得度下釋
何下言衆苦生老即是病緣上如來故見力无……
得隨宜說三從舍利弗如彼長者以下說要隱快……
我今當復方便說皆當與之將欲合正說還舉上第二寸莫得樂……
者以下勸循厭亂如來以是方便誘進衆生者此道如來意出語
後從由有智性以下說爲求牛車合上第三說子循行從如彼長者
以下說到天長處舉長者歡喜喻從自惟財富无量舉上寸賜喻
明以重舉二喻者其喻遠故是以重舉來也 從如來亦復以下明
之合也從爲一切衆生之父說得涅槃樂合上歡喜喻此中略不合等車所

言以下勸脩麁亂如來以是方便誘進衆生言此道如來意也語
從由有智性以下說為求牛車合上第三說子脩行從如彼長者
以下說到天衆處舉長者歡喜喻從日惟財富无量舉上付賜喻
明以重舉二喻言在喻通故是以重舉來也　從如來亦復以下雖
是合也從為一切衆生之父說得湼槃樂合上歡喜喻此中略不合索車所
以然者明此二事亦是一時故不別合之可義有通合文復一譯從如來以下
說衆生之父合歡喜從以此教門以下索車喻從如來便作是念以下說而滅
度之合上付賜喻是諸衆生皆是我子者明人一從是諸衆生脫三界以下說
第一之樂合上得車歡喜　從以三車誘引以下說而度脫之合上勸信不虛
從何以故以下釋諸一品之意先釋後答舍利上請言若五濁受齊
如來所以說三若濁者說三明知有言實三若有實三故知如來自住之
太限小乘我推過乃如來上廣釋所以者何以諸知禁无有堪大之器故欲
明大乘妙理如來久證恒欲化物同己所得但衆生起惑失解情競轉家
擬道乃大而不能受故言能乃衆生大乘之法但不盡於受既不受大道
不化但顯慈愛已即設於指指大作小方便蜜論今寶以幾難方得
稍顯今為過在衆生豈復是也　從以是因緣以下結其前答伊上請
言若理无三而說三者說果首有其因緣何者是因何者是緣上已釋
竟今還結上以是衆生失解起惑變成小根以三毀根為因五濁為緣
故為施三此即是施三因緣也故言以方便力以於一乘分別說三
下偈中頌上文初一句頌上能悲之人長者大富此中闕不頌父富義　從有
一大宅以下有卅二行三句頌上大宅喪熾可非境界初有三偈一句頌上
宅裡其宅朽故者歎明陰身之中道根精貴必可須敗為朽故亦可
遠離生死來久陰刑有待必有敗壞為頹弊衆生果報為堂閣是起為
无常遷變動福高危无明為根業為梁棟　從有五百人以下半偈頌
上一百二百乃至五百人止住其中　從鵄梟以下頌上火裡初半偈明其
獨便鵄鵃以下一偈半明其蟲便屎尿一偈是无明使狐狼以下一偈半明
貪使飢羸半偈明瞋使鬪諍以下半偈是五鈍家口業其含以下半
偈據諸五鈍使過　從處處以下三偈明耶見貪人實者誘无三實四諍
蠱毒以下誘无小善因果次有半偈明耶見家口業鳩槃以下一偈半明

BD04226 號　法華經疏（擬）

（15–3）

遮辭主了[illegible]
无常遷變動搖高危无明柱根業為梁棟從有五百人以下半偈頌
上一百二百乃至五百人正住其中從鵄梟以下頌上火從初半偈明其
傍使疑兆以下一偈半明其瞋使床床一偈是无明使狐狼以下一偈半明
貪使飢羸半偈明疑使鬪諍以下半偈是五鈍家口業其舍以下半
偈總結五鈍使過　從處處以下三偈明邪見貪人空處謗无三寶四諦
毒虫以下謗无小善因果次有半偈明邪見家口業鳩槃以下一偈半明
其見道外道要塞執非想為涅槃髑髏注望其由大壞伏結上生二界
為一尺二尺上生為佳退下為惡不會理已為游行背於醒化自師
已見言從逸以飛見適意為嬉戲捉著齒是以下一偈明戒禁取有諸鬼一偈明
身見炎大惡聲半偈是身見家口業復有諸鬼其咽以下一偈半明邊見
戒貪人見謗无三寶戒復聚為謗无不善因果從頭髮以下兩偈半總結
諸見皆是理外妄心遠於正趣　從是朽故宅以下此是新大王子去後失譯起
戒此能彰主大譯亦名失解五濁前者是其舊大是王子前也此不能彰
至子遍行之名生譯五濁　前段頌上堂閣高危宅從舍有五濁新大
頌上大體亦通乃五濁屬一人者王子釋迦始從相續是一化主言一人此道
生譯時節從其人近出以下明失解王子還化河介之間稱未久也安
[illegible]指二十下信譯中
道子捨父皆是失譯之義等此新大時叙明此來見惡故所以起悲後則
施三方便從又時一種分受新舊二大前段頌上五濁可悲境界後段頌
上第一畀唯中言見是大火從四面起此明見悲故所以興悲救苦此也
為異　從是時宅主以下十五偈半頌上第三段起其悲心初有二偈
頌上第一畀唯是時宅主者三界衆生始從皆為如來領化稱為宅主夫
亦言教為法身如來出於名相言門外將補於大道即時未入名主小亦
道根微感如來為醒覺知為名小乘根名人幾感理筆曰言如者道根是
注之是佛跡之如弟子也故言汝也故子者此之小根由王子化有稱子之可感
感遂名聞先回者王子之時生大乘解為先回王子去後覺解起感名由戲
退在生死為來入此宅也本大解微劣為淮小此釋失解之由情貪五欲
為歡娛樂著也便先回以下道其失解回先以明其有感

BD04226號　法華經疏（擬）　　（15–4）

乘言教爲法身如來出於名相言門外將補於六道即時來入名立小乘
道根衛藏如來爲瑕隨如爲名小乘根名人幾威理華曰言如者道根是
法二是仙師之法弟子也故言法也故子者此之小根由王子化有攝子之可小藏
數道名開光回者王子之時生大乘解爲光回王子去後亂解起惑名由數
退在生死爲來入此宅也本大解微劣爲惟小此釋失解之由情貧五欲
爲欲娛樂著也使光回以下道其失解回光以明其有惑
從長者聞以一偈頌上第二思惟寬大起小非唯心所安稱鶩慈應六道名
入　從告喻諸子以下五偈頌上第三合法中略不頌唯有一門但頌我當爲說
怖畏之事此苦難處下此燒陰身之苦由尚難處況燒道根之苦此中
略不頌道根　從是時長者以下凡有七偈半頌上第四思惟就中有三文
今還一一頌之初有二偈半頌上施三中第一文我及諸子誘亦爲所焚將
爲大園者故是上亦爲所焚　從即便以下三偈半頌上第三
諸方便者三乘理教情有理无爲如來權智施宜言設得
衆劉心爲來劉衆生爲出離慎初宜巧便施爲言造諸
車頌上諸子惘　從長者見子以下凡有七十偈頌上本
等賜大車就中凡有四文一明長者歡喜二明諸子索車三明等賜車四明
車歡喜初有五偈頌上長者歡喜欲明如來在處出生上見三乘諸人
教悕理出於三界大乘幾動堪受大化衆生得伏起本行如來得成
本化稱可聖心故言我今快樂亦可通前法身中見起小根以知實起世
此諸子等者是通勝時道根子也生育難者方便長養至其王子方成
之惠之不固悟在生死故言而火焚宅也　從尔時諸子以下三偈頌上諸
車　從長者大富以下七偈半頌上第三等賜大車就中有三文初五偈半頌
上車體圓滿有大白牛一偈頌上无相爽行能道方行多諸儐從半偈頌
上有中諸善莊嚴校若從如是妙車半偈明莫人一從諸子以下一偈半頌
上得車歡喜　此中略不頌上勸信不虛所以不頌者行有二種一明上釋
不虛時如來對舍利弗便釋不虛非是如來釋今如來說偈故不頌也
下頌合中還頌所以而然上合齊是如來故今如來頌中還自頌之第
二行意文略故无　從告舍利弗以下頌上合喻初有十一偈頌上合施
三所以初有一偈頌上合能非之人言如來亦復如是則爲一切世間之

BD04226 號　法華經疏（擬）

（15–5）

上車體〻圓滿有大白牛一偈頌上无[illegible]
上有中諸善法道成皆從如是妙車半偈明其人一從諸子以下一偈半頌
上得車歡喜　此中略不頌上勸信不虛所以不頌者有二種一明上釋
不虛時如來對舍利弗便釋不虛非是如來釋今如來說偈故不頌也
下頌合中還頌所以而然上合斷是如來故今如來頌中還自頌之第
二釋意文略故无　從告舍利弗以下頌上合譬初有十一偈頌上合施
三所以初有一偈頌上合諸非之人言如來亦復如是則為一切世間之父
詑恒夫善事利益一切　從一切眾生以下一偈半頌上第二合可悲境界一切眾生
一句是眾生圍皆是吾子一句頌上道根翻中小不泥弟超取道根可染着世
樂半偈頌上合宅體言生老病死憂悲苦惱三安半偈頌上合火體言愚癡
闇弊三毒之火　從眾苦充滿以下有八偈半頌第三合其悲心初一偈半頌第一念
言教化令得三菩提上但道化主不言患此中道見患故是上喻中言而諸子等不
覺不知如來以離一偈第二念言仏見是以便作是念我為眾生之父拔令具遊
蘇從今此三界以下二偈頌第三念言見諸眾生為生老病死所燒以為患從難復數語
以下四偈頌上第四念令施三方便初一偈頌合施三中初文言如來復作是念若我但以
神力說何由能得仏之智慧從是以方便一偈半頌合正說言如來亦復如是雖有力无
所畏而不用之但以智慧方便於三界火宅拔濟眾生說　安隱快樂從是諸子以下
一偈半頌合諸子脩行此中略不頌合長者歡喜從汝舍利弗以下凡有七偈上第二合等
賜大車初有四偈頌合等賜言如來亦時便作是念我有无量无邊智慧力无所畏諸仏法藏
度之初之明其行一法有三偈明其人一從无量億千一偈欲道諸子猶此大乘法故所以歡喜
從如是乘以下二偈頌上合得車歡喜言是眾生脫三界者說能生淨妙第一之樂從以是因緣
以下有四偈合勸信言如來亦復如是无有虛妄初說三乘引導眾生然後但以大乘而度
脫之以是因緣者以是上來以大種法從汝不受因緣我以方便指一為三雖說大乘以理窮言
更无別三故言十方諦求更无餘乘道者諦審求之一外无別三明知理異教成法是一從告舍利
弗一偈結父子是一明法不異汝等一偈舉其昔教我雖一偈半舉今教來勸從若有菩薩
以下不復須上教明四大聲聞蒙上喻說以成菩薩自下說品教識凡物之方廣上示方便品中
四偈初有兩偈廣上第一偈從若人以下凡有九偈廣上第二偈明還執神不堪受大上言如
是等眾生終不求仏道故不求大乘得為說三乘自下為說四諦初有兩偈明苦諦從
若有眾以下兩偈明集諦若滅貪欲一偈明滅諦為滅諦故以下半偈明道諦自下釋其教非

BD04226號　法華經疏（擬）　（15–6）

無天別三故言十方諦求無天餘乘也者謂塞中之一外無第三所知理果得成法身一行菩舍利
弗一偈結父子是一所法不異汝等一偈舉其昔教我雖一偈半舉今教來勸從若有菩薩
以下不復頌上破明四大聲聞蒙上喻說以成菩薩自下說品教識凡物之方廣上方便品中
四偈初有兩偈廣上第一偈從若人以下凡有九偈廣上第二偈明濁亂神不堪受大上言如
是等眾生終不求仏道故不失大乘得為說三乘自下為說四諦初有兩偈明苦諦從
若有眾以下兩偈明集諦若滅貪欲一偈明滅諦為滅諦故以下半偈明道諦自下釋其教非
是究竟仏說是人以下章昔是權從我為法王以下有十偈半釋明不信之人失舉信者刑出
不信安隱眾生故現於世者如來出世以相根授法根以說三乘蘭說大名安隱眾生也大乘
之理之相楷定其猶如印如來恒欲以此大法被蓋天下失信之人聞之則謗是故要須
稱機應教故言為欲利益世間故說若義有損心而莫說故言勿妄宣傳若聞領
受成不退者成經理勝下出乘勝相鈍淺識聞不生信聞而信者要是久行故言已曾
見過去仏舍利之根從理生信中下情鈍但從如來言下生信於理莫窺故言非已
竊大此之一偈歎猶成上九偈失信之人不應為說歡勸令擇善而從之從又舍利弗
以下卅六偈半廣上第三偈性種之心先成菩提名世仏種若謗此經及流通者皆得重
罪品末有十九偈廣上第四偈

信解品

從此以下大段第四中根之人領
如來化導之方此之信解從而興良由上事前品舍利自列已先疑悔為於中
下乘疑悔希仰請如來推過与仏如來攬請以法喻二門廣釋示受在於眾
生非我在悟四大聲聞於中已悟自此以下領解過非如來者存於己故此品與上根
類越從理生解以惠為名下人情鈍渇尋言取解故言信解若可以信為解就此
品中大判凡有二文第一從初訖示求因得法說領解歡喜第二從喻初訖長行
喻說領解歡喜從白仏以下訖示生一念好樂之心訖法說門中復有三文第一
從初訖瞻仰尊顏直列歡喜第二從白仏以下訖示盡一念好樂之心釋成其喜
第三從我等今於仏前以下訖示求自得結成喜喜身子根利過非疑悔似若
在未今稱其心故生歡喜四大聲聞注先疑滯執貨不求今不求而得故生歡
喜倍增身子故言聞所未聞歡喜踴躍訖之釋中凡有四句明昔有不喜
之事何以憂惱今日除之故生歡喜雖有多要唯二是二者何一所執定心
二所備心三空初句居僧之首而教是宗匠理眾僧与物為軌示須異造第二
年並朽邁者歡年耆西乃形勞心惫故觀心三空息諸勞慮空理義無故不
求大下之二句成上二句第三句自謂以得涅槃成上居僧之首無體教難遂哉

BD04226號　法華經疏（擬）

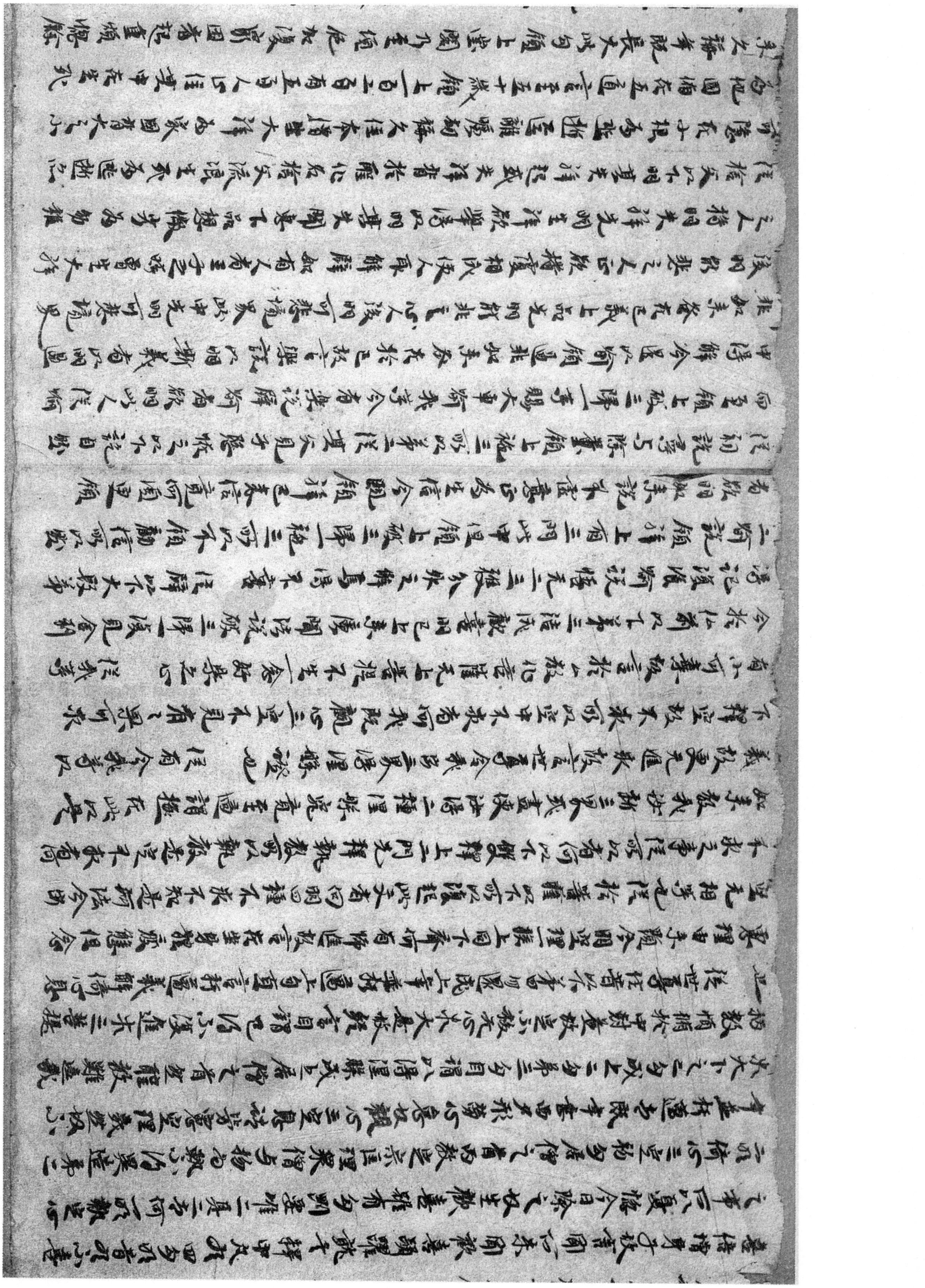

（15–8）

之人捋明失祥光明生祥欲擧得以明其失聞惠下品想微劣為勿損
從捨文以下明其失祥起惑失祥背於雁化名捨父流浪生死為逃逝忽
可隱在小根為逃逝遠離懷劫稱久住本消逃大祥為家國背大之小
為他國備在五道言至五十歲領上一百二百有五百人已住其中在生死
未久稱年既長大此句領上坐関乃至頓厄加復窮困昔起重煩惱餘
增於前謂之為加无明德法財為窮惠命不續言此一句領上周遍得時
笑悲大起此之一段起下之知衆生深心所行通達无㝵從馳騁四方以下
欲明五濁中起其三根策情日馳騁榜為騁失祥在於四生稱為四方
的人天有相諸善求生死樂報以化重稱以求衣食善巨頭積言漸之心不
耕理名遊行之可起其小者在於理外名遊行非本心所其為遍善有寘
資稱回大乘之理名本國此喻上長者諸子若十二十在此宅中起下文於諸法
究盡明了第一段可悲竟　從書父先來求子不得以下訖此子聚多第二明能悲之人
笑未求子不得者如來從王子以來備歷五道覓言道根而不能得故言子不得
夫中止一應者一句如今始得中止一城者上從法身處來應為文六下謂衆生
稱中安化丈六日止丈六能防非遏難為城表无二言一丈六應身為家万善斷
陥為財大富衆德稱陥理難窮勉為无量表理之文為倉庫理過言外名
互溢之可狀是鋕色為倉庫三藏文陥互溢神通化涉若僕僮菩薩
助化備臣佐巧鋕久別名理民三乘通學之善言牛羊无數化備被群生为
出功來歸已為入一善弥增為息利化及二乘稱通他國死生菩薩棄承仏
化非一故言无甚衆友喻者因色受落入大長者訖及諸僮僕起下如來是
說法之主　從時貧窮子以下第三明言悲領上三念擬宜及以施三方便失祥
起或更生五道為遊諸聚落國色等世生死之中生於微善之有實漸漸偶隆
化為到入所止之城雖心慕悕恒欲接抹為無念子來曹向人說者未導伊甚轉
珠人世心懷悔恨者懷已往化小還稱量倣起小言者析者欲如來万德徧而更
无增進言是析出所一應將攘得理望言為互溢三根諸人未能發生大解不得能
尊仏位言无子息雖若遷影未代无由通法之人大法隆没为載失此喻上第一
恩惟見是大火從四面起　從復作是念以下第二念彼若有大㦲如得度之大數
大乘之法不付委付囑雁出世之心故言坦然快樂无復憂慮也此第二念領上衣祴

无增進言无抒六可一應將癡濟理望言為益滋三根諸人未能發生大解不得終
尊仏位言无子息雖着遲影未代无有通法之人大法隧没為截失此喻上第一
恩惟見是大火從四面起　從復作是念八下第二念救若有大義如濟療之大教
大乘之法有所委付暢雖出世之心故言坦然快樂无復憂慮也此第二念領上衣祴
机案也　從介時窮子傭債八下第三念明此衆生循於相善內人天樂報稱
傭債以着代微名展轉相善漸積實有資感隣近雖化言到父舍大根感仏名當
門小感不正為門側即未受化言住持更不久為立感遣處微為遠見生身如來
處座无畏之地為踞師子牀大乘平暢如發机為雖緣起如承足淨行之極
為婆羅門莫勝功德如刹利萬善斯脩為居士此之衆德皆成如來為恭敬圍遶
天礼真理能去我深為白拂攪此万行以為法身言侍立左右四知眷陰盡斷生
為寶帳慈悲下接名華幡无作之我如香水七淨功德為散衆名華大別功德為羅列
寶物大乘之善餘過小乘稱持尊大乘之理為小心所懼言恐怖悔八小根擬其大教
日悔來至此五小乘數感非是公白言竊此我是王界亦三等同亦大乘妙理非是小志所行得
果之處小亦言教如賁里任性備小一形剝果言衣食易得若久以小根疑於大理致雖殘欽令
我強處故言我迫逼強救作之背之小稱須十情為疾走而去上來此欽上惟有一門而復侯小
從時置長者八下以大擬小正領上如所思惟具喜諸子便識者切本曾生大解之人
亡可識切小根實有發大心大歡喜者如來五切此之小感後允方大解亦之理
委之天人稱仏本心故大歡喜故言今有所付從五子八來安覓大感為常思
念若有小根生方小解後起言大名有由來有小感不得生大解言无見之我中廷
小非復本心稱急善實資言自來万行滿足日年析欲令大法久流不墜於此言貪惜
始是大精進也教望其理為傍人之所大教望於小數言傍人大乘言教被物无
貯日急雖心慕懸欲使為小從大為退令使伏其本化稱持還大教被物理无
容豫稱處之注大乘之理非小情所安為驚疑以大被為惶怖懷小解為稱
怨不受理言單名大喚以柔感大為不相犯既不感大何為以大被我小根故言
何為見捉大教非是覓雖之棒為執之衍急雖意懸之欲抑使令受伏其
本化為強牽將還即无大衆感於大教為无罪小根為大教所厭言自執為
害小幾為定死得夫交壞為皇見增退悲諦言悶絕正在小根為辭地而大

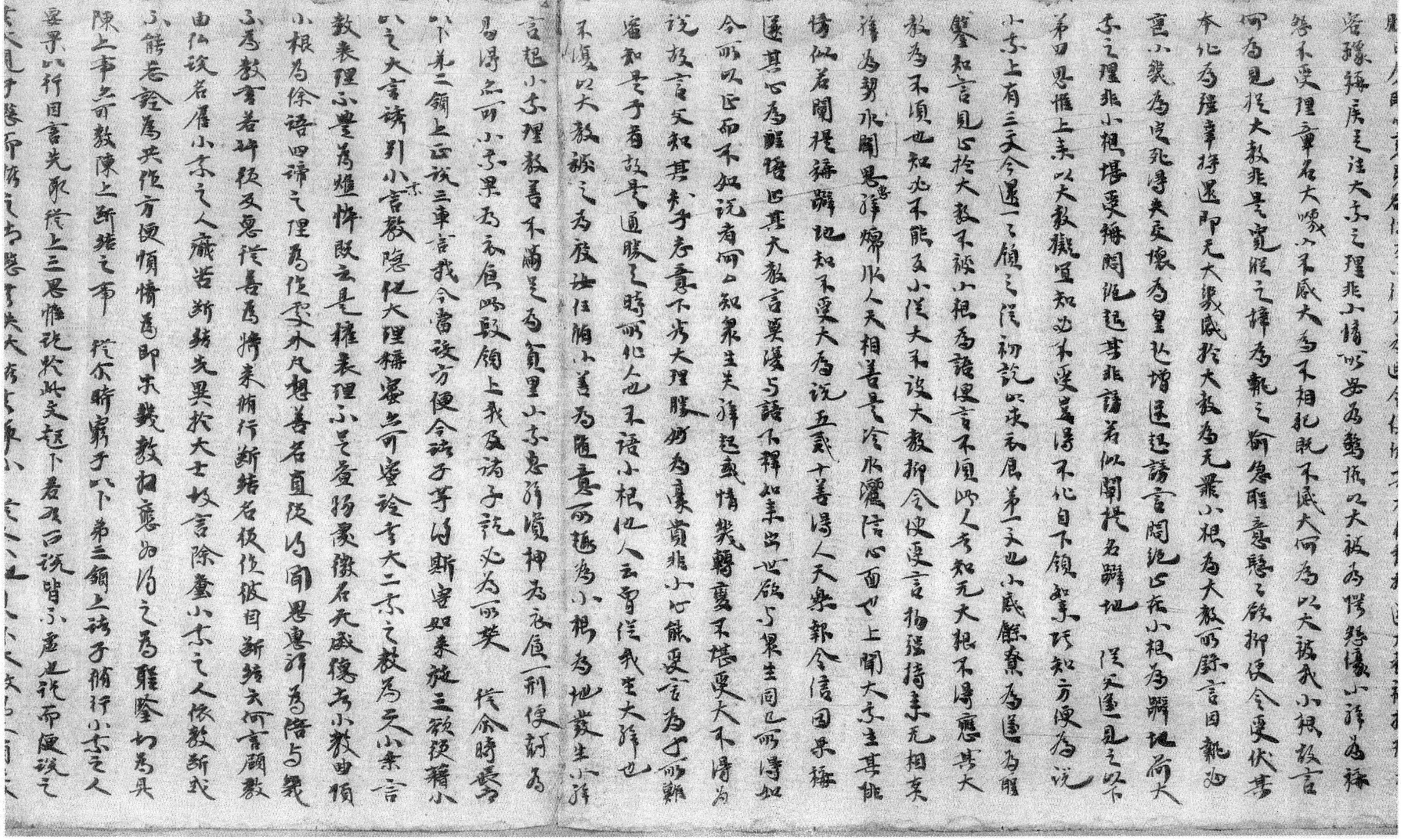

BD04226號　法華經疏（擬）　（15–11）

[illegible]
小根為除語四諦之理為化受外凡想善名直從以聞思惠行為階与義
不為教盡若許彼及惡從善為將來脩行斷結名役位彼因斷結云何言願數
由佛設名雇小乘之人癈苦斷結失異於大士故言除糞小乘之人依教斷惑
不能悉詮為共作方便煩惱為即求糞教相應以得之為雖墜切為具
陳上事上可數陳上斷結之事 從尔時窮子以下第三領上誘子脩行小乘之人
畏果以行因言先取從上三昬作誑於此文起下者及曰說皆不虛此誑而便說之
乞人見子慈而怖之者慈者失大怖者取小 從又以他日以下大段第二領上破
三鄣一上說畏令具領從初說猶有奔受領上長者歡喜雖智照境明白如日小乘
詮大為他小感受徵如寄偏未開雖化為進雖觀明白名見損者大行為藏
變大成小言癈二乘惑道不畏名雖惮此長共許糞土塵坌以下明言起此
之一躰明法身中見上來何受誑者宿緣此中得作如此欲近上与舍利更記中時
道言我曾於二万仏所常教化汝之長夜隨我受覺即是宿緣故今得領
如斯意 從爾服瓔珞細軟上服嚴身之具以下惠生三果捨法身嚴好
名服就生王宮現受陰形為更著麁弊垢膩衣也名納衣生子名登身天相
實惡為右手緣理而起為執持四諦正理能除煩惱名器現懼生死為頼者同
畏同形勸厲言懃作八方便者凡有二也現形文六形方便說一為三言方便近造之
二種一十九出家卅成道現同諸眾生是形近教令斷惑成雖為理近呰男子者驚
懼之辞恒存生空觀行斷結言常此處多復餘去者多復退者外凡中道眠悟
生空无獲法空故言當加空為殺器惡為米麵有中觀行名鹽酢生法二空中
調心觀行出入自遊為莫目疑難神通代另如使人力另菩薩稱丈夫難我如汝父
者生空雖仏來稟言似父多復憂惠者多憂退者外凡中也下釋曰以上來勸汝
懃作觀行者何万德備滿更无進趣名丈夫大汝始得生空者行未已事須方
將宜惡進廣是故勸汝理行亦斷故言作時不見有諸惡也外道伏結後
時還生故言如餘作人曘須現行与行相續故言已後如可生子无相真行
所以成雖稱之為異由是報教是其定故於二乘法中斷除煩惱之可見
諦脩道為廿年也過是以後者道成羅漢大乘墊動堪受大理為相體信
雖然彼彼日入根惡雖教者出鐵教相稱為天難大鐵難開未能捨小故言
猶有本受 從長者有疾以下明者廿年付實之義第二正領上索車如來

將實惠進廣是故勸汝理須亦勤於言作時不見有訪竟此外道徒無殊
時還生故言如餘侍人嬬須現須与須相隣故言已後如何生子天相真須
以下成熟稱之為嬰由是執教量其定故於二乘法中斷除煩惱亦可見
諦脩道為廿年也過是以後者道成羅漢大乘幾動堪受大理為相證信
雖從被彼日入根惠雖教名出幾教相稱為天難大幾難用未能捨小故言
猶有本空　從長者有疾以下明五十年付實之義第二正頌上索車如來
付時凡有二意一欲使漸深於大二欲使化功歸己資生後須付之餘方
感至一意善化故言有疾將死不久大乘至極理相難窮故言多有六波羅蜜
我定慧等為金銀倉庫等也理出詮表言豈濟相根受法當識化宜說法
彼彼名与領教脩行日取故言少取与汝悉知之我心如是者正為此二法
當證之下釋所以欲令使汝知有此二者何一明空理齊同二明行更無別理既
同對果何由得異故便勸汝知此二也故言今我与汝便為不異三慕之須以
為三滾仰稟加種為人說大令使他發大須自然於大小生一慕須心故言而无
悕取一滾之意下明執教是空故言所以故有本空下明之心亦未能捨進小時
其道成羅漢廿年後初无大感聞大生謗不受具大名塞令大乘幾動除其
執心幾侍羅說故言通泰上來二疑起下言所說法皆悉到於一切稍地
從臨欲終時以下第三頌上等賜大車現六瑞相放光召集為而命其子
夫身為親族多寶為國王普賢妙音為大臣受道緣具言悉已集此
是我子者王子之時受我化為我子依本大須從我化而有言我所生
此正領上令此幼童皆是吾子被化得生大須於防非御難補其誠中
於後化失須起或流浪生死言捨吾逃走是可子大教於防非為誠背教
失須為捨吾逃走退須起或遠離生死受惡果報為路跰新苦備彼五
道為五十餘年者本字異者六百万億也我名其甲者弟十六王子過昔
通勝出上得大須背化八來多覓道根而不能得故言推覓小中起大悲
本心其為急小名起轉遇會得之是實我子曾受我化我實其父我
親欣集今吾所有一切財物者我今所有大乘万善財物委付其人從
今脩行故言皆是我子有說教被前人為出前人領脩為內亦功未顯也
為內也悉令須之言是子所知從是財寶子以下說自然而至領上諸子
得車歡喜上來二疑起下如來觀切一切諸法之所歸趣

本心具爲急小聲名赴擲遍會內之正實我子曾更我代我實是父義
親戚蘩今吾所有一切財物是我今所有大乘万善財物委付是人使
令脩行故言皆是我子有說教被前人爲出前人領脩爲內亦功未歸己
爲內且悉令許之言是子所知從是時窮子以下說自然而至領上許子
得東歎善上來二段起下如來觀於一切諸法之所歸趣
從大長者以合上喻且如來者合上具父先求子不得說亦七果多　從我等皆
似佛子如來常說我等爲子合上馳騁四方說遍回本國合中小乘次第先合
道根後五道從世尊以下說更諸動憾合上譬如有人年既長大加復
窮困從迷惑无知此一句合上擬置三念從樂着小法說所得多合上旋
三方便入途見之叚尋与除糞令世尊令我等思惟正念合上尋与除
糞脩行之方文合中廣也小乘果報於大乘如似一日之賈　從於世尊
以下合上又以他日說積有本受先於我等心着弊欲者此明法身中見其
起我樂於小法者於大許起具小根此故是上羸瘦憔悴糞土塵坌
便見以下亦是法身於无大厭亦得說大法以下出所不說法從以方便力
以下始是應生說二種形言方便且說如來矯異者大乘矯異指之爲我等
以下真己依脩行斷惑證果觀之爲空亦求於大從有因以下說真是仏
子合上長者有疾欲東車喻而因於於此无有志願者雖爲他說大已於大乘
不生悕求下釋所以於於此大乘无有悕求者何丸有二事所以不求一也
齊同无小可欲故不求且二執教是進復不求大有此二心故不願樂從隨
我說與出對教文聞无對空文下偈中具有此語衆生根錯師又時復作一
許所以仏知我等情不求大而付我大爲人說者何仏知我等大數時發
故付我大一殺後漸真情二後化功歸己資生後許爲此二句所以付之此
語仏意以方便力隨我說者雖違物機切有二益所以付大說之守意
不因從來是大故言不切真是仏子雖爲他說大謂以爲小觀之爲空
從我等以下合上臨欲終時領等賜文我等上來聞如來法喻二門廣說
破三歸一統三所以方便如來於此大乘情无所悕如來恒以大化我之曰不
許謂爲是小乃我不更統三方便密詮大与我亦爲過在於我不自如來下釋
所以過非如來者何我等昔所脩者正是大乘如來不曾以小化我之所得異於
菩薩故言昔來真是仏子亦多以往過豈有匿吝而且與以去以下釋

諸仏意以方便力隨我說大雖違物幾切有二益而以付大說之守志
不国從来是大故言不如真是仏子雖為佃說大謂以為小都之為定
從我等以下合上臨欲終時領等賜文我等上来開如来法喻二門廣明
破三歸一旋三而以方如如来於先大乘情无所悋如来恒以大化我之自不
許謂為是小厄我不更旋三方便容詮大与我不為過在於我不在如来下釋
而以過非如来者何我等昔日背大者正是大乘如来不曾以小化我之那得異於
菩薩故言昔来真是仏子爾多以注過豈在雖從而但樂小法以下釋為在
於已然我失許趣我不能受大如来知我根姓所為方便指大為小為我說之
者如此者不受在我皆為非我若我初有大根仏則為我說於大乘正以我无
无大機故不為說故言有樂大之心仏則為我說大乘法從此經中以合上得
實歡喜言是時窮子說不未自至昔毀呰之時正欲使及小從大是故以下
便結是小意謂別流不為究竟不怖其大今日忽以從仏聞說獲天外之許
何容不喜此結品初喜又復一許從而以者何以下釋一品之意上品請時推
過与仏今釋過非如来者乃在我而以在我者何如来恒欲以大化我之自
失許不自受大情怖其小仏便順我故言而但樂小法從若我以下釋過非
如来而以過非仏者何許同前播今靈山會唯一无二也雖恒說大故過非是仏
下偈中還上文初有二偈頌法說歡喜初一偈頌列歡喜第二偈頌結爾不頌
釋也從辟如以下一偈半頌上辟如有人年既多雜說加復窮困從其父中正
一滅說乃逼迎因以詳緣者以化物之緣也感隨根言往来者衆從而年
梅遇以下兩偈頌上第二合我若汝子說恭世快樂而以越第一頌第二者欲
汝承第一中文勿委色来国到城是便　從尒時窮子以下兩偈半頌上第
一恩惟時貧窮子說無憶其子倘善得為恩所懷為无所得无
有法倉以充軀命為飢餓失大起小稱羸瘦成生擯許言劇鮮
從編債以下九偈半[illegible]見又後有三偈明
[illegible]別法門

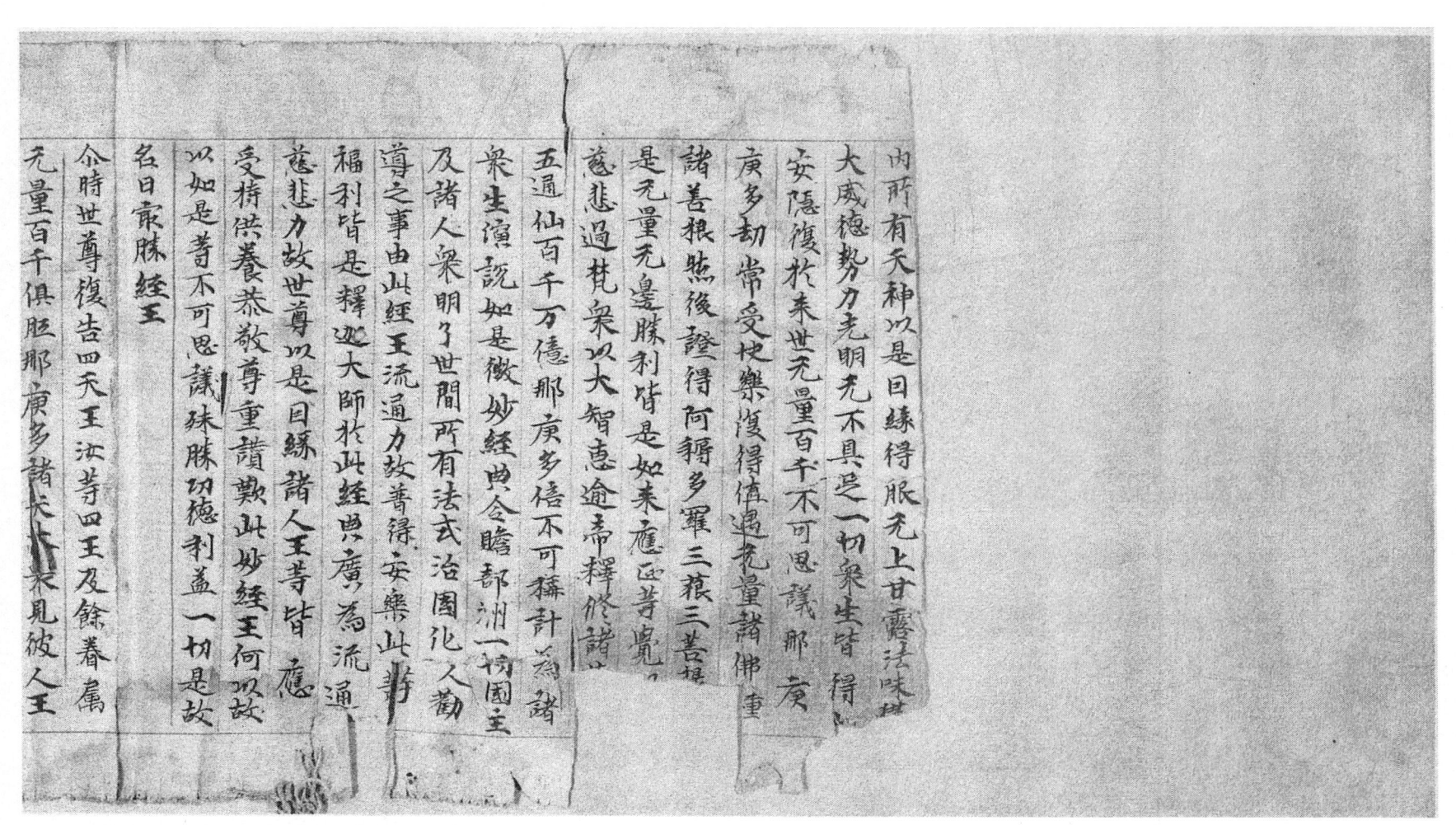

內所有天神以是因緣得服无上甘露法味得
大威德勢力光明无不具足一切衆生皆得
安隱復於未世无量百千不可思議那庾
庾多劫常受快樂復得值遇无量諸佛重
諸善根然後證得阿耨多羅三藐三菩提
是无量无邊勝利皆是如來應正等覺以
慈悲過梵衆以大智慧逾帝釋修諸
五通仙百千万億那庾多倍不可稱計為諸
衆生演說如是微妙經典令瞻部洲一切國主
及諸人衆明了世間所有法式治國化人勸
導之事由此經王流通力故普得安樂此等
福利皆是釋迦大師於此經典廣為流通
慈悲力故世尊以是因緣諸人王等皆應
受持供養恭敬尊重讚歎此妙經王何以故
以如是等不可思議殊勝功德利益一切是故
名曰最勝經王
尒時世尊復告四天王汝等四王及餘眷屬
无量百千俱胝那庾多諸天大衆見彼人王

BD04227號　金光明最勝王經卷六　　（3-1）

福利皆是釋迦大師於此經典廣為流通
慈悲力故世尊以是因緣諸人王等皆應
受持供養恭敬尊重讚歎此妙經王何以故
以如是等不可思議殊勝功德利益一切是故
名曰最勝經王
尒時世尊復告四天王汝等四王及餘眷屬
无量百千俱胝那庾多諸天大衆見彼人王
若能至心聽是經典供養恭敬讚歎者
應當擁護除其衰患能令汝等亦受安樂
若四部衆能廣流布是經王者於人天中廣
作佛事普能利益无量衆生如是之人汝等
四王常當擁護如是四衆勿使他緣共相侵
擾令彼身心寂靜安樂於此經王廣宣流布
令不斷絕利益有情盡未來際
尒時多聞天王從座而起白佛言世尊我有
如意寶珠陀羅尼法若有衆生樂受持者功
德无量我常擁護令彼衆生離苦得樂能成
福智二種資糧欲受持者先當誦此護身之
呪即說呪曰
南謨薜室囉末拏也莫訶曷羅闍也（但是也上之字皆須引聲）
怛姪他　囉囉囉　矩怒矩怒
區怒區怒　窶怒窶怒　颯縛颯縛　縛
羯囉羯囉　莫訶毗羯喇麼　莫訶毗羯喇麼
莫訶曷囉社　曷洛叉曷洛叉　覩湯（自稱己名）
薩婆薩埵難者　莎訶（此之二字皆[illegible]聲）
世尊誦此呪者當以自線呪之七遍一遍一
結繫之時後其事必成應取諸香所謂安息
栴檀龍腦[illegible]

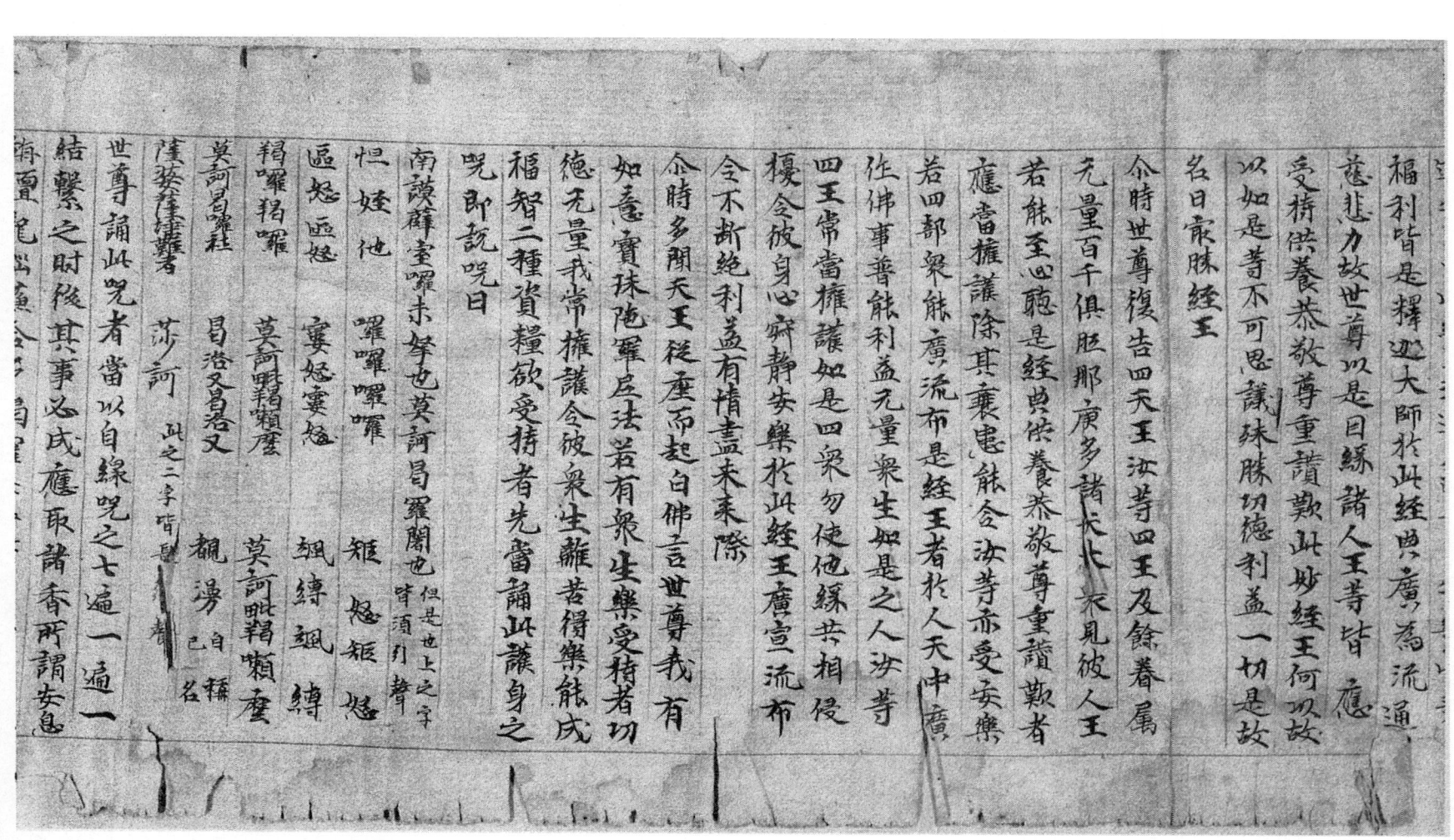

BD04227號　金光明最勝王經卷六　　（3-2）

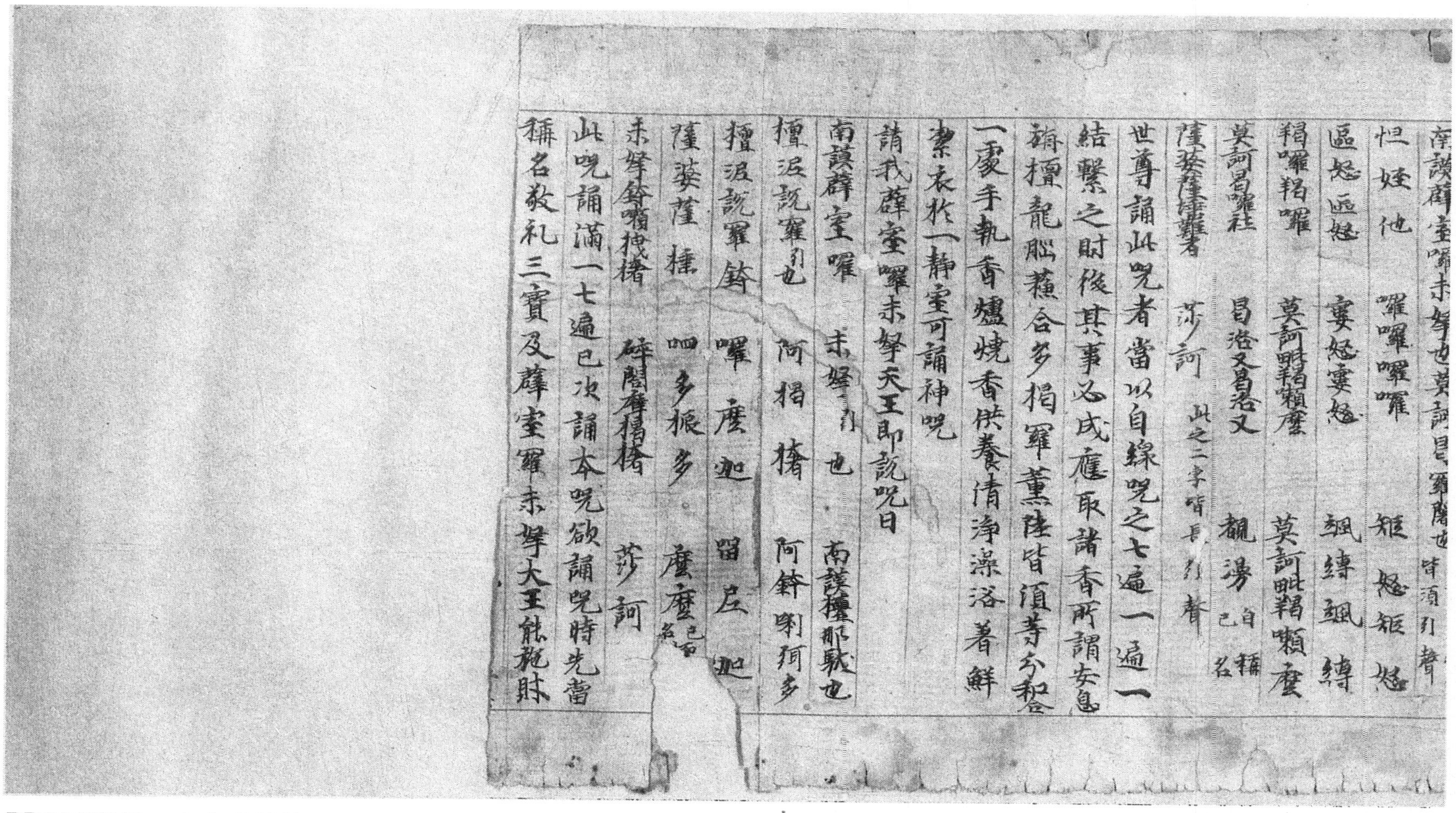

南謨薜室囉末拏也莫訶曷囉闍也 呼須引聲
怛姪他 囉囉囉囉 矩怒矩怒
區怒區怒 窶怒窶怒 颯縛颯縛
羯囉羯囉 莫訶毗羯頼麼 莫訶毗羯頼麼
莫訶曷囉社 曷洛叉曷洛叉 覩湯 自稱己名
薩婆薩埵難者 莎訶 此之二字皆長引聲
世尊誦此咒者當以自線咒之七遍一遍一
結繫之時後其事必成應取諸香所謂安息
旃檀龍腦蘓合多揭羅薰陸皆須等分和合
一處手執香爐燒香供養清淨澡浴著鮮
潔衣於一静室可誦神咒
請我薜室囉末拏天王即說咒曰
南謨薜室囉 末拏引也 南謨檀那馱也
檀泥說羅引也 阿揭 擔 阿鉢喇須多
檀泥說羅 鉢 囉 麼 迦 留 尼 迦
薩婆薩 埵 呬多振多 麼麼己名
末拏鉢喃拕擔 碎闍奢揭擔 莎訶
此咒誦滿一七遍已次誦本咒欲誦咒時先當
稱名敬礼三寶及薜室羅末拏大王能施財

BD04227號　金光明最勝王經卷六

（3–3）

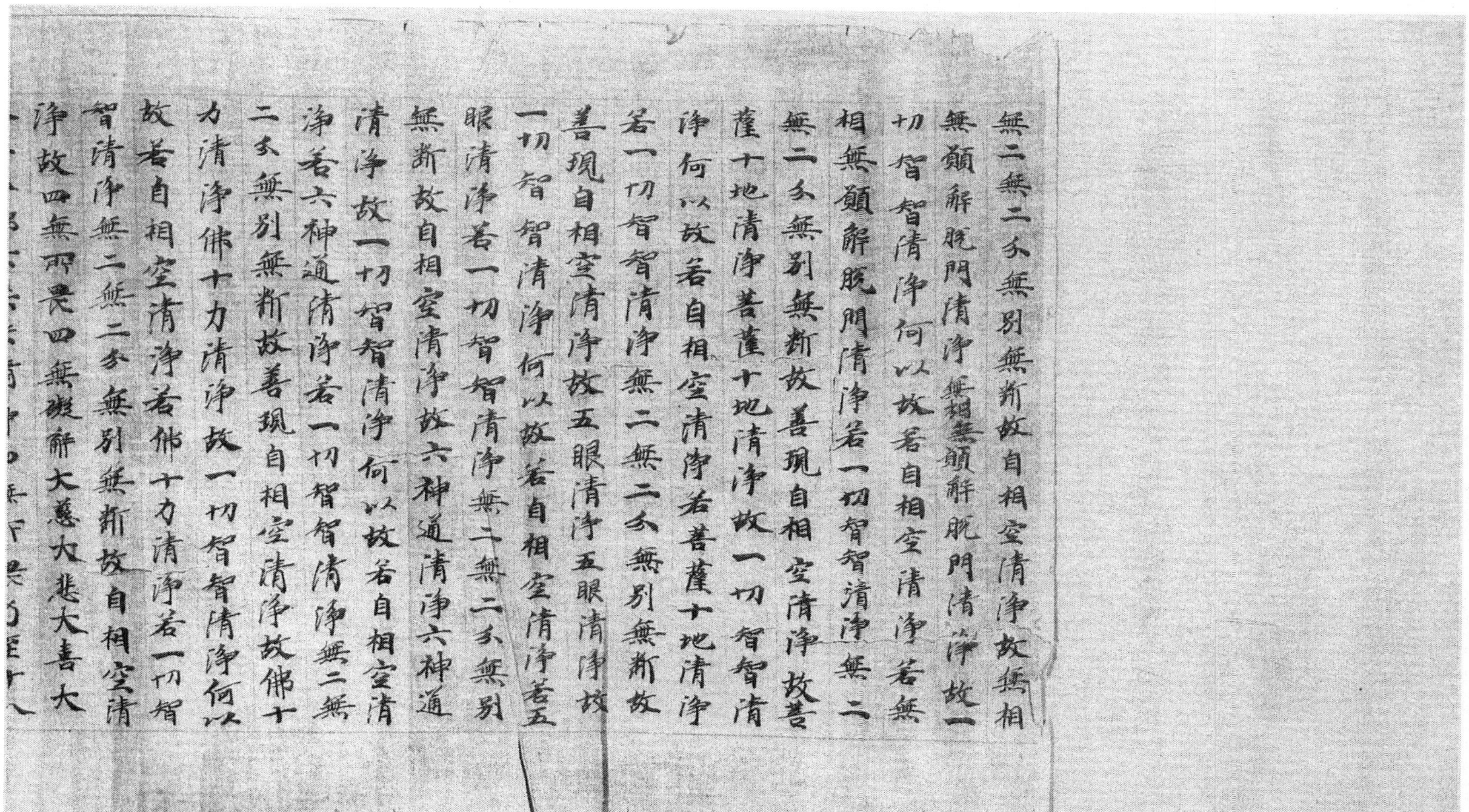

無二無二分無別無斷故自相空清淨故無相
無願解脫門清淨無相無願解脫門清淨故一
切智智清淨何以故若自相空清淨若無
相無願解脫門清淨若一切智智清淨無二
無二分無別無斷故善現自相空清淨故菩
薩十地清淨菩薩十地清淨故一切智智清
淨何以故若自相空清淨若菩薩十地清淨
若一切智智清淨無二無二分無別無斷故
善現自相空清淨故五眼清淨五眼清淨故
一切智智清淨何以故若自相空清淨若五
眼清淨若一切智智清淨無二無二分無別
無斷故自相空清淨故六神通清淨六神通
清淨故一切智智清淨何以故若自相空清
淨若六神通清淨若一切智智清淨無二無
二分無別無斷故善現自相空清淨故佛十
力清淨佛十力清淨故一切智智清淨何以
故若自相空清淨若佛十力清淨若一切智
智清淨無二無二分無別無斷故自相空清
淨故四無所畏四無礙解大慈大悲大喜大

BD04228號　大般若波羅蜜多經卷二一四

（2–1）

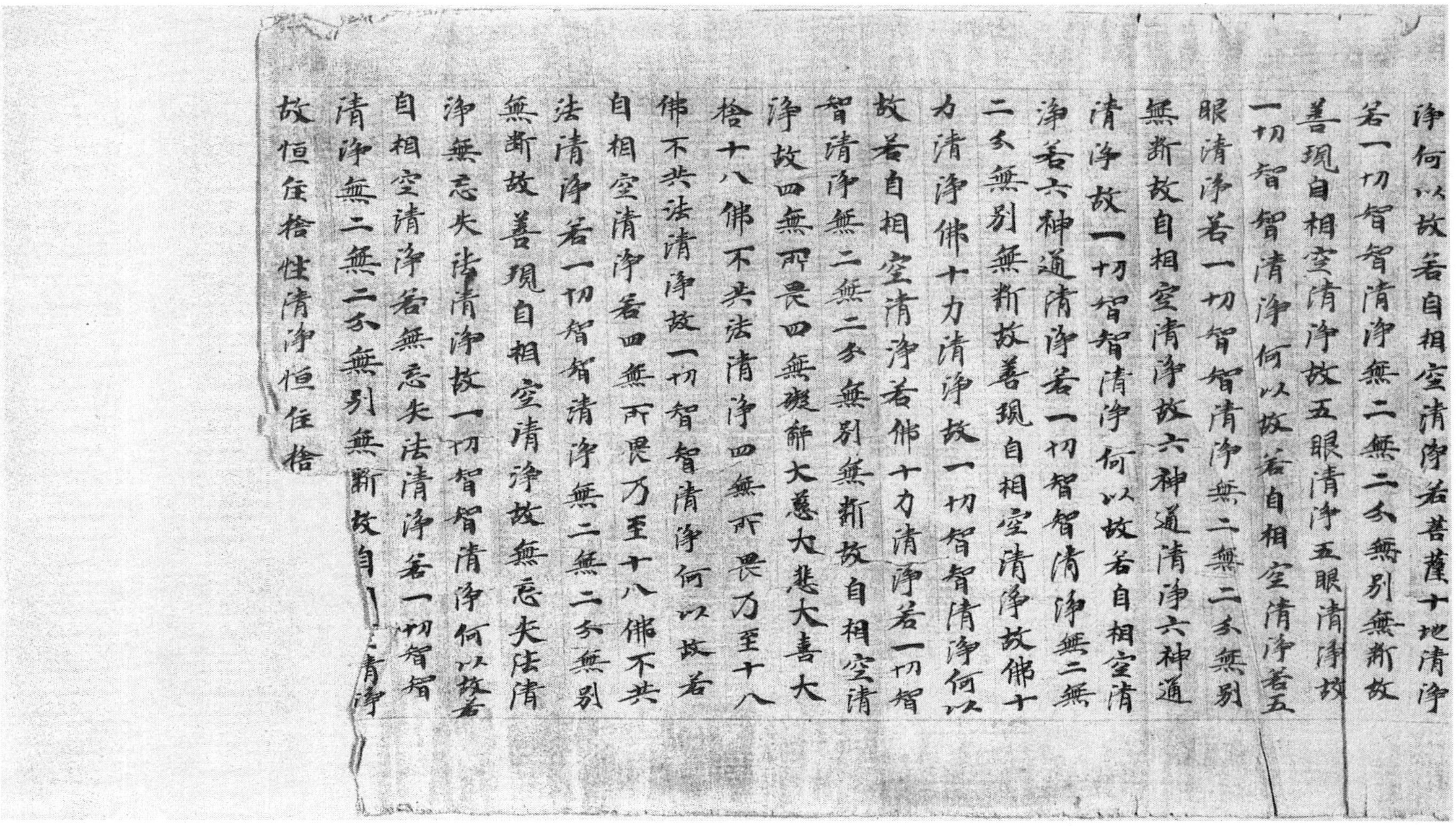

淨何以故若自相空清淨若菩薩十地清淨
若一切智智清淨無二無二分無別無斷故
善現自相空清淨故五眼清淨五眼清淨故
一切智智清淨何以故若自相空清淨若五
眼清淨若一切智智清淨無二無二分無別
無斷故自相空清淨故六神通清淨六神通
清淨故一切智智清淨何以故若自相空清
淨若六神通清淨若一切智智清淨無二無
二分無別無斷故善現自相空清淨故佛十
力清淨佛十力清淨故一切智智清淨何以
故若自相空清淨若佛十力清淨若一切智
智清淨無二無二分無別無斷故自相空清
淨故四無所畏四無礙解大慈大悲大喜大
捨十八佛不共法清淨四無所畏乃至十八
佛不共法清淨故一切智智清淨何以故若
自相空清淨若四無所畏乃至十八佛不共
法清淨若一切智智清淨無二無二分無別
無斷故善現自相空清淨故無忘失法清
淨無忘失法清淨故一切智智清淨何以故若
自相空清淨若無忘失法清淨若一切智智
清淨無二無二分無別無斷故自……清淨
故恒住捨性清淨恒住捨

BD04228號　大般若波羅蜜多經卷二一四　（2–2）

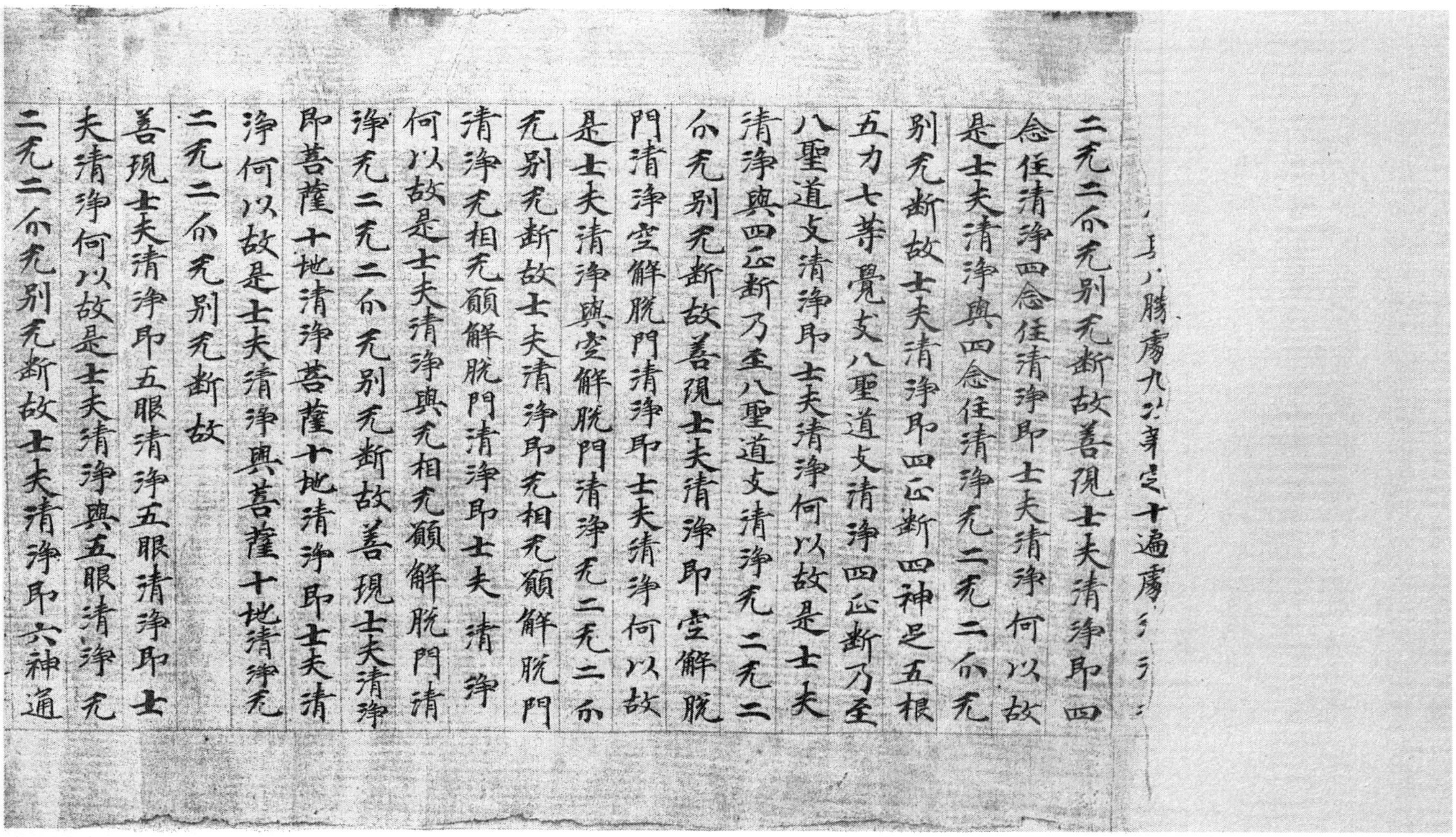

…勝處九次第定十遍處…
二无二分无別无斷故善現士夫清淨即四
念住清淨四念住清淨即士夫清淨何以故
是士夫清淨與四念住清淨无二无二分无
別无斷故士夫清淨即四正斷四神足五根
五力七等覺支八聖道支清淨四正斷乃至
八聖道支清淨即士夫清淨何以故是士夫
清淨與四正斷乃至八聖道支清淨无二无二
分无別无斷故善現士夫清淨即空解脫
門清淨空解脫門清淨即士夫清淨何以故
是士夫清淨與空解脫門清淨无二无二分
无別无斷故士夫清淨即无相无願解脫門
清淨无相无願解脫門清淨即士夫清淨
何以故是士夫清淨與无相无願解脫門清
淨无二无二分无別无斷故善現士夫清淨
即菩薩十地清淨菩薩十地清淨即士夫清
淨何以故是士夫清淨與菩薩十地清淨无
二无二分无別无斷故
善現士夫清淨即五眼清淨五眼清淨即士
夫清淨何以故是士夫清淨與五眼清淨无
二无二分无別无斷故士夫清淨即六神通

BD04229號　大般若波羅蜜多經卷一九二　（5–1）

即菩薩十地清淨菩薩十地清淨即士夫清
淨何以故是士夫清淨與菩薩十地清淨无
二无二分无別无斷故
善現士夫清淨即五眼清淨五眼清淨即士
夫清淨何以故是士夫清淨與五眼清淨无
二无二分无別无斷故士夫清淨即六神通
清淨六神通清淨即士夫清淨何以故是士
夫清淨與六神通清淨无二无二分无別无
斷故善現士夫清淨即佛十力清淨佛十力
清淨即士夫清淨何以故是士夫清淨與佛
十力清淨无二无二分无別无斷故士夫清
淨即四无所畏四无礙解大慈大悲大喜大
捨十八佛不共法清淨四无所畏乃至十八
佛不共法清淨即士夫清淨何以故是士夫
清淨與四无所畏乃至十八佛不共法清淨
无二无二分无別无斷故善現士夫清淨即
无忘失法清淨无忘失法清淨即士夫清淨
何以故是士夫清淨與无忘失法清淨无二
无二分无別无斷故士夫清淨即恒住捨性
清淨恒住捨性清淨即士夫清淨何以故是
士夫清淨與恒住捨性清淨无二无二分无
別无斷故善現士夫清淨即一切智清淨一
切智清淨即士夫清淨何以故是士夫清淨
與一切智清淨无二无二分无別无斷故士
夫清淨即道相智一切相智清淨道相智一
切相智清淨即士夫清淨何以故是士夫清
淨與道相智一切相智清淨无二无二分无

BD04229 號　大般若波羅蜜多經卷一九二　（5–2）

別无斷故善現士夫清淨即一切智清淨一
切智清淨即士夫清淨何以故是士夫清淨
與一切智清淨无二无二分无別无斷故士
夫清淨即道相智一切相智清淨道相智一
切相智清淨即士夫清淨何以故是士夫清
淨與道相智一切相智清淨无二无二分无
別无斷故善現士夫清淨即一切陁羅尼門
清淨一切陁羅尼門清淨即士夫清淨何以
故是士夫清淨與一切陁羅尼門清淨无二
无二分无別无斷故士夫清淨即一切三摩
地門清淨一切三摩地門清淨即士夫清淨
何以故是士夫清淨與一切三摩地門清淨
无二无二分无別无斷故
善現士夫清淨即預流果清淨預流果清淨
即士夫清淨何以故是士夫清淨與預流果
清淨无二无二分无別无斷故士夫清淨即
一來不還阿羅漢果清淨一來不還阿羅漢
果清淨即士夫清淨何以故是士夫清淨與
一來不還阿羅漢果清淨无二无二分无別
无斷故善現士夫清淨即獨覺菩提清淨
獨覺菩提清淨即士清淨何以故是士夫清
淨與獨覺菩提清淨无二无二分无別无斷
故善現士夫清淨即一切菩薩摩訶薩行
清淨一切菩薩摩訶薩行清淨即士夫清淨
何以故是士夫清淨與一切菩薩摩訶薩行
清淨无二无二分无別无斷故善現士夫清淨

BD04229 號　大般若波羅蜜多經卷一九二　（5–3）

獨覺菩提清淨即士夫清淨何以故是士夫清
淨與獨覺菩提清淨无二无二分无別无斷
故善現士夫清淨即一切菩薩摩訶薩行
清淨一切菩薩摩訶薩行清淨即士夫清淨
何以故是士夫清淨與一切菩薩摩訶薩行
清淨无二无二分无別无斷故善現士夫清淨
即諸佛无上正等菩提清淨諸佛无上正等
菩提清淨即士夫清淨何以故是士夫清淨
與諸佛无上正等菩提清淨无二无二分无
別无斷故
復次善現補特伽羅清淨即色清淨色清
淨即補特伽羅清淨何以故是補特伽羅清
淨與色清淨无二无二分无別无斷故補特伽
羅清淨即受想行識清淨受想行識清淨即
補特伽羅清淨何以故是補特伽羅清淨與
受想行識清淨无二无二分无別无斷故善
現補特伽羅清淨即眼處清淨眼處清淨即
補特伽羅清淨何以故是補特伽羅清淨與
眼處清淨无二无二分无別无斷故補特伽羅
清淨即耳鼻舌身意處清淨耳鼻舌身意
處清淨即補特伽羅清淨何以故是補特伽
羅清淨與耳鼻舌身意處清淨无二无二分
无別无斷故善現補特伽羅清淨即色處
清淨色處清淨即補特伽羅清淨何以故是
補特伽羅清淨與色處清淨无二无二分无別
无斷故補特伽羅清淨即聲香味觸法處清
淨聲香味觸法處清淨即補特伽羅清淨何

BD04229號　大般若波羅蜜多經卷一九二　（5–4）

眼處清淨无二无二分无別无斷故補特伽羅
清淨即耳鼻舌身意處清淨耳鼻舌身意
處清淨即補特伽羅清淨何以故是補特伽
羅清淨與耳鼻舌身意處清淨无二无二分
无別无斷故善現補特伽羅清淨即色處
清淨色處清淨即補特伽羅清淨何以故是
補特伽羅清淨與色處清淨无二无二分无別
无斷故補特伽羅清淨即聲香味觸法處清
淨聲香味觸法處清淨即補特伽羅清淨何
以故是補特伽羅清淨與聲香味觸法處清
淨无二无二分无別无斷故善現補特伽羅
清淨即眼界清淨眼界清淨即補特伽羅清
淨何以故是補特伽羅清淨與眼界清淨无
二无二分无別无斷故補特伽羅清淨即色
界眼識界及眼觸眼觸為緣所生諸受清淨
色界乃至眼觸為緣所生諸受清淨即補特
伽羅清淨何以故是補特伽羅清淨與色界
乃至眼觸為緣所生諸受清淨无二无二分
无別无斷故善現補特伽羅清淨即耳界清
淨耳界清淨即補特伽羅清淨何以故是補

BD04229號　大般若波羅蜜多經卷一九二　（5–5）

不退轉……摩訶薩……聲……故名
聞及獨□地不復退隨彼二地中由斯故說
不退轉故名不退轉是菩薩摩訶薩遠離聲
聞及獨覺地於彼二地決定退捨由斯故說
以退轉故名不退轉故此菩薩得二種名非
如餘位唯名退轉若菩薩摩訶薩成就如是
諸行狀相定□□等菩提諸惡魔軍不
能退敗□□一切不退轉菩薩摩訶薩
欲入初靜□□乃至第四靜慮即隨意能入欲
入慈無量乃至捨無量即隨意能入欲入空
無邊處定乃至非想非非想處定即隨意能
入欲入四念住乃至八聖道支即隨意能入
欲入初解脫乃至滅想受解脫即隨意能入
欲入初勝處乃至第八勝處即隨意能入欲
入初靜慮定乃至滅想受定即隨意能入欲
入初遍處□乃至第十遍處即隨意能入欲入
空無相無願解脫門即隨意能入欲引發五
神通即隨意能引發善現當知是菩薩摩訶
薩雖入四靜慮乃至引發五神通而不受彼
果由此因緣不隨靜慮無量等至乃至滅定

BD04230 號　大般若波羅蜜多經卷五一五　（23–1）

入初遍處□至第十遍處即隨意能入欲入
空無相無願解脫門即隨意能入欲引發五
神通即隨意能引發善現當知是菩薩摩訶
薩雖入四靜慮乃至引發五神通而不受彼
果由此因緣不隨靜慮無量等至乃至滅定
及餘功德勢力而生亦不取預流果或一來
果或不還果或阿羅漢果或獨覺菩提為欲
利樂諸有情故隨欲攝受所應受身即隨所
願皆能攝受作所作已即便捨之若菩薩摩
訶薩成就如是諸行狀相知是不退轉菩薩
摩訶薩復次善現一切不退轉菩薩摩訶薩
成就無上菩提作意恒不遠離大菩提心不
貴色蘊乃至識蘊不貴眼處乃至意處不
貴色處乃至法處不貴眼界乃至意界不貴色
界乃至法界不貴眼識界乃至意識界不貴
眼觸乃至意觸不貴眼觸為緣所生諸受乃
至意觸為緣所生諸受不貴地界乃至識界
不貴因緣乃至增上緣不貴一切緣性緣起
不貴諸相不貴隨好不貴所依不貴有色無
色法不貴有見無見法不貴有對無對法不
貴有漏無漏法不貴有為無為法不貴世間
出世間法不貴我不貴有情乃至不貴知者
見者不貴徒眾不貴眷屬不貴祿位不貴財
寶不貴布施波羅蜜多乃至般若波羅蜜多
不貴內空乃至無性自性空不貴真如乃至
不思議界不貴苦集滅道聖諦不貴十善業

BD04230 號　大般若波羅蜜多經卷五一五　（23–2）

貴有漏無漏法不貴有爲無爲法不貴世間
出世間法不貴我不貴有情乃至不貴知者
見者不貴徒衆不貴眷屬不貴禄位不貴財
寶不貴布施波羅蜜多乃至般若波羅蜜多
不貴内空乃至無性自性空不貴真如乃至
不思議界不貴苦集滅道聖諦不貴十善業
道不貴四静慮四無量四無色定不貴五神
通不貴四念住乃至八聖道支不貴空無相
無願解脱門不貴八解脱乃至十遍處不貴
淨觀地乃至如来地不貴極喜地乃至法雲
地不貴陁羅尼門三摩地門不貴五眼六神
通不貴如来十力乃至十八佛不共法不貴
大慈大悲大喜大捨不貴無忘失法恒住捨
性不貴一切智道相智一切相智不貴預流
果乃至獨覺菩提不貴一切菩薩摩訶薩行
不貴諸佛無上正等菩提不貴嚴淨佛土不
貴成熟有情不貴多見諸佛不貴種植善
根所以者何是菩薩摩訶薩達一切法與虚空
等無性爲性自相皆空不見有法可生貴重
能生所生生時生處由此而生皆不可得所
以者何是一切法與虚空等性相皆空無生
義故是菩薩摩訶薩成就無上菩提作意恒
不遠離大菩提心身四威儀往来入出舉足
下足心無散亂行住坐卧進止威儀所作事
業皆住正念若菩薩摩訶薩成就如是諸行
狀相知是不退轉菩薩摩訶薩復次善現一

義故是菩薩摩訶薩成就無上菩提作意恒
不遠離大菩提心身四威儀往来入出舉足
下足心無散亂行住坐卧進止威儀所作事
業皆住正念若菩薩摩訶薩成就如是諸行
狀相知是不退轉菩薩摩訶薩復次善現一
切不退轉菩薩摩訶薩爲欲利樂諸有情
故現處居家方便善巧雖現攝受五欲樂具而
於其中不生染著皆爲濟給諸有情故謂諸
有情須食與食須飲與飲須衣與衣須乘與
乘乃至一切所須之物皆濟給之令其意滿
是菩薩摩訶薩自行布施乃至般若波羅蜜
多亦勸他行布施乃至般若波羅蜜多恒正
稱揚行布施乃至般若波羅蜜多法歡喜讃
歎行布施乃至般若波羅蜜多者是菩薩摩
訶薩現處居家以神通力或大願力攝受種
種珍寶資具滿贍部洲乃至三千大千世界
持以供養佛法僧寶及施貧乏諸有情類是
菩薩摩訶薩雖現處居家而常脩梵行終不
受用諸妙欲境雖現攝受種種珍財而於其
中不起染著又於攝受諸欲樂具及珍財時
終不逼迫諸有情類令生憂苦若菩薩摩訶
薩成就如是諸行狀相知是不退轉菩薩摩
訶薩復次善現一切不退轉菩薩摩訶薩有
執金剛藥叉神王常隨左右密爲守護恒作
是念此菩薩摩訶薩不久當證無上菩提願
我常隨密爲守護乃至無上正等菩提五執

薩成就如是諸行狀相知是不退轉菩薩摩
訶薩復次善現一切不退轉菩薩摩訶薩有
執金剛藥叉神主常隨左右密為守護恒作
是念此菩薩摩訶薩不久當證無上菩提願
我常隨密為守護乃至無上正等菩提五執
金剛藥叉神族常隨守護時無暫捨人非人
等不能損害諸天魔梵及餘世間亦無有能
以法破壞所發無上正等覺心由此因緣是
諸菩薩乃至無上正等菩提身意泰然常無
擾亂是菩薩摩訶薩世間五根常無缺減所
謂眼耳鼻舌身根出世五根亦無缺減謂信
精進念定慧根是菩薩摩訶薩身支圓滿相
好莊嚴心諸功德念念增進乃至無上正等
菩提若菩薩摩訶薩成就如是諸行狀相知
是不退轉菩薩摩訶薩復次善現一切不退
轉菩薩摩訶薩常為上士不為下士具壽善
現即白佛言是菩薩摩訶薩云何當得常為
上士不為下士佛告善現是菩薩摩訶薩一
切煩惱不復現前剎那剎那善法增進乃至
無上正等菩提於一切時心無散亂是故我
說此菩薩摩訶薩常為上士不為下士若菩
薩摩訶薩成就如是諸行狀相知是不退轉
菩薩摩訶薩復次善現一切不退轉菩薩摩
訶薩成就無上菩提作意恒不遠離大菩提
心恒脩淨命不行呪術醫藥占卜諸邪命事
不為名利呪諸鬼神令著男女問其凶吉亦

BD04230號　大般若波羅蜜多經卷五一五　（23–5）

薩摩訶薩成就如是諸行狀相知是不退轉
菩薩摩訶薩復次善現一切不退轉菩薩摩
訶薩成就無上菩提作意恒不遠離大菩提
心恒脩淨命不行呪術醫藥占卜諸邪命事
不為名利呪諸鬼神令著男女問其凶吉亦
不呪禁男女大小傍生鬼等現希有事亦不
占相壽量長短財位男女諸善惡事亦不懸
記寒熱豐儉吉凶好惡惑亂有情亦不呪禁
合和湯藥左道療疾結好貴人亦不為他通
致使命現親友相徇利求名尚不深心觀視
男女戲笑與語況有餘事亦不恭敬供養鬼
神是故我說常為上士不為下士所以者何
是菩薩摩訶薩知一切法性相皆空性相空
中不見有相不見相故遠離種種邪命呪術
醫藥占相唯求無上正等菩提與諸有情常
作饒益若菩薩摩訶薩成就如是諸行狀相
知是不退轉菩薩摩訶薩復次善現一切不
退轉菩薩摩訶薩於諸世間文章伎藝雖得
善巧而不愛著所以者何是菩薩摩訶薩達
一切法皆畢竟空畢竟空中世間所有文章
伎藝皆不可得又諸世間文章伎藝皆雜穢
語邪命所攝是故菩薩知而不為善現當知
是菩薩摩訶薩於諸世俗外道書論雖亦善
知而不樂著所以者何是菩薩摩訶薩達一
切法性相皆空性相空中一切書論皆不可
得又諸世俗外道書論所說理事多有增減

BD04230號　大般若波羅蜜多經卷五一五　（23–6）

是善薩摩訶薩於諸世俗外道書論雖亦善
知而不樂著所以者何是善薩摩訶薩達一
切法性相皆空性相空中一切書論皆不可
得又諸世俗外道書論所說理事多有增減
於善薩道非為隨順皆是戲論雜穢語攝故
諸善薩知而不樂若善薩摩訶薩成就如是
諸行狀相知是不退轉善薩摩訶薩
復次善現一切不退轉善薩摩訶薩復有所
餘諸行狀相知是不退轉善薩摩訶薩吾當
為汝分別解說汝應諦聽極善思惟善現請
言唯然願說我等今者專意樂聞佛告善現
所有不退轉善薩摩訶薩行深般若波羅蜜
多通達諸法皆無所有恒不遠離大善提心
不樂觀察論說諸蘊諸處諸界所以者何是
善薩摩訶薩於蘊處界性相空理已善思惟
善通達故善現當知是善薩摩訶薩不樂觀
察論說眾事所以者何是善薩摩訶薩於一
切眾性相空理已善思惟善通達故善現當
知是善薩摩訶薩不樂觀察論說王事所以
者何是善薩摩訶薩任本性空不見少法有
勝有劣貴賤相故善現當知是善薩摩訶薩
不樂觀察論說賊事所以者何是善薩摩訶
薩任自相空不見少法有得有失與奪相故
善現當知是善薩摩訶薩不樂觀察論說軍
事所以者何是善薩摩訶薩任本性空不見
諸法有多有少聚散相故善現當知是善薩

BD04230號　大般若波羅蜜多經卷五一五　（23–7）

薩任自相空不見少法有得有失與奪相故
善現當知是善薩摩訶薩不樂觀察論說軍
事所以者何是善薩摩訶薩任本性空不見
諸法有多有少聚散相故善現當知是善薩
摩訶薩不樂觀察論說鬪戰所以者何是善
薩摩訶薩善任諸法真如空理不見少法有
强有弱愛恚相故善現當知是善薩摩訶薩
不樂觀察論說男女所以者何是善薩摩訶
薩任諸法空不見少法有好有醜愛憎相故
善現當知是善薩摩訶薩不樂觀察論說聚
落所以者何是善薩摩訶薩任諸法空不見
少法有增有減合離相故善現當知是善薩
摩訶薩不樂觀察論說城邑所以者何是善
薩摩訶薩任諸法空不見少法有攝不攝好
惡相故善現當知是善薩摩訶薩不樂觀察
論說國土所以者何是善薩摩訶薩安任實
際不見諸法有屬不屬此彼相故善現當知
是善薩摩訶薩不樂觀察論說相好所以者
何是善薩摩訶薩安任無相不見諸法有好
有醜差別相故善現當知是善薩摩訶薩不
樂觀察論說是我是有情乃至是知者是見
者所以者何是善薩摩訶薩任畢竟空都不
見我乃至見者若有若無差別相故善現當
知是善薩摩訶薩不樂觀察論說世間如是
等事但樂觀察論說般若波羅蜜多所以者
何甚深般若波羅蜜多遠離眾相能證無上

BD04230號　大般若波羅蜜多經卷五一五　（23–8）

緣觀察論[illegible]我[illegible]有情乃至[illegible]
者所以者何是菩薩摩訶薩住畢竟空都不
見我乃至見者若有若無差別相故善現當
知是菩薩摩訶薩不樂觀察論說世間如是
等事但樂觀察論說般若波羅蜜多所以者
何甚深般若波羅蜜多遠離衆相能證無上
大菩提故善現當知是菩薩摩訶薩常不遠
離一切智智相應作意脩行布施波羅蜜多
離慳貪事脩行淨戒波羅蜜多離犯戒事脩
行安忍波羅蜜多離忿諍事脩行精進波羅
蜜多離懈怠事脩行靜慮波羅蜜多離散亂
事脩行般若波羅蜜多離惡慧事善現當知
是菩薩摩訶薩雖住一切法空而愛樂正法
不樂非法雖住不可得空而常稱讚三寶功
德善現當知是菩薩摩訶薩雖行諸法真如
法界一味之相而樂稱揚真如法界種種功德
善現當知是菩薩摩訶薩雖知諸法皆畢
竟空而愛善友不樂惡友言善友者謂諸如
來應正等覺及諸菩薩摩訶薩衆若諸聲聞
獨覺乘等善能教化安立有情令趣無上正
等菩提亦名善友善現當知是菩薩摩訶薩
常樂親覲一切如來應正等覺聽聞正法若
聞如來應正等覺在餘世界現說正法即以
願力往生彼界供養恭敬尊重讚歎聽受正
法善現當知是菩薩摩訶薩若晝若夜恒不
遠離念佛作意亦不遠離聞法作意由此因

BD04230號　大般若波羅蜜多經卷五一五　（23–9）

常樂親覲一切如來應正等覺聽聞正法若
聞如來應正等覺在餘世界現說正法即以
願力往生彼界供養恭敬尊重讚歎聽受正
法善現當知是菩薩摩訶薩若晝若夜恒不
遠離念佛作意亦不遠離聞法作意由此因
緣隨諸國土有佛世尊現說正法即乘願力
往彼受生或乘神通往彼聽法由是因緣此
諸菩薩生生之處常不離佛恒聞正法無間
無斷善現當知是菩薩摩訶薩恒為利樂諸
有情故雖能現起靜慮無色諸甚深定而巧
方便起欲界心教諸有情十善業道亦隨願
力現生欲界有佛國土供養恭敬尊重讚歎
諸佛世尊聽聞正法脩諸勝行若菩薩摩訶
薩成就如是諸行狀相知是不退轉菩薩摩
訶薩復次善現一切不退轉菩薩摩訶薩常
行布施波羅蜜多乃至般若波羅蜜多常行
內空乃至無性自性空常行真如乃至不思
議界常行苦集滅道聖諦常行四念住乃至
八聖道支常行四靜慮四無量四無色定常
行空無相無願解脫門常行八解脫乃至十
遍處常行殊勝諸菩薩地常行一切陁羅尼
門三摩地門常行五眼六神通常行如來十
力乃至十八佛不共法常行大慈大悲大喜
大捨常行無忘失法恒住捨性常行一切智
道相智一切相智常行一切菩薩摩訶薩行
常求諸佛無上正等菩提善現當知是菩薩

BD04230號　大般若波羅蜜多經卷五一五　（23–10）

門三摩地門常行五眼六神通常行如來十
力乃至十八佛不共法常行大慈大悲大喜
大捨常行無忘失法恒住捨性常行一切智
道相智一切相智常行一切菩薩摩訶薩行
常求諸佛無上正等菩提善現當知是菩薩
摩訶薩恒於自地不起疑惑不作是念我是
不退轉我非不退轉所以者何是菩薩摩訶
薩不見少法可於無上正等菩提說有退轉
說無退轉善現當知是菩薩摩訶薩於自地
法無惑無疑所以者何是菩薩摩訶薩於自
地法已善了知善通達故善現當知如預流
者住預流果於自果法無惑無疑一來不還
阿羅漢獨覺及諸如來應正等覺各住自果
於自果法無惑無疑是菩薩摩訶薩亦復如
是於自所住不退轉地所攝諸法現知現見
無惑無疑善現當知是菩薩摩訶薩住此地
中成熟有情嚴淨佛土脩諸功德有魔事起
即能覺知不隨魔事勢力而轉善能摧滅種
種魔事令不障礙所脩功德善現當知如有
造作無間業者彼無間心恒常隨逐乃至命
終亦不能捨所以者何彼能等起無間業纏
增上勢力恒常隨轉乃至命盡亦不能伏設
有餘心不能遮礙此菩薩摩訶薩亦復如是
安住自地其心不動無所分別世間天人阿
素洛等皆不能轉所以者何是菩薩摩訶薩
其心堅固超諸世間天人魔梵阿素洛等已

BD04230號　大般若波羅蜜多經卷五一五　（23–11）

增上勢力恒常隨轉乃至命盡亦不能伏設
有餘心不能遮礙此菩薩摩訶薩亦復如是
安住自地其心不動無所分別世間天人阿
素洛等皆不能轉所以者何是菩薩摩訶薩
其心堅固超諸世間天人魔梵阿素洛等已
入菩薩正性離生住不退地已得菩薩殊勝
神通成熟有情嚴淨佛土從一佛國趣一佛
國供養恭敬尊重讚歎諸佛世尊及佛弟子
聽聞正法於諸佛所種諸善根請問菩薩所
學法義善現當知是菩薩摩訶薩安住自地
有魔事起即能覺知終不隨順魔事而轉方
便善巧集諸魔事置實際中方便除滅於自
地法無惑無疑所以者何是菩薩摩訶薩知
一切法皆入實際通達實際非一非多於實
際中無所分別以於實際無惑無疑於自地
法亦無猶豫善現當知是菩薩摩訶薩設轉
受生亦於實際無復退轉終不發起趣向聲
聞獨覺地意所以者何是菩薩摩訶薩知一
切法自相皆空於此空中不見有法若生若
滅若染若淨善現當知是菩薩摩訶薩乃至
轉身亦不疑我當得無上正等菩提為不當
得所以者何是菩薩摩訶薩通達諸法自相
皆空即是無上正等菩提善現當知是菩薩
摩訶薩安住自地不隨他緣於自地法無能
壞者所以者何是菩薩摩訶薩成就無動無
退轉智一切惡緣不能傾動若菩薩摩訶薩

BD04230號　大般若波羅蜜多經卷五一五　（23–12）

得所以者何是菩薩摩訶薩通達諸法自相
皆空即是無上正等菩提善現當知是菩薩
摩訶薩安住自地不隨他緣於自地法無能
壞者所以者何是菩薩摩訶薩成就無動無
退轉智一切惡緣不能傾動若菩薩摩訶薩
成就如是諸行狀相知是不退轉菩薩摩訶
薩復次善現一切不退轉菩薩摩訶薩設有
惡魔作佛形像來到其所作如是言汝今應
求阿羅漢果永盡諸漏證般涅槃汝未堪受
大菩提記亦未證得無生法忍汝今未有不
退轉地諸行狀相如來不應授汝無上大菩
提記要有具足不退轉地諸行狀相乃可蒙
佛授與無上大菩提記是菩薩摩訶薩聞彼
語已心無變動不退不沒無驚無怖是菩薩
摩訶薩應自證知我於過去諸如來所必已
受得大菩提記所以者何菩薩成就如是勝
法定蒙諸佛授菩提記我已成就如是勝法
云何世尊不授我記故我過去於如來所定
已受得大菩提記若菩薩摩訶薩成就如是
諸行狀相知是不退轉菩薩摩訶薩復次善
現一切不退轉菩薩摩訶薩設有惡魔或魔
使者作佛形像來授菩薩聲聞地記或授菩
薩獨覺地記告菩薩言咄善男子何用無上
正等菩提生死輪迴久受大苦宜自速證無
餘涅槃永離生死畢竟安樂是菩薩摩訶薩

薩獨覺地記告菩薩言咄善男子何用無
正等菩提生死輪迴久受大苦宜自速證無
餘涅槃永離生死畢竟安樂是菩薩摩訶薩
聞彼語已作是念言此定惡魔或魔使者誑
現佛像擾亂我心授我聲聞獨覺地記令退
無上正等菩提所以者何定無諸佛教諸菩
薩趣向聲聞或獨覺地棄捨無上正等菩提
若菩薩摩訶薩成就如是諸行狀相知是不退
轉菩薩摩訶薩復次善現一切不退轉菩
薩摩訶薩設有惡魔或魔使者誑現佛像告
菩薩言汝所受持大乘經典非佛所說亦非
如來弟子所說是諸惡魔或諸外道為誑惑
汝作如是說汝今不應受持讀誦是菩薩摩
訶薩聞彼語已作是念言此定惡魔或魔眷
屬令我猒捨無上菩提故說大乘甚深經典
非佛所說亦非如來弟子所說所以者何離
此經典能得無上正等菩提必無是處善現
當知是菩薩摩訶薩定已安住不退轉地過
去諸佛久已授彼大菩提記所以者何是菩
薩摩訶薩具足成就不退轉地諸行狀相若
諸菩薩成就如是諸行狀相當知已受大菩
提記必已安住不退轉地故能覺知惡魔事
業若菩薩摩訶薩成就如是諸行狀相知是
不退轉菩薩摩訶薩
復次善現一切不退轉菩薩摩訶薩行深般
若波羅蜜多時護正法不惜身命況餘珎

業若菩薩摩訶薩成就如是諸行狀相知是
不退轉菩薩摩訶薩
復次善現一切不退轉菩薩摩訶薩行深般
若波羅蜜多時攝護正法不惜身命況餘珍
財朋友眷屬是菩薩摩訶薩恒作是念我寧
棄捨親友珍財及自身命終不棄捨諸佛正
法所以者何親友珍財及自身命生生常有
甚為易得諸佛正法百千俱胝那庾多劫乃
得一遇遇以長夜獲大利樂故我定應精勤
攝護不顧身命親友珍財善現當知是菩薩
摩訶薩攝護法時應作是念我今不為攝護
一佛二佛三佛乃至百千諸佛正法普為攝
護十方三世諸佛正法令不虧損具壽善現
便白佛言何等名為諸佛正法是菩薩摩訶
薩云何攝護不惜珍財親友身命佛告善現
一切如來應正等覺為諸菩薩說諸法空如
是名為諸佛正法有愚癡類誹謗毀呰言此
非法非毗奈耶非天人師所說聖教脩學此
法不得無上正等菩提不證涅槃永寂安樂
是菩薩摩訶薩攝護此法不惜珍財親友
身命當作是念如來所說一切法空是諸有情
真歸依處菩薩脩學疾證無上正等菩提拔
諸有情生老病死令得畢竟常樂涅槃故我
今應不惜身命珍財親友攝護此法又作是
念我亦墮在未來佛數佛已授我大菩提記

身命常作是念如來所說一切法空是諸有情
真歸依處菩薩脩學疾證無上正等菩提拔
諸有情生老病死令得畢竟常樂涅槃故我
今應不惜身命珍財親友攝護此法又作是
念我亦墮在未來佛數佛已授我大菩提記
由此因緣諸佛正法即是我法我應攝護不
惜身命珍財親友我未來世得作佛時亦為
有情宣說如是諸法空故善現當知是菩
薩摩訶薩見斯義利攝護如來所說正法不惜
身命親友珍財乃至菩提常無懈倦善薩
摩訶薩成就如是諸行狀相知是不退轉菩
薩摩訶薩復次善現一切不退轉菩薩摩訶
薩聞諸如來應正等覺所說正法無惑無疑
聞已受持能不忘失乃至無上正等菩提所
以者何是菩薩摩訶薩已得善巧陁羅尼故
具壽善現便白佛言是菩薩摩訶薩已得何
等陁羅尼故聞諸如來應正等覺所說正法
無惑無疑聞已受持常不忘失佛告善現是
菩薩摩訶薩已得持陁羅尼等方便善巧
聞諸如來應正等覺所說正法無惑無疑聞
已受持能不忘失乃至無上正等菩提常如
現前聞佛所說尒時善現復白佛言是菩薩
摩訶薩但聞如來應正等覺所說正法無惑
無疑聞已受持常不忘失為聞菩薩獨覺聲
聞天龍藥叉人非人等所說正法亦能於彼
無惑無疑聞已受持常不忘失佛告善現是

已受持解不忘失乃至無上正等菩提常如
現前聞佛所說尒時善現復白佛言是菩薩
摩訶薩但聞如來應正等覺所說正法無惑
無疑聞已受持常不忘失為聞菩薩獨覺聲
聞天龍藥叉人非人等所說正法亦能於彼
無惑無疑聞已受持常不忘失佛告善現是
菩薩摩訶薩普聞一切有情言音文字義理
皆能通達無惑無疑窮未來際常不忘失
所以者何是菩薩摩訶薩已得聞持陁羅尼等
方便善巧任持所說令不失故若菩薩摩訶
薩成就如是諸行狀相知是不退轉菩薩摩
訶薩

第三分空相品第廿一

尒時具壽善現復白佛言世尊如是不退轉
菩薩摩訶薩成就廣大無量無邊不可思議
希有功德佛告善現如是如是如汝所說所
以者何是菩薩摩訶薩已得殊勝無量無邊
不共聲聞及獨覺智住此智中引發殊勝四
無礙解由此殊勝四無礙解世間天人阿素
洛等無能問難令此菩薩智慧辯才至窮盡
者具壽善現復白佛言世尊能如殑伽沙劫
宣說不退轉菩薩摩訶薩諸行狀相由佛所
說諸行狀相顯示不退轉菩薩摩訶薩成就
無量殊勝功德唯願如來應正等覺復為宣
說甚深義處令諸菩薩安住其中能行布施
波羅蜜多乃至般若波羅蜜多令速圓滿能

宣說不退轉菩薩摩訶薩諸行狀相由佛所
說諸行狀相顯示不退轉菩薩摩訶薩成就
無量殊勝功德唯願如來應正等覺復為宣
說甚深義處令諸菩薩安住其中能行布施
波羅蜜多乃至般若波羅蜜多令速圓滿能
行內空乃至無性自性空令速圓滿能行真
如乃至不思議界令速圓滿能行苦集滅道
聖諦令速圓滿能行四念住乃至八聖道支
令速圓滿能行四靜慮四無量四無色定令
速圓滿能行八解脫乃至十遍處令速圓滿
能行空無相無願解脫門令速圓滿能行菩
薩摩訶薩地令速圓滿能行一切陁羅尼門
三摩地門令速圓滿能行五眼六神通令速
圓滿能行如來十力乃至十八佛不共法令
速圓滿能行大慈大悲大喜大捨令速圓滿
能行三十二相八十隨好令速圓滿能行無
忘失法恒住捨性令速圓滿能行一切智道
相智一切相智令速圓滿佛告善現善哉善
哉汝今乃能為諸菩薩摩訶薩眾請問如來
應正等覺甚深義處令諸菩薩安住其中行
諸功德令速圓滿善現當知甚深義處謂空
無相無願無作無生無滅離染涅槃真如法
界法性實際如是等名甚深義處善現當知
如是所說甚深義處種種增語皆顯涅槃為
甚深義具壽善現復白佛言為但涅槃名甚

諸功德令速圓滿善現當知甚深義處謂空
無相無願無作無生無滅離染涅槃真如法
界法性實際如是等名甚深義處善現當知
如是所說甚深義處種種增語皆顯涅槃爲
甚深義具壽善現復白佛言爲但涅槃名甚
深義爲諸餘法亦名甚深佛告善現餘一切
法亦名甚深所謂色蘊乃至識蘊亦名甚深
眼處乃至意處亦名甚深色處乃至法處亦
名甚深眼界乃至意界亦名甚深色界乃至
法界亦名甚深眼識界乃至意識界亦名甚
深眼觸乃至意觸亦名甚深眼觸爲緣所生
諸受乃至意觸爲緣所生諸受亦名甚深地
界乃至識界亦名甚深因緣乃至增上緣亦
名甚深無明乃至老死亦名甚深布施波羅
蜜多乃至般若波羅蜜多亦名甚深內空乃
至無性自性空亦名甚深真如乃至不思議
界亦名甚深苦集滅道聖諦亦名甚深四念
住乃至八聖道支亦名甚深四靜慮四無量
四無色定亦名甚深八解脫乃至十遍處亦
名甚深空無相無願解脫門亦名甚深淨觀
地乃至如來地亦名甚深極喜地乃至法雲
地亦名甚深陀羅尼門三摩地門亦名甚深
五眼六神通亦名甚深如來十力乃至十八
佛不共法亦名甚深大慈大悲大喜大捨亦
名甚深三十二相八十隨好亦名甚深無忘

BD04230號　大般若波羅蜜多經卷五一五　（23–19）

地乃至如來地亦名甚深極喜地乃至法雲
地亦名甚深陀羅尼門三摩地門亦名甚深
五眼六神通亦名甚深如來十力乃至十八
佛不共法亦名甚深大慈大悲大喜大捨亦
名甚深三十二相八十隨好亦名甚深無忘
失法恒住捨性亦名甚深一切智道相智一
切相智亦名甚深預流果乃至獨覺菩提亦
名甚深一切菩薩摩訶薩行諸佛無上正等
菩提亦名甚深尒時善現復白佛言云何色
蘊亦名甚深云何受想行識蘊亦名甚深廣
說乃至云何一切菩薩摩訶薩行亦名甚深
云何諸佛無上正等菩提亦名甚深佛告善
現色蘊真如甚深故色蘊亦名甚深受想行
識蘊真如甚深故受想行識蘊亦名甚深廣
說乃至一切菩薩摩訶薩行真如甚深故一
切菩薩摩訶薩行亦名甚深諸佛無上正等
菩提真如甚深故諸佛無上正等菩提亦名
甚深具壽善現復白佛言云何色蘊真如
甚深云何受想行識蘊真如甚深廣說乃至云
何一切菩薩摩訶薩行真如甚深云何諸佛
無上正等菩提真如甚深佛告善現色蘊真
如非即色蘊非離色蘊是故甚深受想行識
蘊真如非即受想行識蘊非離受想行識蘊
是故甚深廣說乃至一切菩薩摩訶薩行真
如非即一切菩薩摩訶薩行非離一切菩薩

BD04230號　大般若波羅蜜多經卷五一五　（23–20）

無上正等菩提真如甚深佛告善現色蘊真
如非即色蘊非離色蘊是故甚深受想行識
蘊真如非即受想行識蘊非離受想行識蘊
是故甚深廣說乃至一切菩薩摩訶薩行真
如非即一切菩薩摩訶薩行非離一切菩薩
摩訶薩行是故甚深諸佛無上正等菩提真
如非即諸佛無上正等菩提非離諸佛無上
正等菩提是故甚深尒時善現復白佛言世
尊甚奇微妙方便為不退轉地菩薩摩訶薩
遮遣色蘊顯示涅槃遮遣受想行識蘊顯示
涅槃廣說乃至遮遣一切菩薩摩訶薩行顯
示涅槃遮遣諸佛無上正等菩提顯示涅槃
世尊甚奇微妙方便為不退轉地菩薩摩訶
薩遮遣一切若世間法若出世間法若共法
若不共法若有漏法若無漏法若有諍法若
無諍法若有罪法若無罪法若有為法若無
為法顯示涅槃佛告善現如是如是如汝所
說世尊甚奇微妙方便為不退轉地菩薩摩
訶薩遮遣色蘊顯示涅槃遮遣受想行識蘊
顯示涅槃廣說乃至遮遣一切菩薩摩訶薩
行顯示涅槃遮遣諸佛無上正等菩提顯示
涅槃世尊甚奇微妙方便為不退轉地菩薩
摩訶薩遮遣一切若世間法若出世間法若
共法若不共法若有漏法若無漏法若有諍
法若無諍法若有罪法若無罪法若有為法
若無為法顯示涅槃復次善現諸菩薩摩訶

BD04230 號　大般若波羅蜜多經卷五一五　（23–21）

涅槃世尊甚奇微妙方便為不退轉地菩薩
摩訶薩遮遣一切若世間法若出世間法若
共法若不共法若有漏法若無漏法若有諍
法若無諍法若有罪法若無罪法若有為法
若無為法顯示涅槃復次善現諸菩薩摩訶
薩應於如是甚深義處依深般若波羅蜜多
相應理趣審諦思惟籌量觀察應作是念我
今應如甚深般若波羅蜜多所教而住我今
應如甚深般若波羅蜜多所說而學善現當
知若菩薩摩訶薩能於如是甚深義處依深
般若波羅蜜多相應理趣審諦思惟籌量觀
察如深般若波羅蜜多所教而住如深般若
波羅蜜多所說而學是菩薩摩訶薩由能如
是精勤修學依深般若波羅蜜多起一念心
尚能攝受無量無數無邊善根超無量劫
生死流轉速證無上正等菩提況能無間常修
般若波羅蜜多恒住菩提相應作意如躭欲
人與端正女更相愛染共為期契彼女限礙
不獲赴期此人欲心熾盛流注善現於意云
何其人欲心於何處轉世尊此人欲心於女
處轉謂作是念彼何當來共會於此歡娛
戲樂善現於意云何其人晝夜幾欲念生世尊
此人晝夜欲念甚多佛告善現若菩薩摩訶
薩依深般若波羅蜜多起一念心如深般若
波羅蜜多所說而學所超生死流轉劫數與
躭欲人經一晝夜所起欲念其數量等善現

BD04230 號　大般若波羅蜜多經卷五一五　（23–22）

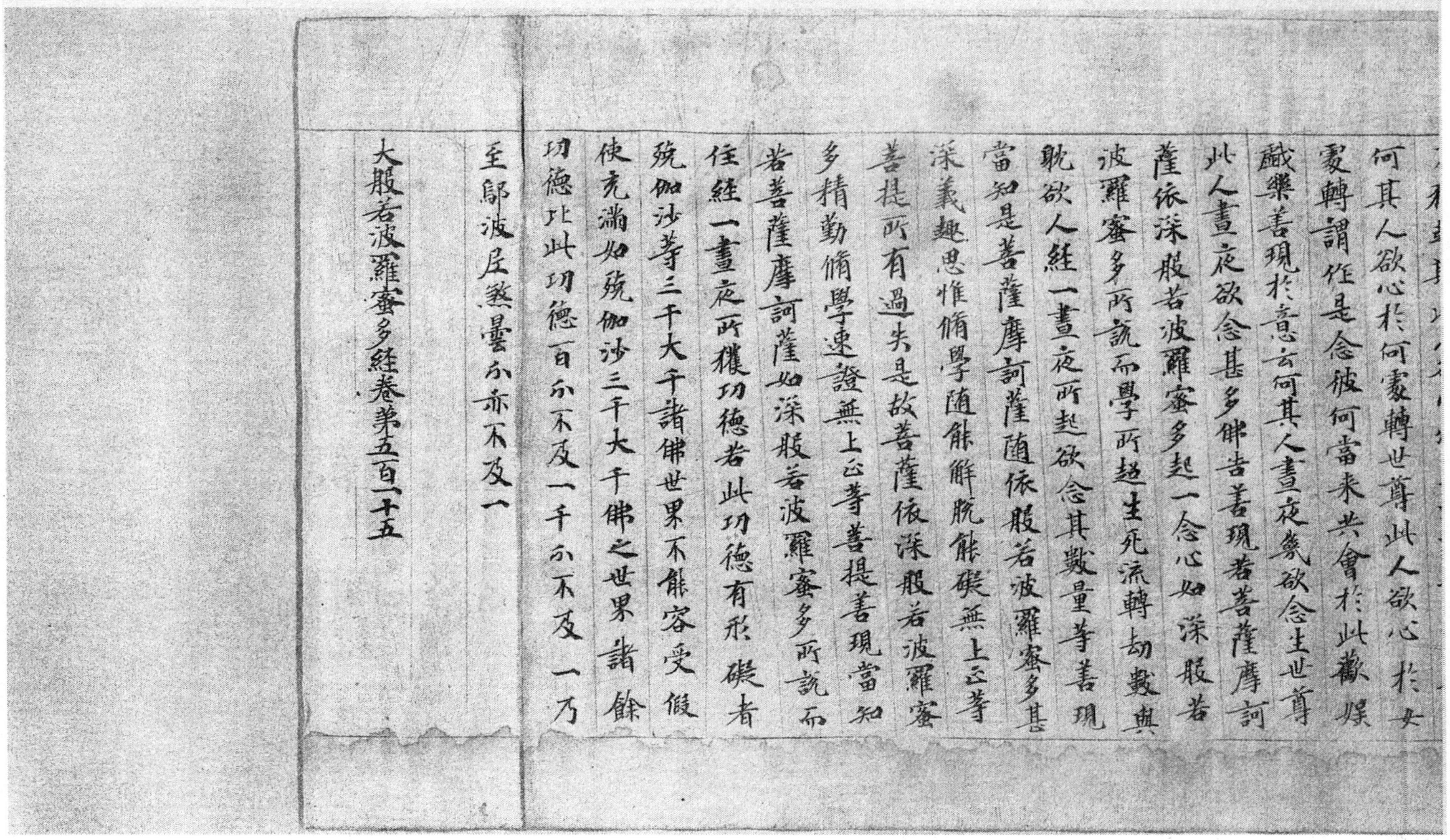

何其人欲心於何處轉世尊此人欲心於女
處轉謂作是念彼何當來共會於此歡娛
戲樂善現於意云何其人晝夜幾欲念生世尊
此人晝夜欲念甚多佛告善現若菩薩摩訶
薩依深般若波羅蜜多起一念心如深般若
波羅蜜多所說而學所起生死流轉劫數與
耽欲人經一晝夜所起欲念其數量等善現
當知是菩薩摩訶薩隨依般若波羅蜜多甚
深義趣思惟脩學隨能解脫能礙無上正等
菩提所有過失是故菩薩依深般若波羅蜜
多精勤脩學速證無上正等菩提善現當知
若菩薩摩訶薩如深般若波羅蜜多所說而
住經一晝夜所獲功德若此功德有形礙者
殑伽沙等三千大千諸佛世界不能容受假
使充滿如殑伽沙三千大千佛之世界諸餘
功德比此功德百分不及一千分不及一乃
至鄔波尼殺曇分亦不及一

大般若波羅蜜多經卷第五百一十五

BD04230 號　大般若波羅蜜多經卷五一五　　（23–23）

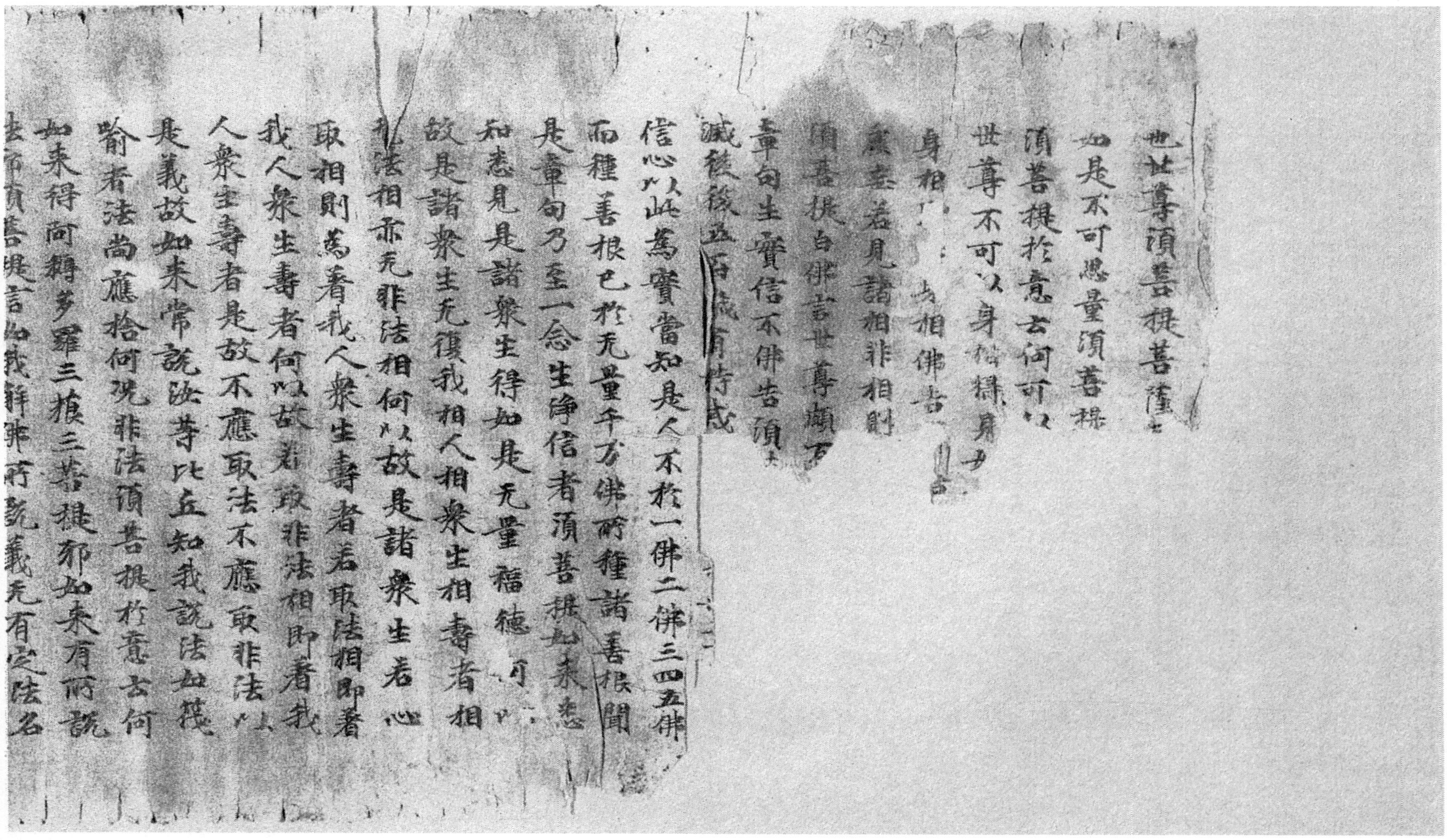

世尊須菩提菩薩
如是不可思量須菩提
須菩提於意云何可以
世尊不可以身相得見如
身相　　相佛告
虛妄若見諸相非相則
須菩提白佛言世尊頗有
章句生實信不佛告須
滅後後五百歲有持戒
信心以此為實當知是人不於一佛二佛三四五佛
而種善根已於無量千万佛所種諸善根聞
是章句乃至一念生淨信者須菩提如來悉
知悉見是諸眾生得如是无量福德何以
故是諸眾生无復我相人相眾生相壽者相
无法相亦无非法相何以故是諸眾生若心
取相則為著我人眾生壽者若取法相即著
我人眾生壽者何以故若取非法相即著我
人眾生壽者是故不應取法不應取非法以
是義故如來常說汝等比丘知我說法如筏
喻者法尚應捨何況非法須菩提於意云何
如來得阿耨多羅三藐三菩提耶如來有所說
法耶須菩提言如我解佛所說義无有定法名

BD04231 號　金剛般若波羅蜜經　　（14–1）

无法相亦无非法相何以故是諸衆生若心
取相則爲著我人衆生壽者若取法相即著
我人衆生壽者何以故若取非法相即著我
人衆生壽者是故不應取法不應取非法以
是義故如來常說汝等比丘知我說法如筏
喻者法尚應捨何况非法須菩提於意云何
如來得阿耨多羅三藐三菩提耶如來有所說
法耶須菩提言如我解佛所說義无有定法名
阿耨多羅三藐三菩提亦无有定法如來可說
何以故如來所說法皆不可取不可說非法非非
法所以者何一切賢聖皆以无爲法而有差別
須菩提於意云何若人滿三千大千世界七寶
以用布施是人所得福德寧爲多不須菩提言
甚多世尊何以故是福德即非福德性是故
如來說福德多若復有人於此經中受持乃至
四句偈等爲他人說其福勝彼何以故須菩提
一切諸佛及諸佛阿耨多羅三藐三菩提法皆
從此經出須菩提所謂佛法者即非佛法
須菩提於意云何須陁洹能作是念我得須
陁洹果不須菩提言不也世尊何以故須陁洹
名爲入流而无所入不入色聲香味觸法是
名須陁洹須菩提於意云何斯陁含能作是
念我得斯陁含果不須菩提言不也世尊何以
故斯陁含名一往來而實无往來是名斯陁
含須菩提於意云何阿那含能作是念我
得阿那含果不須菩提言不也世尊何以故

BD04231 號　金剛般若波羅蜜經　（14–2）

名須陁洹須菩提於意云何斯陁含能作是
念我得斯陁含果不須菩提言不也世尊何以
故斯陁含名一往來而實无往來是名斯陁
含須菩提於意云何阿那含能作是念我
得阿那含果不須菩提言不也世尊何以故
阿那含名爲不來而實无來是故名阿那含
須菩提於意云何阿羅漢能作是念我得
阿羅漢道不須菩提言不也世尊何以故實
无有法名阿羅漢世尊若阿羅漢作是念我
得阿羅漢道即爲著我人衆生壽者世尊佛
說我得无諍三昧人中最爲第一是第一離
欲阿羅漢我不作是念我是離欲阿羅漢世
尊我若作是念我得阿羅漢道世尊則不說
須菩提是樂阿蘭那行者以須菩提實无
所行而名須菩提是樂阿蘭那行
佛告須菩提於意云何如來昔在然燈佛所於
法有所得不世尊如來在然燈佛所於法實
无所得須菩提於意云何菩薩莊嚴佛土不
不也世尊何以故莊嚴佛土者則非莊嚴是
名莊嚴是故須菩提諸菩薩摩訶薩應如是
生清淨心不應住色生心不應住聲香味觸
法生心應无所住而生其心須菩提譬如有
人身如須弥山王於意云何是身爲大不須菩
提言甚大世尊何以故佛說非身是名大身
須菩提如恒河中所有沙數如是沙等恒河
於意云何是諸恒河沙寧爲多不須菩提言
甚多世尊但諸恒河尚多无數何况其沙須

BD04231 號　金剛般若波羅蜜經　（14–3）

人身如須彌山王於意云何是身為大不須菩
提言甚大世尊何以故佛說非身是名大身
須菩提如恒河中所有沙數如是沙等恒河
於意云何是諸恒河沙寧為多不須菩提言
甚多世尊但諸恒河尚多无數何況其沙須
菩提我今實言告汝若有善男子善女人以
七寶滿尒所恒河沙數三千大千世界以用
布施得福多不須菩提言甚多世尊佛告須
菩提若善男子善女人於此經中乃至受持
四句偈等為他人說而此福德勝前福德復
次須菩提隨說是經乃至四句偈等當知此
處一切世間天人阿脩羅皆應供養如佛塔
廟何況有人盡能受持讀誦須菩提當知是
人成就最上第一希有之法若是經典所在之
處則為有佛若尊重弟子
尒時須菩提白佛言世尊當何名此經我等
云何奉持佛告須菩提是經名為金剛般若
波羅蜜以是名字汝當奉持所以者何須菩
提佛說般若波羅蜜則非般若波羅蜜須
菩提於意云何如來有所說法不須菩提白
佛言世尊如來无所說須菩提於意云何三千
大千世界所有微塵是為多不須菩提言甚
多世尊須菩提諸微塵如來說非微塵是名
微塵如來說世界非世界是名世界須菩提於
意云何可以卅二相見如來不不也世尊不可以
三十二相得見如來何以故如來說三十二相即是
非相是名三十二相須菩提若有善男子善女

BD04231號　金剛般若波羅蜜經　（14–4）

大千世界所有微塵是為多不須菩提言甚
多世尊須菩提諸微塵如來說非微塵是名
微塵如來說世界非世界是名世界須菩提於
意云何可以卅二相見如來不不也世尊不可以
三十二相得見如來何以故如來說三十二相即是
非相是名三十二相須菩提若有善男子善女
人以恒河沙等身命布施若復有人於此經中
乃至受持四句偈等為他人說其福甚多
尒時須菩提聞說是經深解義趣涕淚悲泣
而白佛言希有世尊佛說如是甚深經典我
從昔來所得慧眼未曾得聞如是之經世尊若
復有人得聞是經信心清淨則生實相當知是
人成就第一希有功德世尊是實相者則是非
相是故如來說名實相世尊我今得聞如是經
典信解受持不足為難若當來世後五百歲其
有眾生得聞是經信解受持是人則為第一希
有何以故此人无我相人相眾生相壽者相所以
者何我相即是非相人相眾生相壽者相即是
非相何以故離一切諸相則名諸佛佛告須菩提
如是如是若復有人得聞是經不驚不怖不畏
當知是人甚為希有何以故須菩提如來說第
一波羅蜜非第一波羅蜜是名第一波羅蜜
須菩提忍辱波羅蜜如來說非忍辱波羅蜜
何以故須菩提如我昔為歌利王割截身體
我於尒時无我相无人相无眾生相无壽者

BD04231號　金剛般若波羅蜜經　（14–5）

一波羅蜜非第一波羅蜜是名第一波羅蜜
須菩提忍辱波羅蜜如来說非忍辱波羅蜜
何以故須菩提如我昔為歌利王割截身體
我於尒時无我相无人相无衆生相无壽者
相何以故我於往昔節節支解時若有我相
人相衆生相壽者相應生瞋恨須菩提又念
過去於五百世作忍辱仙人於尒所世无我相
无人相无衆生相无壽者相是故須菩提菩
薩應離一切相發阿耨多羅三藐三菩提心
不應住色生心不應住聲香味觸法生心
應生无所住心若心有住則為非住是故佛
說菩薩心不應住色布施須菩提菩薩為利
益一切衆生應如是布施如来說一切諸相
即是非相又說一切衆生則非衆生須菩提
如来是真語者實語者如語者不誑語者不
異語者須菩提如来所得法此法无實无虚
須菩提若菩薩心住於法而行布施如人入
闇則无所見若菩薩心不住法而行布施如
人有目日光明照見種種色須菩提當来之
世若有善男子善女人能於此經受持讀誦
則為如来以佛智慧悉知是人悉見是人皆
得成就无量无邊功德須菩提若有善男子
善女人初日分以恒河沙等身布施中日分
復以恒河沙等身布施後日分亦以恒河沙
等身布施如是无量百千万億劫以身布施
若復有人聞此經典信心不逆其福勝彼何

BD04231 號　金剛般若波羅蜜經　（14–6）

得成就无量无邊功德須菩提若有善男子
善女人初日分以恒河沙等身布施中日分
復以恒河沙等身布施後日分亦以恒河沙
等身布施如是无量百千万億劫以身布施
若復有人聞此經典信心不逆其福勝彼何
况書寫受持讀誦為人解說須菩提以要言
之是經有不可思議不可稱量无邊功德如
来為發大乘者說為發最上乘者說若有人
能受持讀誦廣為人說如来悉知是人悉見
是人皆得成就不可量不可稱无有邊不可思
議功德如是人等則為荷擔如来阿耨多羅
三藐三菩提何以故須菩提若樂小法者著
我見人見衆生見壽者見則於此經不能聽
受讀誦為人解說須菩提在在處處若有此
經一切世間天人阿脩羅所應供養當知此處則為
是塔皆應恭敬作禮圍遶以諸華香而散其處
復次須菩提若善男子善女人受持讀誦此經
若為人輕賤是人先世罪業應墮惡道以今
世人輕賤故先世罪業則為消滅當得阿耨
多羅三藐三菩提須菩提我念過去无量阿
僧祇劫於然燈佛前得值八百四千万億那由
他諸佛悉皆供養承事无空過者若復有
人於後末世能受持讀誦此經所得功德於
我所供養諸佛功德百分不及一千万億分
乃至筭數譬喻所不能及須菩提若善男子
善女人於後末世有受持讀誦此經所得功德
我若具說者或有人聞心則狂亂狐疑不信

BD04231 號　金剛般若波羅蜜經　（14–7）

人於後末世能受持讀誦此經所得功德於
我所供養諸佛功德百分不及一千万億分
乃至算數譬喻所不能及須菩提若善男子
善女人於後末世有受持讀誦此經所得功德
我若具說者或有人聞心則狂亂狐疑不信
須菩提當知是經義不可思議果報亦不可
思議尒時須菩提白佛言世尊善男子善
女人發阿耨多羅三藐三菩提心云何應住
云何降伏其心佛告須菩提善男子善女人
發阿耨多羅三藐三菩提者當生如是心我應
滅度一切衆生滅度一切衆生已而无有一
衆生實滅度者何以故若菩薩有我相人
相衆生相壽者相則非菩薩所以者何須菩
提實无有法發阿耨多羅三藐三菩提者須
菩提於意云何如來於然燈佛所有法得阿
耨多羅三藐三菩提不不也世尊如我解佛所
說義佛於然燈佛所无有法得阿耨多羅三
藐三菩提佛言如是如是須菩提實无有法
如來得阿耨多羅三藐三菩提須菩提若
有法如來得阿耨多羅三藐三菩提者然燈
佛則不與我受記汝於來世當得作佛號釋
迦牟尼以實无有法得阿耨多羅三藐三菩
提是故然燈佛與我受記作是言汝於來世
當得作佛号釋迦牟尼何以故如來者即諸
法如義若有人言如來得阿耨多羅三藐三
菩提須菩提實无有法佛得阿耨多羅三藐

BD04231號　金剛般若波羅蜜經　（14–8）

提是故然燈佛與我受記作是言汝於來世
當得作佛号釋迦牟尼何以故如來者即諸
法如義若有人言如來得阿耨多羅三藐三
菩提須菩提實无有法佛得阿耨多羅三藐
三菩提須菩提如來所得阿耨多羅三藐三
菩提於是中无實无虛是故如來說一切法
皆是佛法須菩提所言一切法者即非一切
法是故名一切法須菩提譬如人身長大須
菩提言世尊如來說人身長大則為非大身
是名大身須菩提菩薩亦如是若作是言我
當滅度无量衆生則不名菩薩何以故須菩
提實无有法名為菩薩是故佛說一切法无我
无人无衆生无壽者須菩提若菩薩作是言
我當莊嚴佛土是不名菩薩何以故如來說
莊嚴佛土者即非莊嚴是名莊嚴須菩提若
菩薩通達无我法者如來說名真是菩薩須
菩提於意云何如來有肉眼不如是世尊如來
有肉眼須菩提於意云何如來有天眼不如
是世尊如來有天眼須菩提於意云何如來
有慧眼不如是世尊如來有慧眼須菩提於
意云何如來有法眼不如是世尊如來有法
眼須菩提於意云何如來有佛眼不如是世
尊如來有佛眼須菩提於意云何如恒河中
所有沙佛說是沙不如是世尊如來說是沙須
菩提於意云何如一恒河中所有沙有如是等恒
河是諸恒河所有沙數佛世界如是寧為多不

BD04231號　金剛般若波羅蜜經　（14–9）

眼須菩提於意云何如來有佛眼不如是世
尊如來有佛眼須菩提於意云何如恒河中
所有沙佛說是沙不如是世尊如來說是沙須
菩提於意云何如一恒河中所有沙有如是等恒
河是諸恒河所有沙數佛世界如是寧為多不
甚多世尊佛告須菩提尒所國土中所有眾生
若干種心如來悉知何以故如來說諸心皆為
非心是名為心所以者何須菩提過去心不可得
見在心不可得未來心不可得
須菩提於意云何若有人滿三千大千世界
七寶以用布施是人以是因緣得福多不如是
世尊此人以是因緣得福甚多須菩提若福
德有實如來不說得福德多以福德无故
如來說得福德多須菩提於意云何佛可以
具足色身見不不也世尊如來不應以具足
色身見何以故如來說具足色身即非具足色
身是名具足色身須菩提於意云何如來可
以具足諸相見不不也世尊如來不應以具足
諸相見何以故如來說諸相具足即非具足
是名諸相具足須菩提汝勿謂如來作是念
我當有所說法莫作是念何以故若人言如
來有所說法即為謗佛不能解我所說故須
菩提說法者无法可說是名說法須菩提白
佛言世尊佛得阿耨多羅三藐三菩提為无
所得耶如是如是須菩提我於阿耨多羅三
藐三菩提乃至无有少法可得是名阿耨多

BD04231 號　金剛般若波羅蜜經　（14–10）

菩提說法者无法可說是名說法須菩提白
佛言世尊佛得阿耨多羅三藐三菩提為无
所得耶如是如是須菩提我於阿耨多羅三
藐三菩提乃至无有少法可得是名阿耨多
羅三藐三菩提復次須菩提是法平等无有
高下是名阿耨多羅三藐三菩提以无我无
人无眾生无壽者脩一切善法則得阿耨多
羅三藐三菩提須菩提所言善法者如來說
非善法是名善法須菩提若三千大千世界
中所有諸須弥山王如是等七寶聚有人持
用布施若人以此般若波羅蜜經乃至四句偈
等受持讀誦為他人說於前福德百分不及
一百千万億乃至筭數譬喻所不能及須菩
提於意云何汝勿謂謂如來作是念我當度眾
生須菩提莫作是念何以故實无有眾生如
來度者若有眾生如來度者如來則有我人
眾生壽者須菩提如來說有我者則非有我
而凡夫之人以為有我須菩提凡夫者如來說
則非凡夫須菩提於意云何可以三十二相
觀如來不須菩提言如是如是以三十二相觀
如來佛言須菩提若以三十二相觀如來者
轉輪聖王則是如來須菩提白佛言世尊
如我解佛所說義不應以三十二相觀如來
尒時世尊而說偈言
若以色見我　以音聲求我　是人行邪道　不能見如來

BD04231 號　金剛般若波羅蜜經　（14–11）

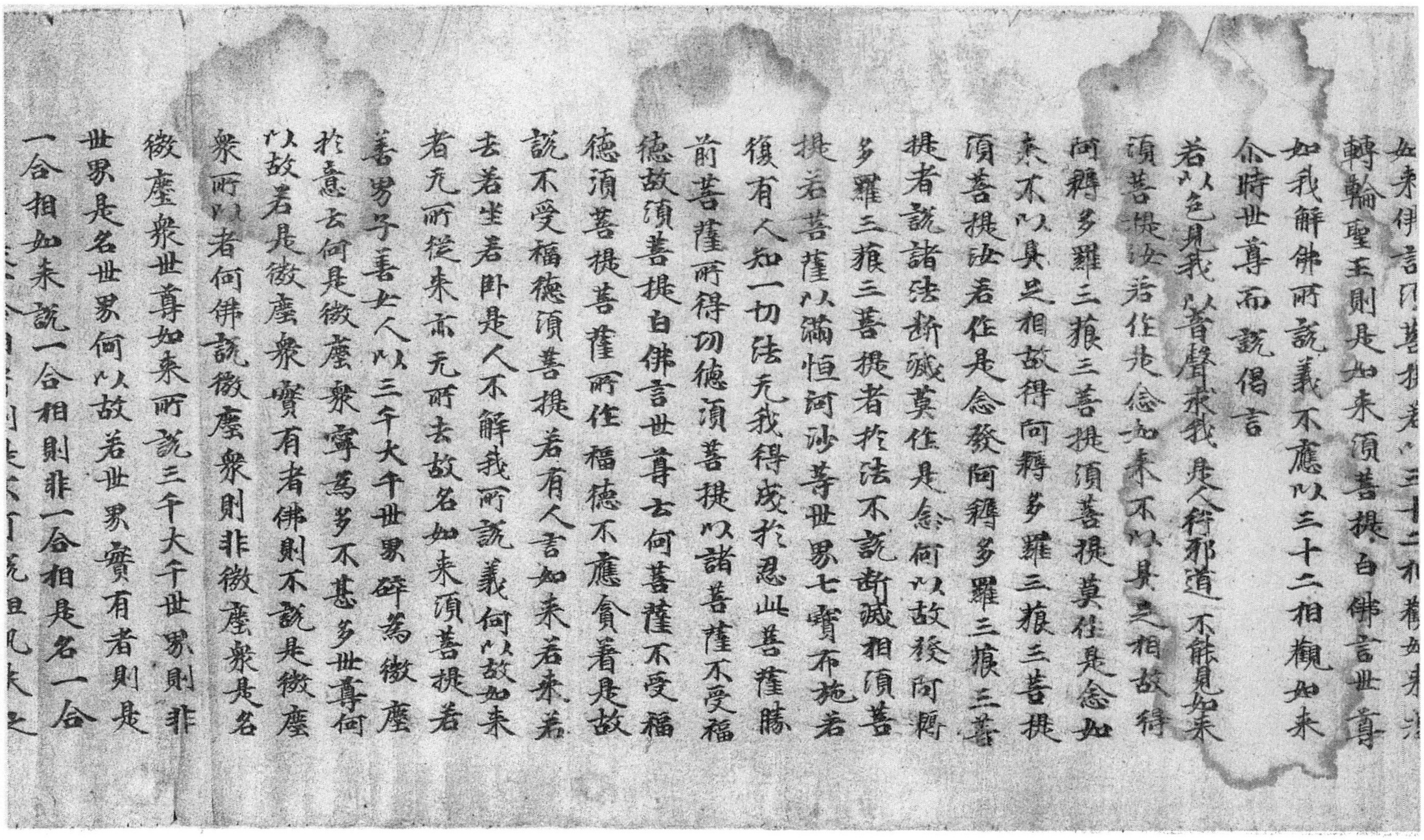

如來佛言須菩提若以三十二相觀如來者
轉輪聖王則是如來須菩提白佛言世尊
如我解佛所說義不應以三十二相觀如來
尒時世尊而說偈言
若以色見我　以音聲求我　是人行邪道　不能見如來
須菩提汝若作是念如來不以具足相故得
阿耨多羅三藐三菩提須菩提莫作是念如
來不以具足相故得阿耨多羅三藐三菩提
須菩提汝若作是念發阿耨多羅三藐三菩
提者說諸法斷滅莫作是念何以故發阿耨
多羅三藐三菩提者於法不說斷滅相須菩
提若菩薩以滿恒河沙等世界七寶布施若
復有人知一切法无我得成於忍此菩薩勝
前菩薩所得功德須菩提以諸菩薩不受福
德故須菩提白佛言世尊云何菩薩不受福
德須菩提菩薩所作福德不應貪著是故
說不受福德須菩提若有人言如來若來若
去若坐若卧是人不解我所說義何以故如來
者无所從來亦无所去故名如來須菩提若
善男子善女人以三千大千世界碎為微塵
於意云何是微塵衆寧為多不甚多世尊何
以故若是微塵衆實有者佛則不說是微塵
衆所以者何佛說微塵衆則非微塵衆是名
微塵衆世尊如來所說三千大千世界則非
世界是名世界何以故若世界實有者則是
一合相如來說一合相則非一合相是名一合

BD04231 號　金剛般若波羅蜜經　（14–12）

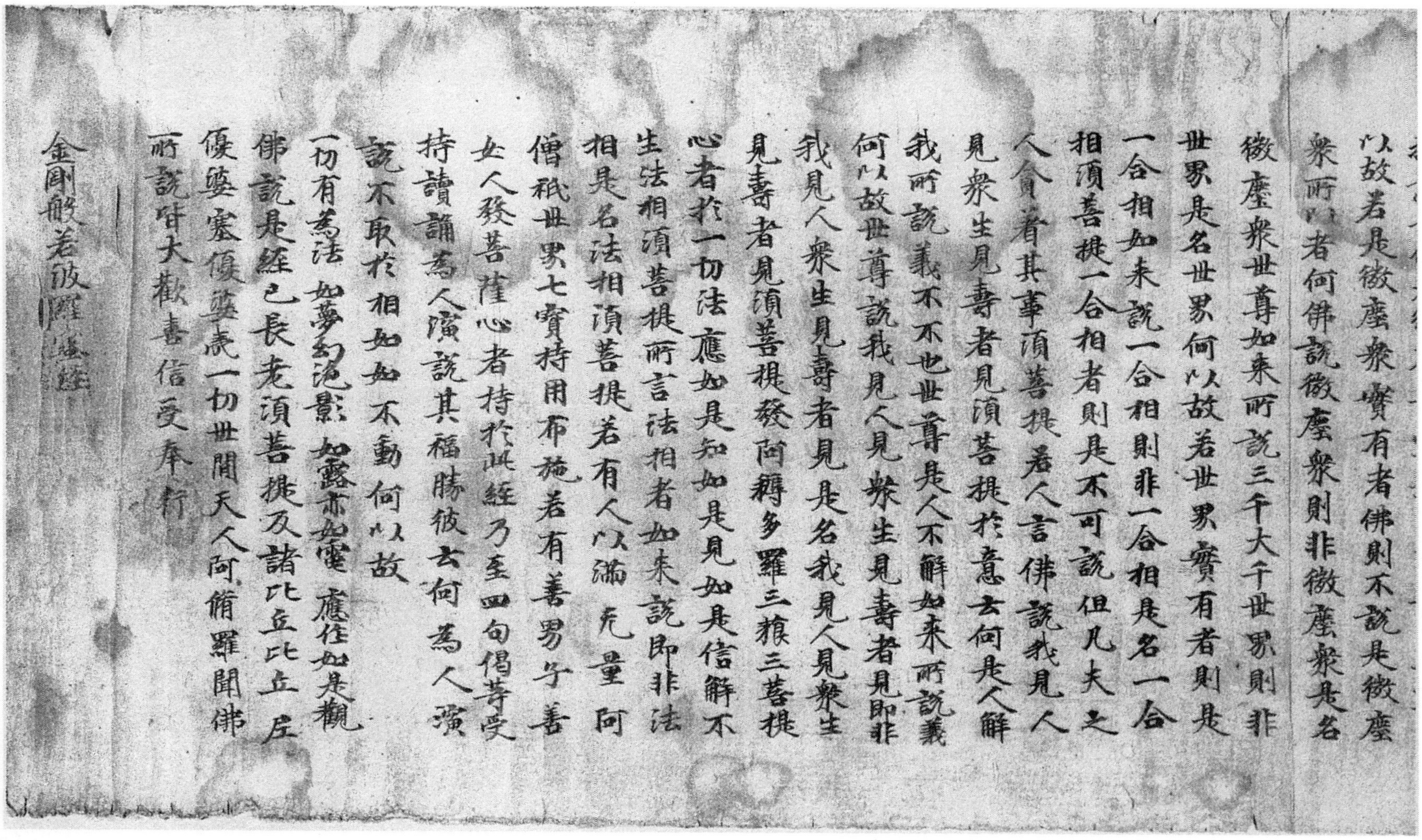

以故若是微塵衆實有者佛則不說是微塵
衆所以者何佛說微塵衆則非微塵衆是名
微塵衆世尊如來所說三千大千世界則非
世界是名世界何以故若世界實有者則是
一合相如來說一合相則非一合相是名一合
相須菩提一合相者則是不可說但凡夫之
人貪著其事須菩提若人言佛說我見人
見衆生見壽者見須菩提於意云何是人解
我所說義不不也世尊是人不解如來所說義
何以故世尊說我見人見衆生見壽者見即非
我見人見衆生見壽者見是名我見人見衆生
見壽者見須菩提發阿耨多羅三藐三菩提
心者於一切法應如是知如是見如是信解不
生法相須菩提所言法相者如來說即非法
相是名法相須菩提若有人以滿无量阿
僧祇世界七寶持用布施若有善男子善
女人發菩薩心者持於此經乃至四句偈等受
持讀誦為人演說其福勝彼云何為人演
說不取於相如如不動何以故
一切有為法　如夢幻泡影　如露亦如電　應作如是觀
佛說是經已長老須菩提及諸比丘比丘尼
優婆塞優婆夷一切世間天人阿脩羅聞佛
所說皆大歡喜信受奉行
金剛般若波羅蜜經

BD04231 號　金剛般若波羅蜜經　（14–13）

我見人衆生見壽者見是名我見人見衆生
見壽者見須菩提發阿耨多羅三藐三菩提
心者於一切法應如是知如是見如是信解不
生法相須菩提所言法相者如來說即非法
相是名法相須菩提若有人以滿无量阿
僧祇世界七寶持用布施若有善男子善
女人發菩薩心者持於此經乃至四句偈等受
持讀誦為人演說其福勝彼云何為人演
說不取於相如如不動何以故
一切有為法　如夢幻泡影　如露亦如電　應作如是觀
佛說是經已長老須菩提及諸比丘比丘尼
優婆塞優婆夷一切世間天人阿脩羅聞佛
所說皆大歡喜信受奉行
金剛般若波羅蜜經

BD04231 號　金剛般若波羅蜜經　（14–14）

言世尊
憶念我昔為兜率天王及其眷屬說不退轉
地之行時維摩詰來謂我言彌勒世尊授仁
者記一生當得阿耨多羅三藐三菩提為用何
生得受記乎過去耶未來耶現在耶若
生過去生已滅若未來生未來生未至若
現在生无住如佛所說比丘汝今即時亦生亦老
亦滅若以无生得受記者无生即是正位於正
位中亦无受記亦无得阿耨多羅三藐三菩
提云何彌勒受一生記乎為從如生得受
記耶為從如滅得受記耶若以如生得受記
者如无有生若以如滅得受記者如无有滅
一切衆生皆如也一切法亦如也衆聖賢亦如也
至於彌勒亦如也若彌勒得受記者一切衆
生亦應受記所以者何夫如者不二不異若彌
勒得阿耨多羅三藐三菩提者一切衆生皆
亦應得所以者何一切衆生即菩提相若彌勒
滅度者一切衆生亦當滅度所以者何諸佛
知一切衆生畢竟寂滅即涅槃相不復更滅
是故彌勒无以此法誘諸天子實无發阿
耨多羅三藐三菩提心者亦无退者彌勒當
令此諸天子捨於分別菩提之見所以者何菩
提者不可以身得不可以心得寂滅是菩提滅
諸相故不觀是菩提離諸緣故不行是菩
提无憶念故斷是菩提捨諸見故離是菩
提離諸妄想故障是菩提障諸願故不入是

BD04232 號　維摩詰所說經卷上　（4–1）

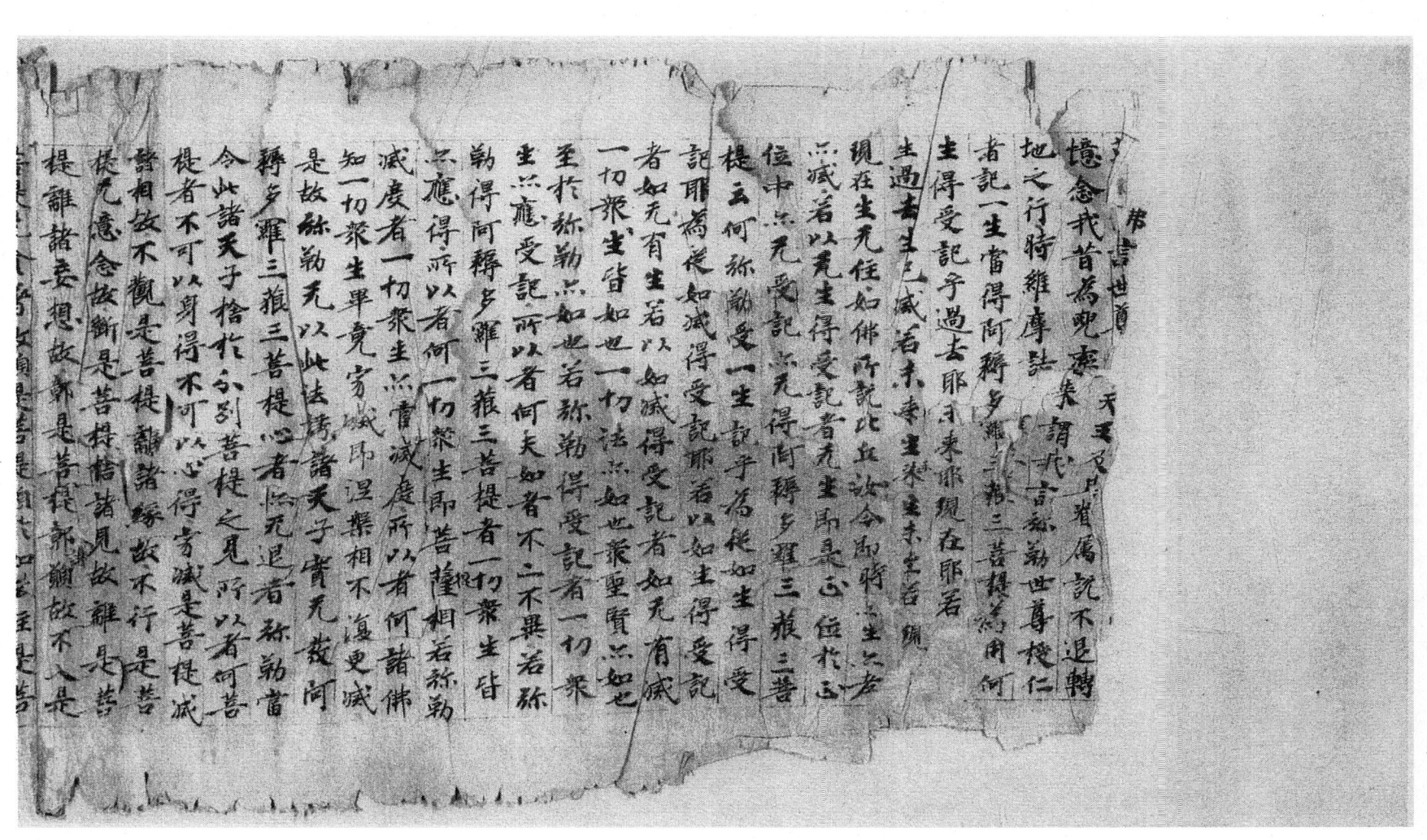

是故弥勒无以此法誘諸天子實无發阿
耨多羅三藐三菩提心者亦无退者弥勒當
令此諸天子捨於分別菩提之見所以者何菩
提者不可以身得不可以心得寂滅是菩提滅
諸相故不觀是菩提離諸緣故不行是菩
提无憶念故斷是菩提捨諸見故離是菩
提離諸妄想故鄣是菩提鄣諸願故不入是
菩提无貪著故順是菩提順於如故住是菩
提住法性故至是菩提至實際故不二是菩提
離意法故等是菩提等虛空故无為是菩提
无生住滅故知是菩提了衆生心行故不會是
菩提諸入不會故不合是菩提離煩惱習故
无處是菩提无形色故假名是菩提名字空
故如化是菩提无取捨故无亂是菩提常自靜
故善寂是菩提性清淨故无取是菩提離攀緣
故无異是菩提諸法等故无比是菩提无可喻
故微妙是菩提諸法難知故世尊維摩詰說
是法時二百天子得无生法忍故我不任詣彼
問疾
佛告光嚴童子汝行詣維摩詰問疾光嚴白
佛言世尊我不堪任詣彼問疾所以者何憶念
我昔出毗耶離大城時維摩詰方入城我即為
作礼而問言居士從何所來答我言吾從道
場來我問道場者何所是答曰直心是道場无
虛假故發行是道場能辦事故深心是道
場增益功德故菩提心是道場无錯謬故布
施是道場不望報故持戒是道場得願具故
忍辱是道場於諸衆生心无㝵故精進是道
場不懈退故禪定是道場心調柔故智慧是
道場現見諸法故慈是道場等衆生故悲是
道場忍疲苦故喜是道場悅樂法故捨是道
場憎愛斷故神通是道場成就六通故解脫
是道場能背捨……

BD04232號　維摩詰所說經卷上　（4–2）

施是道場不望報故持戒是道場得願具故
忍辱是道場於諸衆生心无㝵故精進是道
場不懈退故禪定是道場心調柔故智慧是
道場現見諸法故慈是道場等衆生故悲是
道場忍疲苦故喜是道場悅樂法故捨是道
場憎愛斷故神通是道場成就六通故解脫
是道場能背捨故方便是道場教化衆生故
四攝是道場攝衆生故多聞是道場如聞行
故伏心是道場正觀諸法故卅七品是道場捨
有為法故諦是道場不誑世間故緣起是道
場无明乃至老死皆无盡故諸煩惱是道場
知如實故衆生是道場知无我故一切法是道
場知諸法空故降魔是道場不傾動故三界是
道場无所趣故師子吼是道場无所畏故
力无畏不共法是道場无諸過故三明是道場
无餘㝵故一念知一切法是道場成就一切智故
如是善男子菩薩若應諸波羅蜜教化衆生
諸有所作舉足下足當知皆從道場來住
於佛法矣說是法時五百天人皆發阿耨多
羅三藐三菩提心故我不任詣彼問疾
佛告持世菩薩汝行詣維摩詰問疾持世白
佛言世尊我不堪任詣彼問疾所以者何憶
念我昔住於靜室時魔波旬從万二千天女
狀如帝釋鼓樂絃歌來詣我所與其眷屬
稽首我足合掌恭敬於一面立我意謂是帝釋
而語之言善來憍尸迦雖福應有不當自恣
當觀五欲无常以求善本於身命財而修堅
法即語我言正士受是万二千女可備掃洒
我言憍尸迦无以此非法之物要我沙門釋
子此非我宜所言未訖維摩詰來謂我言非

BD04232號　維摩詰所說經卷上　（4–3）

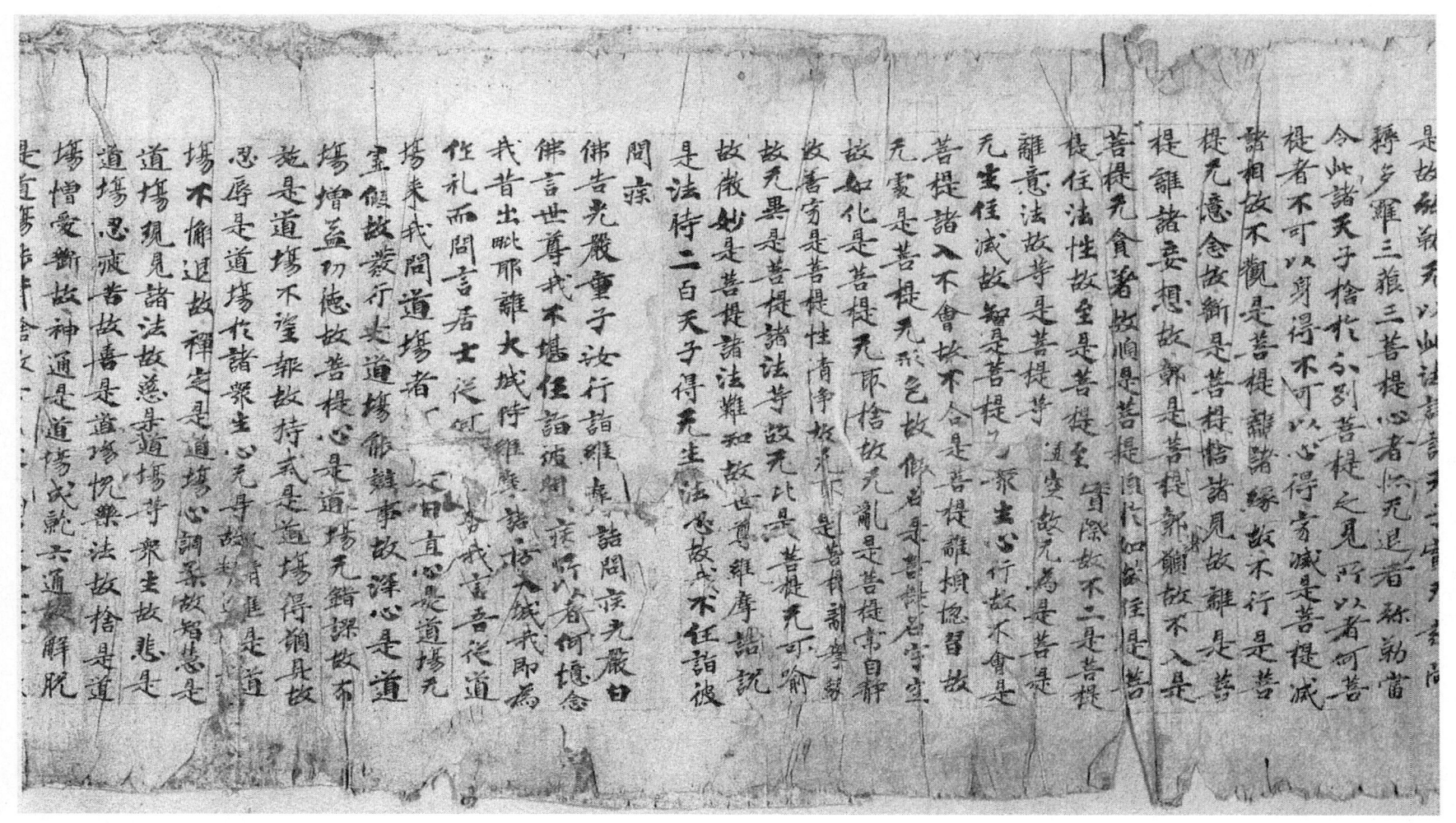

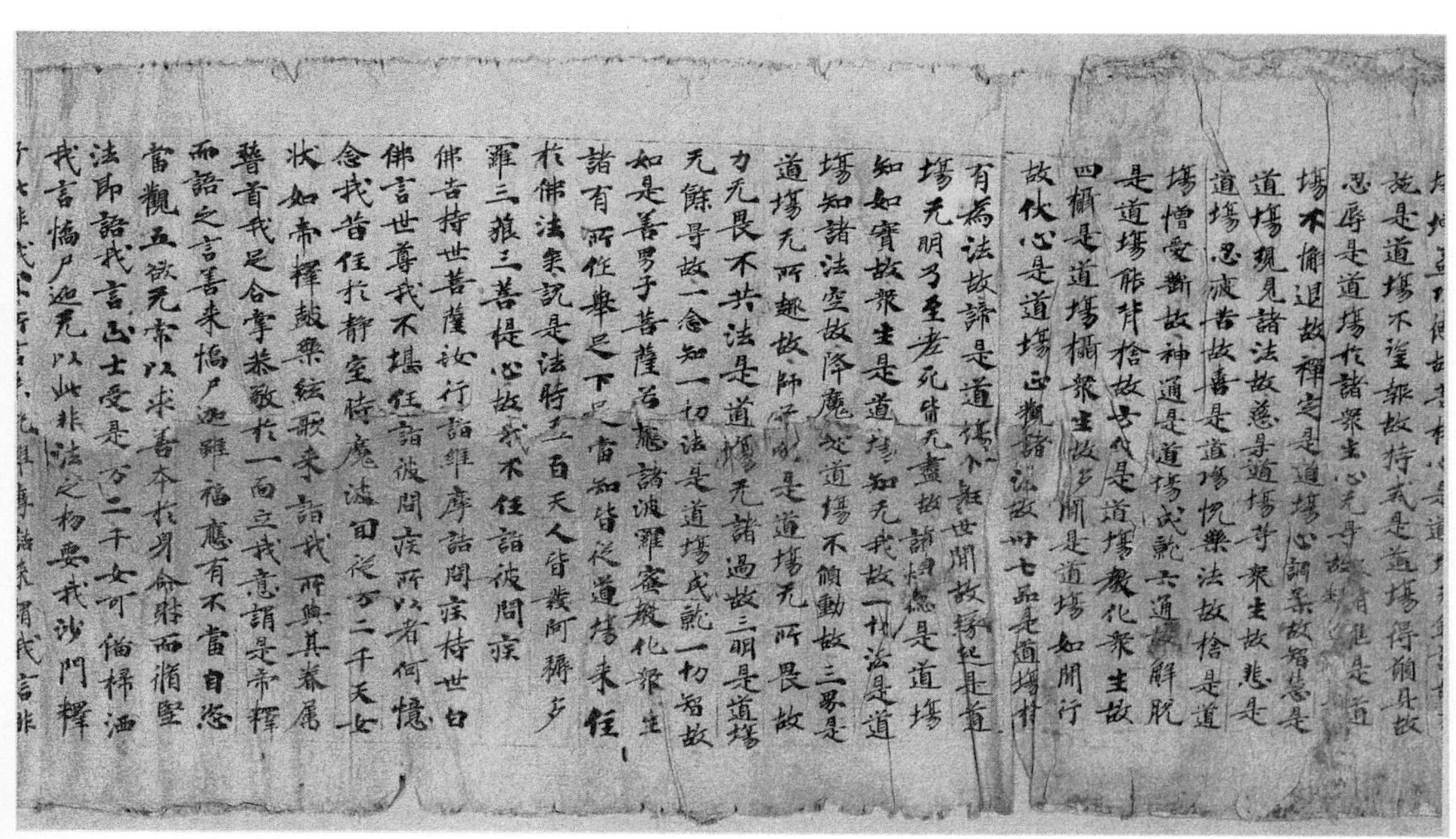

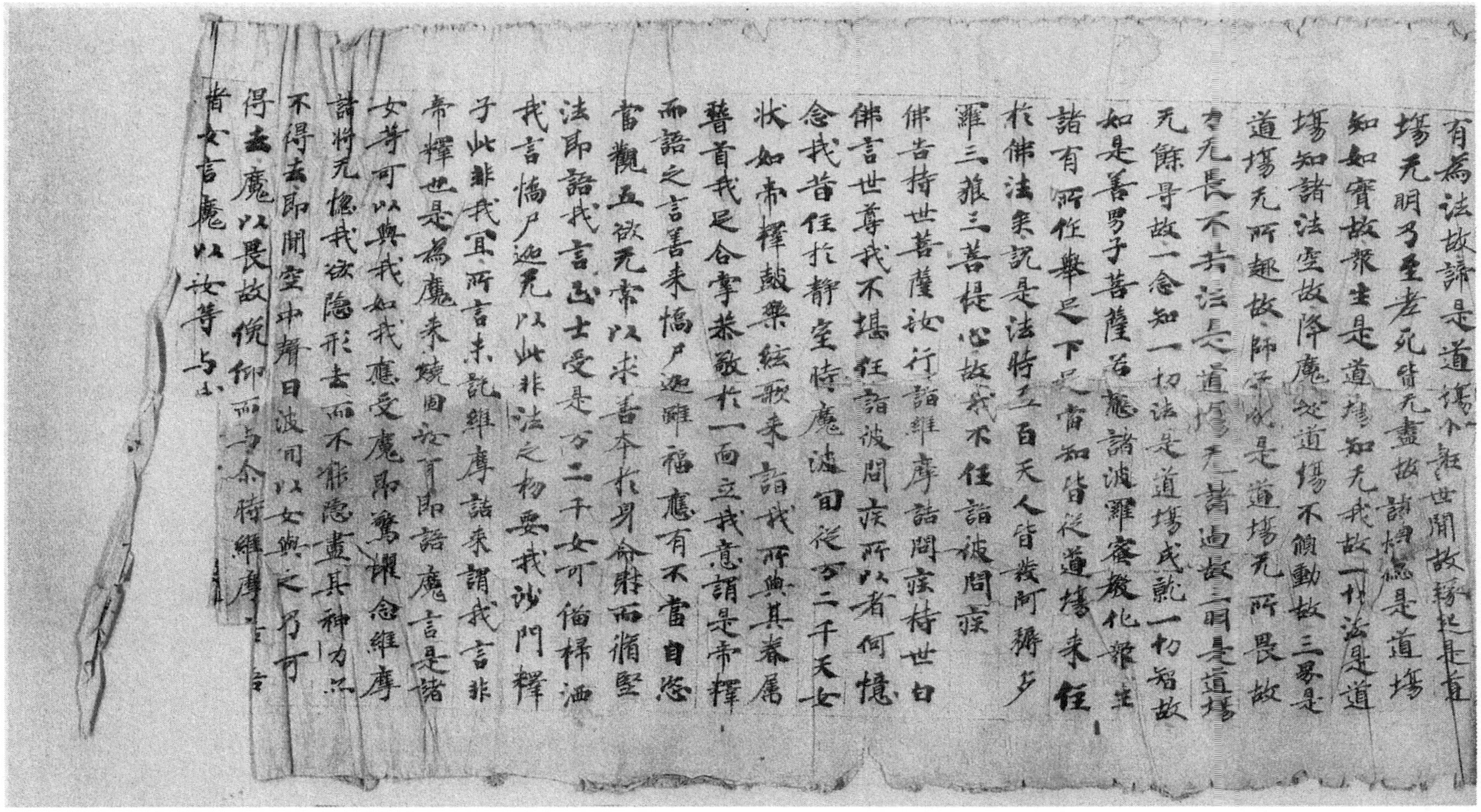
有為法故諦是道場不誑世間故緣起是道
場无明乃至老死皆无盡故諸煩惱是道場
知如實故衆生是道場知无我故一切法是道
場知諸法空故降魔是道場不傾動故三界是
道場无所趣故師子吼是道場无所畏故
力无畏不共法是道場无諸過故三明是道場
无餘导故一念知一切法是道場成就一切智故
如是善男子菩薩若應諸波羅蜜教化衆生
諸有所作舉足下足當知皆從道場來住
於佛法矣說是法時五百天人皆發阿耨多
羅三藐三菩提心故我不任詣彼問疾
佛告持世菩薩汝行詣維摩詰問疾持世白
佛言世尊我不堪任詣彼問疾所以者何憶
念我昔住於靜室時魔波旬從万二千天女
狀如帝釋鼓樂絃歌來詣我所與其眷屬
稽首我足合掌恭敬於一面立我意謂是帝釋
而語之言善來憍尸迦雖福應有不當自恣
當觀五欲无常以求善本於身命財而脩堅
法即語我言正士受是万二千女可備掃灑
我言憍尸迦无以此非法之物要我沙門釋
子此非我宜所言未訖維摩詰來謂我言非
帝釋也是為魔來嬈固汝耳即語魔言是諸
女等可以與我如我應受魔即驚懼念維摩
詰將无惱我欲隱形去而不能隱盡其神力亦
不得去即聞空中聲曰波旬以女與之乃可
得去魔以畏故俛仰而与尒時維摩詰告
諸女言魔以汝等与我

BD04232號　維摩詰所說經卷上　（4–4）

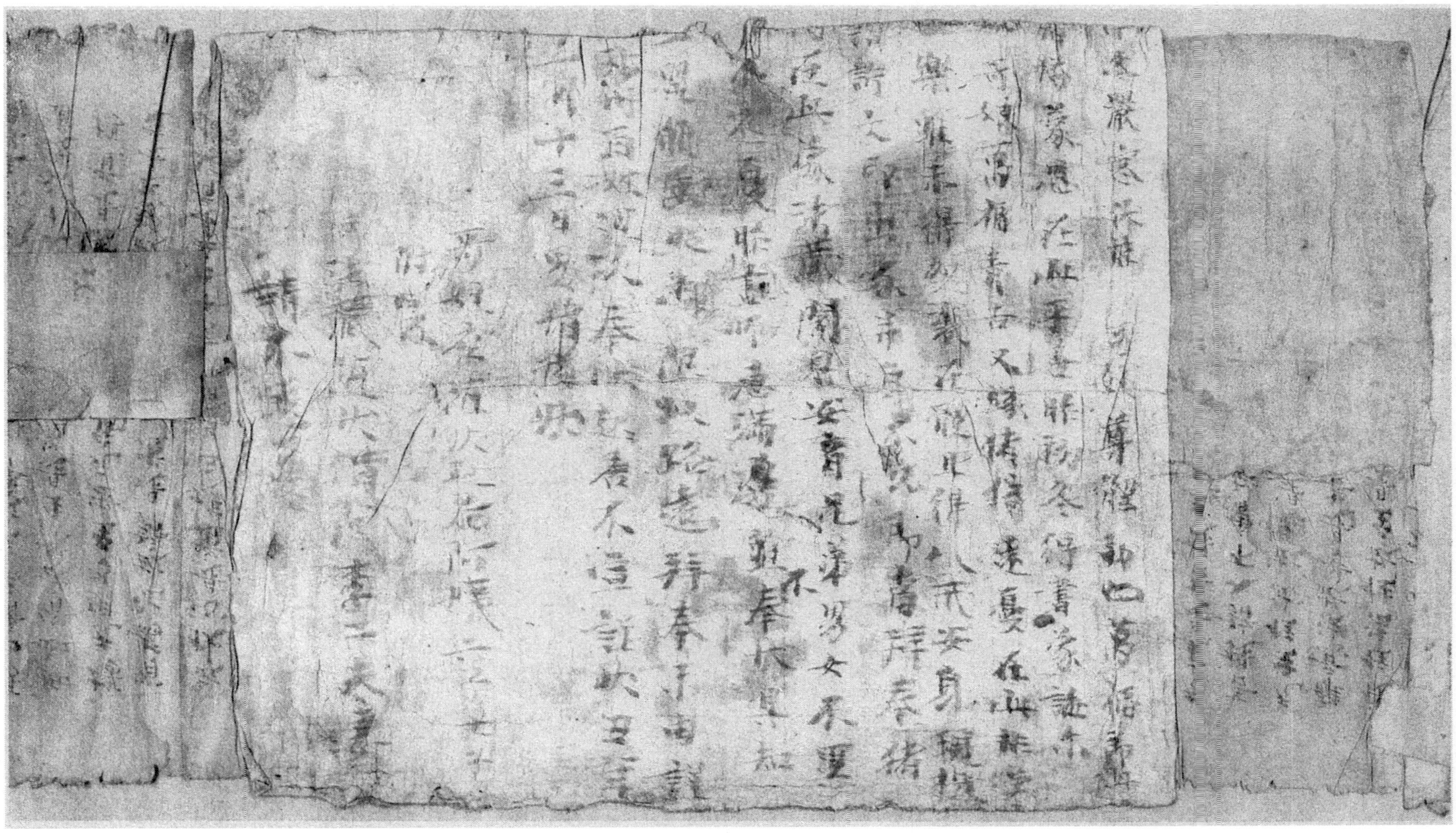

BD04232號背　豬狗致哥嫂狀（擬）　（1–1）

南无勝慧佛　南无海步佛
南无大如脩行佛　南无高光明佛
南无諍智佛　南无師子聲佛
南无善報佛　南无善住佛
南无日光佛　南无甘露增上佛
南无道上首佛　南无勝自在親佛
南无善見佛　南无无濁義佛
南无勝意佛　南无人月佛
南无威德光佛　南无普明佛
南无大莊嚴佛　南无師子奮迅去佛
南无摩樓多愛佛　南无寂心佛
南无大步佛　南无可聞聲佛
南无積功德佛　南无摩尼向佛
南无愛照佛　南无名稱佛
南无信功德佛　南无清淨智佛
南无寶功德佛　南无妙信香佛
南无熱園佛　南无勝仙佛
南无寶智佛　南无甘露威德佛
南无藏信佛　南无月上勝佛
[illegible]

BD04233號　佛名經（十六卷本）卷一三　（8–1）

南无信功德佛　南无清淨智佛
南无寶功德佛　南无妙信香佛
南无熱園佛　南无勝仙佛
南无寶智佛　南无甘露威德佛
南无藏信佛　南无月上勝佛
南无龍步佛　南无信照慧佛
南无愛實語佛　南无憂波羅香佛
南无旃檀自在佛　南无敵勝佛
南无普行佛　南无功德勝佛
南无大威德佛　南无種種色日佛
南无過諸過佛　南无无量眼佛
南无慚愧智佛　南无功德供養佛
南无種種聲佛　南无功德可樂佛
南无住清淨佛　南无妙香佛
南无月光佛　南无貳分佛
南无華智佛　南无憂多摩意佛
南无不闇意佛　南无山自在積佛
南无寂王佛　南无解脫王佛
南无阿蹉彌留王佛　南无如意力釋去佛
南无娃阿提遮佛　南无不讚歎世間勝佛
南无法涂佛　南无寶星宿解脫王佛
南无白寶勝佛　南无法行自在佛
南无陁羅尼自在佛　南无阿難陁聲佛
從此以上九千八百佛十二部經一切賢聖
南无智步王佛　南无彌留平等奮迅王佛
南无智奮迅佛　南无法華通樹提佛
南无多波尼體佛　南无阿尼伽陁路摩勝佛
[illegible]

BD04233號　佛名經（十六卷本）卷一三　（8–2）

南无陁羅尼自在佛　南无阿難陁聲佛
從此以上九千八百佛十二部經一切賢聖
南无智步王佛　南无祢留平等奮迅王佛
南无智奮迅佛　南无法華通樹提佛
南无多波层體佛　南无阿尼伽陁路摩勝佛
南无憂多羅勝法佛　南无大智念縛佛
南无闍伽提自在一切世間擔佛　南无見无畏佛
南无自畏作佛　南无自在量佛
舍利弗我見南方如是等无量佛種種名
種種姓種種佛國土汝等應當至心一心歸命
舍利弗應當歸命西方无量佛
南无阿婆羅炎婆羅華佛　南无摩瓮沙口聲王佛
南无智勝增長稱佛　南无莎灟多波尸佛
南无歌羅毗羅炎華光佛　南无法行燈佛
南无等勝佛　南无智奮迅名稱王佛
南无梵聲奮迅妙鼓聲佛　南无波頭摩尸利藏眼佛
南无阿僧伽意炎佛　南无千月光明藏佛
南无樂法行佛　南无摩尼婆他光佛
南无師子廣眼佛　南无十力生勝佛
南无智作佛　南无无邊精進降佛
南无一切諸怨佛　南无大勝起法佛
南无阿无荷見佛　南无无邊命佛
南无不利他意佛　南无觀法智佛
南无无㝵精進日善思惟奮迅王佛
南无无見佛　南无智見法佛
南无一切善根種子佛　南无憂多智勝發行功德佛
南无智香勝佛　南无智上尸棄王佛

BD04233號　佛名經（十六卷本）卷一三　（8–3）

南无不利他意佛　南无觀法智佛
南无无㝵精進日善思惟奮迅王佛
南无无見佛　南无智見法佛
南无一切善根種子佛　南无憂多智勝發行功德佛
南无智香勝佛　南无智上尸棄王佛
南无福德勝智去佛　南无不思議法華吼王佛
南无法清淨勝佛　南无不可思議祢留勝佛
南无能開法門佛　南无毗盧遮那法海香王佛
南无力王善住法王佛　南无勝力散一切惡王佛
南无見无邊樂佛　南无善化功德炎華王佛
南无見彼岸佛　南无善化莊嚴佛
南无見樂處佛　南无尼拘律王勝佛
南无妙勝佛　南无大力智慧奮迅王佛
南无法樹提佛　南无堅固盖成就佛
南无一切種智資生勝佛　南无入勝智自在山佛
南无一切世間得自在有橋梁勝佛
南无盡合勝佛　南无清淨戒功德王佛
南无波頭摩散灟楞知多莊嚴佛
南无一王佛　南无大多人安隱佛
南无二勝聲功德佛　南无圓堅佛
南无力士佛　南无寶來摩尼火佛
南无大海祢留佛　南无勝王佛
南无不住佛　南无不空功德佛
南无初遠離不濁王佛　南无盧空行佛
南无无㝵稱佛　南无聲山佛
南无不可思議起三昧稱佛　南无諸天梵王雞兜佛

BD04233號　佛名經（十六卷本）卷一三　（8–4）

南无不住佛　南无不空功德佛
南无初遠離不濁王佛　南无虚空行佛
南无无号稱佛　南无聲山佛
南无不可思議起三昧稱佛　南无諸天梵王難兜佛
南无示无義王佛　南无離垢王佛
南无照功德佛　南无自在眼佛
南无智竊成就性佛　南无无障智成就佛
南无説決定義佛　南无莊嚴法燈妙稱佛
南无二寶法燈佛　南无大炎藏佛
南无自師子上身莊嚴佛　南无智寶因緣莊嚴佛
南无服諸根清淨眼佛　南无善香隨香波頭摩佛
南无法佛　南无廣佛
從此以上九千九百佛十二部經一切賢聖
南无戒功德佛　南无常鏡佛
南无隨順稱佛　南无法自在佛
南无如意莊嚴佛　南无藏佛
南无情貪佛　南无思妙義堅固額佛
南无一切德輪光佛　南无法吼智明佛
南无甘露光佛　南无无邊莊嚴佛
南无勝福田佛　南无善決定諸佛法莊嚴佛
舍利弗西方如是等无量无邊佛汝當至心歸命
次礼十二部尊經大藏法輪
南无治身經　南无菩首章經
南无衆祐經　南无泓方等經
南无獨居思惟自念經　南无長者須達經
南无獨思惟意中念生經　南无无本經

BD04233號　佛名經（十六卷本）卷一三　（8-5）

次礼十二部尊經大藏法輪
南无治身經　南无菩首章經
南无衆祐經　南无泓方等經
南无獨居思惟自念經　南无長者須達經
南无獨思惟意中念生經　南无无本經
南无檀若經　南无月明童子經
南无无憂施經　南无无思議孩童經
南无隋藍經　南无法律三昧經
南无給孤獨四生家門受施經　南无禪行法相經
南无法受塵經　南无頻多和多經
南无羅云母經　南无嚴調經
南无七處三觀經　南无貧女經
次礼十方諸大菩薩
南无金剛色世界法首菩薩　南无頗梨色世界智首菩薩
南无如寶色世界賢首菩薩　南无因陁羅世界法慧菩薩
南无蓮華世界一切慧菩薩　南无衆寶世界勝慧菩薩
南无憂鉢羅華世界功德慧菩薩　南无妙行世界精進慧菩薩
南无善行世界善慧菩薩　南无歡喜世界智慧菩薩
南无星宿世界真實菩薩　南无歡喜世界无上慧菩薩
南无虚空世界堅固慧菩薩
南无衆寶金剛藏世界觀勝法妙清淨王菩薩
南无无量慧世界功德菩薩　南无幢慧世界慧林菩薩
南无地慧世界勝林菩薩　南无勝慧世界无畏菩薩
南无燈慧世界慚愧林菩薩　南无金剛慧世界精進菩薩
南无安樂慧世界力成就林菩薩　南无日慧世界堅固林菩薩
南无清淨慧世界如来林菩薩　南无梵慧世界智菩薩
次礼聲聞緣覺一切賢聖

BD04233號　佛名經（十六卷本）卷一三　（8-6）

南无地慧世界勝林菩薩　南无勝慧世界无量菩薩
南无燈慧世界慚愧林菩薩　南无金剛慧世界精進菩薩
南无安樂慧世界力成就林菩薩　南无日慧世界堅固林菩薩
南无清淨慧世界如來林菩薩　南无梵慧世界智菩薩
次礼聲聞緣覺一切賢聖
南无善吉辟支佛　南无不可心辟支佛
南无善住辟支佛　南无无比辟支佛
南无憍慢辟支佛　南无劬多辟支佛
南无斷愛辟支佛　南无耳辟支佛
南无心得解脫辟支佛　南无優波耳辟支佛
南无吉辟支佛　南无差摩辟支佛
歸命如是等无量无邊辟支佛
礼三寶已次復懺悔
已懺地獄報竟今當復次懺悔三惡道報
經中佛說多欲之人多求利故苦惱亦多
知足之人雖卧地上猶以為樂不知足者
雖處天堂猶不稱意但世間人忽有急難
便能捨財不計多少而不知此身臨於三
塗深坑之上一息不還便應墮落忽有知
識勸功福德令脩未來善法資粮執此慳心
无肯作理夫如此者極為愚惑何以故尒經
中佛說生時不賫一文而來死亦不持一文
而去苦身積聚為之憂惱於已无益徒為
他有无善可恃无德可怙致使命終墮諸
惡道是故弟子等今日稽顙懇到歸依佛
南无東方大光明曜佛　南无南方虛空住佛
南无西方金剛步佛　南无北方无邊力佛

BD04233號　佛名經（十六卷本）卷一三　（8–7）

中佛說生時不賫一文而來死亦不持一文
而去苦身積聚為之憂惱於已无益徒為
他有无善可恃无德可怙致使命終墮諸
惡道是故弟子等今日稽顙懇到歸依佛
南无東方大光明曜佛　南无南方虛空住佛
南无西方金剛步佛　南无北方无邊力佛
南无東南方无邊王佛　南无西南方壞諸怨賊佛
南无西北方離垢光佛　南无東北方金色光音佛
南无下方師子遊戲佛　南无上方月幢王佛
如是十方盡虛空界一切三寶至心歸命常
住三寶　弟子今日次復懺悔畜生道中
无所識知罪報懺悔畜生道中負重牽犁
償他宿債罪報懺悔畜生道中不得自在
為他斫剥屠割罪報懺悔畜生无足二足
四足多足罪報懺悔畜生道中身諸毛羽
鱗甲之內為諸小虫之所唼食罪報如是
畜生道中有无量罪報今日至誠皆悉懺
悔至心歸命常住三寶
次復懺悔餓鬼道中長飢罪報懺悔餓鬼
百千万歲初不曾聞漿水之名罪報懺悔
餓鬼食噉膿血糞穢罪報懺悔餓鬼動身
之時一切枝節火然罪報懺悔餓鬼腹大
咽小罪報如是餓鬼道中无量苦報今日
稽顙皆悉懺悔至心頂礼常住三寶

BD04233號　佛名經（十六卷本）卷一三　（8–8）

……品弟卌之一
尒時具壽善現白佛言世尊
無上正等菩提脩行六種波……
情嚴淨佛國諸善男子善女……
世尊云何是善男子善女人等……
等菩提脩諸行時留難魔事……
菩薩摩訶薩樂說法要辯不即生當知是
菩薩魔事世尊何故是菩薩摩訶薩樂說法
要辯不即生是為魔……已現是菩薩摩訶薩
脩行般若波羅蜜多時所脩般若波羅蜜多難
得圓滿所脩靜慮精進安忍淨戒布施波羅
蜜多難得圓滿由此緣故是菩薩摩訶薩樂
說法要辯不即生當知是為菩薩魔事復次
善現若菩薩摩訶薩樂脩勝行辯乃卒生當
知是為菩薩魔事世尊何故是菩薩摩訶薩
樂脩勝行辯乃卒生是為魔事善現是菩
薩摩訶薩脩行布施波羅蜜多脩行淨戒
安忍精進靜慮般若波羅蜜多無巧便故
辯乃卒生由此緣故是菩薩摩訶薩樂脩
勝行辯乃卒生當知是為菩薩魔事復次善
現書寫般若波羅蜜多甚深經時頻申欠呿
當知是為菩薩魔事復次善現書寫般若波
羅蜜多甚深經時忽然戲笑當知是為菩薩
魔事復次善現書寫般若波羅蜜多甚深經

BD04234號　大般若波羅蜜多經卷三〇三　（24–1）

辯乃卒生由此緣故是菩薩摩訶薩樂脩
勝行辯乃卒生當知是為菩薩魔事復次善
現書寫般若波羅蜜多甚深經時頻申欠呿
當知是為菩薩魔事復次善現書寫般若波
羅蜜多甚深經時忽然戲笑當知是為菩薩
魔事復次善現書寫般若波羅蜜多甚深經
時手相輕蔑當知是為菩薩魔事復次善現書
寫般若波羅蜜多甚深經時身心擾亂當知
是為菩薩魔事復次善現書寫般若波羅蜜
多甚深經時心生異解文句倒錯當知是為
菩薩魔事復次善現書寫般若波羅蜜多甚
深經時欻有事起令不究竟當知是為菩薩
魔事復次善現書寫般若波羅蜜多甚深經
時忽作是念我於此經不得滋味何用書寫
便弃捨去當知是為菩薩魔事復次善現受
持讀誦思惟脩習說聽般若波羅蜜多甚深
經時頻申欠呿當知是為菩薩魔事復次善
現受持讀誦思惟脩習說聽般若波羅蜜多
甚深經時忽然戲笑當知是為菩薩魔事
復次善現受持讀誦思惟脩習說聽般若波
羅蜜多甚深經時手相輕蔑當知是為菩薩
魔事
復次善現受持讀誦思惟脩習說聽般若波
羅蜜多甚深經時身心擾亂當知是為菩薩
魔事復次善現受持讀誦思惟脩習說聽般
若波羅蜜多甚深經時心生異解文句倒錯
當知是為菩薩魔事復次善現受持讀誦思

BD04234號　大般若波羅蜜多經卷三〇三　（24–2）

魔事
復次善現受持讀誦思惟脩習說聽般若波
羅蜜多甚深經時身心擾亂當知是為菩薩
魔事復次善現受持讀誦思惟脩習說聽般
若波羅蜜多甚深經時心生異解文句倒錯
當知是為菩薩魔事復次善現受持讀誦思
惟脩習說聽般若波羅蜜多甚深經時欻有
事起令不究竟當知是為菩薩魔事復次善
現受持讀誦思惟脩習說聽般若波羅蜜多
甚深經時忽作是念我於此經不得滋味何
用勤苦便弃捨去當知是為菩薩魔事時具
壽善現白佛言世尊何因緣故是善男子善
女人等於此深經不得滋味便弃捨去佛言善
現是善男子善女人等於過去世未久脩
行般若靜慮精進安忍淨戒布施波羅蜜多
是故於此甚深般若波羅蜜多不得滋味便
弃捨去復次善現若善男子善女人等聞說
如是甚深般若波羅蜜多便作是念我等於
此不得受記何用聽為心不清淨便從坐起
弃捨而去當知是為菩薩魔事時具壽善現
白佛言世尊何因緣故於此般若波羅蜜多
甚深經中不授彼記而令捨去佛言善現菩
薩未入正性離生不應授彼大菩提記復次
善現若善男子善女人等聞說如是甚深般
若波羅蜜多便作是念此中不說我等名字
何用聽為心不清淨便從坐起弃捨而去當
知是為菩薩魔事時具壽善現白佛言世尊

甚深經中不授彼記而令捨去佛言善現菩
薩未入正性離生不應授彼大菩提記復次
善現若善男子善女人等聞說如是甚深般
若波羅蜜多便作是念此中不說我等名字
何用聽為心不清淨便從坐起弃捨而去當
知是為菩薩魔事時具壽善現白佛言世尊
何因緣故於此般若波羅蜜多甚深經中不
記說彼菩薩名字佛言善現菩薩未受大菩
提記法尒不應記說名字復次善現若善男
子善女人等聞說般若波羅蜜多甚深經時
生如是念此中說我等生處城邑聚落何
用聽為心不清淨便從坐起弃捨而去當知
是為菩薩魔事時具壽善現白佛言世尊何
因緣故於此般若波羅蜜多甚深經中不記
說彼菩薩生處城邑聚落佛言善現若未記
彼菩薩名字不應說其生處差別復次善現
若菩薩摩訶薩聞說般若波羅蜜多心不清
淨而捨去者隨彼所起不清淨心猒捨此經
舉步多少便減尒所劫數功德獲尒所劫障
菩提罪受彼罪已更尒所時發勤精進求趣
無上正等菩提方可復本是故菩薩若欲速
證無上菩提不應猒捨甚深般若波羅蜜
多復次善現住菩薩乘諸善男子善女人等弃
捨般若波羅蜜多甚深經典求學餘經當知
是為菩薩魔事何以故善現是善男子善女
人等弃捨一切智智根本甚深般若波羅蜜
多而攀枝葉諸餘經典終不能得大菩提故
時具壽善現白佛言世尊何等餘經猶如枝

捨般若波羅蜜多甚深經典求學餘經當知
是為菩薩魔事何以故善現是善男子善女
人等弃捨一切智智根本甚深般若波羅蜜
多而攀枝葉諸餘經典終不能得大菩提故
時具壽善現白佛言世尊何等餘經猶如枝
葉不能引發一切智智佛言善現若說二乘
相應之法謂四念住四正斷四神足五根五
力七等覺支八聖道支及空無相無願解脫
門等所有諸經若善男子善女人等於中脩
學得預流果得一來果得不還果得阿羅漢
果得獨覺菩提不得無上正等菩提是名餘
經猶如枝葉不能引發一切智智甚深般若
波羅蜜多定能引發一切智智有大勢用猶
如樹根是善男子善女人等棄捨般若波羅
蜜多甚深經典求學餘經定不能得一切智
智何以故善現如是般若波羅蜜多甚深經
典出生一切菩薩摩訶薩世間出世間功德
法故善現若菩薩摩訶薩脩學般若波羅蜜
多則為脩學一切世間出世間法復次善現
譬如餓狗捨其主食返從僕使而求覓之於
當來世有菩薩乘諸善男子善女人等弃捨
一切佛法根本甚深般若波羅蜜多求學二
乘相應經典亦復如是當知是為菩薩魔事
復次善現譬如有人欲求香象得此象已捨
而求跡於汝意云何是人有智不善現荅言
是人無智佛言善現於當來世有菩薩乘諸
善男子善女人等弃捨一切佛法根本甚深

BD04234號　大般若波羅蜜多經卷三〇三　（24–5）

復次善現譬如有人欲求香象得此象已捨
而求跡於汝意云何是人有智不善現荅言
是人無智佛言善現於當來世有菩薩乘諸
善男子善女人等弃捨一切佛法根本甚深
般若波羅蜜多求學二乘相應經典亦復如
是當知是為菩薩魔事復次善現譬如有人
欲見大海既至海岸返觀牛跡作是念言大
海中水淺深多少豈及此耶於汝意云何是
人有智不善現荅言是人無智佛言善現於
當來世有菩薩乘諸善男子善女人等弃捨
一切佛法根本甚深般若波羅蜜多求學二
乘相應經典亦復如是當知是為菩薩魔事
復次善現如有工匠或彼弟子欲造大殿如
天帝釋殊勝殿量見彼殿已而返擬模日月
宮殿於意云何如是工匠或彼弟子能造大
殿量如帝釋殊勝殿不善現荅言不也世尊
佛言善現於汝意云何是人有智不善現荅
言是人無智是愚癡類佛言善現於當來世
有菩薩乘諸善男子善女人等欲求無上正
等菩提弃捨如是甚深般若波羅蜜多求學
二乘相應經典亦復如是於意云何是善男
子善女人等能得無上佛菩提不善現荅言
不也世尊佛言善現於意云何是善男子善
女人等是黠慧不善現荅言是愚癡類佛言
善現如是當知是為菩薩魔事復次善
現如人求見轉輪聖王見已不識捨至餘處
見凡小王取其形相作如是念轉輪聖王形、

BD04234號　大般若波羅蜜多經卷三〇三　（24–6）

不也世尊佛言善現於意云何是善男子善
女人等是黠慧不善現荅言是愚癡類佛言
善現如是當知是為菩薩魔事復次善
現如人求見轉輪聖王見已不識捨至餘處
見尺小王取其形相作如是念轉輪聖王形
相威德與此何異於汝意云何是人有智不
善現荅言是人無智佛言善現於當來世有
菩薩乘諸善男子善女人等欲求無上正等
菩提棄捨如是甚深般若波羅蜜多求學二
乘相應經典亦復如是於意云何是善男子
善女人等為能證得大菩提不善現荅言不
也世尊佛言善現於意云何是善男子善女
人等是黠慧不善現荅言是愚癡類佛言善
現如是如是當知是為菩薩魔事
復次善現如有飢人得百味食棄而求敗兩
月穀飯於汝意云何是人有智不善現荅言
是人無智佛言善現於當來世有菩薩乘諸
善男子善女人等棄大般若波羅蜜多甚深
經典求學二乘相應經典於中欲求一切智
智亦復如是於意云何是善男子善女人等
是黠慧不善現荅言是愚癡類佛言善現如
是如是當知是為菩薩魔事復次善現如有
貧人得無價寶棄而求取迦遮末尼於汝意
云何是人有智不善現荅言是人無智佛言
善現於當來世有菩薩乘諸善男子善女人
等棄大般若波羅蜜多甚深經典求學二乘
相應經典於中欲求一切智智亦復如是於

BD04234號　大般若波羅蜜多經卷三〇三　（24–7）

貧人得無價寶棄而求取迦遮末尼於汝意
云何是人有智不善現荅言是人無智佛言
善現於當來世有菩薩乘諸善男子善女人
等棄大般若波羅蜜多甚深經典求學二乘
相應經典於中欲求一切智智亦復如是於
意云何是善男子善女人等是黠慧不善現
荅言是愚癡類佛言善現如是如是當知是
為菩薩魔事
復次善現住菩薩乘諸善男子善女人等書
大般若波羅蜜多甚深經時衆辯競起樂說
種種差別法門令所書寫甚深般若波羅蜜
多不得究竟當知是為菩薩魔事所謂樂說
布施淨戒安忍精進靜慮般若樂說欲界色
無色界樂說受持讀誦宣說樂說看病備餘
福業樂說色樂說受想行識樂說眼處樂說
耳鼻舌身意處樂說色處樂說聲香味觸法
處樂說眼界樂說色界眼識界及眼觸眼觸
為緣所生諸受樂說耳界樂說聲界耳識界
及耳觸耳觸為緣所生諸受樂說鼻界樂說
香界鼻識界及鼻觸鼻觸為緣所生諸受樂
說舌界樂說味界舌識界及舌觸舌觸為緣
所生諸受樂說身界樂說觸界身識界及身
觸身觸為緣所生諸受樂說意界樂說法界
意識界及意觸意觸為緣所生諸受樂說地
界樂說水火風空識界樂說無明樂說行識
名色六處觸受愛取有生老死愁歎苦憂惱
樂說布施波羅蜜多樂說淨戒安忍精進靜
慮般若波羅蜜多樂說內空樂說外空內外

BD04234號　大般若波羅蜜多經卷三〇三　（24–8）

觸身觸為緣所生諸受樂說意界樂說法界
意識界及意觸意觸為緣所生諸受樂說地
界樂說水火風空識界樂說無明樂說行識
名色六處觸受愛取有生老死愁歎苦憂惱
樂說布施波羅蜜多樂說淨戒安忍精進靜
慮般若波羅蜜多樂說內空樂說外空內外
空空空大空勝義空有為空無為空畢竟
空無際空散空無變異空本性空自相空共相
空一切法空不可得空無性空自性空無性自
性空樂說真如樂說法界法性不虛妄性
不變異性平等性離生性法定法住實際虛
空界不思議界樂說苦聖諦樂說集滅道聖
諦樂說四靜慮樂說四無量四無色定樂說
八解脫樂說八勝處九次第定十遍處樂說
四念住樂說四正斷四神足五根五力七等
覺支八聖道支樂說空解脫門樂說無相無
願解脫門樂說菩薩十地樂說五眼樂說六
神通樂說佛十力樂說四無所畏四無礙解
大慈大悲大喜大捨十八佛不共法樂說無
忘失法樂說恒住捨性樂說一切智樂說道
相智一切相智樂說一切陁羅尼門樂說一
切三摩地門樂說預流果樂說一來不還阿
羅漢果樂說獨覺菩提樂說一切菩薩摩訶
薩行樂說諸佛阿耨多羅三藐三菩提何以
故善現甚深般若波羅蜜多中無樂說相故
甚深般若波羅蜜多難思議故甚深般若波
羅蜜多無思慮故甚深般若波羅蜜多無生

BD04234 號　大般若波羅蜜多經卷三〇三　（24–9）

羅漢果樂說獨覺菩提樂說一切菩薩摩訶
薩行樂說諸佛阿耨多羅三藐三菩提何以
故善現甚深般若波羅蜜多中無樂說相故
甚深般若波羅蜜多難思議故甚深般若波
羅蜜多無思慮故甚深般若波羅蜜多無生
滅故甚深般若波羅蜜多無染淨故甚深
般若波羅蜜多無定亂故甚深般若波羅蜜
多離名言故甚深般若波羅蜜多不可說故
甚深般若波羅蜜多不可得故所以者何善
現甚深般若波羅蜜多中如前所說諸法皆
無所有都不可得住菩薩乘諸善男子善女
人等書寫般若波羅蜜多甚深經時如是諸
法擾亂其心令不究竟當知是為菩薩魔事
尒時具壽善現白佛言世尊甚深般若波羅
蜜多可書寫不佛言善現甚深般若波羅蜜
多不可書寫何以故善現於此般若波羅蜜
多甚深經中色自性無所有不可得受想行
識自性無所有不可得眼處自性無所有不
可得耳鼻舌身意處自性無所有不可得色
處自性無所有不可得聲香味觸法處自性
無所有不可得眼界自性無所有不可得色
界眼識界及眼觸眼觸為緣所生諸受自性
無所有不可得耳界自性無所有不可得聲
界耳識界及耳觸耳觸為緣所生諸受自性
無所有不可得鼻界自性無所有不可得香
界鼻識界及鼻觸鼻觸為緣所生諸受自性
無所有不可得舌界自性無所有不可得味
界舌識界及舌觸舌觸為緣所生諸受自性

BD04234 號　大般若波羅蜜多經卷三〇三　（24–10）

界耳識界及耳觸耳觸為緣所生諸受自性
無所有不可得鼻界自性無所有不可得香
界鼻識界及鼻觸鼻觸為緣所生諸受自性
無所有不可得舌界自性無所有不可得味
界舌識界及舌觸舌觸為緣所生諸受自性
無所有不可得身界自性無所有不可得觸
界身識界及身觸身觸為緣所生諸受自性
無所有不可得意界自性無所有不可得法
界意識界及意觸意觸為緣所生諸受自性
無所有不可得地界自性無所有不可得水
火風空識界自性無所有不可得無明自性
無所有不可得行識名色六處觸受愛取有
生老死愁歎苦憂惱自性無所有不可得布
施波羅蜜多自性無所有不可得淨戒安忍
精進靜慮般若波羅蜜多自性無所有不可
得內空自性無所有不可得外空內外空空
空大空勝義空有為空無為空畢竟空無際
空散空無變異空本性空自相空共相空一
切法空不可得空無性空自性空無性自性
空自性無所有不可得真如自性無所有不
可得法界法性不虛妄性不變異性平等性
離生性法定法住實際虛空界不思議界自
性無所有不可得苦聖諦自性無所有不可
得集滅道聖諦自性無所有不可得四靜慮
自性無所有不可得四無量四無色定自性
無所有不可得八解脫自性無所有不可得
八勝處九次第定十遍處自性無所有不可

BD04234號　大般若波羅蜜多經卷三〇三　（24-11）

性無所有不可得苦聖諦自性無所有不可
得集滅道聖諦自性無所有不可得四靜慮
自性無所有不可得四無量四無色定自性
無所有不可得八解脫自性無所有不可得
八勝處九次第定十遍處自性無所有不可
得四念住自性無所有不可得四正斷四神
足五根五力七等覺支八聖道支自性無所有
不可得空解脫門自性無所有不可得無相
無願解脫門自性無所有不可得菩薩十地
自性無所有不可得五眼自性無所有不可
得六神通自性無所有不可得佛十力自性
無所有不可得四無所畏四無礙解大慈大
悲大喜大捨十八佛不共法自性無所有不
可得無忘失法自性無所有不可得恒住捨
性自性無所有不可得一切智自性無所有
不可得道相智一切相智自性無所有不可
得一切陀羅尼門自性無所有不可得一切
三摩地門自性無所有不可得預流果自性
無所有不可得一來不還阿羅漢果自性無
所有不可得獨覺菩提自性無所有不可得
一切菩薩摩訶薩行自性無所有不可得諸
佛無上正等菩提自性無所有不可得善現
諸法自性皆無所有不可得故即是無性如
是無性即是般若波羅蜜多非無性法能書
無性是故般若波羅蜜多不可書寫
善現若菩薩乘諸善男子善女人等作如是
念於此般若波羅蜜多甚深經中無性是色

BD04234號　大般若波羅蜜多經卷三〇三　（24-12）

諸法自性皆無所有不可得故即是無性如
是無性即是般若波羅蜜多非無性法能書
無性是故般若波羅蜜多不可書寫
善現若菩薩乘諸善男子善女人等作如是
念於此般若波羅蜜多甚深經中無性是色
無性是受想行識無性是眼處無性是耳鼻
舌身意處無性是色處無性是聲香味觸法
處無性是眼界無性是色界眼識界及眼觸
眼觸為緣所生諸受無性是耳界無性是聲
界耳識界及耳觸耳觸為緣所生諸受無性
是鼻界無性是香界鼻識界及鼻觸鼻觸為
緣所生諸受無性是舌界無性是味界舌識
界及舌觸舌觸為緣所生諸受無性是身界
無性是觸界身識界及身觸身觸為緣所生
諸受無性是意界無性是法界意識界及意
觸意觸為緣所生諸受無性是地界無性是
水火風空識界無性是無明無性是行識名
色六處觸受愛取有生老死愁歎苦憂惱無
性是布施波羅蜜多無性是淨戒安忍精進
靜慮般若波羅蜜多無性是內空無性是外
空內外空空空大空勝義空有為空無為空
畢竟空無際空散空無變異空本性空自相
空共相空一切法空不可得空無性空自性
空無性自性空無性是真如無性是法界法
性不虛妄性不變異性平等性離生性法定
法住實際虛空界不思議界無性是苦聖諦
無性是集滅道聖諦無性是四靜慮無性是
四無量四無色定無性是八解脫無性是八

空無性自性空無性是真如無性是法界法
性不虛妄性不變異性平等性離生性法定
法住實際虛空界不思議界無性是苦聖諦
無性是集滅道聖諦無性是四靜慮無性是
四無量四無色定無性是八解脫無性是八
勝處九次第定十遍處無性是四念住無性
是四正斷四神足五根五力七等覺支八聖
道支無性是空解脫門無性是無相無願解
脫門無性是菩薩十地無性是五眼無性是
六神通無性是佛十力無性是四無所畏四
無礙解大慈大悲大喜大捨十八佛不共法
無性是無忘失法無性是恒住捨性無性是
一切智無性是道相智一切相智無性是一
切陀羅尼門無性是一切三摩地門無性是
預流果無性是一來不還阿羅漢果無性是
獨覺菩提無性是一切菩薩摩訶薩行無性
是諸佛無上正等菩提當知是為菩薩摩事
尒時具壽善現白佛言世尊若菩薩乘諸善
男子善女人等書寫如是甚深般若波羅蜜
多作如是念我以文字書寫般若波羅蜜多
彼執文字能書般若波羅蜜多當知是為菩
薩魔事何以故世尊於此般若波羅蜜多甚
深經中色無文字受想行識無文字眼處無
文字耳鼻舌身意處無文字色處無文字聲
香味觸法處無文字眼界無文字色界眼識
界及眼觸眼觸為緣所生諸受無文字耳界
無文字聲界耳識界及耳觸耳觸為緣所生

深經中色無文字受想行識無文字眼處無
文字耳鼻舌身意處無文字色處無文字聲
香味觸法處無文字眼界無文字色界眼識
界及眼觸眼觸為緣所生諸受無文字耳界
無文字聲界耳識界及耳觸耳觸為緣所生
諸受無文字鼻界無文字香界鼻識界及
鼻觸鼻觸為緣所生諸受無文字舌界無文字
味界舌識界及舌觸舌觸為緣所生諸受無
文字身界無文字觸界身識界及身觸身觸
為緣所生諸受無文字意界無文字法界意
識界及意觸意觸為緣所生諸受無文字地
界無文字水火風空識界無文字無明無文
字行識名色六處觸受愛取有生老死愁歎
苦憂惱無文字布施波羅蜜多無文字淨戒
安忍精進靜慮般若波羅蜜多無文字內空
無文字外空內外空空空大空勝義空有為
空無為空畢竟空無際空散空無變異空本
性空自相空共相空一切法空不可得空無
性空自性空無性自性空無文字真如無文
字法界法性不虛妄性不變異性平等性離
生性法定法住實際虛空界不思議界無文
字苦聖諦無文字集滅道聖諦無文字四靜
慮無文字四無量四無色定無文字八解脫
無文字八勝處九次第定十遍處無文字四
念住無文字四正斷四神足五根五力七等
覺支八聖道支無文字空解脫門無文字無
相無願解脫門無文字菩薩十地無文字五

BD04234號　大般若波羅蜜多經卷三〇三　（24–15）

處無文字四無量四無色定無文字八解脫
無文字八勝處九次第定十遍處無文字四
念住無文字四正斷四神足五根五力七等
覺支八聖道支無文字空解脫門無文字無
相無願解脫門無文字菩薩十地無文字五
眼無文字六神通無文字佛十力無文字四
無所畏四無礙解大慈大悲大喜大捨十八
佛不共法無文字無忘失法無文字恒住捨
性無文字一切智無文字道相智一切相智
無文字一切陁羅尼門無文字一切三摩地
門無文字預流果無文字一來不還阿羅漢
果無文字獨覺菩提無文字一切菩薩摩
訶薩行無文字諸佛無上正等菩提無文字
是故不應執有文字能書般若波羅蜜多
世尊若菩薩乘諸善男子善女人等作如是
執於此般若波羅蜜多甚深經中無文字是
色無文字是受想行識無文字是眼處無文
字是耳鼻舌身意處無文字是色處無文字
是聲香味觸法處無文字是眼界無文字是
色界眼識界及眼觸眼觸為緣所生諸受無文
字是耳界無文字是聲界耳識界及耳觸耳
觸為緣所生諸受無文字是鼻界無文字是
香界鼻識界及鼻觸鼻觸為緣生諸受無
文字是舌界無文字是味界舌識界及舌觸
舌觸為緣所生諸受無文字是身界無文字
是觸界身識界及身觸身觸為緣所生諸受
無文字是意界無文字是法界意識界及意
觸意觸為緣所生諸受無文字是地界無文

BD04234號　大般若波羅蜜多經卷三〇三　（24–16）

香界鼻識界及鼻觸鼻觸為緣生諸受無
文字是舌界無文字是味界舌識界及舌觸
舌觸為緣所生諸受無文字是身界無文字
是觸界身識界及身觸身觸為緣所生諸受
無文字是意界無文字是法界意識界及意
觸意觸為緣所生諸受無文字是地界無文
字是水火風空識界無文字是無明無文字
是行識名色六處觸受愛取有生老死愁歎
苦憂惱無文字是布施波羅蜜多無文字是
淨戒安忍精進靜慮般若波羅蜜多無文字
是內空無文字是外空內外空空空大空
勝義空有為空無為空畢竟空無際空散空
無變異空本性空自相空共相空一切法空
不可得空無性空自性空無性自性空無文
字是真如無文字是法界法性不虛妄性不
變異性平等性離生性法定法住實際虛空
界不思議界無文字是苦聖諦無文字是集
滅道聖諦無文字是四靜慮無文字是四無
量四無色定無文字是八解脫無文字是八
勝處九次第定十遍處無文字是四念住無
文字是四正斷四神足五根五力七等覺支
八聖道支無文字是空解脫門無文字是無
相無願解脫門無文字是菩薩十地無文字
是五眼無文字是六神通無文字是佛十力
無文字是四無所畏四無礙解大慈大悲大
喜大捨十八佛不共法無文字是無忘失法
無文字是恒住捨性無文字是一切智無文
字是道相智一切相智無文字是一切陀羅

BD04234號　大般若波羅蜜多經卷三〇三　（24–17）

八聖道支無文字是空解脫門無文字是無
相無願解脫門無文字是菩薩十地無文字
是五眼無文字是六神通無文字是佛十力
無文字是四無所畏四無礙解大慈大悲大
喜大捨十八佛不共法無文字是無忘失法
無文字是恒住捨性無文字是一切智無文
字是道相智一切相智無文字是一切陀羅
尼門無文字是一切三摩地門無文字是預
流果無文字是一來不還阿羅漢果無文字
是獨覺菩提無文字是一切菩薩摩訶薩行
無文字是諸佛無上正等菩提當知是為菩
薩魔事佛言善現如是如是如汝所說復次
善現住菩薩乘諸善男子善女人等書寫受
持讀誦脩習思惟演說如是般若波羅蜜多
甚深經時若起國土念若起城邑念若起王
都念若起方處念當知是為菩薩魔事復次
善現住菩薩乘諸善男子善女人等書寫受
持讀誦脩習思惟演說如是般若波羅蜜多
甚深經時若起親教軌範念若起同學善友
念若起父母妻子念若起兄弟姉妹念若起
親戚朋侶念當知是為菩薩魔事復次善現
住菩薩乘諸善男子善女人等書寫受持讀
誦脩習思惟演說如是般若波羅蜜多甚深
經時若起惡賊惡獸念若起惡人惡鬼念若
起衆會遊戲念若起婬女歡娛念若起報恩
報怨念若起諸餘無量異念皆是惡魔之所
引發為障般若波羅蜜多當知是為菩薩魔
事復次善現住菩薩乘諸善男子善女人等
書寫受持讀誦脩習思惟演說如是般若波

BD04234號　大般若波羅蜜多經卷三〇三　（24–18）

起衆會遊戲念若起婬女歡娛念若起報恩
報怨念若起諸餘無量異念皆是惡魔之所
引發爲障般若波羅蜜多當知是爲菩薩魔
事復次善現住菩薩乘諸善男子善女人等
書寫受持讀誦脩習思惟演說如是般若波
羅蜜多甚深經時得大名譽恭敬供養所謂
衣服飲食卧具醫藥資財是善男子善女人
等受著是事廢所作業當知是爲菩薩魔事
復次善現住菩薩乘諸善男子善女人等書
寫受持讀誦脩習思惟演說如是般若波羅
蜜多甚深經時有諸惡魔執持種種世俗書
論或復二乘相應經典詐現親友授與菩薩
此中廣說世俗勝事或復廣說諸蘊界處諦
實緣起三十七種菩提分法三解脫門四靜
慮等言是經典義趣深奧應勤脩學捨所習
經是菩薩乘諸善男子善女人等善巧方便
不應受著惡魔所與世俗書論或二乘經所
以者何世俗書論二乘經典不能引發一切
智智非趣無上正等菩提巧方便故善現我
此般若波羅蜜多甚深經中廣說菩薩摩訶
薩道善巧方便若於此中精勤脩學速證無
上正等菩提若菩薩乘諸善男子善女人等
弃捨般若波羅蜜多甚深經典受學惡魔世
俗書論或二乘經當知是爲菩薩魔事
復次善現能聽法者愛樂聽聞書寫受持讀
誦脩習甚深般若波羅蜜多能說法者著樂
懈怠不欲爲說當知是爲菩薩魔事復次善
現能說法者心不著樂亦不懈怠樂爲他說

BD04234 號　大般若波羅蜜多經卷三〇三　　（24–19）

弃捨般若波羅蜜多甚深經典受學惡魔世
俗書論或二乘經當知是爲菩薩魔事
復次善現能聽法者愛樂聽聞書寫受持讀
誦脩習甚深般若波羅蜜多能說法者著樂
懈怠不欲爲說當知是爲菩薩魔事復次善
現能說法者心不著樂亦不懈怠樂爲他說
甚深般若波羅蜜多方便勸勵書寫受持讀
誦脩習能聽法者懈怠著樂不欲聽受當知
是爲菩薩魔事復次善現能聽法者愛樂聽
聞書寫受持讀誦脩習甚深般若波羅蜜多
能說法者欲適他方不獲爲說當知是爲菩
薩魔事復次善現能說法者樂爲他說甚深
般若波羅蜜多方便勸勵書寫受持讀誦
脩習能聽法者欲適他方不獲聽受當知是爲
菩薩魔事復次善現能說法者具大惡欲愛
重名利衣服飲食卧具醫藥供養資財能聽
法者少欲喜足脩遠離行勇猛正勤具念定
慧猒怖利養恭敬名譽兩不和合不獲說
聽書寫受持讀誦脩習甚深般若波羅蜜多
當知是爲菩薩魔事復次善現能說法者少欲
喜足脩遠離行勇猛正勤具念定慧猒怖利
養恭敬名譽能聽法者具大惡欲愛重名利
衣服飲食卧具醫藥供養資財兩不和合不
獲說聽書寫受持讀誦脩習甚深般若波羅
蜜多當知是爲菩薩魔事復次善現能說法
者受行十二杜多功德一住阿練若處二常
乞食三糞掃衣四一受食五一坐食六隨得
食七冢間住八露地住九樹下住十常坐不

BD04234 號　大般若波羅蜜多經卷三〇三　　（24–20）

衣服飲食卧具醫藥供養資財兩不和合不
獲說聽書寫受持讀誦脩習甚深般若波羅
蜜多當知是為菩薩魔事復次善現能說法
者受行十二杜多功德一住阿練若處二常
乞食三糞掃衣四一受食五一坐食六隨得
食七冢間住八露地住九樹下住十常坐不
卧十一隨得敷具十二但三衣能聽法者不
受十二杜多功德謂不住阿練若處乃至不
受但三衣兩不和合不獲說聽書寫受持讀
誦脩習甚深般若波羅蜜多當知是為菩薩
魔事復次善現能聽法者受行十二杜多功
德謂住阿練若處乃至受但三衣能說法者
不受十二杜多功德謂不住阿練若處乃至不
受但三衣兩不和合不獲說聽書寫受持讀
誦脩習甚深般若波羅蜜多當知是為菩薩
魔事復次善現能說法者有信有貳有善意
樂欲為他說甚深般若波羅蜜多方便勸勵
書寫受持讀誦脩習能聽法者無信無貳無
善意樂不樂聽受兩不和合不獲說聽書寫
受持讀誦脩習甚深般若波羅蜜多當知是
為菩薩魔事復次善現能聽法者有信有貳
有善意樂求欲聽問書寫受持讀誦脩習甚
深般若波羅蜜多能說法者無信無貳無善
意樂不欲為說兩不和合不獲說聽書寫受
持讀誦脩習甚深般若波羅蜜多當知是為
菩薩魔事復次善現能說法者心無慳悋一切
能捨能聽法者心有慳悋不能弃捨兩不和
合不獲說聽書寫受持讀誦脩習甚深般若

BD04234 號　大般若波羅蜜多經卷三〇三　（24–21）

為菩薩魔事復次善現能聽法者有信有貳
有善意樂求欲聽問書寫受持讀誦脩習甚
深般若波羅蜜多能說法者無信無貳無善
意樂不欲為說兩不和合不獲說聽書寫受
持讀誦脩習甚深般若波羅蜜多當知是為
菩薩魔事復次善現能說法者心無慳悋一切
能捨能聽法者心有慳悋不能弃捨兩不和
合不獲說聽書寫受持讀誦脩習甚深般若
波羅蜜多當知是為菩薩魔事復次善現能
聽法者心無慳悋一切能捨能說法者心有
慳悋不能弃捨兩不和合不獲說聽書寫受
持讀誦脩習甚深般若波羅蜜多當知是為
菩薩魔事復次善現能聽法者欲求供養能
說法者衣服飲食卧具醫藥及餘資財能說
法者不樂受用兩不和合不獲說聽書寫受
持讀誦脩習甚深般若波羅蜜多當知是為
菩薩魔事復次善現能說法者欲求供給能
聽法者衣服飲食卧具醫藥及餘資財能聽
法者不樂受用兩不和合不獲說聽書寫受
持讀誦脩習甚深般若波羅蜜多當知是為
菩薩魔事復次善現能說法者成就開智不
樂廣說能聽法者成就演智不樂略說兩不
和合不獲說聽書寫受持讀誦脩習甚深般
若波羅蜜多當知是為菩薩魔事復次善現
能聽法者成就開智唯樂略說能說法者成
就演智唯樂廣說兩不和合不獲說聽書寫
受持讀誦脩習甚深般若波羅蜜多當知是
為菩薩魔事復次善現能說法者專樂廣

BD04234 號　大般若波羅蜜多經卷三〇三　（24–22）

和合不獲說聽書寫受持讀誦脩習甚深般
若波羅蜜多當知是為菩薩魔事復次善現
能聽法者成就開智唯樂略說能說法者成
就演智唯樂廣說兩不和合不獲說聽書寫
受持讀誦脩習甚深般若波羅蜜多當知是
為菩薩魔事復次善現能說法者專樂廣
知十二分教次第法義所謂契經應頌記別諷
頌自說因緣譬喻本事本生方廣希法論義
能聽法者不樂廣知十二分教次第法義所
謂契經乃至論義兩不和合不獲說聽書寫
受持讀誦脩習甚深般若波羅蜜多當知是
為菩薩魔事復次善現能聽法者專樂廣知
十二分教次第法義所謂契經乃至論義能
說法者不樂廣知十二分教次第法義所謂
契經乃至論義兩不和合不獲說聽書寫受
持讀誦脩習甚深般若波羅蜜多當知是為
菩薩魔事復次善現能說法者已成就六波
羅蜜多能聽法者未成就六波羅蜜多兩不
和合不獲說聽書寫受持讀誦脩習甚深般
若波羅蜜多當知是為菩薩魔事復次善現
能聽法者已成就六波羅蜜多能說法者未
成就六波羅蜜多兩不和合不獲說聽書寫
受持讀誦脩習甚深般若波羅蜜多當知
是為菩薩魔事

大般若波羅蜜多經卷第三百三

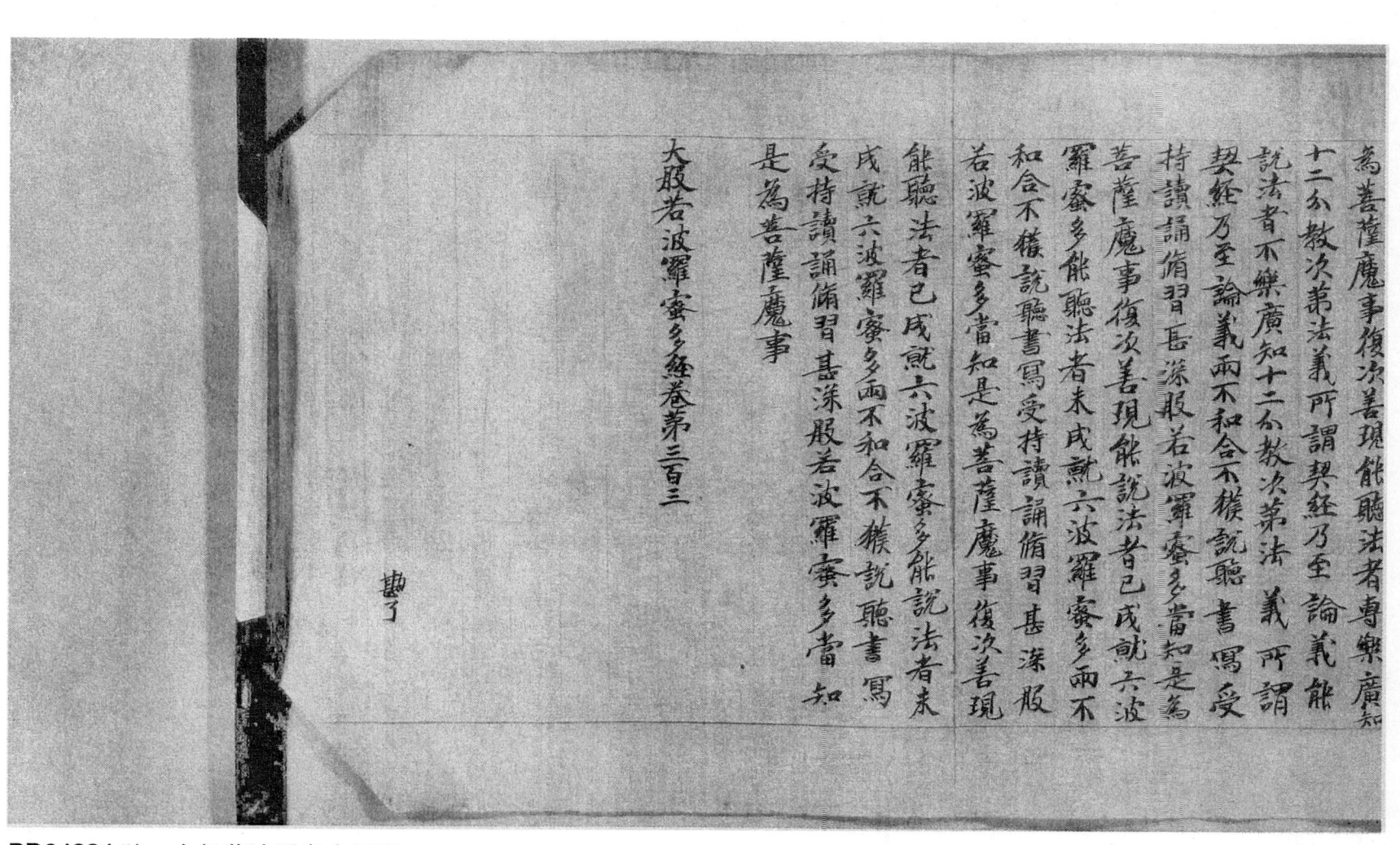

BD04234號　大般若波羅蜜多經卷三〇三　（24–23）

為菩薩魔事復次善現能聽法者專樂廣知
十二分教次第法義所謂契經乃至論義能
說法者不樂廣知十二分教次第法義所謂
契經乃至論義兩不和合不獲說聽書寫受
持讀誦脩習甚深般若波羅蜜多當知是為
菩薩魔事復次善現能說法者已成就六波
羅蜜多能聽法者未成就六波羅蜜多兩不
和合不獲說聽書寫受持讀誦脩習甚深般
若波羅蜜多當知是為菩薩魔事復次善現
能聽法者已成就六波羅蜜多能說法者未
成就六波羅蜜多兩不和合不獲說聽書寫
受持讀誦脩習甚深般若波羅蜜多當知
是為菩薩魔事

大般若波羅蜜多經卷第三百三

勘了

BD04234號　大般若波羅蜜多經卷三〇三　（24–24）

BD04234 號背　勘記　（1–1）

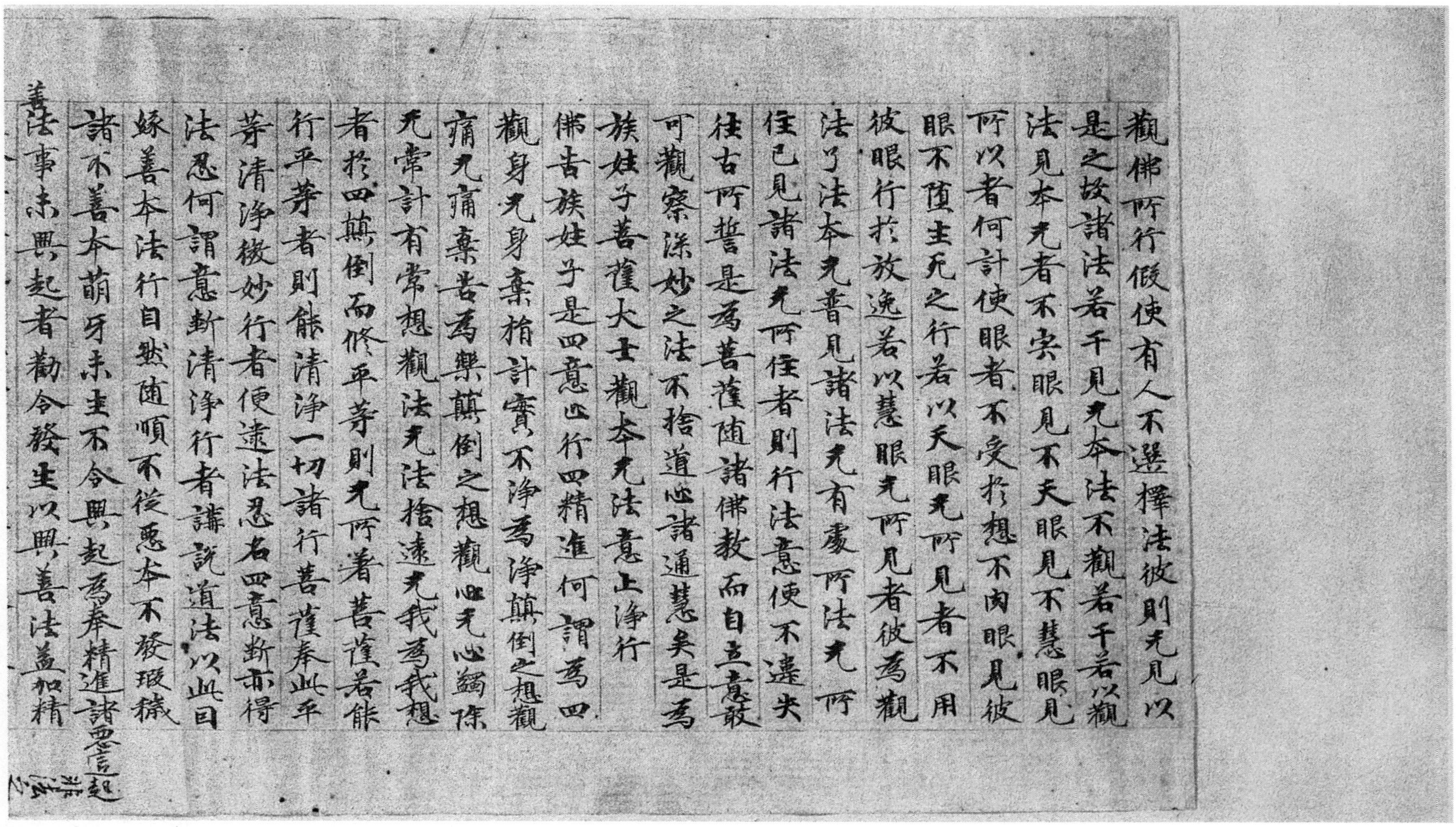

觀佛所行假使有人不選擇法彼則无見以
是之故諸法若干見无本法不觀若干若以觀
法見本无者不宍眼見不天眼見不慧眼見
所以者何計使眼者不受於想不肉眼見彼
眼不隨生死之行若以天眼无所見者不用
彼眼行於放逸若以慧眼无所見者彼為觀
法了法本无普見諸法无有處所法无所
住已見諸法无所住者則行法意使不違失
往古所誓是為菩薩隨諸佛教而自立意敢
可觀察深妙之法不捨道心諸通慧矣是為
族姓子菩薩大士觀本无法意止淨行
佛告族姓子是四意止行四精進何謂為四
觀身无身棄指計實不淨為淨顛倒之想觀
痛无痛棄苦為樂顛倒之想觀心无心蠲除
无常計有常想觀法无法捨遠无我為我想
者於四顛倒而修平等則无所著菩薩若能
行平等者則能清淨一切諸行菩薩奉此平
等清淨微妙行者便逮法忍名四意斷亦得
法忍何謂意斷清淨行者謂說道法以此因
緣善本法行自然隨順不從惡本不發瑕穢
諸不善本萌牙未生不令興起為奉精進諸惡已起
善法事未興起者勸令發生以興善法益加精

BD04235 號　大寶積經（兌廢稿）卷一一七　（2–1）

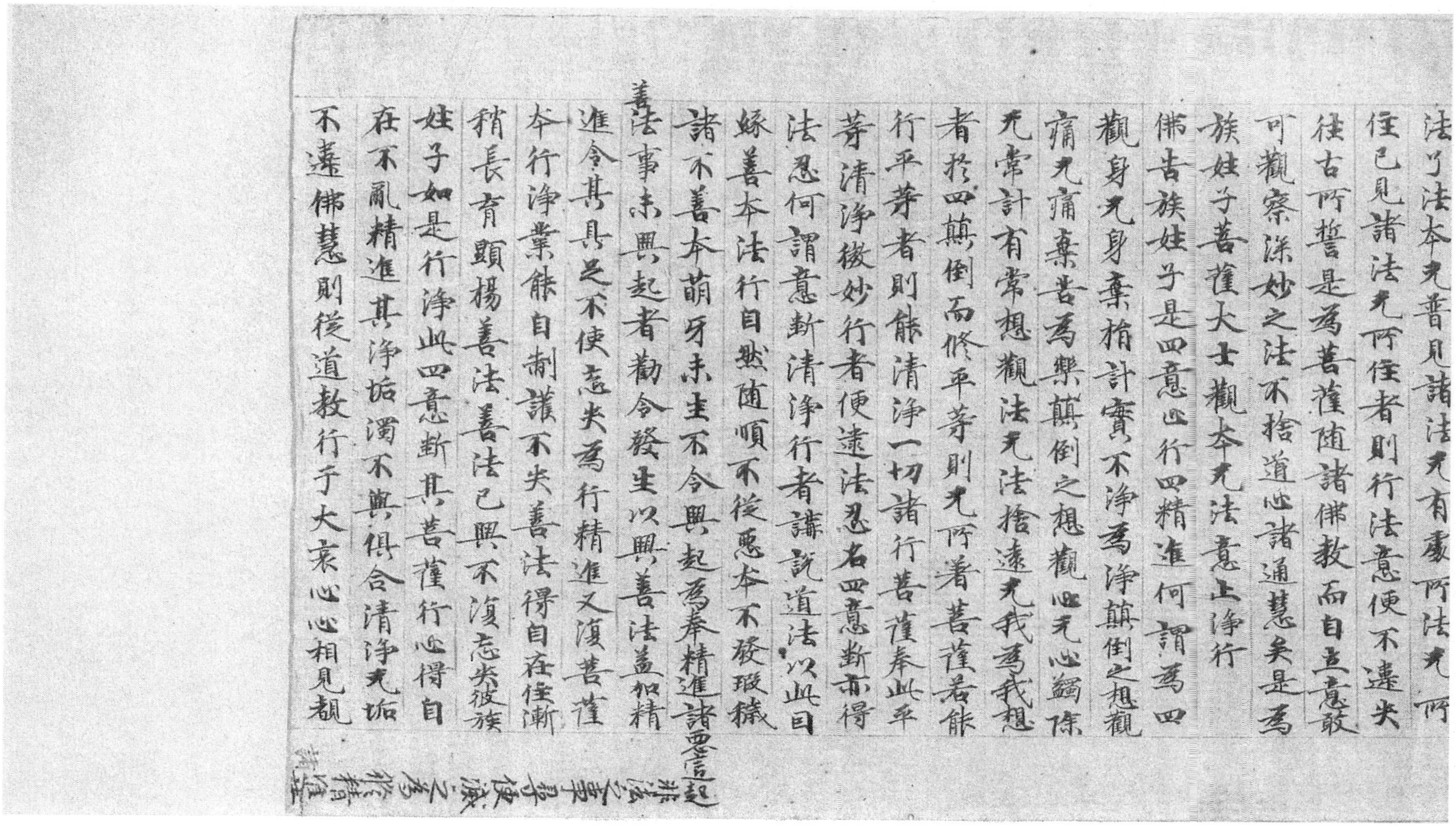

法了法本无普見諸法无有處所法无所
住已見諸法无所住者則行法意便不違失
往古所誓是為菩薩隨諸佛教而自立意敢
可觀察深妙之法不捨道心諸通慧矣是為
族姓子菩薩大士觀本无法意上淨行
佛告族姓子是四意止行四精進何謂為四
觀身无身棄捐計實不淨為淨顛倒之想觀
痛无痛棄苦為樂顛倒之想觀心无心蠲除
无常計有常想觀法无法捨遠无我為我想
者於四顛倒而修平等則无所著菩薩若能
行平等者則能清淨一切諸行菩薩奉此平
等清淨微妙行者便逮法忍名四意斷亦得
法忍何謂意斷清淨行者謙說道法以此因
緣善本法行自然隨順不從惡本不發瑕穢
諸不善本萌牙未生不令興起為奉精進諸惡已起非法之事尋即復滅之為行精進
善法事未興起者勸令發生以興善法益加精
進令其具足不使忘失為行精進又復菩薩
本行淨業能自制護不失善法得自在住漸
稍長育顯揚善法善法已興不復忘失彼族
姓子如是行淨此四意斷其菩薩行心得自
在不亂精進其淨垢濁不與俱合清淨无垢
不違佛慧則從道教行于大哀心心相見覩

BD04235號　大寶積經（兌廢稿）卷一一七　（2–2）

卷第一百一十七　近下

BD04235號背　勘記　（1–1）

各各懷悲惱　佛滅一何速　聖主法之王　安慰无量衆
我若滅度時　汝等勿憂怖　是德藏菩薩　於无漏實相
心已得通達　其次當作佛　号曰為淨身　亦度无量衆
佛此夜滅度　如薪盡火滅　分布諸舍利　而起无量塔
比丘比丘尼　其數如恒沙　倍復加精進　以求无上道
是妙光法師　奉持佛法藏　八十小劫中　廣宣法華經
是諸八王子　妙光所開化　堅固无上道　當見无數佛
供養諸佛已　随順行大道　相継得成佛　轉次而授記
最後天中天　号曰燃燈佛　諸仙之導師　度脫无量衆
是妙光法師　時有一弟子　心常懷懈怠　貪著於名利
求名利无猒　多遊族姓家　棄捨所習誦　廢忘不通利
以是因緣故　号之為求名　亦行衆善業　得見无數佛
供養於諸佛　随順行大道　具六波羅蜜　今見釋師子
其後當作佛　号名曰弥勒　廣度諸衆生　其數无有量
彼佛滅度後　懈怠者汝是　妙光法師者　今則我身是
我見燈明佛　本光瑞如此　以是知今佛　欲說法華經
今相如本瑞　是諸佛方便　今佛放光明　助發實相義
諸人今當知　合掌一心待　佛當雨法雨　充足求道者
諸求三乘人　若有疑悔者　佛當為除斷　今盡无有餘
妙法蓮華經方便品第二
尒時世尊從三昧安詳而起告舍利弗諸佛

BD04236 號　妙法蓮華經卷一　（7–1）

今相如本瑞　是諸佛方便　今佛放光明　助發實相義
諸人今當知　合掌一心待　佛當雨法雨　充足求道者
諸求三乘人　若有疑悔者　佛當為除斷　今盡无有餘
妙法蓮華經方便品第二
尒時世尊從三昧安詳而起告舍利弗諸佛
智慧甚深无量其智慧門難解難入一切聲
聞辟支佛所不能知所以者何佛曾親近百
千万億无數諸佛盡行諸佛无量道法勇猛
精進名稱普聞成就甚深未曾有法隨宜所
說意趣難解舍利弗吾從成佛已來種種因
緣種種譬喻廣演言教无數方便引導衆生
令離諸著所以者何如來方便知見波羅蜜
皆已具足舍利弗如來知見廣大深遠无量
无礙力无所畏禪定解脫三昧深入无際成
就一切未曾有法舍利弗如來能種種分別
巧說諸法言辞柔軟悅可衆心舍利弗取要
言之无量无邊未曾有法佛悉成就止舍利
弗不須復說所以者何佛所成就第一希有
難解之法唯佛與佛乃能究盡諸法實相所
謂諸法如是相如是性如是體如是力如是作
如是因如是緣如是果如是報如是本末究
竟等尒時世尊欲重宣此義而說偈言
世雄不可量　諸天及世人　一切衆生類　无能知佛者
佛力无所畏　解脫諸三昧　及佛諸餘法　无能測量者
本從无數佛　具足行諸道　甚深微妙法　難見難可了
於无量億劫　行此諸道已　道場得成果　我已悉知見
如是大果報　種種性相義　我及十方佛　乃能知是事

BD04236 號　妙法蓮華經卷一　（7–2）

[illegible]時世尊欲重宣此義而說偈言
世雄不可量　諸天及世人　一切衆生類　无能知佛者
佛力无所畏　解脫諸三昧　及佛諸餘法　无能測量者
本從无數佛　具足行諸道　甚深微妙法　難見難可了
於无量億劫　行此諸道已　道場得成果　我已悉知見
如是大果報　種種性相義　我及十方佛　乃能知是事
是法不可示　言辭相寂滅　諸餘衆生類　无有能得解
除諸菩薩衆　信力堅固者　諸佛弟子衆　曾供養諸佛
一切漏已盡　住是最後身　如是諸人等　其力所不堪
假使滿世間　皆如舍利弗　盡思共度量　不能測佛智
正使滿十方　皆如舍利弗　及餘諸弟子　亦滿十方剎
盡思共度量　亦復不能知　辟支佛利智　无漏最後身
亦滿十方界　其數如竹林　斯等共一心　於億无量劫
欲思佛實智　莫能知少分　新發意菩薩　供養无數佛
了達諸義趣　又能善說法　如稻麻竹葦　充滿十方剎
一心以妙智　於恒河沙劫　咸皆共思量　不能知佛智
不退諸菩薩　其數如恒沙　一心共思求　亦復不能知
又告舍利弗　无漏不思議　甚深微妙法　我今已具得
唯我知是相　十方佛亦然　舍利弗當知　諸佛語无異
於佛所說法　當生大信力　世尊法久後　要當說真實
告諸聲聞衆　及求緣覺乘　我令脫苦縛　逮得涅槃者
佛以方便力　示以三乘教　衆生處處著　引之令得出
尒時大衆中有諸聲聞漏盡阿羅漢阿若
憍陳如等千二百人及發聲聞辟支佛心比丘
比丘尼優婆塞優婆夷各作是念今者世尊
何故慇懃稱歎方便而作是言佛所得法甚
深難解有所言說意趣難知一切聲聞辟支
佛所不能及佛說一解脫義我等亦得此法到

尒時大衆中有諸聲聞漏盡阿羅漢阿若
憍陳如等千二百人及發聲聞辟支佛心比丘
比丘尼優婆塞優婆夷各作是念今者世尊
何故慇懃稱歎方便而作是言佛所得法甚
深難解有所言說意趣難知一切聲聞辟支
佛所不能及佛說一解脫義我等亦得此法到
於涅槃而今不知是義所趣尒時舍利弗知
四衆心疑自亦未了而白佛言世尊何因何
緣慇懃稱歎諸佛第一方便甚深微妙難解
之法我自昔來未曾從佛聞如是說今者四
衆咸皆有疑唯願世尊敷演斯事世尊何故
慇懃稱歎甚深微妙難解之法尒時舍利弗
欲重宣此義而說偈言
慧日大聖尊　久乃說是法　自說得如是　力无畏三昧
禪定解脫等　不可思議法　道場所得法　无能發問者
我意難可測　亦无能問者　无問而自說　稱歎所行道
智慧甚微妙　諸佛之所得　无漏諸羅漢　及求涅槃者
今皆墮疑網　佛何故說是　其求緣覺者　比丘比丘尼
諸天龍鬼神　及乾闥婆等　相視懷猶豫　瞻仰兩足尊
是事為云何　願佛為解說　於諸聲聞衆　佛說我第一
我今自於智　疑惑不能了　為是究竟法　為是所行道
佛口所生子　合掌瞻仰待　願出微妙音　時為如實說
諸天龍神等　其數如恒沙　求佛諸菩薩　大數有八万
又諸万億國　轉輪聖王至　合掌以敬心　欲聞具足道
尒時佛告舍利弗止止不須復說若說是事
一切世間諸天及人皆當驚疑舍利弗重白
佛言世尊唯願說之唯願說之所以者何是

諸天龍神等　其數如恒沙　求佛諸菩薩　大數有八万
又諸万億國　轉輪聖王至　合掌以敬心　欲聞具足道
尒時佛告舍利弗止止不須復說若說是事
一切世間諸天及人皆當驚疑舍利弗重白
佛言世尊唯願說之唯願說之所以者何是
會无數百千万億阿僧祇衆生曾見諸佛諸
根猛利智慧明了聞佛所說則能敬信尒時
舍利弗欲重宣此義而說偈言
法王无上尊　唯說願勿慮　是會无量衆　有能敬信者
佛復止舍利弗若說是事一切世間天人阿
脩羅皆當驚疑增上慢比丘將墜於大坑尒
時世尊重說偈言
止止不須說　我法妙難思　諸增上慢者　聞必不敬信
尒時舍利弗重白佛言世尊唯願說之唯願
說之今此會中如我等比百千万億世世已
曾從佛受化如此人等必能敬信長夜安隱
多所饒益尒時舍利弗欲重宣此義而說偈
言
无上兩足尊　願說第一法　我為佛長子　唯垂分別說
是會无量衆　能敬信此法　佛已曾世世　教化如是等
皆一心合掌　欲聽受佛語　我等千二百　及餘求佛者
願為此衆故　唯垂分別說　是等聞此法　則生大歡喜
尒時世尊告舍利弗汝已慇懃三請豈得不
說汝今諦聽善思念之吾當為汝分別解說
說此語時會中有比丘比丘尼優婆塞優婆夷
五千人等即從座起礼佛而退所以者何此
輩罪根深重及增上慢未得謂得未證謂證
有如此失是以不住世尊嘿然而不制止尒

BD04236 號　妙法蓮華經卷一　（7–5）

尒時世尊告舍利弗汝已慇懃三請豈得不
說汝今諦聽善思念之吾當為汝分別解說
說此語時會中有比丘比丘尼優婆塞優婆夷
五千人等即從座起礼佛而退所以者何此
輩罪根深重及增上慢未得謂得未證謂證
有如此失是以不住世尊嘿然而不制止尒
時佛告舍利弗我今此衆无復枝葉純有貞
實舍利弗如是增上慢人退亦佳矣汝今善
聽當為汝說舍利弗言唯然世尊願樂欲聞
佛告舍利弗如是妙法諸佛如來時乃說之
如優曇鉢華時一現耳舍利弗汝等當信佛
之所說言不虛妄舍利弗諸佛隨宜說法意
趣難解所以者何我以无數方便種種因緣譬
喻言辞演說諸法是法非思量分別之所能
解唯有諸佛乃能知之所以者何諸佛世尊
唯以一大事因緣故出現於世舍利弗云何
名諸佛世尊唯以一大事因緣故出現於世
諸佛世尊欲令衆生開佛知見使得清淨故出
現於世欲示衆生佛知見故出現於世欲令
衆生悟佛知見故出現於世欲令衆生入佛
知見道故出現於世舍利弗是為諸佛唯以
一大事因緣故出現於世佛告舍利弗諸佛
如來但教化菩薩諸有所作常為一事唯以
佛之知見示悟衆生舍利弗如來但以一佛
乘故為衆生說法无有餘乘若二若三舍
利弗一切十方諸佛法亦如是舍利弗過去
諸佛以无量无數方便種種因緣譬喻言辞
而為衆生演說諸法是法皆為一佛乘故是

BD04236 號　妙法蓮華經卷一　（7–6）

唯以一大事因緣故出現於世舍利弗云何
名諸佛世尊唯以一大事因緣故出現於世
諸佛世尊欲令眾生開佛知見使得清淨故出
現於世欲示眾生佛知見故出現於世欲令
眾生悟佛知見故出現於世欲令眾生入佛
知見道故出現於世舍利弗是為諸佛唯以
一大事因緣故出現於世佛告舍利弗諸佛
如來但教化菩薩諸有所作常為一事唯以
佛之知見示悟眾生舍利弗如來但以一佛
乘故為眾生說法无有餘乘若二若三舍
利弗一切十方諸佛法亦如是舍利弗過去
諸佛以无量无數方便種種因緣譬喻言辭
而為眾生演說諸法是法皆為一佛乘故是
諸眾生從諸佛聞法究竟皆得一切種智舍
利弗未來諸佛當出於世亦以无量无數方
便種種因緣譬喻言辭而為眾生演說諸法
是法皆為一佛乘故是諸眾生從佛聞法究
竟皆得一切種智舍利弗現在十方无量百
千万億佛土中諸佛世尊多所饒益安樂眾
生是諸佛亦以无量无數方便種種因緣譬
喻言辭而為眾生演說諸法是法皆為一佛
乘故是諸眾生從佛聞法究竟皆得一切種

BD04236 號　妙法蓮華經卷一　（7–7）

……四百一十二
……之三　三藏法師玄奘奉詔……
……訶薩脩行布施波……
……應作意而脩布施波……
……善根以无所得而為方便與一
切有情同共迴向一切智智於布施時都无
所恡舍利子是為菩薩摩訶薩脩行布施波
羅蜜多時所被布施波羅蜜多大功德鎧復
次舍利子諸菩薩摩訶薩脩行布施波羅蜜
多時以一切智智相應作意而脩布施波羅
蜜多持此善根以无所得而為方便與一切
有情同共迴向一切智智於布施時不起聲
聞獨覺作意舍利子是為菩薩摩訶薩脩
行布施波羅蜜多時所被淨戒波羅蜜多大功
德鎧復次舍利子諸菩薩摩訶薩脩行布施
波羅蜜多時以一切智智相應作意而脩布
施波羅蜜多持此善根以无所得而為方便
與一切有情同共迴向一切智智於布施時
信忍欲樂脩布施法舍利子是為菩薩摩訶
薩脩行布施波羅蜜多時所被安忍波羅蜜
多大功德鎧復次舍利子諸菩薩摩訶薩脩
行布施波羅蜜多時以一切智智相應作意
而脩布施波羅蜜多持此善根以无所得而
為方便與一切有情同共迴向一切智智於
布施時精進勇猛不捨加行舍利子是為菩

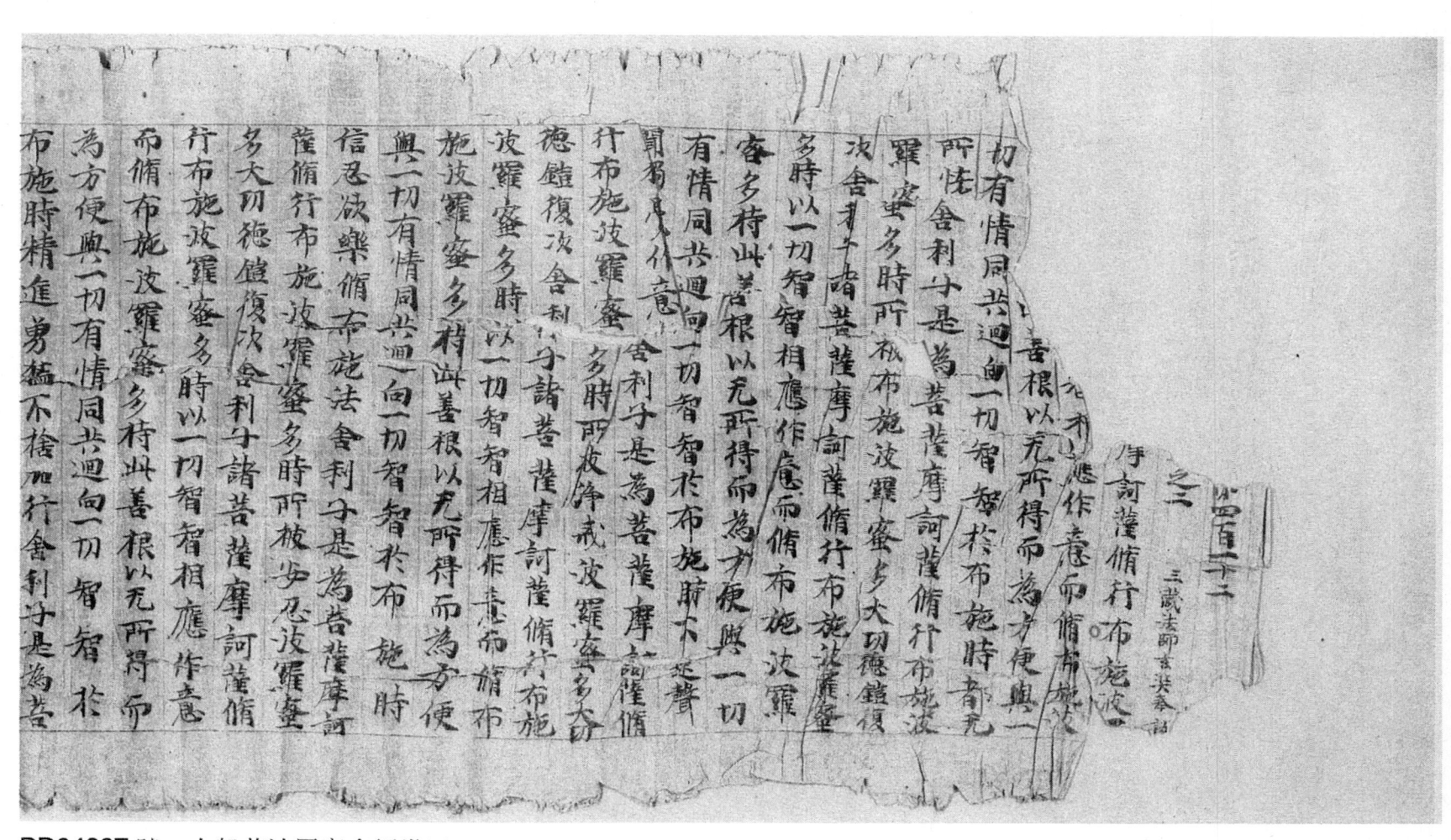

BD04237 號　大般若波羅蜜多經卷四一二　（4–1）

薩脩行布施波羅蜜多時所被安忍波羅蜜
多大功德鎧復次舍利子諸菩薩摩訶薩脩
行布施波羅蜜多時以一切智智相應作意
而脩布施波羅蜜多持此善根以无所得而
為方便與一切有情同共迴向一切智智於
布施時精進勇猛不捨加行舍利子是為菩
薩摩訶薩脩行布施波羅蜜多時所被精進
波羅蜜多大功德鎧復次舍利子諸菩薩摩
訶薩脩行布施波羅蜜多時以一切智智相
應作意而脩布施波羅蜜多持此善根以无
所得而為方便與一切有情同共迴向一切
智智於布施時一心趣向一切智智究竟利
樂一切有情不雜聲聞獨覺作意舍利子
是為菩薩摩訶薩脩行布施波羅蜜多時所
被靜慮波羅蜜多大功德鎧復次舍利子諸菩
薩摩訶薩脩行布施波羅蜜多時以一切智
智相應作意而脩布施波羅蜜多持此善根
以无所得而為方便與一切有情同共迴向
一切智智於布施時住如幻想不得施者受
者施物施所得果舍利子是為菩薩摩訶薩
脩行布施波羅蜜多時所被般若波羅蜜多
大功德鎧舍利子如是菩薩摩訶薩脩行布
施波羅蜜多時具被六種波羅蜜多大功德
鎧舍利子若菩薩摩訶薩以一切智智相應
作意脩行布施波羅蜜多時於六波羅蜜多
相不取不得當知是菩薩摩訶薩被大功德
鎧

BD04237 號　大般若波羅蜜多經卷四一二　　（4–2）

施波羅蜜多時具被六種波羅蜜多大功德
鎧舍利子若菩薩摩訶薩以一切智智相應
作意脩行布施波羅蜜多時於六波羅蜜多
相不取不得當知是菩薩摩訶薩被大功德
鎧
復次舍利子諸菩薩摩訶薩脩行淨戒波羅
蜜多時以一切智智相應作意而脩淨戒波
羅蜜多持此善根以无所得而為方便與一
切有情同共迴向一切智智脩淨戒時於諸
所有都无慳悋舍利子是為菩薩摩訶薩脩
行淨戒波羅蜜多時所被布施波羅蜜多大
功德鎧
復次舍利子諸菩薩摩訶薩脩行淨戒波羅
蜜多時以一切智智相應作意而脩淨戒波
羅蜜多持此善根以无所得而為方便與一
切有情同共迴向一切智智脩淨戒時於諸
聲聞及獨覺地尚不趣求況異生地舍利子
是為菩薩摩訶薩脩行淨戒波羅蜜多時所
被淨戒波羅蜜多大功德鎧復次舍利子諸
菩薩摩訶薩脩行淨戒波羅蜜多時以一切
智智相應作意而脩淨戒波羅蜜多持此
善根以无所得而為方便與一切有情同共迴
向一切智智脩淨戒時於淨戒法信忍欲樂
舍利子是為菩薩摩訶薩脩行淨戒波羅蜜
多時所被安忍波羅蜜多大功德鎧復次舍
利子諸菩薩摩訶薩脩行淨戒波羅蜜多時
以一切智智相應作意而脩淨戒波羅蜜多

BD04237 號　大般若波羅蜜多經卷四一二　　（4–3）

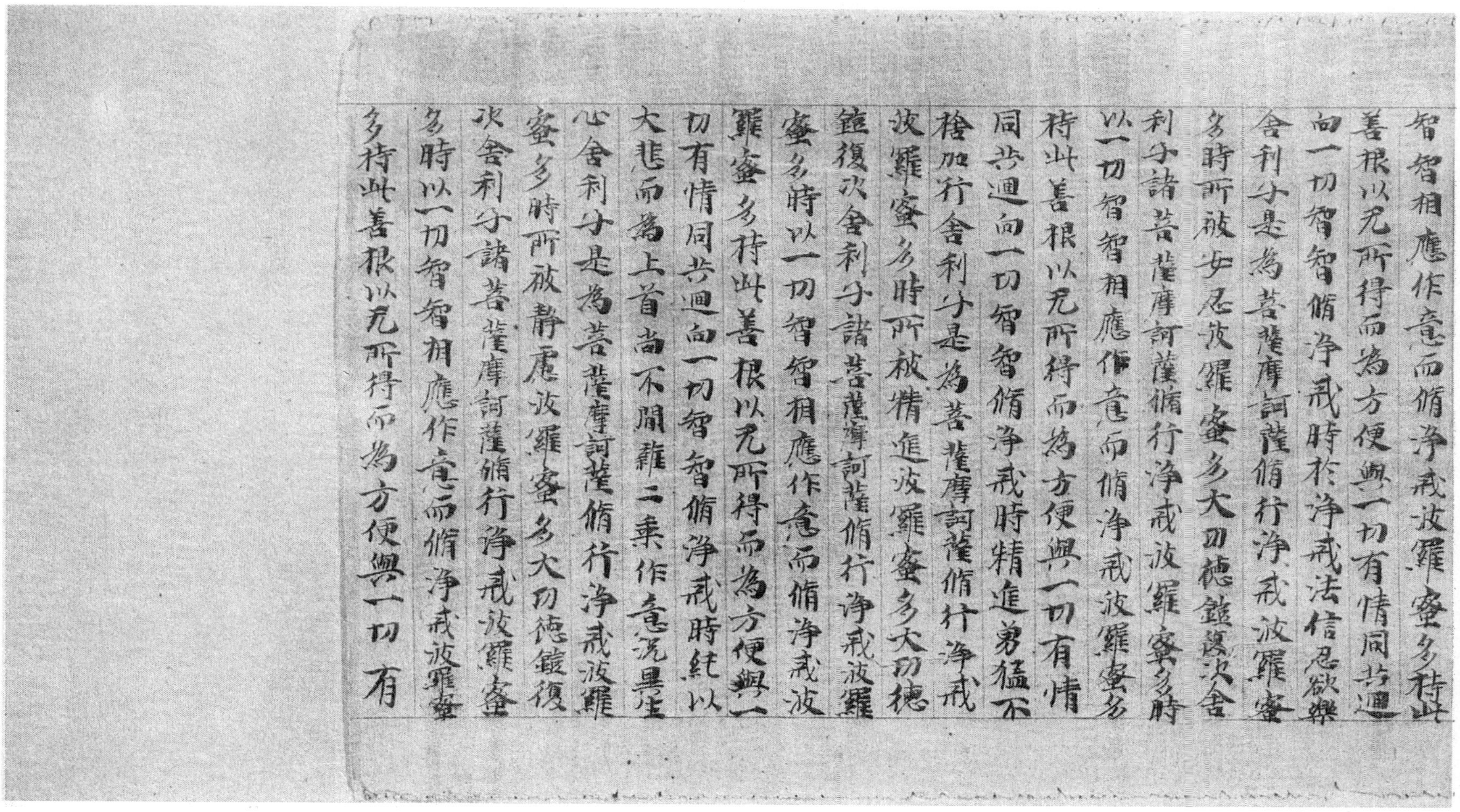
智智相應作意而修淨戒波羅蜜多持此
善根以无所得而為方便與一切有情同共迴
向一切智智修淨戒時於淨戒法信忍欲樂
舍利子是為菩薩摩訶薩修行淨戒波羅蜜
多時所被安忍波羅蜜多大功德鎧復次舍
利子諸菩薩摩訶薩修行淨戒波羅蜜多時
以一切智智相應作意而修淨戒波羅蜜多
持此善根以无所得而為方便與一切有情
同共迴向一切智智修淨戒時精進勇猛不
捨加行舍利子是為菩薩摩訶薩修行淨戒
波羅蜜多時所被精進波羅蜜多大功德
鎧復次舍利子諸菩薩摩訶薩修行淨戒波羅
蜜多時以一切智智相應作意而修淨戒波
羅蜜多持此善根以无所得而為方便與一
切有情同共迴向一切智智修淨戒時純以
大悲而為上首尚不間雜二乘作意況異生
心舍利子是為菩薩摩訶薩修行淨戒波羅
蜜多時所被靜慮波羅蜜多大功德鎧復
次舍利子諸菩薩摩訶薩修行淨戒波羅蜜
多時以一切智智相應作意而修淨戒波羅蜜
多持此善根以无所得而為方便與一切有

BD04237 號　大般若波羅蜜多經卷四一二　（4–4）

四百一十二

BD04237 號背　勘記　（1–1）

BD04238 號背　護首　　（1–1）

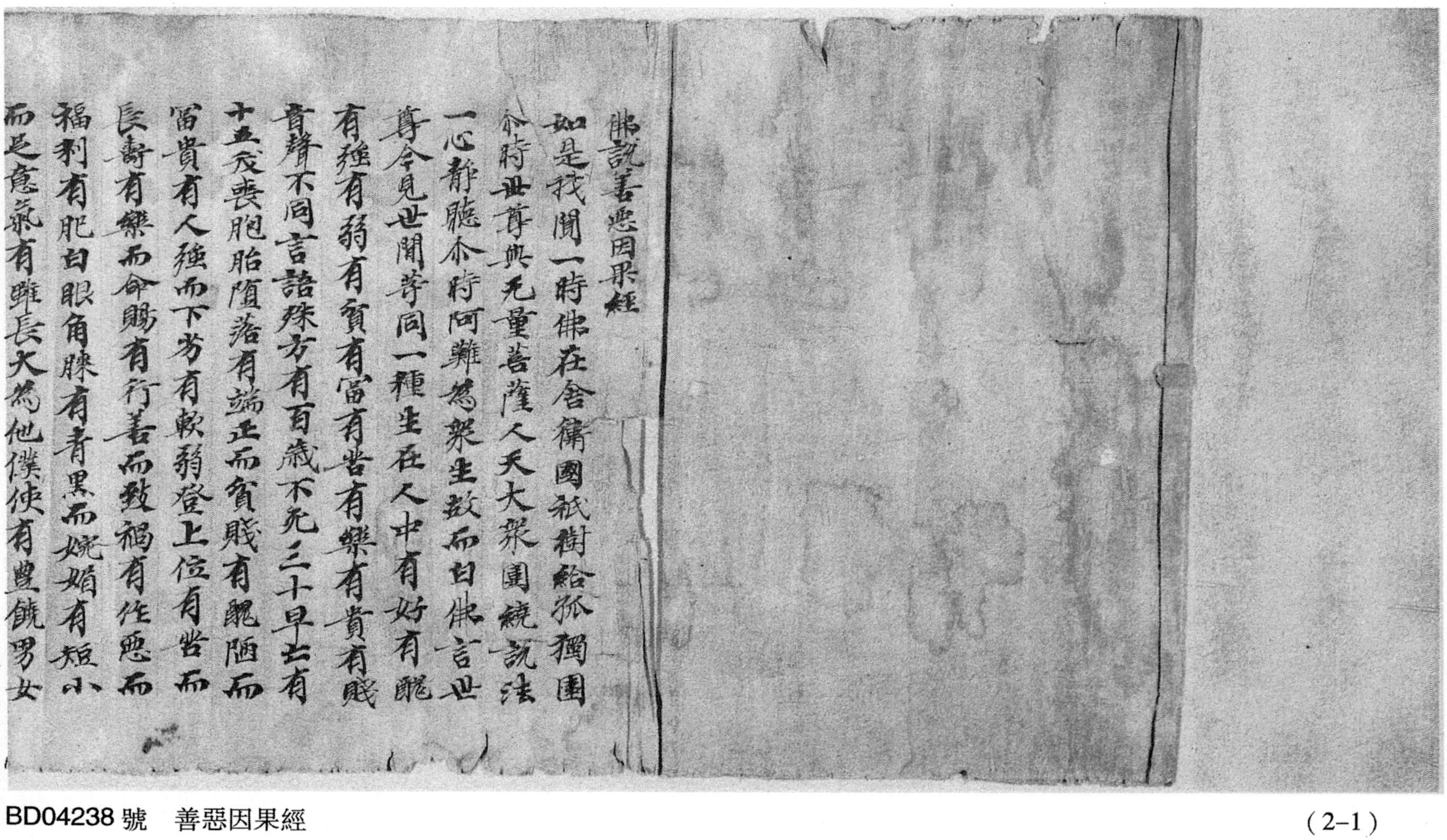
佛說善惡因果經
如是我聞一時佛在舍衛國祇樹給孤獨園
尒時世尊與无量菩薩人天大衆圍繞說法
一心靜聽尒時阿難爲衆生故而白佛言世
尊今見世間等同一種生在人中有好有醜
有強有弱有貧有富有苦有樂有貴有賤
音聲不同言語殊方有百歲不死三十早亡有
十五夭喪胞胎墮落有端正而貧賤有醜陋而
富貴有人強而下劣有軟弱登上位有苦而
長壽有樂而命賜有行善而致禍有作惡而
福利有肥白眼角膝有青黑而嬈媚有短小
而足意氣有雖長大爲他僕使有豐饒男女

BD04238 號　善惡因果經　　（2–1）

尊今見世間等同一種生在人中有好有醜
有強有弱有貧有富有苦有樂有貴有賤
音聲不同言語殊方有百歲不死三十早亡有
十五夭喪胞胎墮落有端正而貧賤有醜陋而
富貴有人強而下劣有軟弱登上位有苦而
長壽有樂而命短有行善而致禍有作惡而
福利有肥白眼角睞有青黑而姝媚有短小
而足意氣有雖長大為他僕使有豊饒男女
有孤單獨自有在外遊飢寒燋顇有入官在
朝衣食自恣有少時貧賤老始富貴有理
无幸横羅獄事有父慈子孝論經說義有
兄弟乖隔鬪諍交兵有安居立宅種種豊備
有自无舍屋處處浮寄有鳥栖巖宿禽獸同
類有衣毛茹血不識文字有端坐受報有客作
无地有聰明高爽有闇鈍无智有經營始得
有不求自至有富而慳貪有貧窮而好施有
出言和濡有發語麤剛有為他愛敬有衆人
遠避有慈心養命有煞生无比有冤而得衆
有為他所棄有婦姑相憎有妯娌歡喜有恃
聽法語有聞經眠睡有戒失无礼有好學文
義有作畜生之形種種異類唯願世尊廣說
因果大衆知聞一心從善
佛告阿難如汝所問受報不同者皆由先世用

BD04238 號　善惡因果經　（2–2）

南謨薄伽勃底阿波唎蜜多阿喻紇硯娘須毗你悉指陁囉佐耶怛他羯他耶怛姪他唵薩婆桑悉迦
囉波唎輸底達磨底伽伽娜莎訶娑謨嗢揭底薩婆婆毗輸底摩訶娜耶波唎婆麗莎訶
若有能供養是經者則是供養一切諸經等无有別異陁羅尼曰　南謨薄伽勃底阿波
唎蜜多阿喻紇硯娘須毗你悉指陁囉佐耶怛他羯他耶怛姪他唵薩婆桑悉迦囉波唎輸底達磨
底伽伽娜莎訶娑謨嗢揭底薩婆婆毗輸底摩訶娜耶波唎婆麗莎訶　如是毗婆尸佛尸棄
佛毗舍浮佛俱留孫佛俱那含牟尼佛迦葉佛若有人以七寶供養如是七佛其福有限書
寫受持是无量壽經典所有功德不可限量陁羅尼曰　南謨薄伽勃底阿波唎蜜多阿喻紇
硯娘須毗你悉指陁囉佐耶怛他羯他耶怛姪他唵薩婆桑悉迦囉波唎輸底達磨底伽伽娜莎
訶娑謨嗢揭底薩婆婆毗輸底摩訶娜耶波唎婆麗莎訶　若有七寶等於須彌山用布施其
福上能知其限量是无量壽經典其福不可知數陁羅尼曰　南謨薄伽勃底阿波唎蜜多
阿喻紇硯娘須毗你悉指陁囉佐耶怛他羯他耶怛姪他唵薩婆桑悉迦囉波唎輸底達磨底伽伽娜
莎訶娑謨嗢揭底薩婆婆毗輸底摩訶娜耶波唎婆麗莎訶　如是四大海水可知滴數是无
量壽經典所生果報不可知數陁羅尼曰　南謨薄伽勃底阿波唎蜜多阿喻紇硯娘須毗你
悉指陁囉佐耶怛他羯他耶怛姪他唵薩婆桑悉迦囉波唎輸底達磨底伽伽娜莎訶娑謨嗢揭底
薩婆婆毗輸底摩訶娜耶波唎婆麗莎訶　若有自書若使人書寫是无量壽經典之者
諸佛供養即如恭敬一切十方佛土如來无有別異陁羅尼曰　南謨薄伽勃底阿波唎蜜多阿
喻紇硯娘須毗你悉指陁囉佐耶怛他羯他耶怛姪他唵薩婆桑悉迦囉波唎輸底達磨底伽伽娜
莎訶娑謨嗢揭底薩婆婆毗輸底摩訶娜耶波唎婆麗莎訶
布施力能成正覺　悟布施力人師子　布施力能聲普聞　慈悲城中聲能入
持戒力能成正覺　悟持戒力人師子　持戒力能聲普聞　慈悲城中聲能入
忍辱力能成正覺　悟忍辱力人師子　忍辱力能聲普聞　慈悲城中聲能入
精進力能成正覺　悟精進力人師子　精進力能聲普聞　慈悲城中聲能入
禪定力能成正覺　悟禪定力人師子　禪定力能聲普聞　慈悲城中聲能入
智慧力能成正覺　悟智慧力人師子　智慧力能聲普聞　慈悲城中聲能入
爾時如來說是經已一切世間天人阿脩羅揵闥婆等聞佛所說皆大歡喜信受奉行

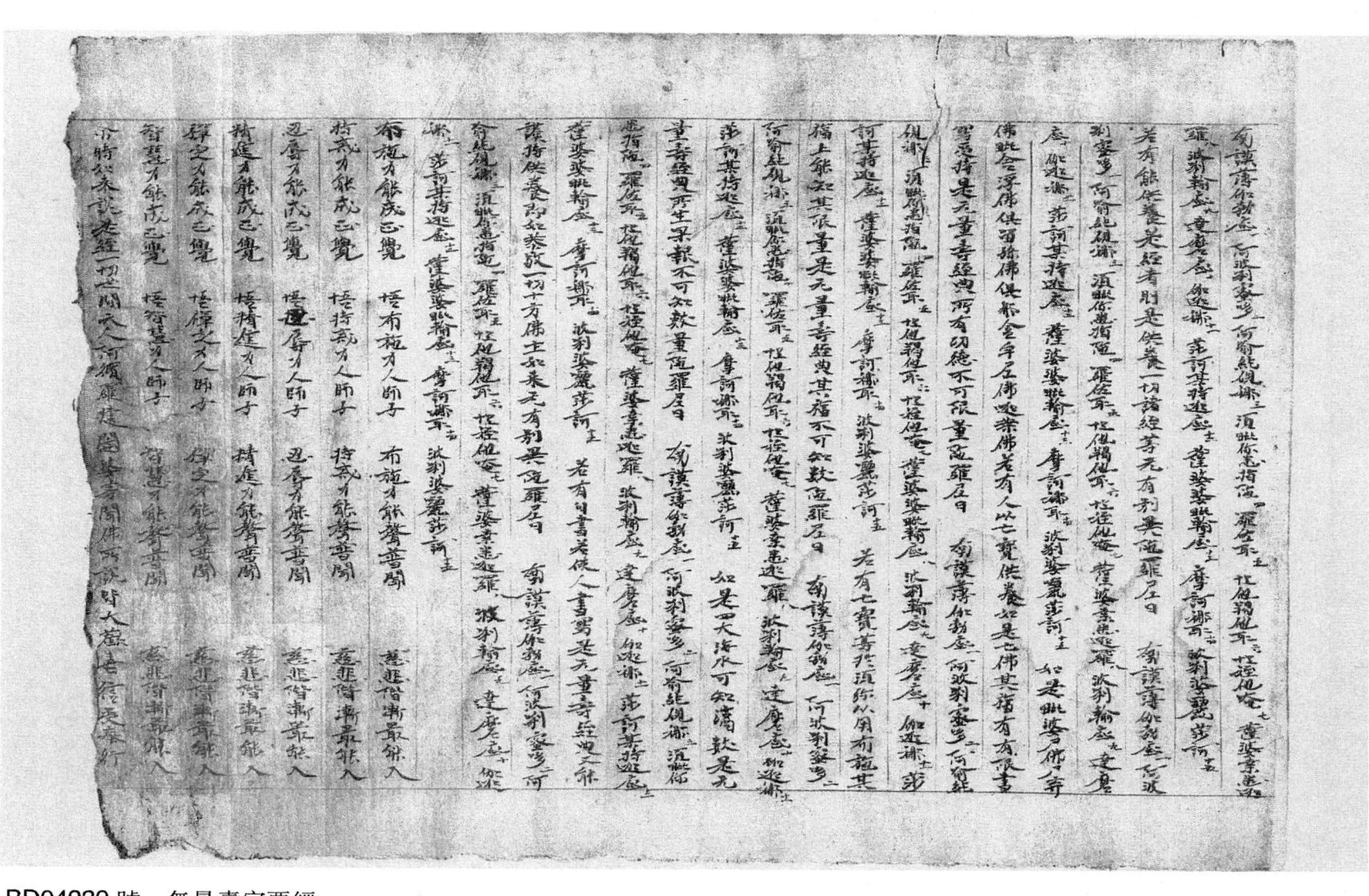

BD04239 號　無量壽宗要經　（1–1）

大般若波羅蜜多經卷
第二分出住品第十九之
復次善現汝問如是大乘
如是大乘都無所住所以
無所住何以故諸法住處
是大乘以無所得而為方便
如法界非住非不住所以者
無住無不住何以故法界自性法界自性空
故大乘亦尒非住非不住善現如真如實際
不思議界安隱界寂靜界斷界離界滅界
住非不住所以者何以真如自性乃至滅
自性无住無不住何以故真如自性真如自
性空乃至滅界自性滅界自空故大乘亦
尒非住非不住善現如色非住非不住所以
者何以色自性无住无不住何以故色自性
色自性空故大乘亦尒非住非不住善現如
受想行識非住非不住所以者何受想行識
自性無住無不住何以故受想行識自性受
想行識自性空故大乘亦尒非住非不住善
現如眼處非住非不住所以者何以眼處自
性无住无不住何以故眼處自性眼處自性
空故大乘亦尒非住非不住善現如耳鼻舌

BD04240 號　大般若波羅蜜多經卷四一七　（3–1）

色自性空故大乘亦尒非住非不住善現如
受想行識非住非不住所以者何受想行識
自性無住無不住何以故受想行識自性受
想行識自性空故大乘亦尒非住非不住善
現如眼處非住非不住所以者何以眼處自
性无住无不住何以故眼處自性眼處自性
空故大乘亦尒非住非不住善現如耳鼻舌
身意處非住非不住所以者何以耳鼻舌身
意處自性无住无不住何以故耳鼻舌身意
處自性耳鼻舌身意處自性空故大乘亦尒
非住非不住善現如色處非住非不住所以
者何以色處自性无住无不住何以故色處
自性色處自性空故大乘亦尒非住非不住
善現如聲香味觸法處非住非不住所以者
何以聲香味觸法處自性无住无不住何以
故聲香味觸法處自性聲香味觸法處自性
空故大乘亦尒非住非不住善現如眼界非
住非不住所以者何以眼界自性無住無不
住何以故眼界自性眼界自性空故大乘亦
尒非住非不住善現如耳鼻舌身意界非住
非不住所以者何以耳鼻舌身意界自性无
住無不住何以故耳鼻舌身意界自性耳鼻
舌身意界自性空故大乘亦尒非住非不住
善現如色界非住非不住所以者何以色界
自性无住无不住何以故色界自性色界自
性空故大乘亦尒非住非不住善現如聲香

BD04240 號　大般若波羅蜜多經卷四一七　（3–2）

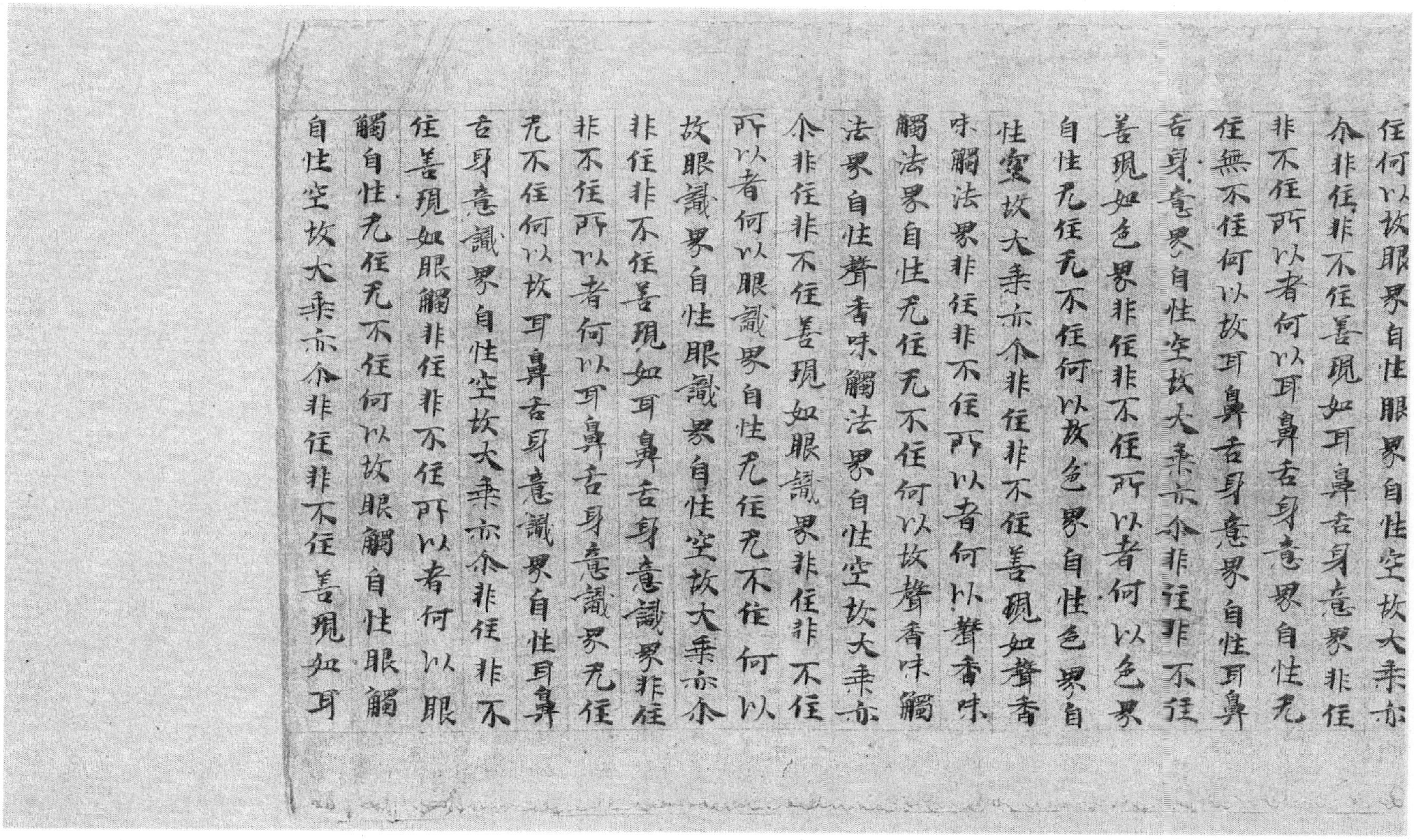
住何以故眼界自性眼界自性空故大乘亦
尒非住非不住善現如耳鼻舌身意界非住
非不住所以者何以耳鼻舌身意界自性无
住無不住何以故耳鼻舌身意界自性耳鼻
舌身意界自性空故大乘亦尒非住非不住
善現如色界非住非不住所以者何以色界
自性无住无不住何以故色界自性色界自
性空故大乘亦尒非住非不住善現如聲香
味觸法界非住非不住所以者何以聲香味
觸法界自性无住无不住何以故聲香味觸
法界自性聲香味觸法界自性空故大乘亦
尒非住非不住善現如眼識界非住非不住
所以者何以眼識界自性无住无不住何以
故眼識界自性眼識界自性空故大乘亦尒
非住非不住善現如耳鼻舌身意識界非住
非不住所以者何以耳鼻舌身意識界无住
无不住何以故耳鼻舌身意識界自性耳鼻
舌身意識界自性空故大乘亦尒非住非不
住善現如眼觸非住非不住所以者何以眼
觸自性无住无不住何以故眼觸自性眼觸
自性空故大乘亦尒非住非不住善現如耳

BD04240 號　大般若波羅蜜多經卷四一七　（3–3）

四一十七

BD04240 號背　勘記　（1–1）

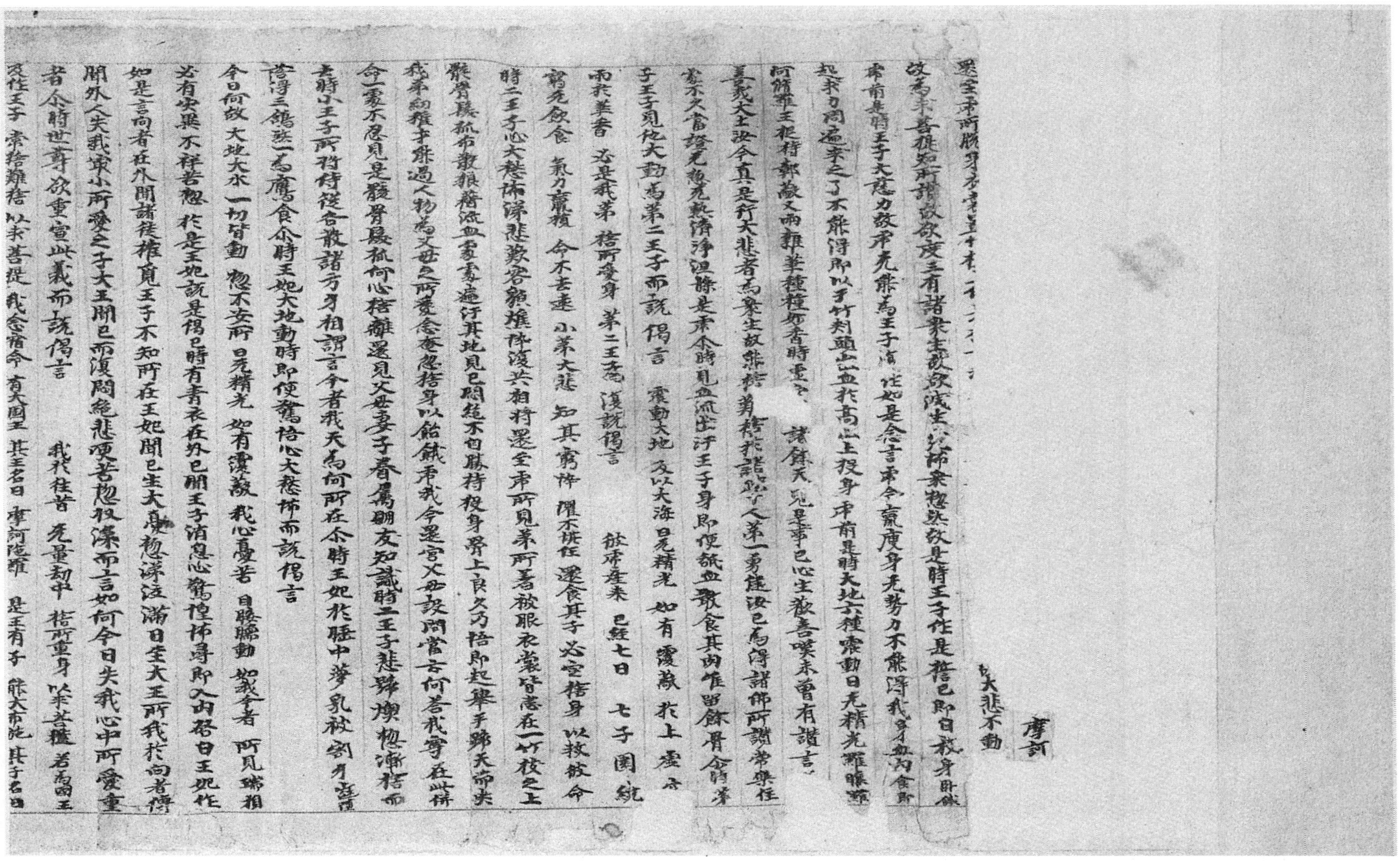

摩訶
……大悲不動
衆生所願身[illegible]
故為求菩提知所讚故欲度三有諸衆生故欲滅生死怖畏惱熱故是時王子作是誓已即自投身餓
虎前是時王子大慈力故虎无能為王子復作如是念言虎今羸瘦身无勢力不能得我身血肉食即
起求刀周遍求之了不能得即以乾竹刺頸出血於高山上投身虎前是時大地六種震動日无精光羅睺羅
阿修羅王捉持覆蔽又雨雜華種種妙香時虛空中諸餘天衆見是事已心生歡喜嘆未曾有讚言
善哉大士汝今真是行大悲者為衆生故能捨難捨勇猛於諸最勝丈夫第一勇健汝已為得諸佛所讚常樂住
處不久當證无惱无熱清淨涅槃是虎尒時見血流出汙王子身即便舐血噉食其肉唯留餘骨尒時第
一王子見地大動為第二王子而說偈言　震動大地　及以大海　日无精光　如有覆蔽　於上虛空　雨
衆華香　必是我弟　捨所愛身　第二王子　復說偈言　欲佛產來　已經七日　七子圍繞
窮无飲食　氣力羸損　命不云遠　小弟大悲　知其窮悴　懼不能住　還食其子　必定捨身　以救彼命
時二王子心大愁怖涕泣悲歎容貌憔悴復共相將還至虎所見弟所著被服衣裳皆悉在一竹枝之上
骸骨髮爪布散狼藉流血處處遍汙其地見已悶絕不自勝持投身骨上良久乃穌即起舉手號天而哭
我弟幼稚才能過人特為父母之所愛念奄忽捨身以餧餓虎我今還宮父母設問當云何答我寧在此併
命一處不忍見是骸骨髮爪何心捨離還見父母妻子眷屬朋友知識時二王子悲號懊惱漸捨而
去時小王子所將侍從各散諸方互相謂言今者我天為何所在尒時王妃於睡中夢乳被割牙齒墮
落得三鴿鷇一為鷹奪尒時王妃大地動時即便驚寤心大愁怖而說偈言
今日何故　大地大水　一切皆動　物不安所　日无精光　如有覆蔽　我心憂苦　目瞤瞤動　如我今者　所見瑞相
必有灾異　不祥苦惱　於是王妃說是偈已時有青衣在外已聞王子消息心驚惶怖尋即入內啓白王妃作
如是言向者在外聞諸侍從推覓王子不知所在王妃聞已生大憂惱涕泣滿目至大王所我於向者傳
聞外人失我最小所愛之子大王聞已而復悶絕悲哽苦惱抆淚而言如何今日失我心中所愛重
者尒時世尊欲重宣此義而說偈言　我於往昔　无量劫中　捨所重身　以求菩提　若為國王
及作王子　常捨難捨　以求菩提　我念宿命　有大國王　其王名曰　摩訶羅陀　是王有子　能大布施　其子名曰

BD04241 號　金光明經卷四　(3–1)

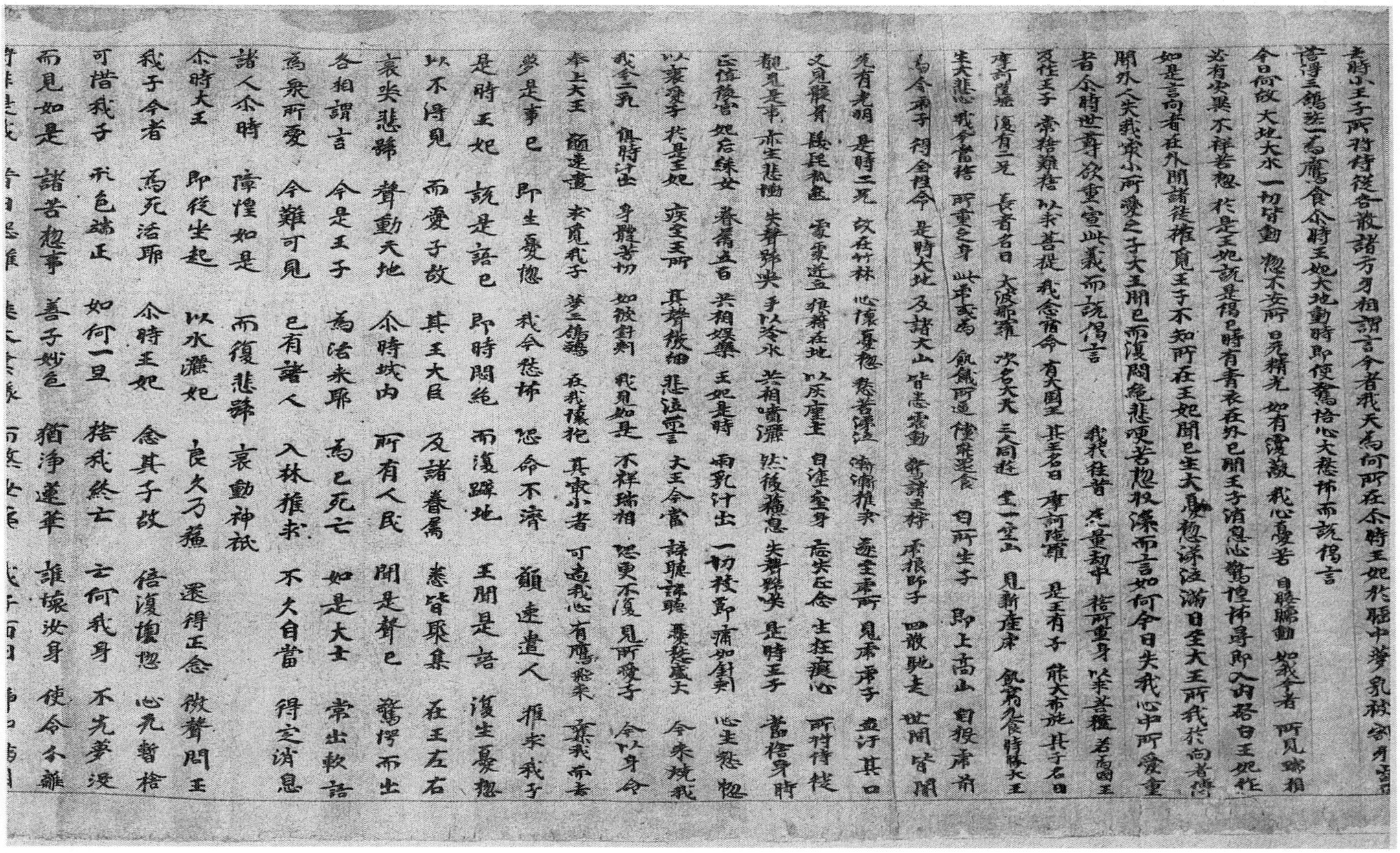

去時小王子所將侍從各散諸方互相謂言今者我天為何所在尒時王妃於睡中夢乳被割牙齒墮
落得三鴿鷇一為鷹奪尒時王妃大地動時即便驚寤心大愁怖而說偈言
今日何故　大地大水　一切皆動　物不安所　日无精光　如有覆蔽　我心憂苦　目瞤瞤動　如我今者　所見瑞相
必有灾異　不祥苦惱　於是王妃說是偈已時有青衣在外已聞王子消息心驚惶怖尋即入內啓白王妃作
如是言向者在外聞諸侍從推覓王子不知所在王妃聞已生大憂惱涕泣滿目至大王所我於向者傳
聞外人失我最小所愛之子大王聞已而復悶絕悲哽苦惱抆淚而言如何今日失我心中所愛重
者尒時世尊欲重宣此義而說偈言　我於往昔　无量劫中　捨所重身　以求菩提　若為國王
及作王子　常捨難捨　以求菩提　我念宿命　有大國王　其王名曰　摩訶羅陀　是王有子　能大布施　其子名曰
摩訶薩埵　復有二兄　長者名曰　大波那羅　次名大天　三人同遊　至一空山　見新產虎　飢窮无食　時勝大士
生大悲心　我今當捨　所重之身　此虎或為　飢餓所逼　儻能還食　自所生子　即上高山　自投虎前
為令虎子　得全性命　是時大地　及諸大山　皆悉震動　驚諸虫獸　虎狼師子　四散馳走　世間皆闇
无有光明　是時二兄　故在竹林　心懷憂惱　愁苦涕泣　漸漸推求　遂至虎所　見虎虎子　血汙其口
又見骸骨　髮爪狼藉　處處迸血　流離在地　以灰塵土　自坌其身　忘失正念　生狂癡心　所將侍從
覩見是事　亦生悲慟　失聲號哭　手以冷水　共相噴灑　然後穌息　失聲號哭　是時王子　當捨身時
后妃綵女　眷屬五百　共相娛樂　王妃是時　兩乳汁出　一切枝節　痛如針刺　心生愁惱
以喪愛子　於是王妃　疾至王所　其聲微細　悲泣而言　大王今當　諦聽諦聽　憂愁盛火　今來燒我
我今二乳　俱時汁出　身體苦切　如被針刺　我見如是　不祥瑞相　恐更不復　見所愛子　今以身命
奉上大王　願速遣使　求覓我子　夢三鴿鷇　在我懷抱　其最小者　可適我心　有鷹飛來　奪我而去
夢是事已　即生憂惱　我今愁怖　恐命不濟　願速遣人　推求我子
是時王妃　說是語已　即時悶絕　而復躃地　王聞是語　復生憂惱
以不得見　所愛子故　其王大臣　及諸眷屬　悉皆聚集　在王左右
哀哭悲號　聲動天地　尒時城內　所有人民　聞是聲已　驚愕而出
各相謂言　今是王子　為活來耶　為已死亡　如是大士　常出軟語
為衆所愛　今難可見　已有諸人　入林推求　不久自當　得定消息
諸人尒時　障惶如是　而復悲號　哀動神祇
尒時大王　即從坐起　以水灑妃　良久乃穌　還得正念　微聲問王
我子今者　為死活耶　尒時王妃　念其子故　倍復懊惱　心无暫捨
可惜我子　形色端正　如何一旦　捨我終亡　云何我身　不先夢沒
而見如是　諸苦惱事　善子妙色　猶淨蓮華　誰壞汝身　使令分離
[illegible]

BD04241 號　金光明經卷四　(3–2)

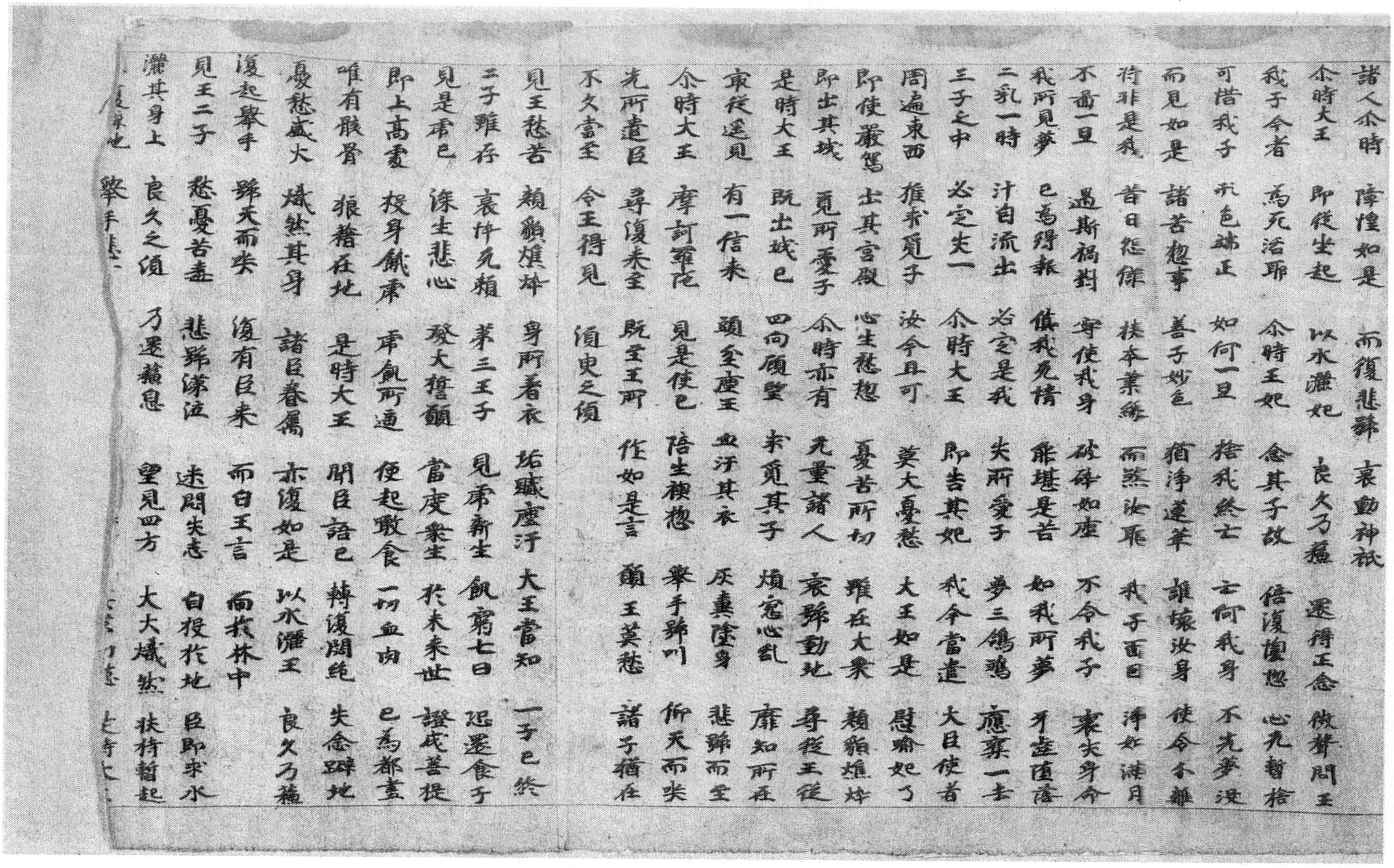

諸人尒時　𩗺惶如是　而復悲號　哀動神祇
尒時大王　即從坐起　以水灑妃　良久乃穌　還得正念　微聲問王
我子今者　爲死活耶　尒時王妃　念其子故　倍復憔悴　心无暫捨
可惜我子　形色端正　如何一旦　捨我終亡　云何我身　不先滅沒
而見如是　諸苦惱事　善子妙色　猶淨蓮華　誰壞汝身　使令分離
將非是我　昔日怨讎　挾本業緣　而煞汝耶　我子面目　淨如滿月
不圖一旦　遇斯禍對　寧使我身　碎碎如塵　不令我子　喪失身命
我所見夢　已爲得報　儻我无情　能堪是苦　如我所夢　牙齒墮落
二乳一時　汁自流出　必定是我　失所愛子　夢三鴿鷇　鷹棄一去
三子之中　必定失一　尒時大王　即告其妃　我今當遣　大臣使者
周遍東西　推求覓子　汝今且可　莫大憂愁　大王如是　慰喻妃已
即使嚴駕　出其宮殿　心生愁惱　憂苦所切　雖在大衆　顏貌憔悴
即出其城　覓所愛子　尒時亦有　无量諸人　哀號動地　尋從王後
是時大王　既出城已　四向顧望　求覓其子　煩冤心亂　靡知所在
東從還見　有一信來　頭全塵土　血汙其衣　灰土塗身　悲號而至
尒時大王　摩訶羅陀　見是使已　倍生懊惱　舉手號叫　仰天而哭
先所遣臣　尋復來至　既至王所　作如是言　願王莫愁　諸子猶在
不久當至　令王得見　須臾之頃
見王愁苦　顏貌憔悴　身所著衣　垢膩塵汙　大王當知　一子已終
二子雖存　哀惶无賴　第三王子　見虎新生　飢窮七日　恐還食子
見是事已　深生悲心　發大誓願　當度衆生　於未來世　證成菩提
即上高山　投身餓虎　虎飢所逼　便起噉食　一切血肉　已爲都盡
唯有骸骨　狼藉在地　是時大王　聞臣語已　轉復悶絕　失念躃地
憂愁盛大　熾然其身　諸臣眷屬　亦復如是　以水灑王　良久乃穌
復起舉手　號天而哭　復有臣來　而白王言　向於林中
見王二子　愁憂苦毒　悲號涕泣　迷悶失志　自投於地　臣即求水
灑其身上　良久之頃　乃還穌息　望見四方　大火熾然　扶持暫起
[illegible]

BD04241 號　金光明經卷四　　（3–3）

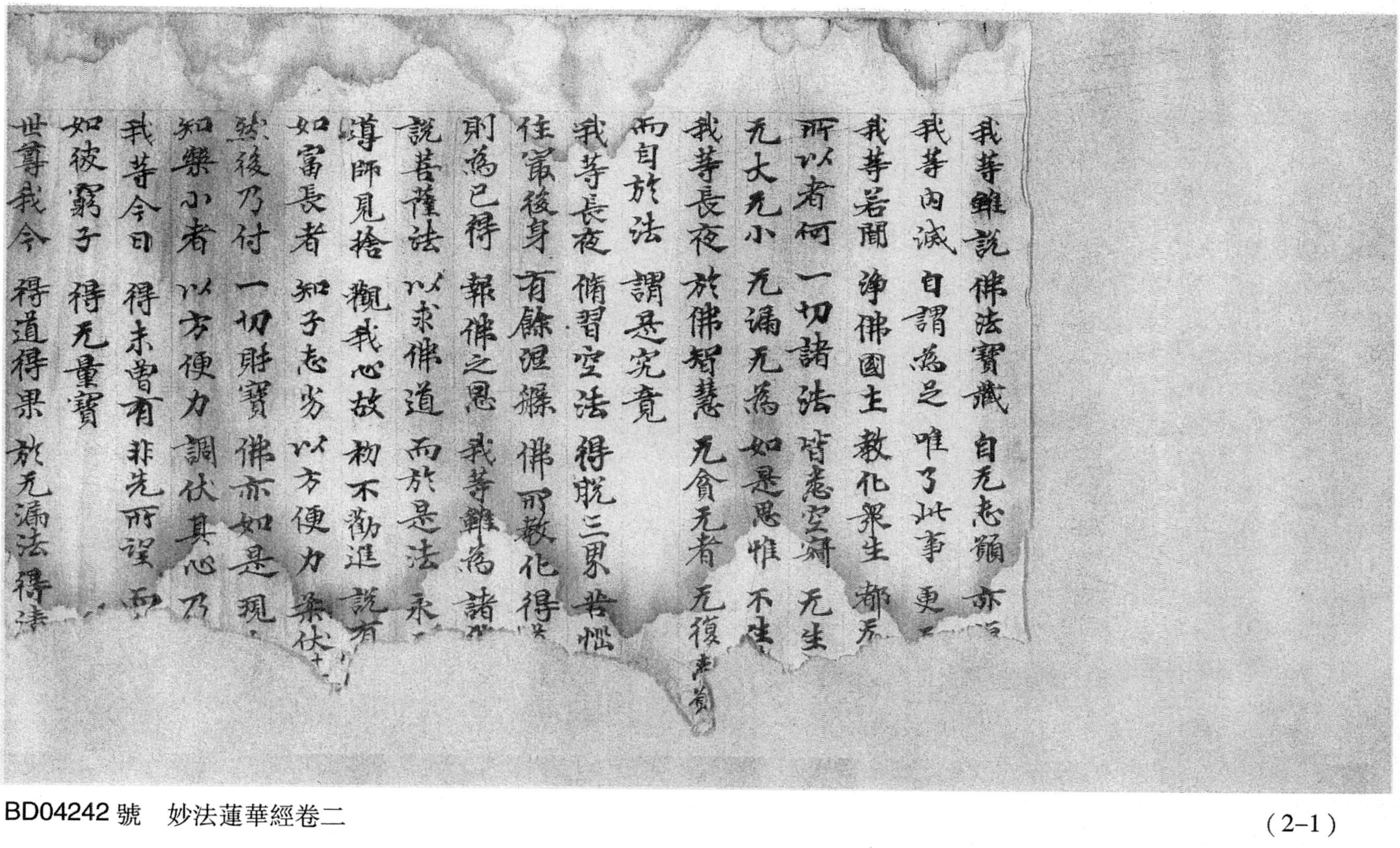

我等雖說　佛法寶藏　自无志願　亦[illegible]
我等內滅　自謂爲足　唯了此事　更[illegible]
我等若聞　淨佛國土　教化衆生　都无[illegible]
所以者何　一切諸法　皆悉空寂　无生[illegible]
无大无小　无漏无爲　如是思惟　不生[illegible]
我等長夜　於佛智慧　无貪无著　无復志[illegible]
而自於法　謂是究竟
我等長夜　修習空法　得脫三界　苦惱
住最後身　有餘涅槃　佛所教化　得[illegible]
則爲已得　報佛之恩　我等雖爲　諸[illegible]
說菩薩法　以求佛道　而於是法　永[illegible]
導師見捨　觀我心故　初不勸進　說有
如富長者　知子志劣　以方便力　柔伏[illegible]
然後乃付　一切財寶　佛亦如是　現[illegible]
知樂小者　以方便力　調伏其心　乃[illegible]
我等今日　得未曾有　非先所望　而[illegible]
如彼窮子　得无量寶
世尊我今　得道得果　於无漏法　得[illegible]

BD04242 號　妙法蓮華經卷二　　（2–1）

住最後身 有餘涅槃 佛所教化 得
則為已得 報佛之恩 我等雖為 諸
說菩薩法 以求佛道 而於是法 永
導師見捨 觀我心故 初不勸進 說有
如富長者 知子志劣 以方便力 柔伏
然後乃付 一切財寶 佛亦如是 現
知樂小者 以方便力 調伏其心 乃
我等今日 得未曾有 非先所望 而
如彼窮子 得无量寶
世尊我今 得道得果 於无漏法 得淸
我等長夜 持佛淨戒 始於今日 得其
法王法中 久脩梵行 今得无漏 无
我等今者 真是聲聞 以佛道聲 令
我等今者 真阿羅漢 於諸世間 天
普於其中 應受供養 世尊大恩 以
憐愍教化 利益我等 无量億劫 誰
手足供給 頭頂禮敬 一切供養
若以頂戴 兩肩荷負 於恒沙劫 盡
又以美膳 无量寶衣 及諸臥具 種
牛頭栴檀 及諸珍寶 以起塔廟 寶

BD04242號　妙法蓮華經卷二　（2–2）

喜外有水灾三禪過患內有喘息外有風灾
善男子彼第四禪內外過患一切俱无是故
諸灾不能及之善男子菩薩摩訶薩亦復如
是安住大乘大般涅槃內外過患一切皆盡
是故死王不能及之復次善男子如金翅鳥
能噉能消一切龍魚金銀等寶唯除金剛不
能令消善男子死金翅鳥亦復如是能噉能
消一切衆生唯不能消住於大乘大般涅槃
菩薩摩訶薩復次迦葉譬如河岸所有草木
大水暴長悉隨漂流入於大海唯除楊柳以
其軟故善男子一切衆生亦復如是悉皆隨
流入于死海唯除菩薩住於大乘大般涅槃
復次迦葉如那羅延悉能摧伏一切力士唯
除大風何以故以无导故善男子死那羅延
亦復如是悉能摧伏一切衆生唯除菩薩住
於大乘大般涅槃何以故以无閡故復次迦
葉譬如有人於怨憎中詐現親善常相追逐
如影隨形伺求其便而欲殺之彼怨謹慎堅
牢自備故使是人不能得殺善男子死怨亦
爾常伺衆生而欲殺之唯不能殺住於大乘

BD04243號　大般涅槃經（北本）卷一二　（5–1）

於大乘大般涅槃何以故以无闕故復次迦
葉譬如有人於怨憎中詐現親善常相追逐
如影隨形伺求其便而欲殺之彼怨謹慎堅
牢自備故使是人不能得殺善男子死怨亦
尒常伺眾生而欲殺之唯不能殺住於大乘
大般涅槃菩薩摩訶薩何以故以是菩薩不
放逸故復次迦葉譬如卒降金剛暴雨悉壞
藥木諸樹山林土沙瓦石金銀瑠璃一切之
物唯不能壞金剛真寶善男子金剛死雨亦
復如是悉能破壞一切眾生唯除金剛菩薩
住於大乘大般涅槃復次迦葉如金翅鳥能
噉諸龍唯不能噉受三歸者善男子死金翅
鳥亦復如是能噉一切无量眾生唯除菩薩
住三空者何謂三空空无相願復次迦葉如
摩羅耶毒虵凡所蛆螫雖有良呪上妙好藥
无如之何唯阿竭多星呪能令除愈善男子
死毒所螫亦復如是一切醫方无如之何唯
除菩薩住於大乘大涅槃呪復次迦葉譬如
有人為王所瞋其人若能以軟善語貢上財
寶便可得脫善男子死王不尒雖以軟語錢
財珎寶而貢上之亦不得脫善男子夫死者
於嶮難處无有資粮去處玄遠而无伴侶晝
夜常行不知邊際深邃幽闇无有燈明入无
門戶而有處所雖无痛處不可療治往无遮
止到不得脫无所破壞見者愁毒非是惡色
而令人怖敷在身邊不可覺知迦葉以是等

BD04243號　大般涅槃經（北本）卷一二　（5–2）

夜常行不知邊際深邃幽闇无有燈明入无
門戶而有處所雖无痛處不可療治往无遮
止到不得脫无所破壞見者愁毒非是惡色
而令人怖敷在身邊不可覺知迦葉以是等
喻及餘无量无邊譬喻當知是死真為大苦
迦葉是名菩薩摩訶薩脩行大乘大涅槃經
觀於死苦迦葉云何菩薩摩訶薩住於大乘
大涅槃經觀愛別離苦愛別離苦能為一切
眾苦根本如說偈
因愛生憂　因愛生怖　若離於愛　何憂何怖
愛因緣故則生憂苦以憂苦故則令眾生生
於衰老愛別離苦所謂命終善男子以愛別
離故能生種種微細諸苦今當為汝分別顯
示善男子過去之世人壽无量時世有王名
為善住其王尒時為童子身太子治事及登
王位各八万四千歲時王頂上生一宍皰其
皰柔軟如兜羅綿細軟劫鉢漸漸增長不以
為患滿足十月皰即開剖生一童子其形端
正奇異少雙色像分明人中第一父王歡喜
字之頂生時善住王即以國事委付頂生棄
捨宮殿妻子眷屬入山學道滿八万四千歲
尒時頂生於十五日處在高樓沐浴受齋即
於東方有金輪寶其輪千輻轂輞具足非工
匠造自然成就而來應之頂生大王即作是
念我昔曾聞五通仙說若刹利王於十五日
處在高樓沐浴受齋若有金輪千輻不減轂

BD04243號　大般涅槃經（北本）卷一二　（5–3）

尒時頂生於十五日處在高樓沐浴受齋即
於東方有金輪寶其輪千輻轂輞具足非工
匠造自然成就而来應之頂生大王即作是
念我昔曾聞五通仙說若刹利王於十五日
處在高樓沐浴受齋若有金輪千輻不減轂
輞具足非工匠造自然成就而来應者當知
是王即當得作轉輪聖帝復作是念我今當
試即以左手擎此輪寶右執香爐右膝著地
而發誓言是金輪寶若實不虛應如過去轉
輪聖王所行道去作是誓已是金輪寶飛昇
虛空遍十方已還来住在頂生左手尒時頂
生心生歡喜踊躍无量復作是言我今定當
作轉輪王其後不久復有象寶狀貌端嚴如
白蓮華七枝拄地頂生見已復作是念我昔
曾聞五通仙說若轉輪王於十五日處在高
樓沐浴受齋若有象寶狀貌端嚴如白蓮華
七枝拄地而来應者當知是王即是聖王復
作是念我今當試即擎香爐右膝著地而發
誓言是白象寶若實不虛應如過去轉輪聖
王所行道去作是誓已是白象寶從旦至夕
周遍八方盡大海際還住本處尒時頂生心
大歡喜踊躍无量復作是言我今定是轉輪
聖王其後不久次有馬寶其色紺焰髦尾金
色頂生見已復作是念我昔曾聞五通仙說
若轉輪王於十五日處在高樓沐浴受齋若
有馬寶其色紺焰髦尾金色而来應者當知

BD04243號　大般涅槃經（北本）卷一二　（5–4）

轉輪聖王所行道去作是誓已是金輪寶飛昇
虛空遍十方已還来住在頂生左手尒時頂
生心生歡喜踊躍无量復作是言我今定當
作轉輪王其後不久復有象寶狀貌端嚴如
白蓮華七枝拄地頂生見已復作是念我昔
曾聞五通仙說若轉輪王於十五日處在高
樓沐浴受齋若有象寶狀貌端嚴如白蓮華
七枝拄地而来應者當知是王即是聖王復
作是念我今當試即擎香爐右膝著地而發
誓言是白象寶若實不虛應如過去轉輪聖
王所行道去作是誓已是白象寶從旦至夕
周遍八方盡大海際還住本處尒時頂生心
大歡喜踊躍无量復作是言我今定是轉輪
聖王其後不久次有馬寶其色紺焰髦尾金
色頂生見已復作是念我昔曾聞五通仙說
若轉輪王於十五日處在高樓沐浴受齋若
有馬寶其色紺焰髦尾金色而来應者當知
是王即是聖王復作是念我今當試即執香
爐右膝著地而發誓言是紺馬寶若實不虛
應如過去轉輪聖王所行道去作是誓已是

BD04243號　大般涅槃經（北本）卷一二　（5–5）

若
獨覺見自獨
若淨不見獨
獨覺見若集若散
若集若散不見獨覺菩
獨覺見果若增若減何以
無所有不可得故舍利子
住如是學般若波羅蜜多能成
無所學無所成辨為方便故
利子是菩薩摩訶薩行般若波羅蜜多時
不見菩薩摩訶薩若生若滅不見三藐三佛
陀若生若不見菩薩摩訶薩若取若捨不
見三藐三佛陀若取若捨不見菩薩摩訶薩
若染若淨不見三藐三佛陀若染若淨不見
菩薩摩訶薩若集若散不見三藐三佛陀
集若散不見菩薩摩訶薩若增若減不見三
藐三佛陀若增若減何以故以菩薩摩訶薩
性等空無所有不可得故舍利子是菩薩摩

BD04244 號　大般若波羅蜜多經卷八九　（2–1）

不見菩薩摩訶薩若生若滅不見三藐三佛
陀若生若不見菩薩摩訶薩若取若捨不
見三藐三佛陀若取若捨不見菩薩摩訶薩
若染若淨不見三藐三佛陀若染若淨不見
菩薩摩訶薩若集若散不見三藐三佛陀若
集若散不見菩薩摩訶薩若增若減不見三
藐三佛陀若增若減何以故以菩薩摩訶薩
性等空無所有不可得故舍利子是菩薩摩
訶薩如是學般若波羅蜜多能成辨一切智
智以無所學無所成辨為方便故
舍利子是菩薩摩訶薩行般若波羅蜜多時
不見菩薩摩訶薩法若生若滅不見無上正
等菩提若生若滅不見菩薩摩訶薩法若
若捨不見無上正等菩提若取若捨不見菩
薩摩訶薩法若染若淨不見無上正等菩提
若染若淨不見菩薩摩訶薩法若集若散
見無上正等菩提若集若散不見菩薩摩訶
薩法若增若減不見無上正等菩提若增若
減何以故以菩薩摩訶薩法性等空無所有
不可得故舍利子是菩薩摩訶薩如是學般
若波羅蜜多能成辨一切智智以無所學無
方便故
菩薩摩訶薩行般若波羅蜜多時

BD04244 號　大般若波羅蜜多經卷八九　（2–2）

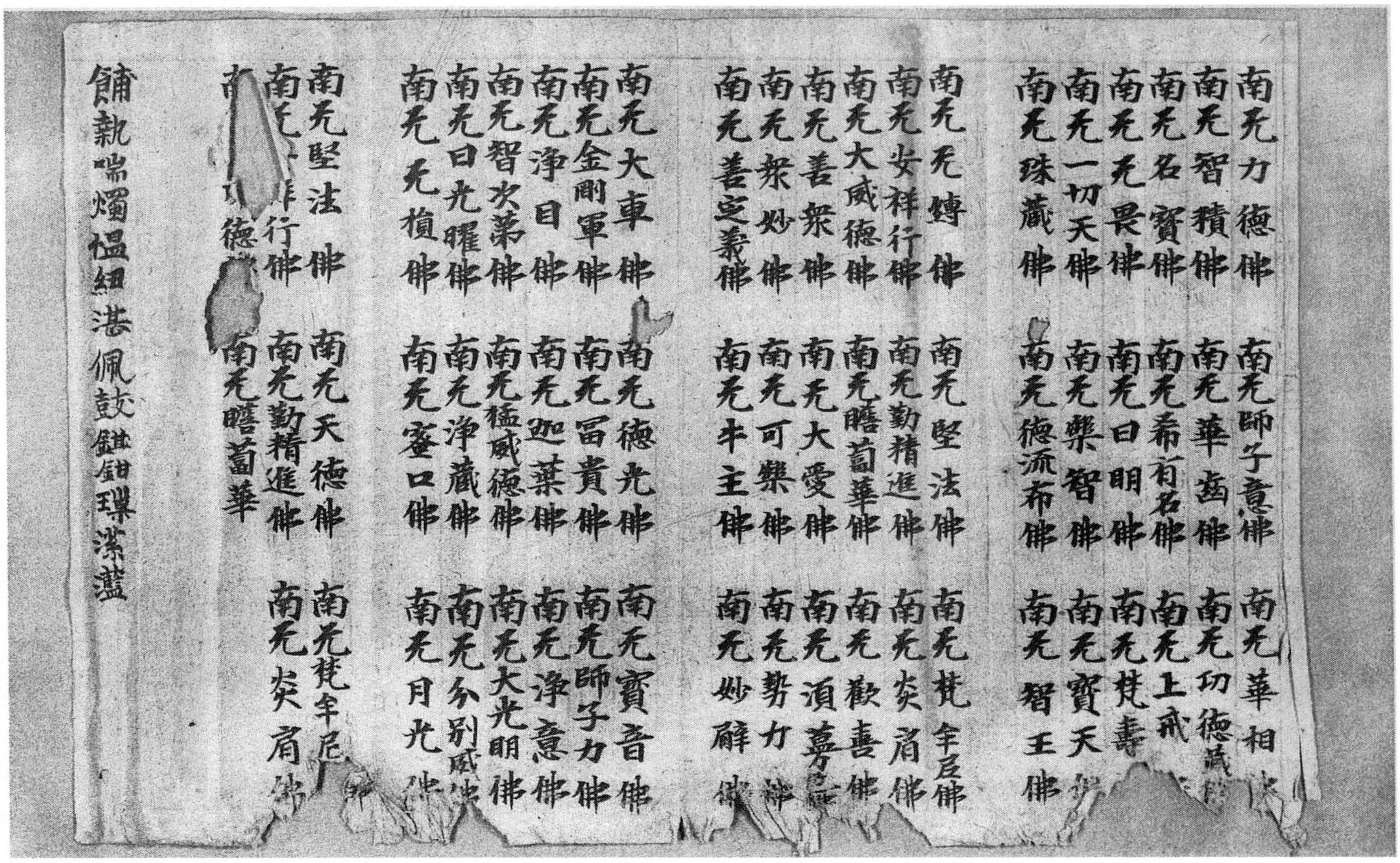

南无力德佛　南无師子意佛　南无華相佛
南无智積佛　南无華齒佛　南无功德藏佛
南无名寶佛　南无希有名佛　南无上戒佛
南无无畏佛　南无日明佛　南无梵壽佛
南无一切天佛　南无槃智佛　南无寶天佛
南无珠藏佛　南无德流布佛　南无智王佛
南无縛佛　南无堅法佛　南无梵牟尼佛
南无安祥行佛　南无勤精進佛　南无炎肩佛
南无大威德佛　南无瞻蔔華佛　南无歡喜佛
南无善衆佛　南无大愛佛　南无須蔓佛
南无衆妙佛　南无可樂佛　南无勢力佛
南无善定義佛　南无牛主佛　南无妙辯佛
南无大車佛　南无德光佛　南无寶音佛
南无金剛軍佛　南无冨貴佛　南无師子力佛
南无淨目佛　南无迦葉佛　南无淨意佛
南无智次第佛　南无稱威德佛　南无大光明佛
南无日光曜佛　南无淨藏佛　南无分別威佛
南无楯佛　南无寶口佛　南无月光佛
南无堅法佛　南无天德佛　南无梵牟尼佛
南无[illegible]行佛　南无勤精進佛　南无炎肩佛
南[illegible]德[illegible]　南无瞻蔔華

餔䔧喘燭愠紐湛佩鼓鉗鉗瓓潔灆

BD04245 號 1　賢劫千佛名經（兑廢稿）　（1–1）
BD04245 號 2　雜字（擬）

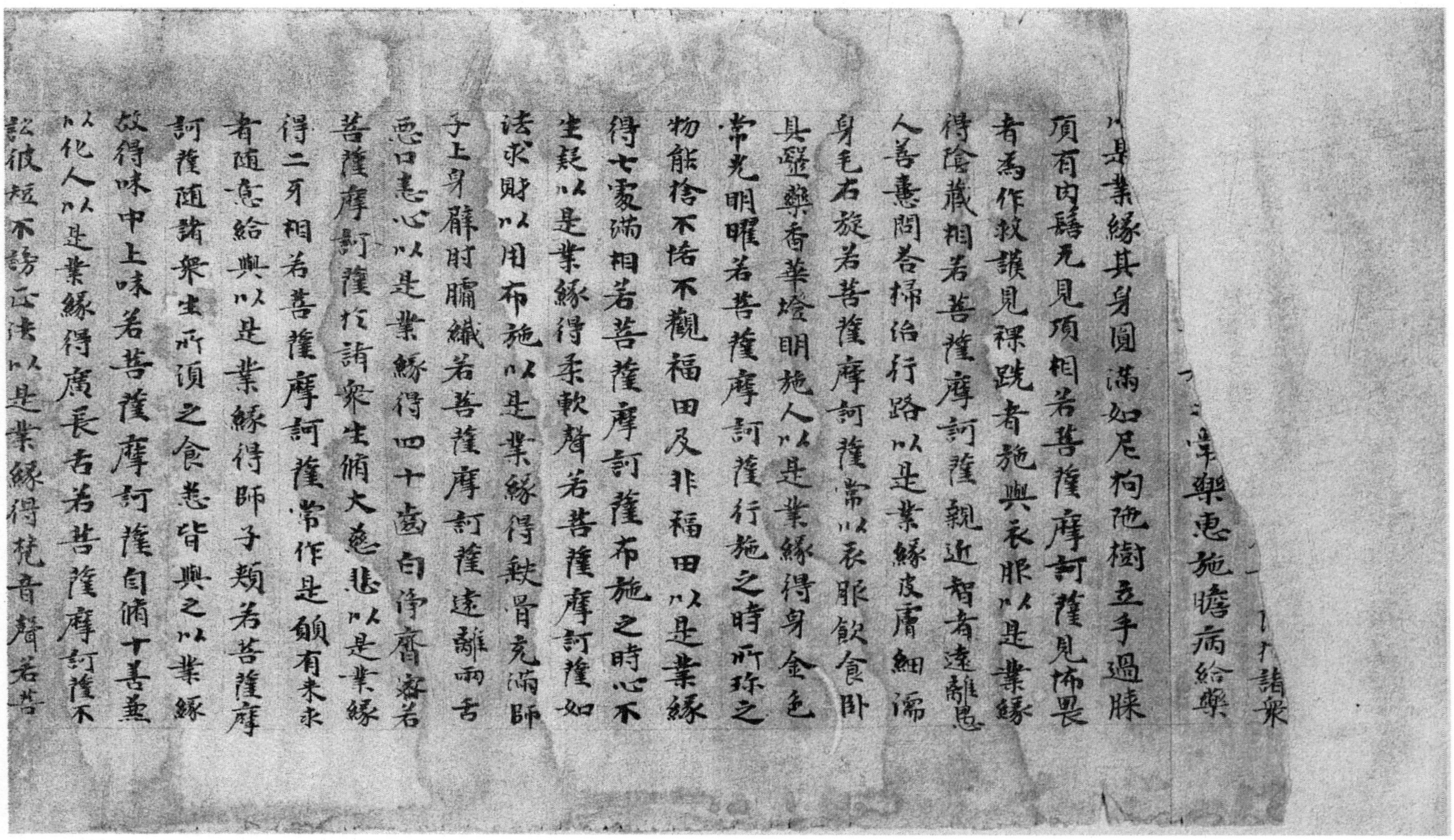

[illegible]諸衆
[illegible]樂惠施瞻病給藥
以是業緣其身圓滿如尼拘陀樹立手過膝
頂有肉髻無見頂相若菩薩摩訶薩見怖畏
者為作救護見裸跣者施與衣服以是業緣
得陰藏相若菩薩摩訶薩親近智者遠離愚
人善憙問荅掃治行路以是業緣皮膚細濡
身毛右旋若菩薩摩訶薩常以衣服飲食卧
具醫藥香華燈明施人以是業緣得身金色
常光明曜若菩薩摩訶薩行施之時所珎之
物能捨不悋不觀福田及非福田以是業緣
得七處滿相若菩薩摩訶薩布施之時心不
生疑以是業緣得柔軟聲若菩薩摩訶薩如
法求財以用布施以是業緣得缺骨充滿師
子上身臂肘脯纖若菩薩摩訶薩遠離兩舌
惡口恚心以是業緣得四十齒白淨齊密若
菩薩摩訶薩於諸衆生脩大慈悲以是業緣
得二牙相若菩薩摩訶薩常作是願有來求
者隨意給與以是業緣得師子頰若菩薩摩
訶薩隨諸衆生所須之食悉皆與之以業緣
故得味中上味若菩薩摩訶薩自脩十善兼
以化人以是業緣得廣長舌若菩薩摩訶薩不
訟彼短不謗正法以是業緣得梵音聲若菩

BD04246 號　大般涅槃經（北本　思溪本）卷二九　（6–1）

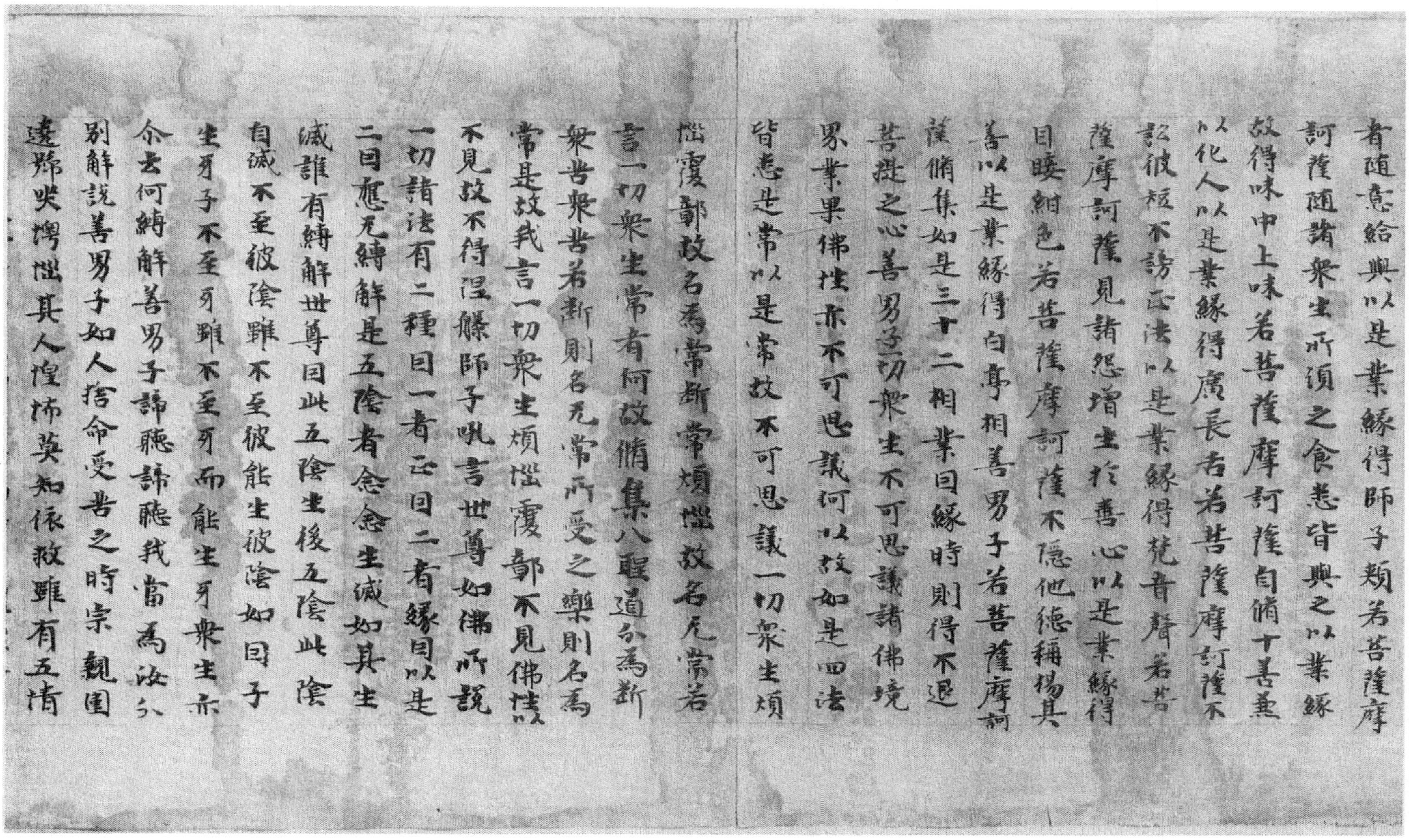

者隨意給與以是業緣得師子頰若菩薩摩
訶薩隨諸衆生所須之食悉皆與之以業緣
故得味中上味若菩薩摩訶薩自脩十善兼
以化人以是業緣得廣長舌若菩薩摩訶薩不
訟彼短不謗正法以是業緣得梵音聲若菩
薩摩訶薩見諸怨憎生於善心以是業緣得
目睫紺色若菩薩摩訶薩不隱他德稱揚其
善以是業緣得白毫相善男子若菩薩摩訶
薩脩集如是三十二相業因緣時則得不退
菩提之心善男子一切衆生不可思議諸佛境
界業果佛性亦不可思議何以故如是四法
皆悉是常以是常故不可思議一切衆生煩
惱覆鄣故名為常斷常煩惱故名无常若
言一切衆生常者何故脩集八聖道分為斷
衆苦衆苦若斷則名无常所受之樂則名為
常是故我言一切衆生煩惱覆鄣不見佛性
不見故不得涅槃師子吼言世尊如佛所說
一切諸法有二種因一者正因二者緣因以是
二因應无縛解是五陰者念念生滅如其生
滅誰有縛解世尊因此五陰生後五陰此陰
自滅不至彼陰雖不至彼能生彼陰如因子
生牙子不至牙雖不至牙而能生牙衆生亦
尒云何縛解善男子諦聽諦聽我當為汝分
別解說善男子如人捨命受苦之時宗親圍
遶號哭懊惱其人惶怖莫知依救雖有五情

BD04246號　大般涅槃經（北本　思溪本）卷二九　（6–2）

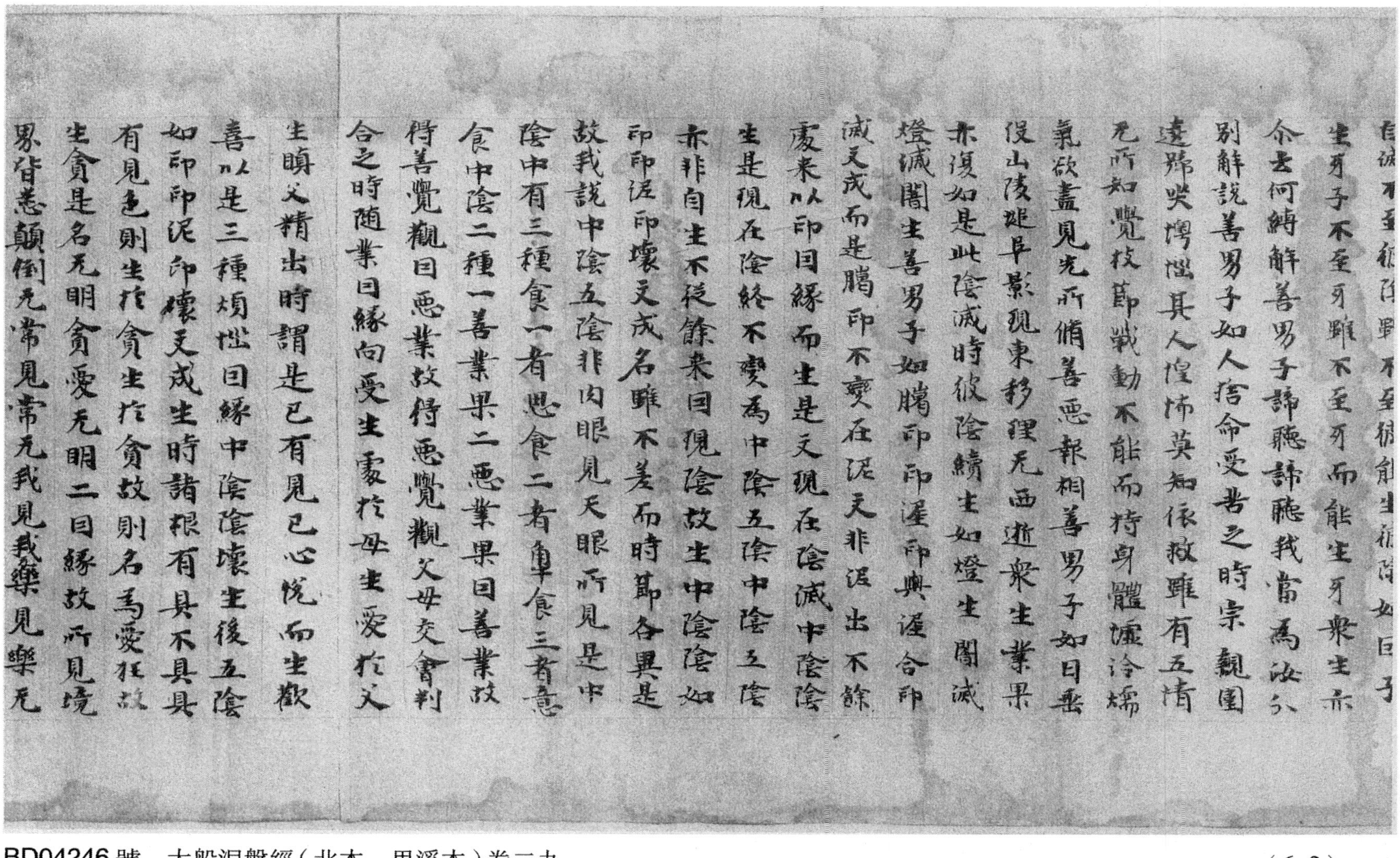

自滅不至彼陰雖不至彼能生彼陰如因子
生牙子不至牙雖不至牙而能生牙衆生亦
尒云何縛解善男子諦聽諦聽我當為汝分
別解說善男子如人捨命受苦之時宗親圍
遶號哭懊惱其人惶怖莫知依救雖有五情
无所知覺支節戰動不能自持身體虛冷煖
氣欲盡見先所脩善惡報相善男子如日垂
沒山陵堆阜影現東移理无西逝衆生業果
亦復如是此陰滅時彼陰續生如燈生闇滅
燈滅闇生善男子如臈印印泥印與泥合印
滅文成而是臈印不變在泥文非泥出不餘
處來以印因緣而生是文現在陰滅中陰陰
生是現在陰終不變為中陰五陰中陰五陰
亦非自生不從餘來因現陰故生中陰陰如
印印泥印壞文成名雖不差而時節各異是
故我說中陰五陰非肉眼見天眼所見是中
陰中有三種食一者思食二者觸食三者意
食中陰二種一善業果二惡業果因善業故
得善覺觀因惡業故得惡覺觀父母交會判
合之時隨業因緣向受生處於母生愛於父
生瞋父精出時謂是己有見已心悅而生歡
喜以是三種煩惱因緣中陰陰壞生後五陰
如印印泥印壞文成生時諸根有具不具具
有見色則生於貪生於貪故則名為愛狂故
生貪是名无明貪愛无明二因緣故所見境
界皆悉顛倒无常見常无我見我樂見樂无

BD04246號　大般涅槃經（北本　思溪本）卷二九　（6–3）

生時又粗出時謂是已有見已心惚而生觀
善以是三種煩惱因緣中陰陰壞生後五陰
如印印泥印壞文成生時諸根有具不具具
有見色則生於貪生於貪故則名為愛狂故
生貪是名无明貪愛无明二因緣故所見境
界皆悉顛倒无常見常无我見我樂見樂无
淨見淨以四倒故作善惡行煩惱作業業作
煩惱是名繫縛以是義故名五陰生是人若
得親近於佛及佛弟子諸善知識便得聞受
十二部經以聞法故觀善境界觀善境故
得大智慧大智慧者名正知見得知見故於
生死中而生悔心生悔心故不生歡樂不生歡
樂故能破貪心破貪心故脩八琞道脩八
琞道故得无生死无生死故名得解脫如火
不遇薪名之為滅滅生死故名為滅度以是
義故名五陰滅師子吼言空中无剌云何言
拔陰无繫者云何繫縛佛言善男子以煩惱
鏁繫縛五陰離五陰已无別煩惱離煩惱已
无別五陰善男子如柱持屋離屋无柱離柱
无屋眾生五陰亦復如是有煩惱故名為繫
縛无煩惱故名為解脫善男子如拳合掌繫
結等三合散生滅更无別法眾生五陰亦復
如是有煩惱故名為繫縛无煩惱故名為解
脫善男子如說名色繫縛眾生名色若滅則
无眾生離名色已无別眾生離眾生已无別
名色亦名名色繫縛眾生亦名眾生繫縛名

BD04246號　大般涅槃經（北本　思溪本）卷二九　　（6–4）

結等三合散生滅更无別法眾生五陰亦復
如是有煩惱故名為繫縛无煩惱故名為解
脫善男子如說名色繫縛眾生名色若滅則
无眾生離名色已无別眾生離眾生已无別
名色亦名名色繫縛眾生亦名眾生繫縛名
色師子吼言世尊如眼不自見指不自觸刀
不自割受不自受云何如來說言名色繫縛
名色何以故言名色者即是眾生言眾生者
即是名色若言名色繫縛眾生即是名色繫
縛名色佛言善男子如二手合時更无異法
而來合也名之與色亦復如是以是義故我
言名色繫縛眾生若離名色則得解脫是故
我言眾生解脫師子吼言世尊若有名色是
繫縛者諸阿羅漢未離名色亦應繫縛善男
子解脫二種一者子斷二者果斷言子斷者
名斷煩惱阿羅漢等已斷煩惱眾結爛壞是
故子結不能繫縛未斷果故名果繫縛諸阿
羅漢不見佛性以不見故不得阿耨多羅三
藐三菩提以是義故可言果繫不得說言名
色繫縛善男子譬如燃燈油未盡時明則不
滅若油盡者滅則无疑善男子所言油者喻
諸煩惱燈喻眾生一切眾生煩惱油故不入
涅槃若得斷者則入涅槃師子吼言世尊燈
之與油二性各異眾生煩惱則不如是眾生即
是煩惱煩惱即是眾生眾生名五陰五陰名

BD04246號　大般涅槃經（北本　思溪本）卷二九　　（6–5）

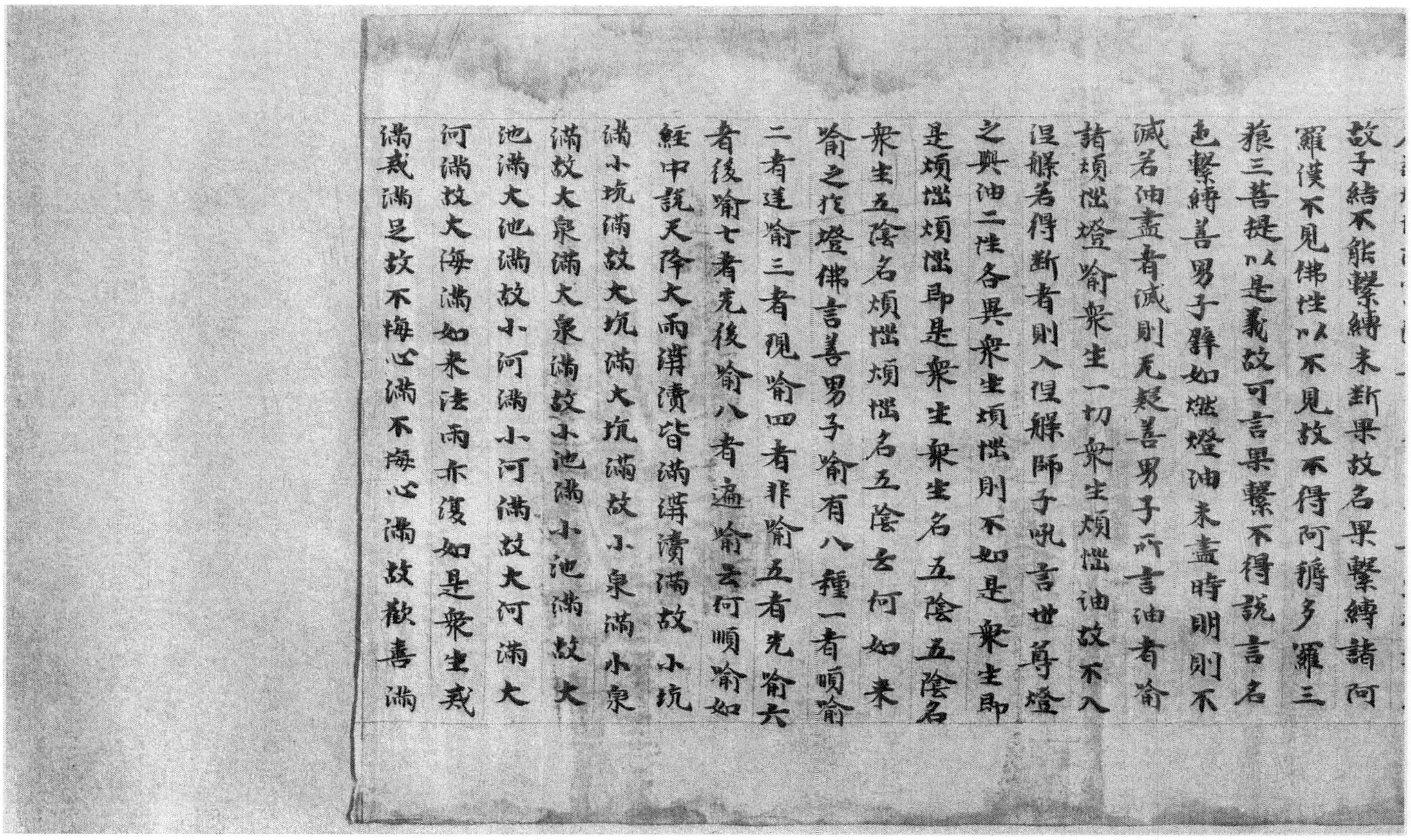
故子結不能繫縛未斷果故名果繫縛諸阿
羅漢不見佛性以不見故不得阿耨多羅三
藐三菩提以是義故可言果繫不得說言名
色繫縛善男子譬如燃燈油未盡時明則不
滅若油盡者滅則无疑善男子所言油者喻
諸煩惱燈喻衆生一切衆生煩惱油故不入
涅槃若得斷者則入涅槃師子吼言世尊燈
之與油二性各異衆生煩惱則不如是衆生即
是煩惱煩惱即是衆生衆生名五陰五陰名
衆生五陰名煩惱煩惱名五陰云何如來
喻之於燈佛言善男子喻有八種一者順喻
二者逆喻三者現喻四者非喻五者先喻六
者後喻七者先後喻八者遍喻云何順喻如
經中說天降大雨溝瀆皆滿溝瀆滿故小坑
滿小坑滿故大坑滿大坑滿故小泉滿小泉
滿故大泉滿大泉滿故小池滿小池滿故大
池滿大池滿故小河滿小河滿故大河滿大
河滿故大海滿如來法雨亦復如是衆生戒
滿戒滿足故不悔心滿不悔心滿故歡喜滿

BD04246號　大般涅槃經（北本　思溪本）卷二九　（6–6）

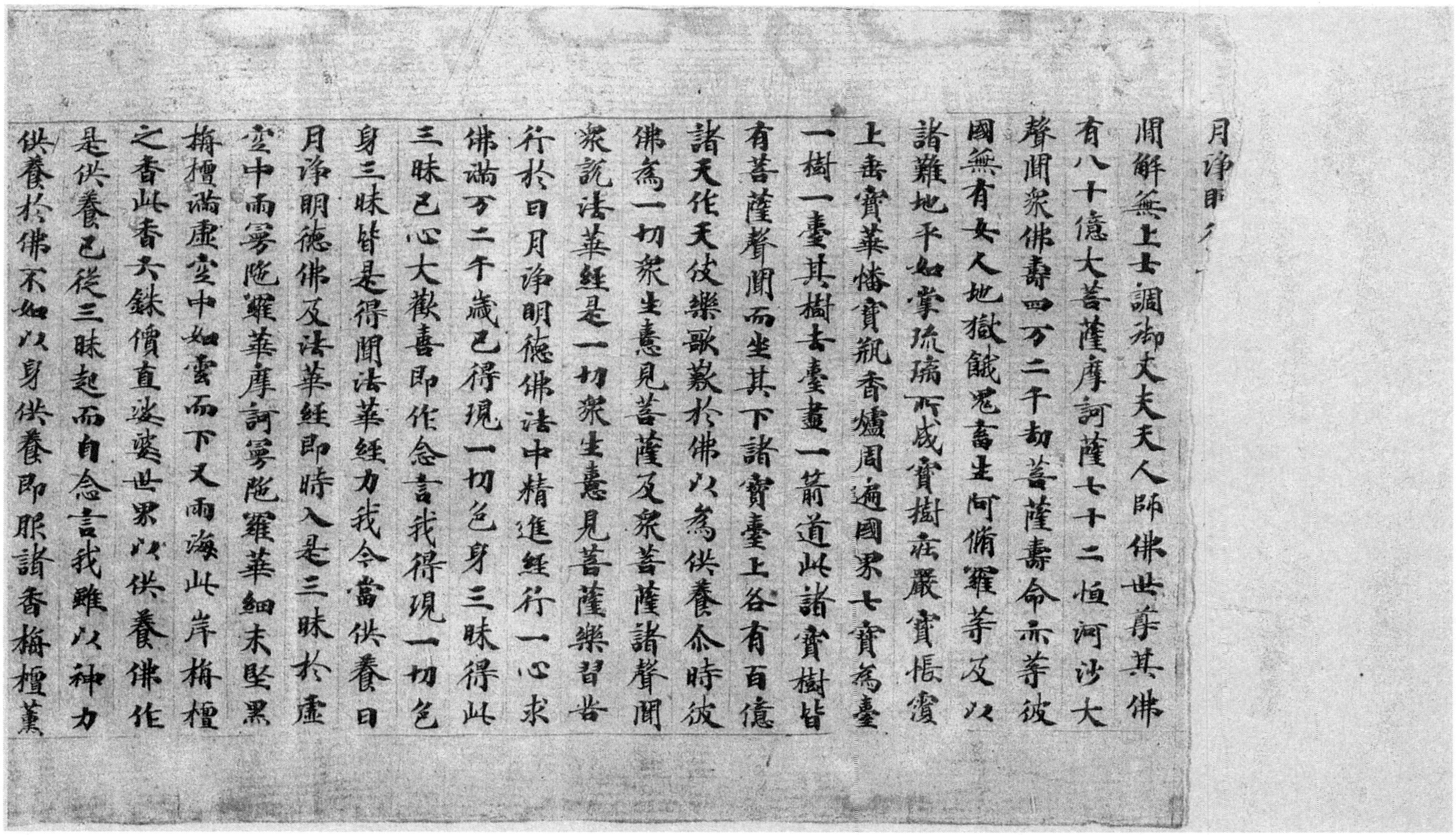
月淨明
聞解無上士調御丈夫天人師佛世尊其佛
有八十億大菩薩摩訶薩七十二恒河沙大
聲聞衆佛壽四万二千劫菩薩壽命亦等彼
國無有女人地獄餓鬼畜生阿脩羅等及以
諸難地平如掌琉璃所成寶樹莊嚴寶帳覆
上垂寶華幡寶瓶香爐周遍國界七寶為臺
一樹一臺其樹去臺盡一箭道此諸寶樹皆
有菩薩聲聞而坐其下諸寶臺上各有百億
諸天作天伎樂歌歎於佛以為供養尒時彼
佛為一切衆生憙見菩薩及衆菩薩諸聲聞
衆說法華經是一切衆生憙見菩薩樂習苦
行於日月淨明德佛法中精進經行一心求
佛滿万二千歲已得現一切色身三昧得此
三昧已心大歡喜即作念言我得現一切色
身三昧皆是得聞法華經力我今當供養日
月淨明德佛及法華經即時入是三昧於虛
空中雨曼陁羅華摩訶曼陁羅華細末堅黑
栴檀滿虛空中如雲而下又雨海此岸栴檀
之香此香六銖價直娑婆世界以供養佛作
是供養已從三昧起而自念言我雖以神力
供養於佛不如以身供養即服諸香栴檀薰

BD04247號　妙法蓮華經卷六　（7–1）

淨明德佛及法華經即時入是三昧於虛
空中雨曼陁羅華摩訶曼陁羅華細末堅黑
栴檀滿虛空中如雲而下又雨海此岸栴檀
之香此香六銖價直娑婆世界以供養佛作
是供養已從三昧起而自念言我雖以神力
供養於佛不如以身供養即服諸香栴檀薰
陸兜樓婆畢力迦沈水膠香又飲瞻蔔諸華
香油滿千二百歲已香油塗身於日月淨明
德佛前以天寶衣而自纏身灌諸香油以神
通力願而自然身光明遍照八十億恒河沙
世界其中諸佛同時讚言善哉善哉善男子
是真精進是名真法供養如來若以華香瓔
珞燒香末香塗香天繒幡蓋及海此岸栴檀
之香如是等種種諸物供養所不能及假使
國城妻子布施亦所不及善男子是名第一
之施於諸施中最尊最上以法供養諸如來
故作是語已而各嘿然其身火然千二百歲
過是已後其身乃盡一切衆生憙見菩薩作
如是法供養已命終之後復生日月淨明德
佛國中於淨德王家結加趺坐忽然化生即
為其父而說偈言
大王今當知　我經行彼處　即時得一切　現諸身三昧
勤行大精進　捨所愛之身
說是偈已而白父言日月淨明德佛今故現
在我先供養佛已得解一切衆生語言陁羅
尼復聞是法華經八百千万億那由他甄迦

BD04247號　妙法蓮華經卷六　（7–2）

為其父而說偈言
大王今當知　我經行彼處　即時得一切　現諸身三昧
勤行大精進　捨所愛之身
說是偈已而白父言日月淨明德佛今故現
在我先供養佛已得解一切衆生語言陁羅
尼復聞是法華經八百千万億那由他甄迦
羅頻婆羅阿閦婆等偈大王我今當還供養
此佛白已即坐七寶之臺上昇虛空高七多
羅樹往到佛所頭面礼足合十指爪以偈讚
佛
容顏甚奇妙　光明照十方　我適曾供養　今復還親覲
尒時一切衆生憙見菩薩說是偈已而白佛
言世尊世尊猶故在世尒時日月淨明德佛
告一切衆生憙見菩薩善男子我涅槃時到
滅盡時至汝可安施牀座我於今夜當般涅
槃又勑一切衆生憙見菩薩善男子我以佛
法囑累於汝及諸菩薩大弟子并阿耨多羅
三藐三菩提法亦以三千大千七寶世界諸
寶樹寶臺及給侍諸天悉付於汝我滅度後
所有舍利亦付囑汝當令流布廣設供養應
起若干千塔如是日月淨明德佛勑一切衆
生憙見菩薩已於夜後分入於涅槃尒時一
切衆生憙見菩薩見佛滅度悲感懊惱戀慕
於佛即以海此岸栴檀為𧂐供養佛身而以
燒之火滅已後收取舍利作八万四千寶瓶
以起八万四千塔高三世界表剎莊嚴垂諸

BD04247號　妙法蓮華經卷六　（7–3）

起若干千塔如是日月淨明德佛勅一切衆
生憙見菩薩已於夜後分入於涅槃尒時一
切衆生憙見菩薩見佛滅度悲感懊惱戀慕
於佛即以海此岸栴檀爲𧂐供養佛身而以
燒之火滅已後收取舍利作八万四千寶瓶
以起八万四千塔高三世界表剎莊嚴垂諸
幡蓋懸衆寶鈴尒時一切衆生憙見菩薩復
自念言我雖作是供養心猶未足我今當更
供養舍利便語諸菩薩大弟子及天龍夜叉
等一切大衆汝等當一心念我今供養日月
淨明德佛舍利作是語已即於八万四千塔
前然百福莊嚴臂七万二千歲而以供養令
無數求聲聞衆無量阿僧祇人發阿耨多羅
三藐三菩提心皆使得住現一切色身三昧尒時
諸菩薩大弟子天人阿脩羅等見其無臂憂惱
悲哀而作是言此一切衆生憙見菩薩是我
等師教化我者而今燒臂身不具足于時一
切衆生憙見菩薩於大衆中立此誓言我捨
兩臂必當得佛金色之身若實不虛令我兩
臂還復如故作是誓已自然還復由斯菩薩
福德智慧淳厚所致當尒之時三千大千世
界六種震動天雨寶華一切人天得未曾有
佛告宿王華菩薩於汝意云何一切衆生憙
見菩薩豈異人乎今藥王菩薩是也其所捨
身布施如是無量百千万億那由他數宿王
華若有發心欲得阿耨多羅三藐三菩提者

BD04247號　妙法蓮華經卷六　（7–4）

界六種震動天雨寶華一切人天得未曾有
佛告宿王華菩薩於汝意云何一切衆生憙
見菩薩豈異人乎今藥王菩薩是也其所捨
身布施如是無量百千万億那由他數宿王
華若有發心欲得阿耨多羅三藐三菩提者
能然手指乃至足一指供養佛塔勝以國城
妻子及三千大千國土山林河池諸珎寶物
而供養者若復有人以七寶滿三千大千世
界供養於佛及大菩薩辟支佛阿羅漢是人
所得功德不如受持此法華經乃至一四句
偈其福㝡多宿王華譬如一切川流江河諸
水之中海爲第一此法華經亦復如是於諸
如來所說經中㝡爲深大又如土山黑山小
鐵圍山大鐵圍山及十寶山衆山之中須弥
山爲第一此法華經亦復如是於諸經中㝡
爲其上又如衆星之中月天子㝡爲第一此
法華經亦復如是於千万億種諸經法中㝡
爲照明又如日天子能除諸闇此經亦復如
是能破一切不善之闇又如諸小王中轉輪
聖王㝡爲第一此經亦復如是於衆經中㝡
爲其尊又如帝釋於三十三天中王此經亦
復如是諸經中王又如大梵天王一切衆生
之父此經亦復如是一切賢聖學無學及發
菩薩心者之父又如一切凡夫人中須陁洹
斯陁含阿那含阿羅漢辟支佛爲第一此經

BD04247號　妙法蓮華經卷六　（7–5）

爲其尊又如帝釋於三十三天中王此經亦
復如是諸經中王又如大梵天王一切衆生
之父此經亦復如是一切賢聖學無學及發
菩薩心者之父又如一切凡夫人中須陁洹
斯陁含阿那含阿羅漢辟支佛為第一此經
亦復如是一切如來所說若菩薩所說若聲
聞所說諸經法中最為第一有能受持是經
典者亦復如是於一切衆生中亦為第一一
切聲聞辟支佛中菩薩為第一此經亦復如
是於一切諸經法中最為第一如佛為諸法
王此經亦復如是諸經中王宿王華此經能
救一切衆生者此經能令一切衆生離諸苦
惱此經能大饒益一切衆生充滿其願如清
涼池能滿一切諸渴乏者如寒者得火如裸
者得衣如商人得主如子得母如渡得船如
病得醫如暗得燈如貧得寶如民得王如賈
客得海如炬除暗此法華經亦復如是能令
衆生離一切苦一切病痛能解一切生死之
縛若人得聞此法華經若自書若使人書所
得功德以佛智慧籌量多少不得其邊若書
是經卷華香瓔珞燒香末香塗香幡蓋衣服
種種之燈蘇燈油燈諸香油燈瞻蔔油燈須
曼油燈波羅羅油燈婆利師迦油燈那婆摩
利油燈供養所得功德亦復無量宿王華若
有人聞是藥王菩薩本事品者亦得無量無
邊功德若有女人聞是藥王菩薩本事品能

BD04247 號　妙法蓮華經卷六　（7–6）

經卷華香瓔珞燒香末香塗香幡蓋衣服
種種之燈蘇燈油燈諸香油燈瞻蔔油燈須
曼油燈波羅羅油燈婆利師迦油燈那婆摩
利油燈供養所得功德亦復無量宿王華若
有人聞是藥王菩薩本事品者亦得無量無
邊功德若有女人聞是藥王菩薩本事品能
受持者盡是女身後不復受若如來滅後後
五百歲中若有女人聞是經典如說修行於
此命終即往安樂世界阿彌陁佛大菩薩衆
圍繞住處生蓮華中寶座之上不復為貪欲
所惱亦復不為瞋恚愚癡所惱亦復不為憍
慢嫉妬諸垢所惱得菩薩神通無生法忍得
是忍已眼根清淨以是清淨眼根見七百万
二千億那由他恒河沙等諸佛如來是時諸
佛遙共讚言善哉善哉善男子汝能於釋迦
牟尼佛法中受持讀誦思惟是經為他人說
所得福德無量無邊火不能燒水不能漂汝
之功德千佛共說不能令盡汝今已能破諸
魔賊壞生死軍諸餘怨敵皆悉摧滅善男子
百千諸佛以神通力共守護汝於一切世間
天人之中無如汝者唯除如來其諸聲聞辟
支佛乃至菩薩智慧禪定無有與汝等者宿
王華此菩薩成就如是功德智慧之力若有
人聞是藥王菩薩本事品能隨喜讚善者是

BD04247 號　妙法蓮華經卷六　（7–7）

復有劫中八十億億佛出世同名……
復有劫中六十二佛出世同名毗留那佛
復有劫中六十千佛出世同名妙波頭摩
復有劫中四十千佛出世同名願莊嚴
復有劫中五百佛出世同名華勝王
復有劫中四十億那由他佛出世同名妙聲
復有劫中千佛出世同名功德蓋安隱自在王
復有劫中六十千佛出世同名堅脩柔濡
復有劫中十佛國土微塵數百千万不可說不可說佛
出世同名普賢
復有劫中七千佛出世同名法莊嚴王
比丘舉要言之未來諸佛无量无邊不可說不可說
不可窮盡比丘汝應比丘汝應當心歸命如是等諸佛
尒時舍利弗從坐而起偏袒右肩右膝著地胡跪合
掌白佛言世尊同幾佛現在佛告舍利弗汝見我
現在我世舍利弗言如是世尊我今實見佛身
復告舍利弗我今見十方无量无邊不可說不可說世界
同我名釋迦牟尼佛
在世者如汝見我无无異如是同名然燈佛
同名毗婆尸佛　同名尸棄佛

BD04248號　佛名經（十六卷本）卷一〇　（2–1）

……
復有劫中千佛出世同名功德蓋安隱自在王
復有劫中六十千佛出世同名堅脩柔濡
復有劫中十佛國土微塵數百千万不可說不可說佛
出世同名普賢
復有劫中七千佛出世同名法莊嚴王
比丘舉要言之未來諸佛无量无邊不可說不可說
不可窮盡比丘汝應比丘汝應當心歸命如是等諸佛
尒時舍利弗從坐而起偏袒右肩右膝著地胡跪合
掌白佛言世尊同幾佛現在佛告舍利弗汝見我
現在我世舍利弗言如是世尊我今實見佛身
復告舍利弗我今見十方无量无邊不可說不可說世界
同我名釋迦牟尼佛
在世者如汝見我无无異如是同名然燈佛
同名毗婆尸佛　同名尸棄佛
同名毗舍浮佛　同名拘留孫佛
同名拘那含佛　同名迦葉佛
舍利弗舉要言之我若一劫若百千万億那由他劫說
同名諸佛不可窮盡何況異名佛此如是等諸佛皆
是文殊師利教發阿耨多羅三藐三菩提心

BD04248號　佛名經（十六卷本）卷一〇　（2–2）

種心如來悉知何以故如來說諸心皆為非
心是名為心所以者何須菩提過去心不可
得現在心不可得未來心不可得
須菩提於意云何若有人滿三千大千世界
七寶以用布施是人以是因緣得福多不
如是世尊此人以是因緣得福甚多須菩
提若福德有實如來不說得福德多以福
德无故如來說得福德多
須菩提於意云何佛可以具足色身見不不
也世尊如來不應以具足色身見何以故如來
說具足色身即非具足色身是名具足色身
須菩提於意云何如來可以具足諸相見不
不也世尊如來不應以具足諸相見何以故
如來說諸相具足即非具足是名諸相具足
須菩提汝勿謂如來作是念我當有所說法
莫作是念何以故若人言如來有所說法即
為謗佛不能解我所說故須菩提說法者
无法可說是名說法
須菩提白佛言世尊佛得阿耨多羅三藐三
菩提為无所得耶如是如是須菩提我於阿

BD04249號　金剛般若波羅蜜經　（5-1）

如來說諸相具足即非具足是名諸相具足
須菩提汝勿謂如來作是念我當有所說法
莫作是念何以故若人言如來有所說法即
為謗佛不能解我所說故須菩提說法者
无法可說是名說法
須菩提白佛言世尊佛得阿耨多羅三藐三
菩提為无所得耶如是如是須菩提我於阿
耨多羅三藐三菩提乃至无有少法可得是
名阿耨多羅三藐三菩提復次須菩提是法平
等无有高下是名阿耨多羅三藐三菩提
以无我无人无眾生无壽者脩一切善法則
得阿耨多羅三藐三菩提須菩提所言善法
者如來說非善法是名善法
須菩提若三千大千世界中所有諸須弥山
王如是等七寶聚有人持用布施若人以此般
若波羅蜜經乃至四句偈等受持讀誦為他
人說於前福德百分不及一百千万億分
乃至筭數譬喻所不能及須菩提於意云
何汝等勿謂如來作是念我當度眾生須菩
提莫作是念何以故實无有眾生如來度者
若有眾生如來度者如來則有我人眾生壽
者須菩提如來說有我者則非有我而凡夫
之人以為有我須菩提凡夫者如來說則非
凡夫須菩提於意云何可以卅二相觀如來
不須菩提言如是如是以卅二相觀如來佛
言須菩提若以卅二相觀如來者轉輪聖王
則是如來須菩提白佛言世尊如我解佛所

BD04249號　金剛般若波羅蜜經　（5-2）

者須菩提如來說有我者則非有我而凡夫
之人以為有我須菩提凡夫者如來說則非
凡夫須菩提於意云何可以卅二相觀如來
不須菩提言如是如是以卅二相觀如來佛
言須菩提若以卅二相觀如來者轉輪聖王
則是如來須菩提白佛言世尊如我解佛所
說義不應以卅二相觀如來尒時世尊而說
偈言
若以色見我 以音聲求我 是人行邪道 不能見如來
須菩提汝若作是念如來不以具足相故得
阿耨多羅三藐三菩提須菩提莫作是念如
來不以具足相故得阿耨多羅三藐三菩提
須菩提汝若作是念發阿耨多羅三藐三菩
提者說諸法斷滅相莫作是念何以故發阿耨
多羅三藐三菩提者於法不說斷滅相須菩
提若菩薩以滿恒河沙等世界七寶布施若
復有人知一切法无我得成於忍此菩薩勝
前菩薩所得功德須菩提以諸菩薩不受
福德故須菩提白佛言世尊云何菩薩不受
福德須菩提菩薩所作福德不應貪著是故
說不受福德須菩提若有人言如來若來若
去若坐若卧是人不解我所說義何以故如
來者无所從來亦无所去故名如來
須菩提若善男子善女人以三千大千世界碎
為微塵於意云何是微塵衆寧為多不甚多
世尊何以故若微塵衆實有者佛則不說是
微塵衆所以者何佛說微塵衆則非微塵衆

BD04249號　金剛般若波羅蜜經　（5–3）

來者无所從來亦无所去故名如來
須菩提若善男子善女人以三千大千世界碎
為微塵於意云何是微塵衆寧為多不甚多
世尊何以故若微塵衆實有者佛則不說是
微塵衆所以者何佛說微塵衆則非微塵衆
是名微塵衆世尊如來所說三千大千世界
則非世界是名世界何以故若世界實有者
則是一合相如來說一合相則非一合相是名
一合相須菩提一合相者則是不可說但凡
夫之人貪著其事
須菩提若人言佛說我見人見衆生見壽者
見須菩提於意云何是人解我所說義不世尊
是人不解如來所說義何以故世尊說我見人
見衆生見壽者見即非我見人見衆生見壽者
見是名我見人見衆生見壽者見須菩提發
阿耨多羅三藐三菩提心者於一切法應如是
知如是見如是信解不生法相須菩提所言
法相者如來說即非法相是名法相須菩提
若有人以滿无量阿僧祇世界七寶持用布
施若有善男子善女人發菩薩心者持於此
經乃至四句偈等受持讀誦為人演說其福
勝彼云何為人演說不取於相如如不動何
以故
一切有為法 如夢幻泡影 如露亦如電 應作如是觀
佛說是經已長老須菩提及諸比丘比丘尼
優婆塞優婆夷一切世間天人阿脩羅聞佛
所說皆大歡喜信受奉行

BD04249號　金剛般若波羅蜜經　（5–4）

若有人以滿无量阿僧祇世界七寶持用布
施若有善男子善女人發菩薩心者持於此
經乃至四句偈等受持讀誦為人演說其福
勝彼云何為人演說不取於相如如不動何
以故
一切有為法 如夢幻泡影 如露亦如電 應作如是觀
佛說是經已長老須菩提及諸比丘比丘尼
優婆塞優婆夷一切世間天人阿脩羅聞佛
所說皆大歡喜信受奉持
金剛般若波羅蜜經

BD04249號　金剛般若波羅蜜經　（5–5）

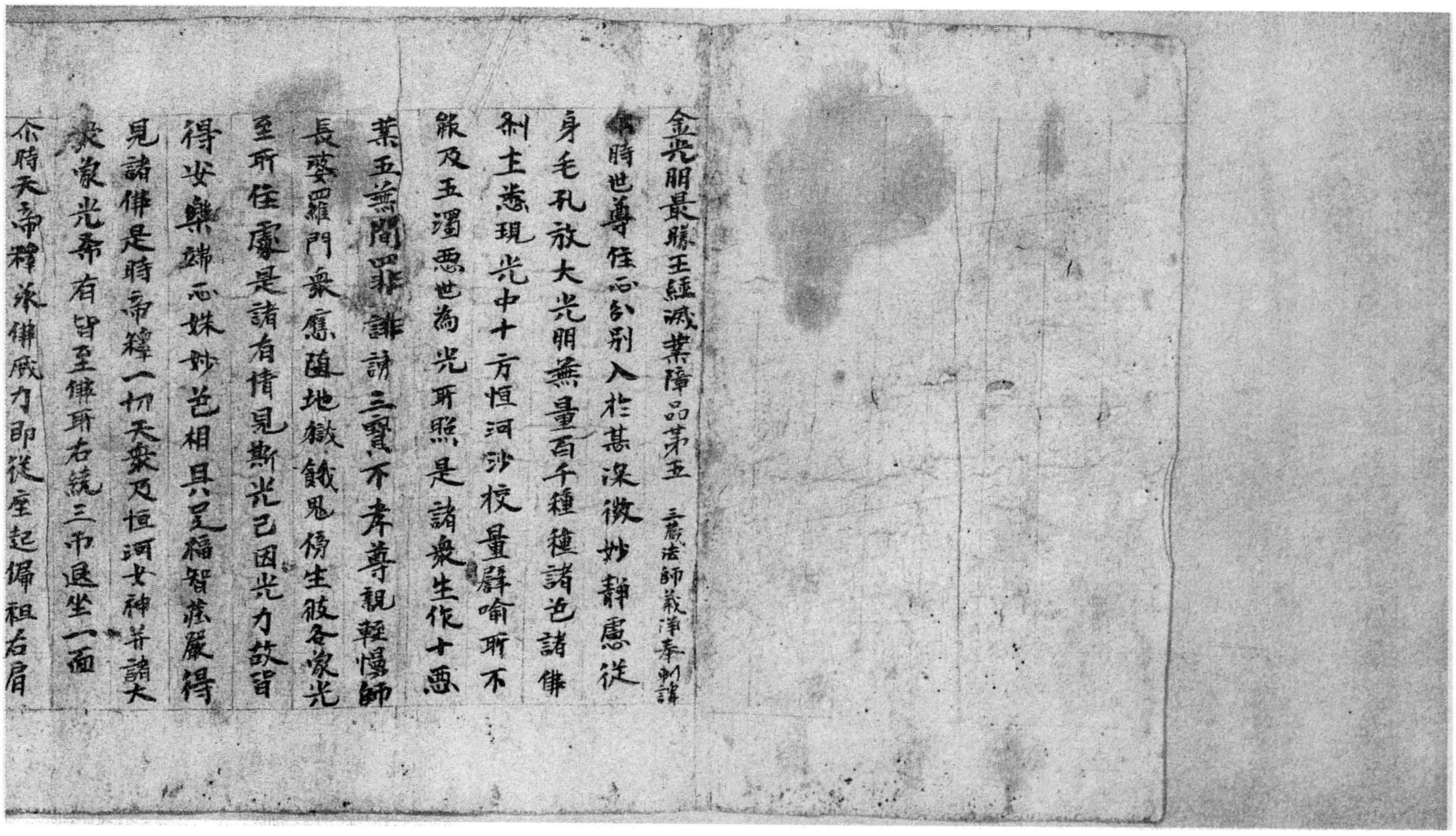
金光明最勝王經滅業障品第五　三藏法師義淨奉制譯
尒時世尊住正分別入於甚深微妙靜慮從
身毛孔放大光明無量百千種種諸色諸佛
剎土悉現光中十方恒河沙校量譬喻所不
能及五濁惡世為光所照是諸眾生作十惡
業五無間罪誹謗三寶不孝尊親輕慢師
長婆羅門眾應墮地獄餓鬼傍生彼各蒙光
至所住處是諸有情見斯光已因光力故皆
得安樂端正殊妙色相具足福智莊嚴得
見諸佛是時帝釋一切天眾及恒河女神并諸大
眾蒙光希有皆至佛所右繞三帀退坐一面
尒時天帝釋承佛威力即從座起偏袒右肩

BD04250號A　金光明最勝王經卷三　（3–1）

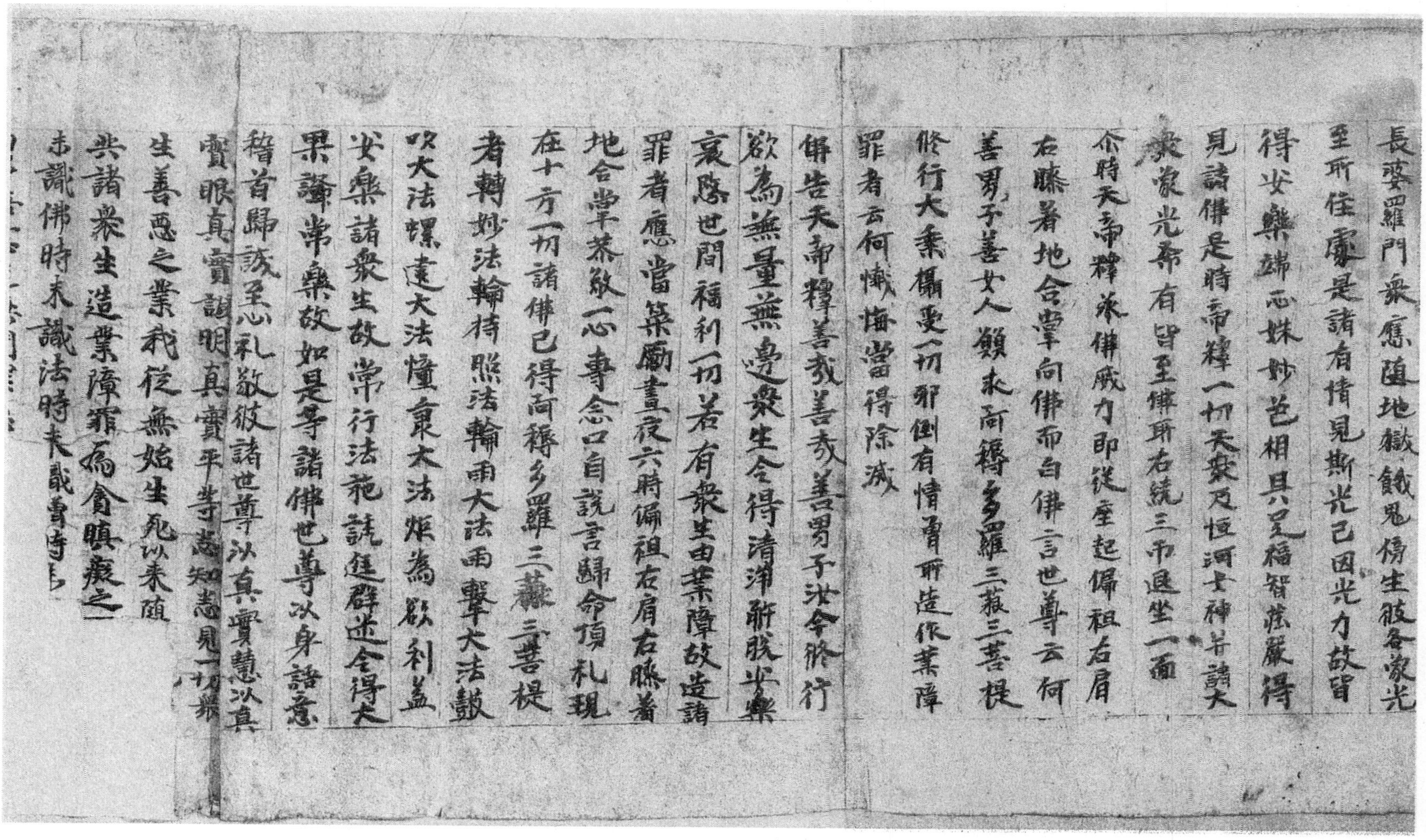

長婆羅門衆應墮地獄餓鬼傍生彼各家光
至所住處是諸有情見斯光已因光力故皆
得安樂端正姝妙色相具足福智莊嚴得
見諸佛是時帝釋一切天衆及恒河女神并諸大
衆家光希有皆至佛所右繞三帀退坐一面
尒時天帝釋承佛威力即從座起偏袒右肩
右膝著地合掌向佛而白佛言世尊云何
善男子善女人願求阿耨多羅三藐三菩提
修行大乘攝受一切邪倒有情曾所造作業障
罪者云何懺悔當得除滅
佛告天帝釋善哉善哉善男子汝今修行
欲為無量無邊衆生令得清淨解脫安樂
哀愍世間福利一切若有衆生由業障故造諸
罪者應當策勵晝夜六時偏袒右肩右膝著
地合掌恭敬一心專念口自說言歸命頂禮現
在十方一切諸佛已得阿耨多羅三藐三菩提
者轉妙法輪持照法輪雨大法雨擊大法鼓
吹大法螺建大法幢秉大法炬為欲利益
安樂諸衆生故常行法施誘進群迷令得大
果證常樂故如是等諸佛世尊以身語意
稽首歸誠至心禮敬彼諸世尊以真實慧以真
實眼真實證明真實平等悉知悉見一切衆
生善惡之業我從無始生死以來隨
與諸衆生造業障罪為貪瞋癡之
未識佛時未識法時未識僧時

BD04250 號 A　金光明最勝王經卷三　（3–2）

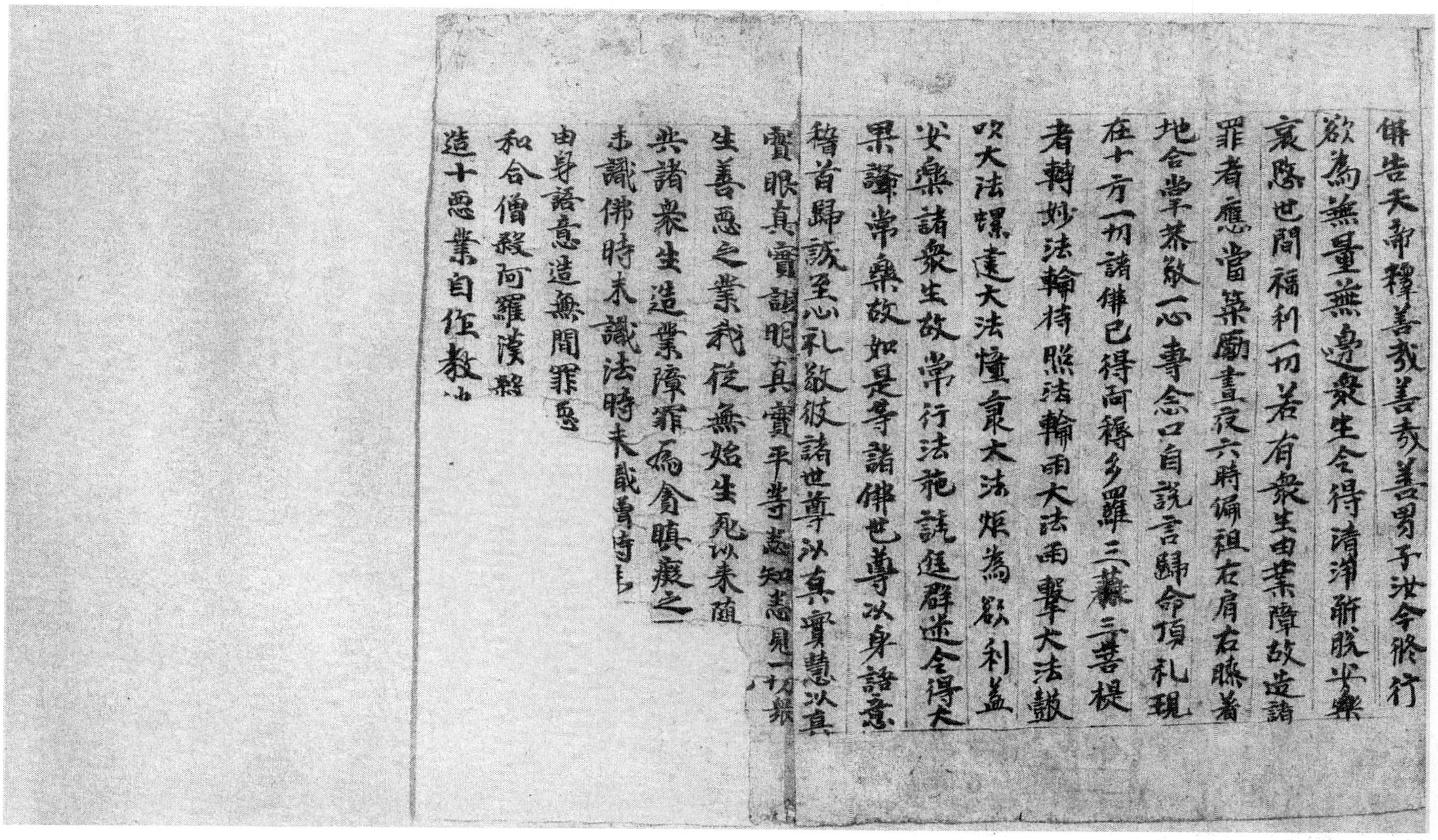

佛告天帝釋善哉善哉善男子汝今修行
欲為無量無邊衆生令得清淨解脫安樂
哀愍世間福利一切若有衆生由業障故造諸
罪者應當策勵晝夜六時偏袒右肩右膝著
地合掌恭敬一心專念口自說言歸命頂禮現
在十方一切諸佛已得阿耨多羅三藐三菩提
者轉妙法輪持照法輪雨大法雨擊大法鼓
吹大法螺建大法幢秉大法炬為欲利益
安樂諸衆生故常行法施誘進群迷令得大
果證常樂故如是等諸佛世尊以身語意
稽首歸誠至心禮敬彼諸世尊以真實慧以真
實眼真實證明真實平等悉知悉見一切衆
生善惡之業我從無始生死以來隨
與諸衆生造業障罪為貪瞋癡之
未識佛時未識法時未識僧時
由身語意造無間罪惡
和合僧殺阿羅漢殺
造十惡業自作教

BD04250 號 A　金光明最勝王經卷三　（3–3）

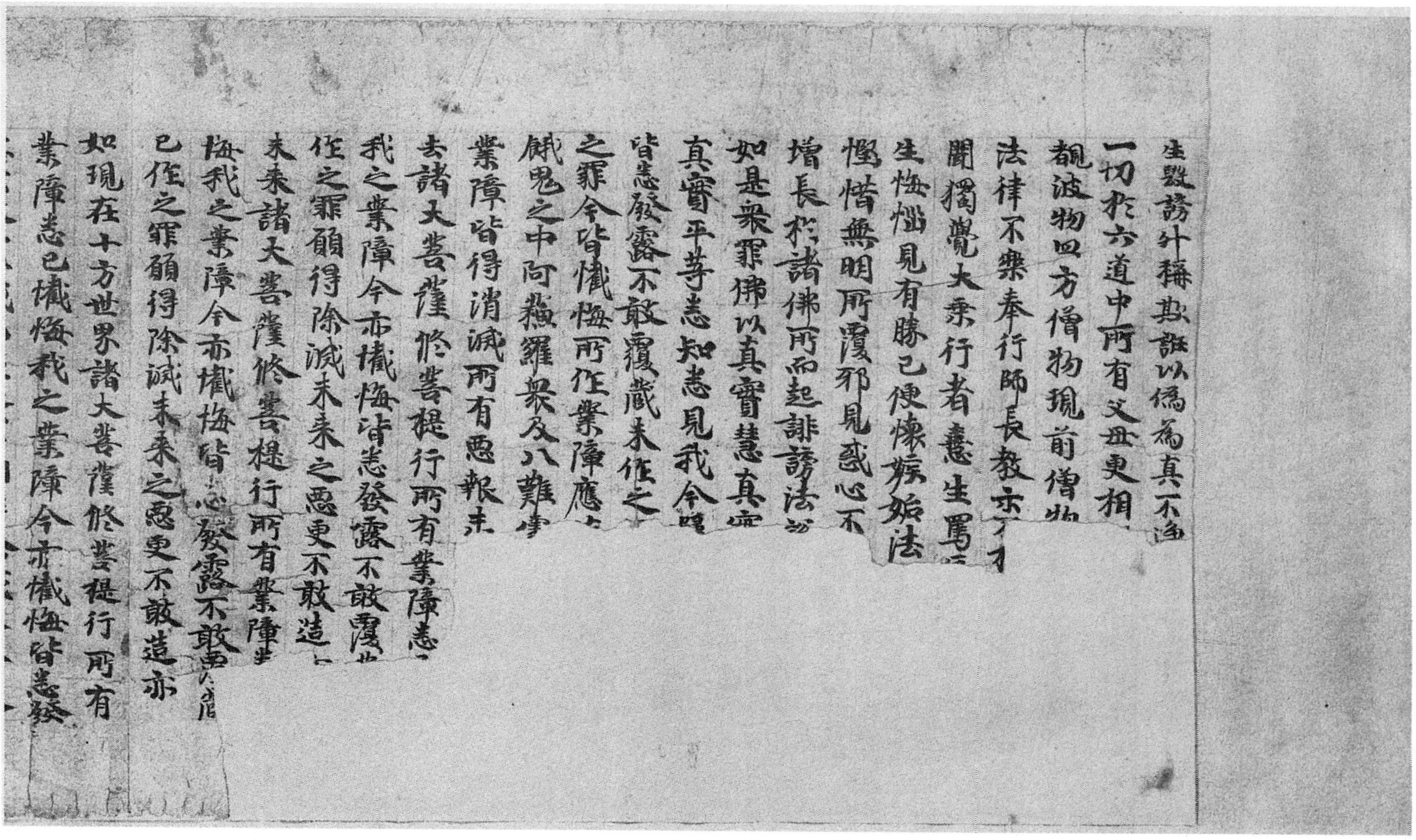
生毀謗外稱歎誑以僞爲真不淨
一切於六道中所有父母更相
覩彼物四方僧物現前僧物
法律不樂奉行師長教示亦不
聞獨覺大乘行者憙生罵辱
生悔惱見有勝己便懷嫉妬法
悭惜無明所覆邪見惑心不
增長於諸佛所而起誹謗法
如是衆罪佛以真實慧真實
真實平等悉知悉見我今皈
皆悉發露不敢覆藏未作之
餓鬼之中阿蘇羅衆及八難處
之罪今皆懺悔所作業障應
業障皆得消滅所有惡報未
去諸大菩薩修菩提行所有業障悉
我之業障今亦懺悔皆悉發露不敢覆
作之罪願得除滅未來之惡更不敢造
未來諸大菩薩修菩提行所有業障
悔我之業障今亦懺悔皆悉發露不敢覆藏
已作之罪願得除滅未來之惡更不敢造亦
如現在十方世界諸大菩薩修菩提行所有
業障悉已懺悔我之業障今亦懺悔皆悉發

BD04250 號 B　金光明最勝王經卷三　（6–1）

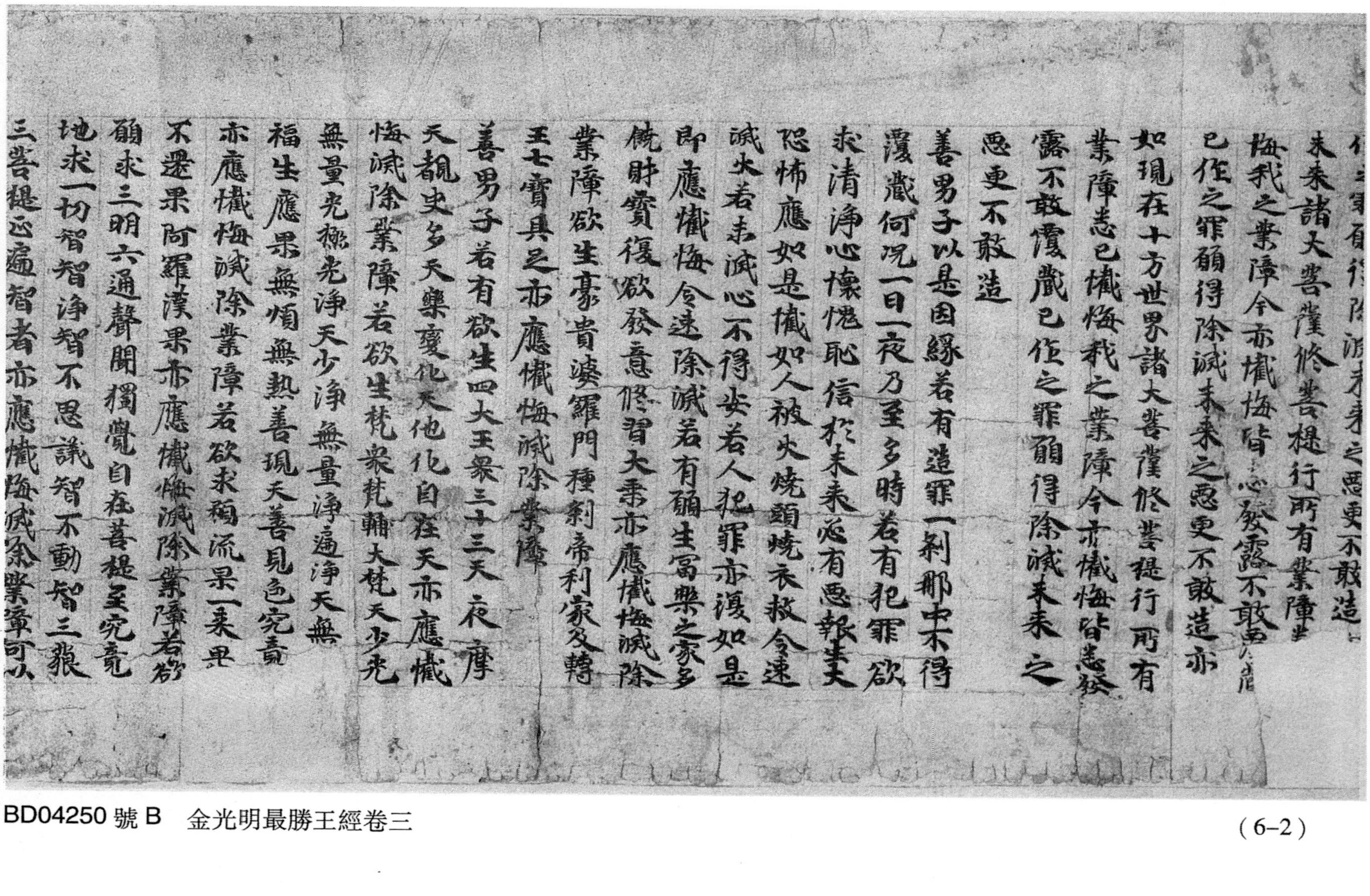
作之罪願得除滅未來之惡更不敢造
未來諸大菩薩修菩提行所有業障悉
悔我之業障今亦懺悔皆悉發露不敢覆藏
已作之罪願得除滅未來之惡更不敢造亦
如現在十方世界諸大菩薩修菩提行所有
業障悉已懺悔我之業障今亦懺悔皆悉發
露不敢覆藏已作之罪願得除滅未來之
惡更不敢造
善男子以是因緣若有造罪一剎那中不得
覆藏何況一日一夜乃至多時若有犯罪欲
求清淨心懷慚愧信於未來必有惡報生大
恐怖應如是懺如人被火燒頭燒衣救令速
滅火若未滅心不得安若人犯罪亦復如是
即應懺悔令速除滅若有願生富樂之家多
饒財寶復欲發意修習大乘亦應懺悔滅除
業障欲生豪貴婆羅門種剎帝利家及轉
王七寶具足亦應懺悔滅除業障
善男子若有欲生四大王衆三十三天夜摩
天覩史多天樂變化天他化自在天亦應懺
悔滅除業障若欲生梵衆梵輔大梵天少光
無量光極光淨天少淨無量淨遍淨天無
福生廣果無煩無熱善現善見色究竟
亦應懺悔滅除業障若欲求預流果一來果
不還果阿羅漢果亦應懺悔滅除業障若欲
願求三明六通聲聞獨覺自在菩提至究竟
地求一切智智淨智不思議智不動智三藐
三菩提正遍智者亦應懺悔滅除業障何以

BD04250 號 B　金光明最勝王經卷三　（6–2）

亦應懺悔滅除業障若欲求預流果一來果
不還果阿羅漢果亦應懺悔滅除業障若欲
願求三明六通聲聞獨覺自在菩提至究竟
地求一切智智淨智不思議智不動智三藐
三菩提正遍智者亦應懺悔滅除業障何以
故善男子一切諸法從因緣生如來所說異
相生異相滅因緣異故如是過去諸法皆已
滅盡所有業障無復遺餘是諸行法未得現
生而今得生未來業障更不復起何以故善
男子一切法空如來所說無有我人衆生壽
者亦無生滅亦無行法善男子一切諸法皆
依於本亦不可說何以故過一切相故若有
善男子善女人如是入於微妙真理生信敬
心是名無衆生而有於本以是義故說於懺
悔懺滅除業障
善男子若人成就四法能除業障永得清淨
云何為四一者不起邪心正念成就二者於
甚深理不生誹謗三者於初行菩薩起一切
智心四者於諸衆生起慈無量是謂為四尒
時世尊而說頌言
專心護三乘　不誹謗正法　作一切智想　慈心淨業障
善男子有四業障難可滅除云何為四一者
於菩薩律儀犯極重惡二者於大乘經心生
誹謗三者於自善根不能增長四者貪著三
有無出離心復有四種對治業障云何為四
一者於十方世界一切如來至心親近說一切

專心護三乘　不誹謗正法　作一切智想　慈心淨業障
善男子有四業障難可滅除云何為四一者
於菩薩律儀犯極重惡二者於大乘經心生
誹謗三者於自善根不能增長四者貪著三
有無出離心復有四種對治業障云何為四
一者於十方世界一切如來至心親近說一切
罪二者為一切衆生勸請諸佛說深妙法
三者隨喜一切衆生所有功德四者所有一
切功德善根悉皆迴向阿耨多羅三藐三菩
提尒時天帝釋白佛言世尊世間所有男子
女人於大乘行有能行者有不行者云何能
得隨喜一切衆生功德善根佛言善男子若
有衆生雖於大乘未能修習然於晝夜六時
偏袒右肩右膝著地合掌恭敬一心專念作
隨喜時得福無量應作是言十方世界一切
衆生現在修行施戒心慧我今皆悉深生隨
喜由作如是隨喜福故必當獲得尊重殊勝
無上無等最妙之果如是過去未來一切衆
生所有善根皆悉隨喜又於現在初行菩薩
發菩提心所有功德過百大劫行菩薩行　有
大功德獲無生忍至不退轉一生補處　如是
一切功德之蘊皆悉至心隨喜讚歎　過去未
來一切菩薩所有功德隨喜讚歎亦復　如是
復於現在十方世界一切諸佛應正遍知證
妙菩提為度無邊諸衆生故轉無上法輪
行無礙法施擊法鼓吹法螺建法幢雨法雨
哀愍勸化一切衆生咸[illegible]

一切功德之蘊皆悉至心隨喜讚歎過去未
來一切菩薩所有功德隨喜讚歎亦復如是
復於現在十方世界一切諸佛應正遍知證
妙菩提為度無邊諸眾生故轉無上法輪
行無礙法施擊法鼓吹法螺建法幢雨法雨
哀愍勸化一切眾生咸令信受皆蒙法施悉
得充足無盡安樂又復所有菩薩聲聞獨
覺功德集善根若有眾生未具如是諸功德者
悉令具足我皆隨喜如是過去未來諸佛菩
薩聲聞獨覺所有功德亦皆至心隨喜讚歎
善男子如是隨喜當得無量功德之聚如恒
河沙三千大千世界所有眾生皆斷煩惱成阿
羅漢若有善男子善女人盡其形壽常以上
妙衣服飲食臥具醫藥而為供養如是功德
不及如前隨喜功德千分之一何以故供養功
德有數有量不攝一切諸功德故隨喜功
德無量無數能攝三世一切功德是故若人
欲求增長勝善根者應修如是隨喜功德若
有女人願轉女身為男子者亦應修習隨喜
功德必得隨心現成男子爾時天帝釋白佛
言世尊已知隨喜功德勸請功德唯願為說
欲令未來一切菩薩當轉法輪現在菩薩正
修行故佛告帝釋若有善男子善女人願求阿
耨多羅三藐三菩提者應當修行聲聞獨
覺大乘之道是人當於晝夜六時如前威儀
一心專念作如是言我今歸依十方一切諸佛

BD04250 號 B　金光明最勝王經卷三　（6–5）

有女人願轉女身為男子者亦應修習隨喜
功德必得隨心現成男子爾時天帝釋白佛
言世尊已知隨喜功德勸請功德唯願為說
欲令未來一切菩薩當轉法輪現在菩薩正
修行故佛告帝釋若有善男子善女人願求阿
耨多羅三藐三菩提者應當修行聲聞獨
覺大乘之道是人當於晝夜六時如前威儀
一心專念作如是言我今歸依十方一切諸佛
世尊已得阿耨多羅三藐三菩提者未轉無上
法輪欲捨報身入涅槃者我皆至誠頂禮勸
請轉大法輪雨大法雨然大法燈照明理趣
施無礙法莫般涅槃久住於世度脫安樂一
切眾生如前所說乃至無盡安樂我今以此
勸請功德迴向阿耨多羅三藐三菩提
去未來現在諸大菩薩勸請功德迴向
我亦如是勸請功德迴向無上正等菩
男子假使有人以三千大千世界
供養如來若復有人勸請
得功德其福勝彼何以故彼
施善男子且置三千
人以滿恒河沙數大
諸佛勸請功德亦勝
勝利云何為五一者法

BD04250 號 B　金光明最勝王經卷三　（6–6）

陀羅尼神呪擁護持法華經者即說呪曰
阿伽祢一伽祢二瞿利三乾陀利四栴陀利
五摩蹬耆六常求利七浮樓莎柅八頞底九
世尊是陀羅尼神呪四十二億諸佛所說若
有侵毀此法師者則為侵毀是諸佛已尒時
有羅剎女等一名藍婆二名毗藍婆三名曲
齒四名華齒五名黑齒六名多髮七名无猒
足八名持瓔珞九名睪帝十名奪一切衆生
精氣是十羅剎女與鬼子母并其子及眷
屬俱詣佛所同聲白佛言世尊我等亦欲擁
護讀誦受持法華經者除其衰患若有伺求
法師短者令不得便即於佛前而說呪曰
伊提履一伊提泯二伊提履三阿提履四伊
提履五泥履六泥履七泥履八泥履九泥履
十樓醯十一樓醯十二樓醯十三樓醯十四多醯十五多
醯十六多醯十七兜醯十八㝹醯十九
寧上我頭上莫惱於法師若夜叉若羅剎若
餓鬼若富單那若吉蔗若毗陀羅若揵馱若
烏摩勒伽若阿跋摩羅若夜叉吉蔗若人吉
蔗若熱病若一日若二日若三日若四日若

BD04251號　妙法蓮華經卷七

（3–1）

醯十六多醯十七兜醯十八㝹醯十九
寧上我頭上莫惱於法師若夜叉若羅剎若
餓鬼若富單那若吉蔗若毗陀羅若揵馱若
烏摩勒伽若阿跋摩羅若夜叉吉蔗若人吉
蔗若熱病若一日若二日若三日若四日若
至七日若常熱病若男形若女形若童男形
若童女形乃至夢中亦復莫惱即於佛前
而說偈言
若不順我呪　惱乱說法者　頭破作七分　如阿梨樹枝
如殺父母罪　亦如壓油殃　斗秤欺誑人　調達破僧罪
犯此法師者　當獲如是殃
諸羅剎女說此偈已白佛言世尊我等亦當
身自擁護受持讀誦脩行是經者令得安隱
離諸衰患消衆毒藥佛告諸羅剎女善哉善
哉汝等但能擁護受持法華名者福不可量
何況擁護具足受持供養經卷華香瓔珞末
香塗香燒香幡蓋伎樂然種種燈蘇燈油燈
諸香油燈蘇摩那華油燈瞻蔔華油燈婆
師迦華油燈優鉢羅華油燈如是等百千種供
養者睪帝汝等及眷屬應當擁護如是法師
說是陀羅尼品時六万八千人得无生法忍
妙法蓮華經妙莊嚴王本事品第二十七
尒時佛告諸大衆乃往古世過无量无邊不
可思議阿僧祇劫有佛名雲雷音宿王華智

BD04251號　妙法蓮華經卷七

（3–2）

師迦華油燈優鉢羅華油燈如是等百千種供
養者罪亦汝等及眷屬應當擁護如是法師
說是陁羅尼品時六万八千人得无生法忍
妙法蓮華經妙莊嚴王本事品第二十七
尒時佛告諸大眾乃往古世過无量无邊不
可思議阿僧祇劫有佛名雲雷音宿王華智
多陁阿伽度阿羅訶三藐三佛陁國名光明
莊嚴劫名憙見彼佛法中有王名妙莊嚴其
夫人名曰淨德有二子一名淨藏二名淨
二子有大神力福德智慧久脩菩薩所
所謂檀波羅蜜尸羅波羅蜜羼提波
耶波羅蜜禪波羅蜜般若波羅蜜
蜜慈悲喜捨乃至三十七助道法
達又得菩薩淨三昧日星宿三
色三昧淨照明三昧長莊嚴
昧於此三昧亦悉通達尒
嚴王及愍念眾生故說
二子到其母所合十
雷音宿王華智佛
礼拜所以者何
華經宜應聽受
羅門法汝
循

BD04251 號　妙法蓮華經卷七　（3–3）

大般若波羅蜜多經卷第二百八十五　三藏法師
初分讚清淨品第卅五之一
尒時具壽舍利子白佛言世尊
為甚深佛言如是畢竟淨故舍利子言何
畢竟淨故說是清淨冣為甚深佛言舍利子
色畢竟淨故說是清淨冣為甚深受想行識
畢竟淨故說是清淨冣為甚深舍利子眼處
畢竟淨故說是清淨冣為甚深耳鼻舌身意
處畢竟淨故說是清淨冣為甚深
處畢竟淨故說是清淨冣為甚深
法處畢竟淨故說是清淨冣為甚深
眼界畢竟淨故說是清淨冣為甚
識界及眼觸眼觸為緣所生諸受畢
說是清淨冣為甚深舍利子耳界
說是清淨冣為甚深聲界耳識界
觸為緣所生諸受畢竟淨故說是
甚深舍利子鼻界畢竟淨故說是清淨冣為
甚深香界鼻識界及鼻觸鼻觸為緣所生諸
受畢竟淨故說是清淨冣為甚深舍利子舌
界畢竟淨故說是清淨冣為甚深味界舌識
界及舌觸舌觸為緣所生諸受畢竟淨故說
是清淨冣為甚深舍利子身界畢竟淨故說

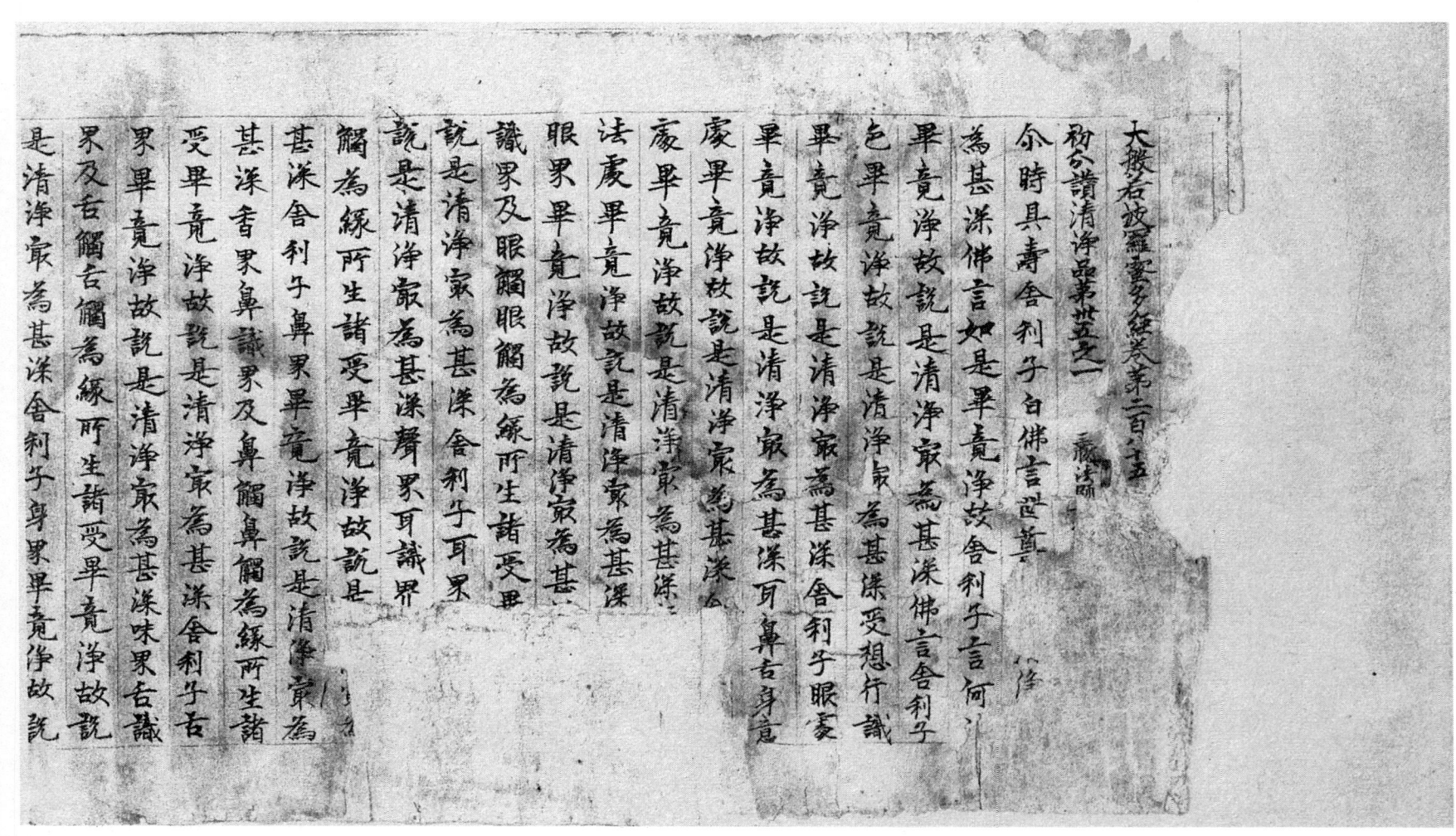

BD04252 號　大般若波羅蜜多經卷二八五　（2–1）

處畢竟淨故說是清淨最為甚深
處畢竟淨故說是清淨最為甚深
法處畢竟淨故說是清淨最為甚深
眼界畢竟淨故說是清淨最為甚
識界及眼觸眼觸為緣所生諸受畢
說是清淨最為甚深舍利子耳界
說是清淨最為甚深聲界耳識界
觸為緣所生諸受畢竟淨故說是
甚深舍利子鼻界畢竟淨故說是清淨最為
甚深香界鼻識界及鼻觸鼻觸為緣所生諸
受畢竟淨故說是清淨最為甚深舍利子舌
界畢竟淨故說是清淨最為甚深味界舌識
界及舌觸舌觸為緣所生諸受畢竟淨故說
是清淨最為甚深舍利子身界畢竟淨故說
是清淨最為甚深觸界身識界及身觸身觸
為緣所生諸受畢竟淨故說是清淨最為甚
深舍利子意界畢竟淨故說是清淨最為甚
深法界意識界及意觸意觸為緣所生諸受

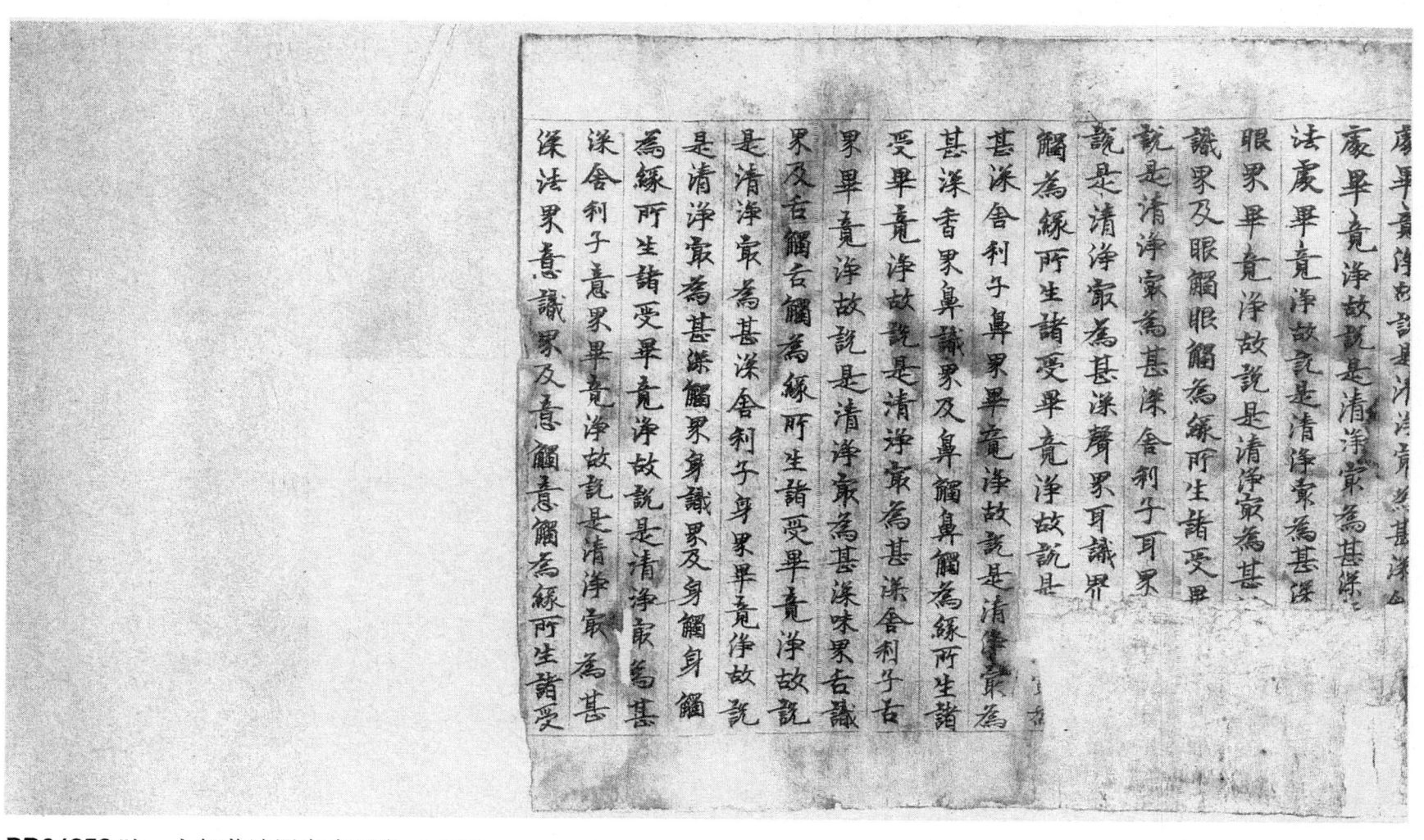

BD04252 號　大般若波羅蜜多經卷二八五　　（2–2）

故不於
不於法界
不可真如空見真如
識界空見法界乃至
不可真如空於真如空
忘識界空於法界乃至不
憍尸迦布施波羅蜜多布施
故菩薩摩訶薩不見布施　蜜多淨戒安
忍精集靜慮般若波羅蜜多　戒安忍精進
靜慮般若波羅蜜多性空故菩薩摩訶薩不
見淨戒安忍精進靜慮般若波羅蜜多憍尸
迦菩薩摩訶薩不見布施波羅蜜多故不於
布施波羅蜜多學不見淨戒安忍精進靜慮
般若波羅蜜多故不於淨戒安忍精進靜慮
般若波羅蜜多學何以故憍尸迦不可布施
波羅蜜多空見布施波羅蜜多空不可淨戒
安忍精進靜慮般若波羅蜜多空見淨戒安
忍精進靜慮般若波羅蜜多空故憍尸迦不
可布施波羅蜜多空於布施波羅蜜多空學
不可淨戒安忍精進靜慮般若波羅蜜多空
於淨戒安忍精進靜慮般若波羅蜜多空學
故憍尸迦四靜慮四靜慮性空故菩薩摩訶
薩不見四靜慮四無量四無色定四無量四
無色定性空故菩薩摩訶薩不見四無量四

BD04253 號　大般若波羅蜜多經卷八六　　（21–1）

安忍精進靜慮般若波羅蜜多空見淨戒安
忍精進靜慮般若波羅蜜多空故憍尸迦不
可布施波羅蜜多空於布施波羅蜜多空學
不可淨戒安忍精進靜慮般若波羅蜜多空
於淨戒安忍精進靜慮般若波羅蜜多空學
故憍尸迦四靜慮四靜慮性空故菩薩摩訶
薩不見四靜慮四無量四無色定四無量四
無色定性空故菩薩摩訶薩不見四無量四
無色定憍尸迦菩薩摩訶薩不見四靜慮故
不於四靜慮學不見四無量四無色定故不
於四無量四無色定學何以故憍尸迦不可
四靜慮空見四靜慮空不可四無量四無色
定空見四無量四無色定空故憍尸迦不可
四靜慮空於四靜慮空學不可四無量四無
色定空於四無量四無色定空學故憍尸迦
八解脫八解脫性空故菩薩摩訶薩不見八
解脫八勝處九次第定十遍處八勝處九次
第定十遍處性空故菩薩摩訶薩不見八勝
處九次第定十遍處憍尸迦菩薩摩訶薩不
見八解脫故不於八解脫學不見八勝處九
次第定十遍處故不於八勝處九次第定十
遍處學何以故憍尸迦不可八解脫空見八
解脫空不可八勝處九次第定十遍處空見
八勝處九次第定十遍處空故憍尸迦不可
八解脫空於八解脫空學不可八勝處九次
第定十遍處空於八勝處九次第定十遍處

BD04253 號　大般若波羅蜜多經卷八六　　（21–2）

遍處學何以故憍尸迦不可八解脫空見八
解脫空不可八勝處九次第定十遍處空見
八勝處九次第定十遍處空故憍尸迦不可
八解脫空於八解脫空學不可八勝處九次
第定十遍處空於八勝處九次第定十遍處
空學故憍尸迦四念住四念住性空故菩薩
摩訶薩不見四念住四正斷四神足五根五
力七等覺支八聖道支四正斷乃至八聖道
支性空故菩薩摩訶薩不見四正斷乃至八
聖道支憍尸迦菩薩摩訶薩不見四念住故
不於四念住學不見四正斷四神足五根五力
七等覺支八聖道支故不於四正斷乃至
八聖道支學何以故憍尸迦不可四念住空
見四念住空不可四正斷四神足五根五力七
等覺支八聖道支空見四正斷乃至八聖
道支空故憍尸迦不可四念住空於四念住
空學不可四正斷四神足五根五力七等覺
支八聖道支空於四正斷乃至八聖道支空
學故憍尸迦空解脫門空解脫門性空故菩
薩摩訶薩不見空解脫門無相無願解脫
門無相無願解脫門性空故菩薩摩訶薩不
見無相無願解脫門憍尸迦菩薩摩訶薩不
見空解脫門故不於空解脫門學不見無相無
願解脫門故不於無相無願解脫門學何以
故憍尸迦不可空解脫門空見空解脫門空
不可無相無願解脫門空見無相無願解脫

BD04253 號　大般若波羅蜜多經卷八六　　（21–3）

門無相無願解脫門性空故菩薩摩訶薩不見無相無願解脫門故不於空解脫門學不見無相無願解脫門故不於無相無願解脫門學何以故憍尸迦不可空解脫門空見空解脫門空不可無相無願解脫門空見無相無願解脫門空故憍尸迦不可空解脫門空於空解脫門空學不可無相無願解脫門空於無相無願解脫門空學故憍尸迦五眼五眼性空故菩薩摩訶薩不見五眼六神通六神通性空故菩薩摩訶薩不見六神通憍尸迦菩薩摩訶薩不見五眼故不於五眼學不見六神通故不於六神通學何以故憍尸迦不可五眼空見五眼空不可六神通空見六神通空故憍尸迦不可五眼空於五眼空學不可六神通空於六神通空學故憍尸迦佛十力佛十力性空故菩薩摩訶薩不見佛十力四無所畏四無礙解大慈大悲大喜大捨十八佛不共法四無所畏乃至十八佛不共法性空故菩薩摩訶薩不見四無所畏乃至十八佛不共法憍尸迦菩薩摩訶薩不見佛十力故不於佛十力學不見四無所畏四無礙解大慈大悲大喜大捨十八佛不共法故不於四無所畏乃至十八佛不共法學何以故憍尸迦不可佛十力空見佛十力空不可四無所畏四無礙解大慈大悲大喜大捨十八佛不共

BD04253號　大般若波羅蜜多經卷八六　（21–4）

於佛十力學不見四無所畏四無礙解大慈大悲大喜大捨十八佛不共法故不於四無所畏乃至十八佛不共法學何以故憍尸迦不可佛十力空見佛十力空不可四無所畏四無礙解大慈大悲大喜大捨十八佛不共法空見四無所畏乃至十八佛不共法空故憍尸迦不可佛十力空於佛十力空學不可四無所畏四無礙解大慈大悲大喜大捨十八佛不共法空於四無所畏乃至十八佛不共法空學故憍尸迦無忘失法無忘失法性空故菩薩摩訶薩不見無忘失法恒住捨性恒住捨性性空故菩薩摩訶薩不見恒住捨性憍尸迦菩薩摩訶薩不見無忘失法故不於無忘失法學不見恒住捨性故不於恒住捨性學何以故憍尸迦不可無忘失法空見無忘失法空不可恒住捨性空見恒住捨性空故憍尸迦不可無忘失法空於無忘失法空學不可恒住捨性空於恒住捨性空學故憍尸迦一切智一切智性空故菩薩摩訶薩不見一切智道相智一切相智道相智一切相智性空故菩薩摩訶薩不見道相智一切相智憍尸迦菩薩摩訶薩不見一切智故不於一切智學不見道相智一切相智故不於道相智一切相智學何以故憍尸迦不可一切智空見一切智空不可道相智一切相智

BD04253號　大般若波羅蜜多經卷八六　（21–5）

相智憍尸迦菩薩摩訶薩不見一切智故不
於一切智學不見道相智一切相智故不於
道相智一切相智學何以故憍尸迦不可一
切智空見一切智空不可道相智一切相智
空見道相智一切相智空故憍尸迦不可一
切智空於一切智空學不可道相智一切相
智空於道相智一切相智空學故憍尸迦一
切陀羅尼門一切陀羅尼門性空故菩薩摩
訶薩不見一切陀羅尼門一切三摩地門一
切三摩地門性空故菩薩摩訶薩不見一切
三摩地門憍尸迦菩薩摩訶薩不見一切陀
羅尼門故不於一切陀羅尼門學不見一切
三摩地門故不於一切三摩地門學何以故
憍尸迦不可一切陀羅尼門空見一切陀羅
尼門空不可一切三摩地門空見一切三摩
地門空故憍尸迦不可一切陀羅尼門空於
一切陀羅尼門空學不可一切三摩地門空
於一切三摩地門空學故
憍尸迦預流預流性空故菩薩摩訶薩不
見預流一來不還阿羅漢一來不還阿羅漢性
空故菩薩摩訶薩不見一來不還阿羅漢憍
尸迦菩薩摩訶薩不見預流故不於預流學
不見一來不還阿羅漢故不於一來不還阿羅
漢學何以故憍尸迦不可預流空見預流空
不可一來不還阿羅漢空見一來不還阿

BD04253號　大般若波羅蜜多經卷八六　（21–6）

空故菩薩摩訶薩不見一來不還阿羅漢憍
尸迦菩薩摩訶薩不見預流故不於預流學
不見一來不還阿羅漢故不於一來不還阿羅
漢學何以故憍尸迦不可預流空見預流空
不可一來不還阿羅漢空見一來不還阿
羅漢空故憍尸迦不可預流空於預流空學
不可一來不還阿羅漢空於一來不還阿羅
漢空學故憍尸迦預流向預流果預流向預
流果性空故菩薩摩訶薩不見預流向預流
果一來向一來果不還向不還果阿羅漢向
阿羅漢果一來向乃至阿羅漢果性空故菩
薩摩訶薩不見一來向乃至阿羅漢果憍尸
迦菩薩摩訶薩不見預流向預流果故不於預
流向預流果學不見一來向一來果不還向不
還果阿羅漢向阿羅漢果故不於一來向乃
至阿羅漢果學何以故憍尸迦不可預流向
預流果空見預流向預流果空不可一來
向一來果不還向不還果阿羅漢向阿羅漢
果空見一來向乃至阿羅漢果空故憍尸迦
不可預流向預流果空於預流向預流果空
學不可可來向一來果不還向不還果阿羅
漢向阿羅漢果空於一來向乃至阿羅漢果
空學故憍尸迦獨覺獨覺性空故菩薩摩訶
薩不見獨覺獨覺向獨覺果獨覺向獨覺果性
空故菩薩摩訶薩不見獨覺向獨覺果憍

BD04253號　大般若波羅蜜多經卷八六　（21–7）

學不可於來向一來果不還向不還果阿羅
漢向阿羅漢果空於一來向乃至阿羅漢果
空學故憍尸迦獨覺獨覺性空故菩薩摩訶
薩不見獨覺獨覺向獨覺果獨覺向獨覺果性
空故菩薩摩訶薩不見獨覺向獨覺果憍
尸迦菩薩摩訶薩不見獨覺故不於獨覺學
不見獨覺向獨覺果故不於獨覺向獨覺果
學何以故憍尸迦不可獨覺空見獨覺空不
可獨覺向獨覺果空見獨覺向獨覺果空
故憍尸迦不可獨覺空於獨覺空學不可獨覺
向獨覺果空於獨覺向獨覺果空學故憍尸
迦菩薩摩訶薩菩薩摩訶薩性空故菩薩摩
訶薩不見菩薩摩訶薩三藐三佛陀三藐三
佛陀性空故菩薩摩訶薩不見三藐三佛陀
憍尸迦菩薩摩訶薩不見菩薩摩訶薩故不
於菩薩摩訶薩學不見三藐三佛陀故不於
三藐三佛陀學何以故憍尸迦不可菩薩摩
訶薩空見菩薩摩訶薩空不可三藐三佛陀
空見三藐三佛陀空故憍尸迦不可菩薩摩
訶薩空於菩薩摩訶薩空學不可三藐三佛
陀空於三藐三佛陀空學故憍尸迦菩薩摩
訶薩法菩薩摩訶薩法性空故菩薩摩訶
薩不見菩薩摩訶薩法無上正等菩提無上
正等菩提性空故菩薩摩訶薩不見無上正
等菩提憍尸迦菩薩摩訶薩不見菩薩摩訶
薩法故不於菩薩摩訶薩法學不見無上正等

陀空於三藐三佛陀空學故憍尸迦菩薩摩
訶薩法菩薩摩訶薩法性空故菩薩摩訶
薩不見菩薩摩訶薩法無上正等菩提無上
正等菩提性空故菩薩摩訶薩不見無上正
等菩提憍尸迦菩薩摩訶薩不見菩薩摩訶
薩法故不於菩薩摩訶薩法學不見無上正等
菩提故不於無上正等菩提學何以故憍尸迦
不可菩薩摩訶薩法空見菩薩摩訶薩法空
不可無上正等菩提空見無上正等菩提
空故憍尸迦不可菩薩摩訶薩法空於菩薩
摩訶薩法空學不可無上正等菩提空於無
上正等菩提空學故憍尸迦聲聞乘聲聞乘
性空故菩薩摩訶薩不見聲聞乘獨覺乘無
上乘獨覺乘無上乘性空故菩薩摩訶薩不
見獨覺乘無上乘憍尸迦菩薩摩訶薩不見
聲門乘故不於聲聞乘學不見獨覺乘無上
乘故不於獨覺乘無上乘學何以故憍尸迦不
可聲聞乘空見聲聞乘空不可獨覺乘無
上乘空見獨覺乘無上乘空故憍尸迦不可
聲聞乘空於聲聞乘空學不可獨覺乘無
上乘空於獨覺乘無上乘空學故
憍尸迦若菩薩摩訶薩不於空學是菩薩
摩訶薩為於空學何以故無二分故憍尸迦若菩
薩摩訶薩不於色空學不於受想行識空
學是菩薩摩訶薩為於色空學為於受想行
識空學何以故無二分故憍尸迦若菩薩摩

憍尸迦若菩薩摩訶薩不於空學是菩薩
摩訶薩為於空學何以故無二分故憍尸迦若菩
薩摩訶薩不於色空學不於受想行識空
學是菩薩摩訶薩為於色空學為於受想行
識空學何以故無二分故憍尸迦若菩薩摩
訶薩不於眼處空學不於耳鼻舌身意處空
學是菩薩摩訶薩為於眼處空學為於耳鼻
舌身意處空學何以故無二分故憍尸迦若菩
薩摩訶薩不於色處空學不於聲香味觸法
處空學是菩薩摩訶薩為於色處空學為
於聲香味觸法處空學何以故無二分故憍尸
迦若菩薩摩訶薩不於眼界空學不於色界
眼識界及眼觸眼觸為緣所生諸受空學
是菩薩摩訶薩為於眼界空學為於色界乃
至眼觸為緣所生諸受空學何以故無二分
故憍尸迦若菩薩摩訶薩不於耳界空學不
於聲界耳識界及耳觸耳觸為緣所生諸受
空學是菩薩摩訶薩為於耳界空學為於聲
界乃至耳觸為緣所生諸受空學何以故無二
分故憍尸迦若菩薩摩訶薩不於鼻界空學
不於香界鼻識界及觸鼻觸為緣所生
諸受空學是菩薩摩訶薩為於鼻界空學為
於香界乃至鼻觸為緣所生諸受空學何以
故無二分故憍尸迦若菩薩摩訶薩不於舌
界空學不於味界舌識界及舌觸舌觸為緣
所生諸受空學是菩薩摩訶薩為於舌界空

BD04253號　大般若波羅蜜多經卷八六　（21–10）

不於香界鼻識界及觸鼻觸為緣所生
諸受空學是菩薩摩訶薩為於鼻界空學為
於香界乃至鼻觸為緣所生諸受空學何以
故無二分故憍尸迦若菩薩摩訶薩不於舌
界空學不於味界舌識界及舌觸舌觸為緣
所生諸受空學是菩薩摩訶薩為於舌界空
學為於味界乃至舌觸為緣所生諸受空學
何以故無二分故憍尸迦若菩薩摩訶薩不
於身界空學不於觸界身識界及身觸身觸
為緣所生諸受空學是菩薩摩訶薩為於身
界空學為於觸界乃至身觸為緣所生諸受
空學何以故無二分故憍尸迦若菩薩摩訶薩
不於意界空學不於法界意識界及意觸意觸
為緣所生諸受空學是菩薩摩訶薩為於意
界空學為於法界乃至意觸為緣所生諸受
空學何以故無二分故憍尸迦若菩薩摩訶薩
不於地界空學不於水火風空識界空學是
菩薩摩訶薩為於地界空學為於水火風
空識界空學何以故無二分故憍尸迦若菩
薩摩訶薩不於苦聖諦空學不於集滅道聖
諦空學是菩薩摩訶薩為於苦聖諦空學
為於集滅道聖諦空學何以故無二分故憍尸
迦若菩薩摩訶薩不於無明空學不於行識
名色六處觸受愛取有生老死愁歎苦憂惱
空學是菩薩摩訶薩為於無明空學為於行
乃至老死愁歎苦憂惱空學何以故無二分

BD04253號　大般若波羅蜜多經卷八六　（21–11）

諦空學是菩薩摩訶薩爲於苦聖諦空學
爲於集滅道聖諦空學何以故無二分故憍尸
迦若菩薩摩訶薩不於無明空學不於行識
名色六處觸受愛取有生老死愁歎苦憂惱
空學是菩薩摩訶薩爲於無明空學爲於行
乃至老死愁歎苦憂惱空學何以故無二分
故憍尸迦若菩薩摩訶薩不於內空空學不
於外空內外空空空大空勝義空有爲空無
爲空畢竟空無際空散空無變異空本性空
自相空共相空一切法空不可得空無性空自
性空無性自性空空學是菩薩摩訶薩爲於
於內空空學爲於外空乃至無性自性空空
學何以故無二分故憍尸迦若菩薩摩訶薩
不於真如空學不於法界法性不虛妄性不
變異性平等性離生性法定法住實際虛空
界不思議界空學是菩薩摩訶薩爲於真如
空學爲於法界乃至不思議界空學何以故
無二分故
憍尸迦若菩薩摩訶薩不於布施波羅蜜多
空學不於淨戒安忍精進靜慮般若波羅蜜
多空學是菩薩摩訶薩爲於布施波羅蜜多
空學爲於淨戒安忍精進靜慮般若波羅蜜
多空學何以故無二分故憍尸迦若菩薩摩
訶薩不於四靜慮空學不於四無量四無色
定空學是菩薩摩訶薩爲於四靜慮空學爲
於四無量四無色定空學何以故無二分故

BD04253號　大般若波羅蜜多經卷八六　（21–12）

空學爲於淨戒安忍精進靜慮般若波羅蜜
多空學何以故無二分故憍尸迦若菩薩摩
訶薩不於四靜慮空學不於四無量四無色
定空學是菩薩摩訶薩爲於四靜慮空學爲
於四無量四無色定空學何以故無二分故
憍尸迦若菩薩摩訶薩不於八解脫空學不
於八勝處九次第定十遍處空學是菩薩摩
訶薩爲於八解脫空學爲於八勝處九次第定
十遍處空學何以故無二分故憍尸迦若
菩薩摩訶薩不於四念住空學不於四正斷
四神足五根五力七等覺支八聖道支空學
是菩薩摩訶薩爲於四念住空學爲於四正
斷乃至八聖道支空學何以故無二分故憍尸
迦若菩薩摩訶薩不於空解脫門空學不
於無相無願解脫門空學是菩薩摩訶薩
爲於空解脫門空學爲於無相無願解脫門空
學何以故無二分故憍尸迦若菩薩摩訶薩
不於五眼空學不於六神通空學是菩薩摩
訶薩爲於五眼空學爲於六神通空學何以
故無二分故憍尸迦若菩薩摩訶薩不於佛
十力空學不於四無所畏四無礙解大慈大
悲大喜大捨十八佛不共法空學是菩薩摩
訶薩爲於佛十力空學爲於四無所畏乃至
十八佛不共法空學何以故無二分故憍尸
迦若菩薩摩訶薩不於無忘失法空學不於

BD04253號　大般若波羅蜜多經卷八六　（21–13）

悲大喜大捨十八佛不共法空學是菩薩摩
訶薩為於佛十力空學為於四無所畏乃至
十八佛不共法空學何以故無二分故憍尸
迦若菩薩摩訶薩不於無忘失法空學不於
恒住捨性空學是菩薩摩訶薩為於無忘失
法空學為於恒住捨性空學何以故無二分故
憍尸迦若菩薩摩訶薩不於一切智空學不
於道相智一切相智空學是菩薩摩訶薩為
於一切智空學為於道相智一切相智空學
何以故無二分故憍尸迦若菩薩摩訶薩不
於一切陁羅尼門空學不於一切三摩地門
空學是菩薩摩訶薩為於一切陁羅尼門空
學為於一切三摩地門空學何以故無二分
故憍尸迦若菩薩摩訶薩不於預流空學不
於一來不還阿羅漢空學是菩薩摩訶薩為
於預流空學為於一來不還阿羅漢空學何
以故無二分故憍尸迦若菩薩摩訶薩不於
預流向預流果空學不於一來向一來果不
還向不還果阿羅漢向阿羅漢果空學是菩
薩摩訶薩為於預流向預流果空學為於一
來向一來果不還向不還果阿羅漢向阿羅
漢果空學何以故無二分故憍尸迦若菩薩
摩訶薩不於獨覺空學不於獨覺向獨覺果
空學是菩薩摩訶薩為於獨覺空學為於
獨覺向獨覺果空學何以故無二分故憍尸迦
若菩薩摩訶薩不於菩薩摩訶薩空學不

BD04253號　大般若波羅蜜多經卷八六　（21–14）

漢果空學何以故無二分故憍尸迦若菩薩
摩訶薩不於獨覺空學不於獨覺向獨覺果
空學是菩薩摩訶薩為於獨覺空學為於
獨覺向獨覺果空學何以故無二分故憍尸迦
若菩薩摩訶薩不於菩薩摩訶薩空學不
於三藐三佛陁空學是菩薩摩訶薩為於菩
薩摩訶薩空學為於三藐三佛陁空學何以故
無二分故憍尸迦若菩薩摩訶薩不於菩薩
摩訶薩法空學不於無上正等菩提空學是
菩薩摩訶薩為於菩薩摩訶薩法空學為於
無上正等菩提空學何以故無二分故憍尸
迦若菩薩摩訶薩不於聲聞乘空學不於獨
覺乘無上乘空學是菩薩摩訶薩為於聲
聞乘空學為於覺乘無上乘空學何以故
無二分故
憍尸迦若菩薩摩訶薩於色空學無二分故
於受想行識空學無二分故憍尸迦若菩薩
摩訶薩於眼處空學無二分故於耳鼻舌身
意處空學無二分故憍尸迦若菩薩摩訶薩
於色處空學無二分故於聲香味觸法處空
學無二分故憍尸迦若菩薩摩訶薩於眼界
空學無二分故於色界眼識界及眼觸眼觸
為緣所生諸受空學無二分故憍尸迦若菩
薩摩訶薩於耳界空學無二分故於聲界耳
識界及耳觸耳觸為緣所生諸受空學無二

BD04253號　大般若波羅蜜多經卷八六　（21–15）

學無二分故憍尸迦若菩薩摩訶薩於眼界
空學無二分故於色界眼識界及眼觸眼觸
爲緣所生諸受空學無二分故憍尸迦若菩
薩摩訶薩於耳界空學無二分故於聲界耳
識界及耳觸耳觸爲緣所生諸受空學無二
分故憍尸迦若菩薩摩訶薩於鼻界空學無
二分故於香界鼻識界及鼻觸鼻觸爲緣所
生諸受空學無二分故憍尸迦若菩薩摩訶薩
於舌界空學無二分故於味界舌識界及舌
觸舌觸爲緣所生諸受空學無二分故憍尸
迦若菩薩摩訶薩於身界空學無二分故於
觸界身識界及身觸身觸爲緣所生諸受
空學無二分故憍尸迦若菩薩摩訶薩於意
界空學無二分故於法界意識界及意觸
意觸爲緣所生諸受空學無二分故憍尸迦
若菩薩摩訶薩於地界空學無二故於水火
風空識界空學無二分故憍尸迦若菩薩摩
訶薩於苦聖諦空學無二分故於集滅道聖
諦空學無二分故憍尸迦若菩薩摩訶薩於
無明空學無二分故於行識名色六處觸受
愛取有生老死愁歎苦憂惱空學無二分故
憍尸迦若菩薩摩訶薩於內空空學無二分
故於外空內外空空空大空勝義空有爲空
無爲空畢竟空無際空散空無變異空本性
空自相空共相空一切法空不可得空無性空
自性空無性自性空空學無二分故憍尸迦

BD04253 號　大般若波羅蜜多經卷八六　（21–16）

故於外空內外空空空大空勝義空有爲空
無爲空畢竟空無際空散空無變異空本性
空自相空共相空一切法空不可得空無性空
自性空無性自性空空學無二分故憍尸迦
若菩薩摩訶薩於真如空學無二分故於
法界法性不虛妄性不變異性平等性離生
性法定法住實際虛空界不思議界空學無
二分故憍尸迦若菩薩摩訶薩於布施波羅
蜜多空學無二分故於淨戒安忍精進靜慮
般若波羅蜜多空學無二分故憍尸迦若菩
薩摩訶薩於四靜慮空學無二分故於四無
量四無色定空學無二分故憍尸迦若菩薩
摩訶薩於八解脫空學無二分故於八勝處
九次第定十遍處空學無二分故憍尸迦若
菩薩摩訶薩於四念住空學無二分故於四
正斷四神足五根五力七等覺支八聖道支空
學無二分故憍尸迦若菩薩摩訶薩於空
解脫門空學無二分故於無相無願解脫門
空學二分故憍尸迦若菩薩摩訶薩於五眼
眼空學無二分故於六神通空學無二分故
憍尸迦若菩薩摩訶薩於佛十力空學無二
分故於四無所畏四無礙解大慈大悲大喜大
捨十八佛不共法空學無二分故憍尸迦
若菩薩摩訶薩於無忘失法空學无二分故
於恒住捨性空學无二分故憍尸迦若菩薩

BD04253 號　大般若波羅蜜多經卷八六　（21–17）

分故於四無所畏四無礙解大慈大悲大喜大
捨十八佛不共法空學無二分故憍尸迦
若菩薩摩訶薩於無忘失法空學无二分故
於恒住捨性空學无二分故憍尸迦若菩薩
摩訶薩於一切智空學无二分故於道相智
一切相智空學无二分故憍尸迦若菩薩摩
訶薩於一切陁羅尼門空學无二分故於一
切三摩地門空學无二分故憍尸迦若菩薩
摩訶薩於預流空學无二分故於一來不還
阿羅漢空學无二分故憍尸迦若菩薩摩
訶薩於預流向預流果空學无二分故於一來
向一來果不還向不還果阿羅漢向阿羅漢果
空學无二分故憍尸迦若菩薩摩訶薩獨
獨覺學无二分故於獨覺向獨覺果空學
无二分故憍尸迦若菩薩摩訶薩於菩薩摩
訶薩空學无二分故於三藐三佛陁空學无
二分故憍尸迦若菩薩摩訶薩於菩薩摩訶
薩法空學无二分故於无上正等菩提空學
无二分故憍尸迦若菩薩摩訶薩於聲聞乘
空學无二分故於獨覺乘无上乘空學无二
分故
憍尸迦是菩薩摩訶薩能於布施波羅蜜多
學能於淨戒安忍精進靜慮般若波羅蜜多
學何以故无二分故憍尸迦是菩薩摩訶薩
能於內空學能於外空內外空空空大空勝
義空有為空无為空畢竟空无際空散空无

BD04253號　大般若波羅蜜多經卷八六　（21–18）

分故
憍尸迦是菩薩摩訶薩能於布施波羅蜜多
學能於淨戒安忍精進靜慮般若波羅蜜多
學何以故无二分故憍尸迦是菩薩摩訶薩
能於內空學能於外空內外空空空大空勝
義空有為空无為空畢竟空无際空散空无
變異空本性空自相空共相空一切法空不可
得空无性空自性空无性自性空學何以故
无二分故憍尸迦是菩薩摩訶薩能於真如
學能於法界法性不虛妄性不變異性平
等性離生性法定法住實際虛空界不思議
界學何以故无二分故憍尸迦是菩薩摩訶
薩能於苦聖諦學能於集滅道聖諦學何以
故無二分故憍尸迦是菩薩摩訶薩能於四
靜慮學能於四无量四无色定學何以故无
二分故憍尸迦是菩薩摩訶薩能於八解脫
學能於八勝處九次第定十遍處學何以故
无二分故憍尸迦是菩薩摩訶薩能於四念
住學能於四正斷四神足五眼五力七等覺
支八聖道支學何以故无二分故憍尸迦是
菩薩摩訶薩能於空解脫門學能於无相
无願解脫門學何以故无二分故憍尸迦是
菩薩摩訶薩能於五眼學能於六神通學
何以故无二分故憍尸迦是菩薩摩訶薩能於
佛十力學能於四无所畏四无礙解大慈大
悲大喜大捨十八佛不共法學何以故无二

BD04253號　大般若波羅蜜多經卷八六　（21–19）

支八聖道支學何以故无二分故憍尸迦是
菩薩摩訶薩能於空解脫門學能於无相
无願解脫門學何以故无二分故憍尸迦是
菩薩摩訶薩能於五眼學能於六神通學
何以故无二分故憍尸迦是菩薩摩訶薩能於
佛十力學能於四无所畏四无礙解大慈大
悲大喜大捨十八佛不共法學何以故无二
分故憍尸迦是菩薩摩訶薩能於无忘失法
學能於恒住捨性學何以故无二分故憍尸
迦是菩薩摩訶薩能於一切智學能於道相
智一切相智學何以故无二分故憍尸迦是
菩薩摩訶薩能於一切陁羅尼門學能於一
切三摩地門學何以故无二分故憍尸迦是菩
薩摩訶薩能於預流學能於一來不還阿羅
漢學何以故无二分故憍尸迦是菩薩摩訶
薩能於預流向預流果學能於一來向一
來果不還向不還果阿羅漢向阿羅漢果學
何以故无二分故憍尸迦是菩薩摩訶薩能
於獨覺學能於獨覺向獨覺果學何以故无
二分故憍尸迦是是菩薩摩訶薩能於菩薩
摩訶薩學能於三藐三佛陁學何以故无二
分故憍尸迦是菩薩摩訶薩能於菩薩摩
訶薩法學能於无上正等菩提學何以故无二分
故憍尸迦是菩薩摩訶薩能於聲聞乘學
能於獨覺乘无上乘學何以故无二分故
大般若波羅蜜多經卷第八十六

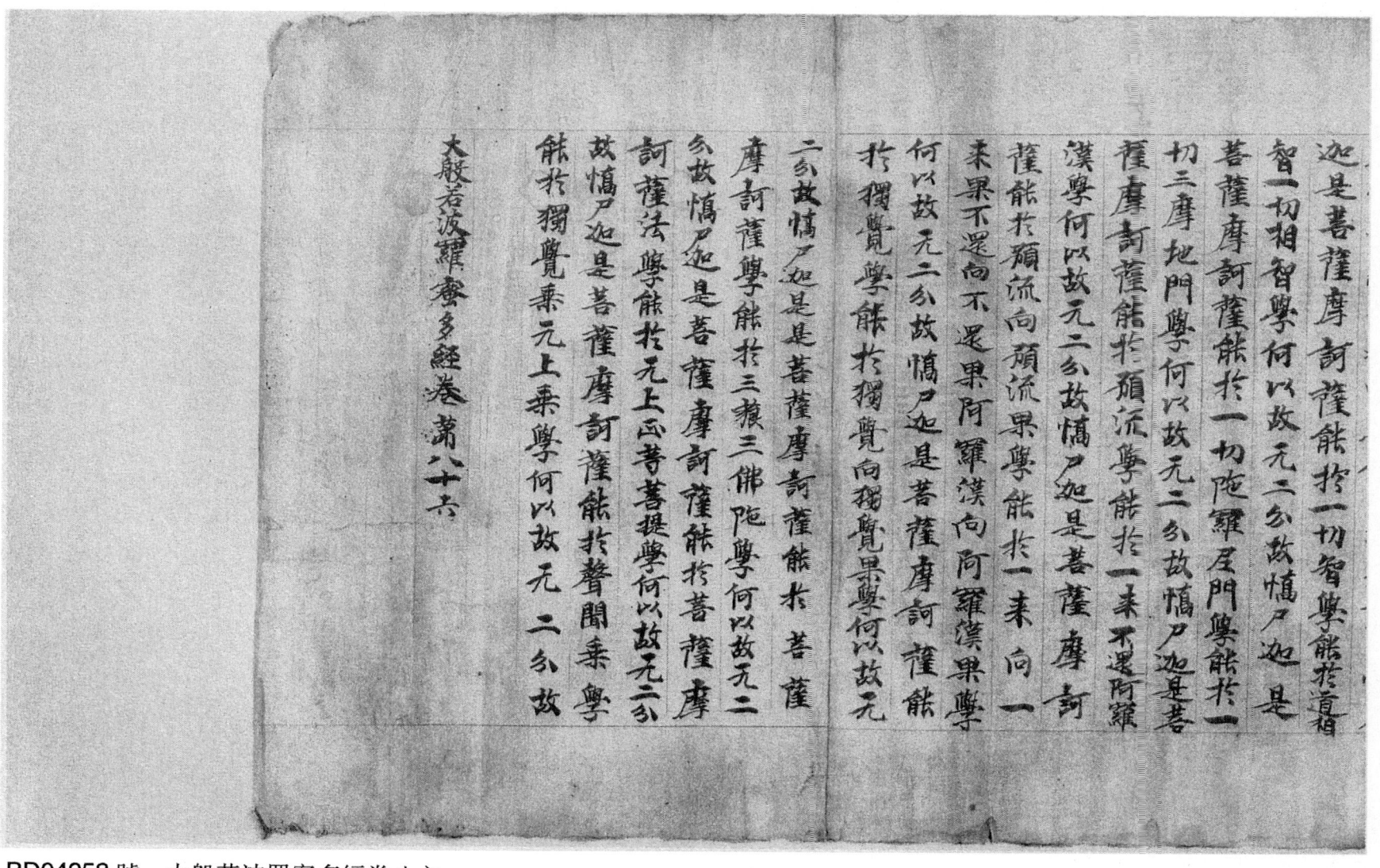

BD04253號　大般若波羅蜜多經卷八六　（21–20）

迦是菩薩摩訶薩能於一切智學能於道相
智一切相智學何以故无二分故憍尸迦是
菩薩摩訶薩能於一切陁羅尼門學能於一
切三摩地門學何以故无二分故憍尸迦是菩
薩摩訶薩能於預流學能於一來不還阿羅
漢學何以故无二分故憍尸迦是菩薩摩訶
薩能於預流向預流果學能於一來向一
來果不還向不還果阿羅漢向阿羅漢果學
何以故无二分故憍尸迦是菩薩摩訶薩能
於獨覺學能於獨覺向獨覺果學何以故无
二分故憍尸迦是是菩薩摩訶薩能於菩薩
摩訶薩學能於三藐三佛陁學何以故无二
分故憍尸迦是菩薩摩訶薩能於菩薩摩
訶薩法學能於无上正等菩提學何以故无二分
故憍尸迦是菩薩摩訶薩能於聲聞乘學
能於獨覺乘无上乘學何以故无二分故
大般若波羅蜜多經卷第八十六

BD04253號　大般若波羅蜜多經卷八六　（21–21）

BD04253 號背　勘記、雜寫　　（2–1）

BD04253 號背　勘記、雜寫　　（2–2）

非[illegible]
生无
初中後際皆悉
處離一切心意識
空入一切法如虛空性
子菩薩成就此忍即時得入
深行菩薩難可知无差別離一切相
一切執著无量无邊一切聲聞辟支佛可
不能及離諸諠諍寂滅現前辟如比丘具足
神通得心自在次第乃至入滅盡定一切動
心憶想分別悉皆止息此菩薩摩訶薩亦復
如是住不動地即捨一切功用行得无功用
法身口意業念務皆息住於報行辟如有人
夢中見身墮在大河為欲度故發大勇猛施
大方便以大勇猛施方便故即便寤寤既寤
寤已所作皆息菩薩亦尒見眾生身在四流
中為救度故發大勇猛起大精進以勇猛精
進故至不動地既至此已一切功用靡不皆
息二行相行悉不見前佛子如生梵世欲界

BD04254號　大方廣佛華嚴經（唐譯八十卷本）卷三八　（4–1）

寤已所作皆息菩薩亦尒見眾生身在四流
中為救度故發大勇猛起大精進以勇猛精
進故至不動地既至此已一切功用靡不皆
息二行相行悉不見前佛子如生梵世欲界
煩惱皆不現前住不動地亦復如是一切心
意識行皆不現前此菩薩摩訶薩菩薩心佛
心菩提心涅槃心尚不現起況復起於世間
之心
佛子此菩薩本願力故諸佛世尊親現其
前與如來智令其得入法流門中作如是言
善哉善哉善男子此忍第一順諸佛法然
善男子我等所有十力无畏十八不共諸佛之
法汝今未得汝應為欲成就此法勤加精進
勿復放捨於此忍門又善男子汝雖得是寂
滅解脫然諸凡夫未能證得種種煩惱皆悉
現前種種覺觀常相侵害汝當愍念如是眾
生又善男子汝當憶念本所誓願普大饒益
一切眾生皆令得入不可思議智慧之門又
善男子此諸法性若佛出世若不出世常
住不異諸佛不以得此法故名為如來一切
二乘亦能得此无分別法又善男子汝觀我
等身相无量智慧无量國土无量方便无量
光明无量清淨音聲亦无有量汝今宜應成

BD04254號　大方廣佛華嚴經（唐譯八十卷本）卷三八　（4–2）

二乘亦能得此无分別法又善男子汝觀我
等身相无量智慧无量國土无量方便无量
光明无量清淨音聲亦无有量汝今宜應成
就此事又善男子汝今適得此一法明所謂
一切法无生无分別善男子如來法明无量
入无量作无量轉乃至百千億那由他劫不
可得知汝應修行成就此法又善男子汝觀
十方无量國土无量衆生无量法種種差別
悉應如實通達其事佛子諸佛世尊與此菩
薩如是等无量起智門令其能起无量无邊
差別智業佛子若諸佛不與此菩薩起智門
者彼時即入究竟涅槃棄捨一切利衆生業
以諸佛與如是等无量无邊起智門故於一念
頃所生智業從初發心乃至七地所修諸行
百分不乃一乃至百千億那由他分亦不及
一如是阿僧祇分歌羅分筭數分譬喻分憂
波尼沙陁分亦不及一何以故佛子是菩薩
先以一身起行今住此地得无量身无量音
聲无量智慧无量受生无量淨國教化无量
衆生供養无量諸佛入无量法門具无量神
通有无量衆會道場差別住无量身語意業
集一切菩薩行以不動法故佛子譬如乘船
欲入大海未至於海多用功力若至海已但

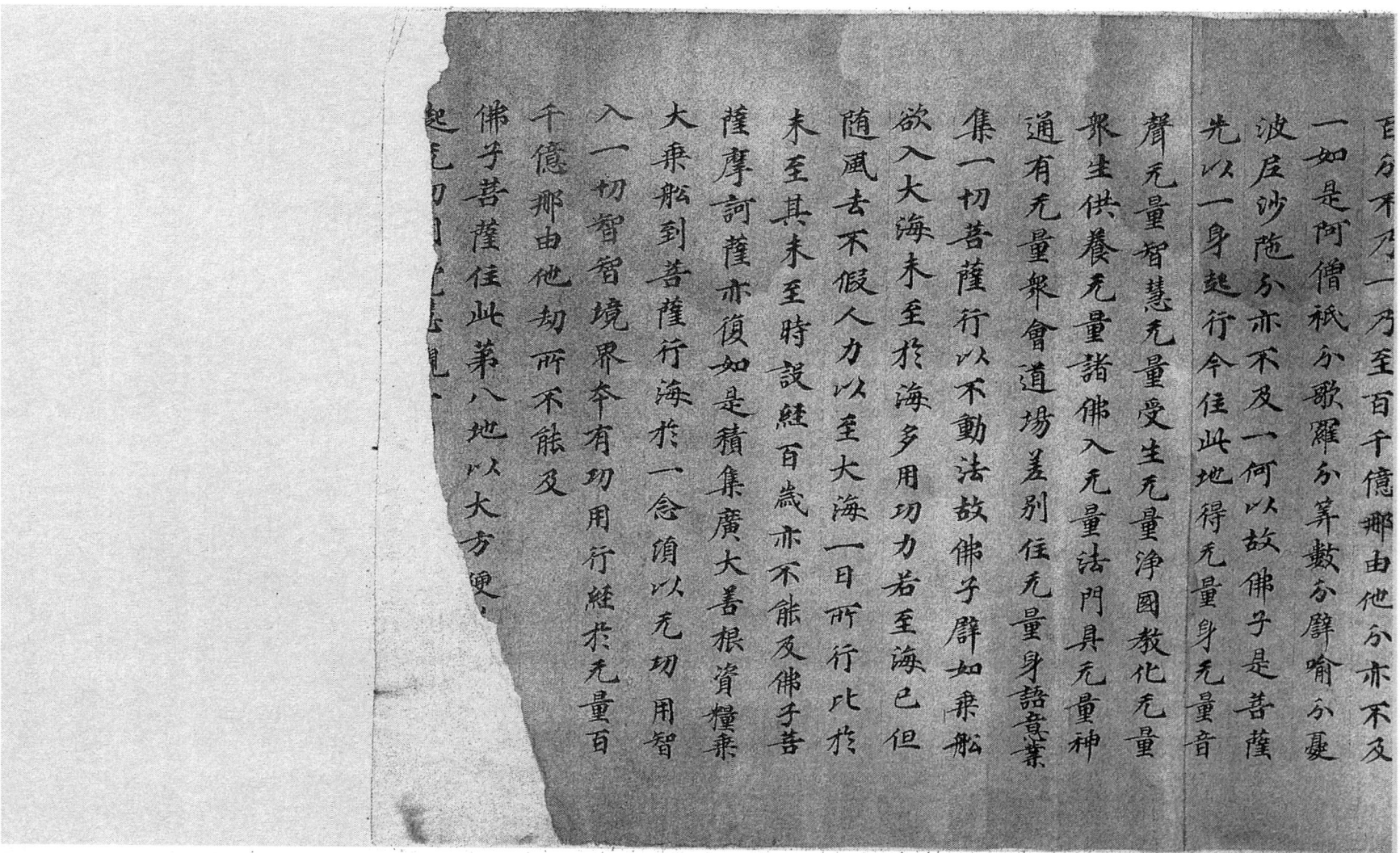

BD04254號　大方廣佛華嚴經（唐譯八十卷本）卷三八　（4–3）

百分不乃一乃至百千億那由他分亦不及
一如是阿僧祇分歌羅分筭數分譬喻分憂
波尼沙陁分亦不及一何以故佛子是菩薩
先以一身起行今住此地得无量身无量音
聲无量智慧无量受生无量淨國教化无量
衆生供養无量諸佛入无量法門具无量神
通有无量衆會道場差別住无量身語意業
集一切菩薩行以不動法故佛子譬如乘船
欲入大海未至於海多用功力若至海已但
隨風去不假人力以至大海一日所行比於
未至其未至時設經百歲亦不能及佛子菩
薩摩訶薩亦復如是積集廣大善根資糧乘
大乘船到菩薩行海於一念頃以无功用智
入一切智智境界本有功用行經於无量百
千億那由他劫所不能及
佛子菩薩住此第八地以大方便
起无[illegible]

BD04254號　大方廣佛華嚴經（唐譯八十卷本）卷三八　（4–4）

懺悔滅罪金光明經傳
昔溫州治中張居道[illegible]城縣人未從職
日因嫁女事屠宰諸牛羊雞鵝鴨之類未
踰一旬卒得重病絕不語因尒便死唯心
尚暖家人不即葬之三夜便活起坐索飲
諸親比親隣里遠近之大小奔赴居即說
由緣初見四人來一把棒一人把索一人
把袋一人著青騎馬帽至門下馬喚居道
著前懷中拔一張文[illegible]道看乃是豬等
同辭共訟居道其辭詞雖前身積罪合
受畜生之身配在世間自有年限年滿罪畢
自合成人然豬等自計受畜生身化時未到
遂被居道枉相屠煞時限既欠更歸畜生一
箇罪身再遭刀机在於幽法理不可當請裁
後有判差司命追過使人見居道看遍即喝
三人近前一人以索繫居道咽一人以袋收
居道氣一人以棒打居道頭及縛兩手將去
直行一道向北行至路半使語居道吾被差
來時檢你算壽元不合死但坐你煞尒許
眾生被怨家逮訟居道即報云俗世肉眼但

BD04255 號　金光明經懺悔滅罪傳　　（5–1）

箇罪身再遭刀机在於幽法理不可當請裁
後有判差司命追過使人見居道看遍即喝
三人近前一人以索繫居道咽一人以袋收
居道氣一人以棒打居道頭及縛兩手將去
直行一道向北行至路半使語居道吾被差
來時檢你算壽元不合死但坐你煞尒許
眾生被怨家逮訟居道即報云俗世肉眼但
知造罪不識善惡但見俗間煞害無數不見
此驗交報而居道當其此手緘口受死當何
方便而求活路自省往愆悔難可及使人曰
怨家辭主卌餘頭專在閻王門底懸睛待至
我輩入道當由其側非但王法嚴峻但見怨
家何由免其蹤頓之苦居道聞之彌增驚怕
步步倒地前人掣繩挽之後人以棒打之居
道自自計所犯誠難免脫若為乞赤餘一計
校且得免逆怨家之面閻王峻法當如之何
使人語居道云汝但能為所煞眾生發心願
造金光明經四卷得免脫居道承教連聲再
唱願造金光明經四卷盡身供養怨家解釋
少時望見城門使人引入東向入曲向北見
閻王廳前無億數人問辯答款着枷被鎖遭
杻械鞭撻狼籍哀聲痛響不可聽聞使人
即過狀閻王唱名出見王曰此人極大罪過
何為捉遲令此豬等再訴急喚許者將來使
人走出諸處叫喚求覓所訴命者不得足

BD04255 號　金光明經懺悔滅罪傳　　（5–2）

閻王廳前无億數人問辯荅款着枷被鎖遣
杻履械鞭撻狼藉哀聲痛響不可聽聞使人
即過狀閻王唱名出見王曰此人極大罪過
何爲捉遲令此猪等再訴急喚訴者將來使
人走出諸處叫喚求覓所訴命者不得走
來報王諸處追覓猪等不見王即更發遣
人外頭求覓巡閭曹府咸悉獲无王即怡五
道大神檢化形案少時有一主者把狀走來
其狀云依檢其日得司善報世人張居道爲
煞生故願造金光明經四卷依抄其所遣煞
並合乘此功德隨業化形滌至准法處分者
其張居道怨家訴者以其日准司善滌並判
化從人道生於世界訖王既見狀極懷歡喜
日居道雖煞衆生能設方便爲其發願脩造
功德令此債主便生人路既无執對偏辭不
可懸信判放居道再歸生路當宜善念多造
功德斷味止煞勿復慳貪惜財不作橋梁專爲
惡業於是出城如從夢歸居道說此由緣發
心造經一百餘人斷肉止煞不可計數此經
天下少本詢訪不獲躬歷諸方遂於衛州
禪寂寺檢得抄寫隨身供養居道及至當官
之日合家大小悉斷肉味其溫州安固縣丞
妻病經一年絕音不語獨自狂言口中唱痛
叩頭死罪狀有所許居道聞之爲其夫說如

BD04255 號　金光明經懺悔滅罪傳　（5–3）

天下少本詢訪不獲躬歷諸方遂於衛州
禪寂寺檢得抄寫隨身供養居道及至當官
之日合家大小悉斷肉味其溫州安固縣丞
妻病經一年絕音不語獨自狂言口中唱痛
叩頭死罪狀有所許居道聞之爲其夫說如
此之狀多是怨家債命文案未決命由不絕
自當思忖省悟已來由所聞煞害生命急爲
造金光明經分明懺唱此經側近无本唯居
道家有此經縣丞依遵其教請本雇人抄寫
未畢妻便醒悟說云狀如夢惛惛當有猪雞
鵝鴨一日三過競來咬齧痛不可當從來應到
其時遂乃不見唯有或猪或羊或牛或雞之類
皆是人身來與我別云雖是怨家遭你屠害
以你爲我發造功德所以令我得化形成人我
今與怨解散不相違債語訖即去因尓不復
如此病即輕差平復如本當此之時溫州一
郡所養雞猪鵝鴨內用之徒咸悉放生家家
斷肉人人善念不立屠行爰及比州隣縣聞
此並起淨念不亡一家當今所煞无所徵効
者斯是衆生業滿合死故无報應只是盡
其人身還作畜生被他屠煞若衆生日限未
足遭人煞者立被訟注世人卒死及羸病連年
累月眠中唱痛狂言或語並是衆執注文案
一定方始命斷一切衆罪懺悔皆滅唯有煞

BD04255 號　金光明經懺悔滅罪傳　（5–4）

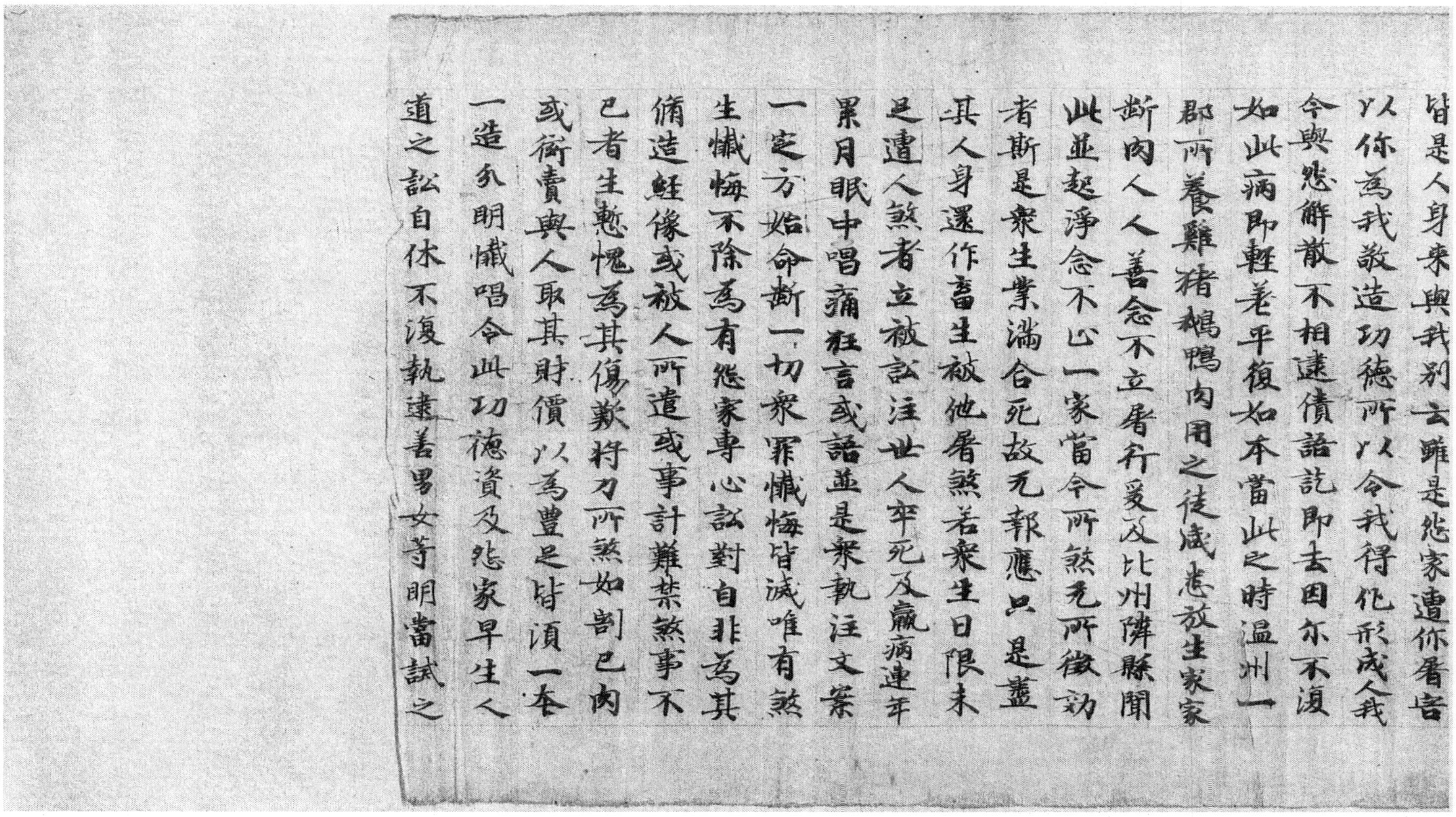

皆是人身來與我別云雖是怨家遣你屠害
以你為我敬造功德所以令我得化形成人我
今與怨解散不相逮債語訖即去因尔不復
如此病即輕差平復如本當此之時溫州一
郡所養雞豬鵝鴨肉用之徒咸悉放生家家
斷肉人人善念不立屠行爰及比州隣縣聞
此並起淨念不心一家當今所煞无所徵効
者斯是眾生業滿合死故无報應只是盡
其人身還作畜生被他屠煞若眾生日限未
足遣人煞者立被訟注世人卒死及羸病連年
累月眠中唱痛狂言或語並是眾執注文案
一定方始命斷一切眾罪懺悔皆滅唯有煞
生懺悔不除為有怨家專心訟對自非為其
脩造經像或被人所遣或事計難禁煞事不
已者生慙愧為其傷歎將刀所煞如割己肉
或銜賣與人取其財價以為豊足皆須一本
一造分明懺唱令此功德資及怨家早生人
道之訟自休不復執逮善男女等明當試之

BD04255號　金光明經懺悔滅罪傳　　（5–5）

特釋此論
第三弁法
第六陳去迷
夫尋三界有情五趣漂流
去異莫不以斷常空有為縈
為除空有兩執故弁空有二門故明百法有無
明人法二空為除有見法以有體世諦非無法以二空真諦隨何
說有隨病說藥病息藥亡執藥俱成病棄藥非空非
有且有即空既絕名非又亡四句然因詮顯言假況以明既說
而說無聽無說聽法之與也莫不成乎此即第四明造論意
第二釋論題目者大乘百法明門論本事分中略錄名數者
大是遮小得名乘者運載為義此之大乘遮詮立號推是
兼詮之遮詮者曰小乘故名曰遮詮十之相言名為表如後
能持自性故名為法明者是惠之明為門故曰明門論者法眾
釋之百法之本事分中者即百法明門法本事分中出也
良為本事分中文繁法博此論文略故云略錄文略故略非
義略也目法者釋之曰名一十百千名之為數數之又百法
明門論本事分中略錄名數者此即第二釋其題目
第三弁論宗體者體即明於論教論宗者詮顯諸教
論詮然佛教雖有多種三藏五門出於一攝妄取亦能謂法聖
教名句文身及以音聲用之為體故維摩經云一切眾生皆以
也一切法亦如也
二採取法門唯法為體故花嚴云佛子三界

BD04256號　大乘百法明門論疏（擬）

（13–1）

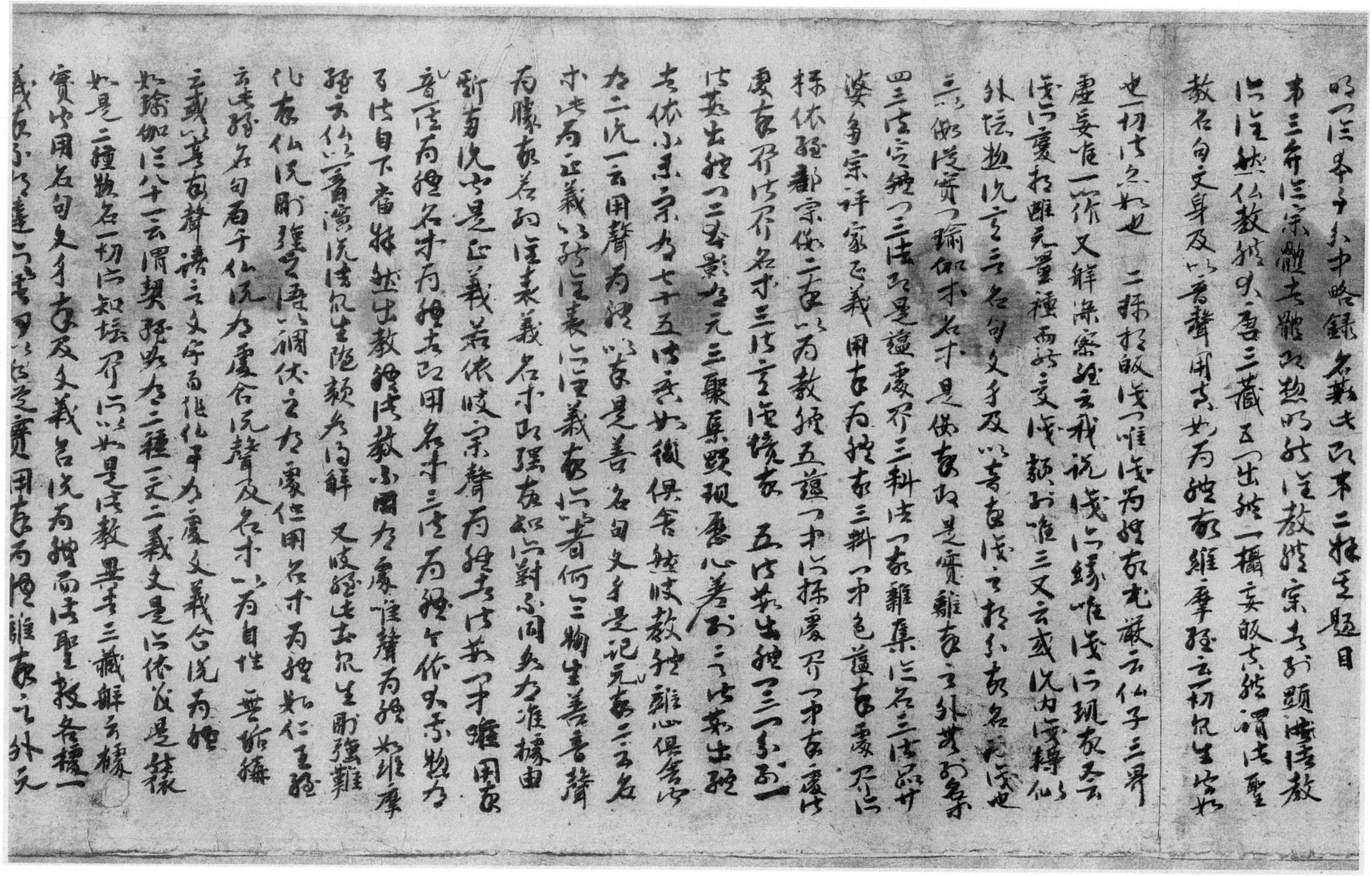

BD04256號　大乘百法明門論疏（擬）　　（13–2）

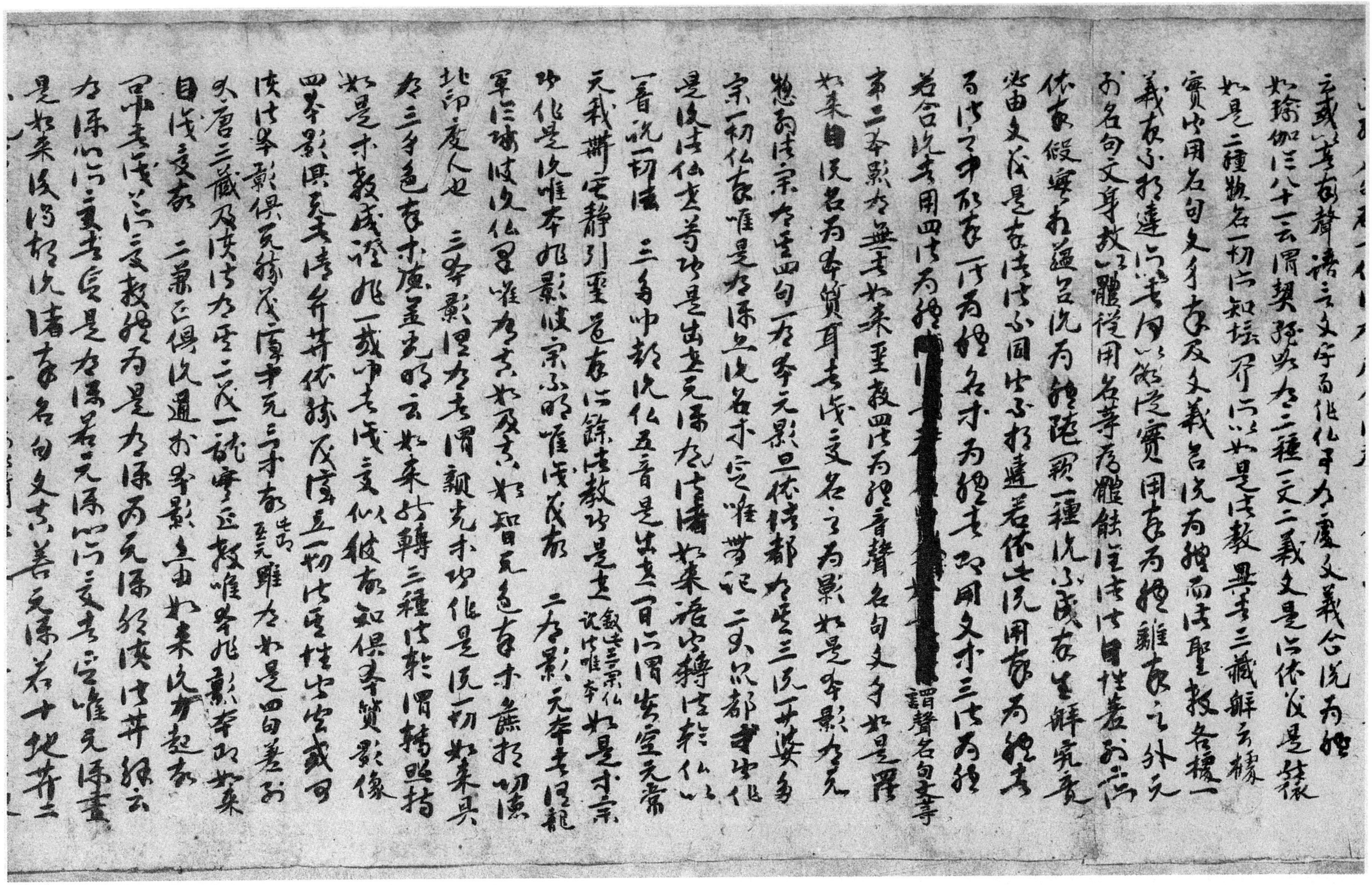

BD04256 號　大乘百法明門論疏（擬）　　（13–3）

[illegible]
自性者故　二業亦俱此通於影像由如來此力起故
問中者性若以三教說而是有漏而無漏攝後說法菩薩云
有漏心所三義者是有漏若無漏心所三義者唯無漏盡
是如來後得智後諸者名句文等善無漏若十地菩薩
亦後得者名句文唯是有漏攝依他緣名等故者十地
菩薩聲聞是有漏者相分見分識是有漏是故有三有漏通
若依小乘宗但說法者唯是有漏名句文等是唯無記
第三聚集顯現處心差別者如攝大乘無性釋云貫
穿縫綴故名為經此中隨道八時聞者識上直非直說聚
集顯現以為體性解云八時有其兩釋一云八時即八轉聲如為仙
說法於八轉聲中隨用一聲故云隨顯八時　二云依聲明論晝夜
各有四時合有八時如來說法於八時中隨顯一時故云隨顯八時瑜
伽名同直非直說者詮自體故名為直說詮差別故名非直說
又釋長行名為直說偈頌名非直說此中意說隨顯八時中者識
上十二部經名句字等聚集顯現以為教體　問何等名為中者
識心如何說為聚集顯現解云依瑜伽論且約六識分別五心故
彼第一云復次由眼識生三心可得如其次第謂率尒尋求決定心
初是眼識二在意識決定心後方有染淨此後乃有等流眼識
善不善轉而彼不由自分別力乃至此意不趣餘境經尒所時眼意
二識或善或惡相續而轉如眼識生乃至身識亦尒　解云五中初後通
六中三唯意又前三是无記後二通善惡又率尒五識後必有尋求
心尋求心後或散或不散散即復起率尒五識不散即起第三決
定乃至等流又意識率尒自有二種一五識同時率尒意識住緣
現在境二獨頭率尒意識住緣過去境廣如五心章此中但依前
五種心以明聚集聚集者如契經說諸行无常有起盡法生必滅故彼
寂為樂　解云此即契經比量破執常者諸行无常者是宗有起
盡法者是因法喻舉燈光等生必滅故者是因由是道理彼
寂涅槃以勝為樂且約初句以弁聚集於中且有四聲四字四名
一句及所詮義於此義中西方諸師且作三釋　有云說諸字時率

BD04256號　大乘百法明門論疏（擬）　　（13–4）

意乃至等流又意識率尔自有二種一五識同時率尔意識……
現在境二獨頭率尔意識唯緣過去境廣如五心章此中但依前
五種心以明聚集聚集者如契經說諸行无常有起盡法生必滅故彼
寂為樂　解云此即契經比量破執常者諸行无常者是宗有起
盡法者是因法喻舉燈光等生必滅故者是因由是道理彼
寂涅槃以勝為樂且約初句以弁聚集於中且有四聲四字四名
一句及所詮義於此義中西方諸師且作三釋　有云說諸字時率
尔耳識同時意識及尋求心唯有聲相所以者何五俱意識
現是量故不緣名等若尋求心尋五識等所緣境故不緣名
等雖此三識所変聲上皆有名等如生等相而不緣故不說聚
集決定心後有三種於謂諸聲名字至說リ時率尔耳識
同時意識及尋求心唯得行聲唯前可知決定心後得六相
現謂諸聲名字行聲名字至說无時率尔耳識同時意識及尋
求心唯得无聲唯前可知決定心後得九種相謂諸聲名字リ聲
名字无聲名字說常字時率尔耳識同時意識及尋求心唯
得常聲唯前可知決定心後得十四（相謂）聲四字四名一句及所詮義由此
故少經相十六心乃得具足謂說四字皆有四心謂率尔耳識同時意
識尋求決定若不散者起染淨心乃至等流如理應思　有義
率尔耳識同時意識不緣名等義如前說是現量故尋求已知
即非現量由斯亦得聲名字等四尋求心如其次第得三六九及
以十四准前應知若依此釋經十二心方得具足　有義率尔耳
識同時意識亦緣名等若不尔者尋求意識尋何等名由斯
道理說諸字時率尔耳識唯得諸聲同時意識得聲名等
於此義中分成兩釋　一云四率尔心各唯得三所以者何說常聲
時不緣諸等聲及名字五識同時率尔蘊心皆現量故若許緣
者應有散心現量緣過去故至尋求心方得圓滿尋求等
心所得多少如第二說　二云五識同時意識容非現量故亦得緣過
去名等若依此釋即八心中具足聚集（八心者即四率尔耳意二識各四）　問若如前說五
俱意識定是現量如何亦說緣名等耶　解云現量亦緣名等自相
而理門論說不緣者不緣名義相繫屬故上因明法師所出聲體

時不緣諸等聲及名字五識同時率尒墮心皆現量故若許緣
者應有散心現量緣過去故至尋求心方得圓滿尋求等
心所得多少如第二說　六云五識同時意識容非現量故亦得緣過
去名等若依此釋即八心中具足聚集心者即四率尒耳意二識各四　問若如前說五
俱意識定是現量如何亦說緣名等耶　解云現量亦緣名等自相
而理門論說不緣者不緣名義相雜屬故上明測法師所出教體
下叙大乘基法師出教體者引經頌曰　諸惡者莫作　諸善者奉行
善調伏自心　是諸仙聖教　說諸字時餘惡者等並在未來莊有一字
及依一字所成之名心上顯現後言惡時餘者莫等並在未來其前
諸字雖入過去現无本覺由重習力准識襄力仍於此念說惡字時
心上顯現即有二个一字一个二字身兩个一字所成名又言者時有三个
一字兩个二字身已之合說謂諸惡之者一个三字名字身三个一字所成名
後言莫字時有四个一字三个二字身亦之之說兩个三字名字身三之合
說更至除初後一个四字名字身四个一字所成名又言作字時有五
个一字四个二字身之之合說三个三字多字身二个四字多字身一个五字
多字身五个一字所成名至此𢃄合有十五个一字十五个一字所成名十个二
字身六个三字多字身三个四字多字身一个五字多字身字及字身并
多字身有五十合有一句心上聚集以為教體廣如大章上來且說未
轉依位率尒心等聚集顯現若轉依位於一念中且是顯現如理應
思廣釋五心且如別章　詮宗者略有三種一部別顯宗於之部
顯雖有多門究竟意趣諸部名別法花經以一乘為宗維摩經即
用不思議解脫為宗花嚴經四十二賢聖攝り為宗涅槃經以佛性為宗
解深密經以无等境り果三為宗　二就時弁宗不過三種即是四諦无相
了義大乘下時亦四當廣分別今此百法論部顯宗中明一切法无我為宗
三時宗中了義宗攝若依大乘法師判大小乘𢃄有八宗小乘有六一我
法俱有宗五部同計犢子法上賢胄正量密林山　二有法无我宗三
部同計大衆化地飲光雞胤制多山西山北山法藏无去來世唯立現
在四現通假實宗二部同計說假經量通實處假亦无去來世
五諸法但名宗有名无體一說部　六世妄出真宗說出世部世間
妄出世真大乘有二一勝義俱空宗即是龍猛造智度論百論

BD04256號　大乘百法明門論疏（擬）　（13–6）

三時宗中了義宗攝若依大乘法師判大小乘揔有八宗小乘有六一我
法俱有宗五部同計犢子法上賢胄正量密林山 二有法无我宗三
部同計大衆化地飲光雞胤制多山西山北山法藏无去來世唯立現
在四現通假實宗二部同計說假經量 遍實處假亦无去來世
五諸法但名宗有名无體一說部 六世妄出真宗 說出世部世間
妄出世真大乘有二一勝義俱空宗即是龍猛造智度論百論
為南人所立二應理圓實宗即是彌勒无著護法等造瑜伽唯識
等為北人所立下并主中具廣分別今此一部既是大乘了義非是
小乘亦非空教即是應理圓實宗攝上來略序宗體訖 廣如解深密疏
第四顯教時分者此百法論既引經作未知所引經教是何時說就
此如來一代聖教諸師意解不同有其五說有立一時如羅什疏支綬
說聖教唯有一時无有前後世出世間大乘小乘漸頓等異所以者何
由仏本願欲令衆生證大菩提及護故既成仏已便得自在都不起心說
有前後世出世間大小乘異於一切時一音演教所謂无上究竟大乘辭
如天樂隨衆生念出種種聲然如來尼隨意 所求雨種種寶故仏
无心有差別說衆生機感有差別故隨何時處問各不同謂如月影
隨求緣現然如面像迦鏡等生影像雖復不同月面本无有異異由水
鏡非月面殊故仏言音實无差別故花嚴經云如來微妙音如空无
異相隨應受化者所聞各不同无垢稱云仏以一音演說法生衆隨類
各得解由此如來所有聖教但總一時无別一教定頓定漸世出世間
大小等異然无前後時分差別約機語解雖復不同聲機以詮故无
有異然有非云若在會有大小機可如所說若唯被大如勝鬘等或
唯被小如阿含等或有諸經始終多分大小不同又金光明及解
深密瑜伽等皆說三時今但言一便違聖教由此彼所立義不可依
接前引維摩及花嚴等此讚仏身能作是說教唯立一有立二
時如曇无讖法師意說仏教有二一頓二漸為諸菩薩大根大基頓
悟者說大不由小起故名為頓即花嚴楞伽大雲法鼓等是始從
道樹終至雙林從淺至深漸次說法初說人天施戒等法謂三歸
五戒提謂經等次說二乘人空之教謂阿含等次說大乘法空之教

按前引維摩及花嚴等也讚仏身能作是說教唯立一有立二
時如覺無識法師意說仏教有二一頓二漸為諸菩薩大根大器頓
悟者說大不由小起故名為頓即花嚴楞伽大雲法鼓等是始從
道樹終至雙林從淺至深漸次說法初說人天施戒等法謂三歸
五戒捉謂經等次說二乘人空之教謂阿含等次說大乘法空之教
謂般若等次說一乘無二乘教法花經等乃至雙林為除四 說
仏法身常樂我淨仏性常等初說人天施戒等善法令離惡趣次
為二乘說無我等令出生死後說般若等令求大果此等諸教大由小起
從淺至深故名為漸如是立者義名不然定判諸經即不應理所
以者何如花嚴經入法界品初五百聲聞同在其會亦歎聲聞真
實功德如來菩薩現大莊嚴楞伽亦有聲聞在會法鼓後說窮
子之子故花嚴等通被頓漸不應唯說是頓教权又法花經分別
功德品云仏說如來壽量品時八世界微塵數衆生發菩提心般若
經等豈當真是唯被於漸頓悟之人如何定判皆名為漸頓教
若立頓漸隨於何部約機及理譯說者無違有立三時大唐三藏依
解深經及瑜伽等謂諸有情由我執故實有我起惑造業五趣生死
流轉無窮故大慈尊初成仏已仙人鹿苑轉四諦法輪說阿笈摩生空
之教除我有執唯有其法播陳那等證初得道彼及餘生聞四
諦教雖不執我法執由生故於法空不知趣入智障盲闇覺遍
無方世尊為除彼法有執循習善誘趣入法空次於鷲峯密
意宣說諸法空教般若等經有聞世尊密意言教便謂諸法性
相皆無所以執空為真實理由斯群品互執有無迷謬異未
契中道如來為除此空有執故於三時顯揚宣說了義之教深密
等經說一切法唯有識等心外無法遍計所執是無依他圓成是有
遍計所執無故我法俱遣依他圓成有故真俗皆存我法遣故
破其有執真俗存故除彼執空離有離無顯示中道故諸聖教
揔有三時深密等經第三時也故彼經中世蒙廣為勝蒙生等依
遍計所執體相無故說相無自性依他起上無遍計所執自然生
故說生無自性即於此依他起性非清淨智所緣境界名為

（13–8）

遍計所執无故我法俱遣依他圓成有故真俗皆存我法遣故
破其有執真俗存故除彼執空離有離无顯示中道故諸聖教
揔有三時深密等經第三時也故彼經中世家廣爲勝義生等依
遍計所執體相无故說相无自性〻依他起上无遍計所執自然生
故說生无自性〻及即於此依他起性非清淨智所緣境界名爲
一分勝義无自性〻依圓成實上无遍計所執故又說一分勝義无自
性〻說三无性皆依遍計所執性已勝義生等領解廣說世間毗濕
縛藥雜彩畫地熟酥虛空諸譬喻已世家讚歎善解所說時勝義生
復白仏言世〻尊〻在昔於一在波羅痆斯仙人墮處施鹿林中惟爲發
趣聲聞乘者以四諦相轉正法輪有上有容未是了義是諸諍論
安足處所雖是甚奇甚爲希有一切世間諸天人等先无有能如
法轉者而於彼時所轉法輪有上有容是未了義是諸諍論安
足處所世尊在昔第二時中惟爲發趣脩大乘者說一切法皆无自
性无生无滅本來寂靜自性涅槃以隱密相轉正法輪雖更甚奇
甚爲希有而於彼時所轉法輪亦是有上有所容受由未了義是
諸諍論安足處所世尊於第三時普爲發趣一切乘者說一切法皆无
生滅本來寂靜自性涅槃以顯了相轉正法輪第一甚奇最爲希有于
今世尊所轉法輪无上无容是真了義非諸諍論安足之處所金光明
經亦說三時如是次第名轉照持世尊初說四諦名教轉良成聖
教名爲轉次說〻无相照破有名照法輪次第三時說空名教
三乘〻人皆可修持名持法輪如十七經其狗醫師令服乳藥由
此服乳國人多死異時諸王患熱教斷乳曰斷乳於國人後若
後王還病問醫所宜教以乳和藥服之王責問之汝先所言說乳爲
毒何故今者令我更服醫答王言前服伐故國人多亂由汝服之
故說爲毒恐不能斷揔令斷之後實爲有病宜服有病不宜王今
此病宜和服之仏教三時義亦如是依初時教循能除我執依第二
時教斷妄證真依第三時了法性相然諸仏教揔此三時對病不同
成於甘露問若此三時云教前後不同十地經等如何會釋十地經說
仏初成道至初七日即說十地大乘之教亦云仏子三界唯心如何深密

此痛宜和服之仙教三時義亦如是依初時教循能除我執依第二
時教斷妄證真依第三時了法性相然諸仏教揔此三時對病不同
成於甘露　問若此三時雲教前後不同十地經等如何會釋十地經說
仏初成道至初七日即說十地大乘之教亦云仏子三界唯心如何涤密
云第三時方說大乘唯識等教花嚴云譬如日出先照高山次及一切如
是如來應正等覺常放无量智惠光明先照菩次為聲聞說阿含等後
為菩說般若等　解云理有淺深攝有漸次詮理即從淺至深根ㄌ亦
大由小起對根及理依漸教門故涤密經說三時別由理及根有漸
次故若非漸悟而入道者菩能頓入理大不由小起故无三時教花
嚴涤密若據一義故不相違　問般若經中說三乘學時會亦有聲
聞得道何涤密云第三時唯為發趣循大乘者　答是義從勝多
分而說理實亦兼發趣二乘如何初時唯為聲聞實亦通為菩皆是
從勝多分而說有立四時如真諦三藏　一四諦教謂阿含等二无相
教謂般若等三法相教如瑜伽等廣明五法三種自性八識二无
我諸法相故四觀行大乘如花嚴等明卌二賢聖觀故如此所立
隨多分說義雖无失然依名判教前後即不應理觀ㄌ大乘眾初
說故又无聖教故不可依如此立者亦於多分有立五時教如晉時有
居士劉虬亦說仏教揔有五時亦一時者仏初成道三七日中為提
謂波利等五百價人但說人天歸五戒及十善等世間之教即提謂
等經是第二時教者三七日外十二年中唯說三乘ㄌ之教即
阿含等小乘經是未說大乘法空之教第三時者十二年外卅年中
唯說三乘空行之教即般若等大乘經是第四時者卅年外卅年
已前說法花等一仏乘教然未分明說常樂等後第五時於
雙林中說仏法多常樂我淨謂除四倒說涅槃經故諸聖教揔
有五時然此所立疏流支已廣斥破故亦非理所以者何且提謂經
說五百價人持受五戒先自識悔五逆十惡謗法等罪得四大本淨
五陰本淨六塵本淨五我本淨提謂長者得不起法忍或初地
八地三百價人得柔順忍四五六地名柔順忍四五地順二乘ㄌ六地順獨
覺ㄌ七地順菩ㄌ二百價人得順須陁洹果四天王等得柔順忍三

有五時然此所立難流支已廣斥破故知非理所以者何且提謂經
說五百賈人持受五戒先自懺悔五逆十惡謗法等罪得四大本淨
五陰本淨六塵本淨五我本淨提謂長者得不起法忍或初地
八地三百賈人得柔順忍四五六地名柔順忍四五地順二乘刂六地順獨
覺刂七地順菩刂二百賈人得順須陁洹果四天王等得柔順忍三
百龍王得信忍初二三地名為信忍同於世間刂施持戒由信順名
信也自餘天等无量眾生發无上道意又普曜經云亦二七日提謂
等五百賈人施仏麨蜜仏与受記汝於來世當得作仏皆同一號
名曰齊成如何但言亦一時中唯說人天世間之教破餘四時義
如大章雖有五時大唐所立以為正義今此百法論既判了義經
作隨所依經然亦三時教　亦五明所被根者諸教所被難復无
量要唯有五一者有處說一撤如涅槃經云師子吼者是決定說一
切眾生悉有仏性又云眾生忽亦悉皆有心凡有心者皆當得阿
耨多羅三藐三菩提又法花經云十方仏土中唯有一乘法等但
教化菩薩无聲聞弟子乃至聲聞菩薩聞我說法皆成於仏依此說
皆唯有一乘性　二者有處說二如瑜伽等一理性二行性又地持論瑜伽
等無說有二一有種性故一切種子皆悉具足二无種種性故難復
發心懃加精進終不能得无上菩提但以人天善根而成熟之三
者有處說三如法花經為求聲聞者說應四諦法為求緣
覺者說應十二因緣法為求菩薩者說應六波羅蜜法又涅槃經
云譬如痈有三種一者若遇良醫若不遇者決定可差即菩薩也
二者若遇即差不遇即不差即二乘也三者若遇不遇決定不
差即一闡提也有三種人一梵音一闡提此云樂生死此人雖有種性
不樂循行恒耽五欲在於生死故云樂生死二梵音阿闡提此云不
樂涅槃即是悲增菩薩常在生死教眾生不求仏果故云不樂涅槃三梵
音阿顛底迦此云畢竟即是无三乘種性人也由无三乘種性究
竟不得三乘聖果故云畢竟四者有處說四若戒經云眾生調伏
有其四種謂三乘性得三乘道人天性者得人天樂又勝鬘經云又
如大地持四重擔大海大山草木眾生如是无聞非法眾生以人天

BD04256號　大乘百法明門論疏（擬）　（13–11）

不樂循行恒躭五欲在於生死故云樂生死二梵音阿闡提此云不
樂涅槃即是悲增菩薩常在生死教衆生不求仏果故云不樂涅槃三梵
音阿顛底迦此云畢竟即是无三乘種性人也由无三乘種性究
竟不得三乘聖果故云畢竟四者有處說四善戒經云衆生調伏
有其四種謂三乘性得三乘道人天性者得人天樂又勝鬘經云又
如大地持四重擔大海大山草木衆生如是无聞非法衆生以人天
善根而成熟之求三乘者授三乘道五者有處說五謂前四中更開
不定性故成五性問定性二乘有迴心不答必无所以得知深密經云
趣寂聲聞雖蒙諸仏說種種化道終不能得當坐道場證得阿耨
菩提何以故一本來唯有下劣種性二一向慈悲薄弱故三一向怖畏衆
苦由此三因故說不迴又瑜伽云入无餘依涅槃界中遠離一切發
趣事業一切功用皆悉止息問如上引涅槃經言一切衆生悉有仏性
如何勝鬘經立无種性答涅槃經依一切諸仏平等法身性真如理
仏性說此即五性皆有仏性勝鬘等依仏門性說故立无性各據一
義故不相違問既有如是諸教不同今此百法被何根性答通
被五性何以故菩薩造論普皆濟拔所以不簡　第六陳造論年
主者仏滅度後大小二乘出興於世今略叙之於中有二先叙小後述
大言小乘者如宗輪論說如是傳聞仏薄伽梵般涅槃後百有餘
年去聖時淹如日久沒摩竭陁國俱蘇摩城王號无憂統攝
贍部感百蓋化洽人神是時仏法大衆初破謂因四衆共議大
天五事不同分為兩部一大衆部二上座部四衆者何一龍象衆二邊
鄙衆三多聞衆四大德衆其五事者如彼頌云　餘所誘无知　猶
豫他令入　道因聲故起　是名真仏教　後即於此第二百年大衆部
中流出三部一一說部二說出世部三鷄胤部　次復於此第二百年大
衆部中復出一部名多聞部　次復於此第二百年大衆部中更
出一部名說假部第二百年滿時有一出家外道捨邪歸正亦名大
天大衆部中出家受具多聞精進居制多山與彼部僧共詳五事
因茲乖諍分為三部一制多山部二西山住部三北山住部如是大
衆四破或五破本末別說合成九部一大衆部二一說部三說出世

仏性說此即五性皆有仏性勝鬘等依仏门性說故立无性各攝一
義故不相違問既有如是諸教不同今此百法被何根性答通
被五性何以故并造論普皆濟扶所以不簡　第六陳造論年
主者仏滅後大小二夯出興於世今略叙之於中有二先叙小後述
大言小夯者如宗輪論說如是傳聞仏薄伽梵般涅槃後百有餘
年去聖時淹如日久沒摩竭陁國俱蘇摩城王号无憂統攝
瞻部感百盖化洽人神是時仏法大衆初破謂因四衆共議大
天五事不同分為兩部一衆部二上座部四衆者何一龍象衆二邊
鄙衆三多聞衆四大德衆其五事者如彼頌云　餘所誘无知猶
豫他令入道因聲故起是名真仏教　後即於此第二百年大衆部
中流出三部一一說部二說出世部三雞胤部次後於此第二百年大
衆部中復出一部名多聞部次後於此第二百年大衆部中更
出一部名說假部第二百年滿時有一出家外道捨邪歸正亦名大
天大衆部中出家受具多聞精進居制多山与彼部僧共詳五事
因茲乖諍分為三部一制多山部二西山住部三北山住部如是大
衆四破或五破本末別說合成九部一大衆部二一說部三說出世
部四雞胤部五多聞部六說假部七制多山部八西山住部九
北山住部其上座部經尔所時一味和合三百年初有少乖諍分
為兩部一說一切有部亦名說因部二即本上座部轉名雪山部復
即　此第三百年說一切有部流出一部名犢子部次復於此第三百
年從犢子部流出四部一法上部二賢胄部三正量部四密林山部次

BD04256號背1　斷知更人名單（擬）
BD04256號背2　判官郭文宗著索宜宜等納氈狀（擬）

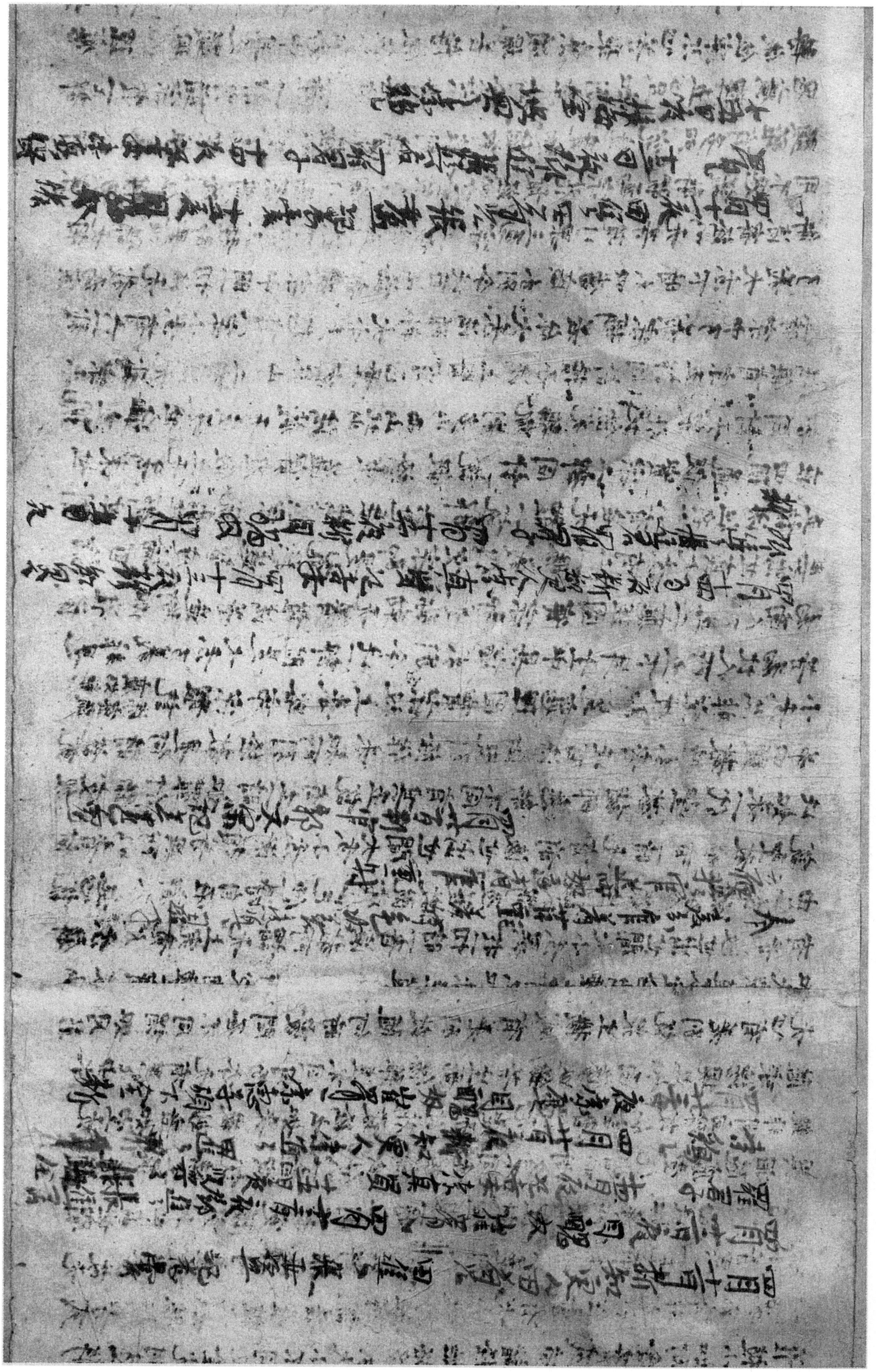

（1-1）

脩羅所應供養當知此處則為是塔皆應恭
敬作礼圍繞以諸華香而散其處
復次須菩提善男子善女人受持讀誦此經
若為人輕賤是人先世罪業應墮惡道以今
世人輕賤故先世罪業則為消滅當得阿耨
多羅三藐三菩提須菩提我念過去无量阿
僧祇劫於然燈佛前得值八百四千萬億那
由他諸佛悉皆供養承事无空過者若復有
人於後末世能受持讀誦此經所得功德於
我所供養諸佛功德百分不及一千萬億分
乃至筭數譬喻所不能及須菩提若善男
子善女人於後末世有受持讀誦此經所得功
德我若具說者或有人聞心則狂亂狐疑不
信須菩提當知是經義不可思議果報亦
不可思議
尒時須菩提白佛言世尊善男子善女人發
阿耨多羅三藐三菩提心云何應住云何降
伏其心佛告須菩提善男子善女人發阿耨
多羅三藐三菩提者當生如是心我應滅度
一切衆生滅度一切衆生已而无有一切衆生

BD04257號　金剛般若波羅蜜經　（4–1）

不可思議
尒時須菩提白佛言世尊善男子善女人發
阿耨多羅三藐三菩提心云何應住云何降
伏其心佛告須菩提善男子善女人發阿耨
多羅三藐三菩提者當生如是心我應滅度
一切衆生滅度一切衆生已而无有一切衆生
實滅度者何以故若菩薩有我相人相衆生
相壽者相則非菩薩所以者何須菩提實无
有法發阿耨多羅三藐三菩提者須菩提於
意云何如來於然燈佛所有法得阿耨多羅
三藐三菩提不世尊如我解佛所說義佛
於然燈佛所无有法得阿耨多羅三藐三菩
提佛言如是如是須菩提實无有法如來得
阿耨多羅三藐三菩提須菩提若有法如來
得阿耨多羅三藐三菩提者然燈佛則不與
我授記汝於來世當得作佛号釋迦牟尼以
實无有法得阿耨多羅三藐三菩提是故然
燈佛與我受記作是言汝於來世當得作佛
号釋迦牟尼何以故如來者即諸法如義若
有人言如來得阿耨多羅三藐三菩提須菩提
實无有法佛得阿耨多羅三藐三菩提須菩
提如來所得阿耨多羅三藐三菩提於是中
无實无虛是故如來說一切法皆是佛法須
菩提所言一切法者即非一切法是名一切

BD04257號　金剛般若波羅蜜經　（4–2）

然佛與我受記作是言汝於來世當得作佛
號釋迦牟尼何以故如來者即諸法如義若
有人言如來得阿耨多羅三藐三菩提須菩提
實无有法佛得阿耨多羅三藐三菩提須菩
提如來所得阿耨多羅三藐三菩提於是中
无實无虛是故如來說一切法皆是佛法須
菩提所言一切法者即非一切法是名一切
法須菩提譬如人身長大須菩提言世尊
如來說人身長大則為非大身是名大身
須菩提菩薩亦如是若作是言我當滅度无
量衆生則不名菩薩何以故須菩提實无有法
名為菩薩是故佛說一切法无我无人无衆
生无壽者須菩提若菩薩作是言我當莊嚴
佛土是不名菩薩何以故如來說莊嚴佛土
者即非莊嚴是名莊嚴須菩提若菩薩通達
无我法者如來說名真是菩薩
須菩提於意云何如來有肉眼不如是世尊
如來有肉眼須菩提於意云何如來有天眼
不如是世尊如來有天眼須菩提於意云何
如來有慧眼不如是世尊如來有慧眼須菩
提於意云何如來有法眼不如是世尊如來有
法眼須菩提於意云何如來有佛眼不如是
世尊如來有佛眼須菩提於意云何恒河中
所有沙佛說是沙不如是世尊如來說是沙
須菩提於意云何如一恒河中所有沙有如
是等恒河是諸恒河所有沙數佛世界如

BD04257 號　金剛般若波羅蜜經　（4–3）

者即非莊嚴是名莊嚴須菩提若菩薩通達
无我法者如來說名真是菩薩
須菩提於意云何如來有肉眼不如是世尊
如來有肉眼須菩提於意云何如來有天眼
不如是世尊如來有天眼須菩提於意云何
如來有慧眼不如是世尊如來有慧眼須菩
提於意云何如來有法眼不如是世尊如來有
法眼須菩提於意云何如來有佛眼不如是
世尊如來有佛眼須菩提於意云何恒河中
所有沙佛說是沙不如是世尊如來說是沙
須菩提於意云何如一恒河中所有沙有如
是等恒河是諸恒河所有沙數佛世界如
是寧為多不甚多世尊佛告須菩提尒所國
土中所有衆生若干種心如來悉知何以故如
來說諸心皆為非心是名為心所以者何須
菩提過去心不可得現在心不可得未來心
不可得須菩提於意云何若有人滿三千大
千世界七寶以用布施是人以是因緣得福多
不如是世尊此人以是因緣得福甚多
須菩提若福德有實如來不說得福德多以
福德无故如來說得福德多

BD04257 號　金剛般若波羅蜜經　（4–4）

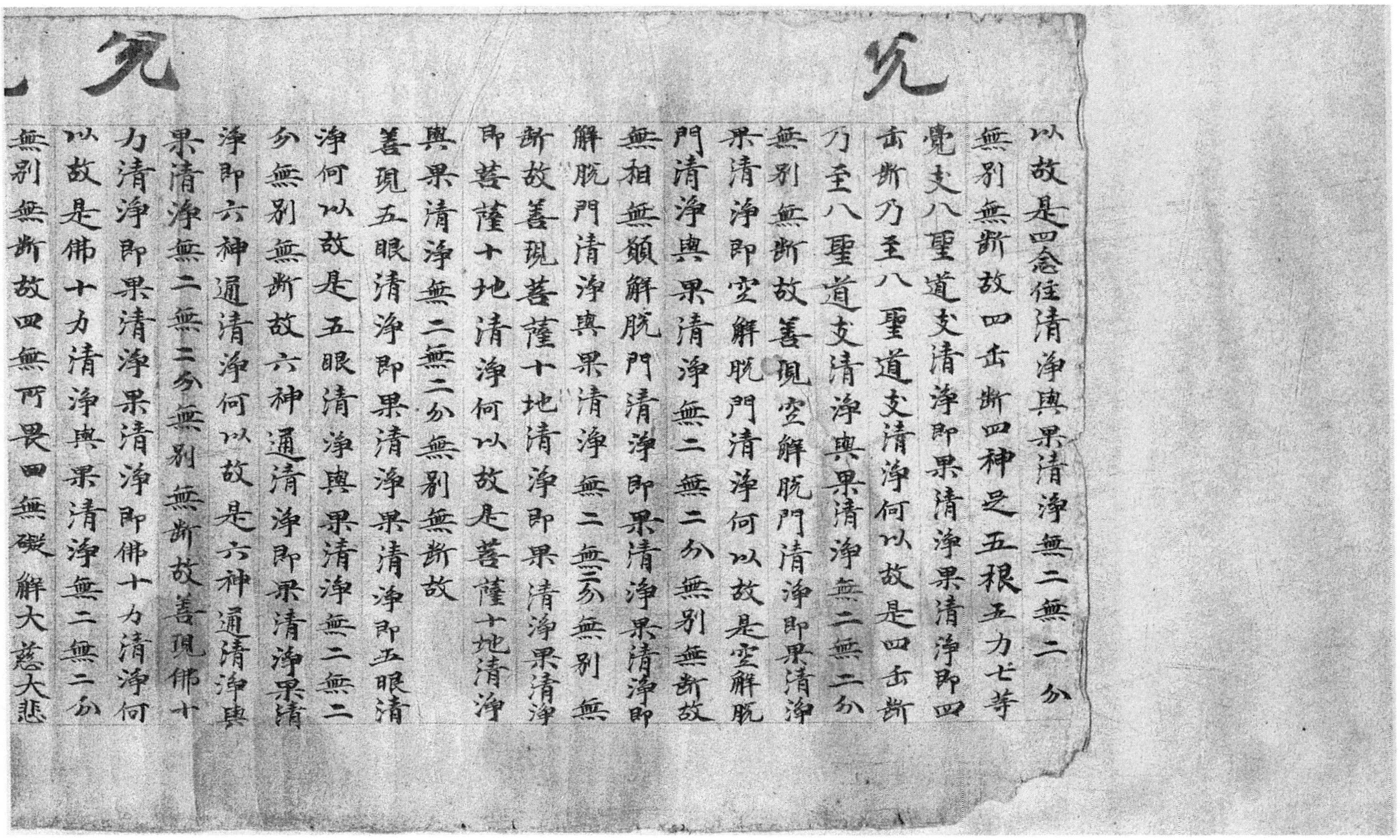
兌 兌

以故是四念住清淨與果清淨無二無二分
無別無斷故四正斷四神足五根五力七等
覺支八聖道支清淨即果清淨果清淨即四
正斷乃至八聖道支清淨何以故是四正斷
乃至八聖道支清淨與果清淨無二無二分
無別無斷故善現空解脫門清淨即果清淨
果清淨即空解脫門清淨何以故是空解脫
門清淨與果清淨無二無二分無別無斷故
無相無願解脫門清淨即果清淨果清淨即
解脫門清淨與果清淨無二無二分無別無
斷故善現菩薩十地清淨即果清淨果清淨
即菩薩十地清淨何以故是菩薩十地清淨
與果清淨無二無二分無別無斷故
善現五眼清淨即果清淨果清淨即五眼清
淨何以故是五眼清淨與果清淨無二無二
分無別無斷故六神通清淨即果清淨果清
淨即六神通清淨何以故是六神通清淨與
果清淨無二無二分無別無斷故善現佛十
力清淨即果清淨果清淨即佛十力清淨何
以故是佛十力清淨與果清淨無二無二分
無別無斷故四無所畏四無礙解大慈大悲

BD04258號　大般若波羅蜜多經（兌廢稿）卷一八三　（2–1）

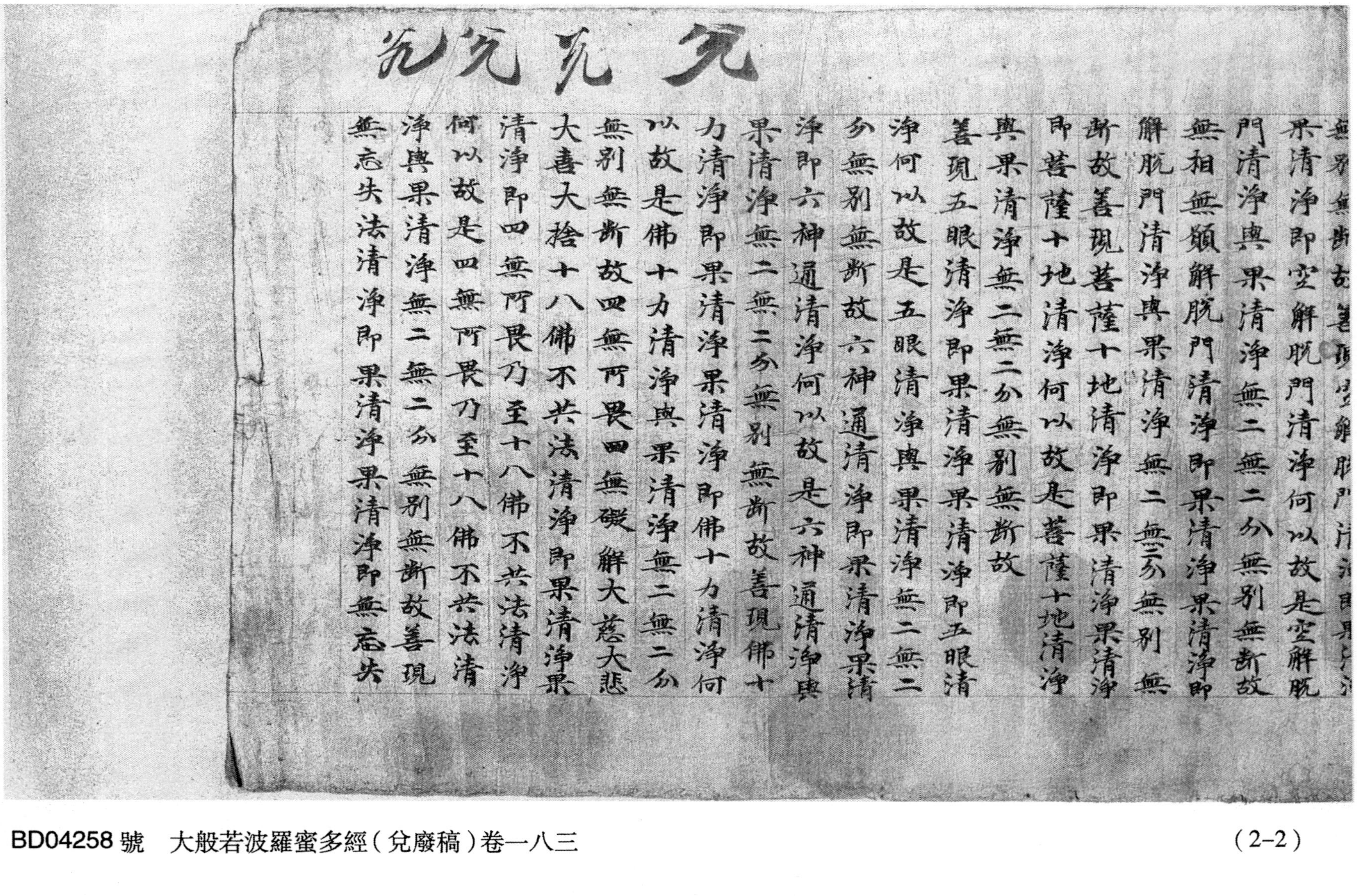
兌 兌 兌 兌

無別無斷故善現空解脫門清淨即果清
果清淨即空解脫門清淨何以故是空解脫
門清淨與果清淨無二無二分無別無斷故
無相無願解脫門清淨即果清淨果清淨即
解脫門清淨與果清淨無二無二分無別無
斷故善現菩薩十地清淨即果清淨果清淨
即菩薩十地清淨何以故是菩薩十地清淨
與果清淨無二無二分無別無斷故
善現五眼清淨即果清淨果清淨即五眼清
淨何以故是五眼清淨與果清淨無二無二
分無別無斷故六神通清淨即果清淨果清
淨即六神通清淨何以故是六神通清淨與
果清淨無二無二分無別無斷故善現佛十
力清淨即果清淨果清淨即佛十力清淨何
以故是佛十力清淨與果清淨無二無二分
無別無斷故四無所畏四無礙解大慈大悲
大喜大捨十八佛不共法清淨即果清淨果
清淨即四無所畏乃至十八佛不共法清淨
何以故是四無所畏乃至十八佛不共法清
淨與果清淨無二無二分無別無斷故善現
無忘失法清淨即果清淨果清淨即無忘失

BD04258號　大般若波羅蜜多經（兌廢稿）卷一八三　（2–2）

淨耳界清淨耳[illegible]
特伽羅清淨與耳界清淨无二无二分无別无
斷故補特伽羅清淨即聲界耳識界及耳
觸耳觸爲緣所生諸受清淨聲界乃至耳觸爲
緣所生諸受清淨即補特伽羅清淨何以
故是補特伽羅清淨與聲界乃至耳觸爲
緣所生諸受清淨无二无二分无別无斷故
善現補特伽羅清淨即鼻界清淨鼻界清
淨即補特伽羅清淨何以故是補特伽羅清淨
與鼻界清淨无二无二分无別无斷　故補
特伽羅清淨即香界鼻識界及鼻觸鼻觸
爲緣所生諸受清淨香界乃至鼻觸爲緣所
生諸受清淨即補特伽羅清淨何以故是補特
伽羅清淨與香界乃至鼻觸爲緣所生諸受
清淨无二无二分无別无斷故善現補特伽羅
清淨即舌界清淨舌界清淨即補特伽羅清
淨何以故是補特伽羅清淨與舌界清淨无
二无二分无別无斷故補特伽羅清淨即味界
舌識界及舌觸舌觸爲緣所生諸受清淨味
界乃至舌觸爲緣所生諸受清淨即補特伽
羅清淨何以故是補特伽羅清淨與味界乃
至舌觸爲緣所生諸受清淨无二无二分无別
无斷故善現補特伽羅清淨即身界清

BD04259號　大般若波羅蜜多經卷一九二

（5-1）

淨何以故是補特伽羅清淨與舌界清淨无
二无二分无別无斷故補特伽羅清淨即味界
舌識界及舌觸舌觸爲緣所生諸受清淨味
界乃至舌觸爲緣所生諸受清淨即補特伽
羅清淨何以故是補特伽羅清淨與味界乃
至舌觸爲緣所生諸受清淨无二无二分无別
无斷故善現補特伽羅清淨即身界清
淨身界清淨即補特伽羅清淨何以故是補特
伽羅清淨與身界清淨无二无二分无別无
斷故補特伽羅清淨即觸界身識界及身觸
身觸爲緣所生諸受清淨觸界乃至身觸
爲緣所生諸受清淨即補特伽羅清淨何以
故是補特伽羅清淨與觸界乃至身觸爲緣
所生諸受清淨无二无二分无別无斷故善
現補特伽羅清淨即意界清淨意界清淨即
補特伽羅清淨何以故是補特伽羅清淨與
意界清淨无二无二分无別无斷故補特伽
羅清淨即法界意識界及意觸意觸爲緣
所生諸受清淨法界乃至意觸爲緣所生諸
受清淨即補特伽羅清淨何以故是補特伽
羅清淨與法界乃至意觸爲緣所生諸受清
淨无二无二分无別无斷故善現補特伽羅清
淨即地界清淨地界清淨即補特伽羅清淨
何以故是補特伽羅清淨與地界清淨无二
无二分无別无斷故補特伽羅清淨即水火
風空識界清淨水火風空識界清淨即補特
伽羅清淨何以故是補特伽羅清淨與水火

BD04259號　大般若波羅蜜多經卷一九二

（5-2）

羅清淨與法界乃至意觸為緣所生諸受清
淨无二无二分无別无斷故善現補特伽羅清
淨即地界清淨地界清淨即補特伽羅清淨
何以故是補特伽羅清淨與地界清淨无二
无二分无別无斷故補特伽羅清淨即水火
風空識界清淨水火風空識界清淨即補特
伽羅清淨何以故是補特伽羅清淨與水火
風空識界清淨无二无二分无別无斷故善
現補特伽羅清淨即无明清淨无明清淨即
補特伽羅清淨何以故是補特伽羅清淨與
无明清淨无二无二分无別无斷故補特伽
羅清淨即行識名色六處觸受愛取有生老
死愁歎苦憂惱清淨行乃至老死愁歎苦憂
惱清淨即補特伽羅清淨何以故是補特伽
羅清淨與行乃至老死愁歎苦憂惱清淨无
二无二分无別无斷故
善現補特伽羅清淨即布施波羅蜜多清淨布
施波羅蜜多清淨即補特伽羅清淨何以故
是補特伽羅清淨與布施波羅蜜多清淨无
二无二分无別无斷故補特伽羅清淨即淨
戒安忍精進靜慮般若波羅蜜多清淨淨
戒乃至般若波羅蜜多清淨即補特伽羅清
淨何以故是補特伽羅清淨與淨戒乃至般
若波羅蜜多清淨无二无二分无別无斷故善
現補特伽羅清淨即內空清淨內空清淨即
補特伽羅清淨何以故是補特伽羅清淨

BD04259 號　大般若波羅蜜多經卷一九二　（5–3）

淨何以故是補特伽羅清淨與淨戒乃至般
若波羅蜜多清淨无二无二分无別无斷故善
現補特伽羅清淨即內空清淨內空清淨即
補特伽羅清淨何以故是補特伽羅清淨
與內空清淨无二无二分无別无斷故補特
伽羅清淨即外空內外空空空大空勝義空
有為空无為空畢竟空无際空散空无變異
空本性空自相空共相空一切法空不可得
空无性空自性空无性自性空清淨外空乃
至无性自性空清淨即補特伽羅清淨何以
故是補特伽羅清淨與外空乃至无性自性
空清淨无二无二分无別无斷故善現補特
伽羅清淨即真如清淨真如清淨即補特伽
羅清淨何以故是補特伽羅清淨與真如清
淨无二无二分无別无斷故補特伽羅清淨
即法界法性不虛妄性不變異性平等性離
生性法定法住實際虛空界不思議界清淨
法界乃至不思議界清淨即補特伽羅清淨
何以故是補特伽羅清淨與法界乃至不思
議界清淨无二无二分无別无斷故善現補
特伽羅清淨即苦聖諦清淨苦聖諦清淨
即補特伽羅清淨何以故是補特伽羅清淨
與苦聖諦清淨无二无二分无別无斷故補
特伽羅清淨即集滅道聖諦清淨集滅道聖
諦清淨即補特伽羅清淨何以故是補特伽
羅清淨與集滅道聖諦清淨无二无二分无

BD04259 號　大般若波羅蜜多經卷一九二　（5–4）

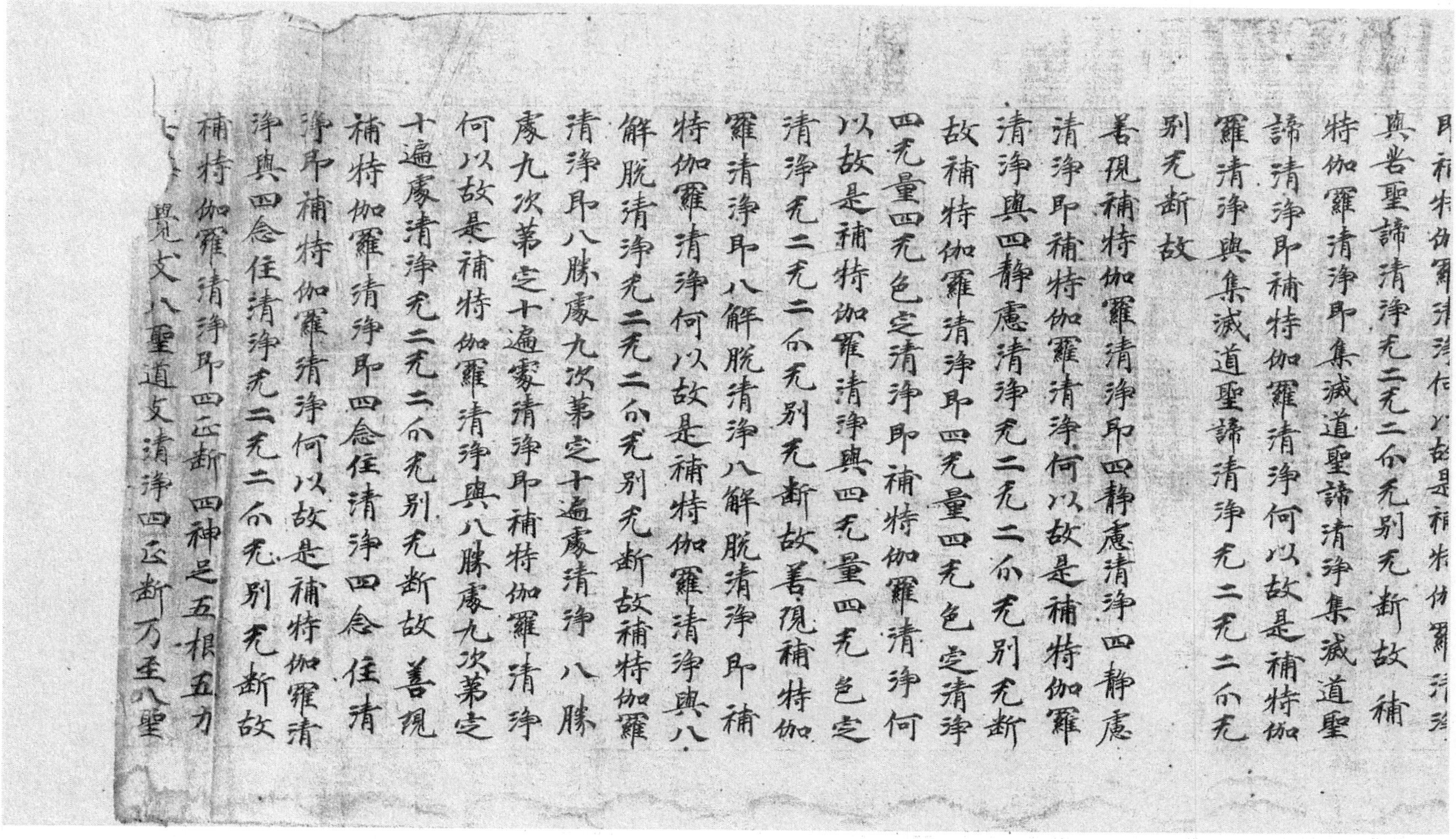

即補特伽羅清淨何以故是補特伽羅清淨
與苦聖諦清淨无二无二分无別无斷故補
特伽羅清淨即集滅道聖諦清淨集滅道聖
諦清淨即補特伽羅清淨何以故是補特伽
羅清淨與集滅道聖諦清淨无二无二分无
別无斷故
善現補特伽羅清淨即四靜慮清淨四靜慮
清淨即補特伽羅清淨何以故是補特伽羅
清淨與四靜慮清淨无二无二分无別无斷
故補特伽羅清淨即四无量四无色定清淨
四无量四无色定清淨即補特伽羅清淨何
以故是補特伽羅清淨與四无量四无色定
清淨无二无二分无別无斷故善現補特伽
羅清淨即八解脫清淨八解脫清淨即補
特伽羅清淨何以故是補特伽羅清淨與八
解脫清淨无二无二分无別无斷故補特伽羅
清淨即八勝處九次第定十遍處清淨八勝
處九次第定十遍處清淨即補特伽羅清淨
何以故是補特伽羅清淨與八勝處九次第定
十遍處清淨无二无二分无別无斷故善現
補特伽羅清淨即四念住清淨四念住清
淨即補特伽羅清淨何以故是補特伽羅清
淨與四念住清淨无二无二分无別无斷故
補特伽羅清淨即四正斷四神足五根五力
七等覺支八聖道支清淨四正斷乃至八聖

BD04259 號　大般若波羅蜜多經卷一九二　（5–5）

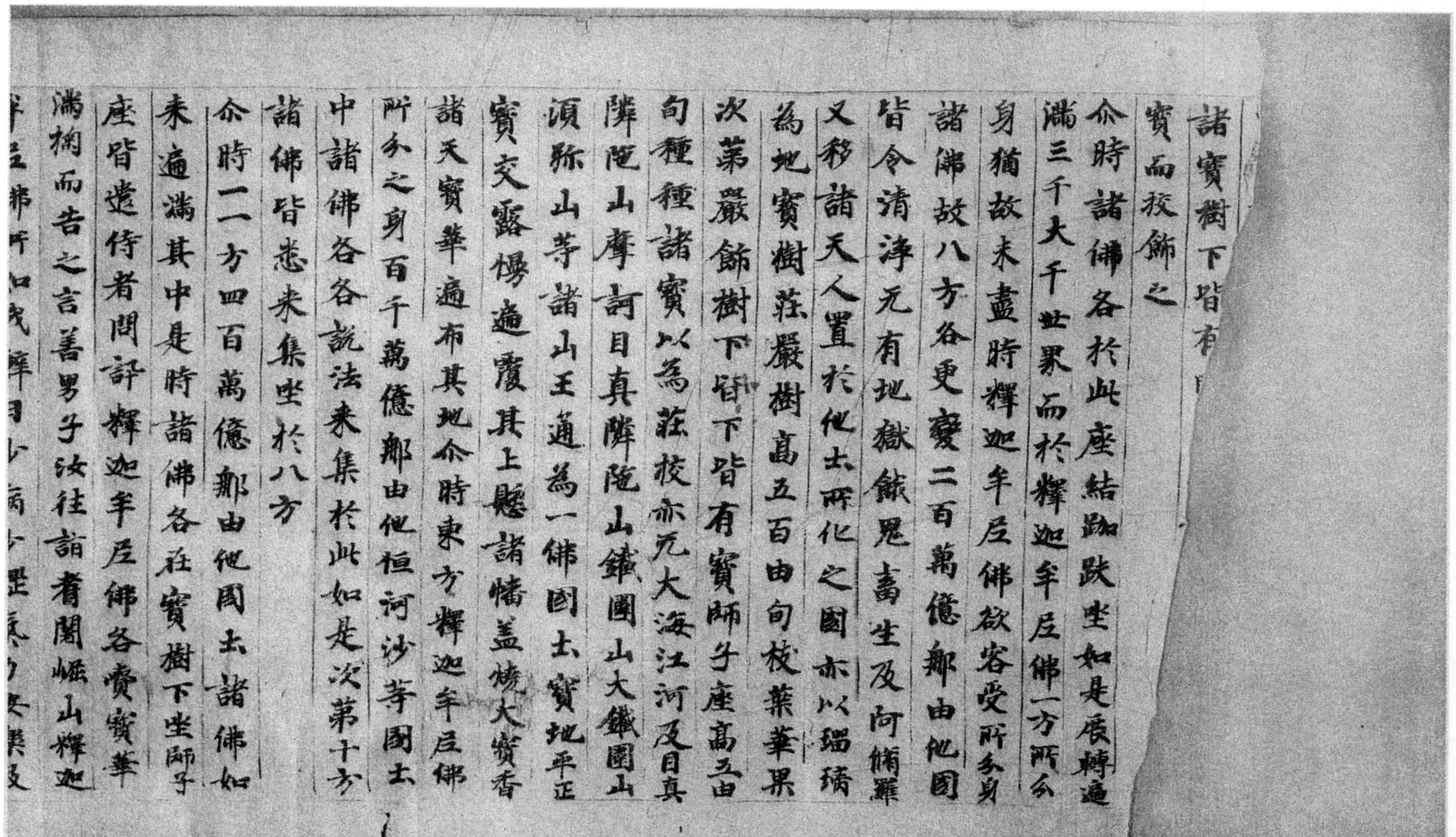

諸寶樹下皆有
寶而挍飾之
尒時諸佛各於此座結加趺坐如是展轉遍
滿三千大千世界而於釋迦牟尼佛一方所分
身猶故未盡時釋迦牟尼佛欲容受所分身
諸佛故八方各更變二百萬億那由他國
皆令清淨无有地獄餓鬼畜生及阿脩羅
又移諸天人置於他土所化之國亦以瑠璃
為地寶樹莊嚴樹高五百由旬枝葉華果
次第嚴飾樹下皆下皆有寶師子座高五由
旬種種諸寶以為莊挍亦无大海江河及目真
隣陁山摩訶目真隣陁山鐵圍山大鐵圍山
須彌山等諸山王通為一佛國土寶地平正
寶交露幔遍覆其上懸諸幡蓋燒大寶香
諸天寶華遍布其地尒時東方釋迦牟尼佛
所分之身百千萬億那由他恒河沙等國土
中諸佛各各說法來集於此如是次第十方
諸佛皆悉來集坐於八方
尒時一一方四百萬億那由他國土諸佛如
來遍滿其中是時諸佛各在寶樹下坐師子
座皆遣侍者問訊釋迦牟尼佛各齎寶華
滿掬而告之言善男子汝往詣耆闍崛山釋迦

BD04260 號　妙法蓮華經卷四　（5–1）

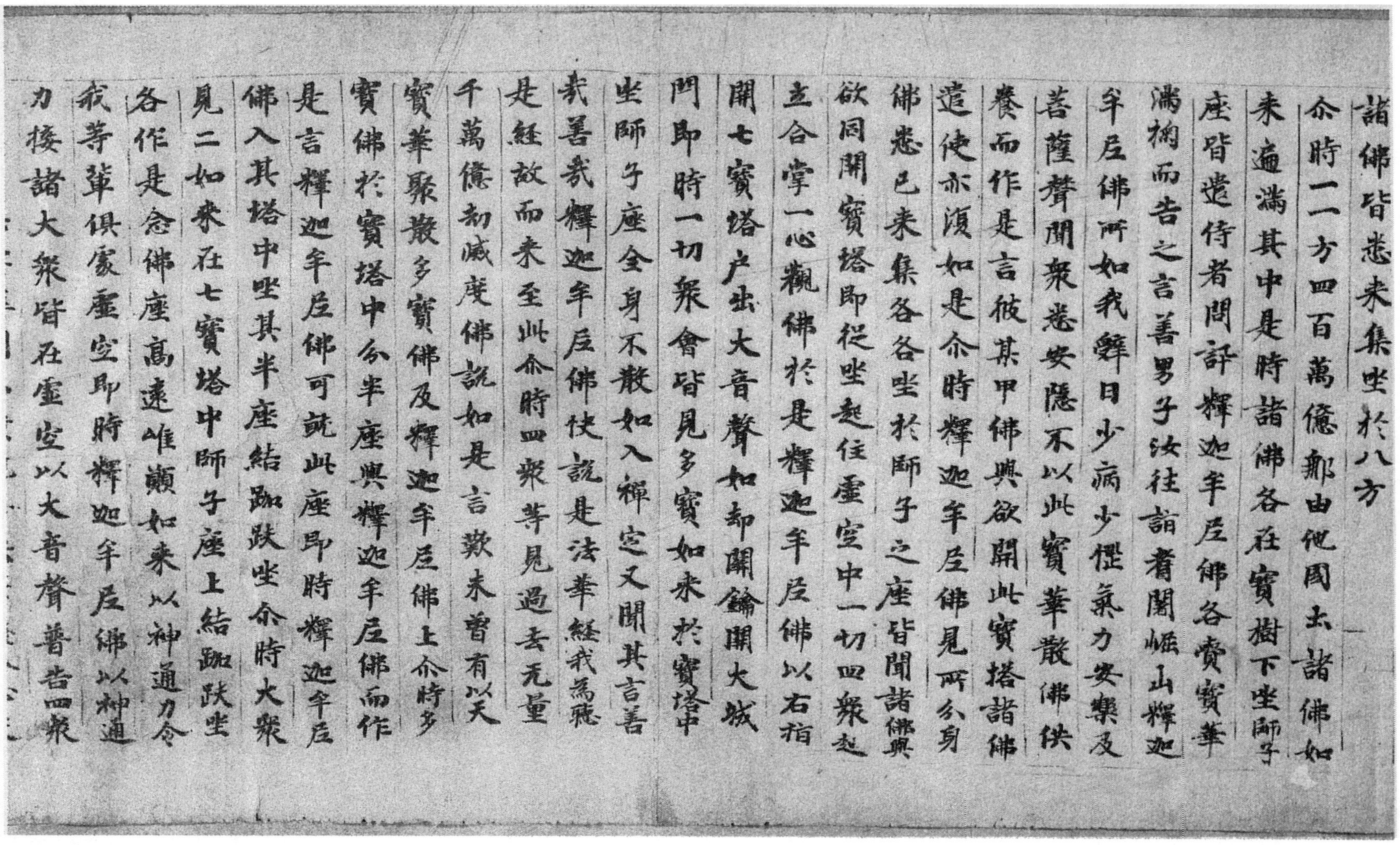
諸佛皆悉來集坐於八方
尒時一一方四百萬億那由他國土諸佛如
來遍滿其中是時諸佛各在寶樹下坐師子
座皆遣侍者問訊釋迦牟尼佛各賚寶華
滿掬而告之言善男子汝往詣耆闍崛山釋迦
牟尼佛所如我辭曰少病少惱氣力安樂及
菩薩聲聞衆悉安隱不以此寶華散佛供
養而作是言彼某甲佛與欲開此寶塔諸佛
遣使亦復如是尒時釋迦牟尼佛見所分身
佛悉已來集各各坐於師子之座皆聞諸佛與
欲同開寶塔即從座起住虛空中一切四衆起
立合掌一心觀佛於是釋迦牟尼佛以右指
開七寶塔戶出大音聲如却關鑰開大城
門即時一切衆會皆見多寶如來於寶塔中
坐師子座全身不散如入禪定又聞其言善
哉善哉釋迦牟尼佛快說是法華經我為聽
是經故而來至此尒時四衆等見過去无量
千萬億劫滅度佛說如是言歎未曾有以天
寶華聚散多寶佛及釋迦牟尼佛上尒時多
寶佛於寶塔中分半座與釋迦牟尼佛而作
是言釋迦牟尼佛可就此座即時釋迦牟尼
佛入其塔中坐其半座結跏趺坐尒時大衆
見二如來在七寶塔中師子座上結跏趺坐
各作是念佛座高遠唯願如來以神通力令
我等輩俱處虛空即時釋迦牟尼佛以神通
力接諸大衆皆在虛空以大音聲普告四衆

BD04260 號　妙法蓮華經卷四　（5–2）

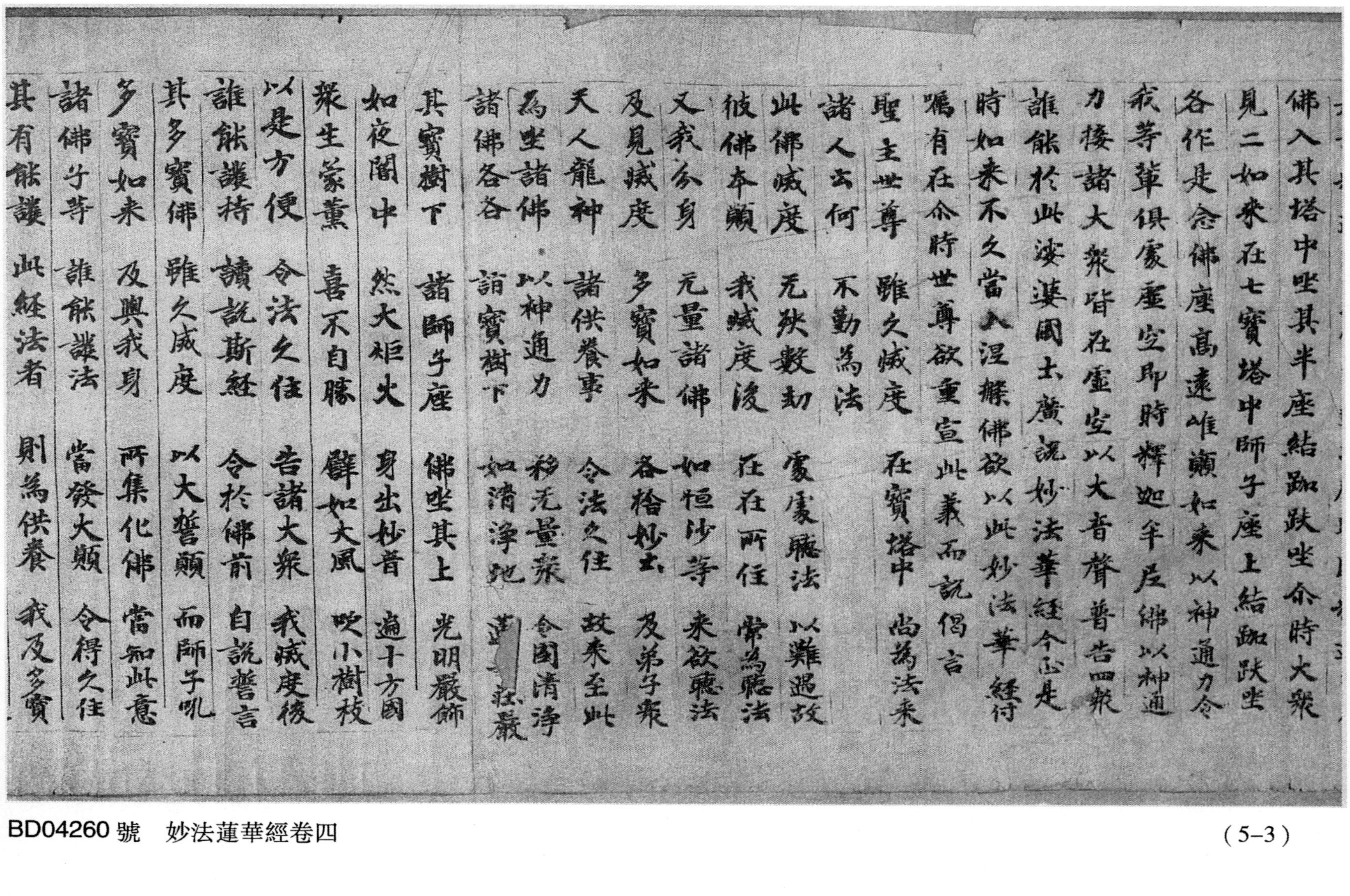
佛入其塔中坐其半座結跏趺坐尒時大衆
見二如來在七寶塔中師子座上結跏趺坐
各作是念佛座高遠唯願如來以神通力令
我等輩俱處虛空即時釋迦牟尼佛以神通
力接諸大衆皆在虛空以大音聲普告四衆
誰能於此娑婆國土廣說妙法華經今正是
時如來不久當入涅槃佛欲以此妙法華經付
囑有在尒時世尊欲重宣此義而說偈言
聖主世尊　雖久滅度　在寶塔中　尚為法來
諸人云何　不勤為法
此佛滅度　无央數劫　處處聽法　以難遇故
彼佛本願　我滅度後　在在所往　常為聽法
又我分身　无量諸佛　如恒沙等　來欲聽法
及見滅度　多寶如來　各捨妙土　及弟子衆
天人龍神　諸供養事　令法久住　故來至此
為坐諸佛　以神通力　移无量衆　令國清淨
諸佛各各　詣寶樹下　如清淨池　蓮□莊嚴
其寶樹下　諸師子座　佛坐其上　光明嚴飾
如夜闇中　然大炬火　身出妙香　遍十方國
衆生蒙薰　喜不自勝　譬如大風　吹小樹枝
以是方便　令法久住　告諸大衆　我滅度後
誰能護持　讀說斯經　令於佛前　自說誓言
其多寶佛　雖久滅度　以大誓願　而師子吼
多寶如來　及與我身　所集化佛　當知此意
諸佛子等　誰能護法　當發大願　令得久住
其有能護　此經法者　則為供養　我及多寶

BD04260 號　妙法蓮華經卷四　（5–3）

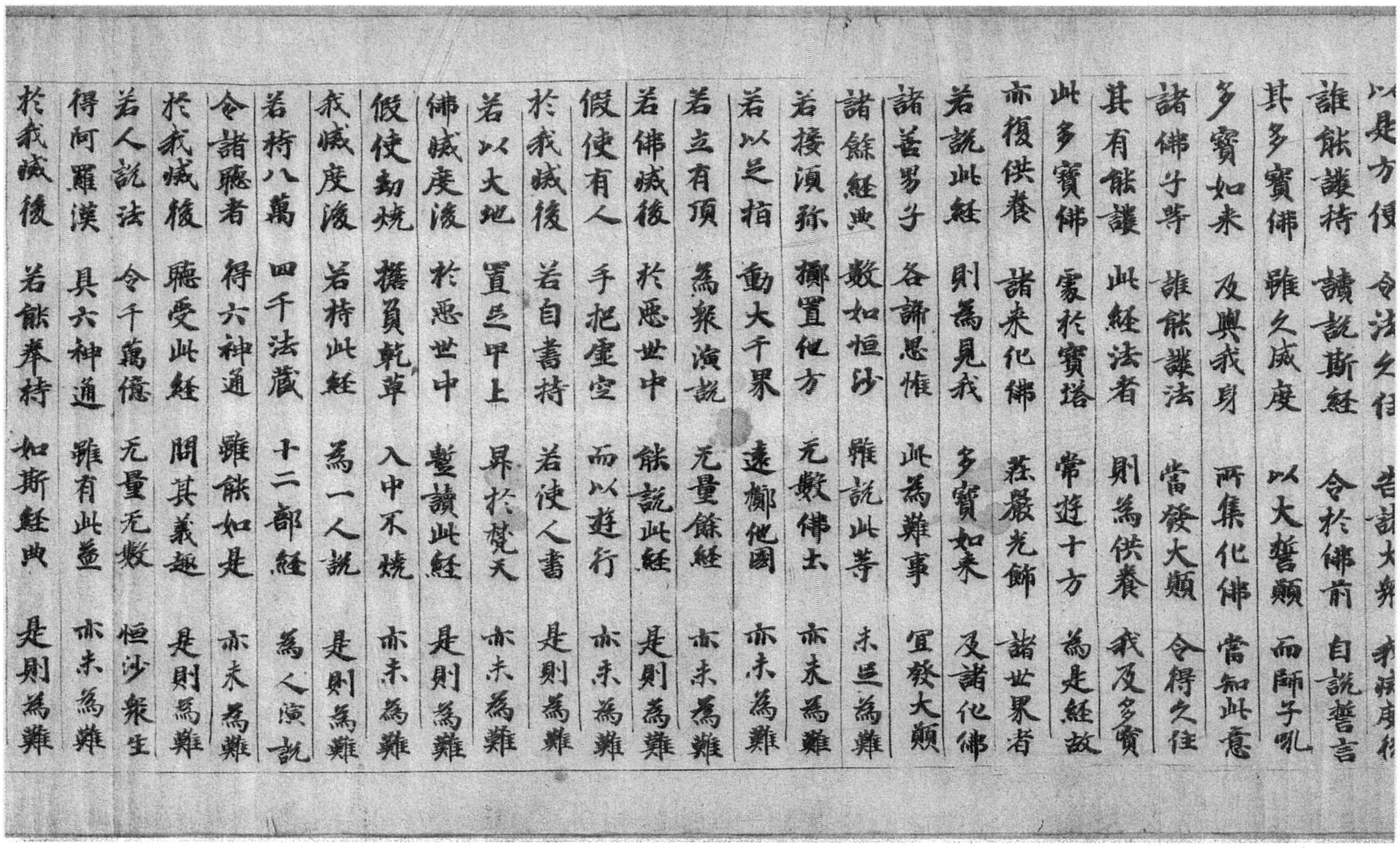
以是方便 令法久住 告諸大眾 我滅度後
誰能護持 讀說斯經 今於佛前 自說誓言
其多寶佛 雖久滅度 以大誓願 而師子吼
多寶如來 及與我身 所集化佛 當知此意
諸佛子等 誰能護法 當發大願 令得久住
其有能護 此經法者 則為供養 我及多寶
此多寶佛 處於寶塔 常遊十方 為是經故
亦復供養 諸來化佛 莊嚴光飾 諸世界者
若說此經 則為見我 多寶如來 及諸化佛
諸善男子 各諦思惟 此為難事 宜發大願
諸餘經典 數如恒沙 雖說此等 未足為難
若接須弥 擲置他方 无數佛土 亦未為難
若以足指 動大千界 遠擲他國 亦未為難
若立有頂 為眾演說 无量餘經 亦未為難
若佛滅後 於惡世中 能說此經 是則為難
假使有人 手把虛空 而以遊行 亦未為難
於我滅後 若自書持 若使人書 是則為難
若以大地 置足甲上 昇於梵天 亦未為難
佛滅度後 於惡世中 暫讀此經 是則為難
假使劫燒 擔負乾草 入中不燒 亦未為難
我滅度後 若持此經 為一人說 是則為難
若持八萬 四千法藏 十二部經 為人演說
令諸聽者 得六神通 雖能如是 亦未為難
於我滅後 聽受此經 問其義趣 是則為難
若人說法 令千萬億 无量无數 恒沙眾生
得阿羅漢 具六神通 雖有此益 亦未為難
於我滅後 若能奉持 如斯經典 是則為難

BD04260 號　妙法蓮華經卷四　（5–4）

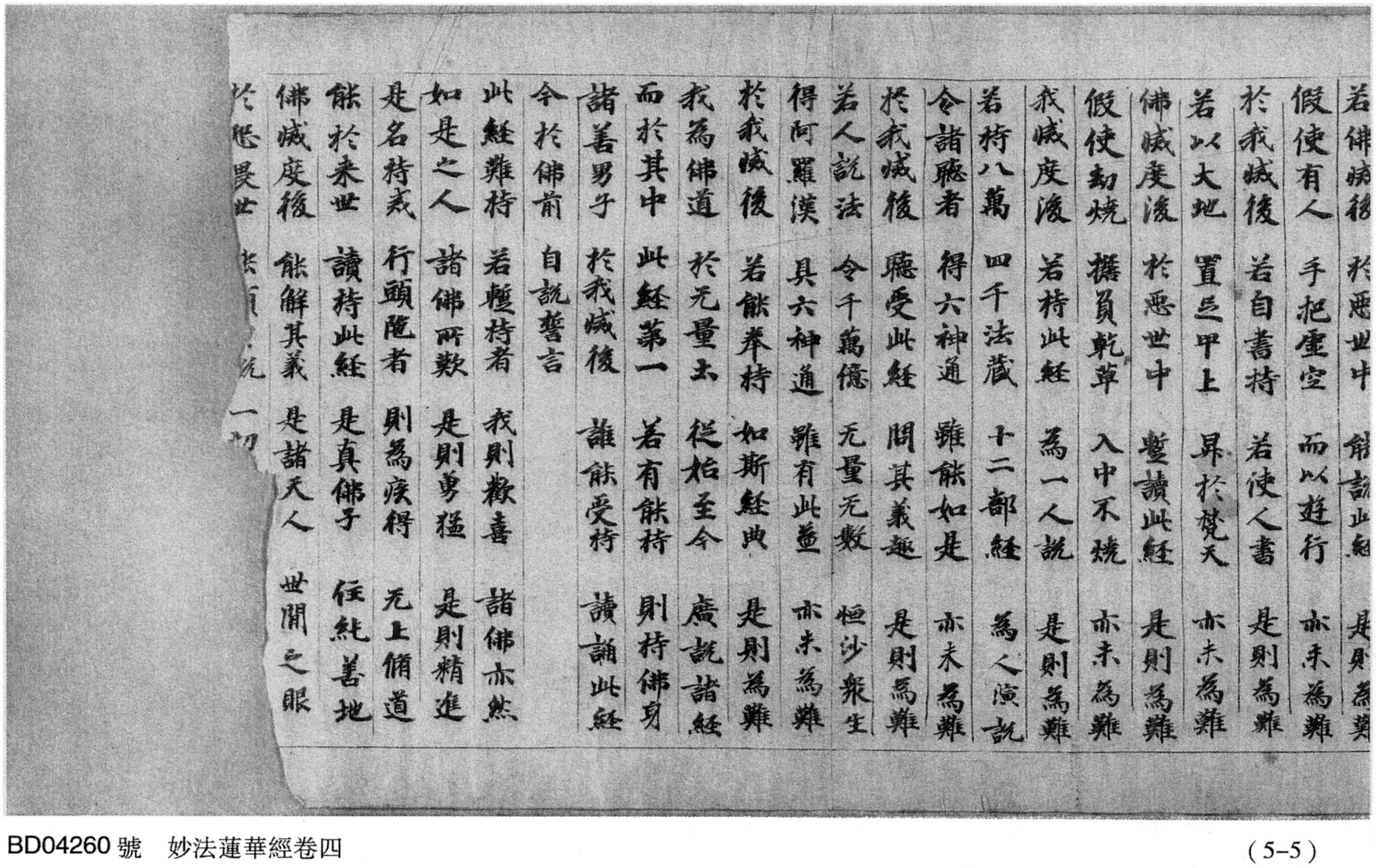
若佛滅後 於惡世中 能說此經 是則為難
假使有人 手把虛空 而以遊行 亦未為難
於我滅後 若自書持 若使人書 是則為難
若以大地 置足甲上 昇於梵天 亦未為難
佛滅度後 於惡世中 暫讀此經 是則為難
假使劫燒 擔負乾草 入中不燒 亦未為難
我滅度後 若持此經 為一人說 是則為難
若持八萬 四千法藏 十二部經 為人演說
令諸聽者 得六神通 雖能如是 亦未為難
於我滅後 聽受此經 問其義趣 是則為難
若人說法 令千萬億 无量无數 恒沙眾生
得阿羅漢 具六神通 雖有此益 亦未為難
於我滅後 若能奉持 如斯經典 是則為難
我為佛道 於无量土 從始至今 廣說諸經
而於其中 此經第一 若有能持 則持佛身
諸善男子 於我滅後 誰能受持 讀誦此經
今於佛前 自說誓言
此經難持 若暫持者 我則歡喜 諸佛亦然
如是之人 諸佛所歎 是則勇猛 是則精進
是名持戒 行頭陀者 則為疾得 无上佛道
能於來世 讀持此經 是真佛子 住純善地
佛滅度後 能解其義 是諸天人 世間之眼
於恐畏世 能須臾說 一切

BD04260 號　妙法蓮華經卷四　（5–5）

聲聞辟支佛威儀而不捨佛法
薩行雖隨諸法究竟淨相而隨所應為
現其身是菩薩行雖觀諸佛國土永寂如空
而現種種清淨佛土是菩薩行雖得佛道轉
于法輪入於涅槃而不捨於菩薩之道是菩薩
行說是法時文殊師利所將大衆其中八千
天子皆發阿耨多羅三藐三菩提心
不思議品第六
尒時舍利弗見此室中无有床坐作是念斯
諸菩薩大弟子衆當於何坐長者維摩詰知
其意語舍利弗言云何仁者為法來耶求床
坐耶舍利弗言我為法來非為床坐維摩詰
言唯舍利弗夫求法者不貪軀命何况床坐
夫求法者非有色受想行識之求非有界入
之求非欲色无色之求唯舍利弗夫求法者
不着佛求不着法求不着衆求夫求法者
无見苦求无斷集求无造盡證脩道之求所
以者何法无戲論若言我當見苦斷集證滅

BD04261號　維摩詰所說經卷中

(21–1)

言唯舍利弗夫求法者不貪軀命何况床坐
夫求法者非有色受想行識之求非有界入
之求非欲色无色之求唯舍利弗夫求法者
不着佛求不着法求不着衆求夫求法者
无見苦求无斷集求无造盡證脩道之求所
以者何法无戲論若言我當見苦斷集證滅
脩道是則戲論非求法也唯舍利弗法名寂
滅若行生滅是求生滅非求法也法名无染若
染於法乃至涅槃是則染著非求法也法
无行處若行於法是則行處非求法也法无
取捨若取捨法是則取捨非求法也法无處
所若着處所是則着處非求法也法名无相
若隨相識是則求相非求法也法不可住若
住於法是則住法非求法也法不可見聞覺
知若行見聞覺知是則見聞覺知非求法也
法名无為若行有為是求有為非求法也是故
舍利弗若求法者於一切法應无所求說是
語時五百天子於諸法中得法眼淨
尒時長者維摩詰問文殊師利仁者遊於无
量千万億阿僧祇國何等佛土有好上妙功德
成就師子之座文殊師利言居士東方度卅
六恒河沙國有世界名須弥相其佛号須弥
燈王今現在彼佛身長八万四千由旬其師
子座高八万四千由旬嚴飾第一於是長者
維摩詰現神通力即時彼佛遣三万二千
師子座高廣嚴好來入維摩詰室諸菩薩
大弟子釋梵四天王等昔所未見其室廣博悉

BD04261號　維摩詰所說經卷中

(21–2)

燈王令現在彼佛身長八万四千由旬其師
子座高八万四千由旬嚴飾第一於是長者
維摩詰現神通力即時彼佛遣三万二千
師子座高廣嚴好來入維摩詰室諸菩薩
大弟子釋梵四天王等昔所未見其室廣博悉
苞容受三万二千師子座无所妨礙於毗耶離
城及閻浮提四天下亦不迫迮悉見如故尒
時維摩詰語文殊師利就師子座與諸菩薩
上人俱坐當自立身如彼坐像其得神通菩
薩即自變身為四万二千由旬坐師子座 諸新
發意菩薩及大弟子皆不能昇尒時維摩
詰語舍利弗就師子座舍利弗言居士此座
高廣〻吾不能昇維摩詰言唯舍利弗為須
弥燈王如來作禮乃可得坐於是新發意菩薩
及大弟子即為須弥燈王如來作礼便得坐
師子座舍利弗言居士未曾有也如是小室
乃容受此高廣之座於毗耶離城无所妨礙
又於閻浮提聚落城邑及四天下諸天龍王鬼
神宮殿亦不迫迮維摩詰言唯舍利弗諸
佛菩薩有解脫名不可思議若菩薩住是解
脫者以須弥之高廣內芥子中无所增減須
弥山王本相如故而四天王忉利諸天不覺不
知己之所入唯應度者乃見須弥入芥子中
是名不可思議解脫法門又以四大海水入
一毛孔不嬈魚鱉黿鼉水性之屬而彼大
海本相如故諸龍鬼神阿脩羅等不覺不知

BD04261號　維摩詰所說經卷中

（21–3）

脫者以須弥之高廣〻內芥子中无所增減須
弥山王本相如故而四天王忉利諸天不覺不
知己之所入唯應度者乃見須弥入芥子中
是名不可思議解脫法門又以四大海水入
一毛孔不嬈魚鱉黿鼉水性之屬而彼大
海本相如故諸龍鬼神阿脩羅等不覺不知
己之所入於此衆生亦无所嬈又舍利弗住不
可思議解脫菩薩斷取三千大千世界如
陶家輪著右掌中擲過恒河沙世界之外其
中衆生不覺不知己之所往又復還置本處
都不使人有往來想而此世界本相如故又
舍利弗或有衆生樂久住世而可度者菩薩
即演七日以為一劫令彼衆生謂之一劫或有
衆生不樂久住而可度者菩薩即促一劫
以為七日令彼衆生謂之七日又舍利弗住不
可思議解脫菩薩以一切佛土嚴飾之事
集在一國示於衆生又菩薩以一佛土衆生
置之右掌飛到十方遍示一切而不動本處
又舍利弗十方衆生供養諸佛之具菩薩於
一毛孔皆令得見又十方國土所有日月星
宿於一毛孔普使見之又舍利弗十方世界
所有諸風菩薩悉能吸著口中而身无損外
諸樹木亦不摧折又十方世界劫盡燒時以
一切火內於腹中火事如故而不為害又於
下方過恒河沙等諸佛世界取一佛土舉著
上方過恒河沙无數世界如持針鋒舉一棗

BD04261號　維摩詰所說經卷中

（21–4）

所有諸風菩薩悉能吸著口中而身无損外
諸樹木亦不摧折又十方世界劫盡燒時以
一切火內於腹中火事如故而不為害又於
下方過恒河沙等諸佛世界取一佛土舉著
上方過恒河沙无數世界如持針鋒舉一棗
葉而无所嬈又舍利弗住不可思議解脫菩
薩能以神通現作佛身或現辟支佛身或現
聲聞身或現帝釋身或現梵王身或現世主
身或現轉輪王身又十方世界所有衆聲上
中下音皆能變之令作佛聲演出无常苦空
无我之音及十方諸佛所說種種之法皆於
其中普令得聞舍利弗我今略說菩薩不可
思議解脫之力若廣說者窮劫不盡是時迦
葉聞說菩薩不可思議解脫法門歎未曾
有謂舍利弗譬如有人於盲者前現衆色像
非彼所見一切聲聞聞是不可思議解脫法門
不能解了為若此也智者聞是其誰不發阿
耨多羅三藐三菩提心我等何為永絕其根
於此大乘已如敗種一切聲聞聞是不可思議
解脫法門皆應號泣聲震三千大千世界一切
菩薩應大喜慶頂受此法若有菩薩信解
不可思議解脫門者一切魔衆无如之何大
迦葉說是語時三万二千天子皆發阿耨多羅
三藐三菩提心
尒時維摩詰語大迦葉仁者十方无量阿僧
祇世界中作魔王者多是住不可思議解脫

BD04261 號　維摩詰所說經卷中　（21–5）

菩薩應大喜慶頂受此法若有菩薩信解
不可思議解脫門者一切魔衆无如之何大
迦葉說是語時三万二千天子皆發阿耨多羅
三藐三菩提心
尒時維摩詰語大迦葉仁者十方无量阿僧
祇世界中作魔王者多是住不可思議解脫
菩薩以方便力教化衆生現作魔王又迦葉
十方无量菩薩或有人從乞手足耳鼻頭目
髓腦血肉皮骨聚落城邑妻子奴婢象馬車
乘金銀瑠璃車𤦲馬瑙珊瑚虎珀真珠珂貝
衣服飲食如此乞者多是住不可思議解脫
菩薩以方便力而往試之令其堅固所以者何
住不可思議解脫菩薩有威德力故行逼
迫示諸衆生如是難事凡夫下劣无有力勢
不能如是逼迫菩薩譬如龍象蹴踏非驢所
堪是名住不可思議解脫菩薩智慧方便之門
觀衆生品第七
尒時文殊師利問維摩詰言菩薩云何觀於
衆生維摩詰言譬如幻師見所幻人菩薩觀
衆生為若此如智者見水中月如鏡中見其
面像如熱時焰如呼聲響如空中雲如水聚
沫如水上泡如芭蕉堅如電久住如第五大如
第六陰如第七情如十三入如十九界菩薩
觀衆生為若此如无色界色如燋穀牙如須
陀洹身見如阿那含入胎如阿羅漢三毒如
得忍菩薩貪恚毀禁如佛煩惱習如盲者見

BD04261 號　維摩詰所說經卷中　（21–6）

面像如熱時焰如呼聲響如空中雲如水聚
沫如水上泡如芭蕉堅如電久住如第五大如
第六陰如第七情如十三入如十九界菩薩
觀衆生爲若此如无色界色如蕉穀芽如須
陀洹身見如阿那含入胎如阿羅漢三毒如
得忍菩薩貪恚毀禁如佛煩惱習如盲者見
色如入滅盡定出入息如空中鳥跡如石女
兒如化人煩惱如夢所見已悟如滅度者受
身如无烟之火菩薩觀衆生爲若此
文殊師利言若菩薩作是觀者云何行慈維
摩詰言菩薩作是觀已自念我當爲衆生說
如斯法是即真實慈也行寂滅慈无所生故
行不熱慈无煩惱故行等之慈等三世故行
无諍慈无所起故行不二慈內外不合故行不
壞慈畢竟盡故行堅固慈心无毀故行清淨
慈諸法性淨故行无邊慈如虛空故行阿羅漢
慈破結賊故行菩薩慈安衆生故行如來慈
得如相故行佛之慈覺衆生故行自然慈
无因得故行菩提慈等一味故行无等慈
斷諸愛故行大悲慈導以大乘故行无厭慈
觀空无我故行法施慈无遺惜故行持戒慈
化毀禁故行忍辱慈護彼我故行精進慈荷
負衆生故行禪定慈不受味故行智慧慈无
不知時故行方便慈一切示現故行无隱慈
直心清淨故行深心慈无雜行故行无誑慈
不虛假故行安樂慈令得佛樂故菩薩之慈

BD04261號　維摩詰所說經卷中

（21–7）

化毀禁故行忍辱慈護彼我故行精進慈荷
負衆生故行禪定慈不受味故行智慧慈无
不知時故行方便慈一切示現故行无隱慈
直心清淨故行深心慈无雜行故行无誑慈
不虛假故行安樂慈令得佛樂故菩薩之慈
爲若此也文殊師利又問何謂爲悲答曰菩薩
所作功德皆與一切衆生共之何謂爲喜答曰
有所饒益歡喜无悔何謂爲捨答曰所作
福祐无所希望文殊師利又問生死有畏菩薩
當何所依維摩詰言菩薩於生死畏中當
依如來功德之力文殊師利又問菩薩欲依如來
功德之力當於何住答曰菩薩欲依如來功德
力者當住度脫一切衆生又問欲度衆生當
何所除答曰欲度衆生除其煩惱又問欲除
煩惱當何所行答曰當行正念又問云何行
於正念答曰當行不生不滅又問何法不生
何法不滅答曰不善不生善法不滅又問善不
善孰爲本答曰身爲本又問身孰爲本答曰
欲貪爲本又問欲貪孰爲本答曰虛妄分別
爲本又問虛妄分別孰爲本答曰顛倒想爲
本又問顛倒想孰爲本答曰无住爲本又問
无住孰爲本答曰无住則无本文殊師利從
无住本立一切法
時維摩詰室有一天女見諸大人聞所說法便
現其身即以天華散諸菩薩大弟子上華至
諸菩薩即皆墮落至大弟子便著不墮一切
弟子神力去華不能令去尒時天問舍利弗

BD04261號　維摩詰所說經卷中

（21–8）

无住本立一切法
時維摩詰室有一天女見諸大人聞所說法便
現其身即以天華散諸菩薩大弟子上華至
諸菩薩即皆墮落至大弟子便著不墮一切
弟子神力去華不能令去尒時天問舍利弗
何故去華荅曰此華不如法是以去之天曰勿
謂此華為不如法所以者何是華无所分別
仁者自生分別想耳若於佛法出家有所分
別為不如法若无分別是則如法觀諸菩薩
華不著者以斷一切分別想故譬如人畏時非
人得其便如是弟子畏生死故色聲香味觸
得其便已離畏者一切五欲无能為也結習未
盡華著身耳結習盡者華不著也舍利弗言
天止此室其已久如荅曰我止此室如耆年解
脫舍利弗言止此久耶天曰耆年解脫亦何如
久舍利弗默然不荅天曰如何耆舊大智而默
荅曰解脫者无所言說故吾於是不知所云天
曰言說文字皆解脫相所以者何解脫者不
內不外不在兩間文字亦不內不外不在兩間是
故舍利弗无離文字說解脫也所以者何一切諸
法皆是解脫相舍利弗言不復以離婬怒癡為
解脫乎天曰佛為增上慢人說離婬怒癡為解
脫耳若无增上慢者佛說婬怒癡性即是解
脫舍利弗言善哉善哉天女汝何所得以何為證
辯乃如是天曰我无得无證故辯如是所以者何
若有得有證者則於佛法為增上慢舍利

BD04261號　維摩詰所說經卷中

（21–9）

法皆是解脫相舍利弗言不復以離婬怒癡為
解脫乎天曰佛為增上慢人說離婬怒癡為解
脫耳若无增上慢者佛說婬怒癡性即是解
脫舍利弗言善哉善哉天女汝何所得以何為證
辯乃如是天曰我无得无證故辯如是所以者何
若有得有證者則於佛法為增上慢舍利
弗問天汝於三乘為何所求天曰以聲聞法
化眾生故我為聲聞以因緣法化眾生故我
為辟支佛以大悲化眾生故我為大乘舍利弗
如人入瞻蔔林唯齅瞻蔔不齅餘香如是若入此
室但聞佛法功德之香不樂聲聞辟支佛功德
香也舍利弗其有釋梵四天王諸天龍鬼神
等入此室者聞斯上人講說正法皆樂佛功德
之香發心而出舍利弗吾止此室十有二年初不
聞說聲聞辟支佛法但聞菩薩大慈大悲不
可思議諸佛之法舍利弗此室常現八未曾
有難得之法何等為八此室常以金色光照晝
夜无異不以日月所照為明是為一未曾有難得
之法此室入者不為諸垢之所惱也是為二未曾有
難得之法此室常有釋梵四天王他方菩薩來
會不絕是為三未曾有難得之法此室常說六
波羅蜜不退轉法是為四未曾有難得之法此
室常作天人第一之樂絃出无量法化之聲是
為五未曾有難得之法此室有四大藏眾寶積
滿周窮濟乏求得无盡是為六未曾有難得
之法此室釋迦牟尼佛阿弥陁佛阿閦佛寶德
寶炎寶月寶嚴難勝師子響一切利成如

BD04261號　維摩詰所說經卷中

（21–10）

波羅蜜不退轉法是為四未曾有難得之法此
室常作天人第一之樂絃出无量法化之聲是
為五未曾有難得之法此室有四大藏衆寶積
滿周窮濟乏求得无盡是為六未曾有難得
之法此室釋迦牟尼佛阿弥陁佛阿閦佛寶德
寶炎寶月寶嚴難勝師子響一切利成如
是等十方无量諸佛是上人念時即皆為來廣
說諸佛秘要法藏說已還去是為七未曾有難
得之法此室一切諸天嚴飾宮殿諸佛淨土皆
於中現是為八未曾有難得之法舍利弗此室
常現八未曾有難得之法誰有見斯不思議事
而復樂於聲聞法乎舍利弗言汝何以不轉女身
天曰我從十二年來求女人相了不可得當何所轉
譬如幻師化作幻女若有人問何以不轉女身是人
為正問不舍利弗言不也幻无定相當何所轉
天曰一切諸法亦復如是无有定相云何乃問
不轉女身即時天女以神通力變舍利弗令如
天女天自化身如舍利弗而問言何以不轉女身
舍利弗以天女像而荅言我今不知何轉而變
為女身天曰舍利弗若能轉此女身則一切女人
亦當能轉如舍利弗非女而現女身一切女人亦
復如是雖現女身而非女也是故佛說一切諸法
非男非女即時天女還攝神力舍利弗身還復
如故天問舍利弗女身色相今何所在舍利弗言
女身色相无在无不在天曰一切諸法亦復如是
无在无不在夫无在无不在者佛所說也舍
利弗問天汝於此沒當生何所天曰佛化所生

BD04261號　維摩詰所說經卷中　（21–11）

非男非女即時天女還攝神力舍利弗身還復
如故天問舍利弗女身色相今何所在舍利弗言
女身色相无在无不在天曰一切諸法亦復如是
无在无不在夫无在无不在者佛所說也舍
利弗問天汝於此沒當生何所天曰佛化所生
吾如彼生曰佛化所生非沒生也天曰衆生
猶然无沒生也舍利弗問天汝久如當得阿耨
多羅三藐三菩提天曰如舍利弗還為凡夫我
乃當成阿耨多羅三藐三菩提舍利弗言我
作凡夫无有是處天曰我得阿耨多羅三藐
三菩提亦无是處所以者何菩提无住處是
故无有得者舍利弗言今諸佛得阿耨多羅三
藐三菩提已得當得如恒河沙皆何謂乎天曰
皆以世俗文字數故說有三世非謂菩提有去
來今天曰舍利弗汝得阿羅漢道耶曰无所得
故而得天曰諸佛菩薩亦復如是无所得故
而得尒時維摩詰語舍利弗是天女曾已供養
九十二億佛已能遊戲菩薩神通所願具足
得无生忍住不退轉以本願故隨意能現教
化衆生

佛道品第八

尒時文殊師利問維摩詰言菩薩云何通達
佛道維摩詰言若菩薩行於非道是為通達
佛道又問云何菩薩行於非道荅曰若菩薩行
五无間而无惱恚至于地獄无諸罪垢至于
畜生无有无明憍慢等過至于餓鬼而具足功
德行色无色界道不以為勝示行貪欲離諸染

BD04261號　維摩詰所說經卷中　（21–12）

佛道品第八
尒時文殊師利問維摩詰言菩薩云何通達
佛道維摩詰言若菩薩行於非道是爲通達
佛道又問云何菩薩行於非道答曰若菩薩行
五无間而无惱恚至于地獄无諸罪垢至于
畜生无有无明憍慢等過至于餓鬼而具足功
德行色无色界不以爲勝示行貪欲離諸染
著示行瞋恚於諸衆生无有恚礙示行愚癡
而以智慧調伏其心示行慳貪而捨内外所有不
惜身命示行毀禁而安住淨戒乃至小罪猶懷
大懼示行瞋恚而常慈忍示行懈怠而懃修功
德示行亂意而常念定示行愚癡而通達世間出
世間慧示行諂僞而善方便隨諸經義示行憍
慢而於衆生猶如橋梁示行諸煩惱而心常清
淨示入於魔而順佛智慧不隨他教示入聲聞而
爲衆生說未聞法示入辟支佛而成就大悲教化
衆生示入貧窮而有寶手功德无盡示入形殘而
具諸相好以自莊嚴示入下賤而生佛種姓中具
諸功德示入羸劣醜陋而得那羅延身一切衆生
之所樂見示入老病而永斷病根超越死畏示有資
生而恒觀无常實无所貪示有妻妾婇女而常
遠離五欲淤泥現於訥鈍而成就辯才揔持无
失示入邪濟而以正濟度諸衆生現遍入諸道而
斷其因緣現於涅槃而不斷生死文殊師利菩薩
能如是行於非道是爲通達佛道
於是維摩詰問文殊師利何等爲如來種文殊
師利言有身爲種无明有愛爲種貪恚癡爲種

BD04261 號　維摩詰所說經卷中　（21–13）

遠離五欲淤泥現於訥鈍而成就辯才揔持无
失示入邪濟而以正濟度諸衆生現遍入諸道而
斷其因緣現於涅槃而不斷生死文殊師利菩薩
能如是行於非道是爲通達佛道
於是維摩詰問文殊師利何等爲如來種文殊
師利言有身爲種无明有愛爲種貪恚癡爲種
四顛倒爲種五蓋爲種六入爲種七識處爲種八邪
法爲種九惱處爲種十不善道爲種以要言之六
十二見及一切煩惱皆是佛種曰何謂也答曰若見
无爲入正位者不能復發阿耨多羅三藐三菩
提心譬如高原陸地不生蓮華卑濕淤泥乃生此
華如是見无爲法入正位者終不復能生於佛法煩惱
泥中乃有衆生起佛法耳又如殖種於空終不得
生糞壤之地乃能滋茂如是入无爲正位者不生佛
法起於我見如須弥山猶能發于阿耨多羅三
藐三菩提心生佛法矣是故當知一切煩惱爲
如來種譬如不入巨海不能得无價寶珠如是
不入煩惱大海則不能生一切智寶之心
尒時大迦葉歎言善哉善哉文殊師利快說此
語誠如所言塵勞之疇爲如來種我等今者
不復堪任發阿耨多羅三藐三菩提心乃至五无
間罪猶能發意生於佛法而今我等永不能發
譬如根敗之士其於五欲不能復利如是聲聞
諸結斷者於佛法中无所復益永不志願是故
文殊師利凡夫於佛法有反復而聲聞无也所以
者何凡夫聞佛法能起无上道心不斷三寶正法
使聲聞終身聞佛法力无畏等永不能發无上

BD04261 號　維摩詰所說經卷中　（21–14）

譬如根敗之士其於五欲不能復利如是聲聞
諸結斷者於佛法中无所復益永不志願是故
文殊師利凡夫於佛法有反復而聲聞无也所以
者何凡夫聞佛法能起无上道心不斷三寶正法
使聲聞終身聞佛法力无畏等永不能發无上
道意　尒時會中有菩薩名普現色身問維摩詰
言居士父母妻子親戚眷屬吏民知識悉為是誰
奴婢僮僕象馬車乘皆何所在於是維摩詰以偈答
智度菩薩母　方便以為父　一切衆導師　无不由是生
法喜以為妻　慈悲心為女　善心誠實男　畢竟空寂舍
弟子衆塵勞　隨意之所轉　道品善知識　由是成正覺
諸度法等侶　四攝為妓女　歌詠誦法言　以此為音樂
摠持之園苑　无漏法林樹　覺意淨妙華　解脫智慧果
八解之浴池　定水湛然滿　布以七淨華　浴此无垢人
象馬五通馳　大乘以為車　調御以一心　遊於八正路
相具以嚴容　衆好飾其姿　慚愧之上服　深心為華鬘
富有七財寶　教授以滋息　如所說修行　迴向為大利
四禪為床坐　從於淨命生　多聞增智慧　以為自覺音
甘露法之食　解脫味為漿　淨心以澡浴　戒品為塗香
摧滅煩惱賊　勇健无能踰　降伏四種魔　勝幡建道場
雖知无起滅　示彼故有生　悉現諸國土　如日无不現
供養於十方　无量億如來　諸佛及己身　无有分別想
雖知諸佛國　及與衆生空　而常脩淨土　教化於群生
諸有衆生類　形聲及威儀　无畏力菩薩　一時能盡現
覺知衆魔事　而示隨其行　以善方便智　隨意皆能現
或示老病死　成就諸群生　了知如幻化　通達无有礙

BD04261號　維摩詰所說經卷中　（21–15）

雖知諸佛國　及與衆生空　而常脩淨土　教化於群生
諸有衆生類　形聲及威儀　无畏力菩薩　一時能盡現
覺知衆魔事　而示隨其行　以善方便智　隨意皆能現
或示老病死　成就諸群生　了知如幻化　通達无有礙
或現劫盡燒　天地皆洞然　衆人有常想　照令知无常
无數億衆生　俱來請菩薩　一時到其舍　化令向佛道
經書禁呪術　工巧諸伎藝　盡現行此事　饒益諸群生
世間衆道法　悉於中出家　因以解人惑　而不墮邪見
或作日月天　梵王世界主　或時作地水　或復作風火
劫中有疾疫　現作諸藥草　若有服之者　除病消衆毒
劫中有飢饉　現身作飲食　先救彼飢渴　却以法語人
劫中有刀兵　為之起慈悲　化彼諸衆生　令住无諍地
若有大戰陣　立之以等力　菩薩現威勢　降伏使和安
一切國土中　諸有地獄處　輙往到于彼　勉濟諸苦惱
一切國土中　畜生相食噉　皆現生於彼　為之作利益
示受於五欲　亦復現行禪　令魔心憒亂　不能得其便
火中生蓮華　是可謂希有　在欲而行禪　希有亦如是
或現作婬女　引諸好色者　先以欲鉤牽　後令入佛智
或為邑中主　或作商人導　國師及大臣　以祐利衆生
諸有貧窮者　現為无盡藏　因以勸導之　令發菩提心
我心憍慢者　為現大力士　消伏諸貢高　令住无上道
其有恐懼者　居前而慰安　先施以无畏　後令發道心
或現離婬欲　為五通仙人　開導諸群生　令住戒忍慈
見須供事者　現為作僮僕　既悅可其意　乃發以道心
隨彼之所須　得入於佛道　以善方便力　皆能給足之
如是道无量　所行无有崖　智慧无邊際　度脫无數衆

BD04261號　維摩詰所說經卷中　（21–16）

其有恐懼者　居前而慰安　先施以无畏　後令發道心
或現離婬欲　為五通仙人　開導諸群生　令住戒忍慈
見須供事者　現為作僮僕　既悅可其意　乃發以道心
隨彼之所須　得入於佛道　以善方便力　皆能給足之
如是道无量　所行无有崖　智慧无邊際　度脫无數衆
假令一切佛　於无數億劫　讃歎其功德　猶尚不能盡
誰聞如是法　不發菩提心　除彼不肖人　癡冥无智者
入不二法門品第九
尒時維摩詰謂衆菩薩言諸仁者云何菩薩
入不二法門各隨所樂說之會中有菩薩名法
自在說言諸仁者生滅為二法本不生今則无滅
得此无生法忍是為入不二法門
德首菩薩曰我我所為二因有我故便有我所
若无有我則无我所是為入不二法門
不眴菩薩曰受不受為二若法不受則不可得以
不可得故无取无捨无作无行是為入不二法門
德頂菩薩曰垢淨為二見垢實性則无淨相順
於滅相是為入不二法門
善宿菩薩曰是動是念為二不動則无念无念
則无分別通達此者是為入不二法門
善眼菩薩曰一相无相為二若知一相即是无相
亦不取无相入於平等是為入不二法門
妙臂菩薩曰菩薩心聲聞心為二觀心相空如幻
化者无菩薩心无聲聞心是為入不二法門
弗沙菩薩曰善不善為二若不起善不善入
无相際而通達者是為入不二法門
師子菩薩曰罪福為二若達罪性則與福无異以

BD04261 號　維摩詰所說經卷中　（21–17）

妙臂菩薩曰菩薩心聲聞心為二觀心相空如幻
化者无菩薩心无聲聞心是為入不二法門
弗沙菩薩曰善不善為二若不起善不善入
无相際而通達者是為入不二法門
師子菩薩曰罪福為二若達罪性則與福无異以
金剛慧決了此相无縛无解者是為入不二法門
師子意菩薩曰有漏无漏為二若得諸法等則
不起漏不漏想不著於相亦不住无相是為入不二法門
淨解菩薩曰有為无為為二若離一切數則心如
虛空以清淨慧无所礙者是為入不二法門
那羅延菩薩曰世間出世間為二世間性空即是
出世間於其中不出不入不溢不散是為入不二法門
善意菩薩曰生死涅槃為二若見生死性則无生
死无縛无解不然不滅如是解者是為入不二法門
現見菩薩曰盡不盡為二法若究竟盡若不盡皆是无
盡相无盡相即是空空則无有盡不盡相如是入者是
為入不二法門
普首菩薩曰我无我為二我尚不可得非我何可
得見我實性者不復起二是為入不二法門
電天菩薩曰明无明為二无明實性即是明明亦不
可取離一切數於其中平等无二者是為入不二法門
喜見菩薩曰色色空為二色即是空非色滅空色
性自空如是受想行識識空為二識即是空非識
滅空識性自空於其中而通達者是為入不二法門
明相菩薩曰四種異空種異為四種性即是空
種性如前際後際空故中際亦空若能如是知

BD04261 號　維摩詰所說經卷中　（21–18）

可取離一切數於其中平等无二者是為入不二法門
喜見菩薩曰色色空為二色即是空非色滅空色
性自空如是受想行識識空為二識即是空非識
滅空識性自空於其中而通達者是為入不二法門
明相菩薩曰四種異空種異為二四種性即是空
種性如前際後際空故中際亦空若能如是知
諸種性者是為入不二法門
妙意菩薩曰眼色為二若知眼性於色不貪不
恚不癡是名寂滅如是耳聲鼻香舌味身觸
意法為二若知意性於法不貪不恚不癡是
名寂滅安住其中是為入不二法門
无盡意菩薩曰布施迴向一切智為二布施性即
是迴向一切智性如是持戒忍辱精進禪定智
惠迴向一切智為二智惠性即是迴向一切智性於
其中入一相者是為入不二法門
深惠菩薩曰是空是无相是无作為二空即
是无相无相即是无作若空无相无作則无心意
識於一解脫門即是三解脫門者是為入不二法門
寂根菩薩曰佛法衆為二佛即是法法即是衆
是三寶皆无為相與虛空等一切法亦尒能隨
此行者是為入不二法門
心无㝵菩薩曰身身滅為二身即是身滅所以者
何見身實相者不起見身及見滅身身與滅身无
二无分別於其中不驚不懼者是為入不二法門
上善菩薩曰身口意善為二是三業皆无作相身无作
相即口无作相口无作相即意无作相是三業无作相
[illegible]

BD04261號　維摩詰所說經卷中　（21–19）

何見身實相者不起見身及見滅身身與滅身无
二无分別於其中不驚不懼者是為入不二法門
上善菩薩曰身口意善為二是三業皆无作相身无作
相即口无作相口无作相即意无作相是三業无作相
即一切法无作相能如是隨无作惠者是為入不二法門
福田菩薩曰福行罪行不動行為二三行實性即
是空空則无福行无罪行无不動行於此三行而
不起者是為入不二法門
華嚴菩薩曰從我起二為二見我實相者不起
二法若不住二法則无有識无所識者是為入不二法門
德藏菩薩曰有所得相為二若无所得則无取
捨无取捨者是為入不二法門
月上菩薩曰闇與明為二无闇无明則无有二所以
者何如滅受想定无闇无明一切法亦復如是於
其中平等入者是為入不二法門
寶印手菩薩曰樂涅槃不樂世間為二若不樂涅槃
不猒世間則无有二所以者何若有縛則有解若本
无縛其誰求解无縛无解則无樂猒是為入不二法門
珠頂王菩薩曰正道耶道為二住正道者則不分
別是耶是正離此二法是為入不二法門
樂實菩薩曰實不實為二實見者尚不見實
何況非實所以者何非肉眼所見慧眼乃能見而
此惠眼无見无不見是為入不二法門
如是諸菩薩各各說已問文殊師利何等是
菩薩入不二法門文殊師利曰如我意者於一切法
无言无說无示无識離諸問荅是為入不二法門

BD04261號　維摩詰所說經卷中　（21–20）

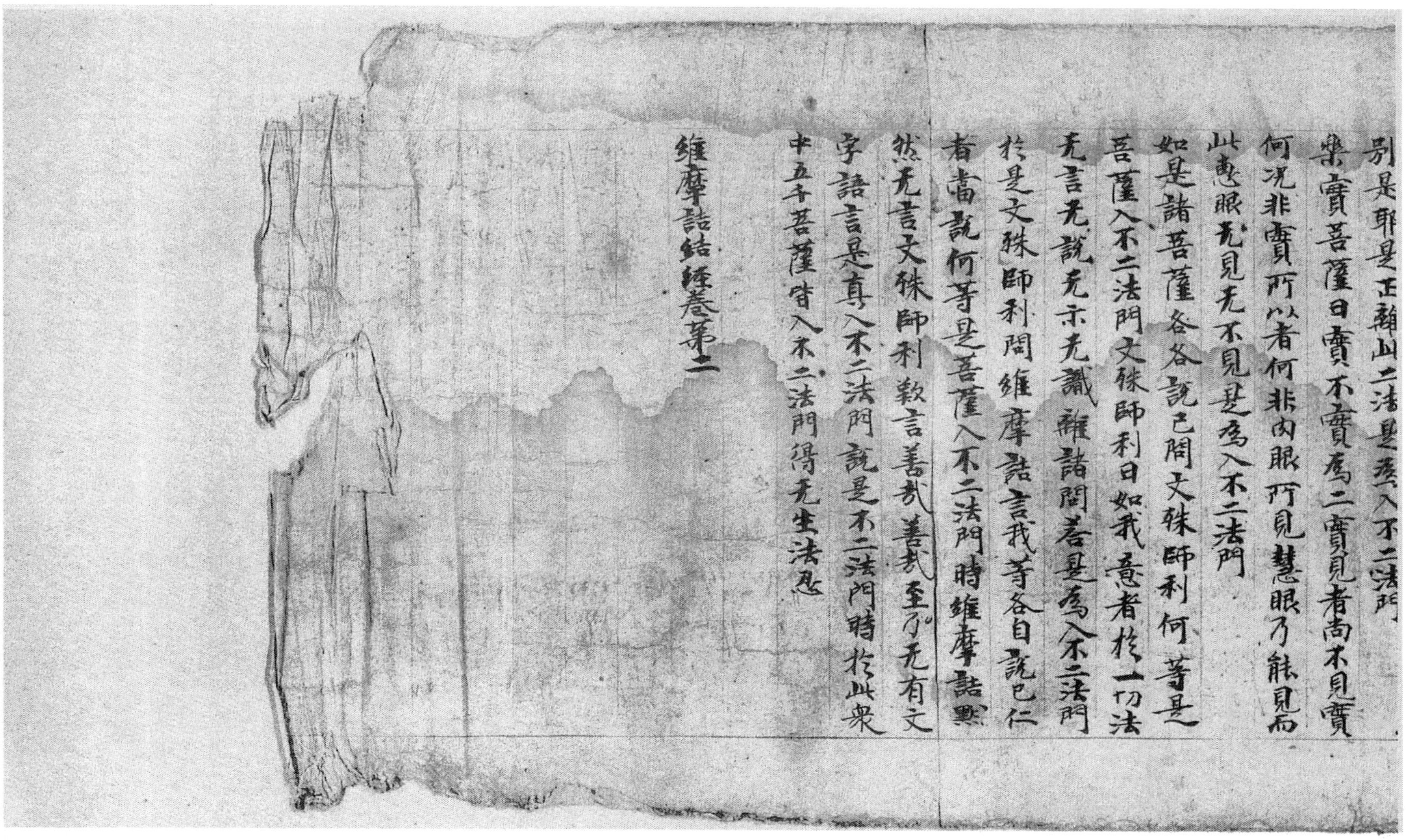
別是耶是正離此二法是為入不二法門
樂實菩薩曰實不實為二實見者尚不見實
何況非實所以者何非肉眼所見慧眼乃能見而
此慧眼无見无不見是為入不二法門
如是諸菩薩各各說已問文殊師利何等是
菩薩入不二法門文殊師利曰如我意者於一切法
无言无說无示无識離諸問答是為入不二法門
於是文殊師利問維摩詰我等各自說已仁
者當說何等是菩薩入不二法門時維摩詰默
然无言文殊師利歎言善哉善哉乃至无有文
字語言是真入不二法門說是不二法門時於此衆
中五千菩薩皆入不二法門得无生法忍
維摩詰經卷第二

BD04261 號　維摩詰所說經卷中　（21–21）

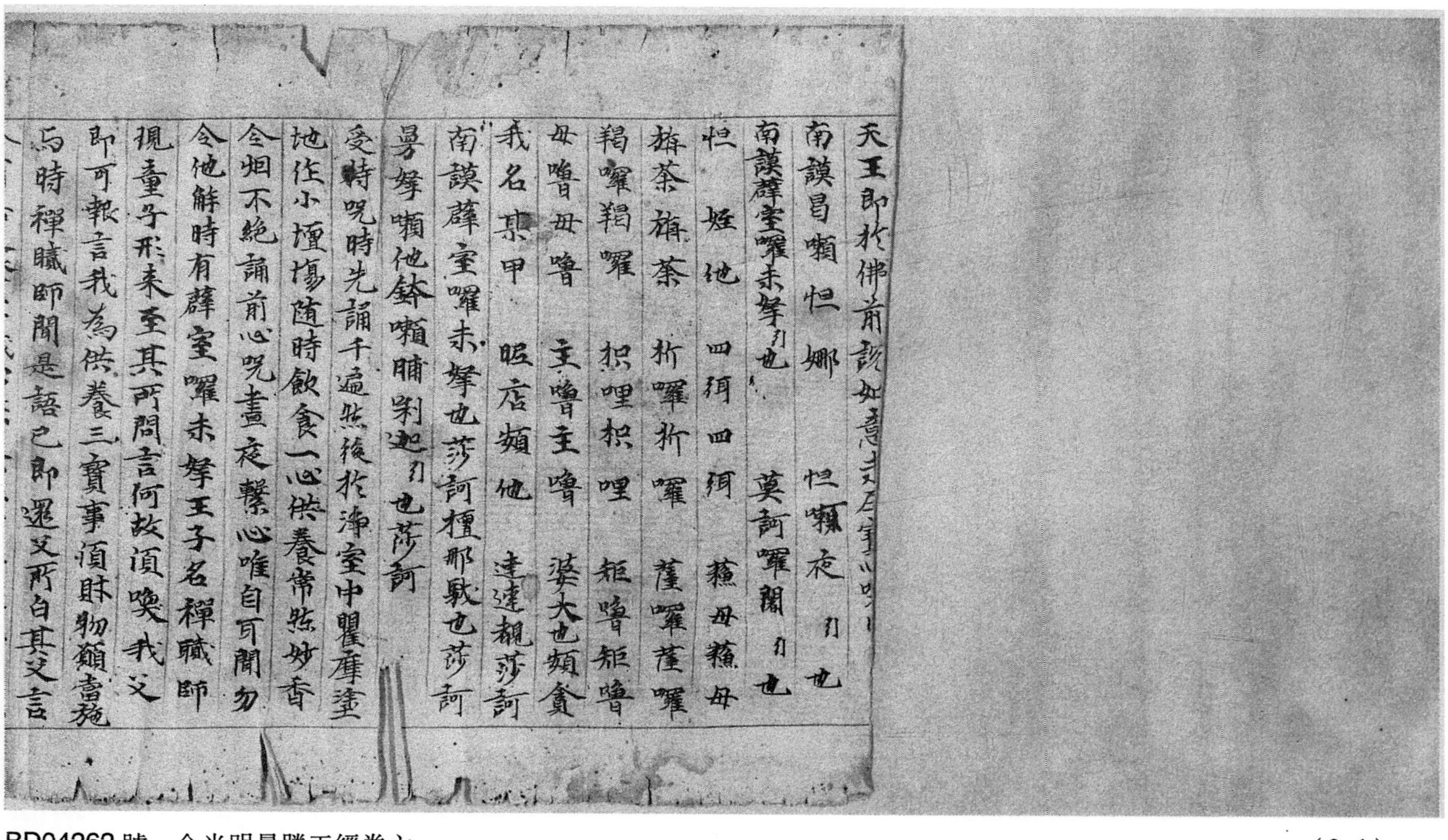
天王即於佛前說如意寶珠心呪曰
南謨曷喇怛娜　怛喇夜引也
南謨薜室囉末拏引也　莫訶囉闍引也
怛姪他　四弭四弭　蘇母蘇母
旃荼旃荼　折囉折囉　薩囉薩囉
羯囉羯囉　枳哩枳哩　矩嚕矩嚕
母嚕母嚕　主嚕主嚕　娑大也頞貪
我名某甲　昵店婻他　達達覩莎訶
南謨薜室囉末拏也莎訶　檀那馱也莎訶
曼奴喇他鉢喇脯喇迦引也莎訶
受持呪時先誦千遍然後於淨室中瞿摩塗
地作小壇場隨時飲食一心供養常然妙香
令烟不絕誦前心呪晝夜繫心唯自耳聞勿
令他解時有薜室囉末拏王子名禪膩師
現童子形來至其所問言何故須喚我父
即可報言我為供養三寶事須財物願當施
與時禪膩師聞是語已即還父所白其父言

BD04262 號　金光明最勝王經卷六　（3–1）

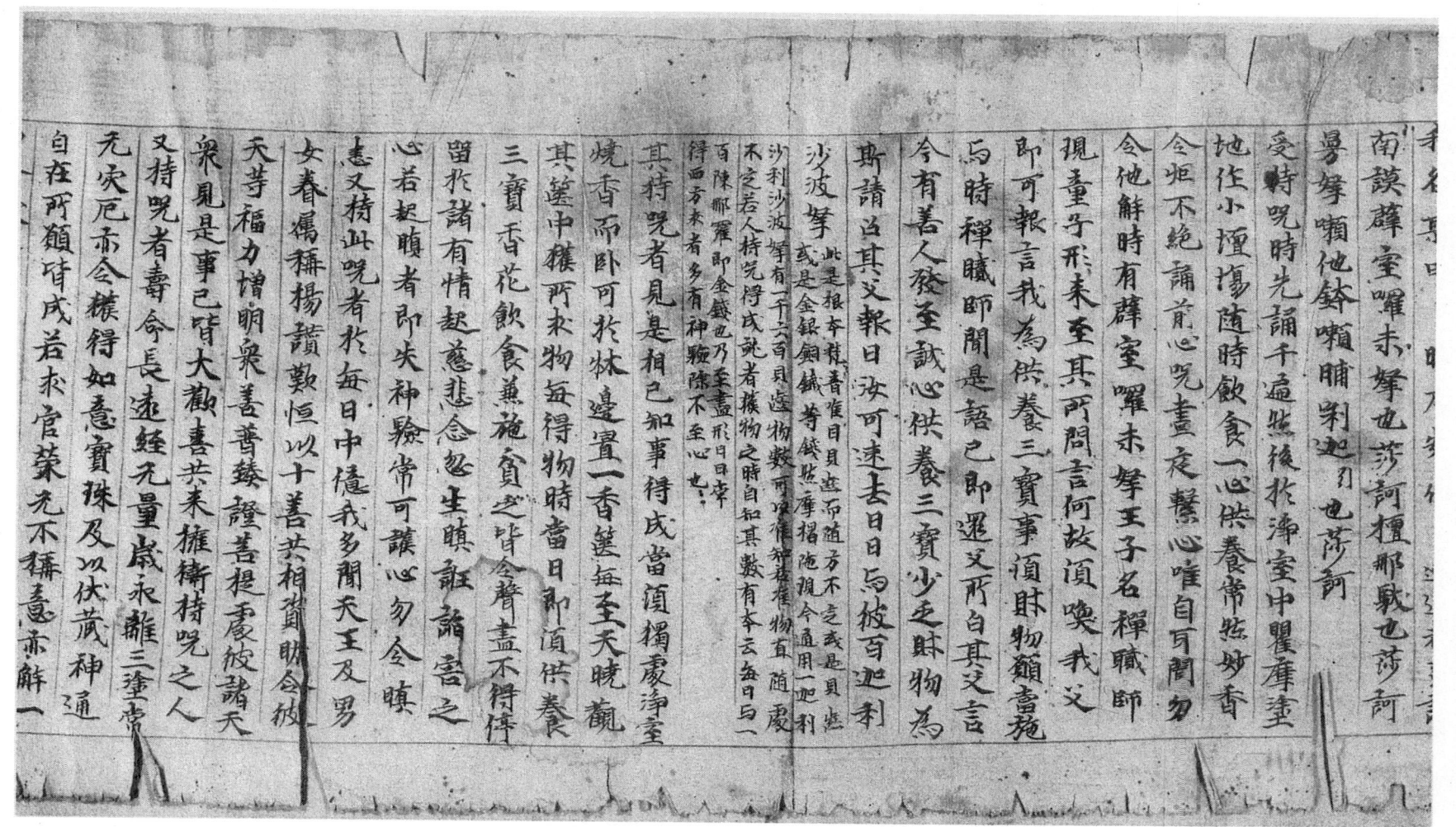

南謨薜室囉末拏也莎訶檀那馱也莎訶
曼拏𡁠他鉢𡁠䩭剎迦引也莎訶
受持呪時先誦千遍然後於淨室中瞿摩塗
地作小壇場隨時飲食一心供養常然妙香
令烟不絕誦前心呪晝夜繫心唯自耳聞勿
令他解時有薜室囉末拏王子名禪膩師
現童子形來至其所問言何故須喚我父
即可報言我為供養三寶事須財物願當施
與時禪膩師聞是語已即還父所白其父言
今有善人發至誠心供養三寶少乏財物為
斯請召其父報日汝可速去日日與彼百迦利
沙波拏 此是根本梵音復日貝齒而隨方不定或是貝齒或是金銀銅鐵等錢然摩揭陁現今通用一迦利沙利沙波拏有一千六百貝齒物數可以准知若准物直隨處不定若人持呪得成就者獲物之時自知其數有本云每日與一百陳那羅即金錢也乃至盡形日日常得西方來者多有神驗除不至心也
其持呪者見是相已知事得成當須獨處淨室
燒香而卧可於床邊置一香篋每至天曉觀
其篋中獲所求物每得物時當日即須供養
三寶香花飲食兼施貧乏皆令聲盡不得停
留於諸有情起慈悲念勿生瞋詐諂害之
心若起瞋者即失神驗常可護心勿令瞋
恚又持此呪者於每日中憶我多聞天王及男
女眷屬稱揚讚歎恒以十善共相資助令彼
天等福力增明衆善普臻證菩提處彼諸天
衆見是事已皆大歡喜共來擁衛持呪之人
又持呪者壽命長遠經无量歲永離三塗常
无灾厄亦令獲得如意寶珠及以伏藏神通
自在所願皆成若求官榮无不稱意亦解一

BD04262 號　金光明最勝王經卷六

（3–2）

不定若人持呪得成就者獲物之時自知其數有本云每日與一百陳那羅即金錢也乃至盡形日日常得西方來者多有神驗除不至心也
其持呪者見是相已知事得成當須獨處淨室
燒香而卧可於床邊置一香篋每至天曉觀
其篋中獲所求物每得物時當日即須供養
三寶香花飲食兼施貧乏皆令聲盡不得停
留於諸有情起慈悲念勿生瞋詐諂害之
心若起瞋者即失神驗常可護心勿令瞋
恚又持此呪者於每日中憶我多聞天王及男
女眷屬稱揚讚歎恒以十善共相資助令彼
天等福力增明衆善普臻證菩提處彼諸天
衆見是事已皆大歡喜共來擁衛持呪之人
又持呪者壽命長遠經无量歲永離三塗常
无灾厄亦令獲得如意寶珠及以伏藏神通
自在所願皆成若求官榮无不稱意亦解一
切禽獸之語
世尊若持呪時欲得見我自身現者可於月
八日或十五日於白疊上畫佛形像當用木
膠雜彩莊飾其畫像人為受八戒於佛
佐吉祥天女像於佛

BD04262 號　金光明最勝王經卷六

（3–3）

諸……□弥勒者亦應
士者亦應
礼敬琉璃光佛若墮諸耶道亦當礼敬琉璃
光佛若夜惡夢鳥鳴百怪蜚尸耶忤魍魎
鬼神之所擾者亦當礼敬琉璃光佛若為水
火之所焚漂亦當礼敬琉璃光佛若入山谷
為虎狼熊羆蒺藜諸獸蟲龍蚖虵蝮蝎種種
雜類若有惡心来相向者心當存念琉璃光
佛山中諸難不能為害若他方怨賊偷竊惡
人怨人懎去欲来侵凌心當存念琉璃光佛
則不為害以善男子礼敬琉璃光如来功德
所致華報如是況果報也是故吾今歡諸四
輩礼事琉璃光佛至真等正覺
佛告文殊我但為汝略說琉璃光佛礼敬功
德若使廣說是琉璃光佛无量功德與一
切人未□所願皆從一劫至一劫故不周遍
其世間人若有著床痿黃困篤惡病連年
累月不差者聞我說是琉璃光佛名字之時
橫病之厄无不除愈唯除宿殃不請耳
佛告文殊若男子女人受三自歸若五戒若

BD04263號　灌頂章句拔除過罪生死得度經　（9–1）

切人未□所願皆從一劫至一劫故不周遍
其世間人若有著床痿黃困篤惡病連年
累月不差者聞我說是琉璃光佛名字之時
橫病之厄无不除愈唯除宿殃不請耳
佛告文殊若男子女人受三自歸若五戒若
十戒若善信菩薩廿四戒若沙門二百五十
戒若比丘尼五百戒若菩薩戒若破是諸戒
若能至心一懺悔者復聞我說琉璃光佛終
不墮三惡道中必得解脫若人愚癡不受父
母師友教誨不信佛不信經戒不信聖僧應
墮三惡道中者忘失人種受畜生身聞我
說是琉璃光佛善願功德者即得解脫
佛告文殊世有惡人雖受佛禁戒觸事違
犯或煞无道偷竊他人財寶欺誑妄語婬他
婦女飲酒鬪乱兩舌惡口罵詈毀人犯戒為惡
復祠祀鬼神有如是過罪當墮地獄中若當
屠割若抱銅柱若鐵鉤出舌若烊銅灌口者
聞我說是藥師琉璃光佛无不即得解脫
者也
佛告文殊其世間人豪貴下賤不信佛不信
經道不信沙門不信有須陁洹不信有斯陁
含不信有阿那含不信有阿羅漢不信有
辟支佛不信有十住菩薩不信有三世之事
不信有十力諸佛不信有本師釋迦文佛
不信人死神明更生善者受福惡者受殃有如
是之罪應墮惡道聞我說是藥師琉璃光
佛名字之昔一切悉罪自然消滅

BD04263號　灌頂章句拔除過罪生死得度經　（9–2）

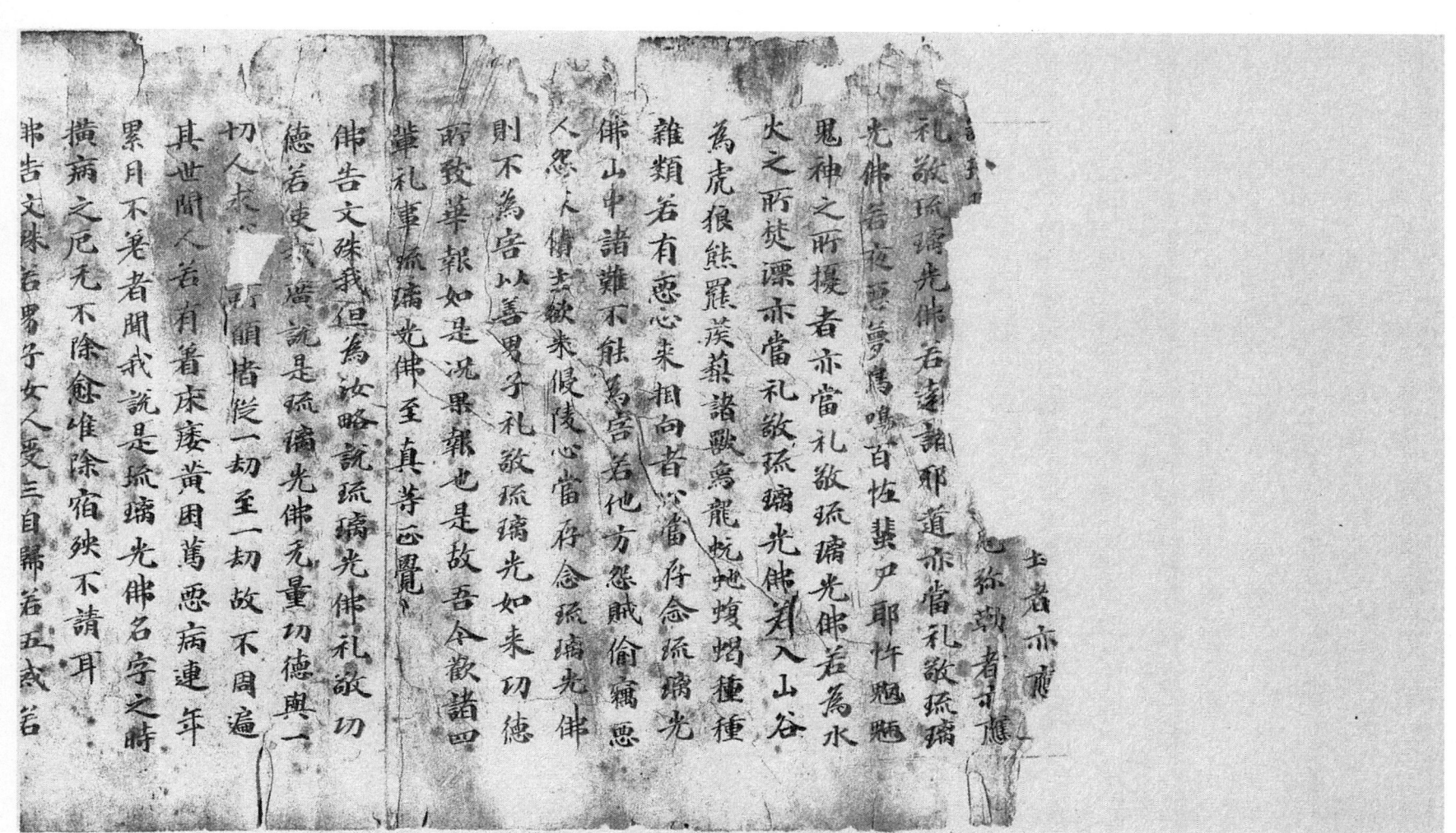

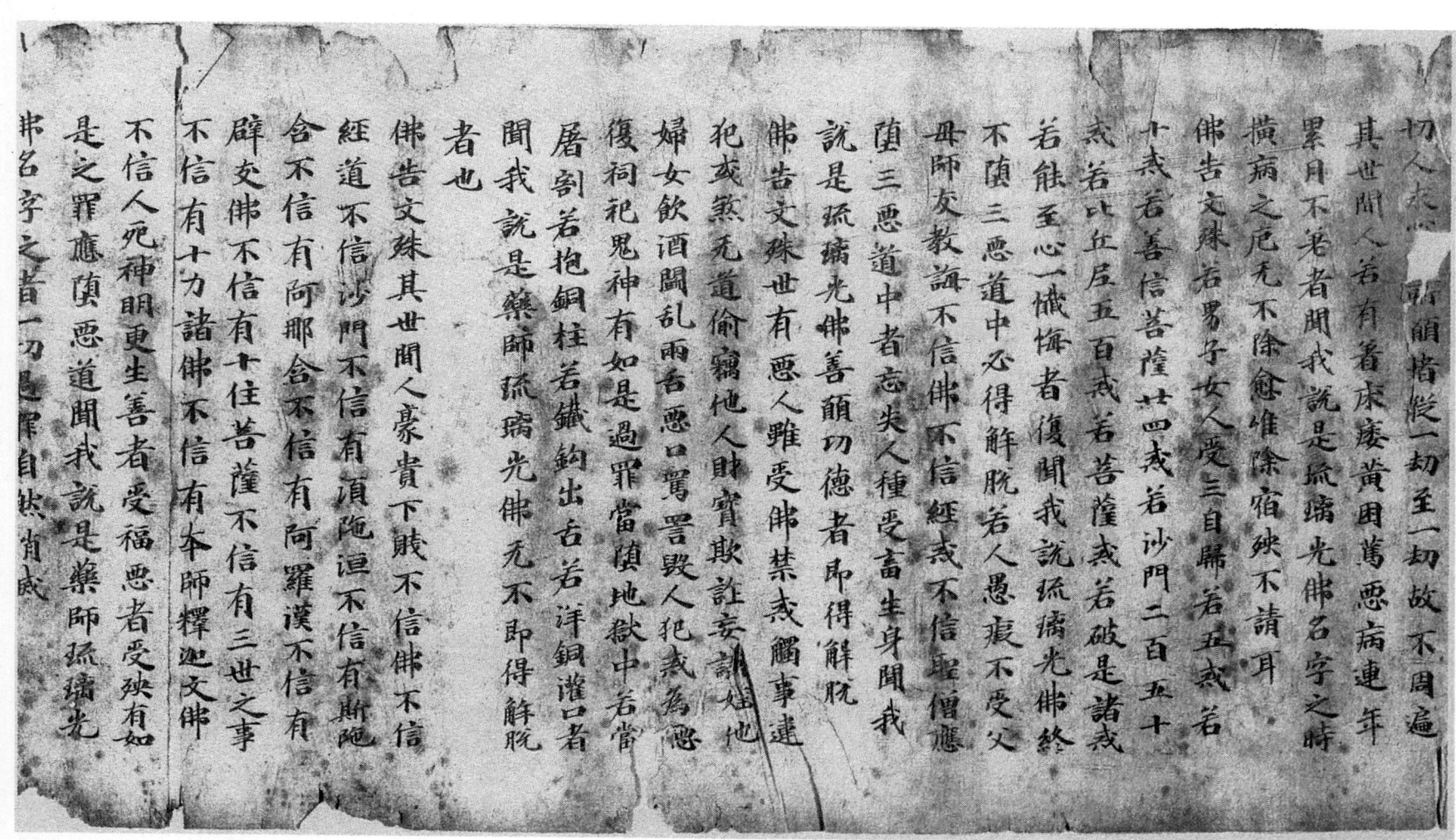

辟支佛不信有十住菩薩不信有三世之事
不信有十力諸佛不信有本師釋迦文佛
不信人死神明更生善者受福惡者受殃有如
是之罪應墮惡道聞我說是藥師琉璃光
佛名字之者一切過罪自然消滅
佛告文殊若有善男子善女人聞我說是
藥師琉璃光佛至真等正覺其誰不發无
上正真道意後皆當得作佛人居世間仕宦
不遷治生不得飢寒困厄亡失財產无復方計
聞我說藥師琉璃光佛各各得心中所願仕宦
皆得高遷財物自然長益飲食充饒皆得富貴
若為縣官之所拘錄惡人假枉若為怨家所得
便者心當存念琉璃光佛若他婦女產生難
者皆當念是琉璃光佛兒則易生身體平正
无諸疾痛六情完具聰明智慧壽命得長不
遭枉橫善神擁護不為惡鬼毆其頭也
佛說是語時阿難在右邊佛顧語阿難言汝
信我為文殊師利說往昔東方過十恒河沙
有佛名藥師琉璃光本願功德者不向難白
佛言唯唯天中天佛之所言何敢不信耶佛
復語阿難言世間人雖有眼耳鼻舌身意人
常用是六事以自迷惑但信世俗魔邪之言
不信至真至誠度世苦切之語如是人輩難
可開化阿難白佛言世尊世人多有惡逆下
賤之者若聞佛說經開人耳目破治衆病除
人陰冥使覩光明解人疑結去人重罪千劫万

不信至真至誠度世苦切之語如是人輩難
可開化阿難白佛言世尊世人多有惡逆下
賤之者若聞佛說經開人耳目破治衆病除
人陰冥使覩光明解人疑結去人重罪千劫万
劫无復憂患皆因佛說是藥師琉璃光本
願功德悉令安隱得其福也
佛語阿難汝口為言善而汝內心狐疑我言
阿難汝莫作是念以自毀敗佛言阿難我見
汝心我知汝意汝知之不向難即以頭面著
地長跪白佛言審如天中天所說我造次聞
佛說是藥師琉璃光擬大尊貴智慧巍巍
難可度量我心有小疑耳敢不首伏佛言汝
智慧狹劣少見少聞汝聞我說滌妙之法无
上空義應生信敬貴重之心必當得至无上
正真道也
文殊問佛言世尊佛說是藥師琉璃光如来
无量功德如是不審誰肯信此言者佛答文
殊言唯有百億諸菩薩摩訶薩當信是言
耳唯有十方三世諸佛當信是言
佛言我說是藥師琉璃光如来本願功德難
可得見何況得聞亦難得說亦難得書寫亦
難得讀文殊師利若有男子女人能信是經
受持讀誦書著竹帛復能為他人解說中義
此已先世以發道意今復得聞此微妙經開
化十方无量衆生當知此人必當得至无上
正真道也
佛告阿難我作佛以来從生死復至生死勤

受持讀誦書著竹帛復能為他人解說中義
此已先世以發道意今復得聞此微妙經開
化十方无量衆生當知此人必當得至无上
正真道也
佛告阿難我作佛以来從生死復至生死勤
苦累劫无所不經无所不歷无所不作无所不
為如是不可思議況復琉璃光佛本願功德
者乎汝所以有疑者亦復如是阿難汝聞佛
所說汝諦信之莫作疑惑佛語至誠无有
虛僞亦无二言佛言為信者施不為疑者
說也阿難汝莫作小疑以毀大乘之業汝却後
亦當發摩訶衍心莫以小道毀汝功德也阿
難言唯唯天中天我從今日以去无復尒心唯
佛自當知我心耳
佛語阿難此經能照諸天宮宅若三灾起時
中有天人發心念此琉璃光佛本願功德經
者皆得離於彼處之難是經能除水涸不
調是經能除他方逆賊悉令斷滅四方夷狄
各還正治不相嬈惱國土交通人民歡喜是
經能除穀貴飢凍是經能滅惡星變怪是
經能除疫毒之病是經能救三惡道苦地
獄餓鬼畜生等苦若人得聞此經典者无不
解脫厄難者也
尒時衆中有一菩薩名曰救脫從坐而起整
衣服叉手合掌而白佛言我等今日聞佛世
尊演說過東方恒河沙世界有佛号琉璃

BD04263號　灌頂章句拔除過罪生死得度經

（9–5）

獄餓鬼畜生等苦若人得聞此經典者无不
解脫厄難者也
尒時衆中有一菩薩名曰救脫從坐而起整
衣服叉手合掌而白佛言我等今日聞佛世
尊演說過東方恒河沙世界有佛号琉璃
光一切衆會靡不歡喜救脫菩薩又白佛言
若族姓男女其有尫羸著床痛惱无救護
者我今當勸呼諸衆僧七日七夜齋戒一心
受持八禁六時行道卌九遍讀是經典勸然七
層之燈亦勸懸五色續命神幡阿難問救脫
菩薩言續命幡燈法則云何救脫菩薩語阿
難言神幡五色卌九尺燈亦復尒七層之燈一
層七燈燈如車輪若遭厄難閉在牢獄枷鏁
著身亦應造立五色神幡然卌九燈應放雜
類衆生至卌九可得過度危厄之難不為諸
横惡鬼所持
救脫菩薩語阿難言若天王大臣及諸輔相
王子妃主宮中婇女若為病苦所惱亦應造
立五色繒幡然燈續明救諸生命散雜色華
燒衆名香王當放赦屈厄之人徒鏁解脫王
得其福天下太平雨澤以時人民歡樂惡龍
攝毒无病苦者四方夷狄不生害國土通
同慈心相向无諸怨害四海歌詠稱王之德
乘此福祿在意所生見佛聞法信受教誨
從是福報至无上道
阿難又問救脫菩薩言命可續也救脫菩薩
荅阿難言我聞世尊說有諸横勸造幡蓋今

BD04263號　灌頂章句拔除過罪生死得度經

（9–6）

攝毒无病苦者四方羌狄不生害國土通
同慈心相向无諸怨害四海歌詠稱王之德
乘此福祿在意所生見佛聞法信受教誨
從是福報至无上道
阿難又問救脫菩薩言命可續也救脫菩薩
答阿難言我聞世尊說有諸横勸造幡蓋令
其脩福又言阿難昔沙弥救蟻以脩福故盡
其壽命不更苦患身體安寧福德力徑使之
然也阿難因復問救脫菩薩横有幾種世尊
說言横乃无數略而言之大横有九一者横病
二者横有口舌三者横遭縣官四者身羸无
福又持戒不完横為鬼神之所得便五者横
為劫賊所剥六者横為水火漂焚七者横
為雜類禽獸所噉八者横為怨讎符書厭
禱邪神𡚁引未得其福但受其殃先亡𡚁引
亦名横死九者有病不治又不脩福湯藥不
順針灸失度不值良醫為病所困於是滅亡
又信世間妖孽之師為作恐動寒熱言語妄發
禍福所犯者多心不自正不能自定卜問覓
禍煞猪狗牛羊種種衆生解奏神明呼諸邪
妖魍魎鬼神請乞福祚欲望長生終不能得
愚癡迷惑信邪倒見死入地獄展轉其中无
解脫時是名九横
救脫菩薩語阿難言其世間人癃黄之病困
篤者床求生不得求死不得考楚万端此病
人者或其前世造作惡業罪過所招殃咎所
引故使然也救脫菩薩語阿難言閻羅王者

BD04263號　灌頂章句拔除過罪生死得度經

（9–7）

解脫時是名九横
救脫菩薩語阿難言其世間人癃黄之病困
篤者床求生不得求死不得考楚万端此病
人者或其前世造作惡業罪過所招殃咎所
引故使然也救脫菩薩語阿難言閻羅王者
主領世間名籍之記若人為惡作諸非法无
孝順心造作五逆破滅三寶无君臣法又有
衆生不持五戒不信正法設有受者多所毀
犯於是地下鬼神及伺候者奏上五官五官
料簡除死定生或注錄精神未判是非若已
定者奏上閻羅閻羅監察隨罪輕重考而治
之世間癃黄之病困篤不死一絶一生由其
罪福未得料簡錄其精神在彼王所或七日
五三七日乃至七七日名籍定者放其精神
還其身中如從夢中見其善惡其人若明
了者信驗罪福是故我今勸諸四輩造續命
神幡然卌九燈放諸生命以此幡燈放生功德
拔彼精神令得度脫令世後世不遭厄難
救脫菩薩語阿難言如來世尊說是經典威
神功德利益不少坐中諸鬼神有十二王從
坐而起往到佛所長跪合掌白佛言我等
十二鬼神在所作護若城邑聚落空閑林中
若四輩弟子誦持此經令所結願无求不得
阿難問言其名云何為我說之救脫菩薩
言灌頂章句其名如是
神名金毗羅　神名和耆羅　神名弥佉羅　神名安陁羅
神名摩尼羅　神名宋林羅　神名因持羅　神名波耶羅

BD04263號　灌頂章句拔除過罪生死得度經

（9–8）

言灌頂章句其名如是
神名金毗羅　神名和耆羅　神名祢佉羅　神名安陁羅
神名摩尼羅　神名宋林羅　神名因持羅　神名波耶羅
神名摩休羅　神名真陁羅　神名照頭羅　神名毗伽羅
救脫菩薩語阿難言此諸鬼神別有七千以
爲眷屬並悉叉手低頭聽佛世尊說是琉
璃光如来本願功德莫不一時捨鬼神形得受
人身長得度脫无衆惱患若人疾急厄難之
日當以五色縷結其名字得如願已然後解
結令人得福灌頂章句法應如是
佛說是經時比丘僧八千人諸菩薩三万六千
人俱諸天龍鬼神八部大王无不歡喜向
難從坐而起前白佛言演說此法當何名
之佛言此經凡有三名一名藥師琉璃光本
願功德二名灌頂章句十二神王結願神呪
三名拔除過罪生死得度佛說經竟大衆
人民作礼奉行

佛說藥師經

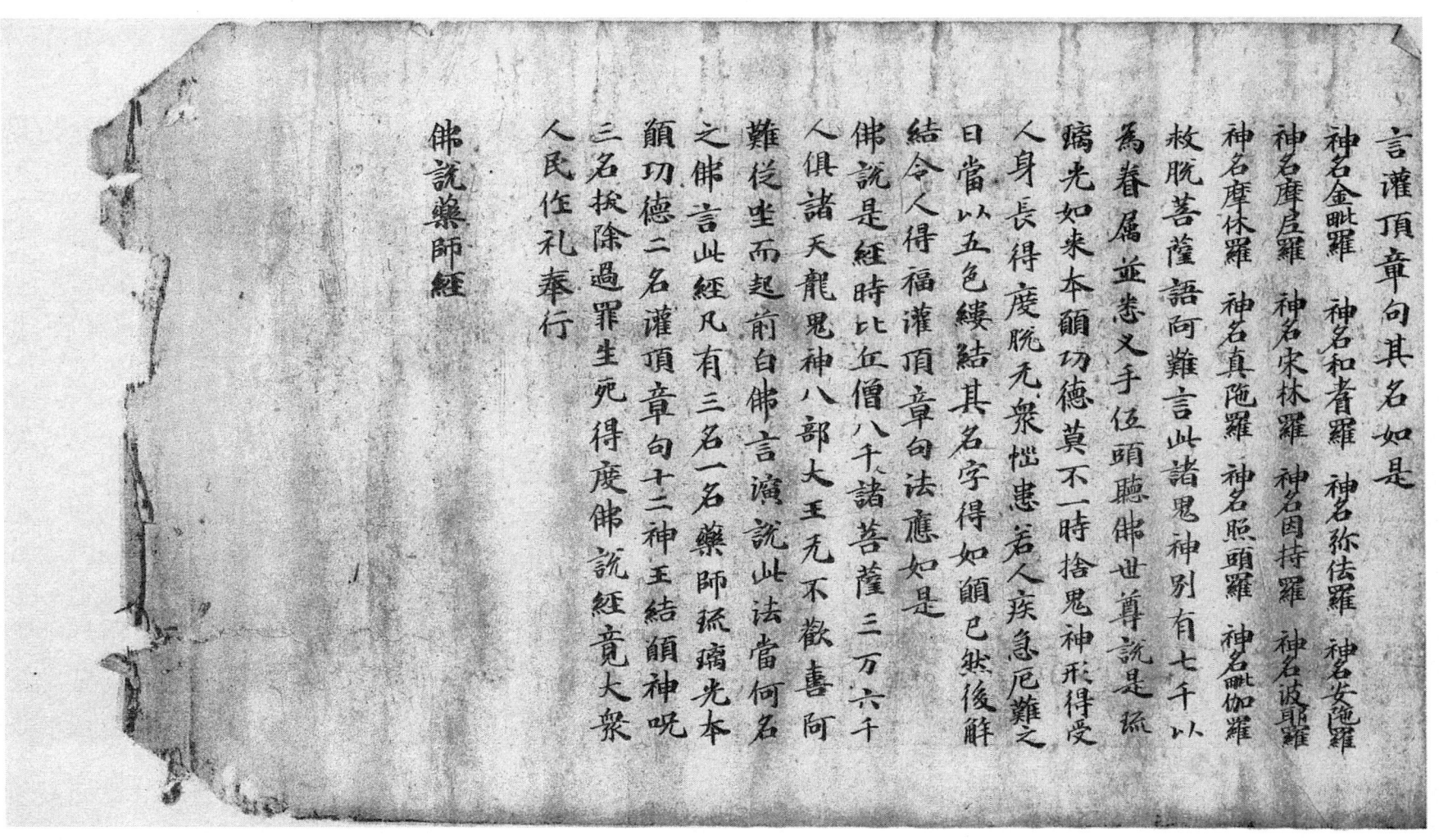

BD04263 號　灌頂章句拔除過罪生死得度經　　（9–9）

昷万斧八些諸貴爲此犢子入議諫得大王王答諸臣
我今愛敬憐忘犢子不可思議若煞此犢子之时莫不我
宮内煞之我見此犢子行跡死處我即心肝寸寸斷絶交死不
活尒时国王語諸臣曰若欲煞此犢子之时爲我孝手向屠兒
坊中方便煞之勿使我見爰遣黄門孝此犢子往向屠兒坊
中到屠兒門底遥喚屠兒三聲屠兒出看黄門語屠兒
日国王二后垂命至死須此銀蹄金角犢子心肝卿急手
打煞劈取心白帋重果羞來門底我在門邊訪待卿屠兒
聞黄門作如是言手孝手犢子入於家中繫著大柱手捉大
斧擧欲打煞犢子語屠兒日卿住未芸煞我聽我一言當死
唅屠兒住聽犢子言犢子語屠兒日我非是犢子我是
栴陀羅頗梨国王太子我父事其三妻我母處在小限雨夫人
意欲煞我我不得違二母違意愛作犢子卿莫煞我我今
之日若作国主我作国王之时使卿金千斤又国半治封邑万户與
卿屠兒顛莫煞我尒时屠兒聞犢子作如是言大芒皂白
言丈夫立身以來煞害衆生恒河沙數小來未見有是銀蹄
金角犢子語我此言屠兒即語犢子曰我今爲卿身死不
得煞卿犢子語屠兒曰卿不得我心肝亦當必死若活我之时
卿用我語使我共卿兩都得活尒时犢子作是言时有一天
帝釋變作黑狗從屠兒門中而入到屠兒中庭倒臥自死犢
子語屠兒曰卿若爲我之时將我抱著草中莫使人知你莫
惜家中自死黑狗劈取心肝送向門底付與黄門你亦得活我

BD04264 號　孝順子修行成佛經　　（7–1）

金角犢子語我此言屠兒即語犢子曰我今為卿身死不
得慜卿犢子語屠兒曰卿不得我心肝亦當必死若活我之時
卿用我語使我共卿兩都得活尒时犢子作是言時有一天
帝釋變作黑象從屠兒門中而入到屠兒中庭倒臥自死犢
子語屠兒曰卿若為我之時將我拖着草中莫使人知你莫
措家中自死黑象辭取心肝送向門底付與黃門你亦得活我
亦得活尒时屠兒辭取黑象心肝白帛重裹送与黃門領得犢
子心肝欲送入殿王聞犢子心肝今則氣塞哽咽爛腸寸寸斷
絕淚下覆面迷倒落床發聲大哭其黃門送犢子心肝往
至宮東二后聞之甚大歡憙狼傍皆起夫人下床身自往就黃門
手中生敢心肝不由湯火便炙生肉食訖二后云此宗甚美我今食
之百脈流徹心底惶悟眼目精明手脚輕便病當得差尒时屠
兒送犢子心肝得了迴來語犢子曰我今為卿輸心肝得了犢
子語屠兒曰你尒恩得昊天難報你若放我之时夜半中放
我去时莫使人見犢子夜半中去时与其屠兒泣淚辭別語
屠兒曰我今辭你去後作一變異使你支見知我有賢德必
令報卿恩卿家去城三百餘步我從卿門出使无脚跡唯有城
西北角上卿一跡踏土之處知我有賢德能得報你
尒时屠兒聞犢子作如是言燒香禮拜供養跪起泣淚
奉送出門至明天曉人未得时尋此犢子脚跡處處不見城朱
亦无脚跡城西北角上正見一足踏土之處屠兒知有賢德念佛
還家　　尒时犢子頭明行去離國三千餘里往到舍婆
提國還值國王有一美女為人可嬉種種姿妍面如月滿端嚴
无比世間希有八功德水以洛其軀着劫波袖衣及乘天宫
殿化城九重國王意欲嬉配此女不就王若配會是賢德
之人女便共活王語女曰我生在凡處肉眼衆生知誰是賢女
答王曰阿耶與女告集儀同僚射高良貴子守令之家方伯
子孫在於都市女自選夫主女從王後行手捉金鍾咸蒲桃

BD04264 號　孝順子修行成佛經　（7–2）

殿化城九重國王意欲嬉配此女不就王若配會是賢德
之人女便共活王語女曰我生在凡處肉眼衆生知誰是賢女
答王曰阿耶與女告集儀同僚射高良貴子守令之家方伯
子孫在於都市女自選夫主女從王後行手捉金鍾咸蒲桃
酒在父後行選儀同僚射高良貴子千行无无稱意者王
語女曰向前十行者王侯子孫上不共活自餘卑微寧可之意
女答王曰向前十行者雖可有形狼面目似人腹裏无德女欲
共活之會人是賢德女便共活王聞此語任女意懷不違女
願復行至十行下頭見一犢子銀蹄金角下行頭立
王此行還女尋後至向父王曰此是賢德之人女欲共活王任女
意女得王言即還手中鍾酒與其犢子犢子得酒向口
飲半犢子還與女女即飲盡文礼必定永為匹配
尒时諸臣百官領國之人皆大哄王一國之女穢與牛犢聽擯
邪國穿有此事王聞羞恥便欲煞女有一帝釋變作智臣並
即諫王王有一女甚有賢德何待煞之從出國外令使輒愧愁
不改行女此言甚大歡喜叉手白王父子生有離別何待煞女求
從遠徙離王國去外書去女外向千里從夫若與王別請乞乘騎
送女出國王共夫人送女出城號啼大哭悲哀泣淚語諸臣左右
清衣吏民都共送之百鳥悲鳴聲動取婆父子分離辭王
及夫人心肝痛切將欲氣絕
尒时女共犢子離出王國轉復前行見一木城女問犢子曰此是
你國以不犢子答曰此非我國汝復前行見一土城此是你國以不此
非我國汝復前行見一鐵城此是你國以不此非我國汝復前行
見一銅城此是你國以不此非我國汝復前行見一銀城此是你
國以不此非我國汝復前行見一金城此是你國以不犢子答曰
此是我國在金城國可至由信宿其此犢子仍不變現女問
犢子曰君若是賢德之人應當不變尒时犢子聞道此

BD04264 號　孝順子修行成佛經　（7–3）

非我国汝復前行見一金城此是你国以不此非我国汝復前行
見一銅城此是你国以不此非我国汝復前行見一銀城此是你
国以不此非我国汝復前行見一金城此是你国以不犢子荅曰
此是我国死金城国可至由信宿其此犢子仍不變現女問
犢子曰君若是賢德之人應當不變尒時犢子聞道此
語手捉銀鐍無角犢衣脫却於裝洪身一丈類如婆羅
蕯如珂貝眉如畫月眼如衆夜朗号爲金城国天子宮殿
自然變仙綵女伎樂音聲百味飲食隨念即至女見夫
主可嬉㝎身一丈歡懐不可思議即便作書與王并告夫人阿
耶比日道大不識賢德之人從女外国女夫主以有聖德甚大端
正阿耶星夜來看女夫主何如本曰王得女書召集群臣諸官
悉集卿卿等本日哭我女共犢子而活我女以有賢德嫁與
金城国王我今歡憘不可思議王即爲女夫放大赦所有罪人
悉皆放免　尒時舍婆國王并夫人來至金城國裹看女見
女夫主甚奇殊妙便即問曰卿比日在我國中如何變作犢子
太子叉手白王某甲非是犢子某甲是祢陁羅頗梨国王太子
阿耶娶其三妻阿孃處在小限兩大夫人意欲煞我我不違二
母之意變作犢子今得王女愧王无已孃今在父母國使斫辛
苦顦王權在金城垂停時向欲共王女暫向父國往看其母
太子妻二人騎馬往詣父國内門裹入磨坊中見母頭如蓬科
面上垢土手脚皺劈脊背打破膿血沾著處爛盡
尒時太子見母頭戴石五升麦來向磨坊中太子不忍認母二人
眼中流淚手捉馬鞭校母頭上麦播着坡磨何而去母不識其母
孟嘆貴人耳往聽我一言看君不似凡㑹某甲倫是王家辛苦
之人請得此麦依課磨之恒不得充况復播帝是庚王聞必死
不活太子扶妻但時下馬以衣袖掃其麦盡收着器中頭戴而
太子眼流血氣塞吞酸忍誦不忍認母輕馬罷國

BD04264號　孝順子修行成佛經　（7–4）

孟嘆貴人耳往聽我一言看君不似凡㑹某甲倫是王家辛苦
之人請得此麦依課磨之恒不得充况復播帝是庚王聞必死
不活太子扶妻但時下馬以衣袖掃其麦盡收着器中頭戴而
太子眼流血氣塞吞酸忍誦不忍認母輕馬罷國
尒時太子告舍婆國王曰我母如今甚大苦劇㔥骨相連形容雄
悴面上垢土　頭如蓬科處處打破血流膿射使成辛
苦王聞道是心憐女夫及母眼中流淚我親家母豈可如是
尒時太子叉手白王若與某甲一親以往報欲隨王借女衣馬金城如白
有兵馬衆相将往詣父國救看其母二國軍馬悉送太子往向祢
陁羅国去城卌餘里其父城頭知軍來到懸鼓白播太子語太
右曰城頭白播者盡是降播我父見我往到謂我是外國大王
必向我跪此是我父不合跪我一相十人兩相廿人走往捉置勿聽跪也
如是所言王見太子出城步步欲跪左右捉之兩相對已携手
捥摟相隨上殿飲食娛樂良久以訖砳白王曰王是一國之主
治民使樂天下豊饒雨澤以時王今使樂可有幾妻國王不識
太子與仁臣奴臺奴不敢誑王正有兩妻太子問曰一國之主皆
聞三夫人九嬪據何礼儀正有兩妻王須寶貝道償後檢
得王必合死王荅太子曰臺奴伏死不敢調王寶有三妻太子
曰嘆将來看王遂先遣兩大夫人在嚴冠帶來至殿前
太子問日向前道三如何見二不何處王荅太子曰今在磨坊
中太子問曰天子之后如安置磨坊而驅使也尒時太子母聞道
大王尋聲走來欲以投訴殿前行過太子遥見其母狼傍下殿走
抱母頤捉辭噬指稱天大哭阿娘由子五逆不孝致使阿婆如
許辛苦阿婆阿婆王見哀哭然是我子更有何言父母并子
三人抱頤大哭尒時雲飛鳥落樹木摧折諸恵百官見者流淚不
能自勝　尒時太子盡哀以訖良久将香湯與母洗浴取席
龍服與母着之還上殿上而坐嘆其二母并父道其苦狀王聞道

BD04264號　孝順子修行成佛經　（7–5）

大王尋聲走来欲以投前殿前行過太子邊見其母狼傍下殿走
抱母頭捉髆嗟指稱天大哭阿娘由子五逆不孝致使阿婆如
許辛苦阿婆阿婆王見哀哭然是我子更有何言父母并子
三人抱頭大哭尒時雲飛鳥落樹木摧折諸連百官見者泣淚不
能自勝　尒時太子盡哀以訖良久將香湯與母洗浴取虎
龍眼與母著之還上殿上而坐哭其二母并父道其苦狀王聞道
此死苦由緣眼中泣血王喚兩妻並著南相去殿百步濩湯爐
炭刀山刀樹銅丼鐵繫車ハ剗犂可盡此兩夫人並其傍濩湯
濕之故嫌此輕我憶御夲日生噉我子心肝之時與一人喚取一百力士
二人喚取二百力士二時盡此力士鋸此二后作其段數如糠我意力
士至此欲斂二屍太子眾斂二屍日中告佛刀山摧峯灌心熱二百力士
手脚痍疵不能生害太子喚其二母并共陳道活之狀子本存命
寔由屠兒王語太子曰阿耶夲日實不知子直此苦劇阿耶如
今捨去王位與子治國身自出家隱居山林永不忏國除仁一人自
餘爵祿輕重悉屠屠兒王即出家鬚鬂自落襯襯宮殿若
視織廁備行善道得阿羅漢果太子名喚屠兒封受國相位
登王集庫藏珎寶悉屠屠兒把攬於先旋退今獲文報重
賞其德太子共母不轉凡身即得成佛
是時二后諦心不捨天神帝釋變作經風吹此二后毛孔而入奉食
心肝作大鐵丸萬萬出炎如車輪救不可得當說此經時大會之中
丙千万人皆得悟道棄惡從善文獲佛果佛告阿難尒時太子我
身是尒时父王者今我父悅頭檀是尒时我母者今摩耶是尒
时我婦者耶舒陀羅是尒时屠兒者今阿難是尒時黄門者
今目連是尒时帝釋變作黑箭者提迦葉是尒时二后者提
婆達多第二后者朝達是佛說經竟天龍八部帝王人民皆大
歡喜作礼奉行
佛說孝順子脩行成佛經一卷

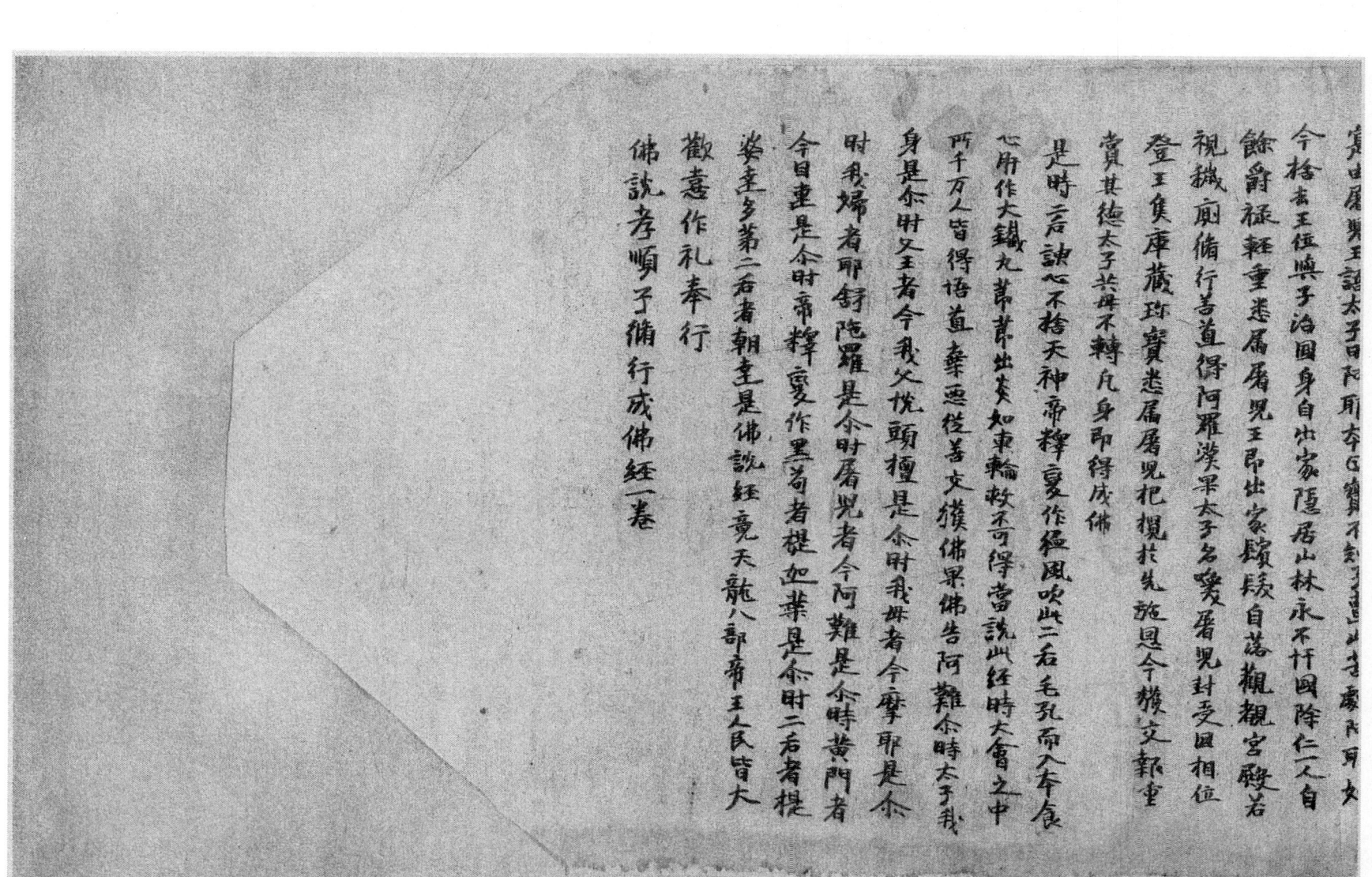

BD04264 號　孝順子修行成佛經　（7–6）

寔由屠兒王語太子曰阿耶夲日實不知子直此苦劇阿耶如
今捨去王位與子治國身自出家隱居山林永不忏國除仁一人自
餘爵祿輕重悉屠屠兒王即出家鬚鬂自落襯襯宮殿若
視織廁備行善道得阿羅漢果太子名喚屠兒封受國相位
登王集庫藏珎寶悉屠屠兒把攬於先旋退今獲文報重
賞其德太子共母不轉凡身即得成佛
是時二后諦心不捨天神帝釋變作經風吹此二后毛孔而入奉食
心肝作大鐵丸萬萬出炎如車輪救不可得當說此經時大會之中
丙千万人皆得悟道棄惡從善文獲佛果佛告阿難尒時太子我
身是尒时父王者今我父悅頭檀是尒时我母者今摩耶是尒
时我婦者耶舒陀羅是尒时屠兒者今阿難是尒時黄門者
今目連是尒时帝釋變作黑箭者提迦葉是尒时二后者提
婆達多第二后者朝達是佛說經竟天龍八部帝王人民皆大
歡喜作礼奉行
佛說孝順子脩行成佛經一卷

BD04264 號　孝順子修行成佛經　（7–7）

為令衆生得金剛三昧故為令衆生得陁羅
尼故為令衆生得四无导故為令衆生見佛
性故作是行時不見三昧不見三昧相不見
脩者不見果報善男子若能如是是則名為脩
集三昧云何復名脩於智慧若有脩者作是思
惟我若脩集如是智慧則得解脫度三惡道
誰能利益一切衆生誰能度人於生死道佛
出世難如優曇華我今能斷諸煩惱結得解
脫果是故我當勤脩智慧速斷煩惱早得度
脫如是脩者不得名為脩集智慧云何名為
真脩集者智者若觀生死老苦一切衆生无明
所覆不知脩集无上正道願我此身悉代衆
生受大苦惱衆生所有貧窮下賤破戒之心
貪瞋癡業願悉來集于我身願諸衆生不
生貪取不為名色之所繫縛願諸衆生早度
生死令我一身處之不猒願令一切皆得阿
耨多羅三藐三菩提是脩時不見智慧不見
智慧相不見脩者不見果報是則名為脩集
智慧善男子脩集如是戒定智慧是名菩薩

貪瞋癡業願悉來集于我身願諸衆生不
生貪取不為名色之所繫縛願諸衆生早度
生死令我一身處之不猒願令一切皆得阿
耨多羅三藐三菩提是脩時不見智慧不見
智慧相不見脩者不見果報是則名為脩集
智慧善男子脩集如是戒定智慧是名菩薩
不能如是脩戒定慧是名聲聞復次善男子云
何復名脩集於戒若能破壞一切衆生十六
惡律儀何等十六一者為利餧養羔羊肥已
轉賣二者為利買已屠煞三者為利餧養豬
豚肥已轉賣四者為利買已屠煞五者為利
餧養牛犢肥已轉賣六者為利買已屠煞七
者為利養雞令肥肥已轉賣八者為利買已
屠煞九者釣魚十者獵師十一者劫奪十二
者魁膾十三者網捕飛鳥十四者兩舌十五
者獄卒十六者呪龍能為衆生永斷如是十
六惡業是名脩戒云何脩定能斷一切世間
三昧所謂无身三昧能令衆生生顛倒心謂
是涅槃有无邊心三昧淨聚三昧世邊三昧
世斷三昧世性三昧世丈夫三昧非想非非想
三昧如是等定能令衆生生顛倒心謂是涅
槃若能永斷如是三昧是則名為脩集三昧
云何復名脩集智慧能破世間所有惡見一
切衆生悉有惡見所謂色即是我我亦是我所
色中有我我中有色乃至識亦如是常即是
我色滅我存色即是我色滅我滅復有人言

三昧如是等定能令衆生生顛倒心謂是涅
槃若能永斷如是三昧是則名為脩集三昧
云何復名脩集智慧能破世間所有惡見一
切衆生悉有惡見所謂色即是我亦是我所
色中有我我中有色乃至識亦如是常即是
我色滅我存色即是我色滅我滅復有人言
作者名我受者名色復有人言作者名色受
者名我復有人言无作无受自生自滅悉非
因緣復有人言无作无受悉是自在之所造
作復有人言无有作者无有受者一切悉是
時節所作復有人言作者受者悉无所有地
等五大名為衆生善男子若能破壞一切衆
生如是惡見是則名為脩智慧也善男子脩
集戒者為身寂靜脩集三昧為心寂靜脩集
智慧為壞疑心壞疑心者為脩集道脩集道
者為見佛性見佛性者為得阿耨多羅三藐
三菩提故得阿耨多羅三藐三菩提者為得
无上大涅槃故得大涅槃為斷衆生一切生
死一切煩惱一切諸有一切諸界一切諸諦
故斷於生死乃至斷諦為得常樂我淨法故
師子吼言世尊如佛所說若不生滅名大涅
槃生亦如是不生不滅何故不得名為涅槃善
男子如是如是如汝所言是生雖復不生
不滅而有始終世尊是生死法亦无始終若
无始終則名為常常即涅槃何故不名生死
為涅槃耶善男子是生死法悉有因果有因

BD04265號　大般涅槃經（北本　異卷）卷二九　（12–3）

男子如是如是如汝所言是生雖復不生
不滅而有始終世尊是生死法亦无始終若
无始終則名為常常即涅槃何故不名生死
為涅槃耶善男子是生死法悉有因果有因
果故不得名之為涅槃也何以故涅槃之體
无因果故師子吼言世尊夫涅槃之亦有因
果如佛所說
從因故生天　從因墮惡道　從因故涅槃　是故皆有果
如佛往昔告諸比丘我今當說沙門道果言
沙門者謂能具脩戒定智慧道者謂八聖道
沙門果者所謂涅槃世尊涅槃如是豈非果
耶云何說言涅槃之體无因无果佛言善男
子我所宣說涅槃因者所謂佛性佛性之性
不生涅槃是故我言涅槃无因能破煩惱故
名大果不從道生故名无果是故涅槃无因
无果師子吼言世尊衆生佛性為悉共有為
各各有若共有者一人得阿耨多羅三藐三
菩提時一切衆生亦應同得世尊如二十人同
有一怨若一人能除餘十九人皆亦同除佛
性若尒一人得時餘亦應得若各各有則是
无常何以故可筭數故然佛所說衆生佛性
不一不二若各各有不應說言諸佛平等亦
不應說佛性如空佛言善男子衆生佛性不
一不二諸佛平等猶如虛空一切衆生同共
有之若有能脩八聖道者當知是人則得明見
善男子雪山有草名曰忍辱牛若食之則成

BD04265號　大般涅槃經（北本　異卷）卷二九　（12–4）

不一不二若各各有不應說言諸佛平等亦
不應說佛性如空佛言善男子衆生佛性不
一不二諸佛平等猶如虛空一切衆生同共
有之若有能脩八聖道者當知是人則得明見
善男子雪山有草名曰忍辱牛若食之則成
醍醐衆生佛性亦復如是師子吼言如佛所
說忍辱草者一耶多耶如其一者牛食則盡
如其多者云何而言衆生佛性亦如是耶如
佛所說若有脩集八聖道者則見佛性是義
不然何以故道若一者如忍辱草則應有盡
如其有盡一人脩已餘則无分道若多者云
何得言具足脩集亦不得名薩婆若智佛言
善男子如平坦路一切衆生悉於中行无鄣
导者中路有樹其蔭清涼行人在下憩駕止
息然其樹蔭常住不異亦不消壞无持去者
路喻聖道蔭喻佛性善男子譬如大城唯有
一門雖有多人逕由入出都无有能作鄣导
者亦復无人破壞毀落而賫持去善男子譬
如橋梁行人所由亦无有人遮止鄣导毀壞
持去善男子譬如良醫遍療衆病亦无有能
遮止是醫治此捨彼聖道佛性亦復如是師子
吼言世尊所引諸喻義不如是何以故先者
在路於後則妨云何而言无有鄣导餘亦皆
介聖道佛性若如是者一人脩時應妨餘者
佛言善男子如汝所說義不相應我所喻道

BD04265 號　大般涅槃經（北本　異卷）卷二九　（12–5）

遮止是醫治此捨彼聖道佛性亦復如是師子
吼言世尊所引諸喻義不如是何以故先者
在路於後則妨云何而言无有鄣导餘亦皆
介聖道佛性若如是者一人脩時應妨餘者
佛言善男子如汝所說義不相應我所喻道
是少分喻非一切也善男子世間道者則有
鄣导此彼之異无有平等无有漏道者則不
如是能令衆生无有鄣导平等无二无有妨礙
此彼之異如是正道能為一切衆生佛性而
作了因不作生因猶如明燈照了於物善男
子一切衆生皆同无明因緣行不可說言
一人无明因緣行已其餘應无一切衆生悉
有无明因緣於行是故說言十二因緣一切
平等衆生所脩无漏正道亦復如是等斷衆
生煩惱四生諸界有道以是義故名為平等
其有證者彼此知見无有鄣导是故得名薩
婆若智師子吼言一切衆生身不一種或有
天身或有人身畜生餓鬼地獄之身如是多
身差別非一云何而言佛性為一佛言善男
子譬如有人置毒乳中乃至醍醐皆悉有毒
乳不名酪酪不名乳乃至醍醐亦復如是名
字雖變毒性不失遍五味中皆悉如是若服
醍醐亦能煞人實不置毒於醍醐中衆生佛
性亦復如是雖處五道受別異身而是佛性
常一无變師子吼言世尊十六大國有六大
城所謂舍婆提城婆枳多城瞻婆城毗舍離

BD04265 號　大般涅槃經（北本　異卷）卷二九　（12–6）

乳不名酪酪不名乳乃至醍醐亦復如是名
字雖變毒性不失遍五味中皆悉如是若服
醍醐亦能煞人實不置毒於醍醐中衆生佛
性亦復如是雖處五道受別異身而是佛性
常一无變師子吼言世尊十六大國有六大
城所謂舍婆提城婆枳多城瞻婆城毗舍離
城波羅㮈城王舍城如是六城世中最大何
故如來捨之在此邊地弊惡極陋狹小拘尸
那城入般涅槃善男子汝不應言拘尸那城
邊地弊惡陋狹小應言是城微妙功德之
所莊嚴何以故諸佛菩薩所行處故善男子
如賤人舍王若過者則應讚歎是舍嚴麗福
德成就乃令大王迴駕臨顧善男子如人重
病服穢弊藥服以病愈即應歡喜讚歎是藥
最上最妙能愈我病善男子如人乘船在大
海中其船卒壞无所依倚因倚死屍得到彼
岸到彼岸已應大歡喜讚歎是屍我賴相遇
而得安隱拘尸那城亦復如是乃是諸佛菩薩
行處云何而言邊地弊惡陋狹小城善男
子我念往昔過恒沙劫劫名善覺時有聖王
性憍尸迦七寶成就千子具足其王始初造
立此城周迊縱廣十二由延七寶莊嚴土多
有河其水清淨柔濡甘美所謂尼連禪河伊
羅跋提河熈連禪河伊獲未坪河毗婆舍那
河如是等河其數五百河此彼岸樹木繁茂

BD04265號　大般涅槃經（北本　異卷）卷二九　（12–7）

立此城周迊縱廣十二由延七寶莊嚴土多
有河其水清淨柔濡甘美所謂尼連禪河伊
羅跋提河熈連禪河伊獲未坪河毗婆舍那
河如是等河其數五百河此彼岸樹木繁茂
華菓鮮潔尒時人民壽命无量時轉輪聖王
過百年已作是唱言如佛所說一切諸法皆
悉无常若能脩集十善法者能斷如是无常
大苦人民聞已咸共奉脩十善之法我於尒
時聞佛名号受持十善思惟脩集初發阿耨
多羅三藐三菩提心發是心已復以是法轉
教无量无邊衆生言一切法无常變壞是故
我今續於此處亦說諸法无常變壞唯說佛
身是常住法我憶往昔所行因緣是故今來
在此涅槃亦欲酬報此地往恩以是義故我經
中說我眷屬者受恩能報復次善男子往昔
衆生壽无量劫尒時此城名拘舍跋提周迊
縱廣五十由延時閻浮提居民儜接雞飛相
及有轉輪王名曰善見七寶成就千子具足
王四天下弟一太子思惟正法得辟支佛時
轉輪王見其太子成辟支佛威儀詳序神通
希有見是事已即捨王位如棄涕唾出家在
此娑羅樹間八萬歲中脩集慈心悲憙捨心
各八萬歲善男子欲知尒時善見聖王則我
身是是故我今常樂遊止如是四法是四法
者名為三昧善男子以是義故如來之身常

BD04265號　大般涅槃經（北本　異卷）卷二九　（12–8）

此娑羅樹間八萬歲中脩集慈心悲憙捨心
各八萬歲善男子欲知尒時善見聖王則我
身是是故我今常樂遊止如是四法是四法
者名為三昧善男子以是義故如來之身常
樂我淨善男子以是因緣今來在此拘尸那
城娑羅樹間三昧正受善男子我念往昔過
无量劫此城尒時名加毗羅衛其城有王名
曰白淨其王夫人名曰摩耶王有一子名悉
達多尒時王子不由師教自然思惟得阿耨
多羅三藐三菩提有二弟子一名舍利弗二名
大目揵連給侍弟子名曰阿難尒時世尊在雙
樹間演說如是大涅槃經我時在會得聞斯
事聞諸衆生悉有佛性聞是事已即於菩提
得不退轉尋自發願願未來世成佛之時父母
國土名字弟子侍使之人說法教化如今世
尊等无有異以是因緣今來在此敷揚演說
說大涅槃經善男子我初出家未得阿耨多
羅三藐三菩提時頻婆娑羅王遣使而言悉
達太子若為聖王我當臣屬若不樂家得阿耨
多羅三藐三菩提者願先來至此王舍城說
法度人受我供養我時默然已受彼請善
男子我初得阿耨多羅三藐三菩提已向蹋
闍國時伊連禪河有婆羅門姓迦葉氏與五
百弟子在彼河側求无上道我為是人故往
說法迦葉言瞿曇我今年邁已百二十摩伽國
所有人民及其大王頻婆娑羅咸謂我已證

BD04265號　大般涅槃經（北本　異卷）卷二九　（12–9）

法度人受我供養我時默然已受彼請善
男子我初得阿耨多羅三藐三菩提已向蹋
闍國時伊連禪河有婆羅門姓迦葉氏與五
百弟子在彼河側求无上道我為是人故往
說法迦葉言瞿曇我今年邁已百二十摩伽國
所有人民及其大王頻婆娑羅咸謂我已證
羅漢果我今若當在於汝前聽受法者一切
人民或生倒心大德迦葉非羅漢耶章頗瞿曇
遠住餘處若此人民定知瞿曇功德勝我我
等无由復得供養我時若言迦葉汝若於我
不生慇重大瞋恨者見客一宿明當早去迦
葉言瞿曇我心无他深相愛重但我住處有
一毒龍其性暴急恐相危害我言迦葉毒中
之毒不過三毒我今已斷世間之毒我所不
畏迦葉復言苟能不畏善哉聽住善男子我
於尒時故為迦葉現十八變如經中說尒時
迦葉及其眷屬五百等輩見聞是已證羅漢
果是時迦葉復有二弟一名伽耶迦葉二名
那提迦葉師徒眷屬復有五百亦皆證得阿
羅漢果時王舍城六師之徒聞是事已即於
我所生大惡心我時赴信受彼王請詣王舍
城來至中路王與无量百千之衆悉來奉迎
我為說法時聞法已欲界諸天八萬六千發
阿耨多羅三藐三菩提心頻婆娑羅王所將
營從十二萬人得須陁洹果无量衆生成就
[illegible]

BD04265號　大般涅槃經（北本　異卷）卷二九　（12–10）

我所生大惡心我時赴信受彼王請詣王舍
城來至中路王與无量百千之衆悉來奉迎
我爲說法時聞法已欲界諸天八萬六千發
阿耨多羅三藐三菩提心頻婆娑羅王所將
營從十二萬人得須陁洹果无量衆生成就
心既入城已度舍利弗大目揵連及其眷
二百五十令捨本心出家學道我即住
受王供養外道六師相與集衆詣舍衛城時
彼城中有一長者名須達多爲兒娉婦詣王
舍城既達彼城寄止長者珊檀那舍時此長
者中夜而起告諸眷屬仁者可起速共莊嚴
掃治宅舍辦具餚饍須達聞已尋自思惟將
非欲請摩伽王耶爲有婚姻歡樂會乎思惟
是已尋前問言大士欲請摩伽陁王頻婆娑
羅耶爲有婚姻歡樂會乎悤務不安乃如是
耶長者答言不也居士我明請佛无上法王
須達長者初聞佛名身毛皆竪尋復問言何
等名佛長者答言汝不聞耶迦毗羅城有釋
種子字悉達多姓瞿曇氏父名白淨其生未
久相師占之定當得作轉輪聖王如菴羅菓
已在手中心不願樂捨之出家无師自覺得
阿耨多羅三藐三菩提貪恚癡盡常住不變
不生不滅无有憂畏於諸衆生其心平等猶
如父母等視一子所有身心衆中最勝雖勝
一切而无憍慢達割二事其心无二智慧通
達於法无导具足十力四无所畏五智三昧

BD04265號　大般涅槃經（北本　異卷）卷二九　（12–11）

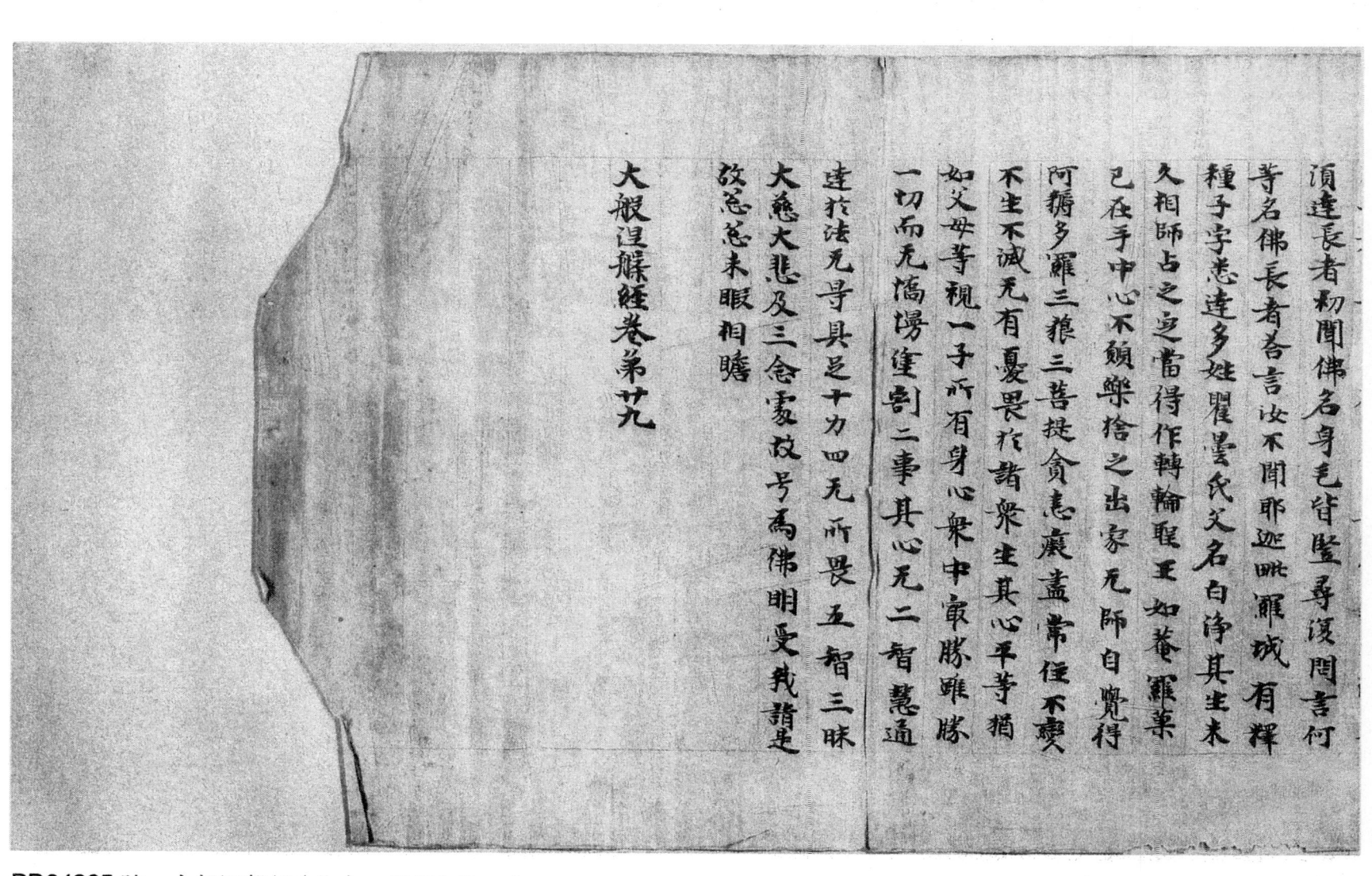

須達長者初聞佛名身毛皆竪尋復問言何
等名佛長者答言汝不聞耶迦毗羅城有釋
種子字悉達多姓瞿曇氏父名白淨其生未
久相師占之定當得作轉輪聖王如菴羅菓
已在手中心不願樂捨之出家无師自覺得
阿耨多羅三藐三菩提貪恚癡盡常住不變
不生不滅无有憂畏於諸衆生其心平等猶
如父母等視一子所有身心衆中最勝雖勝
一切而无憍慢達割二事其心无二智慧通
達於法无导具足十力四无所畏五智三昧
大慈大悲及三念處故号爲佛明受我請是
故悤悤未暇相瞻

大般涅槃經卷第廿九

BD04265號　大般涅槃經（北本　異卷）卷二九　（12–12）

大般若波羅蜜多經卷
初分無所得品第十八之
舍利子五眼本性空故
施設若生若
不生則不名五
若法本性空
異由此緣故若
利子佛十力本
施設若生若滅
不生則不名佛十力
礙解大慈大悲大喜
性空故若法本性空
若住若異由此緣故若
無所畏乃至十八佛不共
本性空故若法本性空
滅若住若異由此緣故若畢
一切智舍利子道相智一切相智本性空故
若法本性空則不可施設若生若滅若住若
異由此緣故若畢竟不生則不名道相智一
切相智舍利子無忘失法本性空故若法本性

BD04266號　大般若波羅蜜多經卷七〇　（6–1）

無所畏乃至十八佛不共
本性空故若法本性空
滅若住若異由此緣故若畢
一切智舍利子道相智一切相智本性空故
若法本性空則不可施設若生若滅若住若
異由此緣故若畢竟不生則不名道相智一
切相智舍利子無忘失法本性空故若法本性
空則不可施設若生若滅若住若異由此緣
故若畢竟不生則不名無忘失法舍利子恒
住捨性本性空故若法本性空則不可施設
若生若滅若住若異由此緣故若畢竟不生
則不名恒住捨性舍利子一切陀羅尼門本性
空故若法本性空則不可施設若生若滅若
住若異由此緣故若畢竟不生則不名一切陀
羅尼門舍利子一切三摩地門本性空故若法
本性空則不可施設若生若滅若住若異由
此緣故若畢竟不生則不名一切三摩地門
舍利子極喜地本性空故若法本性空則不
可施設若生若滅若住若異由此緣故若畢
竟不生則不名極喜地舍利子離垢地發光
地焰慧地極難勝地現前地遠行地不動地
善慧地法雲地本性空故若法本性空則不
可施設若生若滅若住若異由此緣故若畢竟
不生則不名離垢地乃至法雲地舍利子異
生地本性空故若法本性空則不可施設若
生若滅若住若異由此緣故若畢竟不生則
不名異生地舍利子種姓地第八地具見地

BD04266號　大般若波羅蜜多經卷七〇　（6–2）

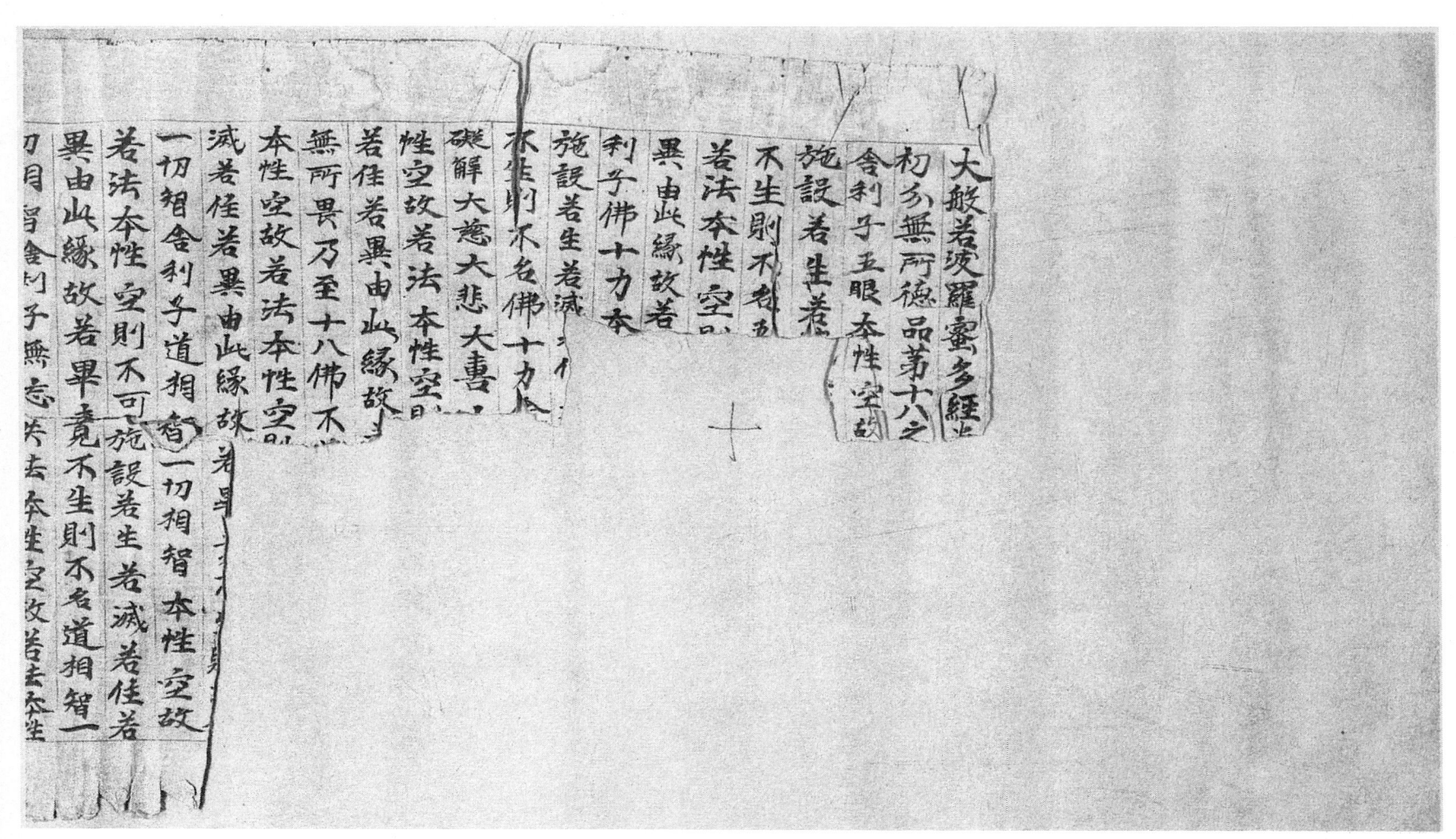

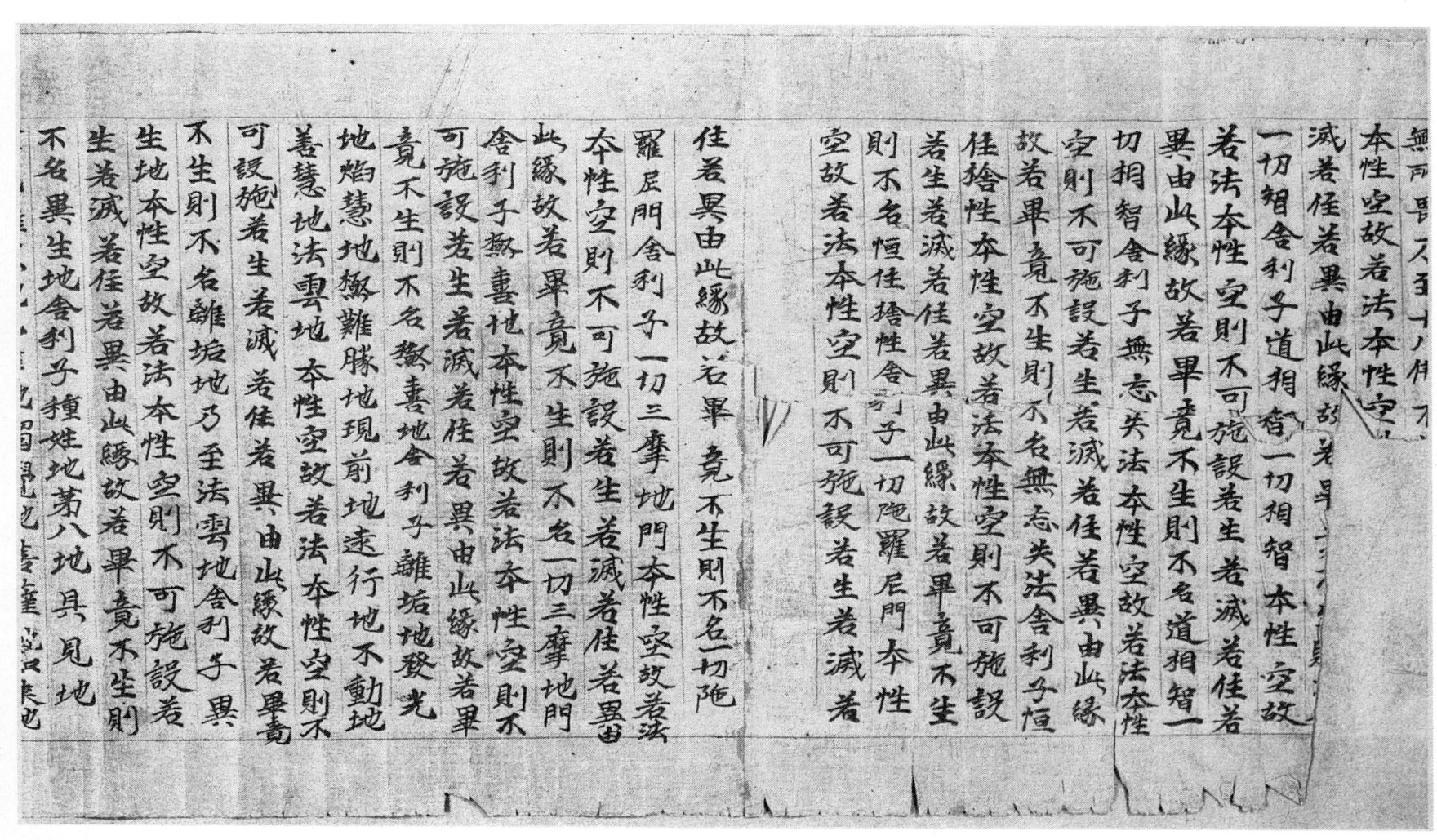

可設施若生若滅若住若異由此緣故若畢竟
不生則不名離垢地乃至法雲地舍利子異
生地本性空故若法本性空則不可施設若
生若滅若住若異由此緣故若畢竟不生則
不名異生地舍利子種姓地第八地具見地
薄地離欲地已辦地獨覺地菩薩地如來地
本性空故若法本性空則不可施設若生若
滅若住若異由此緣故若畢竟不生則不可
種姓地乃至如來地舍利子聲聞乘本性空
故若法本性空則不可施設若生若滅若住
若異由此緣故若畢竟不生則不名聲聞乘
利舍子獨覺乘大乘本性空故若法本性空
則不可施設若生若滅若住若異由此緣故
若畢竟不生則不名獨覺乘大乘舍利子由
此緣故我作是說若畢竟不生則不名色等
空無生法不可說故
尒時具壽善現復答舍利子言如尊者所云
何緣故說我豈能以畢竟不生般若波羅蜜
多教試教授畢竟不生諸菩薩摩訶薩者
舍利子畢竟不生即是般若波羅蜜多般若波
羅蜜多即是畢竟不生何以故畢竟不生與
般若波羅蜜多無二無二分故舍利子 畢 竟
不生即是菩薩摩訶薩菩薩摩訶薩即是畢
竟不生何以故畢竟不生與菩薩摩訶薩無
二無二分故舍利子由此緣故我作是說我
豈能以畢竟不生般若波羅蜜多教試教授
畢竟不生諸菩薩摩訶薩
尒時具壽善現復答舍利子言如尊者所云

BD04266號　大般若波羅蜜多經卷七〇　（6–3）

不生即是菩薩摩訶薩菩薩摩訶薩即是畢
竟不生何以故畢竟不生與菩薩摩訶薩無
二無二分故舍利子由此緣故我作是說我
豈能以畢竟不生般若波羅蜜多教試教授
畢竟不生諸菩薩摩訶薩
尒時具壽善現復答舍利子言如尊者所云
何緣故說離畢竟不生亦無菩薩摩訶薩
能行無上心等菩提者舍利子諸菩薩摩訶
薩脩行般若波羅蜜多時不見般若波羅蜜
多異畢竟不生亦不見菩薩摩訶薩異畢竟
不生何以故若般若波羅蜜多若菩薩摩訶
薩與畢竟不生無二無二分故舍利子諸菩
薩摩訶薩脩行般若波羅蜜多時亦不見色
異畢竟不生亦不見受想行識異畢竟不生
何以故色乃至識與畢竟不生無二無二分
故舍利子諸菩薩摩訶薩脩行般若波羅蜜
多時亦不見眼處異畢竟不生亦不見耳鼻
舌身意處異畢竟不生何以故眼處乃至意
處與畢竟不生無二無二分故舍利子諸菩薩
摩訶薩脩行般若波羅蜜多時亦不見色
處異畢竟不生亦不見聲香味觸法處異畢
竟不生何以故色處乃至法處與畢竟不生
無二無二分故舍利子諸菩薩摩訶薩脩行
般若波羅蜜多時亦不見眼處異畢竟不生
亦不見色界眼識界及眼觸為緣 所生
諸受異畢竟不生何以故眼界乃至眼觸為
緣所生諸受與畢竟不生無二無二分故舍利
子諸菩薩摩訶薩脩行般若波羅蜜多時亦

BD04266號　大般若波羅蜜多經卷七〇　（6–4）

無二無二分故舍利子諸菩薩摩訶薩脩行
般若波羅蜜多時亦不見眼處異畢竟不生
亦不見色界眼識界及眼觸為緣所生
諸受異畢竟不生何以故眼界乃至眼觸為
緣所生諸受與畢竟不生無二無二分故舍利
子諸菩薩摩訶薩修行般若波羅蜜多時亦
不見耳界異畢竟不生亦不見聲界耳識界
及耳觸耳觸為緣所生諸受異畢竟不生何
以故耳界乃至耳觸為緣所生諸受與畢竟
不生無二無二分故舍利子諸菩薩摩訶薩
修行般若波羅蜜多時亦不見鼻界異畢竟
不生亦不見香界鼻識界及鼻觸鼻觸為緣
所生諸受異畢竟不生何以故鼻界乃至鼻
觸為緣所生諸受與畢竟不生無二無二分
故舍利子諸菩薩摩訶薩修行般若波羅蜜
多時亦不見舌界異畢竟不生亦不見味界
舌識界及舌觸舌觸為緣所生諸受異畢竟
不生何以故舌界乃至舌觸為緣所生諸受
與畢竟不生無二無二分故舍利子諸菩薩
摩訶薩修行般若波羅蜜多時亦不見身界
異畢竟不生亦不見觸界身識界及身觸身
觸為緣所生諸受異畢竟不生何以故身界
乃至身觸為緣所生諸受與畢竟不生無二
無二分故舍利子諸菩薩摩訶薩修行般若
波羅蜜多時亦不見意界異畢竟不生亦不
見法界意識界及意觸意觸為緣所生諸受
異畢竟不生何以故意界乃至意觸為緣所
生諸受與畢竟不生無二無二分故舍利子

BD04266 號　大般若波羅蜜多經卷七〇　（6–5）

修行般若波羅蜜多時亦不見鼻界異畢竟
不生亦不見香界鼻識界及鼻觸鼻觸為緣
所生諸受異畢竟不生何以故鼻界乃至鼻
觸為緣所生諸受與畢竟不生無二無二分
故舍利子諸菩薩摩訶薩修行般若波羅蜜
多時亦不見舌界異畢竟不生亦不見味界
舌識界及舌觸舌觸為緣所生諸受異畢竟
不生何以故舌界乃至舌觸為緣所生諸受
與畢竟不生無二無二分故舍利子諸菩薩
摩訶薩修行般若波羅蜜多時亦不見身界
異畢竟不生亦不見觸界身識界及身觸身
觸為緣所生諸受異畢竟不生何以故身界
乃至身觸為緣所生諸受與畢竟不生無二
無二分故舍利子諸菩薩摩訶薩修行般若
波羅蜜多時亦不見意界異畢竟不生亦不
見法界意識界及意觸意觸為緣所生諸受
異畢竟不生何以故意界乃至意觸為緣所
生諸受與畢竟不生無二無二分故舍利子
諸菩薩摩訶薩修行般若波羅蜜多時亦不
見地界異畢竟不生亦不見水火風空識界
異畢竟不生何以故地界乃至識界與畢竟
不生無二無二

BD04266 號　大般若波羅蜜多經卷七〇　（6–6）

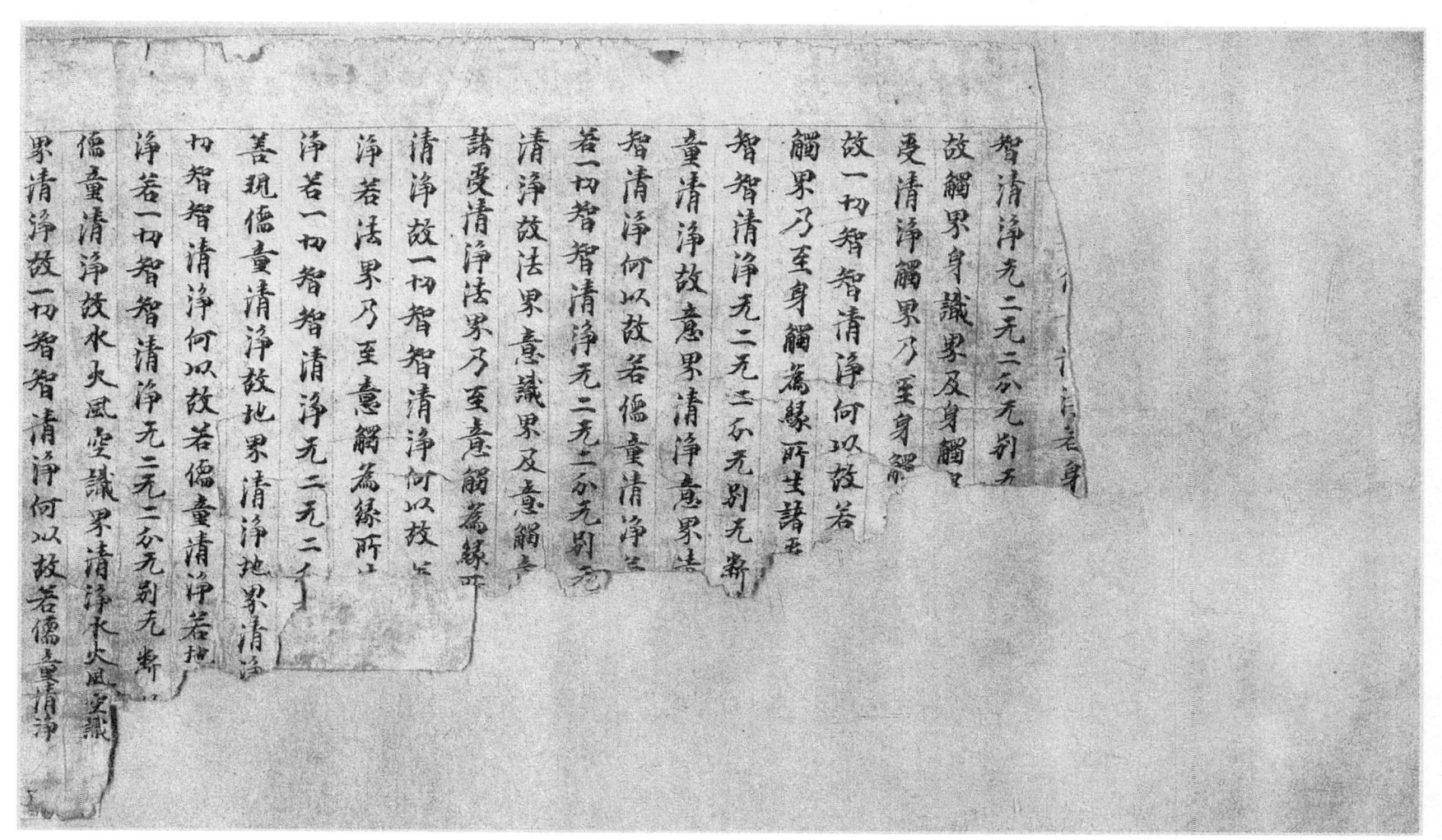

智清淨无二无二分无別无
故觸界身識界及身觸
受清淨觸界乃至身觸
故一切智智清淨何以故若
觸界乃至身觸爲緣所生諸受
智智清淨无二无二分无別无斷
童清淨故意界清淨意界清
智清淨何以故若儒童清淨
若一切智智清淨无二无二分无別无
清淨故法界意識界及意觸
諸受清淨法界乃至意觸爲緣所
清淨故一切智智清淨何以故
淨若法界乃至意觸爲緣所
淨若一切智智清淨无二无二
善現儒童清淨故地界清淨地界清淨
切智智清淨何以故若儒童清淨若地
淨若一切智智清淨无二无二分无別无斷
儒童清淨故水火風空識界清淨水火風空識
界清淨故一切智智清淨何以故若儒童清淨

BD04267號　大般若波羅蜜多經卷一九九　（18–1）

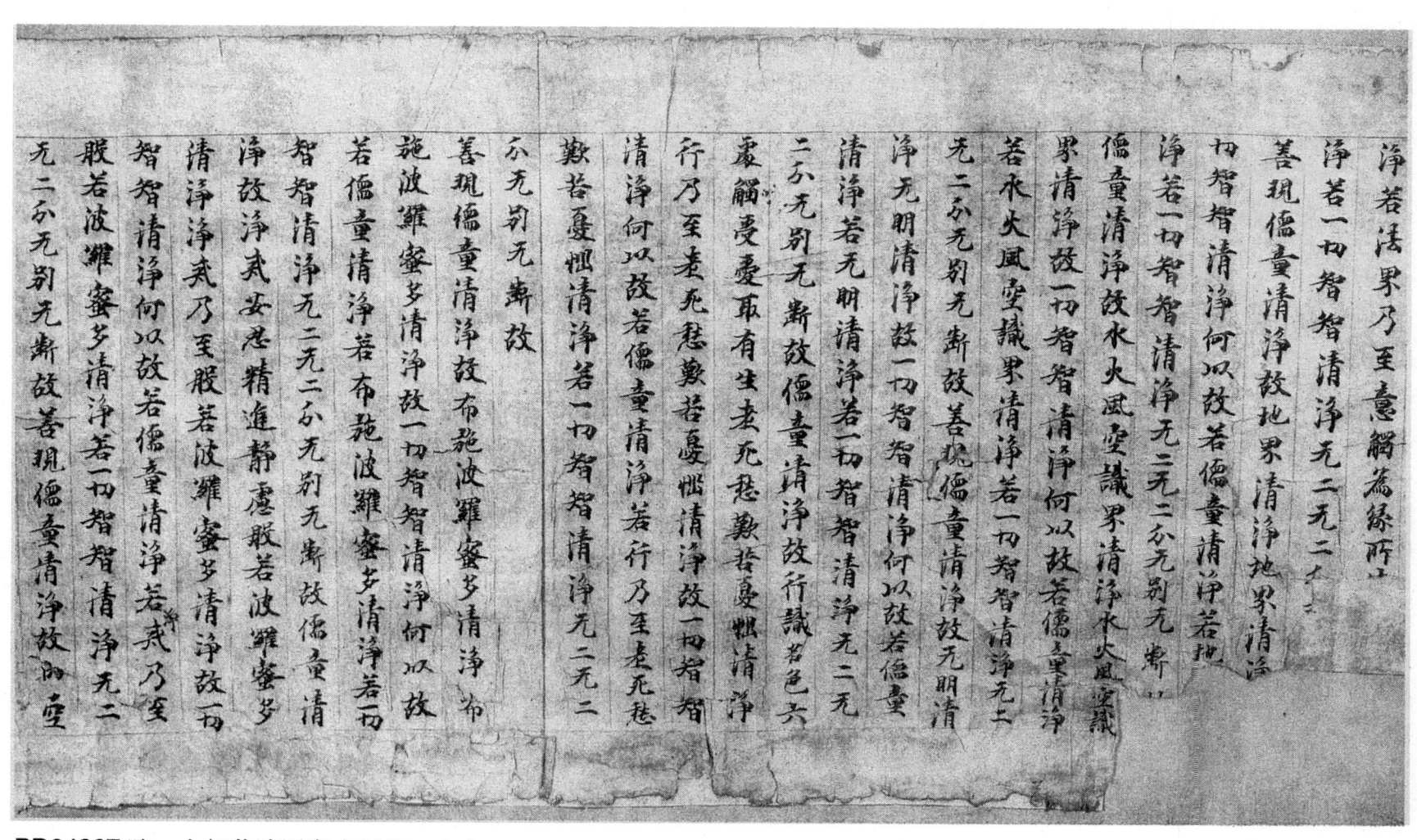

淨若法界乃至意觸爲緣所生
淨若一切智智清淨无二无二
善現儒童清淨故地界清淨地界清淨
切智智清淨何以故若儒童清淨若地
淨若一切智智清淨无二无二分无別无斷
儒童清淨故水火風空識界清淨水火風空識
界清淨故一切智智清淨何以故若儒童清淨
若水火風空識界清淨若一切智智清淨无二
无二分无別无斷故善現儒童清淨故无明清
淨无明清淨故一切智智清淨何以故若儒童
清淨若无明清淨若一切智智清淨无二无
二分无別无斷故儒童清淨故行識名色六
處觸受愛取有生老死愁歎苦憂惱清淨
行乃至老死愁歎苦憂惱清淨故一切智智
清淨何以故若儒童清淨若行乃至老死愁
歎苦憂惱清淨若一切智智清淨无二无二
分无別无斷故
善現儒童清淨故布施波羅蜜多清淨布
施波羅蜜多清淨故一切智智清淨何以故
若儒童清淨若布施波羅蜜多清淨若一切
智智清淨无二无二分无別无斷故儒童清
淨故淨戒安忍精進靜慮般若波羅蜜多
清淨淨戒乃至般若波羅蜜多清淨故一切
智智清淨何以故若儒童清淨若淨戒乃至
般若波羅蜜多清淨若一切智智清淨无二
无二分无別无斷故善現儒童清淨故內空

BD04267號　大般若波羅蜜多經卷一九九　（18–2）

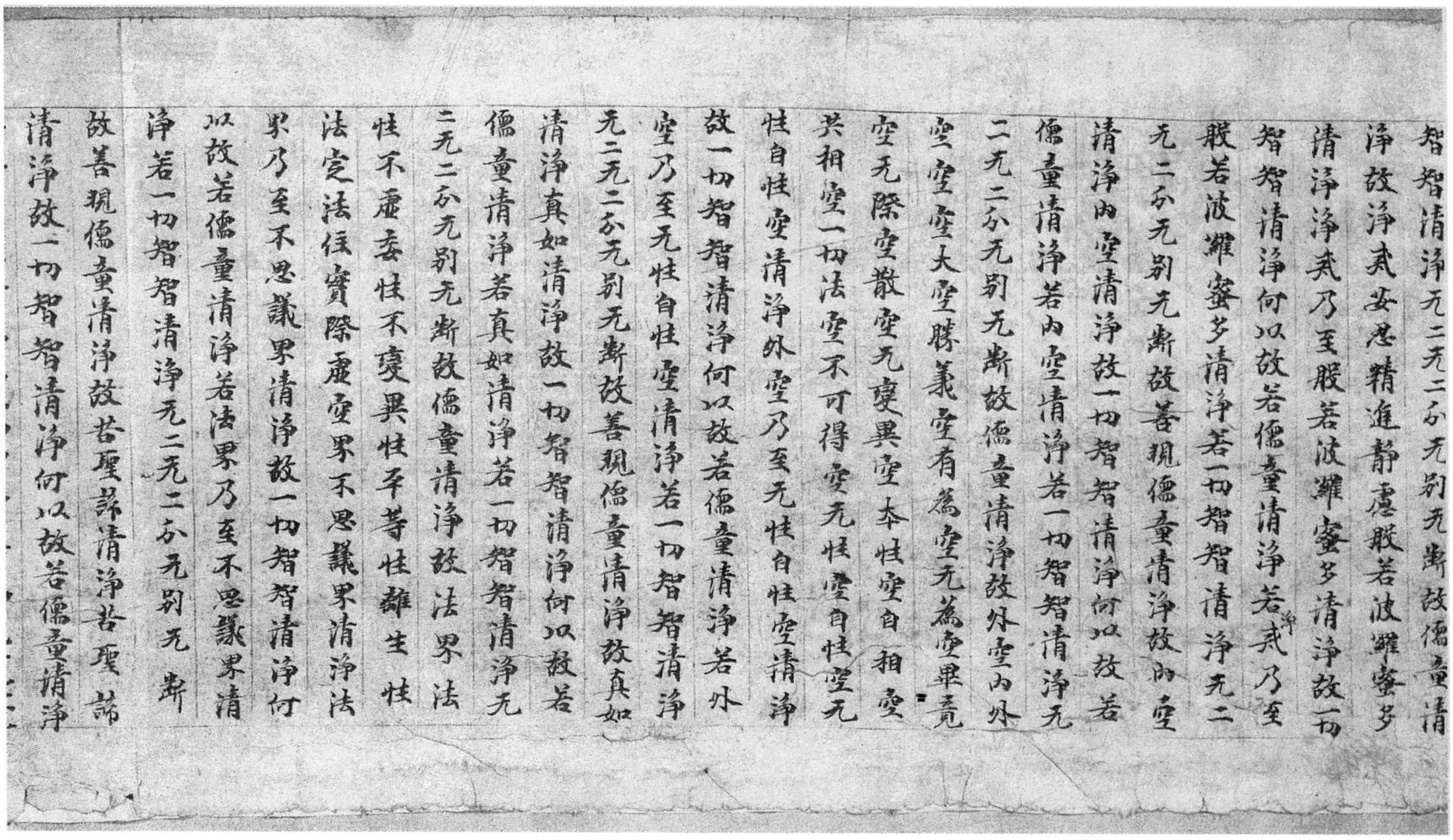
智智清淨无二无二分无別无斷故儒童清
淨故淨戒安忍精進靜慮般若波羅蜜多
清淨淨戒乃至般若波羅蜜多清淨故一切
智智清淨何以故若儒童清淨若淨戒乃至
般若波羅蜜多清淨若一切智智清淨无二
无二分无別无斷故善現儒童清淨故内空
清淨内空清淨故一切智智清淨何以故若
儒童清淨若内空清淨若一切智智清淨无
二无二分无別无斷故儒童清淨故外空内外
空空空大空勝義空有為空无為空畢竟
空无際空散空无變異空本性空自相空
共相空一切法空不可得空无性空自性空无
性自性空清淨外空乃至无性自性空清淨
故一切智智清淨何以故若儒童清淨若外
空乃至无性自性空清淨若一切智智清淨
无二无二分无別无斷故善現儒童清淨故真如
清淨真如清淨故一切智智清淨何以故若
儒童清淨若真如清淨若一切智智清淨无
二无二分无別无斷故儒童清淨故法界法
性不虛妄性不變異性平等性離生性
法定法住實際虛空界不思議界清淨法
界乃至不思議界清淨故一切智智清淨何
以故若儒童清淨若法界乃至不思議界清
淨若一切智智清淨无二无二分无別无斷
故善現儒童清淨故苦聖諦清淨苦聖諦
清淨故一切智智清淨何以故若儒童清淨

BD04267 號　大般若波羅蜜多經卷一九九　（18–3）

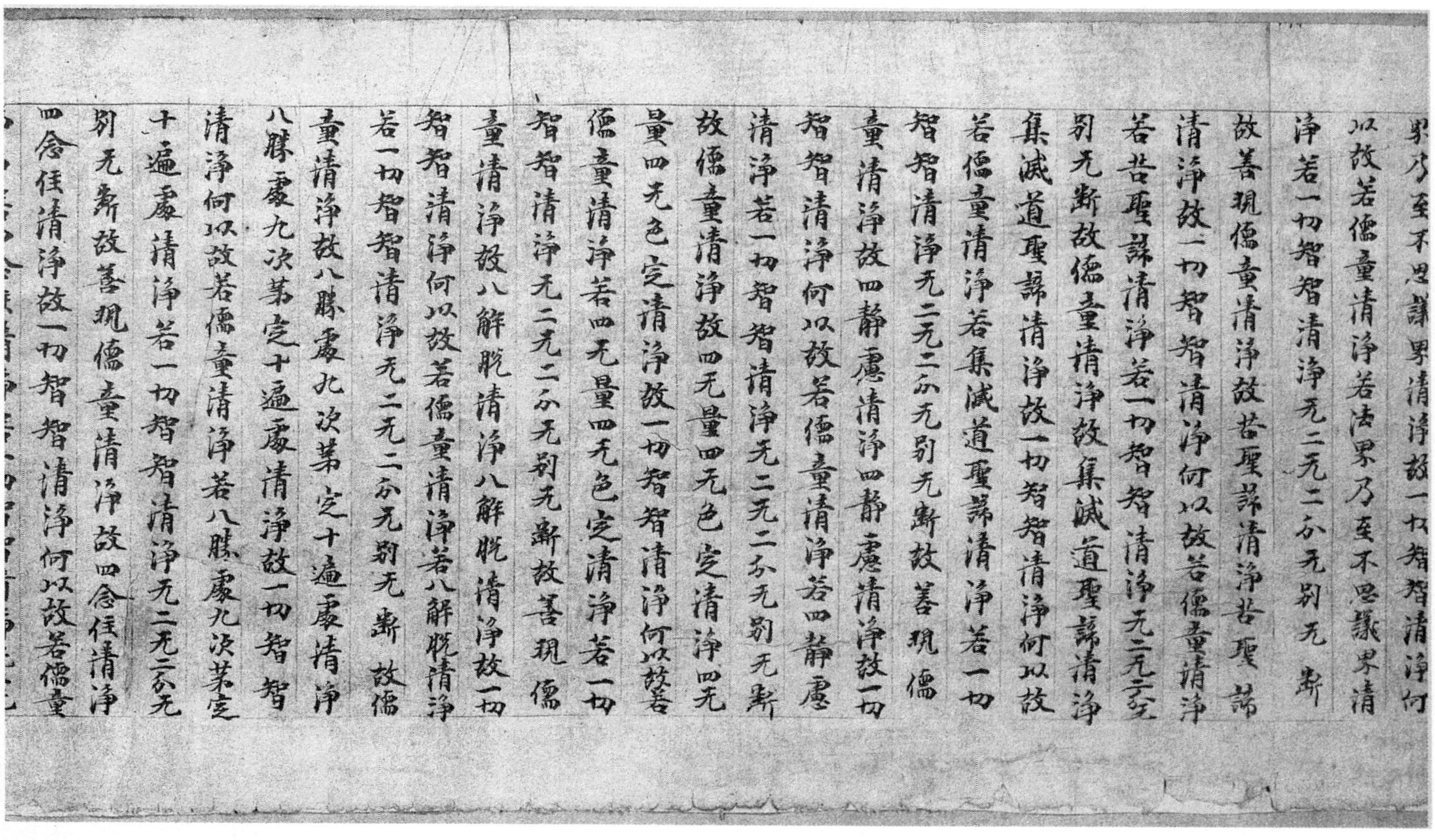
界乃至不思議界清淨故一切智智清淨何
以故若儒童清淨若法界乃至不思議界清
淨若一切智智清淨无二无二分无別无斷
故善現儒童清淨故苦聖諦清淨苦聖諦
清淨故一切智智清淨何以故若儒童清淨
若苦聖諦清淨若一切智智清淨无二无二分无
別无斷故儒童清淨故集滅道聖諦清淨
集滅道聖諦清淨故一切智智清淨何以故
若儒童清淨若集滅道聖諦清淨若一切
智智清淨无二无二分无別无斷故善現儒
童清淨故四靜慮清淨四靜慮清淨故一切
智智清淨何以故若儒童清淨若四靜慮
清淨若一切智智清淨无二无二分无別无斷
故儒童清淨故四无量四无色定清淨四无
量四无色定清淨故一切智智清淨何以故若
儒童清淨若四无量四无色定清淨若一切
智智清淨无二无二分无別无斷故善現儒
童清淨故八解脫清淨八解脫清淨故一
切智智清淨何以故若儒童清淨若八解脫清淨
若一切智智清淨无二无二分无別无斷故儒
童清淨故八勝處九次第定十遍處清淨
八勝處九次第定十遍處清淨故一切智智
清淨何以故若儒童清淨若八勝處九次第定
十遍處清淨若一切智智清淨无二无二分无
別无斷故善現儒童清淨故四念住清淨
四念住清淨故一切智智清淨何以故若儒童

BD04267 號　大般若波羅蜜多經卷一九九　（18–4）

清淨何以故若儒童清淨若八勝處九次苐定
十遍處清淨若一切智智清淨无二无二分无
别无斷故善現儒童清淨故四念住清淨
四念住清淨故一切智智清淨何以故若儒童
清淨若四念住清淨若一切智智清淨无二无
二分无别无斷故儒童清淨故四正斷四神足
五根五力七等覺支八聖道支清淨四正斷
乃至八聖道支清淨故一切智智清淨何以
故若儒童清淨若四正斷乃至八聖道支
清淨若一切智智清淨无二无二分无别无斷
故善現儒童清淨故空解脫門清淨空解
脫門清淨故一切智智清淨何以故若儒童
清淨若空解脫門清淨若一切智智清淨无
二无二分无别无斷故儒童清淨故无相无
願解脫門清淨无相无願解脫門清淨故
一切智智清淨何以故若儒童清淨若无相
无願解脫門清淨若一切智智清淨无二无
二分无别无斷故善現儒童清淨故菩薩十
地清淨菩薩十地清淨故一切智智清淨何
以故若儒童清淨若菩薩十地清淨若一切
智智清淨无二无二分无别无斷故
善現儒童清淨故五眼清淨五眼清淨故一
切智智清淨何以故若儒童清淨若五眼清
淨若一切智智清淨无二无二分无别无斷故
儒童清淨故六神通清淨六神通清淨故
一切智智清淨何以故若儒童清淨若六神

BD04267 號　大般若波羅蜜多經卷一九九

（18–5）

善現儒童清淨故五眼清淨五眼清淨故一
切智智清淨何以故若儒童清淨若五眼清
淨若一切智智清淨无二无二分无别无斷故
儒童清淨故六神通清淨六神通清淨故
一切智智清淨何以故若儒童清淨若六神
通清淨若一切智智清淨无二无二分无别无
斷故善現儒童清淨故佛十力清淨佛十力
清淨故一切智智清淨何以故若儒童清
淨若佛十力清淨若一切智智清淨无二无二
分无别无斷故儒童清淨故四无所畏四无礙
解大慈大悲大喜大捨十八佛不共法清淨
四无所畏乃至十八佛不共法清淨故一切智
智清淨何以故若儒童清淨若四无所畏乃至
十八佛不共法清淨若一切智智清淨无二无
二分无别无斷故善現儒童清淨故无忘失
法清淨无忘失法清淨故一切智智清淨
何以故若儒童清淨若无忘失法清淨若一
切智智清淨无二无二分无别无斷故儒童
清淨故恒住捨性清淨恒住捨性清淨故一
切智智清淨何以故若儒童清淨若恒住捨
性清淨若一切智智清淨无二无二分无别无
斷故善現儒童清淨故一切智清淨一切智清
淨故一切智智清淨何以故若儒童清淨若
一切智清淨若一切智智清淨无二无二分
无别无斷故儒童清淨故道相智一切相智
清淨道相智一切相智清淨故一切智智清

BD04267 號　大般若波羅蜜多經卷一九九

（18–6）

斷故善現儒童清淨故一切智清淨一切智清
淨故一切智智清淨何以故若儒童清淨若
一切智清淨若一切智智清淨无二无二分
无别无斷故儒童清淨故道相智一切相智
清淨道相智一切相智清淨故一切智智清
淨何以故若儒童清淨若道相智一切相智
清淨若一切智智清淨无二无二分无别无斷
故善現儒童清淨故一切陁羅尼門清淨一
切陁羅尼門清淨故一切智智清淨何以故若
儒童清淨若一切陁羅尼門清淨若一切智
智清淨无二无二分无别无斷故儒童清淨
故一切三摩地門清淨一切三摩地門清淨
故一切智智清淨何以故若儒童清淨若一切
三摩地門清淨若一切智智清淨无二无二
分无别无斷故
善現儒童清淨故預流果清淨預流果清淨
故一切智智清淨何以故若儒童清淨若預
流果清淨若一切智智清淨无二无二分无
别无斷故儒童清淨故一来不還阿羅漢
果清淨一来不還阿羅漢果清淨故一切智
智清淨何以故若儒童清淨若一来不還阿
羅漢果清淨若一切智智清淨无二无二分无
别无斷故善現儒童清淨故獨覺菩提
清淨獨覺菩提清淨故一切智智清淨何以
故若儒童清淨若獨覺菩提清淨若一切智
智清淨无二无二分无别无斷故善現儒童

BD04267 號　大般若波羅蜜多經卷一九九　（18–7）

羅漢果清淨若一切智智清淨无二无二分
别无斷故善現儒童清淨故獨覺菩提
清淨獨覺菩提清淨故一切智智清淨何以
故若儒童清淨若獨覺菩提清淨若一切智
智清淨无二无二分无别无斷故善現儒童
清淨故一切菩薩摩訶薩行清淨一切菩薩
摩訶薩行清淨故一切智智清淨何以故若
儒童清淨若一切菩薩摩訶薩行清淨若一切
智智清淨无二无二分无别无斷故善現儒
童清淨故諸佛无上正等菩提清淨諸佛无
上正等菩提清淨故一切智智清淨何以故
若儒童清淨若諸佛无上正等菩提清淨若
一切智智清淨无二无二分无别无斷故復
次善現作者清淨故色清淨色清淨故一切
智智清淨何以故若作者清淨若色清淨
若一切智智清淨无二无二分无别无斷故
作者清淨故受想行識清淨受想行識清淨
故一切智智清淨何以故若作者清淨若受
想行識清淨若一切智智清淨无二无二分
无别无斷故善現作者清淨故眼處清淨眼
處清淨故一切智智清淨何以故若作者清
淨若眼處清淨若一切智智清淨无二无二
分无别无斷故作者清淨故耳鼻舌身意處
清淨耳鼻舌身意處清淨故一切智智清淨
何以故若作者清淨若耳鼻舌身意處清淨
若一切智智清淨无二无二分无别无斷故

BD04267 號　大般若波羅蜜多經卷一九九　（18–8）

淨若眼處清淨若一切智智清淨无二无二
分无別无斷故作者清淨故耳鼻舌身意處
清淨耳鼻舌身意處清淨故一切智智清淨
何以故若作者清淨若耳鼻舌身意處清淨
若一切智智清淨无二无二分无別无斷故
善現作者清淨故色處清淨色處清淨故一
切智智清淨何以故若作者清淨若色處清
淨若一切智智清淨无二无二分无別无斷
故作者清淨故聲香味觸法處清淨聲香味
觸法處清淨故一切智智清淨何以故若作者
清淨若聲香味觸法處清淨若一切智智
清淨无二无二分无別无斷故善現作者清淨
故眼界清淨眼界清淨故一切智智清淨何
以故若作者清淨若眼界清淨若一切智智清
淨无二无二分无別无斷故作者清淨故色
界眼識界及眼觸眼觸為緣所生諸受清淨
色界乃至眼觸為緣所生諸受清淨故一切
智智清淨何以故若作者清淨若色界乃至
眼觸為緣所生諸受清淨若一切智智清
淨无二无二分无別无斷故善現作者清淨
故耳界清淨耳界清淨故一切智智清淨何以
故若作者清淨若耳界清淨若一切智智清淨
无二无二分无別无斷故作者清淨故聲界
耳識界及耳觸耳觸為緣所生諸受清淨聲
界乃至耳觸為緣所生諸受清淨故一切智
智清淨何以故若作者清淨若聲界乃至耳

BD04267 號　大般若波羅蜜多經卷一九九　（18–9）

故耳界清淨耳界清淨故一切智智清淨何以
故若作者清淨若耳界清淨若一切智智清淨
无二无二分无別无斷故作者清淨故聲界
耳識界及耳觸耳觸為緣所生諸受清淨聲
界乃至耳觸為緣所生諸受清淨故一切智
智清淨何以故若作者清淨若聲界乃至耳
觸為緣所生諸受清淨若一切智智清淨无二
无二分无別无斷故善現作者清淨故鼻界清
淨鼻界清淨故一切智智清淨何以故若作
者清淨若鼻界清淨若一切智智清淨无二
无二分无別无斷故作者清淨故香界鼻識
界及鼻觸鼻觸為緣所生諸受清淨香界乃
至鼻觸為緣所生諸受清淨故一切智智清
淨何以故若作者清淨若香界乃至鼻觸
為緣所生諸受清淨若一切智智清淨无二
无二分无別无斷故善現作者清淨故舌界
清淨舌界清淨故一切智智清淨何以故若作
者清淨若舌界清淨若一切智智清淨无二
无二分无別无斷故作者清淨故味界舌識
界及舌觸舌觸為緣所生諸受清淨味界乃
至舌觸為緣所生諸受清淨故一切智智清
淨何以故若作者清淨若味界乃至舌觸
為緣所生諸受清淨若一切智智清淨无二
无二分无別无斷故善現作者清淨故身界
清淨身界清淨故一切智智清淨何以故若

BD04267 號　大般若波羅蜜多經卷一九九　（18–10）

淨何以故若作者清淨若味界乃至舌觸
為緣所生諸受清淨若一切智智清淨无二
无二分无別无斷故善現作者清淨故身界
清淨身界清淨故一切智智清淨何以故若
作者清淨若身界清淨若一切智智清淨无
二无二分无別无斷故作者清淨故觸界身
識界及身觸身觸為緣所生諸受清淨觸
界乃至身觸為緣所生諸受清淨故一切
智智清淨何以故若作者清淨若觸界乃至
身觸為緣所生諸受清淨若一切智智清淨
无二无二分无別无斷故善現作者清淨故
意界清淨意界清淨故一切智智清淨何以
故若作者清淨若意界清淨若一切智智清
淨无二无二分无別无斷故作者清淨故法
界意識界及意觸意觸為緣所生諸受清
淨法界乃至意觸為緣所生諸受清淨故一
切智智清淨何以故若作者清淨若法界乃
至意觸為緣所生諸受清淨若一切智智
清淨无二无二分无別无斷故善現作者清
淨故地界清淨地界清淨故一切智智清
淨何以故若作者清淨若地界清淨若一切
智智清淨无二无二分无別无斷故作者清
淨故水火風空識界清淨水火風空識界清
淨故一切智智清淨何以故若作者清淨若
水火風空識界清淨若一切智智清淨无二无

BD04267號　大般若波羅蜜多經卷一九九　（18–11）

淨何以故若作者清淨若地界清淨若一切
智智清淨无二无二分无別无斷故作者清
淨故水火風空識界清淨水火風空識界清
淨故一切智智清淨何以故若作者清淨若
水火風空識界清淨若一切智智清淨无二无
二分无別无斷故善現作者清淨故无明清
淨无明清淨故一切智智清淨何以故若作
者清淨若无明清淨若一切智智清淨无二
无二分无別无斷故作者清淨故行識名
色六處觸受愛取有生老死愁歎苦憂惱
清淨行乃至老死愁歎苦憂惱清淨故一
切智智清淨何以故若作者清淨若行乃至
老死愁歎苦憂惱清淨若一切智智清淨无
二无二分无別无斷故
善現作者清淨故布施波羅蜜多清淨布
施波羅蜜多清淨故一切智智清淨何以故若
作者清淨若布施波羅蜜多清淨若一切智
智清淨无二无二分无別无斷故作者清淨
故淨戒安忍精進靜慮般若波羅蜜多清淨
淨戒乃至般若波羅蜜多清淨故一切智智
清淨何以故若作者清淨若淨戒乃至般若
波羅蜜多清淨若一切智智清淨无二无二分
无別无斷故善現作者清淨故內空清淨內
空清淨故一切智智清淨何以故若作者清
淨若內空清淨若一切智智清淨无二无二分
无別无斷故作者清淨故外空內外空空空

BD04267號　大般若波羅蜜多經卷一九九　（18–12）

波羅蜜多清淨若一切智智清淨无二无二分
无别无斷故善現作者清淨故內空清淨內
空清淨故一切智智清淨何以故若作者清
淨若內空清淨若一切智智清淨无二无二分
无别无斷故作者清淨故外空內外空空空
大空勝義空有為空无為空畢竟空无際
空散空无變異空本性空自相空共相空
一切法空不可得空无性空自性空无性自
性空清淨外空乃至无性自性空清淨故
一切智智清淨何以故若作者清淨若外
空乃至无性自性空清淨若一切智智清淨
无二无二分无别无斷故作者清淨故真如
清淨真如清淨故一切智智清淨何以故若
作者清淨若真如清淨若一切智智清淨无
二无二分无别无斷故作者清淨故法界
法性不虛妄性不變異性平等性離生性
法定法住實際虛空界不思議界清淨法
界乃至不思議界清淨故一切智智清淨何
以故若作者清淨若法界乃至不思議界
清淨若一切智智清淨无二无二分无别无
斷故善現作者清淨故苦聖諦清淨苦聖諦
清淨故一切智智清淨何以故若作者清淨
若苦聖諦清淨若一切智智清淨无二无二
分无别无斷故作者清淨故集滅道聖諦
清淨集滅道聖諦清淨故一切智智清淨
何以故若作者清淨若集滅道聖諦清淨

BD04267 號　大般若波羅蜜多經卷一九九　（18–13）

清淨故一切智智清淨何以故若作者清淨
若苦聖諦清淨若一切智智清淨无二无二
分无别无斷故作者清淨故集滅道聖諦
清淨集滅道聖諦清淨故一切智智清淨
何以故若作者清淨若集滅道聖諦清淨
若一切智智清淨无二无二分无别无斷故善
現作者清淨故四靜慮清淨四靜慮清淨
故一切智智清淨何以故若作者清淨若四
靜慮清淨若一切智智清淨无二无二分无别
无斷故作者清淨故四无量四无色定清淨
四无量四无色定清淨故一切智智清淨何以
故若作者清淨若四无量四无色定清淨
若一切智智清淨无二无二分无别无斷故善
現作者清淨故八解脫清淨八解脫清淨故
一切智智清淨何以故若作者清淨若八解
脫清淨若一切智智清淨无二无二分无别无
斷故作者清淨故八勝處九次第定十遍處
清淨八勝處九次第定十遍處清淨故一切
智智清淨何以故若作者清淨若八勝處九
次第定十遍處清淨若一切智智清淨无二
无二分无别无斷故善現作者清淨故四念
住清淨四念住清淨故一切智智清淨何以
故若作者清淨若四念住清淨若一切智智
清淨无二无二分无别无斷故作者清淨故
四正斷四神足五根五力七等覺支八聖道
支清淨四正斷乃至八聖道支清淨故一切智

BD04267 號　大般若波羅蜜多經卷一九九　（18–14）

无二分无別无斷故善現作者清淨故四念
住清淨四念住清淨故一切智智清淨何以
故若作者清淨若四念住清淨若一切智智
清淨无二无二分无別无斷故作者清淨故
四正斷四神足五根五力七等覺支八聖道
支清淨四正斷乃至八聖道支清淨故一切智
智清淨何以故若作者清淨若四正斷乃至
八聖道支清淨若一切智智清淨无二无二分
无別无斷故善現作者清淨故空解脫門
清淨空解脫門清淨故一切智智清淨何
以故若作者清淨若空解脫門清淨若一切
智智清淨无二无二分无別无斷故作者清
淨故无相无願解脫門清淨无相无願解
脫門清淨故一切智智清淨何以故若作者
清淨若无相无願解脫門清淨若一切智智
清淨无二无二分无別无斷故善現作者清淨
故菩薩十地清淨菩薩十地清淨故一切智智
清淨何以故若作者清淨若菩薩十地清淨
若一切智智清淨无二无二分无別无斷故
善現作者清淨故五眼清淨五眼清淨故一
切智智清淨何以故若作者清淨若五眼清
淨若一切智智清淨无二无二分无別无斷
故作者清淨故六神通清淨六神通清淨故
一切智智清淨何以故若作者清淨若六神
通清淨若一切智智清淨无二无二分无別
无斷故善現作者清淨故佛十力清淨佛

BD04267號　大般若波羅蜜多經卷一九九　（18–15）

故作者清淨故六神通清淨六神通清淨故
一切智智清淨何以故若作者清淨若六神
通清淨若一切智智清淨无二无二分无別
无斷故善現作者清淨故佛十力清淨佛
十力清淨故一切智智清淨何以故若作者
清淨若佛十力清淨若一切智智清淨无二
无二无別无斷故作者清淨故四无所畏四
无礙解大慈大悲大喜大捨十八佛不共法
清淨四无所畏乃至十八佛不共法清淨故
一切智智清淨何以故若作者清淨若四无
所畏乃至十八佛不共法清淨若一切智智清
淨无二无二分无別无斷故善現作者清淨
故无忘失法清淨无忘失法清淨故一切智
智清淨何以故若作者清淨若无忘失法
清淨若一切智智清淨无二无二分无別无
斷故作者清淨故恒住捨性清淨恒住
捨性清淨故一切智智清淨何以故若作者
清淨若恒住捨性清淨若一切智智清淨
无二无二分无別无斷故善現作者清淨故
一切智清淨一切智清淨故一切智智清
淨何以故若作者清淨若一切智清淨若
一切智智清淨无二无二分无別无斷故作
者清淨故道相智一切相智清淨道相智一切
相智清淨故一切智智清淨何以故若作者
清淨若道相智一切相智清淨若一切智智
清淨无二无二分无別无斷故善現作者清

BD04267號　大般若波羅蜜多經卷一九九　（18–16）

者清淨故道相智一切相智清淨道相智一切
相智清淨故一切智智清淨何以故若作者
清淨若道相智一切相智清淨若一切智智
清淨无二无二分无別无斷故善現作者清
淨故一切陁羅尼門清淨一切陁羅尼門清
淨故一切智智清淨何以故若作者清淨
若一切陁羅尼門清淨若一切智智清淨
无二无二分无別无斷故作者清淨故一切
三摩地門清淨一切三摩地門清淨故一切智
智清淨何以故若作者清淨若一切三摩地
門清淨若一切智智清淨无二无二分无別
无斷故
善現作者清淨故預流果清淨預流果清淨
故一切智智清淨何以故若作者清淨若預
流果清淨若一切智智清淨无二无二分无
別无斷故作者清淨故一來不還阿羅漢
果清淨一來不還阿羅漢果清淨故一切智智
清淨何以故若作者清淨若一來不還阿羅
漢果清淨若一切智智清淨无二无二分无
別无斷故善現作者清淨故獨覺菩提清
淨獨覺菩提清淨故一切智智清淨何以故
若作者清淨若獨覺菩提清淨若一切智
智清淨无二无二分无別无斷故善現作者
清淨故一切菩薩摩訶薩行清淨一切菩薩
摩訶薩行清淨故一切智智清淨何以故若
作者清淨若一切菩薩摩訶薩行清淨若一
切智智清淨无二无二分无別无斷故善現

BD04267號　大般若波羅蜜多經卷一九九　（18–17）

流果清淨若一切智智清淨无二无二分无
別无斷故作者清淨故一來不還阿羅漢
果清淨一來不還阿羅漢果清淨故一切智智
清淨何以故若作者清淨若一來不還阿羅
漢果清淨若一切智智清淨无二无二分无
別无斷故善現作者清淨故獨覺菩提清
淨獨覺菩提清淨故一切智智清淨何以故
若作者清淨若獨覺菩提清淨若一切智
智清淨无二无二分无別无斷故善現作者
清淨故一切菩薩摩訶薩行清淨一切菩薩
摩訶薩行清淨故一切智智清淨何以故若
作者清淨若一切菩薩摩訶薩行清淨若一
切智智清淨无二无二分无別无斷故善現
作者清淨故諸佛无上正等菩提清淨諸佛
无上正等菩提清淨故一切智智清淨何以
故若作者清淨若諸佛无上正等菩提清淨
若一切智智清淨无二无二分无別无斷故

大般若波羅蜜多經卷第一百九十九

BD04267號　大般若波羅蜜多經卷一九九　（18–18）

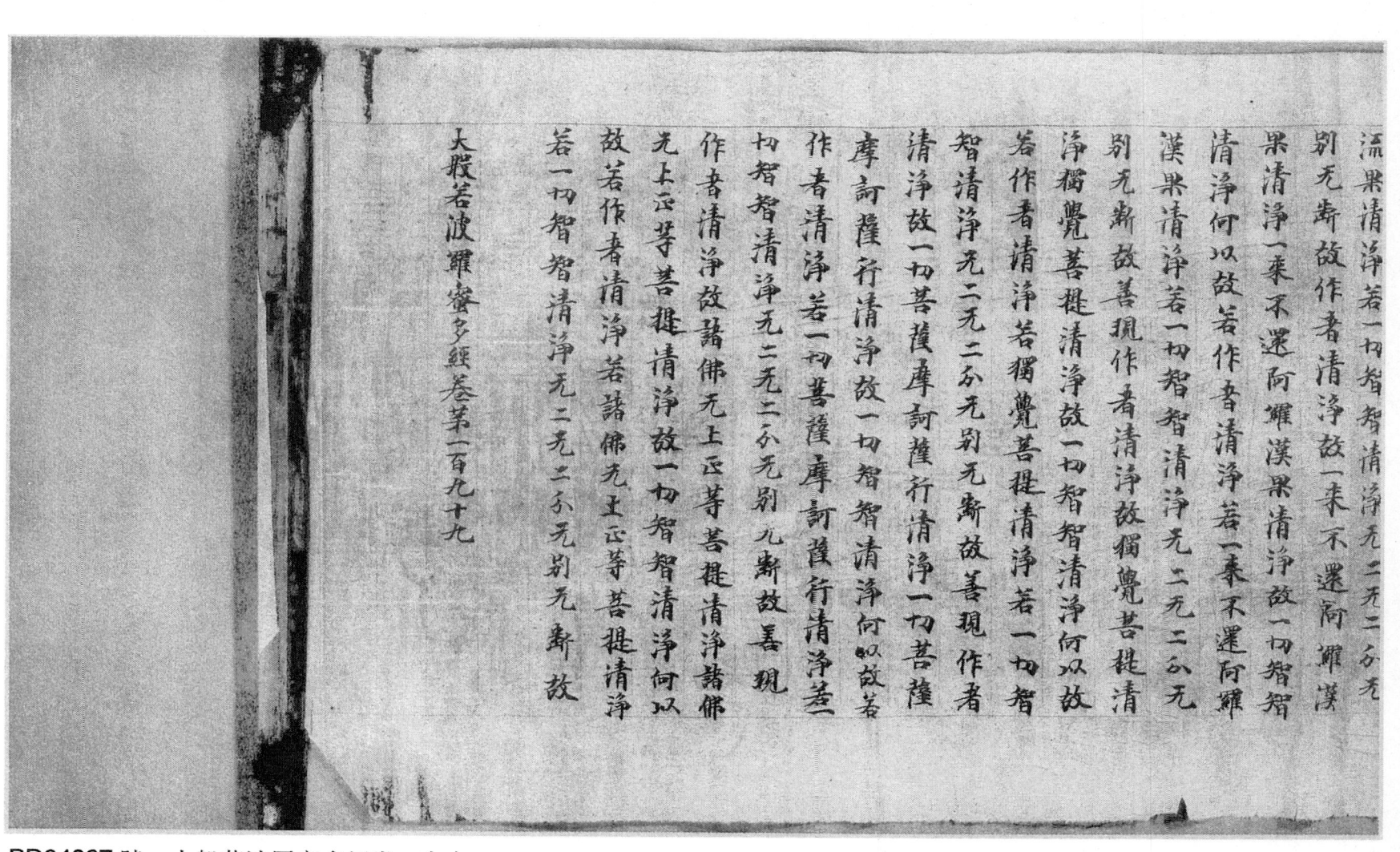

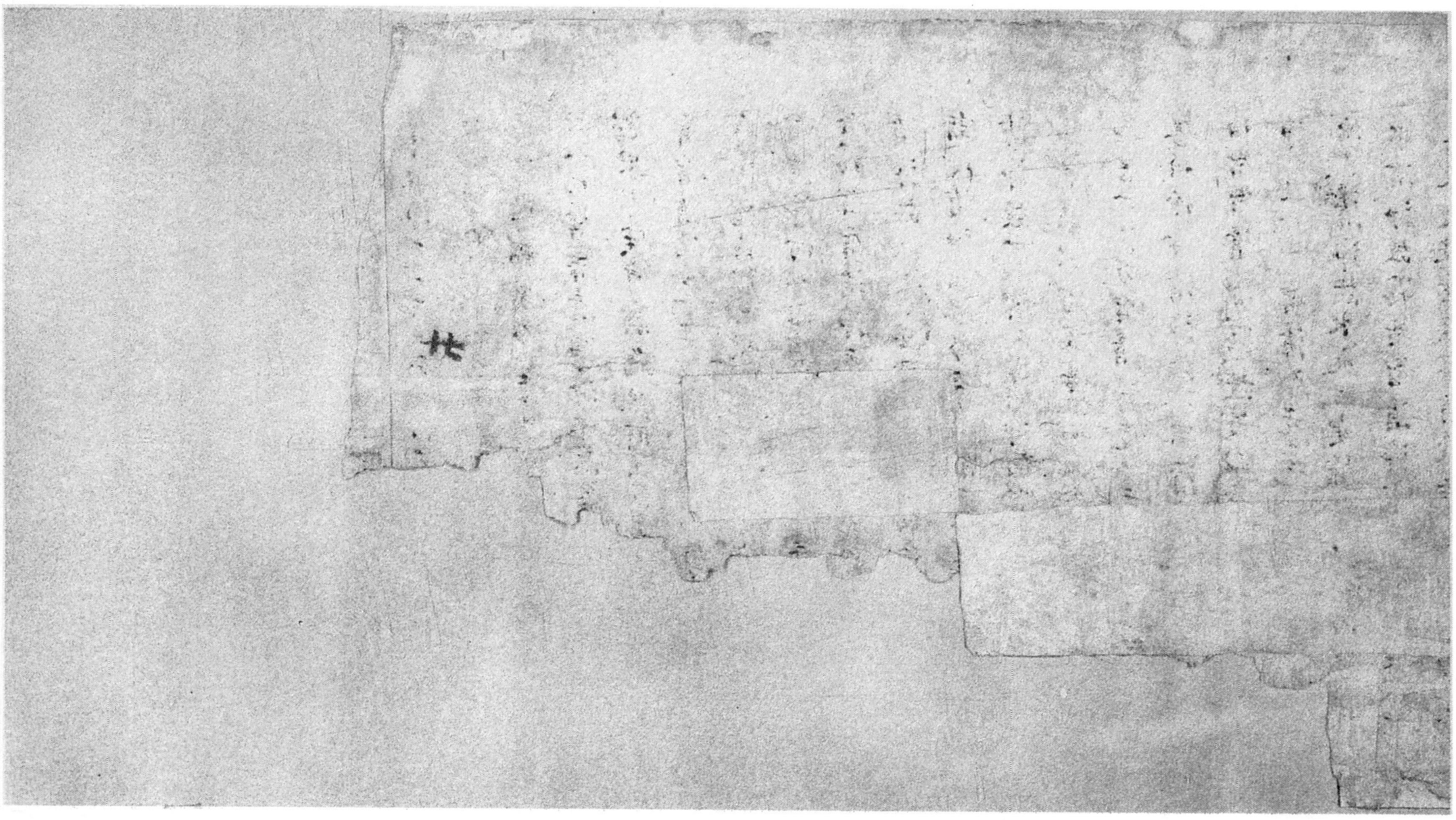

BD04267 號背　勘記　　（1–1）

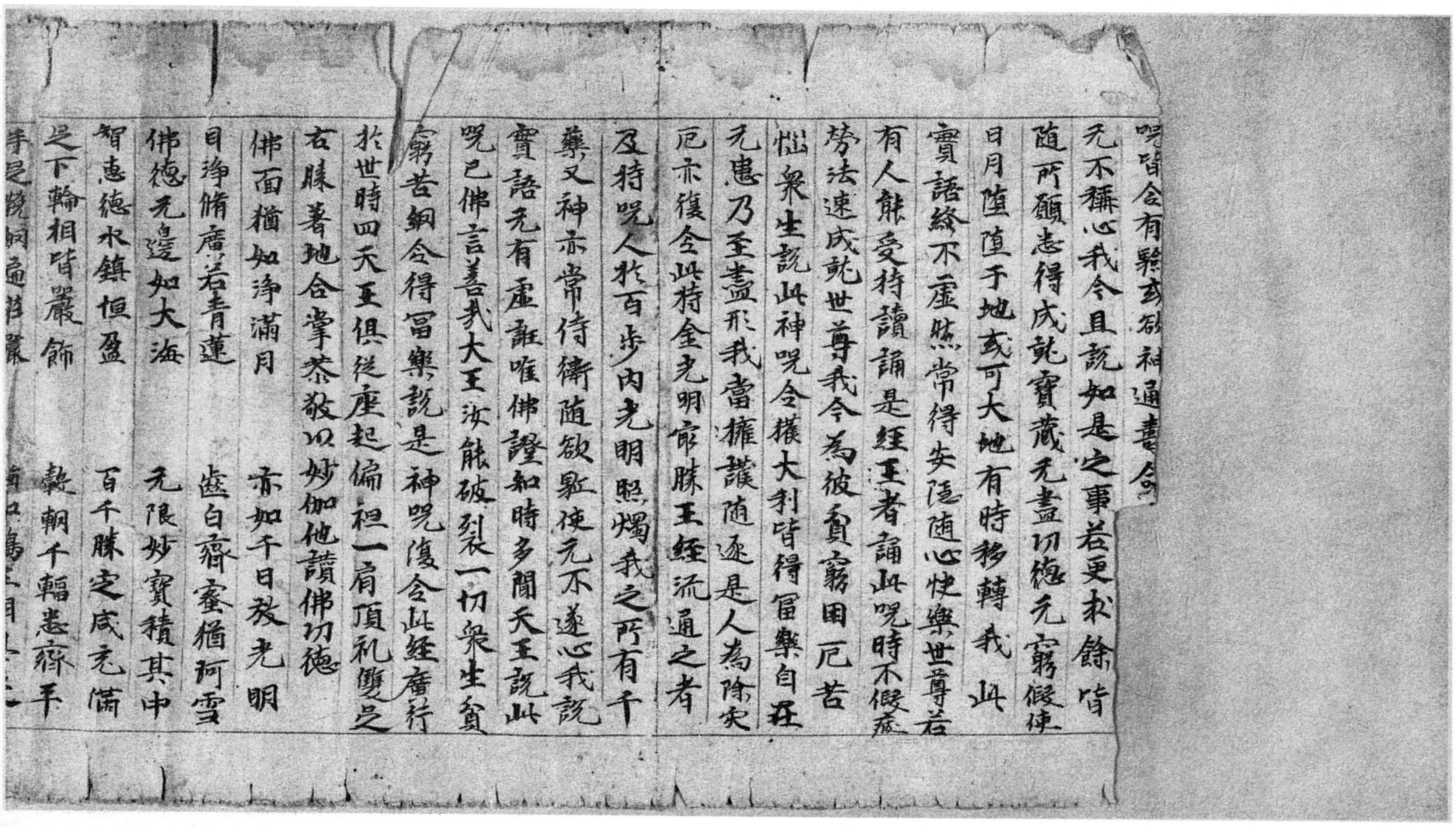

呪皆令有驗或欲神通壽命
无不稱心我今且說如是之事若更求餘皆
隨所願悉得成就寶藏无盡功德无窮假使
日月墮墮于地或可大地有時移轉我此
實語終不虛然常得安隱隨心快樂世尊若
有人能受持讀誦是經王者誦此呪時不假疲
勞法速成就世尊我今為彼貧窮困厄苦
惱衆生說此神呪令獲大利皆得富樂自在
无患乃至盡形我當擁護隨逐是人為除災
厄亦復令此持金光明最勝王經流通之者
及持呪人於百步內光明照燭我之所有千
藥叉神亦常侍衛隨欲驅使无不遂心我說
實語无有虛誑唯佛證知時多聞天王說此
呪已佛言善哉大王汝能破裂一切衆生貧
窮苦網令得富樂說是神呪復令此經廣行
於世時四天王俱從座起偏袒一肩頂禮雙足
右膝著地合掌恭敬以妙伽他讚佛功德
佛面猶如淨滿月　亦如千日放光明
目淨脩廣若青蓮　齒白齊密猶珂雪
佛德无邊如大海　无限妙寶積其中
智慧德水鎮恒盈　百千勝定咸充滿
足下輪相皆嚴飾　轂輞千輻悉齊平
手足縵網遍莊嚴　[illegible]

BD04268 號　金光明最勝王經卷六　　（3–1）

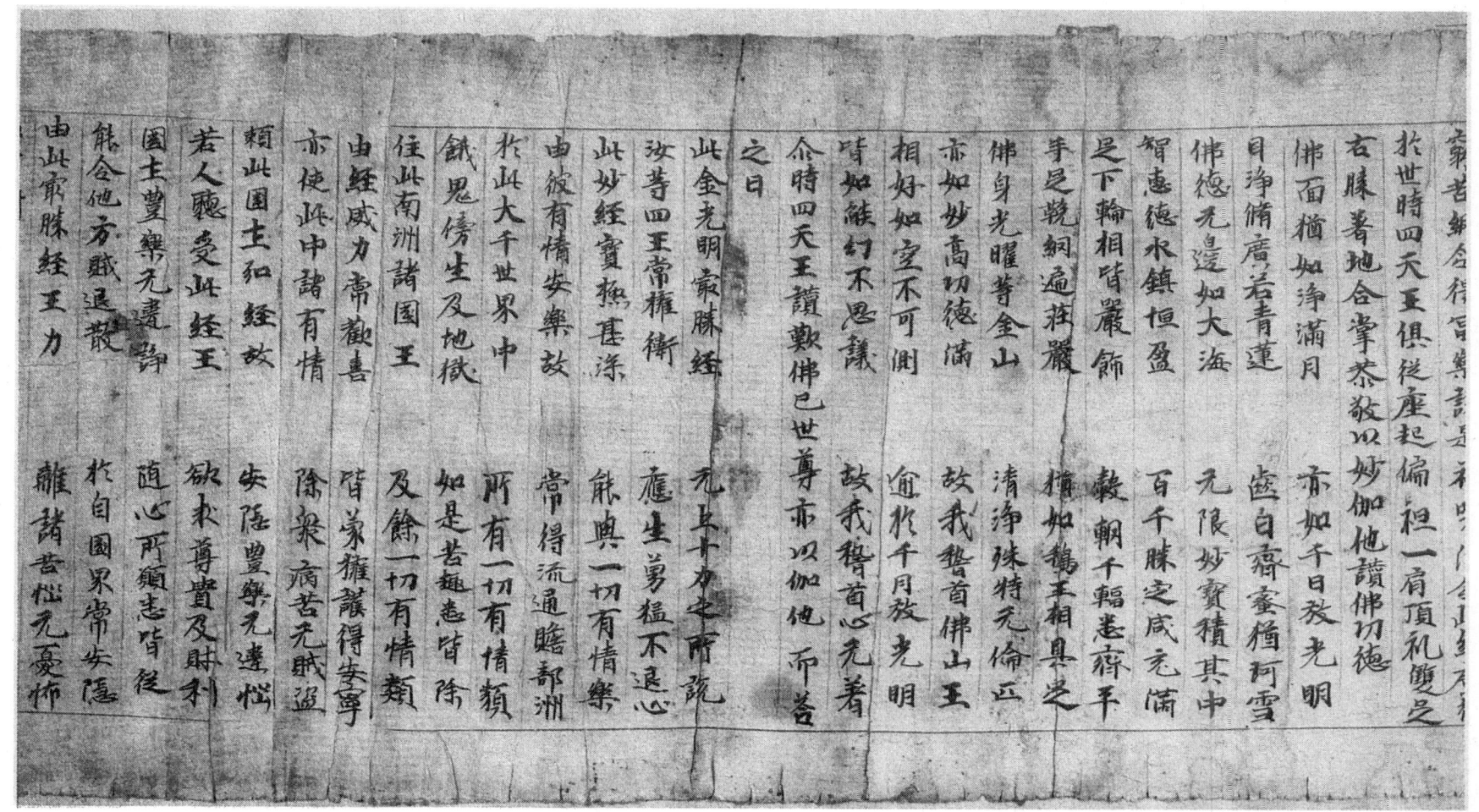

冣者能令得冐樂說是[illegible]

於世時四天王俱從座起偏袒一肩頂礼雙足
右膝著地合掌恭敬以妙伽他讚佛功德
佛面猶如淨滿月　亦如千日放光明
目淨脩廣若青蓮　齒白齊密猶珂雪
佛德无邊如大海　无限妙寶積其中
智慧德水鎮恒盈　百千勝定咸充滿
足下輪相皆嚴飾　轂輞千輻悉齊平
手足縵網遍莊嚴　猶如鵝王相具足
佛身光曜等金山　清淨殊特无倫匹
亦如妙高功德滿　故我稽首佛山王
相好如空不可測　逾於千月放光明
皆如焰幻不思議　故我稽首心无著
尒時四天王讚歎佛已世尊亦以伽他而荅
之曰
此金光明冣勝經　无上十力之所說
汝等四王常擁衛　應生勇猛不退心
此妙經寶極甚深　能與一切有情樂
由彼有情安樂故　常得流通贍部洲
於此大千世界中　所有一切有情類
餓鬼傍生及地獄　如是苦趣悉皆除
住此南洲諸國王　及餘一切有情類
由經威力常歡喜　皆蒙擁護得安寧
亦使此中諸有情　除眾病苦无賊盜
賴此國土弘經故　安隱豐樂无違惱
若人聽受此經王　欲求尊貴及財利
國土豐樂无違諍　隨心所願悉皆從
能令他方賊退散　於自國界常安隱
由此冣勝經王力　離諸苦惱无憂怖

BD04268號　金光明最勝王經卷六　（3–2）

佛身光曜等金山　清淨殊特无倫匹
亦如妙高功德滿　故我稽首佛山王
相好如空不可測　逾於千月放光明
皆如焰幻不思議　故我稽首心无著
尒時四天王讚歎佛已世尊亦以伽他而荅
之曰
此金光明冣勝經　无上十力之所說
汝等四王常擁衛　應生勇猛不退心
此妙經寶極甚深　能與一切有情樂
由彼有情安樂故　常得流通贍部洲
於此大千世界中　所有一切有情類
餓鬼傍生及地獄　如是苦趣悉皆除
住此南洲諸國王　及餘一切有情類
由經威力常歡喜　皆蒙擁護得安寧
亦使此中諸有情　除眾病苦无賊盜
賴此國土弘經故　安隱豐樂无違惱
若人聽受此經王　欲求尊貴及財利
國土豐樂无違諍　隨心所願悉皆從
能令他方賊退散　於自國界常安隱
由此冣勝經王力　離諸苦惱无憂怖
如寶樹王在宮內　能生一切[illegible]

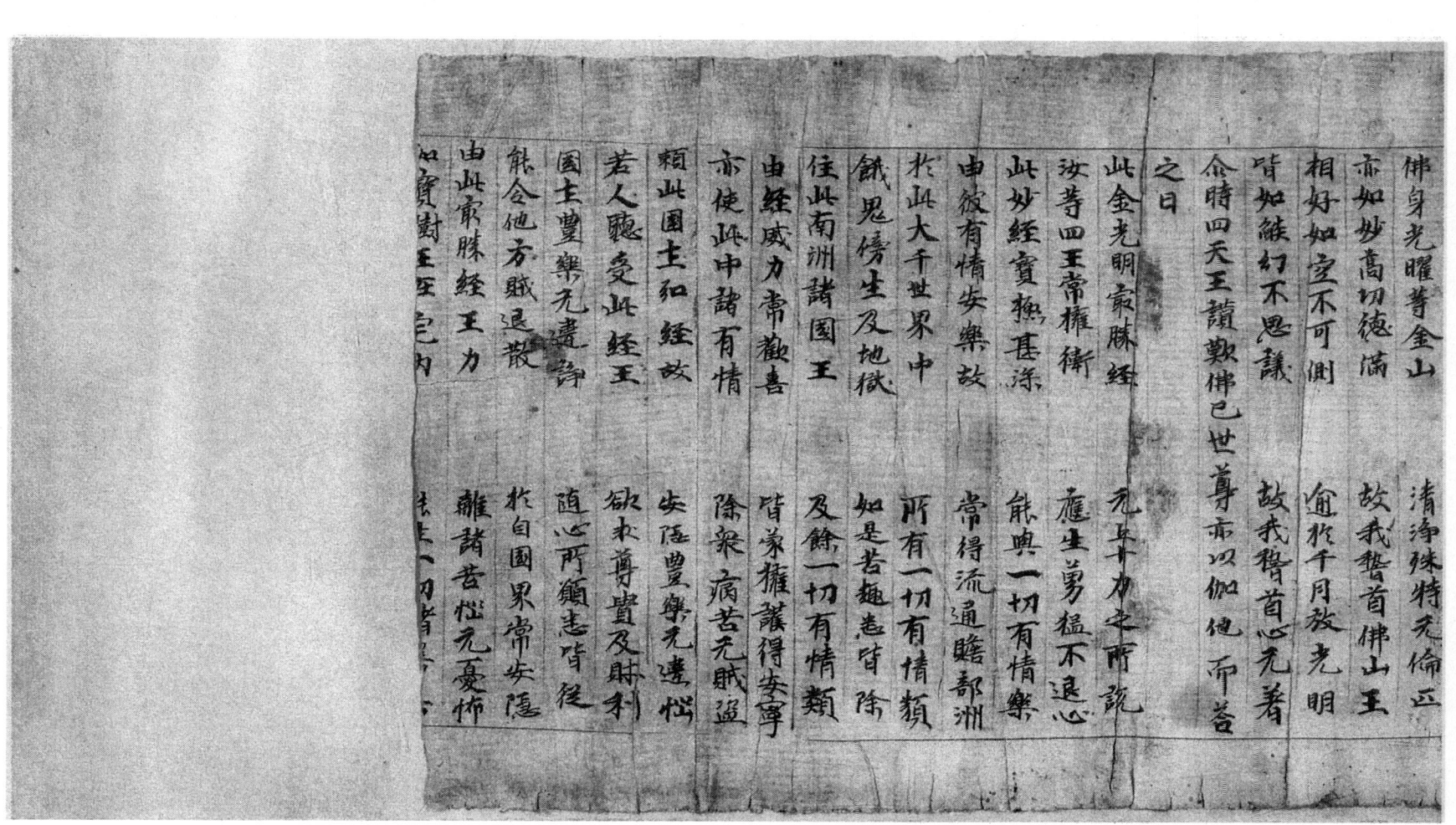

BD04268號　金光明最勝王經卷六　（3–3）

大般涅槃經師子吼菩薩品第十一
尒時佛告一切大衆諸善男子汝等若疑
佛无佛有法无法有僧无僧有苦无苦有集
无集有滅无滅有道无道有實无實有我无
我有苦无苦有淨无淨有常无常有乘无乘
有性无性有衆生无衆生有有无有有真无
真有因无因有果无果有作无作有業无業
有報无報者今恣汝問吾當爲汝分別解說
善男子我實不見若天若人若魔若梵若沙
門若婆羅門有來問我不能荅者尒時會中
有一菩薩名師子吼即從坐起整容斂服前
礼佛足長跪叉手白佛言世尊我適欲問如
來大慈復垂聽許尒時佛告諸大衆言諸善
男子汝等今當於是菩薩深生恭敬尊重讚
嘆應以種種華香伎樂瓔珞幡蓋衣服飲食
卧具醫藥房舍殿堂而供養之迎來送去所
以者何是人已於過去諸佛深種善根福德
成就是故今於我前欲師子吼善男子如師
子王自知身力牙齒鋒芒四足據地安住巖
穴振尾出聲若有能具如是諸相當知是則
能師子吼真師子王晨朝出穴頻申欠去四

BD04269 號　大般涅槃經（北本　思溪本）卷二七　　（24–1）

卧具醫藥房舍殿堂而供養之迎來送去所
以者何是人已於過去諸佛深種善根福德
成就是故今於我前欲師子吼善男子如師
子王自知身力牙齒鋒芒四足據地安住巖
穴振尾出聲若有能具如是諸相當知是則
能師子吼真師子王晨朝出穴頻申欠去四
向顧望發聲振吼爲十一事何等十一一爲
欲壞實非師子詐作師子故二爲欲試自身
力故三爲欲令住處淨故四爲諸子知處所
故五爲群輩无怖心故六爲眠者得悟悟
故七爲一切放逸諸獸不放逸故八爲諸獸
來依附故九爲欲調大香象故十爲教告諸
子息故十一爲欲莊嚴自眷屬故一切禽獸
聞師子吼水性之屬潛沒深淵陸行之類藏
伏窟穴飛者墮落諸大香象怖走失糞諸善
男子如彼野干雖逐師子至于百年終不能
作師子吼也若師子子始滿三年則能哮吼
如師子王
善男子如來正覺智慧牙爪四如意足六波
羅蜜滿足之身十力雄猛大悲爲尾安住四
禪清淨窟宅爲諸衆生而師子吼摧破魔軍
示衆十力開佛行處爲諸邪見作歸依所安
撫生死怖畏之衆覺悟无明睡眠衆生行惡
法者爲作悔心開示邪見一切衆生令知六
師非師子吼故破富蘭那等憍慢心故爲令
二乘生悔心故爲教五住諸菩薩等生大力

BD04269 號　大般涅槃經（北本　思溪本）卷二七　　（24–2）

示衆十力開佛行處爲諸邪見住歸依所安
梅生死怖畏之衆怙悟无明睡眠衆生行惡
法者爲作悔心開示邪見一切衆生令知六
師非師子吼故破富蘭那等憍慢心故爲令
二乘生悔心故爲教五住諸菩薩等生大力
心故爲令正見四部之衆於彼邪見四部徒
衆不生怖畏故從聖行梵行天行窟宅頻申
而出爲欲令彼諸衆生等破憍慢故欠去爲
令諸衆生等生善法故四向顧望爲令衆生
得四无导故四足據地爲令衆生具足安住
尸波羅蜜故故師子吼師子吼者名決定說
一切衆生悉有佛性如來常住无有變易善
男子聲聞緣覺雖復隨逐如來世尊无量百千
阿僧祇劫而亦不能作師子吼十住菩薩若
能脩行是三行處當知是則能師子吼諸善
男子是師子吼菩薩摩訶薩今欲如是大師
子吼是故汝等應當深心供養恭敬尊重讚
嘆尒時世尊告師子吼菩薩摩訶薩言善男
子汝若欲問今可隨意師子吼菩薩摩訶薩
白佛言世尊云何爲佛性以何義故名爲佛
性何故復名常樂我淨若一切衆生有佛性
者何故不見一切衆生所有佛性十住菩薩
住何等法不了了見佛住何法而了了見十住
菩薩以何等眼不了了見佛以何眼而了了
見佛言善男子善哉善哉若有人能爲法諮
啓則爲具足二種莊嚴一者智慧二者福德
若有菩薩具足如是二莊嚴者則知佛性亦

BD04269號　大般涅槃經（北本　思溪本）卷二七　（24–3）

住何等法不了了見佛住何法而了了見十住
菩薩以何等眼不了了見佛以何眼而了了
見佛言善男子善哉善哉若有人能爲法諮
啓則爲具足二種莊嚴一者智慧二者福德
若有菩薩具足如是二莊嚴者則知佛性亦
復解知名爲佛性乃至能知十住菩薩以何
眼見諸佛世尊以何眼見師子吼菩薩言世
尊云何名爲智慧莊嚴云何名爲福德莊嚴
善男子慧莊嚴者謂從一地乃至十地是名
慧莊嚴福德莊嚴者謂檀波羅蜜乃至般若
非般若波羅蜜復次善男子慧莊嚴者所謂
諸佛菩薩福德莊嚴者謂聲聞緣覺九住菩
薩復次善男子福德莊嚴者有爲有漏有有
果報有导非常是凡夫法慧莊嚴者无爲无
漏无有无果報无导常住善男子汝今具足
是二莊嚴是故能問甚深妙義我亦具足是
二莊嚴能荅是義師子吼菩薩摩訶薩言世
尊若有菩薩具足如是二莊嚴者則不應問
一種二種云何世尊說言能荅一種二種所
以者何一切諸法无一二種一種二種者是
凡夫相佛言善男子若有菩薩无二種莊嚴
則不能知一種二種若有菩薩具二莊嚴則
能解知一種二種若言諸法无一二者是義
不然何以故若无一二云何得說一切諸法
无一无二善男子若言一二是凡夫相是乃
名爲十住菩薩非凡夫也何以故一者名爲

BD04269號　大般涅槃經（北本　思溪本）卷二七　（24–4）

則不能知一種二種若有菩薩具二莊嚴則
能解知一種二種若言諸法无一二者是義
不然何以故若无一二云何得說一切諸法
无一无二善男子若言一二是凡夫相是乃
名為十住菩薩非凡夫也何以故一者名為
涅槃二者名為生死何以故一者名為涅槃以
其常故何故二者名為生死愛无明故常涅
槃者非凡夫相生死二者亦非凡夫相以是
義故具二莊嚴者能問能荅善男子汝問云
何為佛性者諦聽諦聽吾當為汝分別解說
善男子佛性者名第一義空第一義空名為
智慧所言空者不見空與不空智者見空及
與不空常與无常苦之與樂我與无我空者
一切生死不空者謂大涅槃乃至无我者即
是生死我者謂大涅槃見一切空不見不空
不名中道乃至見一切无我不見我者不名
中道中道者名為佛性以是義故佛性常恒
无有變易无明覆故令諸衆生不能得見
聲聞緣覺見一切空不見不空乃至見一切无
我不見於我以是義故不得第一義空不得
第一義空故不行中道无中道故不見佛性
善男子不見中道者凡有三種一定樂行二
定苦行三苦樂行定樂行者所謂菩薩摩訶
薩憐愍一切諸衆生故雖復處在阿鼻地獄
如三禪樂定苦行者謂諸凡夫苦樂行者謂

BD04269號　大般涅槃經（北本　思溪本）卷二七　（24–5）

善男子不見中道者凡有三種一定樂行二
定苦行三苦樂行定樂行者所謂菩薩摩訶
薩憐愍一切諸衆生故雖復處在阿鼻地獄
如三禪樂定苦行者謂諸凡夫苦樂行者謂
聲聞緣覺聲聞緣覺行於苦樂作中道想以
是義故雖有佛性而不能見如汝所言以何
義故名佛性者善男子佛性者即是一切諸
佛阿耨多羅三藐三菩提中道種子復次善
男子道有三種謂下上中下者梵天无常謬
見是常上者生死无常謬見是常三寶是常
横計无常何故名上能得最上阿耨多羅三
藐三菩提故中者名為第一義空无常見无
常常見於常第一義空不名為下何以故一
切凡夫所不得故不名為上何以故即是上
故諸佛菩薩所脩之道不上不下以是義故
名為中道復次善男子生死本際凡有二種
一者无明二者有愛是二中間則有生老病死
之苦是名中道如是中道能破生死故名為中
以是義故中道之法名為佛性是故佛性常
樂我淨以諸衆生不能見故无常无樂无我
无淨佛性實非无常无樂无我无淨善男子
譬如貧人家有寶藏是人不見以不見故无
常无樂无我无淨有善知識而語之言汝舍
宅中有金寶藏何故如是貧窮困苦无常无
樂无我无淨即以方便令彼得見以得見故

BD04269號　大般涅槃經（北本　思溪本）卷二七　（24–6）

譬如貧人家有寶藏是人不見以不見故无
常无樂无我无淨有善知識而語之言汝舍
宅中有金寶藏何故如是貧窮困苦无常无
樂无我无淨即以方便令彼得見以得見故
是人即得常樂我淨佛性亦尒衆生不見以
不見故无常无樂无我无淨有善知識諸佛
菩薩以諸方便種種教告令彼得見以得見
故衆生即得常樂我淨復次善男子衆生起
見凡有二種一者常見二者斷見如是二見
不名中道无常无斷乃名中道无常无斷即
是觀照十二緣智如是觀智是名佛性二乘
之人雖觀因緣猶亦不得名為佛性佛性雖
常以諸衆生无明覆故不能得見又未能渡
十二緣河猶如兎馬何以故不見佛性故善
男子是觀十二因緣智慧即是阿耨多羅三
藐三菩提種子以是義故十二因緣名為佛
性善男子譬如胡瓜名為熱病何以故能為
熱病作因緣故十二因緣亦復如是善男子
佛性者有因有因因有果有果果有因者即
是十二因緣因因者即是智慧有果者即是
阿耨多羅三藐三菩提果果者即是无上大
般涅槃善男子譬如无明為因諸行為果行
因識果以是義故彼无明體亦因亦因因識
亦果亦果果佛性亦尒善男子以是義故十
二因緣不出不滅不常不斷非一非二不来

BD04269 號　大般涅槃經（北本　思溪本）卷二七　（24–7）

阿耨多羅三藐三菩提果果者即是无上大
般涅槃善男子譬如无明為因諸行為果行
因識果以是義故彼无明體亦因亦因因識
亦果亦果果佛性亦尒善男子以是義故十
二因緣不出不滅不常不斷非一非二不来
不去非因非果善男子是因非果如佛性是
果非因如大涅槃是果是因如十二因緣所
生之法非因非果名為佛性非因果故常恒
无變以是義故我經中說十二因緣其義甚
深无知无見不可思惟乃是諸佛菩薩境界
非諸聲聞緣覺所及以何義故甚深甚深衆
生業行不常不斷而得果報雖念念滅而无
所失雖无作者而有作業雖无受者而有果
報受者雖滅果不敗亡无有慮知和合而有
一切衆生雖與十二因緣共行而不見知不
見知故无有終始十住菩薩唯見其終不見
其始諸佛世尊見始見終以是義故諸佛了
了得見佛性善男子一切衆生不能見於十
二因緣是故輪轉善男子如蠶作繭自生自
死一切衆生亦復如是不見佛性故自造結
業流轉生死猶如拍毬善男子是故我於諸
經中說若有人見十二緣者即是見法見法
者即是見佛佛者即是佛性何以故一切諸
佛以此為性善男子觀十二緣智凡有四種
一者下二者中三者上四者上上下智觀者

BD04269 號　大般涅槃經（北本　思溪本）卷二七　（24–8）

佛以此為性善男子觀十二緣智凡有四種
一者下二者中三者上四者上上下智觀者
不見佛性以不見故得聲聞道中智觀者不
見佛性以不見故得緣覺道上智觀者見不
了了不了了故住十住地上上智觀者見了了
故得阿耨多羅三藐三菩提道以是義故十
二因緣名為佛性佛性者即第一義空第一
義空名為中道中道者即名佛性佛者名為
涅槃尒時師子吼菩薩摩訶薩白佛言世尊
若佛與佛性无差別者一切衆生何用脩道
佛言善男子如汝所問是義不然佛與佛性
雖无差別然諸衆生悉未具足善男子譬如有
人惡心害母害已生悔三業雖善是人故
名地獄人也何以故是人定當墮地獄故是
人雖无地獄陰界諸入猶故得名為地獄人
善男子是故我於諸經中說若見有人脩行
善者名見天人脩行惡者名見地獄何以故
定受報故善男子一切衆生定得阿耨多羅
三藐三菩提故是故我說一切衆生悉有佛
性一切衆生真實未有三十二相八十種好以
是義故我於此經而說偈言
本有今无　本无今有　三世有法　无有是處
善男子有者凡有三種一未來有二現在有
三過去有一切衆生未來之世當有阿耨多
羅三藐三菩提是名佛性一切衆生現在悉

BD04269號　大般涅槃經（北本　思溪本）卷二七　（24–9）

本有今无　本无今有　三世有法　无有是處
善男子有者凡有三種一未來有二現在有
三過去有一切衆生未來之世當有阿耨多
羅三藐三菩提是名佛性一切衆生現在悉
有煩惱諸結是故現在无有三十二相八十
種好一切衆生過去之世有斷煩惱是故現
在得見佛性以是義故我常宣說一切衆生
悉有佛性乃至一闡提等亦有佛性一闡提
等无有善法佛性亦善以未來有故一闡提
等悉有佛性何以故一闡提等定當得成阿
耨多羅三藐三菩提故善男子譬如有人家
有乳酪有人問言汝有蘇耶荅言我有酪實
非蘇以巧方便定當得故故言有蘇衆生亦尒
悉皆有心凡有心者定當得成阿耨多羅三
藐三菩提以是義故我常宣說一切衆生悉
有佛性善男子畢竟有二種一者莊嚴畢竟
二者究竟畢竟一者世間畢竟二者出世間
畢竟莊嚴畢竟者六波羅蜜究竟畢竟者一
切衆生所得一乘一乘者名為佛性以是義
故我說一切衆生悉有佛性一切衆生悉有一
乘以无明覆故不能得見善男子如欝單
曰卅三天果報覆故此間衆生不能得見佛
性亦尒諸結覆故衆生不見復次善男子佛
性者即首楞嚴三昧性如醍醐即是一切諸

BD04269號　大般涅槃經（北本　思溪本）卷二七　（24–10）

乘以无明覆故不能得見善男子如譬第
曰卅三天果報覆故此間衆生不能得見佛
性亦尒諸結覆故衆生不見復次善男子佛
性者即首楞嚴三昧性如提湖即是一切諸
佛之母以首楞嚴三昧力故而令諸佛常樂
我淨一切衆生悉有首楞嚴三昧以不脩行
故不得見是故不能得成阿耨多羅三藐三
菩提善男子首楞嚴三昧者有五種名一者
首楞嚴三昧二者般若波羅蜜三者金剛三
昧四者師子吼三昧五者佛性隨其所作處
處得名善男子如一三昧得種種名如禪名
四禪根名定根力名定力覺名定覺正名正
定八大人覺名為定覺首楞嚴定亦復如是
善男子一切衆生具足三定謂上中下上者
謂佛性也以是故言一切衆生悉有佛性中
者一切衆生具足初禪有因緣時則能脩集
若无因緣則不能脩因緣二種一謂火災二
謂破欲界結以是故言一切衆生悉具中定
下定者十大地中心數定也以是故言一切
衆生悉具下定一切衆生悉有佛性煩惱覆
故不能得見十住菩薩雖見一乘不知如来
是常住法以是故言十住菩薩雖見佛性而
不明了善男子首楞者名一切事竟嚴者名
堅一切畢竟而得堅固名首楞嚴以是故言
首楞嚴定名為佛性善男子我於一時住尼

BD04269號　大般涅槃經（北本　思溪本）卷二七　（24-11）

故不能得見十住菩薩雖見一乘不知如来
是常住法以是故言十住菩薩雖見佛性而
不明了善男子首楞者名一切事竟嚴者名
堅一切畢竟而得堅固名首楞嚴以是故言
首楞嚴定名為佛性善男子我於一時住尼
連禪河告阿難言我今欲洗汝可取衣及以
澡豆我既入水一切飛鳥水陸之屬悉来觀
我
尒時復有五百梵志来在河邊因到我所各
相謂言云何而得金剛之身若使瞿曇不說
斷見我當從其受齋法善男子我於尒時
以他心智知是梵志心之所念告梵志言云
何謂我說於斷見彼梵志言瞿曇先於處處
經中說諸衆生悉无有我既言无我云何而
言非斷見耶若无我者持戒者誰破戒者誰
佛言我亦不說一切衆生悉无有我我常宣
說一切衆生悉有佛性佛性者豈非我耶以
是義故我不說斷一切衆生不見佛性故无
常无我无樂无淨如是則名說斷見也時諸
梵志聞說佛性即是我故即發阿耨多羅三
藐三菩提心尋時出家脩菩提道一切飛鳥
水陸之屬亦發无上菩提之心既發心已尋
得捨身善男子是佛性者實非我也為衆生
故說名為我善男子如来有因緣故說无
我為我真實无我雖作是說无有虛妄善男
子有因緣故說我為无我而實有我為世界

BD04269號　大般涅槃經（北本　思溪本）卷二七　（24-12）

水陸之屬亦發无上菩提之心既發心已尋
得捨身善男子是佛性者實非我也為衆生
故說名為我善男子如來有因緣故說无
我為我真實无我雖作是說无有虛妄善男
子有因緣故說我為无我而實有我為世界
故雖說无我而无虛妄佛性无我如來說我
以是常故如來是我而說无我得自在故尒
時師子吼菩薩摩訶薩言世尊若一切衆生
悉有佛性如金剛力士者以何義故一切衆
生不能得見佛言善男子譬如色法雖有青
黄赤白之異長短質像盲者不見雖復不見
亦不得言无青黄赤白長短質像何以故盲
雖不見有目見故佛性亦尒一切衆生雖不
能見十住菩薩見少分故如來全見十住菩
薩所見佛性如夜見色如來所見如晝見色
善男子譬如瞎者見色不了有善良醫而為
治目以藥力故得了了見十住菩薩亦復如
是雖見佛性不能明了以首楞嚴三昧力故
能得明了善男子若有人見一切諸法无常
无我无樂无淨見非一切法无常无樂无我
无淨如是之人不見佛性一切者名為生死
非一切者名為三寶聲聞緣覺見一切法无
常无我无樂无淨非一切法亦見无常无我
无樂无淨以是義故不見佛性十住菩薩見
一切法无常无我无樂无淨非一切法分見常

无淨如是之人不見佛性一切者名為生死
非一切者名為三寶聲聞緣覺見一切法无
常无我无樂无淨非一切法亦見无常无我
无樂无淨以是義故不見佛性十住菩薩見
一切法无常无我无樂无淨非一切法分見常
樂我淨以是義故十分之中得見一分諸佛
世尊見一切法无常无我无樂无淨非一切
法見常樂我淨以是義故見於佛性如觀掌
中阿摩勒菓以是義故首楞嚴定名為畢竟
善男子譬如初月雖不可見不得言无佛性
亦尒一切凡夫雖不得見亦不得言无佛性也
善男子佛性者所謂十力四无所畏大悲三
念處一切衆生悉有三種破煩惱故然後得
見一闡提等破一闡提然後能得十力四无
所畏大悲三念處以是義故我常宣說一切
衆生悉有佛性善男子十二因緣一切衆生
等共有之亦內亦外何等十二過去煩惱名
為无明過去業者則名為行現在世中初始
受胎是名為識入胎五分四根未具名為名
色具足四根未名觸時是名六入未別苦樂
是名為觸染習一愛是名為受習近五欲是
名為愛內外貪求是名為取為內外事起身
口意業是名為有現在世識名未來世現在
名色六入觸受名未來世老病死也是名十
二因緣善男子一切衆生雖有如是十二因

色具足四根未名觸時是名六入未别苦樂
是名為觸染習一愛是名為受習近五欲是
名為愛內外貪求是名為取為內外事起身
口意業是名為有現在世識名未來生現在
名色六入觸受名未來世老病死也是名十
二因緣善男子一切眾生雖有如是十二因
緣或有未具如歌羅羅時死則无十二從生
乃至老死得具十二色界眾生无三種受三
種觸三種愛无有老病亦得名為具足十二
无色眾生无色乃至无有老死亦得名為具
足十二以定得故故名眾生平等具有十二
因緣善男子佛性亦尒一切眾生定當得成
阿耨多羅三藐三菩提是故我說一切眾
生悉有佛性善男子雪山有草名為忍辱牛
若食之則出醍醐更有異草牛若食者則无
醍醐雖无醍醐不可說言雪山之中无忍辱
草佛性亦尒雪山者名為如來忍辱草者名
大涅槃異草者名十二部經眾生若能聽受
諮啟大般涅槃則見佛性十二部中雖不聞
有不可說言无佛性也善男子佛性者亦色
非色非非色亦相非相非相非非相亦
一非一非一非非一非常非斷非非常非非斷
亦有亦无非有非无亦盡非盡非盡非非盡
亦因亦果非因非果亦義非義非義非非義

BD04269號　大般涅槃經（北本　思溪本）卷二七　（24-15）

非色非非色亦相非相非相非非相亦
一非一非一非非一非常非斷非非常非非斷
亦有亦无非有非无亦盡非盡非盡非非盡
亦因亦果非因非果亦義非義非義非非義
亦字非字非字非非字云何為色金剛身故
云何非色十八不共非色法故云何非色非
非色非色无定相故云何為相三十二相故
云何非相一切眾生相不見故云何非相非
非相相非相不決定故云何為一一切眾生
悉一乘故云何非一說三乘故云何非一非非
一无數法故云何非常從緣見故云何非斷
離斷見故云何非非常非非斷无終始故云
何為有一切眾生悉皆有故云何為无從善
方便而得見故云何非有非无虛空性故云何
名盡得首楞嚴三昧力故云何非盡以其常
故云何非盡非非盡一切盡相斷故云何為
因以了因故云何為果果決定故云何非因
非果以其常故云何名義悉能攝取義无导
故云何非義不可說故云何非義非非義畢
竟空故云何為字有名稱故云何非字无名
字故云何非字非非字斷一切字故云何非
苦非樂斷一切受故云何非我未能具得八
自在故云何非非我以其常故云何非我非
非我不作不受故云何為空第一義空故云

BD04269號　大般涅槃經（北本　思溪本）卷二七　（24-16）

竟空故云何為字有名稱故云何非字无名
字故云何非字非非字斷一切字故云何非
苦非樂斷一切受故云何非我非我未能具得八
自在故云何非非我以其常故云何非我非
非我不作不受故云何為空第一義空故云
何非空以其常故云何非空非非空能為善
法作種子故善男子若有人能思惟解了大
涅槃經如是之義當知是人則見佛性佛性
者不可思議乃是諸佛如來境界非諸聲聞
緣覺所知善男子佛性者非陰界入非本无
今有非已有還无從善因緣衆生得見譬如
黑鐵入火則赤出冷還黑而是黑色非內非
外因緣故有佛性亦尒一切衆生煩惱火滅
則得聞見善男子如種滅已芽則得生而是
芽性非內非外乃至華菓亦復如是從緣故
有
善男子是大涅槃微妙經典成就具足无量
功德佛性亦尒悉是无量无邊功德之所成
就尒時師子吼菩薩摩訶薩言世尊菩薩具
足成就幾法得見佛性而不明了諸佛世尊
成就幾法得了了見善男子菩薩具足成就
十法雖見佛性而不明了云何為十一者少
欲二者知足三者寂靜四者精進五者正念
六者正定七者正慧八者解脫九者讚嘆解

BD04269號　大般涅槃經（北本　思溪本）卷二七　　（24–17）

十法雖見佛性而不明了云何為十一者少
欲二者知足三者寂靜四者精進五者正念
六者正定七者正慧八者解脫九者讚嘆解
脫十者以大涅槃教化衆生師子吼菩薩言
世尊少欲知足有何差別善男子少欲者不
求不取知足者得少之時心不悔恨少欲者
少有所欲知足者但為法事心不愁惱善男
子欲有三種一者惡欲二者大欲三者欲欲
惡欲者若有比丘心生貪欲欲為一切大衆
上首令一切僧隨逐我後令諸四部悉皆供
養恭敬讚嘆尊重於我令我先為四衆說法
皆令一切信受我語亦令國王大臣長者皆
恭敬我令我大得衣服飲食臥具醫藥上妙
屋宅為生死欲是名惡欲云何大欲若有比
丘生於欲心云何當令四部之衆悉皆知我
得初住地乃至十住得阿耨多羅三藐三菩
提得阿羅漢果乃至須陁洹果我得四禪乃
至四无导智為於利養是名大欲欲欲者若
有比丘欲生梵天魔天自在天轉輪聖王若
剎利若婆羅門皆得自在為利養故是名欲
欲若不為是三種惡欲之所害者是名少欲
欲者名為廿五愛无有如是廿五愛是名少
欲不求未來所欲之事是名少欲得而不著
是名知足不求恭敬是名少欲得不積聚是
名知足善男子有少欲不名知足有知足不
名少欲有名少欲亦知足有不知足不少欲

BD04269號　大般涅槃經（北本　思溪本）卷二七　　（24–18）

欲不求未来所欲之事是名少欲得而不著
是名知足不求恭敬是名少欲得不積聚是
名知足善男子有少欲不名知足有知足不
名少欲有亦少欲亦知足有不知足不少欲
少欲者謂須陁洹知足者謂辟支佛少欲知
足者謂阿羅漢不少欲不知足者所謂菩薩
善男子少欲知足復有二種一者善二者不
善不善者所謂凡夫善者聖人菩薩一切聖
人雖得道果不自稱說不稱說故心不惱恨
是名知足善男子菩薩摩訶薩脩集大乘大
涅槃經欲見佛性是故脩集少欲知足云何
寂靜寂靜有二一者心靜二者身靜身寂靜
者終不造作身三種惡心寂靜者亦不造作
意三種惡是則名為身心寂靜身寂靜者不
親近四衆不豫四衆所有事業心寂靜者終
不脩集貪欲恚癡是則名為身心寂靜或有
比丘身雖寂靜心不寂靜有心寂靜身不寂
靜有身心寂靜又有身心俱不寂靜身寂靜
者或有比丘坐禪靜處遠離四衆心常積聚
貪恚瞋癡是名身寂靜心不寂靜心寂靜身
不靜者或有比丘親近四衆國王大臣斷貪
恚癡是名心靜身不寂靜身心寂靜者謂佛
菩薩身心不寂靜者謂諸凡夫何以故凡夫
之人身心雖靜不能深觀无常无樂无我无
淨以是義故凡夫之人不能寂靜身口意業

BD04269號　大般涅槃經（北本　思溪本）卷二七　（24-19）

恚癡是名心靜身不寂靜身心寂靜者謂佛
菩薩身心不寂靜者謂諸凡夫何以故凡夫
之人身心雖靜不能深觀无常无樂无我无
淨以是義故凡夫之人不能寂靜身口意業
一闡提輩犯四重禁作五逆罪如是之人亦
不得名身心寂靜云何精進若有比丘欲令
身口意業清淨遠離一切諸不善業脩集一
切諸善業者是名精進是懃進者繫念六處
所謂佛法僧戒施天是名正念具正念者所
得三昧是名正定具正定者觀見諸法猶如
虛空是名正慧具正慧者遠離一切煩惱諸
結是名解脫得解脫者為諸衆生稱美解脫
言是解脫常恒不變是名讚嘆解脫即是无
上大般涅槃涅槃者即是煩惱諸結火滅
又涅槃者名為屋宅何以故能遮煩惱惡風
雨故又涅槃者名為歸依何以故能過一切諸
怖畏故又涅槃者名為洲渚何以故四大暴
河不能漂沒何等為四一者欲暴二者有
暴三者見暴四者无明暴是故涅槃名為洲
渚又涅槃者名畢竟歸何以故能得一切畢
竟樂故若有菩薩摩訶薩成就具足如是十
法雖見佛性而不明了
復次善男子出家之人有四種病是故不得
四沙門果何等四病謂四惡欲一為衣欲二
為食欲三臥具欲四為有欲是名四惡欲是
出家病有四良藥能療是病謂糞掃衣能治

BD04269號　大般涅槃經（北本　思溪本）卷二七　（24-20）

法雖見佛性而不明了
復次善男子出家之人有四種病是故不得
四沙門果何等四病謂四惡欲一爲衣欲二
爲食欲三臥具欲四爲有欲是名四惡欲是
出家病有四良藥能療是病謂糞掃衣能治
比丘爲衣惡欲乞食能破爲食惡欲樹下能
破臥具惡欲身心寂靜能破比丘爲有惡欲
以是四藥除是四病是名聖行如是聖行則
得名爲少欲知足寂靜者有四種樂何等爲
四一者出家樂二者寂靜樂三永滅樂四畢
竟樂得是四樂名爲寂靜具四精進故名精進
具四念處故名正念具四禪故名正定見四
聖實故故名正慧永斷一切煩惱結故故名
解脫呵諸一切煩惱過故是名讚嘆解脫善
男子菩薩摩訶薩安住具足如是十法雖見
佛性而不明了復次善男子菩薩摩訶薩聞
是經已親近脩集遠離一切世間之事是名
少欲既出家已不生悔心是名知足既知足
已近空閑處遠離憒鬧是名寂靜不知足者
不樂空閑夫知足者常樂空寂於空寂處常
作是念一切世間悉謂我得沙門道果然我
今者實不能得我今云何誑惑於人作是念
已精懃脩集沙門道果是名精進親近脩集
大涅槃者是名正念隨順天行是名正定安
住是定正見正知是名正慧正見知者能得

BD04269號　大般涅槃經（北本　思溪本）卷二七　（24–21）

作是念一切世間悉謂我得沙門道果然我
今者實不能得我今云何誑惑於人作是念
已精懃脩集沙門道果是名精進親近脩集
大涅槃者是名正念隨順天行是名正定安
住是定正見正知是名正慧正見知者能得
遠離煩惱結縛是名解脫十住菩薩爲衆生
故稱美涅槃是則名爲讚嘆解脫善男子菩
薩摩訶薩安住具足如是十法雖見佛性而
不明了復次善男子夫少欲者若有比丘住
空寂處端坐不臥或住樹下或在塚間或在
露處隨有草地而坐其上乞食而食隨得爲
足或一坐食不過一食唯畜三衣糞衣三毛
衣是名少欲既行是事心不生悔是名知足
脩空三昧是名寂靜得四果已於阿耨多羅
三藐三菩提心不休息是名精進繫心思惟
如來常恒无有變易是名正念脩八解脫是
名正定得四无㝵是名正慧遠離七漏是名
解脫稱美涅槃无有十相名嘆解脫十相者
謂生老病死色聲香味觸无常遠離十相者
名大涅槃善男子是菩薩摩訶薩安住具足
如是十法雖見佛性而不明了復次善男子
爲多欲故親近國王大臣長者剎利婆羅門
毗舍首陁自稱我得須陁洹果至阿羅漢果
爲利養故行住坐臥乃至大小便利若見檀
越猶行恭敬接引語言破惡欲者名爲少欲

BD04269號　大般涅槃經（北本　思溪本）卷二七　（24–22）

名大涅槃善男子是菩薩摩訶薩安住具足
如是十法雖見佛性而不明了復次善男子
爲多欲故親近國王大臣長者剎利婆羅門
毗舍首陀自稱我得須陀洹果至阿羅漢果
爲利養故行住坐臥乃至大小便利若見檀
越猶行恭敬接引語言破惡欲者名爲少欲
雖未能壞諸結煩惱而能同於如來行處是
名知足善男子如是二法乃是念定近因緣
也常爲師宗同學所讚我亦常於處處經中
稱美讚嘆如是二法若能具足是二法者則
得近於大涅槃門及五種樂是名寂靜堅持
戒者名爲精進有慚愧者名爲正念不見心
相者名爲正定不求諸法性相因緣是名正
慧无有相故煩惱則斷是名解脫稱美如是
大涅槃經名讚解脫善男子是名菩薩摩訶
薩安住十法雖見佛性而不明了善男子如
汝所問十住菩薩以何眼故雖見佛性而不
明了諸佛世尊以何眼故見於佛性而得明
了善男子慧眼見故不得明了佛眼見故故
得明了爲菩提行故則不了了若无行故則
得了了住十住故雖見不了了不住不去故則
得了了菩薩摩訶薩智慧因故見不了了諸
佛世尊斷因果故見則了了一切覺者名爲
佛性十住菩薩不得名爲一切覺故是故雖
見而不明了善男子見有二種一者眼見二

BD04269號　大般涅槃經（北本　思溪本）卷二七　（24–23）

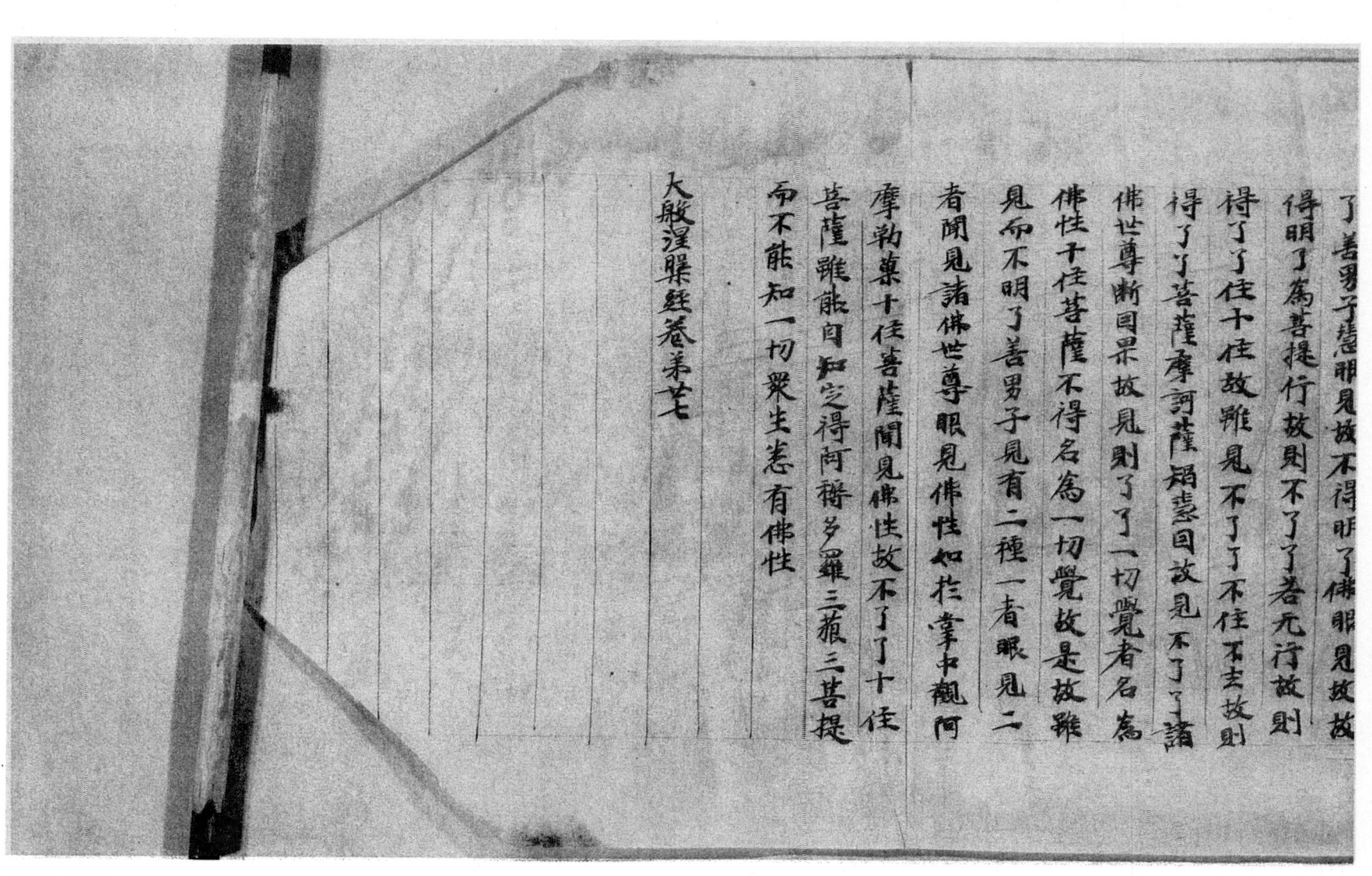

了善男子慧眼見故不得明了佛眼見故故
得明了爲菩提行故則不了了若无行故則
得了了住十住故雖見不了了不住不去故則
得了了菩薩摩訶薩智慧因故見不了了諸
佛世尊斷因果故見則了了一切覺者名爲
佛性十住菩薩不得名爲一切覺故是故雖
見而不明了善男子見有二種一者眼見二
者聞見諸佛世尊眼見佛性如於掌中觀阿
摩勒菓十住菩薩聞見佛性故不了了十住
菩薩雖能自知定得阿耨多羅三藐三菩提
而不能知一切衆生悉有佛性

大般涅槃經卷第廿七

BD04269號　大般涅槃經（北本　思溪本）卷二七　（24–24）

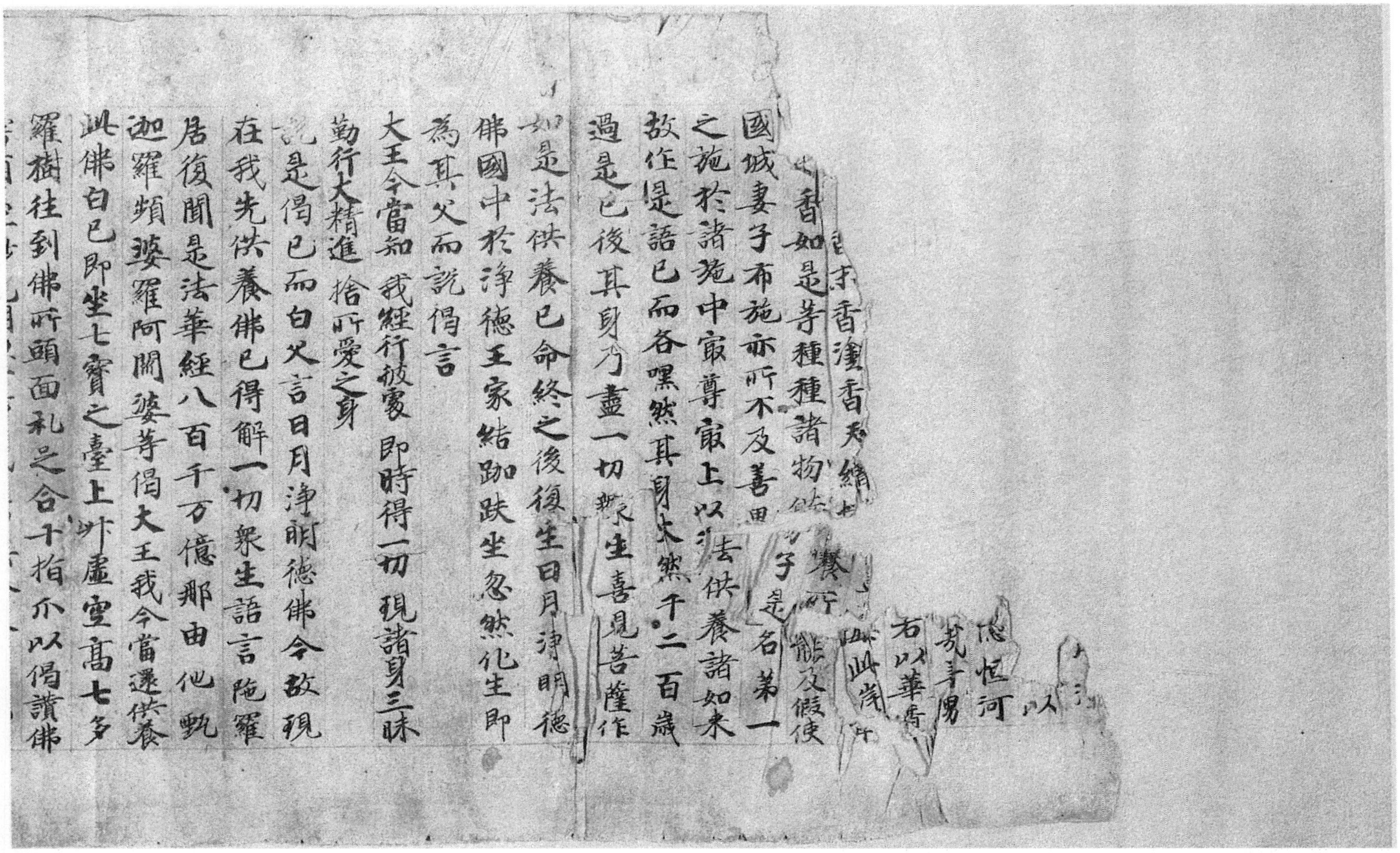

末香塗香天繒
香如是等種種諸物供養所不能及假使
國城妻子布施亦所不及善男子是名第一
之施於諸施中最尊最上以法供養諸如來
故作是語已而各默然其身火然千二百歲
過是已後其身乃盡一切衆生喜見菩薩作
如是法供養已命終之後復生日月淨明德
佛國中於淨德王家結加趺坐忽然化生即
為其父而說偈言
大王今當知 我經行彼處 即時得一切 現諸身三昧
勤行大精進 捨所愛之身
說是偈已而白父言日月淨明德佛今故現
在我先供養佛已得解一切衆生語言陀羅
尼復聞是法華經八百千万億那由他甄
迦羅頻婆羅阿閦婆等偈大王我今當還供養
此佛白已即坐七寶之臺上昇虛空高七多
羅樹往到佛所頭面礼足合十指爪以偈讚佛

BD04270 號　妙法蓮華經卷六　（4–1）

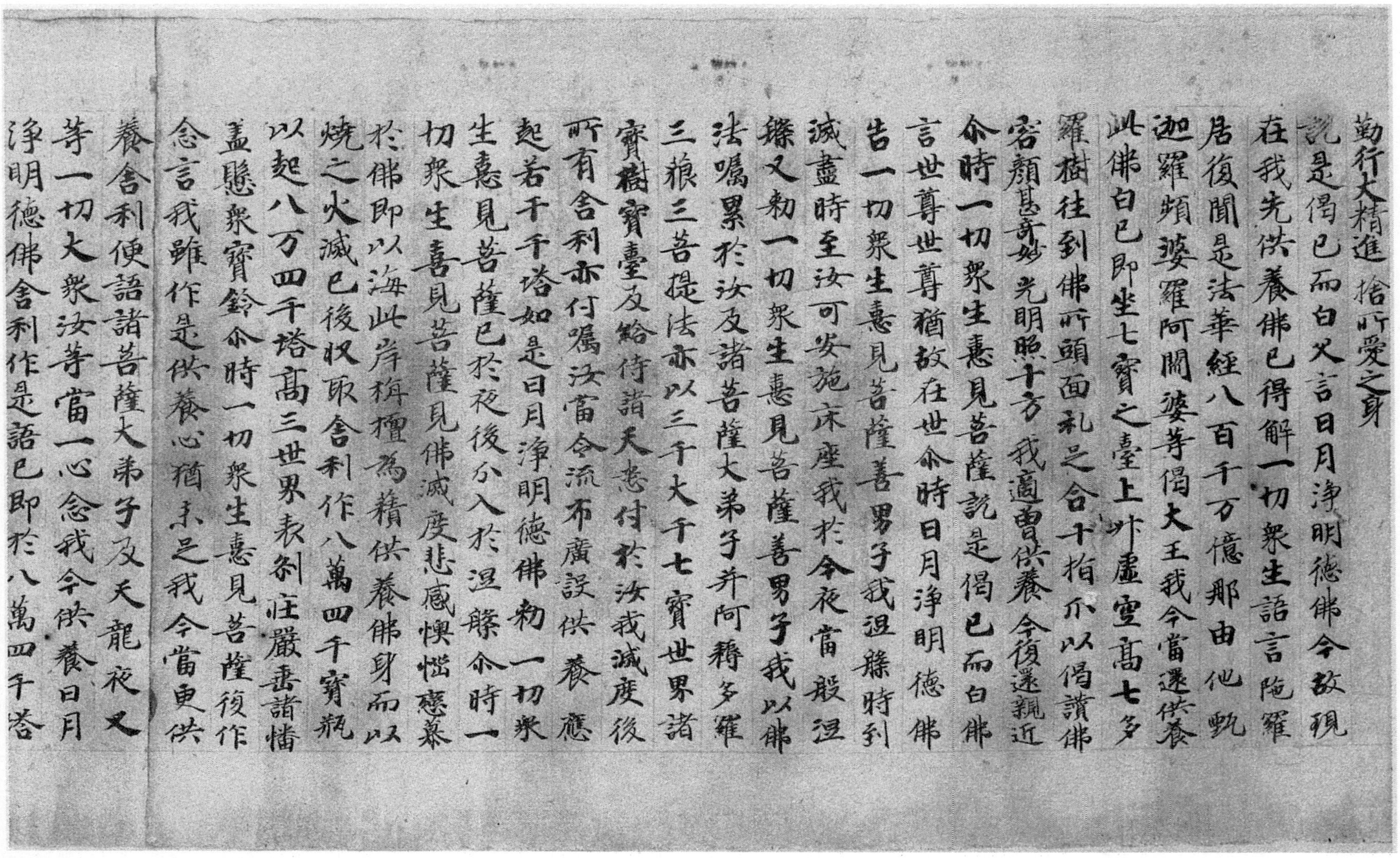

勤行大精進 捨所愛之身
說是偈已而白父言日月淨明德佛今故現
在我先供養佛已得解一切衆生語言陀羅
尼復聞是法華經八百千万億那由他甄
迦羅頻婆羅阿閦婆等偈大王我今當還供養
此佛白已即坐七寶之臺上昇虛空高七多
羅樹往到佛所頭面礼足合十指爪以偈讚佛
容顏甚奇妙 光明照十方 我適曾供養 今復還親近
尒時一切衆生憙見菩薩說是偈已而白佛
言世尊世尊猶故在世尒時日月淨明德佛
告一切衆生憙見菩薩善男子我涅槃時到
滅盡時至汝可安施床座我於今夜當般涅
槃又勑一切衆生憙見菩薩善男子我以佛
法囑累於汝及諸菩薩大弟子并阿耨多羅
三藐三菩提法亦以三千大千七寶世界諸
寶樹寶臺及給侍諸天悉付於汝我滅度後
所有舍利亦付囑汝當令流布廣設供養應
起若干千塔如是日月淨明德佛勑一切衆
生憙見菩薩已於夜後分入於涅槃尒時一
切衆生喜見菩薩見佛滅度悲感懊惱戀慕
於佛即以海此岸栴檀為積供養佛身而以
燒之火滅已後收取舍利作八萬四千寶瓶
以起八万四千塔高三世界表刹莊嚴垂諸幡
蓋懸衆寶鈴尒時一切衆生憙見菩薩復作
念言我雖作是供養心猶未足我今當更供
養舍利便語諸菩薩大弟子及天龍夜叉
等一切大衆汝等當一心念我今供養日月
淨明德佛舍利作是語已即於八萬四千塔

BD04270 號　妙法蓮華經卷六　（4–2）

以起八万四千塔高三世界表刹庄嚴垂諸幡
蓋懸衆寶鈴尒時一切衆生憙見菩薩復作
念言我雖作是供養心猶未足我今當更供
養舍利便語諸菩薩大弟子及天龍夜叉
等一切大衆汝等當一心念我今供養日月
淨明德佛舍利作是語已即於八萬四千塔
前然百福莊嚴臂七万二千歲而以供養令
无數求聲聞衆无量阿僧祇人發阿耨多羅
三藐三菩提心皆使得住現一切色身三昧
尒時諸菩薩天人阿脩羅等見其无臂憂惱
悲哀而作是言此一切衆生憙見菩薩是我
等師教化我者而今燒臂身不具足于時一
切衆生憙見菩薩於大衆中立此誓言我捨
兩臂必當得佛金色之身若實不虛令我兩
臂還復如故作是誓已自然還復由斯菩薩福
德智慧淳厚所致當尒之時三千大千世界
六種震動天雨寶華一切人天得未曾有佛
告宿王華菩薩於汝意云何一切衆生憙見
菩薩豈異人乎今藥王菩薩是也其所捨身
布施如是无量百千萬億那由他數宿王
華若有發心欲得阿耨多羅三藐三菩提者
能然手指乃至足一指供養佛塔勝以國城
妻子及三千大千國土山林河池諸珎寶物
而供養者若復有人以七寶滿三千大千世
界供養於佛及大菩薩辟支佛阿羅漢是人
所得功德不如受持此法華經乃至一四句偈
其福最多宿王華譬如一切川流江河諸水
之中海為第一此法華經亦復如是於……

BD04270號　妙法蓮華經卷六

（4–3）

……
兩臂必當得佛金色之身若實不虛令我兩
臂還復如故作是誓已自然還復由斯菩薩福
德智慧淳厚所致當尒之時三千大千世界
六種震動天雨寶華一切人天得未曾有佛
告宿王華菩薩於汝意云何一切衆生憙見
菩薩豈異人乎今藥王菩薩是也其所捨身
布施如是无量百千萬億那由他數宿王
華若有發心欲得阿耨多羅三藐三菩提者
能然手指乃至足一指供養佛塔勝以國城
妻子及三千大千國土山林河池諸珎寶物
而供養者若復有人以七寶滿三千大千世
界供養於佛及大菩薩辟支佛阿羅漢是人
所得功德不如受持此法華經乃至一四句偈
其福最多宿王華譬如一切川流江河諸水
之中海為第一此法華經亦復如是於諸如
來所說經中最為深大又如土山黑山小鐵
圍山大鐵圍山及十寶山衆山之中須弥山
為第一此法華經亦復如是於諸經中最
為其上又如衆星之中月天子最為第一此
……經亦復如是於千萬億……

BD04270號　妙法蓮華經卷六

（4–4）

寫妙法華經乃至一偈於此經卷敬視如佛
種種供養華香瓔珞抹香塗香燒香繒蓋幢
幡衣服伎樂乃至合掌恭敬藥王當知是諸
人等已曾供養十万億佛於諸佛所成就大
願愍衆生故生此人閒藥王若有人問何等
衆生於未來世當得作佛應示是諸人等於
未來世必得作佛何以故若善男子善女人
於法華經乃至一句受持讀誦解說書寫種
種供養經卷華香瓔珞抹香塗香燒香繒蓋
幢幡衣服伎樂合掌恭敬是人一切世閒所
應瞻奉應以如來供養而供養之當知此人
是大菩薩成就阿耨多羅三藐三菩提哀愍
衆生願生此閒廣演分別妙法華經何況盡
能受持種種供養者藥王當知是人自捨清
淨業報於我滅度後愍衆生故生於惡世廣
演此經若是善男子善女人我滅度後能竊
為一人說法華經乃至一句當知是人則如
來使如來所遣行如來事何況於大衆中廣
為人說藥王若有惡人以不善心於一劫中
現於佛前常毀罵佛其罪尚輕若人以一惡
言毀呰在家出家讀誦法華經者其罪甚重

BD04271 號　妙法蓮華經卷四　（6–1）

演此經若是善男子善女人我滅度後能竊
為一人說法華經乃至一句當知是人則如
來使如來所遣行如來事何況於大衆中廣
為人說藥王若有惡人以不善心於一劫中
現於佛前常毀罵佛其罪尚輕若人以一惡
言毀呰在家出家讀誦法華經者其罪甚重
藥王其有讀誦法華經者當知是人以佛莊
嚴而自莊嚴則為如來肩所荷擔其所至方
應隨向礼一心合掌恭敬供養尊重讚歎華
香瓔珞抹香塗香燒香繒蓋幢幡衣服餚饌
作諸伎樂人中上供而供養之應持天寶而
以散之天上寶聚應以奉獻所以者何是人
歡喜說法須臾聞之即得究竟阿耨多羅三
藐三菩提故尒時世尊欲重宣此義而說偈言
若欲住佛道　成就自然智　常當勤供養　受持法華經
其有欲疾得　一切種智慧　當受持是經　并供養持者
若有能受持　妙法華經者　當知佛所使　愍念諸衆生
諸有能受持　妙法華經者　捨於清淨土　愍衆故生此
當知如是人　自在所欲生　能於此惡世　廣說无上法
應以天華香　及天寶衣服　天上妙寶聚　供養說法者
吾滅後惡世　能持是經者　當合掌礼敬　如供養世尊
上饌衆甘美　及種種衣服　供養是佛子　冀得須臾聞
若能於後世　受持是經者　我遣在人中　行於如來事
若於一劫中　常懷不善心　作色而罵佛　獲无量重罪
其有讀誦持　是法華經者　須臾加惡言　其罪復過彼
有人求佛道　而於一劫中　合掌在我前　以无數偈讚

BD04271 號　妙法蓮華經卷四　（6–2）

吾滅後惡世　能持是經者　當合掌禮敬　如供養世尊
上饌眾甘美　及種種衣服　供養是佛子　兾得須臾聞
若能於後世　受持是經者　我遣在人中　行於如來事
若於一劫中　常懷不善心　作色而罵佛　獲无量重罪
其有讀誦持　是法華經者　須臾加惡言　其罪復過彼
有人求佛道　而於一劫中　合掌在我　以无數偈讚
由是讚佛故　得无量功德　歎美持經者　其福復過彼
於十八億劫　以最妙色聲　及與香味觸　供養持經者
如是供養已　若得須臾聞　則應自欣慶　我今獲大利
藥王今告汝　我所說諸經　而於此經中　法華最第一
尒時佛復告藥王菩薩摩訶薩我所說經典
无量千万億已說今說當說而於其中此法
華經最為難信難解藥王此經是諸佛秘要
之藏不可分布妄授與人諸佛世尊之所守
護從昔已來未曾顯說而此經者如來現在
猶多怨嫉況滅度後藥王當知如來滅後其
能書持讀誦供養為他人說者如來則為以
衣覆之又為他方現在諸佛之所護念是人
有大信力及志願力諸善根力當知是人與
如來共宿則為如來手摩其頭藥王在在處
處若說若讀若誦若書若經卷所住之處應
起七寶塔極令高廣嚴飾不須復安舍利所
以者何此中已有如來全身此塔應以一切華
香瓔珞繒蓋幢幡伎樂歌頌供養恭敬尊
重讚歎若有人得見此塔禮拜供養當知是
等皆近阿耨多羅

BD04271號　妙法蓮華經卷四　（6–3）

如來共宿則為如來手摩其頭藥王在在處
處若說若讀若誦若書若經卷所住之處應
起七寶塔極令高廣嚴飾不須復安舍利所
以者何此中已有如來全身此塔應以一切華
香瓔珞繒蓋幢幡伎樂歌頌供養恭敬尊
重讚歎若有人得見此塔禮拜供養當知是
等皆近阿耨多羅三藐三菩提藥王多有人
在家出家行菩薩道若不能得見聞讀誦書
持供養是法華經者當知是人未善行菩薩
道若有得聞是經典者乃能善行菩薩之道
其有眾生求佛道者若見若聞是法華經聞
已信解受持者當知是人得近阿耨多羅三
藐三菩提藥王譬如有人渴乏須水於彼高
原穿鑿求之猶見乾土知水尚遠施功不已
轉見濕土遂漸至泥其心決定知水必近菩
薩亦復如是若未聞未解未能脩習是法華
經當知是人去阿耨多羅三藐三菩提尚遠
若得聞解思惟脩習必知得近阿耨多羅三
藐三菩提所以者何一切菩薩阿耨多羅三
藐三菩提皆屬此經此經開方便門示真實
相是法華經藏深固幽遠无人能到今佛教
化成就菩薩而為開示藥王若有菩薩聞是
法華經驚疑怖畏當知是為新發意菩薩若
聲聞人聞是經驚疑怖畏當知是為增上慢
者藥王若有善男子善女人如來滅後欲為
四眾說是法華經者云何應說是善男子善

BD04271號　妙法蓮華經卷四　（6–4）

相是法華經藏深固幽遠无人能到今佛教
化成就菩薩而為開示藥王若有菩薩聞是
法華經驚疑怖畏當知是為新發意菩薩若
聲聞人聞是經驚疑怖畏當知是為增上慢
者藥王若有善男子善女人如來滅後欲為
四衆說是法華經者云何應說是善男子善
女人入如來室著如來衣坐如來座尒乃應
為四衆廣說斯經如來室者一切衆生中大
慈悲心是如來衣者柔和忍辱心是如來座
者一切法空是安住是中然後以不懈怠心
為諸菩薩及四衆廣說是法華經藥王我於
餘國遣化人為其集聽法衆亦遣化比丘比
丘尼優婆塞優婆夷聽其說法是諸化人聞
法信受隨順不逆若說法者在空閑處我時
廣遣天龍鬼神乾闥婆阿脩羅等聽其說法
我雖在異國時時令說法者得見我身若於
此經忘失句逗我還為說令得具足尒時世
尊欲重宣此義而說偈言
欲捨諸懈怠　應當聽此經　是經難得聞　信受者亦難
如人渴須水　穿鑿於高原　猶見乾燥土　知去水尚遠
漸見濕土泥　決定知近水　藥王汝當知　如是諸人等
不聞法華經　去佛智甚遠　若聞是深經　決了聲聞法
是諸經之王　聞已諦思惟　當知此人等　近於佛智慧
若人說此經　應入如來室　著於如來衣　而坐如來座
處衆无所畏　廣為分別說　大慈悲為室　柔和忍辱衣
諸法空為座　處此為說法　若說此經時　有人惡口罵

BD04271號　妙法蓮華經卷四

（6–5）

不聞法華經　去佛智甚遠　若聞是深經　決了聲聞法
是諸經之王　聞已諦思惟　當知此人等　近於佛智慧
若人說此經　應入如來室　著於如來衣　而坐如來座
處衆无所畏　廣為分別說　大慈悲為室　柔和忍辱衣
諸法空為座　處此為說法　若說此經時　有人惡口罵
加刀杖瓦石　念佛故應忍　我千万億土　現淨堅固身
於无量億劫　為衆生說法　若我滅度後　能說此經者
我遣化四衆　比丘比丘尼　及清淨士女　供養於法師
引導諸衆生　集之令聽法　若人欲加惡　刀杖及瓦石
則遣變化人　為之作衛護　若說法之人　獨在空閑處
寂寞无人聲　讀誦此經典　我尒時為現　清淨光明身
若忘失章句　為說令通利　若人具是德　或為四衆說
空處讀誦經　皆得見我身　若人在閑空　我遣天龍王
夜叉鬼神等　為作聽法衆　是人樂說法　分別无罣礙
諸佛護念故　能令大衆喜　若親近法師　速得菩薩道
隨順是師學　得見恒沙佛
妙法蓮華經見寶塔品第十一
尒時佛前有七寶塔高五百由旬縱廣二百
五十由旬從地踊出住在空中種種寶物而
莊校之五千欄楯龕室千万无數幢幡以為
嚴飾垂寶瓔珞寶鈴万億而懸其上四面皆
出多摩羅跋栴檀之香充遍世界其諸幡蓋
以金銀瑠璃車𤦲馬瑙真珠玫瑰七寶合成
高至四天王宮三十三天雨天曼陀羅華供
養寶塔餘諸天龍夜叉乾闥婆阿脩羅迦樓

BD04271號　妙法蓮華經卷四

（6–6）

大般若波羅蜜多經卷第卌四
初分譬喻品第十一之三　三藏法師玄奘奉　詔譯
復次善現諸菩薩摩訶薩善友者謂若能以
无所得為方便說四靜慮常无常相不可得
說四无量四无色定常无常相不可得說四
靜慮樂苦相不可得說四无量四无色定樂
苦相不可得說四靜慮我无我相不可得說
四无量四无色定我无我相不可得說四靜
慮淨不淨相不可得說四无量四无色定淨
不淨相不可得說四靜慮空不空相可不得
說四无量四无色定空不空相不可得說四
靜慮无相有相相不可得說四无量四无色
定无相有相相不可得說四靜慮无願有願
相不可得說四无量四无色定無願有願相
不可得說四靜慮寂靜不寂靜相不可得說
四無量四無色定寂靜不寂靜相不可得說
四靜慮遠離不遠離相不可得說四無量四
無色定遠離不遠離相不可得及勸依此法
勤脩善根不令迴向聲聞獨覺唯令證得一

BD04272 號　大般若波羅蜜多經（兌廢稿）卷四四　（2–1）

苦相不可得說四靜慮我无我相不可得說
四无量四无色定我无我相不可得說四靜
慮淨不淨相不可得說四无量四无色定淨
不淨相不可得說四靜慮空不空相可不得
說四无量四无色定空不空相不可得說四
靜慮无相有相相不可得說四无量四无色
定无相有相相不可得說四靜慮无願有願
相不可得說四无量四无色定無願有願相
不可得說四靜慮寂靜不寂靜相不可得說
四無量四無色定寂靜不寂靜相不可得說
四靜慮遠離不遠離相不可得說四無量四
無色定遠離不遠離相不可得及勸依此法
勤脩善根不令迴向聲聞獨覺唯令證得一
切智智善現是為菩薩摩訶薩善友菩薩
摩訶薩脩行般若波羅蜜多時為此善友之
所攝受聞說如是甚深般若波羅蜜多其心
不驚不恐不怖
復次善現諸菩薩摩訶薩善友者謂若能以
無所得為方便說四念住常無常相不可得
說四正斷四神足五根五力七等覺支八聖

BD04272 號　大般若波羅蜜多經（兌廢稿）卷四四　（2–2）

千人皆從座起偏袒右肩
到於佛前一心合掌瞻仰世尊如阿難羅睺
羅所願住立一面尒時佛告阿難汝於來世
當得作佛号山海慧自在通王如來應供正
遍知明行足善逝世間解无上士調御丈夫
天人師佛世尊當供養六十二億諸佛護持
法藏然後得阿耨多羅三藐三菩提教化二
十千万億恒河沙諸菩薩等令成阿耨多羅
三藐三菩提國名常立勝幡其土清淨瑠璃
為地劫名妙音遍滿其佛壽命无量千万億
阿僧祇劫若人於千万億无量阿僧祇劫中
筭數校計不能得知正法住世倍於壽命像
法住世復倍正法阿難是山海慧自在通王
佛為十方无量千万億恒河沙等諸佛如來
所共讚歎稱其功德尒時世尊欲重宣此義
而說偈言
我今僧中說　阿難持法者　當供養諸佛　然後成正覺
号曰山海慧　自在通王佛　其國土清淨　名常立勝幡
教化諸菩薩　其數如恒沙　佛有大威德　名聞滿十方
壽命无有量　以愍衆生故　正法倍壽命　像法復倍是
如恒河沙等　无數諸衆生　於此佛法中　種佛道因緣
尒時會中新發意菩薩八千人咸作是念我
等尚不聞諸大菩薩得如是記有何因緣而

BD04273號　妙法蓮華經卷四　（25–1）

我今僧中說　阿難持法者　當供養諸佛　然後成正覺
号曰山海慧　自在通王佛　其國土清淨　名常立勝幡
教化諸菩薩　其數如恒沙　佛有大威德　名聞滿十方
壽命无有量　以愍衆生故　正法倍壽命　像法復倍是
如恒河沙等　无數諸衆生　於此佛法中　種佛道因緣
尒時會中新發意菩薩八千人咸作是念我
等尚不聞諸大菩薩得如是記有何因緣而
諸聲聞得如是決尒時世尊知諸菩薩心之
所念而告之曰諸善男子我與阿難等於空
王佛所同時發阿耨多羅三藐三菩提心阿
難常樂多聞我常勤精進是故我已得成阿
耨多羅三藐三菩提而阿難護持我法亦護
將來諸佛法藏教化成就諸菩薩衆其本願
如是故獲斯記阿難面於佛前自聞授記及
國土莊嚴所願具足心大歡喜得未曾有即
時憶念過去无量千万億諸佛法藏通達无
礙如今所聞亦識本願尒時阿難而說偈言
世尊甚希有　令我念過去　无量諸佛法　如今日所聞
我今无復疑　安住於佛道　方便為侍者　護持諸佛法
尒時佛告羅睺羅汝於來世當得作佛号蹈
七寶華如來應供正遍知明行足善逝世間
解无上士調御丈夫天人師佛世尊當供養
十世界微塵等數諸佛如來常為諸佛而作
長子猶如今也是蹈七寶華佛國土莊嚴壽
命劫數所化弟子正法像法亦如山海慧自
在通王如來无異亦為此佛而作長子過是
已後當得阿耨多羅三藐三菩提尒時世尊

BD04273號　妙法蓮華經卷四　（25–2）

能无上士調御丈夫天人師佛世尊當供養
十世界微塵等數諸佛如來常爲諸佛而作
長子猶如今也是蹈七寶華佛國土莊嚴壽
命劫數所化弟子正法像法亦如山海慧自
在通王如來无異亦爲此佛而作長子過是
已後當得阿耨多羅三藐三菩提尒時世尊
欲重宣此義而說偈言
我爲太子時　羅睺爲長子　我今成佛道　受法爲法子
於未來世中　見无量億佛　皆爲其長子　一心求佛道
羅睺羅密行　唯我能知之　現爲我長子　以示諸衆生
无量億千万　功德不可數　安住於佛法　以求无上道
尒時世尊見學无學二千人其意柔軟寂然
清淨一心觀佛佛告阿難汝見是學无學二
千人不唯然已見阿難是諸人等當供養五
十世界微塵數諸佛如來恭敬尊重護持法
藏末後同時於十方國各得成佛皆同一号
名曰寶相如來應供正遍知明行足善逝世
間解无上士調御丈夫天人師佛世尊壽命
一劫國土莊嚴聲聞菩薩正法像法皆悉同
等尒時世尊欲重宣此義而說偈言
是二千聲聞　今於我前住　悉皆與受記　未來當成佛
所供養諸佛　如上說塵數　護持其法藏　後當成正覺
各於十方國　悉同一名号　俱時坐道場　以證无上慧
皆名爲寶相　國土及弟子　正法與像法　悉等无有異
咸以諸神通　度十方衆生　名聞普周遍　漸入於涅槃
尒時學无學二千人聞佛授記歡喜踊躍而
說偈言

BD04273號　妙法蓮華經卷四　（25–3）

所供養諸佛　如上說塵數　護持其法藏　後當成正覺
各於十方國　悉同一名号　俱時坐道場　以證无上慧
皆名爲寶相　國土及弟子　正法與像法　悉等无有異
咸以諸神通　度十方衆生　名聞普周遍　漸入於涅槃
尒時學无學二千人聞佛授記歡喜踊躍而
說偈言
世尊慧燈明　我聞授記音　心歡喜充滿　如甘露見灌
妙法蓮華經法師品第十
尒時世尊因藥王菩薩告八万大士藥王汝
見是大衆中无量諸天龍王夜叉乾闥婆阿
脩羅迦樓羅緊那羅摩睺羅伽人與非人及
比丘比丘尼優婆塞優婆夷求聲聞者求辟
支佛者求佛道者如是等類咸於佛前聞妙
法華經一偈一句乃至一念隨喜者我皆與
受記當得阿耨多羅三藐三菩提佛告藥王
又如來滅度之後若有人聞妙法華經乃至
一偈一句一念隨喜者我亦與受阿耨多羅
三藐三菩提記若復有人受持讀誦解說書
寫妙法華經乃至一偈於此經卷敬視如佛
種種供養華香瓔珞末香塗香燒香繒蓋幢
幡衣服伎樂乃至合掌恭敬藥王當知是諸
人等已曾供養十万億佛於諸佛所成就大
願愍衆生故生此人間藥王若有人問何等
衆生於未來世當得作佛應示是諸人等於
未來世必得作佛何以故若善男子善女人
於法華經乃至一句受持讀誦解說書寫種
種供養經卷華香瓔珞末香塗香燒香繒蓋

BD04273號　妙法蓮華經卷四　（25–4）

願愍衆生故生此人間藥王若有人問何等
衆生於未來世當得作佛應示是諸人等於
未來世必得作佛何以故若善男子善女人
於法華經乃至一句受持讀誦解說書寫種
種供養經卷華香瓔珞末香塗香燒香繒蓋
幢幡衣服伎樂合掌恭敬是人一切世間所
應瞻奉應以如來供養而供養之當知此人
是大菩薩成就阿耨多羅三藐三菩提哀愍
衆生願生此間廣演分別妙法華經何況盡
能受持種種供養者藥王當知是人自捨清
淨業報於我滅度後愍衆生故生於惡世廣
演此經若是善男子善女人我滅度後能竊
為一人說法華經乃至一句當知是人則如
來使如來所遣行如來事何況於大衆中廣
為人說藥王若有惡人以不善心於一劫中
現於佛前常毀罵佛其罪尚輕若人以一惡
言毀呰在家出家讀誦法華經者其罪甚重
藥王其有讀誦法華經者當知是人以佛莊
嚴而自莊嚴則為如來肩所荷擔其所至方
應隨向礼一心合掌恭敬供養尊重讚歎華
香瓔珞末香塗香燒香繒蓋幢幡衣服餚饍
作諸伎樂人中上供而供養之應持天寶而
以散之天上寶聚應以奉獻所以者何是人
歡喜說法須臾聞之即得究竟阿耨多羅三
藐三菩提故尒時世尊欲重宣此義而說偈
言
若欲住佛道　成就自然智　常當勤供養　受持法華者

BD04273號　妙法蓮華經卷四　（25–5）

以散之天上寶聚應以奉獻所以者何是人
歡喜說法須臾聞之即得究竟阿耨多羅三
藐三菩提故尒時世尊欲重宣此義而說偈
言
若欲住佛道　成就自然智　常當勤供養　受持法華者
其有欲疾得　一切種智慧　當受持是經　并供養持者
若有能受持　妙法華經者　當知佛所使　愍念諸衆生
諸有能受持　妙法華經者　捨於清淨土　愍衆故生此
當知如是人　自在所欲生　能於此惡世　廣說无上法
應以天華香　及天寶衣服　天上妙寶聚　供養說法者
吾滅後惡世　能持是經者　當合掌礼敬　如供養世尊
上饌衆甘美　及種種衣服　供養是佛子　冀得須臾聞
若能於後世　受持是經者　我遣在人中　行於如來事
若於一劫中　常懷不善心　作色而罵佛　獲无量重罪
其有誦讀持　是法華經者　須臾加惡言　其罪復過彼
有人求佛道　而於一劫中　合掌在我前　以无數偈讚
由是讚佛故　得无量功德　歎美持經者　其福復過彼
於十八億劫　以㝡妙色聲　及與香味觸　供養持經者
如是供養已　若得須臾聞　則應自欣慶　我今獲大利
藥王今告汝　我所說諸經　而於此經中　法華經第一
尒時佛復告藥王菩薩摩訶薩我所說經典
无量千億已說今說當說而於其中此法華
經㝡為難信難解藥王此經是諸佛祕要之
藏不可分布妄授與人諸佛世尊之所守護
從昔已來未曾顯說而此經者如來現在猶
多怨嫉況滅度後藥王當知如來滅後其能
書持讀誦供養為他人說者如來則為以衣

BD04273號　妙法蓮華經卷四　（25–6）

經㝡為難信難解藥王此經是諸佛秘要之
藏不可分布妄授與人諸佛世尊之所守護
從昔已來未曾顯說而此經者如來現在猶
多怨嫉況滅度後藥王當知如來滅後其能
書持讀誦供養為他人說者如來則為以衣
覆之又為他方現在諸佛之所護念是人有
大信力及志願力諸善根力當知是人與如
來共宿則為如來手摩其頭藥王在在處處
若說若讀若誦若書若經卷所住處皆應起
七寶塔極令高廣嚴飾不須復安舍利所以
者何此中已有如來全身此塔應以一切華
香瓔珞繒蓋幢幡伎樂歌頌供養恭敬尊重
讚歎若有人得見此塔礼拜供養當知是等
皆近阿耨多羅三藐三菩提藥王多有人在
家出家行菩薩道若不能得見聞讀誦書持
供養是法華經者當知是人未善行菩薩道
若有得聞是經典者乃能善行菩薩之道其
有衆生求佛道者若見若聞是法華經聞已
信解受持者當知是人得近阿耨多羅三藐
三菩提藥王譬如有人渴乏須水於彼高原
穿鑿求之猶見乾土知水尚遠施功不已轉
見濕土遂漸至泥其心決定知水必近菩薩
亦復如是若未聞未解未能修習是法華經
當知是人去阿耨多羅三藐三菩提尚遠若
得聞解思惟修習必知得近阿耨多羅三藐
三菩提所以者何一切菩薩阿耨多羅三藐
三菩提皆屬此經此經開方便門示真實相

BD04273號　妙法蓮華經卷四　（25–7）

見濕土遂漸至泥其心決定知水必近菩薩
亦復如是若未聞未解未能修習是法華經
當知是人去阿耨多羅三藐三菩提尚遠若
得聞解思惟修習必知得近阿耨多羅三藐
三菩提所以者何一切菩薩阿耨多羅三藐
三菩提皆屬此經此經開方便門示真實相
是法華經藏深固幽遠無人能到今佛教化
成就菩薩而為開示藥王若有菩薩聞是法
華經驚疑怖畏當知是為新發意菩薩若聲
聞人聞是經驚疑怖畏當知是為增上慢者
藥王若有善男子善女人如來滅後欲為四
衆說是法華經者云何應說是善男子善女
人入如來室著如來衣坐如來座尒乃應為
四衆廣說斯經如來室者一切衆生中大慈
悲心是如來衣者柔和忍辱心是如來座者
一切法空是安住是中然後以不懈怠心為
諸菩薩及四衆廣說是法華經藥王我於餘
國遣化人為其集聽法衆亦遣化比丘比丘
尼優婆塞優婆夷聽其說法是諸化人聞法
信受隨順不逆若說法者在空閑處我時廣
遣天龍鬼神乾闥婆阿修羅等聽其說法我
雖在異國時時令說法者得見我身若於此
經忘失句逗我還為說令得具足尒時世尊
欲重宣此義而說偈言
欲捨諸懈怠　應當聽此經　是經難得聞　信受者亦難
如人渴須水　穿鑿於高原　猶見乾燥土　知去水尚遠
漸見濕土泥　決定知近水　藥王汝當知

BD04273號　妙法蓮華經卷四　（25–8）

雖在異國時時令說法者得見我身若於此
經忘失句逗我還為說令得具足尒時世尊
欲重宣此義而說偈言
欲捨諸懈怠　應當聽此經　是經難得聞　信受者亦難
如人渴須水　穿鑿於高原　猶見乾燥土　知去水尚遠
漸見濕土泥　決定知近水　藥王汝當知　如是諸人等
不聞法華經　去佛智甚遠　若聞是深經　決了聲聞法
是諸經之王　聞已諦思惟　當知此人等　近於佛智慧
若人說此經　應入如來室　著於如來衣　而坐如來座
處眾无所畏　廣為分別說　大慈悲為室　柔和忍辱衣
諸法空為座　處此為說法　若說此經時　有人惡口罵
加刀杖瓦石　念佛故應忍　我千万億土　現淨堅固身
於无量億劫　為眾生說法　若我滅度後　能說此經者
我遣化四眾　比丘比丘尼　及清信士女　供養於法師
引導諸眾生　集之令聽法　若人欲加惡　刀杖及瓦石
則遣變化人　為之作衛護　若說法之人　獨在空閑處
寂漠无人聲　讀誦此經典　我尒時為現　清淨光明身
若忘失章句　為說令通利　若人具是德　或為四眾說
空處讀誦經　皆得見我身　若人在空閑　我遣天龍王
夜叉鬼神等　為作聽法眾　是人樂說法　分別无罣礙
諸佛護念故　能令大眾喜　若親近法師　速得菩薩道
隨順是師學　得見恒沙佛
妙法蓮華經見寶塔品第十一
尒時佛前有七寶塔高五百由旬縱廣二百
五十由旬從地踊出住在空中種種寶物而
莊校之五十欄楯龕室千万无數幢幡以為
嚴飾垂寶瓔珞寶鈴万億而懸其上四面皆

BD04273號　妙法蓮華經卷四

（25–9）

隨順是師學　得見恒沙佛
妙法蓮華經見寶塔品第十一
尒時佛前有七寶塔高五百由旬縱廣二百
五十由旬從地踊出住在空中種種寶物而
莊校之五十欄楯龕室千万无數幢幡以為
嚴飾垂寶瓔珞寶鈴万億而懸其上四面皆
出多摩羅跋栴檀之香充遍世界其諸幡蓋
以金銀瑠璃車𤦲馬瑙真珠玫瑰七寶合成
高至四天王宮三十三天雨天曼陁羅華供
養寶塔餘諸天龍夜叉乾闥婆阿脩羅迦樓
羅緊那羅摩睺羅伽人非人等千万億眾以
一切華香瓔珞幡蓋伎樂供養寶塔恭敬尊
重讚歎尒時寶塔中出大音聲歎言善哉善
哉釋迦牟尼世尊能以平等大慧教菩薩法
佛所護念妙法華經為大眾說如是如是釋
迦牟尼世尊如所說者皆是真實尒時四眾
見大寶塔住在空中又聞塔中所出音聲皆
得法喜怪未曾有從座而起恭敬合掌却住
一面尒時有菩薩摩訶薩名大樂說知一切
世間天人阿脩羅等心之所疑而白佛言世
尊以何因緣有此寶塔從地踊出又於其中
發是音聲尒時佛告大樂說菩薩此寶塔中
有如來全身乃往過去東方无量千万億阿
僧祇世界國名寶淨彼中有佛號曰多寶其
佛行菩薩道時作大誓願若我成佛滅度之
後於十方國土有說法華經處我之塔廟為

BD04273號　妙法蓮華經卷四

（25–10）

發是音聲尒時佛告大樂說菩薩此寶塔中
有如來全身乃往過去東方无量千万億阿
僧祇世界國名寶淨彼中有佛號曰多寶其
佛行菩薩道時作大誓願若我成佛滅度之
後於十方國土有說法華經處我之塔廟為
聽是經故踊現其前為作證明讚言善哉彼
佛成道已臨滅度時於天人大衆中告諸比
丘我滅度後欲供養我全身者應起一大塔
其佛神通願力十方世界在在處處若有說
法華經者彼之寶塔皆踊出其前全身在於
塔中讚言善哉善哉大樂說今多寶如來塔
聞說法華經故從地踊出讚言善哉善哉是
時大樂說菩薩以如來神力故白佛言世尊
我等願欲見此佛身佛告大樂說菩薩摩訶
薩是多寶佛有深重願若我寶塔為聽法華
經故出於諸佛前時其有欲以我身示四衆
者彼佛分身諸佛在於十方世界說法盡還
集一處然後我身乃出現耳大樂說我分身
諸佛在於十方世界說法者今應當集大樂
說白佛言世尊我等亦願欲見世尊分身諸
佛礼拜供養尒時佛放白豪一光即見東方
五百万億那由他恒河沙等國土諸佛彼諸
國土皆以頗梨為地寶樹寶衣以為莊嚴无
數千万億菩薩充滿其中遍張寶幔寶網羅
上彼國諸佛以大妙音而說諸法及見无量
万億菩薩遍滿諸國為衆說法南西北方四
維上下白豪相光所照之處亦復如是尒時

BD04273號　妙法蓮華經卷四　（25–11）

五百万億那由他恒河沙等國土諸佛彼諸
國土皆以頗梨為地寶樹寶衣以為莊嚴无
數千万億菩薩充滿其中遍張寶幔寶網羅
上彼國諸佛以大妙音而說諸法及見无量
万億菩薩遍滿諸國為衆說法南西北方四
維上下白豪相光所照之處亦復如是尒時
十方諸佛各告衆菩薩言善男子我今應往
娑婆世界釋迦牟尼佛所并供養多寶如來
寶塔時娑婆世界即變清淨琉璃為地寶樹
莊嚴黃金為繩以界八道无諸聚落村營城
邑大海江河山川林藪燒大寶香曼陁羅華
遍布其地以寶網幔羅覆其上懸諸寶鈴唯
留此會衆移諸天人置於他土是時諸佛各
將一大菩薩以為侍者至娑婆世界各到寶
樹下一一寶樹高五百由旬枝葉華果次第莊
嚴諸寶樹下皆有師子之座高五由旬亦
以大寶而校飾之尒時諸佛各於此座結跏
趺坐如是展轉遍滿三千大千世界而於釋
迦牟尼佛一方所分之身猶故未盡時釋迦
牟尼佛欲容受所分身諸佛故八方各更變
二百万億那由他國皆令清淨无有地獄餓
鬼畜生及阿脩羅又移諸天人置於他土所
化之國亦以琉璃為地寶樹莊嚴樹高五百
由旬枝葉華果次第嚴飾樹下皆有寶師子
座高五由旬種種諸寶以為莊校亦无大海
江河及目真隣陁山摩訶目真隣陁山鐵圍
山大鐵圍山須弥山等諸山王通為一佛國

BD04273號　妙法蓮華經卷四　（25–12）

鬼畜生及阿脩羅又移諸天人置於他土所
化之國亦以瑠璃為地寶樹莊嚴樹高五百
由旬枝葉華果次第嚴飾樹下皆有寶師子
座高五由旬種種諸寶以為莊校亦无大海
江河及目真隣陁山摩訶目真隣陁山鐵圍
山大鐵圍山須弥山等諸山王通為一佛國
土寶地平正寶交露幔遍覆其上懸諸幡蓋
燒大寶香諸天寶華遍布其地釋迦牟尼佛
為諸佛當來坐故復於八方各變二百万億
那由他國皆令清淨无有地獄餓鬼畜生及
阿脩羅又移諸天人置於他土所化之國亦
以瑠璃為地寶樹莊嚴樹高五百由旬枝葉
華果次第莊嚴樹下皆有寶師子座高五由
旬亦以大寶而校飾之亦无大海江河及目
真隣陁山摩訶目真隣陁山鐵圍山大鐵圍
山須弥山等諸山王通為一佛國土寶地平
正寶交露幔遍覆其上懸諸幡蓋燒大寶香
諸天寶華遍布其地尒時東方釋迦牟尼佛所
分之身百千万億那由他恒河沙等國土中
諸佛各各說法來集於此如是次第十方諸
佛皆悉來集坐於八方尒時一一方四百万
億那由他國土諸佛如來遍滿其中是時諸
佛各在寶樹下坐師子座皆遣侍者問訊釋
迦牟尼佛各齎寶華滿掬而告之言善男子
汝往詣耆闍崛山釋迦牟尼佛所如我辭曰
少病少惱氣力安樂及菩薩聲聞衆悉安隱
不以此寶華散佛供養而作是言彼某甲佛

BD04273號　妙法蓮華經卷四　（25–13）

佛各在寶樹下坐師子座皆遣侍者問訊釋
迦牟尼佛各齎寶華滿掬而告之言善男子
汝往詣耆闍崛山釋迦牟尼佛所如我辭曰
少病少惱氣力安樂及菩薩聲聞衆悉安隱
不以此寶華散佛供養而作是言彼某甲佛
與欲開此寶塔諸佛遣使亦復如是尒時釋
迦牟尼佛見所分身佛悉已來集各各坐於
師子之座皆聞諸佛與欲同開寶塔即從座
起住虛空中一切四衆起立合掌一心觀佛
於是釋迦牟尼佛以右指開七寶塔戶出大
音聲如却關鑰開大城門即時一切衆會皆
見多寶如來於寶塔中坐師子座全身不散
如入禪定又聞其言善哉善哉釋迦牟尼佛
快說是法華經我為聽是經故而來至此尒
時四衆等見過去无量千万億劫滅度佛說
如是言歎未曾有以天寶華聚散多寶佛及
釋迦牟尼佛上尒時多寶佛於寶塔中分半
座與釋迦牟尼佛而作是言釋迦牟尼佛可
就此座即時釋迦牟尼佛入其塔中坐其半
座結跏趺坐尒時大衆見二如來在七寶塔
中師子座上結跏趺坐各作是念佛座高遠
唯願如來以神通力令我等輩俱處虛空即
時釋迦牟尼佛以神通力接諸大衆皆在虛
空以大音聲普告四衆誰能於此娑婆國土
廣說妙法華經今正是時如來不久當入涅
槃佛欲以此妙法華經付囑有在尒時世尊

BD04273號　妙法蓮華經卷四　（25–14）

時釋迦牟尼佛　以神通力　接諸大衆　皆在虛
空　以大音聲　普告四衆　誰能於此　娑婆國土
廣說妙法華經　今正是時　如來不久　當入涅
槃　佛欲以此妙法華經付囑有在　尒時世尊
欲重宣此義　而說偈言
聖主世尊　雖久滅度　在寶塔中　尚為法來
諸人云何　不勤為法　此佛滅度　无央數劫
處處聽法　以難遇故　彼佛本願　我滅度後
在在所往　常為聽法　又我分身　无量諸佛
如恒沙等　來欲聽法　及見滅度　多寶如來
各捨妙土　及弟子衆　天人龍神　諸供養事
令法久住　故來至此　為坐諸佛　以神通力
移无量衆　令國清淨　諸佛各各　詣寶樹下
如清淨池　蓮華莊嚴　其寶樹下　諸師子座
佛坐其上　光明嚴飾　如夜闇中　然大炬火
身出妙香　遍十方國　衆生蒙薰　喜不自勝
譬如大風　吹小樹枝　以是方便　令法久住
告諸大衆　我滅度後　誰能護持　讀說斯經
今於佛前　自說誓言　其多寶佛　雖久滅度
以大誓願　而師子吼　多寶如來　及與我身
所集化佛　當知此意　諸佛子等　誰能護法
當發大願　令得久住　其有能護　此經法者
則為供養　我及多寶　此多寶佛　處於寶塔
常遊十方　為是經故　亦復供養　諸來化佛
莊嚴光飾　諸世界者　若說此經　則為見我
多寶如來　及諸化佛　諸善男子　各諦思惟

當發大願　令得久住　其有能護　此經法者
則為供養　我及多寶　此多寶佛　處於寶塔
常遊十方　為是經故　亦復供養　諸來化佛
莊嚴光飾　諸世界者　若說此經　則為見我
多寶如來　及諸化佛　諸善男子　各諦思惟
此為難事　宜發大願　諸餘經典　數如恒沙
雖說此等　未足為難　若接須彌　擲置他方
无數佛土　亦未為難　若以足指　動大千界
遠擲他國　亦未為難　若立有頂　為衆演說
无量餘經　亦未為難　若佛滅後　於惡世中
能說此經　是則為難　假使有人　手把虛空
而以遊行　亦未為難　於我滅後　若自書持
若使人書　是則為難　若以大地　置足甲上
昇於梵天　亦未為難　佛滅度後　於惡世中
暫讀此經　是則為難　假使劫燒　擔負乾草
入中不燒　亦未為難　我滅度後　若持此經
為一人說　是則為難　若持八万　四千法藏
十二部經　為人演說　令諸聽者　得六神通
雖能如是　亦未為難　於我滅後　聽受此經
問其義趣　是則為難　若人說法　令千万億
无量无數　恒沙衆生　得阿羅漢　具六神通
雖有是益　亦未為難　於我滅後　若能奉持
如斯經典　是則為難　我為佛道　於无量土
從始至今　廣說諸經　而於其中　此經第一
若有能持　則持佛身　諸善男子　於我滅後
誰能護持　讀誦此經　今於佛前　自說誓言
此經難持　若暫持者　我則歡喜　諸佛亦然

如斯經典 是則為難 我為佛道 於无量土
從始至今 廣說諸經 而於其中 此經第一
若有能持 則持佛身 諸善男子 於我滅後
誰能護持 讀誦此經 今於佛前 自說誓言
此經難持 若暫持者 我則歡喜 諸佛亦然
如是之人 諸佛所歎 是則勇猛 是則精進
是名持戒 行頭陀者 則為疾得 无上佛道
能於來世 讀持此經 是真佛子 住淳善地
佛滅度後 能解其義 是諸天人 世間之眼
於恐畏世 能須臾說 一切天人 皆應供養

妙法蓮華經提婆達多品第十二

尒時佛告諸菩薩及天人四眾吾於過去无量劫中求法華經无有懈惓於多劫中常作國王發願求於无上菩提心不退轉為欲滿足六波羅蜜勤行布施心无悋惜象馬七珎國城妻子奴婢僕從頭目髓腦身肉手足不惜軀命時世人民壽命无量為於法故捐捨國位委政太子擊鼓宣令四方求法誰能為我說大乘者吾當終身供給走使時有仙人來白王言我有大乘名妙法華若不違我當為宣說王聞仙言歡喜踊躍即隨仙人供給所須採果汲水拾薪設食乃至以身而為床座身心无惓于時奉事經於千歲為於法故精勤給侍令无所乏尒時世尊欲重宣此義而說偈言

我念過去劫 為求大法故 雖作世國王 不貪五欲樂
搥鍾告四方 誰有大法者 若為我解說 身當為奴僕

BD04273號　妙法蓮華經卷四　（25–17）

精勤給侍令无所乏尒時世尊欲重宣此義而說偈言

我念過去劫 為求大法故 雖作世國王 不貪五欲樂
搥鍾告四方 誰有大法者 若為我解說 身當為奴僕
時有阿私仙 來白於大王 我有微妙法 世間所希有
若能脩行者 吾當為汝說 時王聞仙言 心生大喜悅
即便隨仙人 供給於所須 採薪及果蓏 隨時恭敬與
情存妙法故 身心无懈惓 普為諸眾生 勤求於大法
亦不為己身 及以五欲樂 故為大國王 勤求獲此法
遂致得成佛 今故為汝說

佛告諸比丘尒時王者則我身是時仙人者今提婆達多是由提婆達多善知識故令我具足六波羅蜜慈悲喜捨三十二相八十種好紫磨金色十力四无所畏四攝法十八不共神通道力成等正覺廣度眾生皆因提婆達多善知識故告諸四眾提婆達多却後過无量劫當得成佛号曰天王如來應供正遍知明行足善逝世間解无上士調御丈夫天人師佛世尊世界名天道時天王佛住世二十中劫廣為眾生說於妙法恒河沙眾生得阿羅漢果无量眾生發緣覺心恒河沙眾生發无上道心得无生忍至不退轉時天王佛般涅槃後正法住世二十中劫全身舍利起七寶塔高六十由旬縱廣四十由旬諸天人民悉以雜華末香燒香塗香衣服瓔珞幢幡寶蓋伎樂歌頌礼拜供養七寶妙塔无量眾

BD04273號　妙法蓮華經卷四　（25–18）

發无上道心得无生忍至不退轉時天王佛
般涅槃後正法住世二十中劫全身舍利起
七寶塔高六十由旬縱廣四十由旬諸天人
民悉以雜華末香燒香塗香衣服瓔珞幢幡
寶蓋伎樂歌頌礼拜供養七寶妙塔无量衆
生得阿羅漢无量衆生悟辟支佛不可思議
衆生發菩提心至不退轉佛告諸比丘未来
世中若有善男子善女人聞妙法華經提婆
達多品淨心信敬不生疑惑者不墮地獄餓
鬼畜生生十方佛前所生之處常聞此經若
生人天中受勝妙樂若在佛前蓮華化生於
時下方多寶世尊所從菩薩名曰智積白多
寶佛當還本土釋迦牟尼佛告智積曰善男
子且待須臾此有菩薩名文殊師利可與相
見論說妙法可還本土尒時文殊師利坐千
葉蓮華大如車輪俱来菩薩亦坐寶華從於
大海娑竭龍宮自然踊出住虛空中詣靈鷲
山從蓮華下至於佛所頭面敬礼二世尊足
脩敬已畢往智積所共相慰問却坐一面智
積菩薩問文殊師利仁往龍宮所化衆生其
數幾何文殊師利言其數无量不可稱計非
口所宣非心所測且待須臾自當有證所言
未竟无數菩薩坐寶蓮華從海踊出詣靈鷲
山住在虛空此諸菩薩皆是文殊師利之所
化度具菩薩行皆共論說六波羅蜜本聲聞
人在虛空中說聲聞行今皆脩行大乘空義
文殊師利謂智積曰於海教化其事如是尒

BD04273號　妙法蓮華經卷四

（25–19）

未竟无數菩薩坐寶蓮華從海踊出詣靈鷲
山住在虛空此諸菩薩皆是文殊師利之所
化度具菩薩行皆共論說六波羅蜜本聲聞
人在虛空中說聲聞行今皆脩行大乘空義
文殊師利謂智積曰於海教化其事如是尒
時智積菩薩以偈讚曰
大智德勇健　化度无量衆　今此諸大會　及我皆已見
演暢實相義　開闡一乘法　廣度諸衆生　令速成菩提
文殊師利言我於海中唯常宣說妙法華經
智積問文殊師利言此經甚深微妙諸經中
寶世所希有頗有衆生勤加精進脩行此經
速得佛不文殊師利言有娑竭羅龍王女年
始八歲智慧利根善知衆生諸根行業得陁
羅尼諸佛所說甚深秘藏悉能受持深入禪
定了達諸法於剎那頃發菩提心得不退轉
辯才无礙慈念衆生猶如赤子功德具足心
念口演微妙廣大慈悲仁讓志意和雅能至
菩提智積菩薩言我見釋迦如来於无量劫
難行苦行積功累德求菩提道未曾止息觀
三千大千世界乃至无有如芥子許非是菩
薩捨身命處為衆生故然後乃得成菩提道
不信此女於須臾頃便成正覺言論未訖時
龍王女忽現於前頭面礼敬却住一面以偈
讚曰
深達罪福相　遍照於十方　微妙淨法身　具相三十二
以八十種好　用莊嚴法身　天人所戴仰　龍神咸恭敬
一切衆生類　无不宗奉者　又聞成菩提　唯佛當證知

BD04273號　妙法蓮華經卷四

（25–20）

龍王女忽現於前頭面礼敬却住一面以偈
讚曰
深達罪福相　遍照於十方　微妙淨法身　具相三十二
以八十種好　用莊嚴法身　天人所戴仰　龍神咸恭敬
一切衆生類　无不宗奉者　又聞成菩提　唯佛當證知
我闡大乘教　度脫苦衆生
時舍利弗語龍女言汝謂不久得无上道是
事難信所以者何女身垢穢非是法器云何
能得无上菩提佛道懸曠經无量劫勤苦積
行具脩諸度然後乃成又女人身猶有五障
一者不得作梵天王二者帝釋三者魔王四
者轉輪聖王五者佛身云何女身速得成佛
尒時龍女有一寶珠價直三千大千世界持
以上佛佛即受之龍女謂智積菩薩尊者舍
利弗言我獻寶珠世尊納受是事疾不荅言
甚疾女言以汝神力觀我成佛復速於此當
時衆會皆見龍女忽然之間變成男子具菩
薩行即往南方无垢世界坐寶蓮華成等正
覺三十二相八十種好普為十方一切衆生
演說妙法尒時娑婆世界菩薩聲聞天龍八
部人與非人皆遥見彼龍女成佛普為時會
人天說法心大歡喜悉遥敬礼无量衆生聞
法解悟得不退轉无量衆生得受道記无垢
世界六反震動娑婆世界三千衆生住不退
地三千衆生發菩提心而得受記智積菩薩
及舍利弗一切衆會嘿然信受

BD04273號　妙法蓮華經卷四　（25–21）

人天說法心大歡喜悉遥敬礼无量衆生聞
法解悟得不退轉无量衆生得受道記无垢
世界六反震動娑婆世界三千衆生住不退
地三千衆生發菩提心而得受記智積菩薩
及舍利弗一切衆會嘿然信受
妙法蓮華經持品第十三
尒時藥王菩薩摩訶薩及大樂說菩薩摩訶
薩與二万菩薩眷屬俱皆於佛前作是誓言
唯願世尊不以為慮我等於佛滅後當奉持
讀誦說此經典後惡世衆生善根轉少多增
上慢貪利供養增不善根遠離解脫難可
教化我等當起大忍力讀誦此經持說書寫
種種供養不惜身命尒時衆中五百阿羅漢
得受記者白佛言世尊我等亦自誓願於異
國土廣說此經復有學无學八千人得受記
者從座而起合掌向佛作是誓言世尊我等
亦當於他國土廣說此經所以者何是娑婆
國中人多弊惡懷增上慢功德淺薄瞋濁諂
曲心不實故尒時佛姨母摩訶波闍波提比
丘尼與學无學比丘尼六千人俱從座而起
一心合掌瞻仰尊顏目不暫捨於時世尊告
憍曇彌何故憂色而視如來汝心將无謂我
不說汝名授阿耨多羅三藐三菩提記耶憍
曇彌我先惣說一切聲聞皆已授記今汝欲
知記者將來之世當於六万八千億諸佛法
中為大法師及六千學无學比丘尼俱為法

BD04273號　妙法蓮華經卷四　（25–22）

一心合掌瞻仰尊顏目不暫捨於時世尊告
憍曇彌何故憂色而視如來汝心將无謂我
不說汝名授阿耨多羅三藐三菩提記耶憍
曇彌我先總說一切聲聞皆已授記今汝欲
知記者將來之世當於六万八千億諸佛法
中為大法師及六千學无學比丘尼俱為法
師汝如是漸漸具菩薩道當得作佛號一切
衆生憙見如來應供正遍知明行足善逝世
間解无上士調御丈夫天人師佛世尊憍曇
彌是一切衆生憙見佛及六千菩薩轉次授
記得阿耨多羅三藐三菩提尒時羅睺羅母
耶輸陁羅比丘尼作是念世尊於授記中獨
不說我名佛告耶輸陁羅汝於來世百千万億
諸佛法中脩菩薩行為大法師漸具佛道於
善國中當得作佛号具足千万光相如來應
供正遍知明行足善逝世間解无上士調御
丈夫天人師佛世尊佛壽无量阿僧祇劫尒
時摩訶波闍波提比丘尼及耶輸陁羅比丘
尼并其眷屬皆大歡喜得未曾有即於佛前
而說偈言
世尊導師　安隱天人　我等聞記　心安具足
諸比丘尼說是偈已白佛言世尊我等亦能
於他方國土廣宣此經尒時世尊視八十万
億那由他諸菩薩摩訶薩是諸菩薩皆是阿
惟越致轉不退法輪得諸陁羅尼即從座起
至於佛前一心合掌而作是念若世尊告勑
我等持說此經者當如佛教廣宣斯法復作

諸比丘尼說是偈已白佛言世尊我等亦能
於他方國土廣宣此經尒時世尊視八十万
億那由他諸菩薩摩訶薩是諸菩薩皆是阿
惟越致轉不退法輪得諸陁羅尼即從座起
至於佛前一心合掌而作是念若世尊告勑
我等持說此經者當如佛教廣宣斯法復作
是念佛今嘿然不見告勑我當云何時諸菩
薩敬順佛意并欲自滿本願便於佛前作師
子吼而發誓言世尊我等於如來滅後周旋
往反十方世界能令衆生書寫此經受持讀
誦解說其義如法脩行正憶念皆是佛之威
力唯願世尊在於他方遥見守護即時諸菩
薩俱同發聲而說偈言
唯願不為慮　於佛滅度後　恐怖惡世中　我等當廣說
有諸无智人　惡口罵詈等　及加刀杖者　我等皆當忍
惡世中比丘　邪智心諂曲　未得謂為得　我慢心充滿
或有阿練若　納衣在空閑　自謂行真道　輕賤人間者
貪着利養故　與白衣說法　為世所恭敬　如六通羅漢
是人懷惡心　常念世俗事　假名阿練若　好出我等過
而作如是言　此諸比丘等　為貪利養故　說外道論議
自作此經典　誑惑世間人　為求名聞故　分別於是經
常在大衆中　欲毀我等故　向國王大臣　婆羅門居士
及餘比丘衆　誹謗說我惡　謂是邪見人　說外道論議
我等敬佛故　悉忍是諸惡　為斯所輕言　汝等皆是佛
如此輕慢言　皆當忍受之　濁劫惡世中　多有諸恐怖
惡鬼入其身　罵詈毀辱我　我等敬信佛　當著忍辱鎧

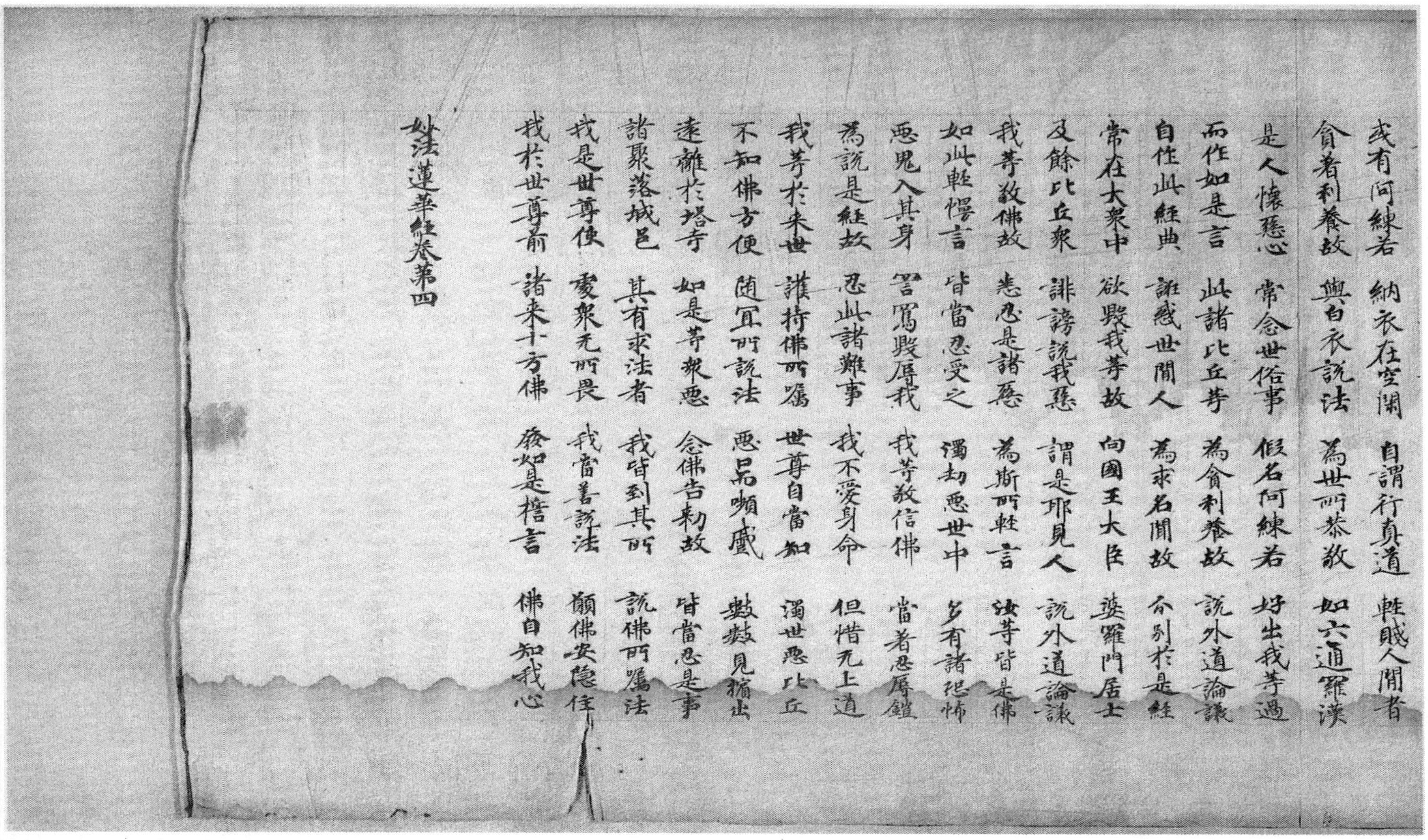
或有阿練若　納衣在空閑　自謂行真道　輕賤人間者
貪著利養故　與白衣說法　為世所恭敬　如六通羅漢
是人懷惡心　常念世俗事　假名阿練若　好出我等過
而作如是言　此諸比丘等　為貪利養故　說外道論議
自作此經典　誑惑世間人　為求名聞故　分別於是經
常在大眾中　欲毀我等故　向國王大臣　婆羅門居士
及餘比丘眾　誹謗說我惡　謂是邪見人　說外道論議
我等敬佛故　悉忍是諸惡　為斯所輕言　汝等皆是佛
如此輕慢言　皆當忍受之　濁劫惡世中　多有諸恐怖
惡鬼入其身　罵詈毀辱我　我等敬信佛　當著忍辱鎧
為說是經故　忍此諸難事　我不愛身命　但惜无上道
我等於來世　護持佛所囑　世尊自當知　濁世惡比丘
不知佛方便　隨宜所說法　惡口而顰蹙　數數見擯出
遠離於塔寺　如是等眾惡　念佛告勅故　皆當忍是事
諸聚落城邑　其有求法者　我皆到其所　說佛所囑法
我是世尊使　處眾无所畏　我當善說法　願佛安隱住
我於世尊前　諸來十方佛　發如是誓言　佛自知我心
妙法蓮華經卷第四

BD04273號　妙法蓮華經卷四　（25–25）

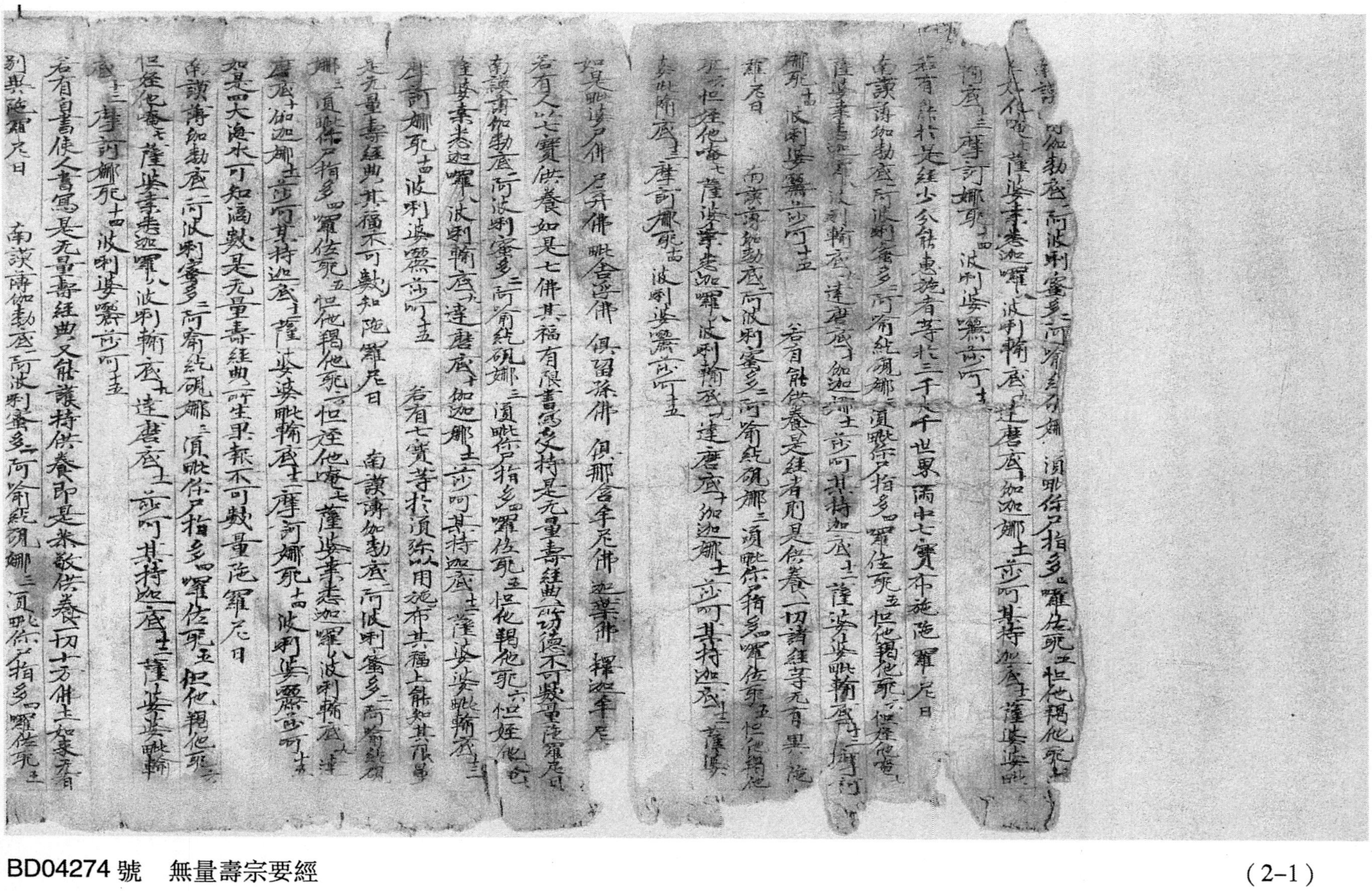
南謨薄伽勃底　阿波唎蜜多　阿喻紇硯娜　須毗你失指陀　囉佐耶　怛他羯他耶
怛姪他　唵　薩婆桑悉迦囉　波唎輸底　達磨底　伽伽娜　娑摩弩揭帝　莎婆婆毗
輸底　摩訶娜耶　波唎婆嚟　莎訶
若有於此經少分布施者等於三千大千世界滿中七寶布施陁羅尼曰
南謨薄伽勃底　阿波唎蜜多　阿喻紇硯娜　須毗你失指陀　囉佐耶　怛他羯他耶　怛姪他
唵　薩婆桑悉迦囉　波唎輸底　達磨底　伽伽娜　娑摩弩揭帝　莎婆婆毗輸底　摩訶
娜耶　波唎婆嚟　莎訶　若有能供養是經者則是供養一切諸經等无有異陁
羅尼曰　南謨薄伽勃底　阿波唎蜜多　阿喻紇硯娜　須毗你失指陀　囉佐耶　怛他羯他
耶　怛姪他　唵　薩婆桑悉迦囉　波唎輸底　達磨底　伽伽娜　娑摩弩揭帝　莎婆婆
毗輸底　摩訶娜耶　波唎婆嚟　莎訶
如是毗婆尸佛　尸棄佛　毗舍浮佛　俱留孫佛　俱那含牟尼佛　迦葉佛　釋迦牟尼佛
若有人以七寶供養如是七佛其福有限書寫受持是无量壽經典所得功德不可數量陁羅尼曰
南謨薄伽勃底　阿波唎蜜多　阿喻紇硯娜　須毗你失指陀　囉佐耶　怛他羯他耶　怛姪他　唵
薩婆桑悉迦囉　波唎輸底　達磨底　伽伽娜　娑摩弩揭帝　莎婆婆毗輸底　摩訶
娜耶　波唎婆嚟　莎訶　若有七寶等於須弥以用施布其福上能知其限量
是无量壽經典其福不可數知陁羅尼曰　南謨薄伽勃底　阿波唎蜜多　阿喻紇硯
娜　須毗你失指陀　囉佐耶　怛他羯他耶　怛姪他　唵　薩婆桑悉迦囉　波唎輸底　達磨底　伽伽
娜　娑摩弩揭帝　莎婆婆毗輸底　摩訶娜耶　波唎婆嚟　莎訶
如是四大海水可知滴數是无量壽經典所生果報不可數量陁羅尼曰
南謨薄伽勃底　阿波唎蜜多　阿喻紇硯娜　須毗你失指陀　囉佐耶　怛他羯他耶
怛姪他　唵　薩婆桑悉迦囉　波唎輸底　達磨底　伽伽娜　娑摩弩揭帝　莎婆婆毗輸
底　摩訶娜耶　波唎婆嚟　莎訶
若有自書使人書寫是无量壽經典又能護持供養即是恭敬供養一切十方佛土如來
別與陁羅尼曰　南謨薄伽勃底　阿波唎蜜多　阿喻紇硯娜　須毗你失指陀　囉佐耶

BD04274號　無量壽宗要經　（2–1）

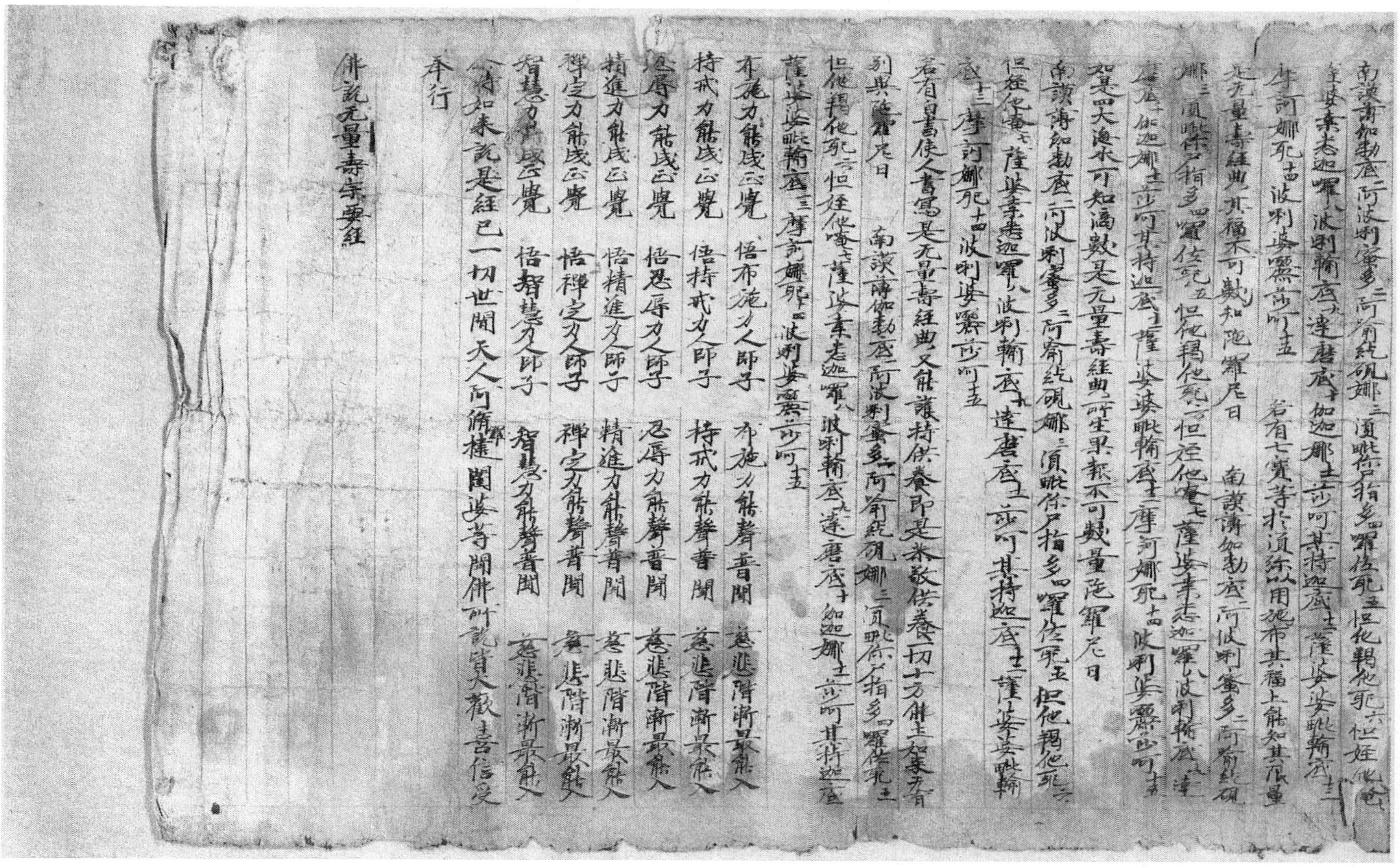

南謨薄伽勒底一阿波唎蜜多二阿喻紇硯那三須毗你指多四囉佐耶五怛他羯他耶六怛姪他唵
薩婆桑悉迦囉八波唎輸底九達磨底十伽迦那十一莎呵其持迦底十二薩婆婆毗輸底十三
摩訶娜耶十四波唎婆嚟莎呵十五　若有七寶等於須弥以用施布其福上能知其限量
是无量壽經典其福不可數知陀羅尼曰　南謨薄伽勒底一阿波唎蜜多二阿喻紇硯
那三須毗你尸指多四囉佐耶五怛他羯他耶六怛姪他唵七薩婆桑悉迦囉八波唎輸底九達
磨底十伽迦那十一莎呵其持迦底十二薩婆婆毗輸底十三摩訶娜耶十四波唎婆嚟莎呵十五
如是四大海水可知滴數是无量壽經典所生果報不可數量陀羅尼曰
南謨薄伽勒底一阿波唎蜜多二阿喻紇硯那三須毗你尸指多四囉佐耶五怛他羯他耶六
怛姪他唵七薩婆桑悉迦囉八波唎輸底九達磨底十伽迦那十一莎呵其持迦底十二薩婆婆毗輸
底十三摩訶娜耶十四波唎婆嚟莎呵十五
若有自書使人書寫是无量壽經典又能護持供養即是恭敬供養一切十方佛土如來方有
別異陀羅尼曰　南謨薄伽勒底一阿波唎蜜多二阿喻紇硯那三須毗你尸指多四囉佐耶五
怛他羯他耶六怛姪他唵七薩婆桑悉迦囉八波唎輸底九達磨底十伽迦那十一莎呵其持迦底
薩婆婆毗輸底十三摩訶娜耶十四波唎婆嚟莎呵十五
布施力能成正覺　悟布施力人師子　布施力能聲普聞　慈悲階漸最能入
持戒力能成正覺　悟持戒力人師子　持戒力能聲普聞　慈悲階漸最能入
忍辱力能成正覺　悟忍辱力人師子　忍辱力能聲普聞　慈悲階漸最能入
精進力能成正覺　悟精進力人師子　精進力能聲普聞　慈悲階漸最能入
禪定力能成正覺　悟禪定力人師子　禪定力能聲普聞　慈悲階漸最能入
智慧力能成正覺　悟智慧力人師子　智慧力能聲普聞　慈悲階漸最能入
今時如來說是經已一切世間天人阿脩羅揵闥婆等聞佛所說皆大歡喜信受
奉行
佛說无量壽宗要經

BD04274 號　無量壽宗要經　（2–2）

BD04274 號背　勘記　（1–1）

有自性不從因緣[illegible]
水性熱是火性動是風性
性是五大性非因緣有若使
非因緣有一切法性亦應如是
有一法從於因緣何因緣故五大之[illegible]
因緣瞿曇眾生善身及不善身誰得解脫皆
是自性不從因緣是故我說一切諸法自性
故有非因緣生復次瞿曇世間之法有定用
處譬如工匠云如是木任作車轝如是任作
門戶牀机亦如金師所可造作在頸上者名
之為鐶在頸下者名之為瓔在臂上者名之
為釧在指上者名之為環用處定故名為定
性瞿曇一切眾生亦復如是有五道性故有
地獄餓鬼畜生人天若如是者云何說言從
於因緣復次瞿曇一切眾生其性各異是故
名為一切自性瞿曇如龜陸生自能入水犢
子生已能自飲乳魚見鉤餌自然吞食毒虵
生已自然食土如是等事誰有教者如刺生
已自然頭尖飛鳥毛羽自然色別世間眾生
亦復如是有利有鈍有富有貧有好有醜有
得解脫有不得者是故當知一切法中各有

BD04275號　大般涅槃經（北本）卷四〇　（21–1）

名為一切自性瞿曇如龜陸生自能入水犢
子生已能自飲乳魚見鉤餌自然吞食毒虵
生已自然食土如是等事誰有教者如刺生
已自然頭尖飛鳥毛羽自然色別世間眾生
亦復如是有利有鈍有富有貧有好有醜有
得解脫有不得者是故當知一切法中各有
自性復次瞿曇如瞿曇說貪欲瞋癡從因
緣生是三毒因緣五塵是義不然何以故眾生
睡時遠離五塵亦復生於貪欲瞋癡在胎亦
爾初出胎時未能分別五塵好醜亦復生於
貪欲瞋癡諸仙賢聖處在靜處无有五塵
亦能生於貪欲瞋癡亦復有人因於五塵生
於不貪不瞋不癡是故不必從於因緣生一
切法以自性故復次瞿曇我見世人五根不
具多饒財寶得大自在有根具足貧窮下賤
不得自在為人僕使若有因緣何故如是是
故諸法各有自性不由因緣瞿曇世間小兒
亦復未能分別五塵或咲或啼咲時知喜啼
時知愁是故當知一切諸法各有自性復次
瞿曇世法有二一者有二者无有即虛空无
即兔角如是二法一是有故不從因緣二是无
故亦非因緣是故諸法有自性故不從因緣
佛言善男子如汝所言如五大性一切諸法
亦應如是是義不然何以故善男子如汝法
中以五大是常何因緣故一切諸法悉不是
常若世間物是无常者是五大性何因緣故

BD04275號　大般涅槃經（北本）卷四〇　（21–2）

即莵角如是二法一是有故不從因緣二是无
故亦非因緣是故諸法有自性故不從因緣
佛言善男子如汝所言如五大性一切諸法
亦應如是義不然何以故善男子如汝法
中以五大是常何因緣故一切諸法悉不是
常若世間物是无常者是五大性何因緣故
不是无常若五大常世間之物亦應是常是
故汝說五大之性有自性故不從因緣令一切
法同五大者无有是處善男子汝言因處定
故有自性者是義不然何以故皆從因緣得
名字故若從因得名亦從因義云何名為
從因得名如在額上名之為鬘在頸名瓔
在臂名釧在車名輪火在草木名草木火善
男子樹初生時无箭稍性從因緣故工造為箭
從因緣故工造為稍是故不應說一切法有
自性也汝言如龜陸生性能入水犢子生已
性能飲乳是義不然何以故若言入水非因
緣者俱非因緣何不入火犢子已性能欶
乳不從因緣俱非因緣何不唻角善男子若
言諸法悉有自性不須教習无有增長是義
不然何以故今見有教緣教增長是故當知
无有自性善男子若一切法有自性者諸婆羅
門一切不應為清淨身殺羊祠祀若為身祠
是故當知无有自性善男子世間語法凡有
三種一者欲作二者作時三者作已若一切
法有自性者何故世中有是三語有三語故

BD04275號　大般涅槃經（北本）卷四〇　（21–3）

不然何以故今見有教緣教增長是故當知
无有自性善男子若一切法有自性者諸婆羅
門一切不應為清淨身殺羊祠祀若為身祠
是故當知无有自性善男子世間語法凡有
三種一者欲作二者作時三者作已若一切
法有自性者何故世中有是三語有三語故
故知一切无有自性善男子若言諸法有自
性者當知諸法各有定性若有定性甘蔗一
物何緣作漿作蜜石蜜酒苦酒等若有一性
何緣乃出如是等物若一物中出如是等當
知諸法不得一定各有一性善男子若一切
法有定性者聖人何故飲甘蔗漿石蜜黑蜜
酒時不飲後為苦酒復還得飲是故當知无
有定性若无定性云何不因因緣而有善男
子汝說一切法有自性者云何說喻若有喻
者當知諸法无有自性若有自性當知无喻
世間智者皆說譬喻當知諸法无有自性无
有一性善男子言身為在先煩惱先者是
義不然何以故若我當說身在先者汝可難
言汝亦同我身不在先何因緣故而作是難
善男子一切衆生身及煩惱俱无先後一時
而有雖一時有要因煩惱而得有身終不因
身有煩惱也汝意若謂如人二眼一時而得
不相因待左不因右右不因左煩惱及身亦
如是者是義不然何以故善男子世間眼見
炷之與明雖復一時明要因炷終不因明而

BD04275號　大般涅槃經（北本）卷四〇　（21–4）

言汝亦同我身不在先何因緣故而作是難
善男子一切衆生身及煩惱俱无先後一時
而有雖一時有要因煩惱而得有身終不因
身有煩惱也汝意若謂如人二眼一時而得
不相因待左不因右右不因左煩惱及身亦
如是者是義不然何以故善男子世間眼見
炷之與明雖復一時明要因炷終不因明而
有炷也善男子汝意若謂身不在先故知无
因是義不然何以故若以身先无因緣故名
為无者汝不應說一切諸法皆有因緣若言
不見故不說者今見瓶等從因緣出何故不
說如瓶身先因緣亦復如是善男子若見不
見一切諸法皆從因緣无有自性善男子若
言一切法悉有性无因緣者汝何因緣說於
五大是五大性即是因緣善男子五大因緣
雖復如是亦不應說諸法皆同五大因緣如
世人說一切出家精勤持戒旃陁羅等亦應
如是精勤持戒善男子汝言五大有定堅性
我觀是性轉故不定善男子蘇鑞胡膠於汝
法中名之為地是地不定或同於水或同於
故不得說自性故堅善男子白鑞鈆錫銅鐵
金銀於汝法中名之為火是火四性流時
水性動時風性熱時火性堅時地性云何說
言定名火性善男子水性名流若水凍時不
名為地故名水者何因緣故波動之時不名
為風若動不名風凍時亦應不名為水若是

BD04275號　大般涅槃經（北本）卷四〇　（21-5）

故不得說自性故堅善男子白鑞鈆錫銅鐵
金銀於汝法中名之為火是火四性流時
水性動時風性熱時火性堅時地性云何說
言定名火性善男子水性名流若水凍時不
名為地故名水者何因緣故波動之時不名
為風若動不名風凍時亦應不名為水若是
二義從因緣者何故說言一切諸法不從因
緣善男子若言五根性能見聞覺知觸故皆
是自性不從因緣是義不然何以故善男子
自性之性性不可轉若言眼性見者常應能見
不應有見有不見時是故當知從因緣見非
无因緣汝言非因五塵生貪解脫是義不然
何以故善男子生貪解脫雖復不因五塵因
緣惡覺觀故則生貪欲善覺觀故則得解脫
善男子內因緣故生貪解脫水因緣故則能
增長是故汝言一切諸法各有自性不因五
塵生貪解脫无有是處善男子汝言具足諸
根之於財物不得自在諸根殘缺多饒財寶
得大自在因此以明有自性故不從因緣者
是義不然何以故善男子衆生從業而有果
報如是果報則有三種一者現報二者生報
三者後報貧窮巨富根具不具是業各異若
有自性具諸根者應饒財寶饒財寶者應
具諸根今則不尒是故定知无有自性皆從因
緣如汝所言世間小兒未能分別五塵因緣
亦啼亦咲是故一切有自性者是義不然何

BD04275號　大般涅槃經（北本）卷四〇　（21-6）

三者後報貧窮巨富根具不具是業各異若
有自性具諸根者應饒財寶饒財寶者應
具諸根令則不尒是故定知无有自性皆從因
緣如汝所言世間小兒未能分別五塵因緣
亦啼亦咲是故一切有自性者是義不然何
以故若自性者咲應常咲啼應常啼不應
一咲一啼若一咲一啼當知一切悉從因緣
是故不應說一切法有自性故不從因緣梵
志言世尊若一切法從因緣有如是身者從
何因緣佛言善男子是身因緣煩惱與業梵
志言世尊如其是身從煩惱業是煩惱業可
斷不耶佛言如是如是梵志復言世尊唯願
為我分別解說令我聞已不移是處悉得斷
之佛言善男子若知二邊中間无礙是人則
能斷煩惱業世尊我已知解得正法眼佛言
汝云何知世尊二邊即色及色解脫中間即
是八正道也受想行識亦復如是佛言善哉
善哉善男子善知二邊斷煩惱業世尊唯願
聽我出家受戒佛言善來比丘即時斷除三
界煩惱得阿羅漢果尒時復有一婆羅門名
曰弘廣復作是言瞿曇知我今所念不佛言
善男子涅槃是常有為无常曲即邪見直即
聖道婆羅門言瞿曇何因緣故作如是說善
男子汝意每謂乞食是常別請无常曲是戶
籥直是常幢是故我說涅槃是常有為无
常曲謂邪見直謂八正非如汝先所思惟也婆

善男子涅槃是常有為无常曲即邪見直即
聖道婆羅門言瞿曇何因緣故作如是說善
男子汝意每謂乞食是常別請无常曲是戶
籥直是常幢是故我說涅槃是常有為无
常曲謂邪見直謂八正非如汝先所思惟也婆
羅門言瞿曇實知我心是八正道悉令眾生
得盡滅不尒時世尊嘿然不荅婆羅門言瞿
曇已知我心我今所問何故嘿然而不見荅
時憍陳如即作是言大婆羅門若有問世有
邊无邊如來常尒嘿然不荅八聖是直涅槃
是常若脩八聖即得滅盡若不脩集則不能
得大婆羅門譬如大城其城四壁都无孔竅
唯有一門其守門者聰明有智能善分別可
放則放可遮則遮雖不能知出入多少定知
一切有入出者皆由此門善男子如來亦尒
城喻涅槃門喻八正守門之人喻於如來善
男子如來今者雖不荅汝盡與不盡其有盡
者要當脩集是八正道婆羅門言善哉善哉
大德憍陳如如來善能說微妙法我今實欲知
城知道自作守門憍陳如言善哉善哉汝婆
羅門非發无上廣大之心佛言止止憍陳如
是婆羅門非適今日發是心也憍陳如乃往
過去過无量劫有佛世尊名普光明如來應
正遍知明行足善逝世間解无上士調御丈
夫天人師佛世尊是人先已於彼佛所發阿

羅門非發无上廣大之心佛言止止憍陳如
是婆羅門非適今日發是心也憍陳如乃往
過去過无量劫有佛世尊名普光明如来應
正遍知明行足善逝世間解无上士調御丈
夫天人師佛世尊是人先已於彼佛所發阿
耨多羅三藐三菩提心此賢劫中當得作佛
久已通達了知法相爲衆生故現處外道亦
无所知以是因緣汝憍陳如不應讚言善哉
善哉汝今能發如是大心尒時世尊知已即
告憍陳如言阿難比丘今爲所在憍陳如言
世尊阿難比丘在娑羅林外去此大會十二
由延而爲六万四千億魔之所嬈亂是諸魔
衆悉自變身爲如来像或有宣說一切諸法
從因緣生或有說言一切諸法不從因生或
有說言一切因緣皆是常法從緣生者悉是
无常或有說言五陰是實或說虛假入界亦
尒或有說言十二因緣或有說言正有四
緣或說諸法如幻如化如熱時炎或有說言
因聞得法或有說言因思得法或有說言因
脩得法或復有說不淨觀法或復有說出息
入息或復有說四念處觀或復有說三種觀
義七種方便或復有說暖法頂法忍法世間
第一法學无學地菩薩初住乃至十住或復有
說空无相无作或復有說脩多羅祇夜毗伽
羅那伽陁憂陁那尼陁那阿波陁那伊帝曰多
伽闍陁伽毗佛略阿浮陁達磨憂波提舍或

BD04275號　大般涅槃經（北本）卷四〇　（21–9）

入息或復有說四念處觀或復有說三種觀
義七種方便或復有說暖法頂法忍法世間
第一法學无學地菩薩初住乃至十住或復有
說空无相无作或復有說脩多羅祇夜毗伽
羅那伽陁憂陁那尼陁那阿波陁那伊帝曰多
伽闍陁伽毗佛略阿浮陁達磨憂波提舍或
說四念處四正勤四如意足五根五力七覺分
八聖道或說內空外空內外空有爲空无爲
空无始空性空遠離空散空自相空无相空
陰空入空界空善空不善空无記空菩提空
道空涅槃空行空得空第一義空空空大空
或有示現神通變化身出水火或身上出水
身下出火身下出水身上出火左脅在下右
脅出水右脅在下左脅出水一脅震雷一脅
降雨或有示現諸佛世界或復示現菩薩初
生行至七步處在深宮受五欲時初始出家
脩苦行時往菩提樹坐三昧時壞魔軍衆轉
法輪時示大神通入涅槃時世尊阿難比丘
見是事已作是念言如是神變昔来未見誰
之所作將非世尊釋迦作耶欲起欲語都不
從意阿難比丘入魔羂故復作是念諸佛所
說各各不同我於今者當受誰語世尊阿難
今者極受大苦雖念如来无能救者以是因
緣不来至此大衆之中尒時文殊師利菩薩摩
訶薩白佛言世尊此大衆中有諸菩薩已
於一生發阿耨多羅三藐三菩提心至无量

BD04275號　大般涅槃經（北本）卷四〇　（21–10）

彼意阿難比丘入魔羂故往作是念言佛所
說各各不同我於今者當受誰語世尊阿難
今者雖受大苦雖念如來无能救者以是因
緣不來至此大眾之中尒時文殊師利菩薩摩
訶薩白佛言世尊此大眾中有諸菩薩已
於一生發阿耨多羅三藐三菩提心至无量
生發菩提心已能供養无量諸佛其心堅固
具足備行檀波羅蜜乃至般若波羅蜜成就
功德久已親近无量諸佛淨脩梵行得不退
轉菩提之心得不退忍不退轉持得如法忍
首楞嚴等无量三昧如是等輩聞大乘經終
不生疑善能分別宣說三寶同一性相常住
不變聞不思議不生驚怖聞種種空心不怖
懼了了通達一切法性能持一切十二部經廣
解其義亦能受持无量諸佛十二部經何
憂不能受持如是大涅槃典何因緣故問憍
陳如阿難所在
尒時世尊告文殊師利諦聽諦聽善男子我
成佛已過卅年住王舍城尒時我告諸比丘
言諸比丘今此眾中誰能為我受持如來十
二部經供給左右所須之事亦使不失自身
善利時憍陳如在彼眾中來白我言我能受
持十二部經供給左右不失所作自利益事
我言憍陳如汝已朽邁當須使人云何方欲
為我給使時舍利弗復作是言我能受持佛
一切語供給所須不失所作自利益事我言

BD04275號　大般涅槃經（北本）卷四〇　（21–11）

二部經供給左右所須之事亦使不失自身
善利時憍陳如在彼眾中來白我言我能受
持十二部經供給左右不失所作自利益事
我言憍陳如汝已朽邁當須使人云何方欲
為我給使時舍利弗復作是言我能受持佛
一切語供給所須不失所作自利益事我言
舍利弗汝已朽邁當須使人云何方欲為我
給使乃至五百諸阿羅漢皆亦如是佛悉不
受尒時目連在大眾中作是思惟如來今者
不受五百比丘給使佛意為欲令誰作耶思
惟是已即便入定見如來心在阿難許如日
初出光照西壁見是事已即從定起語憍陳
如大德我觀如來欲令阿難給事左右尒時
憍陳如與五百阿羅漢往阿難所作如是言
阿難汝今當為如來給使請受是事阿難言
諸大德我實不堪給事如來何以故如來尊
重如師子王如龍如火我今穢弱云何能辦
諸比丘言阿難汝受我語給事如來得大利
益第二第三亦復如是阿難言諸大德我亦
不求大利益事實不堪任奉給左右時目揵
連復作是言阿難汝今未知阿難言大德唯
願說之目揵連言如來先日僧中求使五百
羅漢皆求為之如來不聽我即入定見如來
意欲令汝為汝今云何反更不受阿難聞已
合掌長跪作如是言諸大德若有是事如來
世尊與我三願當順僧命給事左右目揵連

BD04275號　大般涅槃經（北本）卷四〇　（21–12）

願說之目揵連言如来先曰僧中求使五百
羅漢皆求為之如来不聽我即入定見如来
意欲令汝為汝今云何反更不受阿難聞已
合掌長跪作如是言諸大德若有是事如来
世尊與我三願當順僧命給事左右目揵連
言何等三願阿難言一者如来設以故衣賜
我聽我不受二者如来設受檀越別請聽我
不往三者聽我出入无有時節如是三事佛若
聽者當順僧命奉給如来時憍陳如五百
比丘還来我所作如是言我等已勸阿難比
丘唯求三願若佛聽者當順僧命文殊師利
我於介時讚阿難言善哉善哉阿難比丘具
足智慧豫見譏嫌何以故當有人言汝為衣
食奉給如来是故先求不受故衣不隨別請
憍陳如阿難比丘具足智慧入出有時則不
能得廣作利益四部之衆是故求欲出入无
時憍陳如我為阿難開是三事隨其意願時
目揵連還阿難所語阿難言吾已為汝啓請
三事如来大慈皆已聽許阿難言大德若佛
聽者請往給侍文殊師利阿難事我廿餘年
具足八種不可思議何等為八一者事我已
来廿餘年初不隨我受別請食二者事我已
来初不受我陳故衣服三者自事我来至我
所時終不非時四者自事我来具足煩惱隨
我入出諸王剎利豪貴大姓見諸女人及天
龍女不生欲心五者自事我来持我所說十

BD04275號　大般涅槃經（北本）卷四〇　（21-13）

具足八種不可思議何等為八一者事我已
来廿餘年初不隨我受別請食二者事我已
来初不受我陳故衣服三者自事我来至我
所時終不非時四者自事我来具足煩惱隨
我入出諸王剎利豪貴大姓見諸女人及天
龍女不生欲心五者自事我来持我所說十
二部經一逕於耳曾不再問如寫瓶水置之
一瓶唯除一問善男子瑠璃太子殺諸釋氏
壞迦毗羅城阿難介時心懷愁惱發聲大哭
来至我所作如是言我與如来俱生此城同
一釋種云何如来光顏如常我則顦顇我時
荅言阿難我脩空定故不同汝過三年已還
来問我世尊我往於彼迦毗羅城曾聞如来
脩空三昧是事虛實我言阿難如是如是如汝
所說六者自事我来雖未獲得知他心智常
知如来所入諸定七者自事我来未得願
智而能了知如是衆生到如来所現在能得
四沙門果有後得者有得人身有得天身八
者自事我来如来所有秘密之言悉能了知
善男子阿難比丘具足如是八不思議是故
我稱阿難比丘為多聞藏善男子阿難比丘
具足八法能具足持十二部經何等為八一
者信根堅固二者其心質直三者身无病苦
四者常勤精進五者具足念心六者心无憍
慢七者成就定意八者具足從聞生智文殊
師利比婆尸佛侍者弟子名阿叔迦亦復具

BD04275號　大般涅槃經（北本）卷四〇　（21-14）

我稱阿難比丘為多聞藏善男子阿難比丘
具足八法能具足持十二部經何等為八一
者信根堅固二者其心質直三者身无病苦
四者常勤精進五者具足念心六者心无憍
慢七者成就定意八者具足從聞生智文殊
師利毗婆尸佛侍者弟子名阿叔迦亦復具
足如是八法尸棄如來侍者弟子名差摩迦
羅毗舍浮佛侍者弟子名憂波扇陁迦羅鳩
村大佛侍者弟子名曰跋提迦那牟尼佛侍
者弟子名曰蘇坻迦葉佛侍者弟子名葉
婆蜜多皆亦具足如是八法我今阿難亦復
如是具足八法是故我稱阿難比丘為多聞藏
善男子如汝所說此大眾中雖有无量无邊
菩薩是諸菩薩皆有重任所謂大慈大悲如
是慈悲之因緣故各各怱務調伏眷屬莊嚴
自身以是因緣我涅槃後不能宣通十二部
經若有菩薩或時能說人不信受文殊師利
阿難比丘是吾之弟給事我來廿餘年所可
聞法具足受持喻如寫水置之一器是故我
今顧問阿難為何所在欲令受持是涅槃經
善男子我涅槃後阿難比丘所未聞者弘
廣菩薩當能流布阿難所聞自能宣通文殊
師利阿難比丘今在他處去此會外十二由延
而為六万四千億魔之所惱亂汝可往彼發
大聲言一切諸魔諦聽諦聽如來今說大陁

善男子我涅槃後阿難比丘所未聞者弘
廣菩薩當能流布阿難所聞自能宣通文殊
師利阿難比丘今在他處去此會外十二由延
而為六万四千億魔之所惱亂汝可往彼發
大聲言一切諸魔諦聽諦聽如來今說大陁
羅尼一切天龍乾闥婆阿脩羅迦樓羅緊那
羅摩睺羅伽人與非人山神樹神河神海神舍
宅等神聞是持名无不恭敬受持之者是
陁羅尼十恒河沙諸佛世尊所共宣說能轉
女身自識宿命若受五事一者梵行二者斷
肉三者斷酒四者斷辛五者樂在寂靜受五
事已至心信受讀誦書寫是陁羅尼當知是
人則得超越七十七億弊惡之身尒時世尊
即便說之
阿磨隸　毗磨隸　涅磨隸
瞢伽隸　醯摩羅若竭鞞　三曼多跋提黎
娑婆囉伽婆檀泥　娑羅磨他檀泥　摩那斯
阿拙鞊　比羅祇　菴摩梨
菴摩賴鞊　婆嵐弥　婆嵐摩婆隸
富囉泥　富囉那摩奴賴梯
尒時文殊師利從佛受是陁羅尼已至阿難
所在魔眾中作如是言諸魔眷屬諦聽我說
所從佛受陁羅尼呪魔王聞是陁羅尼已悉
發阿耨多羅三藐三菩提心捨於魔業即放
阿難文殊師利與阿難俱來至佛所阿難見
佛至心礼敬却住一面佛告阿難是娑羅林

尒時文殊師利從佛受是陁羅尼已至阿難
所在魔衆中作如是言諸魔眷屬諦聽我說
所從佛受陁羅尼呪魔王聞是陁羅尼已悉
發阿耨多羅三藐三菩提心捨於魔業即放
阿難文殊師利與阿難俱來至佛所阿難見
佛至心礼敬却住一面佛告阿難是娑羅林
外有一梵志名須跋陁其年極老已百廿雖
得五通未捨憍慢獲得非想非非想定生一
切智起涅槃想汝可往彼語須跋言如來出
世如優曇華於今中夜當般涅槃若有所作
可及時作莫於後日而生悔心阿難汝之所
說彼定信受何以故汝曾往昔五百世中作
須跋陁子其人愛心習猶未盡以是因緣信
受汝語尒時阿難受佛勑已往須跋所作如
是言仁者當知如來出世如優曇華於今中
夜當般涅槃欲有所作可及時作莫於後日
生悔心世須跋陁言善哉阿難我今當往至
如來所尒時阿難與須跋陁還至佛所時須
跋陁到已問訊作如是言瞿曇我今欲問隨
我意荅佛言須跋今正是時隨汝所問我當
方便隨汝意荅瞿曇有諸沙門婆羅門等作
如是言一切衆生受苦樂報皆随往日本業
因緣是故若有持戒精進受身心苦能壞本
業本業既盡衆苦盡滅衆苦盡滅即得涅
槃是義云何佛言善男子若有沙門婆羅門
等作是說者我為憐愍常當往來如是人所既

BD04275號　大般涅槃經（北本）卷四〇　（21–17）

如是言一切衆生受苦樂報皆随往日本業
因緣是故若有持戒精進受身心苦能壞本
業本業既盡衆苦盡滅衆苦盡滅即得涅
槃是義云何佛言善男子若有沙門婆羅門
等作是說者我為憐愍常當往來如是人所既
至彼已我當問之仁者實作如是說不彼若
見荅我如是說何以故瞿曇我見衆生習行
諸惡多饒財寶身得自在又見修善貧窮
多之不得自在又見有人多役力用求財不得
又見不求自然得之又見有人慈心不殺反
更中夭又見憙殺終保年壽又見有人淨修
梵行精勤持戒有得解脫有不得者是故我
說一切衆生受苦樂報皆由往日本業因緣
須跋我復當問仁者實見過去業不若有是
業為多少耶現在苦行能破多少耶能知是
業已盡不盡耶是業既盡一切盡耶彼若見
荅我實不知我便當為彼人引喻譬如有人
身被毒箭其家眷屬為請醫師令拔是箭
既拔箭已身得安隱其後十年是人猶憶了了
分明是醫為我拔出毒箭以藥塗拊令我得
差安隱受樂仁既不知過去本業云何能知
現在苦行定能破壞過去業耶彼若復言瞿
曇汝今亦有過去本業何故獨責我過去業
瞿曇經中亦作是說若見有人豪富自在當
知是人先世好施如是不名過去業耶我復

BD04275號　大般涅槃經（北本）卷四〇　（21–18）

我稱阿難比丘為多聞藏善男子阿難比丘
具足八法能具足持十二部經何等為八一
者信根堅固二者其心質直三者身无病苦
四者常勤精進五者具足念心六者心无憍
慢七者成就定意八者具足從聞生智文殊
師利毗婆尸佛侍者弟子名阿叔迦亦復具
足如是八法尸棄如來侍者弟子名差摩迦
羅毗舍浮佛侍者弟子名憂波扇陁迦羅鳩
村大佛侍者弟子名曰跋提迦那牟尼佛侍
者弟子名曰蘇垜迦葉佛侍者弟子名葉
婆蜜多皆亦具足如是八法我今阿難亦復
如是具足八法是故我稱阿難比丘為多聞藏
善男子如汝所說此大眾中雖有无量无邊
菩薩是諸菩薩皆有重任所謂大慈大悲如
是慈悲之因緣故各各怱務調伏眷屬莊嚴
自身以是因緣我涅槃後不能宣通十二部
經若有菩薩或時能說人不信受文殊師利
阿難比丘是吾之弟給事我來廿餘年所可
聞法具足受持喻如寫水置之一器是故我
今顧問阿難為何所在欲令受持是涅槃經
善男子我涅槃後阿難比丘所未聞者弘
廣菩薩當能流布阿難所聞自能宣通文殊
師利阿難比丘今在他處去此會外十二由延
而為六万四千億魔之所惱亂汝可往彼發
大聲言一切諸魔諦聽諦聽如來今說大陁

BD04275號　大般涅槃經（北本）卷四〇　（21–15）

善男子我涅槃後阿難比丘所未聞者弘
廣菩薩當能流布阿難所聞自能宣通文殊
師利阿難比丘今在他處去此會外十二由延
而為六万四千億魔之所惱亂汝可往彼發
大聲言一切諸魔諦聽諦聽如來今說大陁
羅尼一切天龍乾闥婆阿脩羅迦樓羅緊那
羅摩睺羅伽人與非人山神樹神河神海神舍
宅等神聞是持名无不恭敬受持之者是
陁羅尼十恒河沙諸佛世尊所共宣說能轉
女身自識宿命若受五事一者梵行二者斷
肉三者斷酒四者斷辛五者樂在寂靜受五
事已至心信受讀誦書寫是陁羅尼當知是
人則得超越七十七億弊惡之身尒時世尊
即便說之
阿磨隸　毗磨隸　涅磨隸
瞢伽隸　醯摩羅若竭鞞　三曼多跋提隸
娑婆囉伽婆檀泥　娑羅磨他檀泥　摩那斯
阿拙鞮　比羅祇　菴摩梨
菴摩賴鞮　婆嵐弥　婆嵐摩婆隸
富囉泥　富囉那摩奴賴梯
尒時文殊師利從佛受是陁羅尼已至阿難
所在魔眾中作如是言諸魔眷屬諦聽我說
所從佛受陁羅尼呪魔王聞是陁羅尼已悉
發阿耨多羅三藐三菩提心捨於魔業即放
阿難文殊師利與阿難俱來至佛所阿難見
佛至心礼敬却住一面佛告阿難是娑羅林

BD04275號　大般涅槃經（北本）卷四〇　（21–16）

尒時文殊師利從佛受是陁羅尼已至阿難
所在魔衆中作如是言諸魔眷屬諦聽我說
所從佛受陁羅尼呪魔王聞是陁羅尼已悉
發阿耨多羅三藐三菩提心捨於魔業即放
阿難文殊師利與阿難俱來至佛所阿難見
佛至心礼敬却住一面佛告阿難是娑羅林
外有一梵志名須跋陁其年極老已百廿雖
得五通未捨憍慢獲得非想非非想定生一
切智起涅槃想汝可往彼語須跋言如來出
世如優曇華於今中夜當般涅槃若有所作
可及時作莫於後日而生悔心阿難汝之所
說彼定信受何以故汝曾往昔五百世中作
須跋陁子其人愛心習猶未盡以是因緣信
受汝語尒時阿難受佛勑已往須跋所作如
是言仁者當知如來出世如優曇華於今中
夜當般涅槃欲有所作可及時作莫於後日
生悔心世須跋陁言善哉阿難我今當往至
如來所尒時阿難與須跋陁還至佛所時須
跋陁到已問訊作如是言瞿曇我今欲問隨
我意荅佛言須跋今正是時隨汝所問我當
方便隨汝意荅瞿曇有諸沙門婆羅門等作
如是言一切衆生受苦樂報皆隨往日本業
因緣是故若有持戒精進受身心苦能壞本
業本業既盡衆苦盡滅衆苦盡滅即得涅
槃是義云何佛言善男子若有沙門婆羅門
等作是說者我為憐愍常當往來如是人所

如是言一切衆生受苦樂報皆隨往日本業
因緣是故若有持戒精進受身心苦能壞本
業本業既盡衆苦盡滅衆苦盡滅即得涅
槃是義云何佛言善男子若有沙門婆羅門
等作是說者我為憐愍常當往來如是人所
至彼已我當問之仁者實作如是說不彼若
見荅我如是說何以故瞿曇我見衆生習行
諸惡多饒財寶身得自在又見脩善貧窮
多乏不得自在又見有人多役力用求財不得
又見不求自然得之又見有人慈心不殺反
更中夭又見憙殺終保年壽又見有人淨脩
梵行精勤持戒有得解脫有不得者是故我
說一切衆生受苦樂報皆由往日本業因緣
須跋我復當問仁者實見過去業不若有是
業為多少耶現在苦行能破多少耶能知是
業已盡不盡耶是業既盡一切盡耶彼若見
荅我實不知我便當為彼人引喻譬如有人
身被毒箭其家眷屬為請醫師令拔是箭
既拔箭已身得安隱其後十年是人猶憶了了
分明是醫為我拔出毒箭以藥塗治令我得
老安隱受樂仁既不知過去本業云何能知
現在苦行定能破壞過去業耶彼若復言瞿
曇汝今亦有過去本業何故獨責我過去業
瞿曇經中亦作是說若見有人豪富自在當
知是人先世好施如是不名過去業耶我復

分明是醫為我拔出毒箭以藥塗拊令我得
差安隱受樂仁既不知過去本業云何能知
現在苦行定能破壞過去業耶彼若復言瞿
曇汝今亦有過去本業何故獨責我過去業
瞿曇經中亦作是說若見有人豪富自在當
知是人先世好施如是是不名過去業邪我復
荅言仁者如是知者名為比知不名真知我
佛法中或有從因知果或有從果知因我佛法
中有過去業有現在業汝則不尒唯有過去
業无現在業汝法不從方便斷業 我法不
尒從方便斷汝業盡已則得苦盡我則不尒
煩惱盡已業苦則盡是故我今責汝過業彼
人若言瞿曇我實不知從師受之師作是說
我實无咎我言仁者汝師是誰彼若見荅是
富蘭那我復語言汝昔何不一一諮啓大師
實知過去業不汝師若言我不知者汝復云
何受是師語若言我知復應問言下苦因緣
受中上苦不中苦因緣受上下苦不上苦因
緣受中下苦不若言不者復應問言師云何
說苦樂之報唯過去業非現在邪復應問言
是現在苦過去有不若過去有過去之業悉
已都盡若都盡者云何復受今日之身若過
去无唯現在有云何復言衆生苦樂皆過去
業仁者若知現在苦行能壞過業現在苦行
復以何破如其不破苦即是常苦若是常云何
說言得苦解脫若更有行壞苦行者過去

已都盡若都盡者云何復受今日之身若過
去无唯現在有云何復言衆生苦樂皆過去
業仁者若知現在苦行能壞過業現在苦行
復以何破如其不破苦即是常苦若是常云何
說言得苦解脫若更有行壞苦行者過去
已盡云何有苦仁者如是苦行能令樂業受苦
果不復令苦業受樂果不能令无苦无樂業
作不受果不能令現報作生報不能令生報
作現報不令是二報作无報不能令定報作
无報不能令无報作定報不彼若復言瞿
曇不能我復當言仁者如其不能何因緣故
受是苦行仁者當知定有過業現在因緣是
故我言因煩惱生業因業受報仁者當知一
切衆生有過去業有現在因衆生雖有過去
壽業要賴現在飲食因緣仁者若說衆生受
苦受樂定由過去本業因緣是事不然何以
故仁者譬如有人為王除怨以是因緣多得
財寶因是財寶受現在樂如是之人現作樂
因現受樂報譬如有人殺王愛子以是因緣
喪失身命如是之人現作苦因現受苦報仁
者一切衆生現在因於四大時節土地人民
受苦受樂是故我說一切衆生不必盡因過
去本業受苦樂也仁者若以斷業因緣力故
得解脫者一切聖人不得解脫何以故一切
衆生過去本業无始終故是故我 說循聖道

切衆生有過去業有現在因衆生雖有過去
壽業要賴現在飲食因緣仁者若說衆生受
苦受樂定由過去本業因緣是事不然何以
故仁者譬如有人為王除怨以是因緣多得
財寶因是財寶受現在樂如是之人現作樂
因現受樂報譬如有人殺王愛子以是因緣
喪失身命如是之人現作苦因現受苦報仁
者一切衆生現在因於四大時節土地人民
受苦受樂是故我說一切衆生不必盡因過
去本業受苦樂也仁者若以斷業因緣力故
得解脫者一切聖人不得解脫何以故一切
衆生過去本業无始終故是故我說循聖道
時是道能遮无始終業仁者若受苦行便得
道者一切畜生悉應得道是故先當調伏其
心不調伏身以是因緣我經中說斫伐此林
莫斫伐樹何以故從林生怖不從樹生欲調
伏身先當調心心喻於林身喻於樹須跋陀
言世尊我已先調伏心佛言善男子汝今云

BD04275號　大般涅槃經（北本）卷四〇　（21–21）

云何如来有法眼不如是世尊如来有法眼須菩提於
意云何如来有佛眼不如是世尊如来有佛眼須菩
提於意云何恒河中所有沙佛說是沙不如是世尊
如来說是沙須菩提於意云何如一恒河中所有沙
有如是等恒河是諸恒河所有沙數佛世界如是寧
為多不甚多世尊佛告須菩提尒所國土中所有衆生
若干種心如来悉知何以故如来說諸心皆為非心是
名為心所以者何須菩提過去心不可得未来心不可
得須菩提於意云何若人滿三千大千世界七寶以用
布施是人以是因緣得福多不如是世尊此人以是因緣
得福甚多須菩提若福德有實如来不說得福德多
以福德无故如来說得福德多
須菩提於意云何佛可以具足色身見不不也世尊如
来不應以具足色身見何以故如来說具足色身即
非具足色身是名具足色身須菩提於意云何如
来可以具足諸相見不不也世尊如来不應以具足諸
相見何以故如来說諸相具足即非具足是名諸相
具足須菩提汝勿謂如来作是念我當有所說莫作

BD04276號　金剛般若波羅蜜經　（5–1）

来不應以具足色身見何以故如来說具足色身即
非具足色身是名具足色身須菩提於意云何如
来可以具足諸相見不不也世尊如来不應以具足諸
相見何以故如来說諸相具足即非具足是名諸相
具足須菩提汝勿謂如来作是念我當有所說莫作
是念何以故若人言如来有所說法即為謗佛不能解
我所說故須菩提說法者无法可說是名說法
須菩提若三千大千世界中所有諸須弥山王如是等七寶
聚有人持用布施若人以此般若波羅蜜經乃至四句偈
等受持讀誦為人他說於前福德百分不及一百千万
億分乃至筭數譬喻所不能及
須菩提於意云何汝勿謂如来作是念我當度衆生須菩
提莫作是念何以故實无有衆生如来度者若有衆生
如来度者如来則有我人衆生壽者須菩提如来說有
者則非有我而凡夫之人以為有我須菩提凡夫者如来
說則非凡夫
須菩提於意云何可以卅二相觀如来不須菩提言如
是如是以卅二相觀如来佛言須菩提若以卅二相觀
如来者轉輪聖王則是如来須菩提白佛言世尊如
我解佛所說義不應以卅二相觀如来尒時世尊而說
偈言
若以色見我　以音聲求我　是人行耶道　不能見如来
……如来不以具足相故得阿耨多羅三

BD04276號　金剛般若波羅蜜經　（5–2）

如来者轉輪聖王則是如来須菩提白佛言世尊如
我解佛所說義不應以卅二相觀如来尒時世尊而說
偈言
若以色見我　以音聲求我　是人行耶道　不能見如来
須菩提汝若作是念如来不以具足相故得阿耨多羅三
藐三菩提莫作是念如来不以具足相故得阿耨多羅三
藐三菩提汝若作是念發阿耨多羅三藐三菩提者說
法斷滅莫作是念何以故發阿耨多羅三藐三菩提者於
法不說斷滅相須菩提若菩薩以滿恒河沙等世界
七寶布施若復有人知一切法无我得成於忍此菩薩
勝前菩薩所得功德須菩提不受福德故須菩提白佛
言世尊云何菩薩不受福德須菩提菩薩所作福德
不應貪著是故說不受福德
須菩提若有人言如来若来若去若坐若卧是人不
解所說義何以故如来者无所從来亦无所去故名
如来
須菩提若善男子善女人以滿三千大千世界碎為微
塵於意云何是微塵衆寧為多不甚多世尊何以故
若是微塵衆實有者佛則不說是微塵衆所以者
何佛說微塵衆則非微塵衆是名微塵衆世尊如
来所說三千大千世界則非世界是名世界何以故若世
界實有者則是一合相如来說一合相則非一合相是

BD04276號　金剛般若波羅蜜經　（5–3）

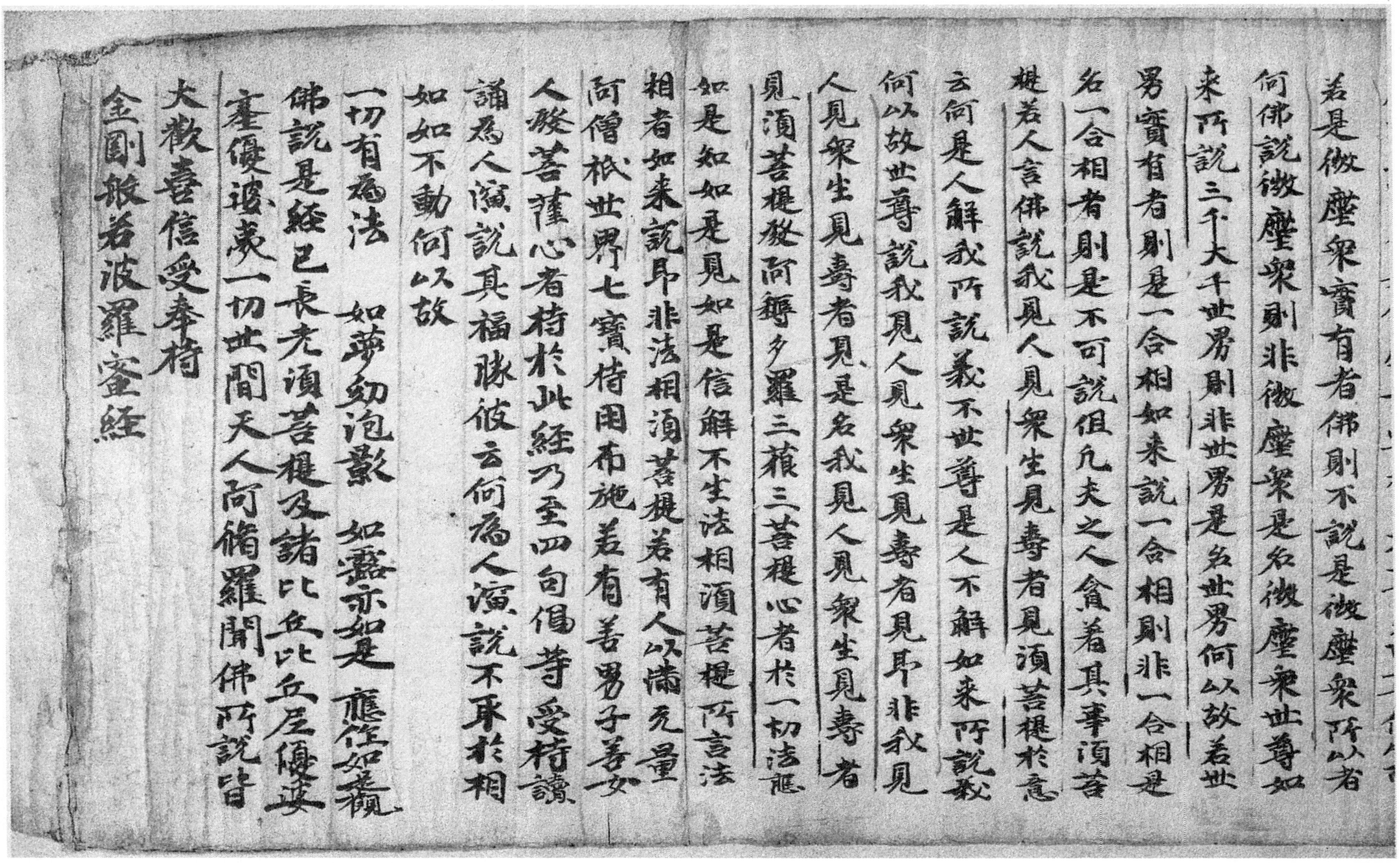

若是微塵衆實有者佛則不說是微塵衆所以者
何佛說微塵衆則非微塵衆是名微塵衆世尊如
來所說三千大千世界則非世界是名世界何以故若世
界實有者則是一合相如來說一合相則非一合相是
名一合相者則是不可說但凡夫之人貪著其事須菩
提若人言佛說我見人見衆生見壽者見須菩提於意
云何是人解我所說義不世尊是人不解如來所說義
何以故世尊說我見人見衆生見壽者見則非我見
人見衆生見壽者見是名我見人見衆生見壽者
見須菩提發阿耨多羅三藐三菩提心者於一切法應
如是知如是見如是信解不生法相須菩提所言法
相者如來說則非法相須菩提若有人以滿无量
阿僧祇世界七寶持用布施若有善男子善女
人發菩薩心者持於此經乃至四句偈等受持讀
誦為人演說其福勝彼云何為人演說不取於相
如如不動何以故
一切有為法　如夢幻泡影　如露亦如電　應作如是觀
佛說是經已長老須菩提及諸比丘比丘尼優婆
塞優婆夷一切世間天人阿脩羅聞佛所說皆
大歡喜信受奉持
金剛般若波羅蜜經

BD04276 號　金剛般若波羅蜜經　（5–4）

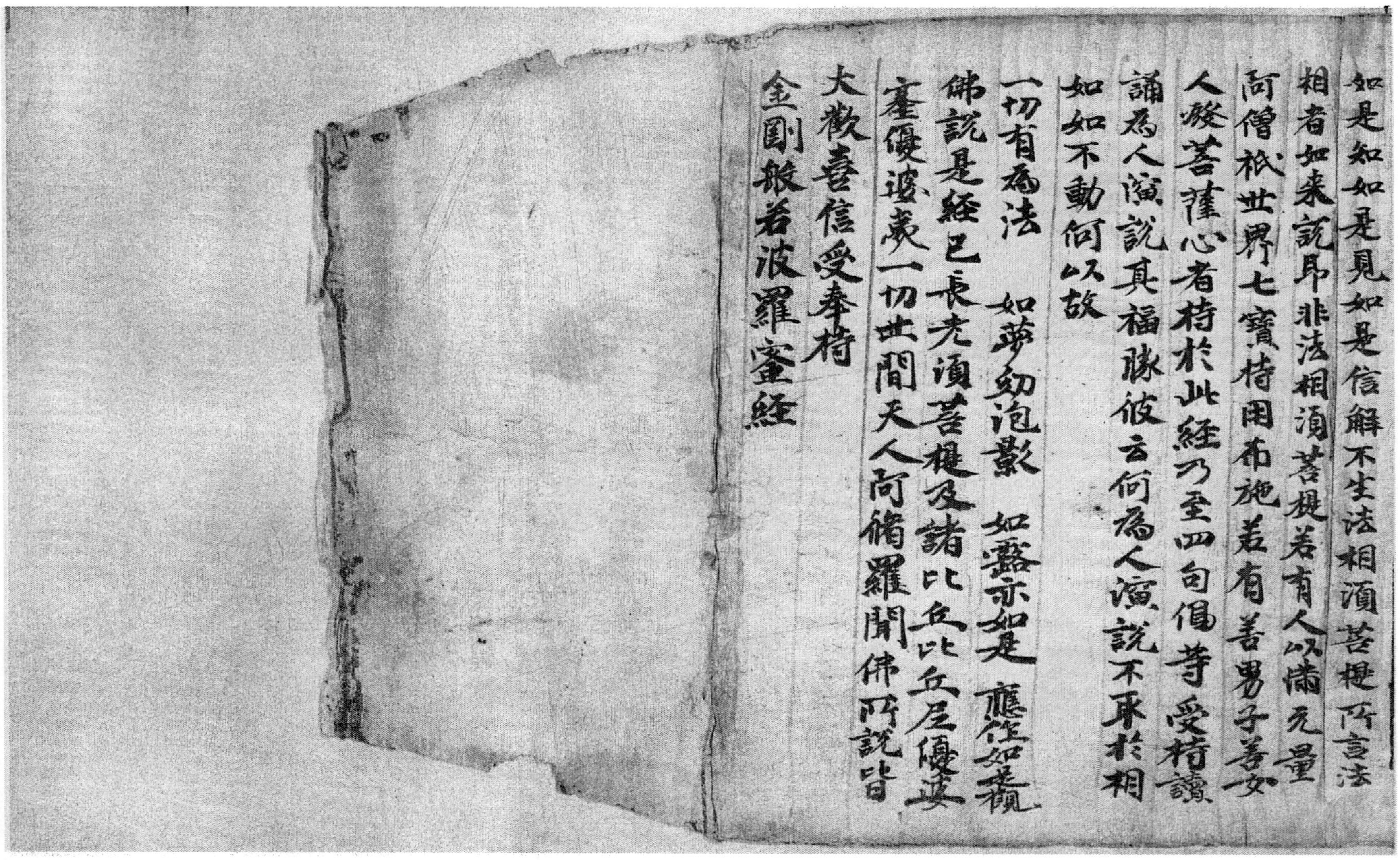

如是知如是見如是信解不生法相須菩提所言法
相者如來說則非法相須菩提若有人以滿无量
阿僧祇世界七寶持用布施若有善男子善女
人發菩薩心者持於此經乃至四句偈等受持讀
誦為人演說其福勝彼云何為人演說不取於相
如如不動何以故
一切有為法　如夢幻泡影　如露亦如電　應作如是觀
佛說是經已長老須菩提及諸比丘比丘尼優婆
塞優婆夷一切世間天人阿脩羅聞佛所說皆
大歡喜信受奉持
金剛般若波羅蜜經

BD04276 號　金剛般若波羅蜜經　（5–5）

百分……億分……
譬喻所不能知阿逸多……人展
聞法華經隨喜功德尚無量
况最初於會中聞而隨喜者其福
無邊阿僧祇不可得比又阿逸多若人為
經故往詣僧坊若坐若立須臾聽受緣是功
德轉身所生得好上妙象馬車乘珎寶輦轝
及乘天宮若復有人於講法處坐更有人來
勸令坐聽若分座令坐是人功德轉身得帝
釋坐處若梵王坐處若轉輪聖王所坐之處
阿逸多若復有人語餘人言有經名法華可
共往聽即受其教乃至須臾閒聞是人功德
轉身得與陁羅尼菩薩共生一處利根智慧
百千萬世終不瘖瘂口氣不臭舌常無病口
亦無病齒不垢黑不黄不踈亦不缺落不差
不曲脣不下垂亦不褰縮不麁澁不瘡胗亦
不缺壞亦不㖞斜不厚不大亦不黧黑無諸
可惡鼻不匾㔸亦不曲戾面色不黑亦不狹
長亦不窊曲無有一切不可喜相脣舌牙齒
悉皆嚴好鼻脩高直面貌圓滿眉高而長額
廣平正人相具足世世所生見佛聞法信受
教誨阿逸多汝且觀是勸於一人令往聽法

BD04277號　妙法蓮華經卷六　（27–1）

廣平正人相具足世世所生見佛聞法信受
教誨阿逸多汝且觀是勸於一人令往聽法
功德如此何況一心聽說讀誦而於大衆為
人分別如說脩行尒時世尊欲重宣此義而
說偈言
若人於法會　得聞是經典　乃至於一偈　隨喜為他說
如是展轉教　至于第五十　最後人獲福　今當分別之
如有大施主　供給無量衆　具滿八十歲　隨意之所欲
見彼衰老相　髮白而面皺　齒踈形枯竭　念其死不久
我今應當教　令得於道果　即為方便說　涅槃真實法
世皆不牢固　如水沫泡焰　汝等咸應當　疾生厭離心
諸人聞是法　皆得阿羅漢　具足六神通　三明八解脫
最後第五十　聞一偈隨喜　是人福勝彼　不可為譬喻
如是展轉聞　其福尚無量　何況於法會　初聞隨喜者
若有勸一人　將引聽法華　言此經深妙　千萬劫難遇
即受教往聽　乃至須臾聞　斯人之福報　今當分別說
世世無口患　齒不踈黄黑　脣不厚褰缺　無有可惡相
舌不乾黑短　鼻高脩且直　額廣而平正　面目悉端嚴
為人所喜見　口氣無臭穢　優鉢華之香　常從其口出
若故詣僧坊　欲聽法華經　須臾聞歡喜　今當說其福
後生天人中　得妙象馬車　珎寶之輦轝　及乘天宮殿
若於講法處　勸人坐聽經　是福因緣得　釋梵轉輪座
何況一心聽　解說其義趣　如說而脩行　其福不可限
妙法蓮華經法師功德品第十九
尒時佛告常精進菩薩摩訶薩若善男子善
女人受持是法華經若讀若誦若解說若書
寫是人當得八百眼功德千二百耳功德八
百鼻功德千二百舌功德八百身功德千二

BD04277號　妙法蓮華經卷六　（27–2）

若於講法處　勸人坐聽經　是福因緣得　釋梵轉輪座
何況一心聽　解說其義趣　如說而修行　其福不可限
妙法蓮華經法師功德品第十九
尒時佛告常精進菩薩摩訶薩若善男子善
女人受持是法華經若讀若誦若解說若書
寫是人當得八百眼功德千二百耳功德八
百鼻功德千二百舌功德八百身功德千二
百意功德以是功德莊嚴六根皆令清淨是
善男子善女人父母所生清淨肉眼見於三
千大千世界內外所有山林河海下至阿鼻
地獄上至有頂亦見其中一切衆生及業因
緣果報生處悉見悉知尒時世尊欲重宣此
義而說偈言
若於大衆中　以無所畏心　說是法華經　汝聽其功德
是人得八百　功德殊勝眼　以是莊嚴故　其目甚清淨
父母所生眼　悉見三千界　內外彌樓山　須彌及鐵圍
并諸餘山林　大海江河水　下至阿鼻獄　上至有頂處
其中諸衆生　一切皆悉見　雖未得天眼　肉眼力如是
復次常精進若善男子善女人受持此經若
讀若誦若解說若書寫得千二百耳功德以
是清淨耳聞三千大千世界下至阿鼻地獄
上至有頂其中內外種種語言音聲象聲馬
聲牛聲車聲啼哭聲愁歎聲螺聲鼓聲鍾聲
鈴聲咲聲語聲男聲女聲童子聲童女聲法
聲非法聲苦聲樂聲凡夫聲聖人聲喜聲不
喜聲天聲龍聲夜叉聲乾闥婆聲阿脩羅聲
迦樓羅聲緊那羅聲摩睺羅伽聲火聲水聲

BD04277號　妙法蓮華經卷六　（27–3）

上至有頂其中內外種種語言音聲象聲馬
聲牛聲車聲啼哭聲愁歎聲螺聲鼓聲鍾聲
鈴聲咲聲語聲男聲女聲童子聲童女聲法
聲非法聲苦聲樂聲凡夫聲聖人聲喜聲不
喜聲天聲龍聲夜叉聲乾闥婆聲阿脩羅聲
迦樓羅聲緊那羅聲摩睺羅伽聲火聲水聲
風聲地獄聲畜生聲餓鬼聲比丘聲比丘尼
聲聲聞聲辟支佛聲菩薩聲佛聲以要言之
三千大千世界中一切內外所有諸聲雖未
得天耳以父母所生清淨常耳皆悉聞知如
是分別種種音聲而不壞耳根尒時世尊欲
重宣此義而說偈言
父母所生耳　清淨無濁穢　以此常耳聞　三千世界聲
象馬車牛聲　鍾鈴螺鼓聲　琴瑟箜篌聲　簫笛之音聲
清淨好歌聲　聽之而不著　無數種人聲　聞悉能解了
又聞諸天聲　微妙之歌音　及聞男女聲　童子童女聲
山川險谷中　迦陵頻伽聲　命命等諸鳥　悉聞其音聲
地獄衆苦痛　種種楚毒聲　餓鬼飢渴逼　求索飲食聲
諸阿脩羅等　居在大海邊　自共言語時　出于大音聲
如是說法者　安住於此間　遙聞是衆聲　而不壞耳根
十方世界中　禽獸鳴相呼　其說法之人　於此悉聞之
其諸梵天上　光音及遍淨　乃至有頂天　言語之音聲
法師住於此　悉皆得聞之　一切比丘衆　及諸比丘尼
若讀誦經典　若為他人說　法師住於此　悉皆得聞之
復有諸菩薩　讀誦於經法　若為他人說　撰集解其義
如是諸音聲　悉皆得聞之　諸佛大聖尊　教化衆生者
於諸大會中　演說微妙法　持此法華者　悉皆得聞之

BD04277號　妙法蓮華經卷六　（27–4）

其諸梵天上　光音及遍淨　乃至有頂天　言語之音聲
法師住於此　悉皆得聞之　一切比丘衆　及諸比丘尼
若讀誦經典　若為他人說　法師住於此　悉皆得聞之
復有諸菩薩　讀誦於經法　若為他人說　撰集解其義
如是諸音聲　悉皆得聞之　諸佛大聖尊　教化衆生者
於諸大會中　演說微妙法　持此法華者　悉皆得聞之
三千大千界　內外諸音聲　下至阿鼻獄　上至有頂天
皆聞其音聲　而不壞耳根　其耳聰利故　悉能分別知
持是法華者　雖未得天耳　但用所生耳　功德已如是
復次常精進　若善男子善女人受持是經　若
讀若誦若解說若書寫　成就八百鼻功德　以
是清淨鼻根　聞於三千大千世界上下內外
種種諸香　須曼那華香　闍提華香　末利華香
瞻蔔華香　波羅羅華香　赤蓮華香　青蓮華香
白蓮華香　華樹香　菓樹香　栴檀香　沈水香　多
摩羅跋香　多伽羅香　及千萬種和香　若抹若
丸若塗香　持是經者　於此間住　悉能分別　又
復別知衆生之香　象香　馬香　牛羊等香　男香
女香　童子香　童女香　及草木叢林香　若近若
遠　所有諸香　悉皆得聞　分別不錯　持是經者
雖住於此　亦聞天上諸天之香　波利質多羅
拘鞞陀羅樹香　及曼陀羅華香　摩訶曼陀羅
華香　曼殊沙華香　摩訶曼殊沙華香　栴檀　沈
水種種抹香　諸雜華香　如是等天香和合所
出之香　無不聞知　又聞諸天身香　釋提桓因
在勝殿上　五欲娛樂嬉戲時香　若在妙法堂
上　為忉利諸天說法時香　若於諸園遊戲時

BD04277號　妙法蓮華經卷六　（27–5）

水種種抹香　諸雜華香　如是等天香和合所
出之香　無不聞知　又聞諸天身香　釋提桓因
在勝殿上　五欲娛樂嬉戲時香　若在妙法堂
上　為忉利諸天說法時香　若於諸園遊戲時
香　及餘天等男女身香　皆悉遙聞　如是展轉
乃至梵世　上至有頂諸天身香　亦皆聞之　并
聞諸天所燒之香　及聲聞香　辟支佛香　菩薩
香　諸佛身香　亦皆遙聞　知其所在　雖聞此香
然於鼻根不壞不錯　若欲分別為他人說　憶
念不謬　尒時世尊欲重宣此義而說偈言
是人鼻清淨　於此世界中　若香若臭物　種種悉聞知
須曼那闍提　多摩羅栴檀　沈水及桂香　種種華菓香
及知衆生香　男子女人香　說法者遠住　聞香知所在
大勢轉輪王　小轉輪及子　羣臣諸宮人　聞香知所在
身所著珎寶　及地中寶藏　轉輪王寶女　聞香知所在
諸人嚴身具　衣服及瓔珞　種種所塗香　聞香知其身
諸天若行坐　遊戲及神變　持是法華者　聞香悉能知
諸樹華菓實　及蘇油香氣　持經者住此　悉知其所在
諸山深嶮處　栴檀樹華敷　衆生在中者　聞香皆能知
鐵圍山大海　地中諸衆生　持經者聞香　悉知其所在
阿脩羅男女　及其諸眷屬　鬪諍遊戲時　聞香皆能知
曠野險隘處　師子象虎狼　野牛水牛等　聞香知所在
若有懷妊者　未辯其男女　無根及非人　聞香悉能知
以聞香力故　知其初懷妊　成就不成就　安樂產福子
以聞香力故　知男女所念　染欲癡恚心　亦知脩善者
地中衆伏藏　金銀諸珎寶　銅器之所盛　聞香悉能知
種種諸瓔珞　無能識其價　聞香知貴賤　出處及所在

BD04277號　妙法蓮華經卷六　（27–6）

曠野險隘處　師子象虎狼　野牛水牛等　聞香知所在
若有懷妊者　未辯其男女　無根及非人　聞香悉能知
以聞香力故　知其初懷妊　成就不成就　安樂產福子
以聞香力故　知男女所念　染欲癡恚心　亦知修善者
地中眾伏藏　金銀諸珍寶　銅器之所盛　聞香悉能知
種種諸瓔珞　無能識其價　聞香知貴賤　出處及所在
天上諸華等　曼陀曼殊沙　波利質多樹　聞香悉能知
天上諸宮殿　上中下差別　眾寶華莊嚴　聞香悉能知
天園林勝殿　諸觀妙法堂　在中而娛樂　聞香悉能知
諸天若聽法　或受五欲時　來往行坐臥　聞香悉能知
天女所著衣　好華香莊嚴　周旋遊戲時　聞香悉能知
如是展轉上　乃至於梵世　入禪出禪者　聞香悉能知
光音遍淨天　乃至于有頂　初生及退沒　聞香悉能知
諸比丘眾等　於法常精進　若坐若經行　及讀誦經法
或在林樹下　專精而坐禪　持經者聞香　悉知其所在
菩薩志堅固　坐禪若讀誦　或為人說法　聞香悉能知
在在方世尊　一切所恭敬　愍眾而說法　聞香悉能知
眾生在佛前　聞經皆歡喜　如法而修行　聞香悉能知
雖未得菩薩　無漏法生鼻　而是持經者　先得此鼻相
復次常精進，若善男子、善女人受持是經，若讀、若誦、若解說、若書寫，得千二百舌功德。若好若醜，若美不美，及諸苦澀物，在其舌根，皆變成上味，如天甘露，無不美者。若以舌根於大眾中有所演說，出深妙聲，能入其心，皆令歡喜快樂。又諸天子、天女，釋、梵諸天，聞是深妙音聲，有所演說言論次第，皆悉來聽。及諸龍、龍女，夜叉、夜叉女，乾闥婆、乾闥婆女，阿脩

BD04277號　妙法蓮華經卷六　（27-7）

好若醜，若美不美，及諸苦澀物，在其舌根，皆變成上味，如天甘露，無不美者。若以舌根於大眾中有所演說，出深妙聲，能入其心，皆令歡喜快樂。又諸天子、天女，釋、梵諸天，聞是深妙音聲，有所演說言論次第，皆悉來聽。及諸龍、龍女，夜叉、夜叉女，乾闥婆、乾闥婆女，阿脩羅、阿脩羅女，迦樓羅、迦樓羅女，緊那羅、緊那羅女，摩睺羅伽、摩睺羅伽女，為聽法故，皆來親近恭敬供養。及比丘、比丘尼，優婆塞、優婆夷，國王、王子、群臣、眷屬，小轉輪王、大轉輪王，七寶千子，內外眷屬，乘其宮殿，俱來聽法。以是菩薩善說法故，婆羅門、居士、國內人民，盡其形壽，隨侍供養。又諸聲聞、辟支佛、菩薩、諸佛，常樂見之。是人所在方面，諸佛皆向其處說法，悉能受持一切佛法，又能出於深妙法音。爾時世尊欲重宣此義，而說偈言：
是人舌根淨　終不受惡味　其有所食噉　悉皆成甘露
以深淨妙聲　於大眾說法　以諸因緣喻　引導眾生心
聞者皆歡喜　設諸上供養　諸天龍夜叉　及阿脩羅等
皆以恭敬心　而共來聽法　是說法之人　若欲以妙音
遍滿三千界　隨意即能至　大小轉輪王　及千子眷屬
合掌恭敬心　常來聽受法　諸天龍夜叉　羅剎毗舍闍
亦以歡喜心　常樂來供養　梵天王魔王　自在大自在
如是諸天眾　常來至其所　諸佛及弟子　聞其說法音
常念而守護　或時為現身
復次常精進，若善男子、善女人受持是經，若讀、若誦、若解說、若書寫，得八百身功德，得清

BD04277號　妙法蓮華經卷六　（27-8）

亦以歡喜心　常樂來供養　梵天王魔王　自在大自在
如是諸天衆　常來至其所　諸佛及弟子　聞其說法音
常念而守護　或時為現身
復次常精進若善男子善女人受持是經若
讀若誦若解說若書寫得八百身功德得清
淨身如淨琉璃衆生憙見其身淨故三千大
千世界衆生生時死時上下好醜生善處惡
處悉於中現及鐵圍山大鐵圍山弥樓山摩訶弥
樓山等諸山及其中衆生悉於中現下至阿
鼻地獄上至有頂所有及衆生悉於中現若
聲聞辟支佛菩薩諸佛說法皆於身中現其
色像尒時世尊欲重宣此義而說偈言
若持法華者　其身甚清淨　如彼淨琉璃　衆生皆憙見
又如淨明鏡　悉見諸色像　菩薩於淨身　皆見世所有
唯獨自明了　餘人所不見　三千世界中　一切諸羣萌
天人阿脩羅　地獄鬼畜生　如是諸色像　皆於身中現
諸天等宮殿　乃至於有頂　鐵圍及弥樓　摩訶弥樓山
諸大海水等　皆於身中現　諸佛及聲聞　佛子菩薩等
若獨若在衆　說法悉皆現　雖未得無漏　法性之妙身
以清淨常體　一切於中現
復次常精進若善男子善女人如來滅後受
持是經若讀若誦若解說若書寫得千二百
意功德以是清淨意根乃至聞一偈一句通
達無量無邊之義解是義已能演說一句一
偈至於一月四月乃至一歲諸所說法隨其
義趣皆與實相不相違背若說俗間經書治
世語言資生業等皆順正法三千大千世界

BD04277 號　妙法蓮華經卷六　（27–9）

持是經若讀若誦若解說若書寫得千二百
意功德以是清淨意根乃至聞一偈一句通
達無量無邊之義解是義已能演說一句一
偈至於一月四月乃至一歲諸所說法隨其
義趣皆與實相不相違背若說俗間經書治
世語言資生業等皆順正法三千大千世界
六趣衆生心之所行心所動作心所戲論皆
悉知之雖未得無漏智慧而其意根清淨如
此是人有所思惟籌量言說皆是佛法無不
真實亦是先佛經中所說尒時世尊欲重宣
此義而說偈言
是人意清淨　明利無穢濁　以此妙意根　知上中下法
乃至聞一偈　通達無量義　次第如法說　月四月至歲
是世界內外　一切諸衆生　若天龍及人　夜叉鬼神等
其在六趣中　所念若干種　持法華之報　一時皆悉知
十方無數佛　百福莊嚴相　為衆生說法　悉聞能受持
思惟無量義　說法亦無量　終始不忘錯　以持法華故
悉知諸法相　隨義識次第　達名字語言　如所知演說
此人有所說　皆是先佛法　以演此法故　於衆無所畏
持法華經者　意根淨若斯　雖未得無漏　先有如是相
是人持此經　安住希有地　為一切衆生　歡喜而愛敬
能以千萬種　善巧之語言　分別而說法　持法華經故
妙法蓮華經常不輕菩薩品第二十
尒時佛告得大勢菩薩摩訶薩汝今當知若
比丘比丘尼優婆塞優婆夷持法華經者若
有惡口罵詈誹謗獲大罪報如前所說其所
得功德如向所說眼耳鼻舌身意清淨得大
勢乃往古昔過無量無邊不可思議阿僧祇

BD04277 號　妙法蓮華經卷六　（27–10）

妙法蓮華經常不輕菩薩品第二十
尒時佛告得大勢菩薩摩訶薩汝今當知若
比丘比丘尼優婆塞優婆夷持法華經者若
有惡口罵詈誹謗獲大罪報如前所說其所
得功德如向所說眼耳鼻舌身意清淨得大
勢乃往古昔過無量無邊不可思議阿僧祇
劫有佛名威音王如來應供正遍知明行足
善逝世間解無上士調御丈夫天人師佛世
尊劫名離衰國名大成其威音王佛於彼世
中為天人阿脩羅說法為求聲聞者說應四
諦法度生老病死究竟涅槃為求辟支佛者
說應十二因緣法為諸菩薩因阿耨多羅三
藐三菩提說應六波羅蜜法究竟佛慧得大
勢是威音王佛壽四十萬億那由他恒河沙
劫正法住世劫數如一閻浮提微塵像法住
世劫數如四天下微塵其佛饒益眾生已然
後滅度正法像法滅盡之後於此國土復有
佛出亦号威音王如來應供正遍知明行足
善逝世間解無上士調御丈夫天人師佛世
尊如是次第有二萬億佛皆同一号最初威
音王如來既已滅度正法滅後於像法中增
上慢比丘有大勢力尒時有一菩薩比丘名
常不輕得大勢以何因緣名常不輕是比丘
凡有所見若比丘比丘尼優婆塞優婆夷皆
悉礼拜讚歎而作是言我深敬汝等不敢輕
慢所以者何汝等皆行菩薩道當得作佛而
是比丘不專讀誦經典但行礼拜乃至遠見
[illegible]

BD04277號　妙法蓮華經卷六　（27–11）

音王如來既已滅度正法滅後於像法中增
上慢比丘有大勢力尒時有一菩薩比丘名
常不輕得大勢以何因緣名常不輕是比丘
凡有所見若比丘比丘尼優婆塞優婆夷皆
悉礼拜讚歎而作是言我深敬汝等不敢輕
慢所以者何汝等皆行菩薩道當得作佛而
是比丘不專讀誦經典但行礼拜乃至遠見
四眾亦復故往礼拜讚歎而作是言我不敢
輕於汝等汝等皆當作佛四眾之中有生瞋
恚心不淨者惡口罵詈言是無智比丘從何
所來自言我不輕汝而與我等授記當得作
佛我等不用如是虛妄授記如此經歷多年
常被罵詈不生瞋恚常作是言汝當作佛說
是語時眾人或以杖木瓦石而打擲之避走
遠住猶高聲唱言我不敢輕汝汝等皆當作
佛以其常作是語故增上慢比丘比丘尼優
婆塞優婆夷号之為常不輕是比丘臨欲終
時於虛空中具聞威音王佛先所說法華經
二十千萬億偈悉能受持即得如上眼根清
淨耳鼻舌身意根清淨得是六根清淨已更
增壽命二百萬億那由他歲廣為人說是法
華經於時增上慢四眾比丘比丘尼優婆塞
優婆夷輕賤是人為作不輕名者見其得大
神通力樂說辯力大善寂力聞其所說皆信
伏隨從是菩薩復化千萬億眾令住阿耨多
羅三藐三菩提命終之後得值二千億佛皆
号日月燈明於其法中說是法華經以是因
緣復值二千億佛同号雲自在燈王於此諸

BD04277號　妙法蓮華經卷六　（27–12）

神通力樂說辯力大善寂力聞其所說皆信
伏隨從是菩薩復化千萬億衆令住阿耨多
羅三藐三菩提命終之後得值二千億佛皆
号日月燈明於其法中說是法華經以是因
緣復值二千億佛同号雲自在燈王於此諸
佛法中受持讀誦為諸四衆說此經典故得
是常眼清淨耳鼻舌身意諸根清淨於四衆
中說法心無所畏得大勢是常不輕菩薩摩
訶薩供養如是若干諸佛恭敬尊重讚嘆種
諸善根於後復值千萬億佛亦於諸佛法中
說是經典功德成就當得作佛得大勢於意
云何尒時常不輕菩薩豈異人乎則我身是
若我於宿世不受持讀誦此經為他人說者
不能疾得阿耨多羅三藐三菩提我於先佛
所受持讀誦此經為人說故疾得阿耨多羅
三藐三菩提得大勢彼時四衆比丘比丘尼
優婆塞優婆夷以瞋恚意輕賤我故二百億
劫常不值佛不聞法不見僧千劫於阿鼻地
獄受大苦惱畢是罪已復遇常不輕菩薩教
化阿耨多羅三藐三菩提得大勢於汝意云
何今時四衆常輕是菩薩者豈異人乎今此
會中跋陀婆羅等五百菩薩師子月等五百
比丘尼思佛等五百優婆塞皆於阿耨多羅
三藐三菩提不退轉者是得大勢當知是法
華經大饒益諸菩薩摩訶薩能令至於阿耨
多羅三藐三菩提是故諸菩薩摩訶薩於如
來滅後常應受持讀誦解說書寫是經尒時

BD04277 號　妙法蓮華經卷六

（27–13）

會中跋陀婆羅等五百菩薩師子月等五百
比丘尼思佛等五百優婆塞皆於阿耨多羅
三藐三菩提不退轉者是得大勢當知是法
華經大饒益諸菩薩摩訶薩能令至於阿耨
多羅三藐三菩提是故諸菩薩摩訶薩於如
來滅後常應受持讀誦解說書寫是經尒時
世尊欲重宣此義而說偈言
過去有佛　号威音王　神智無量　將導一切
天人龍神　所共供養　是佛滅後　法欲盡時
有一菩薩　名常不輕　時諸四衆　計著於法
不輕菩薩　往到其所　而語之言　我不輕汝
汝等行道　皆當作佛　諸人聞已　輕毀罵詈
不輕菩薩　能忍受之　其罪畢已　臨命終時
得聞此經　六根清淨　神通力故　增益壽命
復為諸人　廣說是經　諸著法衆　皆蒙菩薩
教化成就　令住佛道　不輕命終　值無數佛
說是經故　得無量福　漸具功德　疾成佛道
彼時不輕　則我身是　時四部衆　著法之者
聞不輕言　汝當作佛　以是因緣　值無數佛
此會菩薩　五百之衆　并及四部　清信士女
今於我前　聽法者是　我於前世　勸是諸人
聽受斯經　第一之法　開示教人　令住涅槃
世世受持　如是經典　億億萬劫　至不可議
時乃得聞　是法華經　億億萬劫　至不可議
諸佛世尊　時說是經　是故行者　於佛滅後
聞如是經　勿生疑惑　應當一心　廣說此經
世世值佛　疾成佛道

BD04277 號　妙法蓮華經卷六

（27–14）

聽受斯經　第一之法　開示教人　令住涅槃
世世受持　如是經典　億億萬劫　至不可議
時乃得聞　是法華經　億億萬數　至不可議
諸佛世尊　時說是經　是故行者　於佛滅後
聞如是經　勿生疑惑　應當一心　廣說此經
世世值佛　疾成佛道

妙法蓮華經如來神力品第二十一

尒時千世界微塵等菩薩摩訶薩從地踊出
者皆於佛前一心合掌瞻仰尊顏而白佛言
世尊我等於佛滅後世尊分身所在國土滅
度之處當廣說此經所以者何我等亦自欲
得是真淨大法受持讀誦解說書寫而供養
之尒時世尊於文殊師利等無量百千萬億
舊住娑婆世界菩薩摩訶薩及諸比丘比丘
尼優婆塞優婆夷天龍夜叉乾闥婆阿脩羅
迦樓羅緊那羅摩睺羅伽人非人等一切衆
前現大神力出廣長舌上至梵世一切毛孔
放於無量無數色光皆悉遍照十方世界衆
寶樹下師子座上諸佛亦復如是出廣長舌
放無量光釋迦牟尼佛及寶樹下諸佛現神
力時滿百千歲然後還攝舌相一時謦欬俱
共彈指是二音聲遍至十方諸佛世界地皆
六種震動其中衆生天龍夜叉乾闥婆阿脩
羅迦樓羅緊那羅摩睺羅伽人非人等以佛
神力故皆見此娑婆世界無量無邊百千萬
億衆寶樹下師子座上諸佛及見釋迦牟尼
佛共多寶如來在寶塔中坐師子座又見無

共彈指是二音聲遍至十方諸佛世界地皆
六種震動其中衆生天龍夜叉乾闥婆阿脩
羅迦樓羅緊那羅摩睺羅伽人非人等以佛
神力故皆見此娑婆世界無量無邊百千萬
億衆寶樹下師子座上諸佛及見釋迦牟尼
佛共多寶如來在寶塔中坐師子座又見無
量無邊百千萬億菩薩摩訶薩及諸四衆恭
敬圍繞釋迦牟尼佛既見是已皆大歡喜得
未曾有即時諸天於虛空中高聲唱言過此
無量無邊百千萬億阿僧祇世界有國名娑
婆是中有佛名釋迦牟尼今為諸菩薩摩訶
薩說大乘經名妙法蓮華教菩薩法佛所護
念汝等當深心隨喜亦當禮拜供養釋迦牟
尼佛彼諸衆生聞虛空中聲已合掌向娑婆
世界作如是言南無釋迦牟尼佛南無釋迦
牟尼佛以種種華香瓔珞幡蓋及諸嚴身之
具珎寶妙物皆共遙散娑婆世界所散諸物
從十方來譬如雲集變成寶帳遍覆此間諸
佛之上于時十方世界通達無礙如一佛土
尒時佛告上行等菩薩大衆諸佛神力如是
無量無邊不可思議若我以是神力於無量
無邊百千萬億阿僧祇劫為囑累故說此經
功德猶不能盡以要言之如來一切所有之
法如來一切自在神力如來一切秘要之藏
如來一切甚深之事皆於此經宣示顯說是
故汝等於如來滅後應一心受持讀誦解說
書寫如說脩行所在國土若有受持讀誦解
說書寫如說脩行若經卷所住之處若於園

功德猶不能盡以要言之如來一切所有之
法如來一切自在神力如來一切祕要之藏
如來一切甚深之事皆於此經宣示顯說是
故汝等於如來滅後應一心受持讀誦解說
書寫如說修行所在國土若有受持讀誦解
說書寫如說修行若經卷所住之處若於園
中若於林中若於樹下若於僧坊若白衣舍
若在殿堂若山谷曠野是中皆應起塔供養
所以者何當知是處即是道場諸佛於此得
阿耨多羅三藐三菩提諸佛於此轉于法輪
諸佛於此而般涅槃尒時世尊欲重宣此義
而說偈言
諸佛救世者　住於大神通　為悅衆生故　現無量神力
舌相至梵天　身放無數光　為求佛道者　現此希有事
諸佛謦欬聲　及彈指之聲　周聞十方國　地皆六種動
以佛滅度後　能持是經故　諸佛皆歡喜　現無量神力
囑累是經故　讚美受持者　於無量劫中　猶故不能盡
是人之功德　無邊無有窮　如十方虛空　不可得邊際
能持是經者　則為已見我　亦見多寶佛　及諸分身者
又見我今日　教化諸菩薩　能持是經者　令我及分身
滅度多寶佛　一切皆歡喜　十方現在佛　并過去未來
亦見亦供養　亦令得歡喜　諸佛坐道場　所得祕要法
能持是經者　不久亦當得　能持是經者　於諸法之義
名字及言辭　樂說無窮盡　如風於空中　一切無障礙
於如來滅後　知佛所說經　因緣及次第　隨義如實說
如日月光明　能除諸幽冥　斯人行世間　能滅衆生闇
教無量菩薩　畢竟住一乘　是故有智者　聞此功德利

BD04277號　妙法蓮華經卷六　（27–17）

亦見亦供養　亦令得歡喜　諸佛坐道場　所得祕要法
能持是經者　不久亦當得　能持是經者　於諸法之義
名字及言辭　樂說無窮盡　如風於空中　一切無障礙
於如來滅後　知佛所說經　因緣及次第　隨義如實說
如日月光明　能除諸幽冥　斯人行世間　能滅衆生闇
教無量菩薩　畢竟住一乘　是故有智者　聞此功德利
於我滅度後　應受持斯經　是人於佛道　決定無有疑

妙法蓮華經囑累品第二十二

尒時釋迦牟尼佛從法座起現大神力以右
手摩無量菩薩摩訶薩頂而作是言我於無
量百千萬億阿僧祇劫修習是難得阿耨多
羅三藐三菩提法今以付囑汝等汝等應當
一心流布此法廣令增益如是三摩諸菩薩
摩訶薩頂而作是言我於無量百千萬億阿
僧祇劫修習是難得阿耨多羅三藐三菩提
法今以付囑汝等汝等當受持讀誦廣宣此
法令一切衆生普得聞知所以者何如來有
大慈悲無諸慳悋亦無所畏能與衆生佛之
智慧如來智慧自然智慧如來是一切衆生
之大施主汝等亦應隨學如來之法勿生慳
悋於未來世若有善男子善女人信如來智
慧者當為演說此法華經使得聞知為令其
人得佛慧故若有衆生不信受者當於如來
餘深妙法中示教利喜汝等若能如是則為
已報諸佛之恩時諸菩薩摩訶薩聞佛作是
說已皆大歡喜遍滿其身益加恭敬曲躬低
頭合掌向佛俱發聲言如世尊勅當具奉行
唯然世尊願不有慮諸菩薩摩訶薩衆如是

BD04277號　妙法蓮華經卷六　（27–18）

人得佛慧故若有衆生不信受者當於如來
餘深妙法中示教利喜汝等若能如是則爲
已報諸佛之恩時諸菩薩摩訶薩聞佛作是
說已皆大歡喜遍滿其身益加恭敬曲躬低
頭合掌向佛俱發聲言如世尊勅當具奉行
唯然世尊願不有慮諸菩薩摩訶薩衆如是
三反俱發聲言如世尊勅當具奉行唯然世
尊願不有慮尒時釋迦牟尼佛令十方來諸
分身佛各還本土而作是言諸佛各隨所安
多寶佛塔還可如故說是語時十方無量分
身諸佛坐寶樹下師子座上者及多寶佛并
上行等無邊阿僧祇菩薩大衆舍利弗等聲
聞四衆及一切世間天人阿脩羅等聞佛所
說皆大歡喜

妙法蓮華經藥王菩薩本事品第二十三

尒時宿王華菩薩白佛言世尊藥王菩薩云
何遊於娑婆世界世尊是藥王菩薩有若干
百千萬億那由他難行苦行善哉世尊願少
解說諸天龍神夜叉乾闥婆阿脩羅迦樓羅
緊那羅摩睺羅伽人非人等又他國土諸來
菩薩及此聲聞衆聞皆歡喜尒時佛告宿王
華菩薩乃往過去無量恒河沙劫有佛号日
月淨明德如來應供正遍知明行足善逝世
間解無上士調御丈夫天人師佛世尊其佛
有八十億大菩薩摩訶薩七十二恒河沙大
聲聞衆佛壽四萬二千劫菩薩壽命亦等彼
國無有女人地獄餓鬼畜生阿脩羅等及以

月淨明德如來應供正遍知明行足善逝世
間解無上士調御丈夫天人師佛世尊其佛
有八十億大菩薩摩訶薩七十二恒河沙大
聲聞衆佛壽四萬二千劫菩薩壽命亦等彼
國無有女人地獄餓鬼畜生阿脩羅等及以
諸難地平如掌琉璃所成寶樹莊嚴寶帳覆
上垂寶華幡寶瓶香爐周遍國界七寶爲臺
一樹一臺其樹去臺盡一箭道此諸寶樹皆
有菩薩聲聞而坐其下諸寶臺上各有百億
諸天作天伎樂歌嘆於佛以爲供養尒時彼
佛爲一切衆生喜見菩薩及衆菩薩諸聲聞
衆說法華經是一切衆生喜見菩薩樂習苦
行於日月淨明德佛法中精進經行一心求
佛滿萬二千歲已得現一切色身三昧得此
三昧已心大歡喜即作念言我得現一切色
身三昧皆是得聞法華經力我今當供養日
月淨明德佛及法華經即時入是三昧於虛
空中雨曼陁羅華摩訶曼陁羅華細末堅黑
栴檀滿虛空中如雲而下又雨海此岸栴檀
之香此香六銖價直娑婆世界以供養佛作
是供養已從三昧起而自念言我雖以神力
供養於佛不如以身供養即服諸香栴檀薰
陸兜樓婆畢力迦沉水膠香又飲瞻蔔諸華
香油滿千二百歲已香油塗身於日月淨明
德佛前以天寶衣而自纏身灌諸香油以神
通力願而自燃身光明遍照八十億恒河沙
世界其中諸佛同時讚言善哉善哉善男子

供養於佛不如以身供養即服諸香栴檀薰
陸兜樓婆畢力迦沉水膠香又飲瞻蔔諸華
香油滿千二百歲已香油塗身於日月淨明
德佛前以天寶衣而自纏身灌諸香油以神
通力願而自燃身光明遍照八十億恒河沙
世界其中諸佛同時讚言善哉善哉善男子
是真精進是名真法供養如來若以華香瓔
珞燒香抹香塗香天繒幡蓋及海此岸栴檀
之香如是等種種諸物供養所不能及假使
國城妻子布施亦所不及善男子是名第一
之施於諸施中最尊最上以法供養諸如來
故作是語已而各嘿然其身火燃千二百歲
過是已後其身乃盡一切眾生喜見菩薩作
如是法供養已命終之後復生日月淨明德
佛國中於淨德王家結跏趺坐忽然化生即
為其父而說偈言

大王今當知　我經行彼處　即時得一切　現諸身三昧
懃行大精進　捨所愛之身

說是偈已而白父言日月淨明德佛今故現
在我先供養佛已得解一切眾生語言陀羅
尼復聞是法華經八百千萬億那由他甄迦
羅頻婆羅阿閦婆等偈大王我今當還供養
此佛白已即坐七寶之臺上昇虛空高七多
羅樹往到佛所頭面禮足合十指爪以偈讚
佛

容顏甚奇妙　光明照十方　我適曾供養　今復還親覲

爾時一切眾生喜見菩薩說是偈已而白佛
言世尊世尊猶故在世爾時日月淨明德佛

BD04277號　妙法蓮華經卷六　（27–21）

此佛白已即坐七寶之臺上昇虛空高七多
羅樹往到佛所頭面禮足合十指爪以偈讚
佛

容顏甚奇妙　光明照十方　我適曾供養　今復還親覲

爾時一切眾生喜見菩薩說是偈已而白佛
言世尊世尊猶故在世爾時日月淨明德佛
告一切眾生喜見菩薩善男子我涅槃時到
滅盡時至汝可安施牀座我於今夜當般涅
槃又勑一切眾生喜見菩薩善男子我以佛
法囑累於汝及諸菩薩大弟子并阿耨多羅
三藐三菩提法亦以三千大千七寶世界諸
寶樹寶臺及給侍諸天悉付於汝我滅度後
所有舍利亦付囑汝當令流布廣設供養應
起若干千塔如是日月淨明德佛勑一切眾
生喜見菩薩已於夜後分入於涅槃爾時一
切眾生喜見菩薩見佛滅度悲感懊惱戀慕
於佛即以海此岸栴檀為𧂐供養佛身而以
燒之火滅已後收取舍利作八萬四千寶瓶
以起八萬四千塔高三世界表刹莊嚴垂諸
幡蓋懸眾寶鈴爾時一切眾生喜見菩薩復
自念言我雖作是供養心猶未足我今當更
供養舍利便語諸菩薩大弟子及天龍夜叉
等一切大眾汝等當一心念我今供養日月
淨明德佛舍利作是語已即於八萬四千塔
前然百福莊嚴臂七萬二千歲而以供養令
無數求聲聞眾無量阿僧祇人發阿耨多羅
三藐三菩提心皆使得住現一切色身三昧

BD04277號　妙法蓮華經卷六　（27–22）

供養舍利便語諸菩薩大弟子及天龍夜叉
等一切大衆汝等當一心念我今供養日月
淨明德佛舍利作是語已即於八萬四千塔
前燃百福莊嚴臂七萬二千歲而以供養令
無數求聲聞衆無量阿僧祇人發阿耨多羅
三藐三菩提心皆使得住現一切色身三昧
尒時諸菩薩天人阿脩羅等見其無臂憂惱
悲哀而作是言此一切衆生憙見菩薩是我
等師教化我者而今燒臂身不具足于時一
切衆生憙見菩薩於大衆中立此誓言我捨
兩臂必當得佛金色之身若實不虛令我兩
臂還復如故作是誓已自然還復由斯菩薩
福德智慧淳厚所致當尒之時三千大千世
界六種震動天雨寶華一切人天得未曾有
佛告宿王華菩薩於汝意云何一切衆生憙
見菩薩豈異人乎今藥王菩薩是也其所捨
身布施如是無量百千萬億那由他數宿王
華若有發心欲得阿耨多羅三藐三菩提者
能燃手指乃至足一指供養佛塔勝以國城
妻子及三千大千國土山林河池諸珎寶物
而供養者若復有人以七寶滿三千大千世
界供養於佛及大菩薩辟支佛阿羅漢是人
所得功德不如受持此法華經乃至一四句
偈其福最多宿王華譬如一切川流江河諸
水之中海為第一此法華經亦復如是於諸
如來所說經中最為深大又如土山黑山小
鐵圍山大鐵圍山及十寶山衆山之中須弥

BD04277號　妙法蓮華經卷六　（27–23）

所得功德不如受持此法華經乃至一四句
偈其福最多宿王華譬如一切川流江河諸
水之中海為第一此法華經亦復如是於諸
如來所說經中最為深大又如土山黑山小
鐵圍山大鐵圍山及十寶山衆山之中須弥
山為第一此法華經亦復如是於諸經中最
為其上又如衆星之中月天子最為第一此
法華經亦復如是於千萬億種諸經法中最
為照明又如日天子能除諸闇此經亦復如
是能破一切不善之闇又如諸小王中轉輪
聖王最為第一此經亦復如是於衆經中最
為其尊又如帝釋於三十三天中王此經亦
復如是諸經中王又如大梵天王一切衆生
之父此經亦復如是一切賢聖學無學及發
菩薩心者之父又如一切凡夫人中須陁洹
斯陁含阿那含阿羅漢辟支佛為第一此經
亦復如是一切如來所說若菩薩所說若聲
聞所說諸經法中最為第一有能受持是
經典者亦復如是於一切衆生中亦為第一
一切聲聞辟支佛中菩薩為第一此經亦復如
是於一切諸經法中最為第一如佛為諸法
王此經亦復如是諸經中王宿王華此經能
救一切衆生者此經能令一切衆生離諸苦
惱此經能大饒益一切衆生充滿其願如清
涼池能滿一切諸渴乏者如寒者得火如裸
者得衣如商人得主如子得母如渡得船如
病得醫如暗得燈如貧得寶如民得王如賈

BD04277號　妙法蓮華經卷六　（27–24）

王此經[illegible]言[illegible]王宿王華此經能
救一切眾生者此經能令一切眾生離諸苦
惱此經能大饒益一切眾生充滿其願如清
涼池能滿一切諸渴乏者如寒者得火如裸
者得衣如商人得主如子得母如渡得船如
病得醫如暗得燈如貧得寶如民得王如賈
客得海如炬除暗此法華經亦復如是能令
眾生離一切苦一切病痛能解一切生死之
縛若人得聞此法華經若自書若使人書所
得功德以佛智慧籌量多少不得其邊若書
是經卷華香瓔珞燒香抹香塗香旛蓋衣服
種種之燈蘇燈油燈諸香油燈瞻蔔油燈須
曼那油燈波羅羅油燈婆利師迦油燈那婆
摩利油燈供養所得功德亦復無量宿王華
若有人聞是藥王菩薩本事品者亦得無量
無邊功德若有女人聞是藥王菩薩本事品
能受持者盡是女身後不復受若如來滅後
後五百歲中若有女人聞是經典如說修行
於此命終即往安樂世界阿彌陀佛大菩薩
眾圍繞住處生蓮華中寶座之上不復為貪
欲所惱亦復不為瞋恚愚癡所惱亦復不為
憍慢嫉妒諸垢所惱得菩薩神通無生法忍
得是忍已眼根清淨以是清淨眼根見七百
萬二千億那由他恒河沙等諸佛如來是時
諸佛遙共讚言善哉善哉善男子汝能於釋
迦牟尼佛法中受持讀誦思惟是經為他人
說所得福德無量無邊火不能焚水不能漂
汝之功德千佛共說不能令盡汝今已能破

得是忍已眼根清淨以是清淨眼根見七百
萬二千億那由他恒河沙等諸佛如來是時
諸佛遙共讚言善哉善哉善男子汝能於釋
迦牟尼佛法中受持讀誦思惟是經為他人
說所得福德無量無邊火不能焚水不能漂
汝之功德千佛共說不能令盡汝今已能破
諸魔賊壞生死軍諸餘怨敵皆悉摧滅善男
子百千諸佛以神通力共守護汝於一切世
間天人之中無如汝者唯除如來其諸聲聞
辟支佛乃至菩薩智慧禪定無有與汝等者
宿王華此菩薩成就如是功德智慧之力若
有人聞是藥王菩薩本事品能隨喜讚善者
是人現世口中常出青蓮華香身毛孔中常
出牛頭栴檀之香所得功德如上所說是故
宿王華以此藥王菩薩本事品囑累於汝我
滅度後後五百歲中廣宣流布於閻浮提無
令斷絕惡魔魔民諸天龍夜叉鳩槃荼等得
其便也宿王華汝當以神通之力守護是經
所以者何此經則為閻浮提人病之良藥若
人有病得聞是經病即消滅不老不死宿王
華汝若見有受持是經者應以青蓮華盛滿
抹香供散其上散已作是念言此人不久必
當取草坐於道場破諸魔軍當吹法螺擊大
法鼓度脫一切眾生老病死海是故求佛道
者見有受持是經典人應當如是生恭敬心
說是藥王菩薩本事品時八萬四千菩薩得
解一切眾生語言陀羅尼多寶如來於寶塔
中讚宿王華菩薩言善哉善哉宿王華汝成

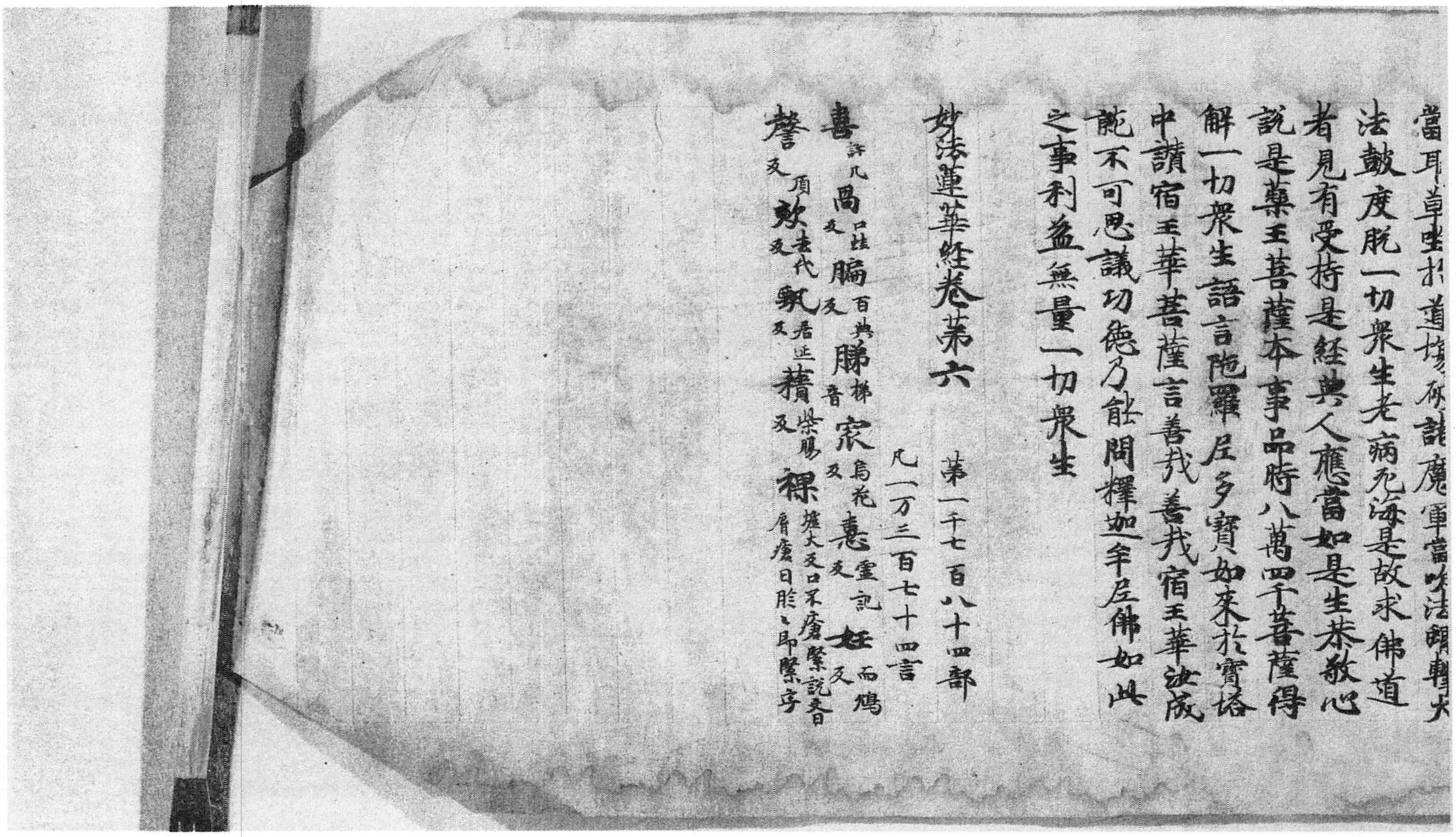

當耳草坐於道場破諸魔軍當吹法螺擊大
法鼓度脫一切衆生老病死海是故求佛道
者見有受持是經典人應當如是生恭敬心
說是藥王菩薩本事品時八萬四千菩薩得
解一切衆生語言陁羅尼多寶如來於寶塔
中讚宿王華菩薩言善哉善哉宿王華汝成
就不可思議功德乃能問釋迦牟尼佛如此
之事利益無量一切衆生

妙法蓮華經卷第六　第一千七百八十四部
凡一万三百七十四言

喜許几反　咼口蛙反　𦢊百典反　䏲梯音　窊烏花反　恚靈記反　妊而鴆反
謦頂反　欬去代反　軟而兗反　積紫賜反　裸胡大反口不虜緊說者皆虜日胅胅即緊字

BD04277 號　妙法蓮華經卷六　（27–27）

被地施穀具飲食豐足隨念於失諸根悅豫
數嘖已制此戒也 若比丘故弄 實心故作 陰 前境有六若於內色外色若水若風
空隨方便出則犯 失精除夢中 佛言亂意睡眠有五過失一者惡夢二者諸天不護
三者心不入法四者不思惟明相五者於夢中失精 善意睡眠有五功德即反上句
僧伽婆尸沙 若方便弄不失偷蘭遮比丘自相教若失犯偷蘭不失吉羅尼波
逸提三眾吉羅 不犯者一切不作精意 二觸人女戒緣 佛在舍衛國時迦留陀夷以佛
制前戒故便在門外伺諸婦女將至房中守捉捫摸樂者便笑不樂者嗔罵呵
責諸比丘舉過呵責往白世尊佛便集僧制戒 若比丘婬欲意 愛染汙心 與女人
覺睡新死少分壞四種也 身 從髮至足 相觸 若捉摩重摩或牽或推或逆摩順
或舉或下或捺 若餘觸 方便若捉手若捉髮若觸一一身分僧伽婆尸沙
若比丘往觸四種女但著犯僧殘若女來觸比丘動身受樂亦同犯若不動身吉羅
若先有染心偷蘭 牙有衣相觸偷蘭 俱有吉羅 若與二形相觸偷蘭 若欲心觸男
子或衣鉢坐具乃至自觸身及以畜生一切突吉羅 尼波羅夷 下三眾吉羅 不犯者
所有取與戲笑相觸等是 三與女麤語戒緣 佛在舍衛國時迦留陀夷以聞佛制道戒故便
將婦女入房中以欲心向彼麤惡語 諸比丘舉過白佛因制此戒 若比丘婬欲意與女人
人女有智命根不斷 麤惡婬欲語 麤惡者非梵行 婬欲語者稱說二道好惡 若求若教他
求若問若答若解若說若教若罵 求者言與我二道作如是如是事 若復作餘語次
第如是解 若隨麤惡婬欲語 僧伽婆尸沙 若一反麤惡語僧殘 隨語多少 說
了了者一一僧殘 不了了偷蘭 若與書印遣使作相令彼女知僧殘不知偷蘭 除大小便
道說餘處好惡偷蘭 與非人女黃門二形麤語知者偷蘭 畜生不能變形 若向男子
麤語切吉羅 尼偷蘭 下三眾吉羅 乃至下戒亦示 不犯者為說不淨觀 若毗尼受經

持婦女入房中以欲心向彼麁惡語諸比丘舉過白佛因制此戒 若比丘婬欲意与女人
女有智命根不斷麁惡婬欲語麁惡者非梵行婬欲語者稱說二道好惡若求若教他
求若問若答若觧若說若教若罵求者言与我二道作如是如是事 若復作餘語次
第如是觧 若隨麁惡婬欲語僧伽婆尸沙 若二及麁惡語僧殘隨語多少說
了了者一僧殘不了了偷蘭若与書印遣使作相令彼女知僧殘不知偷蘭除大小便
道說餘處好惡偷蘭与非人女黃門二形麁語知者偷蘭畜生不能變形若向男子
麁語切吉羅尼偷蘭下三衆吉羅乃至下戒亦示不犯者為說不淨觀若毗尼受經
問答无欲心故也 四嘆身向女人索婬欲供養戒緣佛在舍衛國時迦留陁夷以聞
佛制前三戒故便門外伺諸婦女將入房自讚嘆身汝可持欲供養諸女呵怪比
丘舉過白佛因制此戒 若比丘婬欲意於女人前文如上 自嘆身嘆身端正好顏
色我是剎帝利長者居士婆羅門種言大妹我脩梵行勤脩離穢濁也 持
戒精進不斷不穿漏无染汙也 脩善法樂閑淨處時到乞食著糞掃衣作餘
食法不食一坐食一揣食塚間坐露地坐樹下坐常坐隨坐持三衣唄匿多聞能說法持毗
尼坐禪 可持是婬欲法供養我如是供養第一最 僧伽婆尸沙 若作如上自舉
已供養我來不訖婬者欲偷蘭餘雜境犯如前戒說不犯者若比丘語女人言此處
妙尊最上此比丘精進持戒脩善法汝等應以身口意業慈供養彼女意謂為我故
嘆身若說毗尼時言次及此彼謂嘆身若錯說不犯 五媒人戒緣佛在羅閱城有迦
羅比丘本是大臣善知俗法城中嫁娶盡往諮問時婚娶或得好者便願迦羅憂
於喜樂諸居士讚呵言若欲結婚者可往沙門釋子中問諸比丘舉過白佛因制戒
若比丘往來彼此媒嫁所應和合者是持男意語女持女意語男女人有廿
種母護父護兄護姊護兄姊護自護法護姓護宗親護自樂婢与衣婢与財同作業
婢水所漂婢不偷稅婢放去婢客作婢他護婢邊方得婢是也男子亦有廿種並同上列
若為成婦事若為私通事乃至須臾頃僧伽婆尸沙 若受彼語實吉羅往
說不還報偷蘭若還報僧殘若使書指印現相隨媒嫁多少說而了了二返僧殘若
不了了偷蘭除二道說餘身處處女節媒嫁者偷蘭若非人黃門二根媒者偷蘭若畜
生及人男吉羅 若持他書往不看若為白衣作餘使一切吉羅比丘尼同犯不犯者若
男女先已通後而離別為和合為父母二疾患繫閉看書持往信心精進俗人亦
介佛法比丘使亦介 六无主自為己過量房戒緣佛在羅閱祇聽諸比丘造私房室
有曠野國比丘私造大房乞求煩多惱亂居士又看比丘自斫神樹彼神白佛佛往曠野城迦葉以
事白佛佛以神事呵責又以畜生觀緣喻制戒也 若比丘自求彼處處乞索作屋

生及人男吉羅若持他書往不看若為白衣作餘使一切吉羅比丘尼同犯不犯者若
男女先已通後而離別為和合為父母疾患繫閉看書持往信心精進俗人亦
尒佛法比丘使亦尒　六无主自為已過量房戒緣佛在羅閱祇聽諸比丘造私房室
有曠野國比丘私造大房乞求煩多惱亂居士又有比丘自斫神樹彼神白佛佛往曠野城迦葉以
事白佛佛以神事呵責又以畜生觀緣喻制戒也　若比丘自求彼處處乞索作屋
屋者房也　无主彼无有人若一若兩若衆多　自為已自求索不為他也　當應量作是
中量者長十二佛磔手內廣七磔手　當將諸比丘指授處所彼比丘看无
難无防處已到僧中脫革屣偏露右臂右膝著地合掌白言大德僧聽我某甲比丘自
求作屋无主自為已我從衆僧乞知无難處无防處如是再三稱　彼比丘當指示處所
尒時衆僧當觀此比丘若可信者即當聽使作若不可信一切衆僧往看若僧不去遣
僧中可信者看若彼處防難不應與處分若无者應與分衆中應著堪能作羯磨者若上
座若次座若誦律若不誦律　應作白大德僧聽某甲比丘自乞作屋无主自為已今從衆僧乞處
分无難无防處若僧時到僧忍聽當與某甲比丘處分无難无防處白如是大德僧聽
此某甲比丘自求作屋无主自為已今從僧乞處分无難无防處僧今與某甲比丘處分无難无防處
誰諸長老忍僧與某甲比丘處分无難无防處者默然若不忍者說僧已忍與某甲比丘
處分无難无防處竟僧忍默然故是事如是持作房應　初安石若土墼逕園乃至最後
泥治訖者是　无難處有虎狼師子諸惡獸下至蟻子若比丘不為此諸惡獸所惱應修
治平地若有石樹株杌荆棘當使人掘出若塢埳溝渠陂池處當使填滿若畏水淹
清當豫設堤防若地為人所認當共斷當无使他有語是為難處　无妨處若通草木
車迴轉往來　若比丘有難處妨處自求作屋无主自為已不將諸比丘指示處所
若過量作者僧伽婆尸沙若妨難一處作者二突吉羅不處分過量二僧殘　有无者有
者犯使他作成亦尒為他作成者二偷蘭二吉羅若以繩拼地作受教者過量作者犯或不
還報又問如法者並犯比丘尼偷蘭不犯者如量作減量作僧處分无難處无妨處如法
拼作若為僧為佛當講堂草菴葉菴小容身屋若作多人住屋如法者　七有主為
已不處分造房戒緣佛在拘睒彌國時填王為尊者闡陀造屋便斫路中神樹多
人止息者俗人呵已諸比丘舉過白佛佛呵已若斫神樹吉羅便制此戒　若比丘欲作大房
大者多用財物作房者屋也　有主若一若二若衆多人為已作自為已身作　當將餘比丘往
指授處所彼比丘知已應往僧中礼上座足領僧應觀察彼人辦等已從僧三乞文同於上唯有主為異　彼比丘應指授處
所衆僧應觀察彼人有信有智慧即信彼與羯磨若不信者如上進止與羯磨文在前　无難處
師子羆熊等若不為彼所嬈者應如上平治乃至畏識認應先斷了　无防處中間容車車

已不處分造房戒緣佛在拘睒弥國時填王為尊者闡陀造屋便斫路中神樹多
人止息者俗人呵已諸比丘舉過白佛佛呵已若斫神樹吉羅便制此戒若比丘欲作大房
大者多用財物作房者屋也有主若一若二若衆多人為己作自為己身作當將餘比丘往
指授處所彼比丘如上知已應往僧中乞處是僧應觀察彼人稱善已後僧三乞文同於上若有主為異彼比丘應指授處
所衆僧應觀察彼人有信有智慧即信彼與羯磨若不信者如上往止與羯磨文在前 无難處
師子羆熊等若不為彼所嬈者應如上平治乃至畏識認應先斷了 无防處中間容草車
迴轉者 若比丘有難處有妨處作大房有主為己作不將餘比丘往指授處所僧伽
婆尸沙辯聞通如前戒唯无量為異 八无根波羅夷謗戒緣佛在羅閱祇尊者沓婆得
羅漢已為僧知事佛讚第一時慈地比丘衆中得惡房明日差請又得惡食便令妹尼慈地對
仏重謗問取自己諸比丘呵已舉過白佛因制此戒 若比丘瞋恚所覆故有十惡法因緣故瞋十事
中此一生瞋 非波羅夷比丘以无根波羅夷法謗根者有三根見根聞根疑根見根者實見
犯梵行見偷五錢見斷人命若他見從彼聞是為見根聞根者聞犯梵行聞偷五錢聞斷人命聞
自言得上人法若彼說從聞是為聞根疑根者有二種生疑從見生者若見與婦女人入林出林无衣
裸形男根不淨汙身手捉刀血汙與惡知識為伴從聞生疑若在闇地若聞床聲若聞草蓐
轉側聲若聞身動聲若聞共語聲若交會語聲若聞犯梵行聲若聞言我偷五錢聲若
聞言我殺人若聞我得上人法除此三根已更以餘法謗者是謂无根也 欲壞彼清淨行謂言
衆僧滅殯此人我得安樂住 若於異時若問若不問佛勅諸比丘問能者謗言此事實
不若以无根法謗他犯大重罪 知此事无根說彼比丘言沓婆清淨人无如是事 我瞋恚
故作是語猶前得惡房食惡瞋恨故便謗彼耳 若比丘作是語者僧伽婆尸沙若以无根四
事謗說而了了僧殘不了了偷蘭若書使作知相了了不了了亦示若以十三難事謗者亦示除此非比
丘法更以餘无根法謗隨前所犯若謗比丘尼亦同僧犯下衆者突吉羅尼犯僧殘不犯者三根說實
戲笑說若疾疾說獨說淨處說錯說等也 九假根波羅夷謗戒緣佛在羅閱祇時慈地
比丘從耆闍崛山下見羖羊共母羊行婬便言即此羖羊即是沓婆比丘母羊即是慈地比丘尼便
語諸比丘我今親見諸比丘詰問已便舉過白佛制戒 若比丘以瞋恚故如上說 於異分事中取片
異分者若異罪若異趣異人若本在家時若假響非波羅夷比丘以无根婆羅夷法謗欲
壞彼清淨行彼於異時若問若不問知是以分事中取片是比丘自言我瞋恚
故作是語僧伽婆尸沙辯相開通並同前戒 十破僧違諫戒緣佛在弥尼樓國度八
釋子已還詣占波國並得增上地唯提婆達得神足謗佛毘羅閱祇時提婆教王害父事既
發覺惡名流布利養斷絕便又別衆食為佛呵責因即破僧舉過設諫制戒 若比
丘欲壞和合僧一羯磨同說戒也僧四比丘若五若十乃至无數 方便受壞和合僧法堅持

異分者若異罪若異趣異人者本在家時若假譽非波羅夷比丘以无根婆羅夷法謗欲
壞彼清淨行彼於異時若問若不問知是以多事中取片是比丘自言我瞋恚
故作是語僧伽婆尸沙辯相開通並同前戒 十破僧違諫戒緣佛在旃尼樓國度八
釋子已遣詣占波國並得增上地唯提婆達得神足證佛從羅閱祇時提婆教王害父事既
彂覺惡名流布利養斷絕便又別衆食爲佛呵責因即破僧舉過設諫制此戒 若比
丘欲壞和合一羯磨同說戒也 僧四比丘若五若十乃至无數 方便受壞和合僧法堅持
不捨破者破有十八事法非法律非律犯不犯若輕若重有殘无殘麁惡非麁惡常所行非常所
行制非制說非說住破僧法者即住此十八事也 彼比丘應諫是比丘言大德莫壞和
合僧莫方便壞和合僧莫受壞僧法堅持不捨大德應與僧和合歡喜不
諍同一師學如水乳合於佛法中有增益安樂住應語可捨此事莫令僧作訶諫
而犯重罪若用語者善若不用語復令餘比丘比丘尼優婆塞優婆夷若王若大臣種種異道沙門
婆羅門求若餘方比丘聞知其人信用言者應來 是比丘如是諫時堅持不捨彼比丘
應三諫捨此事故乃至三諫捨者善彼比丘作白已應更求乃至一羯磨二羯磨竟
不捨者僧伽婆尸沙白二竟捨三偷蘭乃至白竟捨者一偷蘭白未竟捨者吉羅一切未白前要
破僧法堅持不捨並吉羅比丘尼僧殘不犯者初諫便捨若五非羯磨作訶諫非法律非非佛所教
若破惡友知識若欲破僧者若作非法者若爲僧塔和上知識作損減破者不犯 十一助破僧
違諫戒緣佛在羅閱祇時提婆達故執此五法盡形受乞食著糞掃衣露坐不食蘇鹽魚
及肉教諸比丘衆僧諫時伴黨比丘助破諫僧比丘舉過白佛設戒也 若比丘伴黨若四人若過四
人有二種順從者以法教授增戒增心增慧諷誦承受衣食順從者給與衣被飲食牀臥具病瘦醫
藥 若一若二若三乃至无數助伴黨語比丘若二三若多 彼比丘語是比丘言大德莫諫
此比丘此比丘是法語比丘律語比丘此所說我等喜樂此比丘所說我等忍可彼比
丘應諫是比丘言大德莫作是說言此比丘是法語比丘律語比丘所說我等
喜樂此比丘所說我等忍可此比丘非法語比丘非律語比丘大德莫欲壞和合
僧汝等當樂欲和合僧大德與僧和合歡喜不諍同一師學如水乳合於佛
法中有增益安樂住是比丘如是諫時堅持不捨彼比丘應三諫捨是事故乃
至三諫捨者善不捨者僧伽婆尸沙辯相如上 十二汙家擯謗違諫戒緣佛在舍衛
國時阿濕婆及富那婆娑在羇連聚落行惡行汙他家比丘舉過白佛便令舍利弗目連往
彼擯舉當作法時謗僧受不以過白佛還呵諫犯制戒 若比丘依聚落材有四種如上
若城邑住屬王也 汙他家家者有男女汙他家者有四事一依家汙家從一家得物與一家

BD04278號　四分律比丘含注戒本　（17–5）

僧汝等當樂欲和合僧大德與僧和合歡喜不諍同一師學如水乳合於佛
法中有增益安樂住是比丘如是諫時堅持不捨彼比丘應三諫捨是事故乃
至三諫捨者善不捨者僧伽婆尸沙釋相如上十二汙家擯謗違諫戒緣佛在捨衛
國時阿濕婆及富那婆娑在羇連聚落行惡行汙他家比丘舉白遇便令舍利佛目連往
彼擯舉當作法時謗僧受不以過白佛遇呵諫犯制戒若比丘依聚落材有四種如上
若城邑住處也汙他家家者有男女汙他家者有四事一依家汙家從一家得物與一家
所得物處聞之不喜所與物處思當報恩即作是言若有與我當報之若不與我者我何
故與二者依利養汙家若比丘如法得利乃至鉢中之餘或與一居士不與一居士彼得者即生此念
當報其恩若不與我我何故與三者依親利交汙家若比丘依若王大臣或為一居士事或不為一居士所為
者即思報恩其為我者我當供養不為我者我不供養四者依僧伽藍汙家若比丘取僧華菓與
一居士不與一居士彼得者思當供養不與我者我不供養行惡行彼比丘作如是非法行自種華
樹自溉灌自摘華自作華鬘自以線貫若繫自持華自持花鬘與人若復教人作如上事若彼村落
中有婦女若同女童共同一牀坐起同一器飲食言語戲咲或自歌舞倡伎或他作已倡和或能說或彈
鼓簧吹唄作衆鳥鳴或走或揚跛行或嘯或自作杵身或受雇戲咲是名行惡行汙他家
亦見亦聞行惡行亦見亦聞時有衆多比丘於彼遊行止宿晨朝着依持鉢入村乞食法
服庠序行步庠序低目直前不左右顧視以次乞食諸居士見已自相謂言此是何人低目而
行不左右顧視亦不言咲亦不周接善言問訊我等不應與其飲食我等阿濕婆二人與人周
接及上所言應與飲食供養彼於羇連乞食困乃得之往至佛所問言住止安樂不衆僧和合不
以飲食為苦耶彼具白佛便遇呵設擯言諸比丘當語是比丘言大德汙他家行惡行汙
他家亦見亦聞行惡行亦見亦聞大德汝惡他家行惡行今可遠此聚落去不須
住此時舍利弗為諸士說法令得信樂食訖集僧為彼比丘作舉舉已作憶念作憶念已與
罪如上作羯磨已驅出聚落當作法時二比丘謗僧言更有餘同犯罪比丘不驅而獨驅我便作是言
是比丘語彼比丘作如是語大德諸比丘有愛有恚有怖有癡有如是同罪比丘
有驅者有不驅者時舍利弗還白世尊具陳謗事佛便遇呵令設諫言諸比丘報
言大德莫作是語有愛有恚有怖有癡有如是同罪比丘有驅者有不驅者
而諸比丘不愛不恚不怖不癡大德汙他家行惡行汙他家亦見亦聞行惡行亦見
亦聞是比丘如是諫時堅持不捨彼比丘應三諫捨此事故乃至三諫捨者善不
捨者僧伽婆尸沙若未白前言僧有愛有恚怖癡吉羅若不看書持往及為白衣信使初突
吉羅后同僧犯不犯者初語時捨非法呵諫若與父母與病人與小兒與任身人與牢獄繫人與寺
中客作者是若種華樹自取華乃至教人貫華持供養佛法僧者一切不犯若人欲打破賊虎
[illegible]

言大德莫作是語有愛有恚有怖有癡有如是同罪比丘有驅者有不驅者
而諸比丘不愛不恚不怖不癡大德汙他家行惡行汙他家亦見亦聞行惡行亦見
亦聞是比丘如是諫時堅持不捨彼比丘應三諫捨此事故乃至三諫捨者善不
捨者僧伽婆尸沙 若未白前言僧有愛有恚怖癡吉羅若不看書持往及為白衣信使一切突
吉羅 尼同僧犯不犯者初語時捨非法呵諫若與父母與病人與小兒與任身人與牢獄繫人與寺
中客作者是若種華樹自取華乃至教人貫華持供養佛法僧者一切不犯若人欲打破賊虎
狼恐怖之難處若擔刺來於中走避者不犯若度河溝渠坑跳躑者不犯若同伴在後還顧不見
而嘯喚不犯若為父母病人若閉牢獄若為信優婆塞有病獄繫看書持往若為塔僧病比丘持
書往反 十三惡性拒僧違諫戒緣 佛在拘睒彌國時世尊者闡陀惡性不受人語諸比丘設諫違拒
反言我應教諸大德何以故我聖主得正覺故并說水風二譬從呵責舉過白仏便設諫制戒
若比丘惡性不受人語 不忍不受人教誨也 於戒法中 戒律如法教受者有七犯聚波羅夷僧
伽婆尸沙波逸提波羅提提舍尼偷蘭遮突吉羅惡說 諸比丘如法諫已 如法如律如佛所教
自身作不受諫語 言諸大德莫向我說若好若惡我亦不向諸大德說若好
若惡 諸大德且止莫諫我彼比丘諫是比丘言大德莫自身不受諫語大德自
身當受諫語大德如法諫諸比丘諸比丘亦當如法諫大德如是佛弟子眾
得增益展轉相諫展轉相教展轉懺悔是比丘如是諫時堅持不捨彼比丘
應三諫捨是事故乃至三諫捨者善不捨者僧伽婆尸沙 若未白前惡性不受人語
一切吉羅 尼同犯不犯者若初諫便捨非法呵諫非法非律非佛所說者若無智人呵諫時語彼言汝和
尚阿闍梨所行亦尔汝可更學問誦經 若其事如是若錯說者 諸大德我已說十三
僧伽婆尸沙法九初犯四乃至三諫若比丘犯一一法知而覆藏應強與波利
婆沙行波利婆沙竟增上與六夜摩那埵行摩那埵已餘有出罪法應廿
僧中出是比丘罪若少一人不滿廿眾出是比丘罪是比丘罪不得除諸比丘亦
可呵此是時今問諸大德是中清淨不 三說 諸大德是中清淨默然故是
事如是持 諸大德是二不定法半月半月說戒經中來 屏處不定緣
佛在舍衛國時迦留陀夷先白衣時有親友婦名齋優婆夷俱並端正各有繫意迦留
陀夷時到詣彼家與共獨屏覆坐說非法語時毗舍佉母聞見疾往白佛因呵制戒
若比丘共女人 人女有未命終 獨 一比丘一女人 在屏處 有二種一者見屏若塵若霧若黑
闇中不相見也二聞屏者乃至常語不聞聲處 覆處 上有物作蓋也 鄣處 若樹若牆
壁若籬若衣若餘物鄣也 可作婬處 得容行婬處也 坐說非法語 說婬欲法者 有住
信優婆私 信佛法僧歸依佛法僧不殺不盜不邪婬不妄語不飲酒善憶持事不錯所說

隨意時到詣彼家与共獨屏覆坐說非法語時毗舍佉母聞見疾往白佛因呵制戒
若比丘共女人人女有未命終獨一比丘一女人在屏處有二種一者見屏若塵若霧若黑
闇中不相見也二聞屏者乃至常語不聞聲處覆處上有物作蓋也鄣處若樹若墻
壁若籬若衣若餘物鄣也可作婬處得容行婬處坐說非法語說婬欲法者有住
信優婆私信佛法僧歸依佛法僧不殺不盜不邪婬不妄語不飲酒善憶持事不錯所說
真實而不虛妄於三法中一一法說若波羅夷若僧伽婆尸沙若波逸提是坐
比丘自言我犯是罪於三法中應一一治若波羅夷若僧伽婆尸沙若波逸
提如住信優婆私所說應如法持是比丘是名不定法是中自言所趣向所到處
若坐若臥若作若不自言並如優婆私所說治　露處不定之緣佛在舍衛國時迦留陁夷
最初犯此戒緣起如前戒但以露處二罪為異也　若比丘共女人在露現處謂无墻壁及餘
物鄣　不可作婬處不容可婬處　坐作麁惡語說婬欲不淨法讚嘆二道好惡也
有住信優婆私於二法中以一一法說若僧伽婆尸沙若波逸提是坐比丘自
言我犯是事於二法中應一一治若僧伽婆尸沙若波逸提如住信優婆
私所說應如治是比丘是名不定法是中若自言所趣向處所到處若坐若臥或不自應
如優婆私所說治是中无定法故言不定　諸大德我已說二不定法今問諸大德是
中清淨不如是三說　諸大德是中清淨默然故是事如是持　諸大德是
三十尼薩耆波逸提法半月半月說戒經中來　一畜長衣過日戒佛在舍衛
國分聽比丘持三衣不得長時六群比丘畜長衣或早起衣或中時衣或晡時衣彼常經營莊嚴
如是衣服藏舉比丘舉過白佛便呵已制戒因開重制　若比丘衣已竟三衣也　迦絺那
衣已出謂出功德衣外畜長衣經十日衣者有十種長衣者長如來八指若廣四指是不淨施
得畜若過十日初制不得畜長衣因阿難得一貴價糞掃衣欲以奉大迦葉恐犯戒白佛以迦
葉十日當還故佛言聽畜長衣齊十日　尼薩耆波逸提若不得衣若淨施若遣与人若失衣
若故壞若作非衣若作親厚意若忘去八門作句及上並尼薩耆波逸提若捨墮衣不捨更貿餘衣
一尼薩耆波逸提一突吉羅此捨墮衣應捨与僧若衆多人若一人不得別衆捨不成捨突吉羅比丘尼同
犯下三衆乃至下戒並犯吉羅不犯者十日若轉淨施若遣与人若賊奪想不淨施不犯若棄衣失衣
取著他若他与著若他与作被不犯若付衣者遠行者水陸道斷如是不淨施不遣与人不犯
二離衣宿戒佛在舍衛國時六群比丘持衣付囑親友比丘往人間遊行彼受付比丘數數出衣曬之諸
比丘問言佛聽比丘畜三衣不得長此是誰衣具被呵白佛重責制此戒也　若比丘衣已竟迦絺那
衣已出並如上戒　三衣中僧伽梨欝多羅僧安多會衣者有十種如上說　離二衣異處宿不失衣
者僧伽藍裏有一界失衣者僧伽藍裏有千界如是樹場車船村舍堂庫倉界亦尓此僧伽藍有四

取著他若他与著若他与作被不犯若付衣者遠行者水陸道斷如是不淨施不遣与人不犯
二離衣宿戒 佛在舍衛國時六群比丘持衣付嘱親友比丘往人間遊行彼受付比丘數數出衣曬之諸
比丘問言佛聽比丘畜三衣不得長此是誰衣具被呵白佛重責制此戒也 若比丘衣已竟迦絺那
衣已出 並如上戒 三衣中僧伽梨欝多羅僧安多會衣者有十種如上說 離二衣異處宿 不失衣
者僧伽藍裏有一界失衣者僧伽藍裏有千界如是樹場車船村舍堂庫倉界亦尔此僧伽藍有四
種如上樹者与人等足蔭覆跏趺坐場者於中治五穀處車者若車迴轉處船界亦尔村者有四種堂者多
敞露庫者積藏諸車乘輦輿臥寶之物倉者儲積米穀阿蘭若者无界八樹中間之別七弓七
長四肘量也僧伽藍界命難梵行難 若不捨衣乃至不至擲石所及處不犯 三月望衣過限戒 佛在舍衛
國有比丘僧伽梨故爛壞欲十日間更不能辦佛言聽畜長爲乃至滿足故時六群比丘取同者不足衣
浣染點淨已寄人遊行諸比丘舉過白佛佛便呵責制戒 若比丘衣已竟迦絺那衣已出若
比丘得非時衣 時者无迦絺那衣自恣後一月若有迦絺那衣自恣後五月非者若過此限者 欲須便
受受已疾疾成衣 若足者善 若十日中同衣足者裁割縫絣若縫作衣若淨施若与人若不
裁割 如上者至十日隨衣多少並犯舍墮 若不足者得畜一月爲滿足故 非彼僧伽藍界亦
非彼樹界乃至庫藏倉界亦如是 餘者作句亦如是 僧伽藍界者 者僧伽藍邊竿人若用
石若博擲所及處是名界乃至庫界亦尔 若比丘置衣在僧伽藍中乃至在樹下宿明相未出若
捨衣若手捉衣若至擲石所及處若不捨衣若不至擲石所及處明相出隨所離衣宿尼薩耆波逸
提 除僧羯磨 時有比丘得乾痟病糞掃僧伽梨衣極重有因緣事人間遊行不堪持行萬白佛
令三乞已僧白二結揺 尼薩耆波逸提 除三衣離餘衣者突吉羅比丘尼同犯不犯者僧与作羯磨
明相未出若手捉衣若至擲石所及處若奪衣相若失相若水陸道斷怨難若惡獸若强力者所執
或若同衣不足至十日同衣足即十一日應如上作違者至十二日隨衣並犯乃至廿九日亦尔卅日若足不足同衣不
同即月並如上法 若過者尼薩耆波逸提 比丘同犯不犯者十日內同衣足作乃至卅日即月作衣餘有開
緣並同長衣戒 四取非親尼衣戒 佛在羅閱城時蓮華色比丘尼自持食往耆闍崛山与諸上座
時有比丘著故弊衣補納僧伽梨彼尼見已即脫身所著貴價者共換之後著弊衣往佛所爲佛怪
問訶彼比丘同制戒 若比丘從非親里比丘尼 非親里者 父母親里乃至七世非親里何以故若非親
里亦不籌量可取不可取親里者父母親里乃至七世有親也若是親里籌量知有无可取不可取若好若惡
若新若故 取衣 有十種如上 彼比丘尼著故弊衣具白世尊佛言汝不應如是聽畜五衣完堅者餘
衣隨意淨施若与人何以故婦人著上衣服猶上不好何況弊衣 除貿易 時二部僧得施衣共分二部錯得佛
言聽貿衣貿易者以衣貿衣若非衣以非衣貿衣或若以鍼若筒若刀若線若小段物乃至一丸藥貿衣者是
尼薩耆波逸提 比丘尼突吉羅不犯者從親里比丘尼邊取衣若貿易爲僧爲佛圖取者犯 五使非親
里尼浣故衣戒 佛在舍衛國時尊者迦留陀夷偷蘭難陀比丘尼[illegible]

BD04278號　四分律比丘含注戒本　　（17–9）

問訶彼比丘同制戒 若比丘從非親里比丘尼 非親里者父母親里乃至七世非親里何以故若非親
里亦不籌量可取不可取親里者父母親里乃至七世有親也若是親里籌量知有无可取不可取若好若惡
若新若故取衣 有十種如上彼比丘尼著故弊衣具白世尊佛言汝不應如是聽畜五衣完堅者餘
衣隨意淨施若与人何以故婦人著上衣服猶上不好何況弊衣 除 貿易時二部僧得施衣共分二部錯得律
言聽貿衣貿易者以衣貿衣若非衣貿衣或若以鍼若筒若刀若綫若小段物乃至一丸藥貿衣者是
尼薩耆波逸提 比丘尼突吉羅不犯者從親里比丘尼邊取衣若貿易為僧為佛圖取者犯 五使非親
里尼浣故衣戒 佛在舍衛國時尊者迦留陀夷偷蘭難陀比丘尼各顛根諸政俱有繫意後便与
露形而坐尋失不淨汙安多會令尼浣之諸比丘以過白佛因呵而制戒 若比丘令非親里 如上說 比丘
尼若非親式叉尼沙彌尼浣染打故衣突吉羅 浣故衣若染若打 故衣者下至一經身著衣者十種如上
若以新衣浣染打者吉羅 尼薩耆波逸提 若語使浣染打彼若為者三尼薩耆波逸提不為者
隨有吉羅尼犯吉羅不犯若病時使浣打若為僧佛圖若借他衣浣不犯 六親俗人乞衣戒
佛在舍衛國時有長者入祇桓中在跋難陀前坐聽法便從索所著衣俛仰与已著一衣入城為守門者
怪問云祇桓中被賊俗人譏嫌比丘呵責以過白佛便制戒 若比丘從非親里居士居士婦
乞衣 解文如上 除餘時尼薩耆波逸提 比丘尼同犯也 餘時者若比丘奪衣時 謂比丘被
賊剝衣裸形而行至祇桓佛言不爾應得突吉羅若不爾者當以軟草樹葉覆形應往寺邊若取長
衣若知有邊取若无者僧中問取可分衣若无者問取僧衣卧具若不与者自開庫看若薄
數氍被褥解取裁作衣覆形出外乞衣若得衣已應還浣染縫治安著本處如法治 失衣燒
衣漂衣緣同上 是謂餘時 不犯者若奪失因緣從非親里乞若從親里乞者若從同出家
人乞或謂他人乞他為己乞或不求而得不犯 七過分取衣戒 佛在舍衛國有衆多比丘遇賊失衣
來到祇桓精舍有優婆塞聞之多持好衣而來与之諸比丘言止便為供養已我等自有三衣不
須也六群比丘令取与我 比丘舉過佛制戒 若比丘失衣奪衣燒衣漂衣 若失一衣不應取若失二
衣餘一衣若重三重四重應褶作若僧伽梨若鬱多羅僧若安會若非親里居士居士婦 並如上處自恣請
多与衣 若自恣多与衣者若衣細若薄若不牢應取作二重三重四重當安緣當肩上應揲補膩
處應安紐安鈎若有餘殘語居士言此餘殘裁作何等若檀越言我不以失衣故与我曹自与大德可
彼若欲受者便受 是比丘當知足受衣 若三衣都失彼應知足受衣知足有二種在家人知足者隨
白衣所与衣受之出家人知足者三衣也 若過者尼薩耆波逸提 比丘尼同犯不犯者若知足取衣
若減知足取若多与衣者細薄不牢若二三四重作有餘如上語知不犯 八勸居士增衣價戒
佛遊舍衛國時有居士夫婦共議言跋難陀釋子是我知舊當持如是衣價買如是衣与之乞食比丘
聞已告跋難陀知彼後往居士家勸令廣大新好堅緻作俗人譏嫌比丘舉過制戒 若比丘居士居士婦
如上說 為比丘辦衣價 若錢若金若真珠若[illegible]

白衣所與衣受之出家人知足者三衣也若過者尼薩耆波逸提比丘尼同犯不犯者若知足取衣
若減知足取若多與衣者細薄不牢若二三四重作有餘如上語知不犯　八勸居士增衣價戒
佛在舍衛國時有居士夫婦共義言跋難陀釋子是我知舊當持如是衣價買如是衣與之乞食比丘
聞已告跋難陀知彼後往居士家勸令廣大新好堅緻作俗人譏謙比丘舉過制戒若比丘居士婦
㞢說為比丘辦衣價若錢若金若真珠若瑠璃貝若玉石若璎珞若生象金衣者有十種如上持
如是衣價買如是衣與我為好故求有二種一者求價搵越與作大價衣求乃至增一錢十六分之
一分二者求衣語居士言作是應長衣乃至增一綖也若得衣者尼薩耆波逸提比丘尼同犯不犯者
先受自恣請而往求索知足於求中減少作從親親里求從出家人求或為他ゝ為已若不求自得九
勸二增衣價戒佛在舍衛國有二居士夫婦各共議欲與跋難陀比丘買衣乞食比丘聞已還具告知明
彼比丘到彼二家語令共作一衣諸居士譏謙貪求諸比丘舉過白佛因呵制戒也若比丘若二居士、
婦與比丘辦衣價持如是衣價買如是衣與某甲比丘是比丘先不受居士自
恣請到二居士家作如是言善哉居士辦如是如是衣價與我共作一衣為
好故若得衣者尼薩耆波逸提戒相犯開通如前十過限急索衣戒佛在舍衛
城時羅閱城有一大臣與跋難陀親厚數數往來遣使送衣價來與跋難陀彼持衣價付淨人已
後同事急疾索衣致令破羅諸俗譏嫌諸比丘舉過白佛呵制戒若比丘若王得自在无所屬若
大臣在王左右若婆羅門有生婆羅門也若居士除王大臣婆羅門諸在家者是居士婦亦在家婦人
遣使為比丘送衣價如上說持如是衣價與某甲比丘彼使人至比丘所語比丘言
大德今為汝故送是衣價受取是比丘語彼使如是言我不應受此衣價我
若須衣合時清淨當受彼使語比丘言大德有執事人不須衣比丘應語言
有若僧伽藍民若優婆塞此是比丘執事人常為諸比丘執事時彼使往
至執事人所與衣價已還至比丘所作如是言大德所示某甲執事人我已與衣
價大德知時往彼當得衣須衣比丘當往執事人所若二反三反為作憶念憶念謂
若執事人若在家若在市若在作處至彼處二反三反語言我今須衣與我作者是應語言
我須衣若二反三反為作憶念若得衣者善不得衣四反五反六反在前默然立
彼執事人若家在市作處到彼前默然立執事人問言汝何緣在此立比丘報言汝自知之若彼人言我
不知若有餘人知者比丘當語言彼人知之是名默然若四反五反六反在前默然住得衣者
善若作一反語彼二反默然乃至作三反語破六反默然若不得衣過是求得衣者尼
薩耆波逸提比丘尼同犯若不得衣從所得衣價處若自往若遣使往語言汝先
遣使持衣價與某甲比丘是比丘竟不得汝還取莫使失此是時不犯者若
遣使遣知若彼言我不須即相布施是比丘應以時軟語方便索衣若為作波利迦羅故與以時索

彼執事人若在所作處到彼前嘿然立執事人問言汝何緣在此立比丘報言汝自知之若彼人言我
不知若有餘人知者比丘當語言彼人知之是名嘿然若四反五反六反在前嘿然住得衣者
善若作一反語彼二反嘿然乃至作三反語破六反嘿然若不得衣過是求得衣者尼
薩耆波逸提比丘尼同犯若不得衣從所得衣價處若自往若遣使往語言汝先
遣使持衣價与某甲比丘是比丘竟不得汝還取莫使失此是時不犯者若
遣使告知若彼言我不須即相布施是比丘應以時軟語方便索衣若為作波利迦羅故与以時索
軟語索方便索得十一乞線作臥具戒佛在曠野國界六群索成線未成線至養蠶家索作新
雜野蠶綿臥具待看煑蠒作聲諸居士見譏嫌言害衆生命无有正法諸比丘舉過白佛因呵制
戒 若比丘雜若毳若劫貝若林及餘縷雜者野蠶綿作新臥具者尼薩耆是中捨者
若斧若斤細挫斬和泥塗壁若塗塼也波逸提若自作教他作成者捨隨不成者突吉羅為他
作一切吉羅比丘尼吉羅不犯者若得已成者斧斫知泥塗塼十二黑毛臥具戒佛在毗舍離時諸
梨車子多行耶婬作黑毛耨被夜行使人不見六群比丘見便効作之梨車譏嫌諸比丘呵責舉
過白佛因制戒 若比丘以新純黑若生黑或染黑羺羊毛作臥具者尼薩耆波逸
提自作教他犯緣前戒比丘尼突吉羅不犯者若得已成者若割截壞若細薄疊作兩重若以作褥若作
方小坐具若作臥氈或作襯體內氈或作剃刀囊作帽作袜作攝熱巾或裹革屣巾一切不犯十三
白毛臥具戒佛在舍衛國六群比丘純白毛作新臥具諸居士譏嫌如王大臣諸比丘呵責制戒
若比丘作新臥具應用二分純黑羊毛三分白或生白或染白四分尨頭上毛耳上毛若脚上
毛若餘尨色毛欲作卅鉢羅羊毛臥具者十鉢羅黑十鉢羅白十鉢羅尨乃至廿鉢羅臥具准上可知
若比丘不用二分黑三分白四分尨作新臥具者尼薩耆波逸提若作教他為他作並同
上比丘尼突吉羅不犯者若應量作若得已成者餘同前 十四減六年臥具戒佛在舍衛國時六群比丘
嫌臥具或重或輕或憶薄不捨故更作新者常營求覓藏積衆多諸比丘舉過白佛便呵責故制戒
若比丘作新臥具持至六年若減六年不捨故而更作新者若自作教他為他並同前戒
除僧羯磨有比丘得乾痟病有糞掃臥具重不堪持行佛言當從僧乞更作新臥具衆僧當白
二白尼薩耆波逸提尼犯吉羅不犯者僧聽及滿六年減六年捨更作新若得已成若无他与作
十五不揲坐具戒佛在舍衛國世尊遣人請食常法受請後遍行諸房見故坐具處處狼藉无
人收攝由諸比丘轉厚輕重不捨故更作新者佛令故者揲之與五制已六群違制比丘舉過白佛制戒
若比丘作坐具當取故者縱廣一磔手揲著新者上為壞色故彼作新坐具時
若故坐具未壞未有穿孔當取浣染治摩挽令舒裁割取從廣一磔手揲著新者上揲邊若
中央以壞色故 若作新坐具不取故者縱廣一磔手揲著新者上用壞色故者尼薩
耆波逸提自作教他為他成犯如上尼犯吉羅不犯者裁取故者揲新者上若彼自无得更
作新者若他為作若得已成者若純故者作 十六持羊毛過限戒

若比丘作坐具當取故者縱廣一磔手揲著新者上為壞色故 彼作新坐具時
若故坐具未壞未有穿孔當取浣染治舉挽令舒裁割取從廣一磔手揲著新者上揲邊若
中央以壞色故 若作新坐具不取故者縱廣一磔手揲著新者上用壞色故者尼薩
耆波逸提 自作教他為他成犯如上尼犯吉羅不犯者裁取故者揲新者上若彼自無得更
作新者若他為作若得已成者若純故者作 十六持羊毛過限戒 佛在舍衛國時跋難陀
道行露多得羊毛擔貫杖頭而行諸居士譏嫌言販賣羊毛耶問言此羊毛賣不 諸比丘
呵責舉過白佛制戒 若比丘道路行得羊毛若無人持得自持乃至三由旬
若道行若住處得羊毛若須應取無人持自持至三由旬若有人者語言我有此物當助我持
乃至彼處 比丘於此中間不得佐持若持吉羅若令尼四眾持過者吉羅除羊毛若持餘衣若麻苧
吉羅若擔餘物扶頭吉羅 若無人持自持過三由旬者尼薩耆波逸提 比丘尼吉羅
不犯者若持至三由旬若減三由旬若有人語持中間不犯擔者使尼四眾齊三由旬若擔毳氈毛毬
繩若擔頭上腳上毛作帽作鍋熱巾裹革屣巾者 十七使非親尼浣羊毛戒 佛在釋翅
瘦迦維羅衛六群比丘取羊毛作坐具使比丘尼浣染擘時婇女尼為染汙色在手往佛所禮足
在一面立佛故問呵責而制戒 若比丘使非親里比丘尼浣染擘羊毛者尼薩耆波逸
提 比丘尼吉羅犯開通如浣故衣戒 十八畜錢寶戒 佛在羅閱城有一大臣與跋難陀親
知後得好食為其留分大臣兒以五錢取食後跋難陀來便索食錢婦置錢於地彼取錢寄
市肆上為居士共嫌比丘呵責王共群臣共論佛廣喻呵責制戒 若比丘自手捉錢 上有文像
若金銀若教人捉若置地受者尼薩耆 是中持者彼有信樂守園人若優婆塞當
語言此是我所不應汝當知之若彼取還與比丘者當為彼人物故受勅淨人使貰之若得淨衣鉢
應持貿易受持之若彼優婆塞取已與比丘淨衣鉢應取持之 波逸提 比丘尼同犯若不語彼人知是
者是實吉羅不犯者若語言知是者是如上法若彼人不肯與衣者餘比丘當語言佛有教為淨故
與應眾他物若有不與自往語言佛教比丘作淨與汝應與僧塔和尚知識及本施主不欲令失彼信
施故 十九貿錢寶戒 佛在羅閱祇耆闍崛山中時跋難陀往市肆上以錢易錢持去居士譏嫌
言善能賣買 諸比丘聞呵責已白佛 佛便呵已制戒 若比丘種種賣買者 若以成金未成金已成未成金
銀亦三種錢唯一種交手相易錢者八種金銀同鐵白鑞鉛錫錢木錢胡膠錢八種尼薩耆
波逸提 比丘尼同犯餘捨法開通索寶方便並如前戒不犯者若以錢貫瓔珞具為佛法僧若以易錢
為佛法僧去者 二十販賣戒 佛在舍衛國時跋難陀往無住處村以生薑易食食已持去舍
利弗後至乞食擅越索價報言我等不應為彼以跋難陀事嫌廢便慚愧無言又共外道
博衣悔不得比丘舉過白佛制此戒 若比丘種種販買者價直一錢數數上下增賣者價直一
錢言直五錢買如是……

錢亦三種錢作一種亦相易錢者八種金銀同鑞白鑞鈆錫錢木錢胡膠錢八種尼薩耆
波逸提比丘尼同犯餘捨法開通索貿方便並如前戒不犯者若以錢貿瓔珞具為佛法僧若以易錢
為佛法僧去者 二十販賣戒佛在舍衛國時跋難陀往无住處村以生薑易食食已持去舍
利弗後至乞食檀越索價報言我等不應為彼以跋難陀事變發便慚愧无言又共外道
博衣悔不得比丘舉過白佛制此戒 若比丘種種販買者價直一錢數數上下增賣者價直一
錢言直五錢買亦如是 尼薩耆波逸提比丘尼同犯不犯者聽五種出家人共貿易應自審
定不應共相高下如是道法不得與餘人貿易令淨人貿若悔聽還若蘇油相貿者 二十一畜鉢
過日戒佛在舍衛國六群比丘畜好鉢持不好去棄置常覓好鉢畜之遂多居士遊房觀看
便謂似陶師凡肆諸比丘舉過白佛便呵而制戒也 若比丘畜長鉢有六種鐵鉢黑鉢赤鉢蘇摩國鉢
大要有二種鐵鉢瓦鉢大者三斗小者一斗半此是鉢量如是應持應淨施 不淨施淨施不淨施
相對八門如長衣戒不異 得齊十日時阿難得貴價鉢意欲奉大迦葉以常用故言當還恐犯
舍頭以事白佛便開制至於十日 過者尼薩耆波逸提尼同僧犯餘相開通如長衣戒 二十二乞
鉢戒佛在舍衛國時跋難陀鉢破求眾多鉢畜諸居士一處計會乃知多受便譏嫌受施
无厭受者知足諸比丘以過白佛因呵制戒 若比丘畜鉢減五綴不漏相去兩指間一綴也 更求
新鉢為好故若滿五綴不漏更求新者吉羅 尼薩耆是中捨者於此住處僧中捨應往
僧中捨鉢已畢白受譏便說罪若種責心生厭離此比丘鉢若貴好者應留置取最下不如者白是
應作白二羯磨與使作羯磨白以鉢次第問上座持上座鉢與次座若與彼比丘如是展轉乃至下座准上波逸提
比丘尼同犯 彼比丘應往僧中捨展轉取最下鉢與之令持乃至破應持此是時僧次
第此鉢與之二與彼比丘應守護此鉢不得著瓦石落處倚杖倚刀下著懸物下道中石上果樹下不平地不得
手捉兩鉢除指隔中央一手捉兩鉢不得開戶除用心不得著戶扉內戶肩下若林下林角除暫著不得
著兩床間及立蕩鉢乃至足令鉢破彼不應故壞故失非鉢用吉羅不犯者五綴漏若減漏更求新
若從親里索從出家人索若為他乞為己不求而得若施次得若自有價買畜
二十三乞縷使非親織師戒佛在舍衛國時跋難陀欲縫僧伽梨處處乞線遂多念言衣服難得
眾使織師織作三衣自作維緣居士譏嫌比丘呵責舉過呵制
若比丘自求乞縷線衣衣處處乞縷線者十種衣縷 使非親里織師織作衣者若織師與線者俱非親里犯吉羅者綵白綵作維吉羅
尼薩耆波逸提比丘尼同犯不犯者二俱親里若自織作鉢囊革屣囊鍼䉪作禪帶作要帶帶若作襆若作襪作鍋軟巾裹革屣巾者 二十四勸織
師增縷戒佛在舍衛國時有居士是跋難陀知友出好線與織師為彼作衣後更至居士家擇
取好綫與織師又許與價居士得衣嫌問譏嫌諸比丘舉過佛因呵制戒
若比丘居士居士婦使織師為比丘織作衣彼比丘先不受自恣請若居士居士婦與比丘貴價衣聽少欲知足
隨意 索不知者 便往織師所語言此衣為我作與我極好織令廣大堅緻我當少
多與汝價是比丘與價乃至一食直若得衣者尼薩耆波逸提若索衣不得突吉羅尼同犯不犯者
減少求從親里索出家人索他為己者 廿五奪衣戒佛在舍衛國跋難陀弟子善能勸化意欲共人間行答可先與衣後餘比丘語彼比丘言彼人癡不知誦戒說戒布薩羯磨後時
要共去便言不隨即奪衣取諸比丘恠呵舉過白佛制戒 若比丘先與比丘衣後瞋恚若自奪若教人奪取還我
衣來不與汝若自奪教人奪藏者犯不藏者吉羅若著樹上枷上床上及餘著處離處犯取不離處吉羅 若比丘還衣彼取衣者
尼薩耆波逸提尼同僧犯不犯者不瞋恚言我悔不與汝衣還我衣來若彼人亦知其心悔

BD04278號 四分律比丘含注戒本

蘗不知者隨意 便往織師所語言此衣為我作与我極好織令廣大堅緻我當少
多与迦價是比丘与價乃至一食直若得衣者尼薩耆波逸提若乘衣不得突吉羅尼同犯不犯者
減少求從親里索出家人索他為己者 廿五奪衣戒 佛在舍衛國跋難陀弟子善能勸化意欲共人間行若可先与衣後餘比丘語彼比丘言彼人癡不知誦戒說戒布薩羯磨後時
至共去便言不隨即奪衣取諸比丘嫌呵舉過白佛制戒 若比丘先与比丘衣後瞋恚若自奪若教人奪取還我
衣來不與汝 若自奪教人奪藏者犯不藏者吉羅若著樹上枷上床上及餘著處離處犯取不離處吉羅 若比丘還衣彼取衣者
尼薩耆波逸提 尼同僧犯不犯者不瞋恚言我悔不与汝衣還我衣來若彼人亦知其心悔即還衣若為餘人語言此比丘欲悔過還他衣若借他衣著他衣著无
道理還奪取不犯若恐失恐壞若彼人破戒破見破威儀若被舉滅擯應滅擯若為此事命梵難一切奪取不藏舉 廿六畜七日藥過限戒
佛在舍衛國時諸比丘秋月風病動形體枯燥又生惡瘡佛言有五種藥由生藥蘇油生蘇蜜石蜜脂聽有病因緣時非時服佛在羅閱祇畢陵伽婆蹉徒衆大畜流溢道俗譏責白佛制戒
若比丘有病 當教服尔所種藥 殘藥蘇油生蘇蜜石蜜齊七日得服 餘同句義如上長衣戒 若過
七日服者尼薩耆 此應捨當捨藥与僧已白懺悔罪竟若還彼藥者若至第七日捨与比丘彼應取食若過七日蘇油塗戶鑰若蜜石蜜与守園人若過七日自二表此比丘取當塗脚若用燃燈
波逸提 比丘尼同犯不犯者如上捨用差別 三十七過前求雨衣過前用戒 佛在舍衛國時毗舍佉母請及僧明日食夜雜甘露明中遣婢往白時到見諸比丘雨中
裸洛因發八願為佛所讚時六群比丘一切時常求比丘舉過白制 若比丘春殘一月在當求雨浴衣 衣者比丘用雨中浴衣有十種彼應三月十六日求 半月
應用浴 四月一日應用 若比丘過一月前求雨浴衣 三月十六日前求雨衣 過半月前用 謂四月一日前用 浴尼薩耆波
逸提 比丘尼吉羅不犯者若捨作餘用若著浴若浣若舉者 三十八過前受急施衣過後畜戒 佛在毗蘭若聽諸比丘受夏衣時六群比丘一切時常乞
常乞衣跋難陀異處安居異處受衣亦佛在舍衛安居未竟見二大臣為安居施衣佛開制戒
衣 衣受便得不受便失衣者有十種 比丘知是急施衣當受受竟乃至衣時應畜 衣時者自恣竟不受迦絺那衣
一月受衣五月若自恣十日在得急施衣受已至一月五月當乃至若明日自恣應受一月五月更得九日 若過是畜者尼薩耆波逸提 若得急施衣若過前若過後並犯尼
同犯不犯者不過前不過後若棄衣失衣過前取不犯若奪衣比丘遠行水陸道斷過後不犯 廿九蘭若有疑離衣過限戒 佛在舍衛國諸比丘在蘭若處
為賊奪什物兼被打擲佛令留二衣置村舍內時六群比丘便多寄衣已行周及舉過白佛因制 若比丘夏三月竟後迦提一月滿在阿蘭
若 去村五百弓遠離羅國弓長四肘用中肘量 若有疑 疑有賊盜 恐懼處住 中有恐怖賊盜 比丘在如是處住三衣
中欲留一一衣置舍內村聚 諸比丘有因緣離衣宿乃至六夜 若彼有緣離衣宿第七夜明相未出前若捨若
捉衣若至擲石所及處若及上 若過者尼薩耆波逸提 開緣如前離衣 三十迴僧物戒 佛在舍衛國有居士欲佛及僧年施好衣時跋難
陀聞便往問言施僧者多今可施与我居士言可尔便但辭食見長老比丘威儀具足便即悔歎諸比丘聞知以過白佛因制 若比丘知 不知非犯 是僧物 有三種物者已許
僧為僧者故作未許僧已与僧者已許僧已捨与僧物者下至飲水器也 自求入已者 若許僧轉与塔若許四方僧轉与現前僧若尼若異處若上及下若疑想並突吉羅
尼薩耆波逸提 不犯者若不知若作不許想若許少勸令多許少人勸与多人勸与好物若悞咲若錯說者並不犯 諸大德我已說三十
尼薩耆波逸提法今問諸大德是中清淨不 三說 諸大德是中清淨默然
故是事如是持 諸大德是九十波逸提法半月半月說戒經中來
柂妄語戒 佛在釋翅瘦有釋迦子字象力善能談論常与外道論議若不如是時便違反前語若於僧中問是事復違反前語諸梵志譏无正法比丘舉過白佛因制此戒
若比丘知 謂見聞觸知及上八種見者眼識能見乃至意識能知不見者除眼識餘五識 是如是類反 而妄語 言不見聞觸知波逸提乃至不見聞等若境界是見聞觸知若想若疑便
住白亦類若本作妄語念及妄語已憶是妄語者不應不前後不憶正妄語時知者波逸提若所見異

BD04278號　四分律比丘含注戒本

（17–15）

尼薩耆波逸提勸與多人勸與好物若悞咲若錯說者並不犯 諸大德我已說三十
尼薩耆波逸提法今問諸大德是中清淨不 三說 諸大德是中清淨默然
故是事如是持 諸大德是九十波逸提法半月半月說戒經中來
初妄語戒佛在釋翅瘦有釋迦子字象力善能談論常與外道論議若不如是時便違反前語若於僧中問是事復違反前語諸梵志譏无沙門法諸比丘舉過白佛因制此戒
若比丘知謂見聞觸知及上八種見者眼識能見乃至意識能知不見者除眼識餘五識是如是類及而妄語言不見聞觸知波逸提乃至不見聞者若境界是見聞觸知若想若疑便
作白亦類若本作妄語念及妄語已憶是妄語者不應不前後不憶正妄語時知者波逸提若所見異所忍異所欲異所觸異想異所心異如是諸事皆是妄語說戒時乃至三問憶念有罪不說吉羅
者波逸提說不了了吉羅尼同犯三眾吉羅不犯者不見言不見乃至知言等八種若意有見想便說者不犯
前後慚愧不淨諸比丘已過白佛便呵責已引古牛譬畜生尚得毀不堪任力等便制戒 二罵戒佛在舍衛國六群比丘斷事種類罵比丘彼羞失
若比丘種類有多種卑姓家生行業亦卑伎術工巧亦卑或言汝犯過或言多結使或言盲瞎
等毀呰語者若如上六種罵餘比丘若面罵若喻罵自比罵者說而不了了者吉羅波逸提若喻罵言汝似若自比罵言我非說了若說善法面罵言汝是阿蘭若乃至坐禪
語
不了並突吉羅不犯者相利故說為法故為律故為教授故為親厚故戲笑失口或錯悞者
已引野干鬪乱二獸尚見不悅復況於人便呵已制戒 三兩舌語戒佛在舍衛國六群比丘傳他彼此語遂令衆中闘爭不能除滅諸比丘以過白佛便呵制
若比丘兩舌語 離彼此等也諺謂鬪乱十衆破 波逸提不犯者破惡知識惡伴黨和尚同師知識親友數數
語者元義元利欲方便作无義破如是人者不犯 四共女同室宿戒佛在舍衛國時阿那律行至中路往婬女舍宿彼女於夜便裸形來觸嬈尊者便勇身空中彼慚愧懺悔
為說清法道具說已諸比丘以過白佛 若比丘與婦女人女有知命根不斷同室有四周障上有覆或前敞无壁或雖覆而不遍或覆遍
而有 便呵制 宿者若二人前後至俱至若亞臥 波逸提若非人女畜生女黃門若二根人同宿吉羅盡日女立比丘臥者吉羅不犯者不知彼宿室有女若室覆半或少覆无覆郭若
開處 盡覆郭若覆郭作句往上若病卧人縛命梵 五共未受具人宿過限戒佛在曠野城六群比丘並諸長諱上宿時比丘散亂心睡寤露
等難並開
為諸長者調析諸比丘白佛便制
佛在拘睒彌國便開二三宿重制戒 若比丘與未受大戒人除比丘比丘尼餘未受大戒人是 共宿同室宿如前說 過二宿
至三宿若共至三宿若滿三宿明相未出時應起避去若至第四宿若自去若使未受者去 波逸提若與非人畜生男共過三宿一切吉羅開緣並同前戒 六共未
受具同誦戒佛在曠野城六群比丘與諸長者在講堂誦佛經語聲高大亂諸坐禪者時比丘已過白佛因制戒 若比丘與未受大戒人如上
共誦句義句味字義非句義亦不句義者同誦不前不後非句義者如一人說諸惡莫作未竟 法者
佛聲聞仙人諸天所說也第二人抄前句味者明无常等也字義者同誦阿字也非字義抄前
說彼此皆不犯 若共誦一說二說三說若口教書受若不了了非人畜生並吉羅若師不教言我說竟汝說一人誦竟一人書若二人同業同誦
戒戲咲語獨語錯 波逸提
丘以過白佛因制戒 七說麁罪戒佛在羅閱城時有波利婆沙比丘以諸比丘所犯事具向白衣說之有過者及餘比丘在下行坐六群比丘皆慚愧比
若比丘知他不知者開有麁惡罪罪波羅夷僧伽婆尸沙 向未受大戒人說除僧羯磨
一說戒一獨處 波逸提除麁罪以餘罪說者白說麁罪說餘人罪一切吉羅不犯者若不知若衆僧差若非麁相若白衣先以聞 八實得道向白衣說
戒佛在舍衛國離婆以前因緣集僧呵責已便制戒 若比丘向未受戒人說過人法言我見是我知是實者波
逸提並如上初篇佛若言業報若戲錯並不犯 九獨與女人說法戒佛在舍衛國時迦留陀夷詣長者家在姑前與兒婦耳語說法因姑譏聞乞食比丘聞已具白比丘
說之舉過白佛因制斷後開五六語及有知男過限 若比丘與女人如上說法過五六語除有知男子也 五色受想行識元我也六意元常 眼可鼻舌身
語除有知男子 解麁惡不麁惡事 波逸提五六語有知男前過說若元有知男子前應若說不了吉羅若非人畜生說過亦不犯者若
廣說梗便婆塞五戒及諸五戒法與受齋法
八聖道十不善法女人問義不解廣說若錯一切无犯 十掘地戒佛在曠野城六群比丘與佛脩治講堂遶堂周匝自掘地長者譏慊不知正法斷他命根
比丘以過白佛因便制後教人治講堂言
掘是罪是長者重譏比丘以過白佛因制 若比丘自掘若用鋤钁釘椎打乃至指抓掏傷地 地若未掘若已掘地經四月被雨漬
還如本 若教人掘者若不教言者是知是吉羅 波逸提下三衆吉羅下篇同此不犯者若語言知是看是中林木若掘正若反塼石取牛屎取崩岸若鼠壞土除糞

五六語及有知男過限 若比丘与女人上說法過五色受想行識无我也六意无常

語除有知男子也 解麁惡不麁惡事 波逸提 若說不了了吉羅若非人畜生說過亦不犯者若

廣說授優婆塞五戒又諸五戒法与受蘭齋法 五六語有知男前過說若无有知男子前應答

八聖道十不善法女人問義不解廣說若錯一切无犯 十掘地戒 佛在曠野城六群比丘与佛脩治講堂述要

比丘以過白佛因便制後教人治講堂言 周匝自掘地長者譏嫌不知正法斷他命根

掘是罪是長者重譏比丘以過白佛因制 若比丘自掘 若用鋤钁釘椎打乃至指爪掐傷地 地 若未掘若已掘

遝如 若教人掘者 若不教言看是知是吉羅 波逸提 下三衆吉羅 釘橛入地地上然火及有地想 地鉏罝破雨漬

本 若挾籬正若反塼石取牛屎取崩岸若鼠壞土除經 不犯者若語言知是看是 林木

經行處土屋內土若來 佛在曠野城諸比丘 樹非沙門法呵責已便制 有一比丘脩治屋 若比丘壞 若斫截落名為壞

往掃地不故掘一切不犯 可草木是有五種根種枝種 十一壞生種戒 舍自斫 若生生想自斷教他斷 自炒煮教人 頭生疑想

鬼非人 是 神村者 節種生種覆羅種子子種 波逸提 者吉羅草木七種色自壞教他壞

揭吉羅若釘杙著生草樹上若以火等頭若斷多分生草木頭斷半乾生者若不言看是知是一切

吉羅不犯者言知是看斷枯草木若於生草木上曳林曳竹正籬郭若撥墼石若取牛屎若生草

覆道以杖披遮令開若以瓦石柱之而斷傷草木若經行地土 十二餘語惱他戒 佛在拘睒彌國時闡

若掃經行地若林築地而誤撥生草木斷者不犯 陀比丘犯罪餘比丘問

即以餘事答比丘以過白佛便呵已作餘語羯磨後便觸惱衆僧喚來不來 若比丘妄作異語 傳手作白便

不應起而起乃至不應語而語以過白佛呵已作名觸惱 單白 作餘語汝

向誰說為說何事為論何理為我說為餘人說我不見 惱他 如是前緣中乃至不應語而語一切吉羅

此罪者一切吉羅 若作白已如是語言頭 作白已一切吉羅

者波逸提 若上喚來不來吉羅不犯者重聽不解前語有參錯汝向誰說乃至我不見此罪若欲作

非法无利羯磨不与和合喚來不來不犯若為作非法羯磨若不欲知教言莫來來不犯

若一坐食若不作餘法食若病喚起不起不犯若命梵等難教莫起便起不犯

若惡心問不与說若作非法事便語者若戲語錯誤一切不犯

時彼者沓婆為僧所差知僧事慈地比丘齊眼見耳不聞處譏嫌之比丘以過白佛便呵制 十三嫌罵知事戒 佛在羅閱祇城

後慈地比丘便聞而不見處罵之比丘以過白佛便棄前重制 若比丘嫌 譏 面見

不聞處言有愛恚怖癡 罵者 背面聞不見 處而罵說也 波逸提 若受上座嫌罵吉羅不犯者實有其事恐後悔恨語令如法發露便言有愛等若戲錯說者

十四露地敷僧物戒 佛在舍衛國有長者請僧飲食時十七群比丘取僧坐具露地敷望食時到便不

杖攝往食處即為風塵土坌坌虫鳥啖汙比丘以過白佛呵已制戒

若比丘取僧 衆僧物為僧屬僧 三種物 繩床 曲腳入梐无腳 有五種旋直腳 若木床上 亦如 若臥具 或用臥或用坐 坐蓐 用坐

露地敷若教人敷捨去不自舉不教人舉者 有若都无人者舉著屏處若屏處无知 彼以僧物付僧知事言我今付授汝汝守護

无壞當持故者覆好者上若即時還便應道兩中疾及還應往彼次第如是方便應去若不作初出門頭

若方便還悔一切吉羅若二人同坐下坐應收不收者犯二罪上坐犯一 [illegible]

杖及臥具表裏一切吉羅若露地敷僧物 [illegible] 波逸提 [illegible] 十五覆處

[illegible]

數僧物戒 佛在舍衛國有客比丘在自邊房敷臥具宿後不語舊比丘便去僧臥具爛壞亞嗌色 舊比丘久不見之覓見過於此以白佛因制此戒 若比丘於僧房

中敷僧臥具 梅 謂繩床上等坐具襯地敷下至臥 若自敷若教人敷若坐若臥去時不自舉不

教人舉者

敕受河西□ 曹元忠

言我今[是]生中无有此罪所以不懇到懺
悔經言道中凡夫之人舉足動步无非罪所以又復過生衆皆悉成就
无量惡業退逐行者如影隨形若不懺悔罪惡日深故苞藏瑕疵佛
教不許說悔先罪淨名所以所常故知長淪苦海寔由隱覆是故弟子
今日發露懺悔不敢覆藏所言三障者一曰煩惱二名為業三是報
報此三種法更相由藉因煩惱故所以起惡業惡業因緣故得苦
是故弟子今日至心第一先應懺悔煩障又此煩惱諸佛菩薩入理聖
人種種呵責亦說此煩惱以為怨家何以故能斷衆生慧命根故亦說此
煩惱以之為賊能劫衆生諸善法故亦說此煩惱以為瀑河能溺衆生入於
生死大苦海故亦說此煩惱以為羈鏁能繫衆生於死生獄不能得出故
所以六道牽連生死不絶惡業无窮苦果不息當知皆是煩惱過患是
故弟子今日運此增上勝心歸依於佛如是十方盡虛空界一切三寶
弟子无始以來至于今日或在人天六報受報有此心識常懷愚惑繁
滿胸衿或因三毒根造一切罪或因三漏造一切罪或因三苦造一切罪或因
三受造一切罪或因三苦造一切罪或緣三假造一切罪或貪三有造一切罪
如是等罪无量无邊惱亂一切六道生死今日慚愧皆悉懺悔　又復弟子
无始以來至于今日或因四識住造一切罪或因四緣造一切罪或因四大造一切
罪因四縛造造一切罪或因四食造一切罪或因死生造一切罪如是等罪无
量无邊煩惱六道一切衆生今日慚愧皆悉懺悔　又復弟子无始
以來至於今日或因五住地煩惱造一切罪或因五受根造一切罪或因
五蓋造一切罪或因五慳造一切罪或因五見造一切罪或因五蘊造一切罪
如是等[煩惱]无量无邊惱亂六道一切衆生今日發露皆悉懺悔
又復弟子无始以來至於今日或因六情根造一切罪或因六識造一切罪
或因六相造一切罪或因六受造一切罪或因六行造一切罪或因六愛

BD04278號背　佛名經懺悔文（擬）　（18–1）

四日四緾造造一切罪或因四食造一切罪或因死生造一切罪如是等罪无
量无邊煩惱六道一切衆生今日慚愧皆悉懺悔　又復弟子无始
以來至於今日或因五住地煩惱造切罪或因五受根造切一罪或因
五蓋造一切罪或因五慳造一切或因五見造一切罪或因五塵造一切罪
如是等煩惱[redacted]无量无邊惱乱六道一切衆生今日發露皆悉懺悔
又復弟子无始以來至於今日或因六情根造一切罪或因六識造一切罪
或因六相造一切罪或因六受造一切罪或因六行造一切罪或因六愛
造一切罪或因六疑造一切罪如是等罪煩惱无量无邊惱乱六道一切
四生今日慚愧發露皆悉懺悔　又復弟子无始以來至於今日或因七漏造
一切罪或因七使造一切罪或因八到造一切罪或因八垢造一切罪或因八苦
造一切惱乱六道一切死生今日發露皆悉懺悔　又復无始以來至於今日
或因九惱造一切罪或因九結造一切或因九上緣造一切罪或日十煩惱
造一切罪或因十六見造一切罪或因十八界造一切罪或因二十二根造一切罪
或因二十五我造一切罪或因六十二見造一切罪或因見諦思惟九十八使百八
煩惱晝夜熾然開諸漏門造一切罪惱乱賢聖及以四生遍滿三界弥亘
六道无處可避今日至到向十方佛尊法聖衆慚愧發露皆悉懺悔
願弟子承是懺悔三毒等一切煩惱生生世世三慧明三達朗三苦滅三
願滿願弟子承是懺悔四識等一切煩惱所生功德生生世世處四
等心立四信業惡趣滅得四无畏　願弟子承是懺悔五蓋等諸
煩惱度五道樹五根淨五眼成五分法身願弟子承是煩惱六受等諸
煩惱所生切得生生世世具足六神通滿足六度業不為六塵所
惑常行六妙行　又願子承是懺悔七漏八垢九結十縛等一切煩惱所
生功德生生世世坐七淨華洗塵八水具九斷智成十地行願以懺悔十
一遍使及十二入十八界等一切諸煩惱所生功德願十一空解常用栖心
自在能轉十二行輪具足十八不共之法无量功德一切圓滿至心歸命常
住三寶　夫論懺悔者本是改往修來滅惡興善人生居世誰能無過
學人失念尚起煩惱羅漢結習動身口業豈況凡夫而當无過但智

BD04278號背　佛名經懺悔文（擬）　　（18–2）

自在能轉十二行輪具足十八不共之法无量功德一切圓滿至心歸命常
住三寶　夫論懺悔者本是改往修來滅惡興善人生居世誰能無過
學人失念尚起煩惱羅漢結習動身口業豈況凡夫而當无過但智
者先覺便能改悔愚者覆藏遂使滋蔓所以積習長夜曉悟无期若能
慚愧發露懺悔者豈惟正是滅罪而已亦復增長[illegible]
涅槃妙果若欲行此法者先當外肅形儀瞻奉尊像内起敬意緣相
法身懷切至到生二種心何等為二一者自念我此形命難可常保一
朝散壞不知此身何時可復若復不值諸佛賢聖忽遭逢惡友造衆
罪業復應墮落深坑嶮趣二者自念我此生中雖得值遇如來之法為
佛弟子之法紹繼聖衆淨身口意善法自居而今我等公自作惡
而復覆藏言他不知謂彼不見隱匿在心傲然无愧此實天下愚惑之
甚即今現有十方諸佛大地菩薩諸天神仙何曾不以清淨天眼見
於我等所作罪惡又復幽顯靈祇注記罪福纖豪无差夫論作罪
之人命終之後牛頭獄卒錄其精神在閻羅王所辯覈是非當今之時一切
怨對皆來證據各言汝先屠我身炮煮蒸炙或言汝先剝奪於我一切財
寶我眷屬我於今者始汝便于時現前證據何得憨毀唯應甘心分受宿
殃經所明地獄之中不枉治人若其平素所作衆罪心自忘失者是其生時造惡之處
一切之相皆現在前各言汝昔在於我邊作如是罪今何得諱是為作罪无藏隱處
於是閻魔羅王切齒呵責將付地獄歷劫窮年求出莫由此事不遠不關他
人正是我身自作自受雖父子至親一旦對至无代受者衆等相與及其形休體
无衆疾各自努力與性命競大怖至時悔無所及是故至心歸依於佛
弟子等无始以來至於今日積聚无障散心目隨煩惱性造三世罪或耽染受
著起於貪欲煩惱或瞋恚忿怒懷害煩惱性造或惛憒瞪瞢不了煩惱或我
慢自高陵傲煩惱或迷惑正道猶豫煩惱或謗无因果邪見煩惱不識緣起背

[illegible]

人凶是我身自作自受雖父子至親一旦對至无代受者衆等相毀及其形體

悉衆疾各自努力與性命競大怖至時悔無所及是故至心歸依於佛

弟子等无始以來至於今日積聚无障蔽心目隨煩惱性造三世罪或耽染愛

着起於貪欲煩惱或瞋恚忿怒懷害煩惱性造或惛憒瞪瞢不了煩惱或我

慢自高輕傲煩惱疑惑正道猶豫煩惱謗无因果邪見煩惱不識緣假着

我煩惱迷於三世執斷常煩惱朋狎惡法起見取煩惱僻稟邪師造惑取

煩惱乃至一切四執橫計煩惱今日至誠皆悉懺悔　又復无始以來至於今

日守惜慳悋煩惱不攝六情奢誕煩惱心行弊惡不忍煩惱怠墮緩縱不懃

煩惱情慮躁動覺觀煩惱觸境迷惑无知解煩惱隨世八風生彼我煩惱諂

曲面與不直心煩惱獷戾難觸不調和煩惱易忿難悅多含恨煩惱

嫉妬擊刺很戾煩惱凶險暴害諂毒煩惱乖背二諦執相煩惱於苦集

滅道生顛到煩惱隨從生死十二因緣流轉煩惱乃至无始无明住地恒沙煩

惱起四住地攝依三界苦果煩惱如是諸无量无邊惱亂賢聖六道四生

今日發露向十方佛尊法聖衆皆悉懺悔　弟子等承是懺悔貪瞋癡

等一切煩惱生生世世折憍慢幢竭愛欲水滅瞋恚火破愚癡暗拔

斷疑根壞諸見網深識三界猶如牢獄四大如毒蛇五陰怨賊六入

空聚見而誑親善修八正道斷无明源背生死軍向涅盤不休不息

卅七品心心相應十波羅蜜常現在前發願已歸命禮三寶　第一卷畢

衆等相与即今我以身心寂靜无諂无曲正是生善滅惡之時復應各起四

種行以為滅罪作前方便何等為四一者觀於因緣二者觀於果報三者觀自

身四者觀如來身　第一觀於因緣者知我此罪藉以无明不善思惟无正

覲力不識其過遠離善友諸佛菩薩隨逐魔道行邪嶮逕如魚吞鉤不知其

患如蠶作繭自纏自縛如蛾赴火自燒自爛是以因緣不能自出　第二觀

[illegible]

衆等相与即今剋以身心寂靜无諍无鄣正是生善滅惡之時復應各起四
種行以爲滅罪作前方便何等爲四一者觀於因緣二者觀於果報三者觀自
身四者觀如來身　第一觀於因緣者知我此罪藉以无明不善思惟无正
觀力不識其過遠離善友諸佛菩薩隨逐魔道行邪嶮逕如魚吞鉤不知其
患如蠶作繭自纏自縛如蛾赴火自燒自爛是以因緣不能自出　第二觀
於果報者所有諸惡不善之業三世流轉苦果无窮沉溺无邊巨夜大海爲
諸煩惱羅剎所食未來生死冥然无涯設使報得轉輪聖王王四天下飛行自在
七寶具足命終之後不免惡趣四空果報三界尊極福盡還作牛領虫況復其餘
无福德者而復懈怠不慇懃懺悔此亦如抱石沉淵求出良難　第三觀自身者
雖有正因靈覺之性有爲煩惱黑闇叢林之所覆蔽无了因力不能得顯
我今應當發起勝心破裂无明顛倒重障斷滅生死虛僞苦因顯發如來大明覺
慧建立无上涅槃妙果　第四觀如來身者无爲寂照離四句絕百非衆德具足
湛然常住雖復方便入於滅度慈悲救接未曾暫捨生如是心可謂滅罪之良
津除障之要行是故弟子今日至誠歸依佛　如是十方盡虛空界一切三寶
弟子等无始以來至於今日長養煩惱日深日厚日滋日茂覆蓋慧眼令无所
見斷除衆善不得相續起障不得見佛不聞正法不值聖僧煩惱起障不
見過去未來一切世間善惡業行之煩惱障受人天尊貴之煩惱障生色无色
界禪定福樂之煩惱障不得自在神通飛騰隱顯遍至十方諸佛淨土
聽法之煩惱障學安那般那數息不淨觀之煩惱障學慈悲喜捨
因緣煩惱障學七方便三觀義煩惱障學處四念煖頂煩惱忍障學
聞思修第一法煩惱障學空平等中道解煩惱障學八道示相之煩
惱障學七覺支不示相煩惱障學於道品因緣觀煩惱障學八
解脫九空之煩惱障學煩於十智三三昧煩惱障學三明六通四无㝵煩
惱障學六度四等煩惱障學四攝法廣化之煩惱障學大乘心四弘

聞惡能第一法煩惱障學空平等中道解煩惱障學八道示相之煩
惱障學七覺支不示相煩惱障學於道品因緣觀煩惱障學八
解脫九空之煩惱障學於十智三三昧煩惱障學三明六通四无导煩
煩障學六度四等煩惱障學四攝法廣化之煩惱障學大乘心四弘
誓願煩惱障學十明十行之煩惱障學十迴向十願之煩惱障學
初地煩惱二地三地四地明解之煩惱障學五地六地七地諸知見煩惱
障學八地九地十地雙照之煩惱障如是乃至障學佛果百万阿僧
祇諸上煩惱障如是行障无量无邊弟子今日至到向十方佛尊法所衆
慙愧懺悔願皆消滅　願弟子等藉此懺悔障於諸行一切煩惱願弟
子在在處處自在受生不為結業之所迴轉以如意通於一念傾遍至
十方諸佛淨土攝化衆生於諸禪定甚深境界及諸知見通達无
㝵心能善同一切諸法樂說无窮而不染著得心自在得法自在智慧自
在今此煩惱及无智結習畢竟永斷不復相續无漏聖道朗然如日　作礼一拜
弟子等略懺煩惱障竟今當次弟懺悔業障　夫業能莊飾世趣在在處
處是以思惟求離世解脫所以六道果報種種不同形類各異當如皆
是業力所作所以佛十力中業力甚深凡夫之人多於此中好起疑惑
何以故尔現見世間行善之人觸向轗軻為惡之者是事諧偶謂言天
下善惡无分如此計者皆是不能深達業理何以達尓經中說言有三種
業何等為三一者現報二者生報三者後報業者現在作善作惡現
身受報生報業者此生作善作惡來生受後報業者或是過去
无量生中作善作惡或於此生中受或在未來无量生中方受其報向
者行惡之人現在見好此是過去生報後報善惡熟故所以現報在有
此樂果豈關現在作諸惡業而得好報行人之現在見苦者是過去
生中生報後報惡業熟故現在善根力弱不能排遣是得此苦報違

身受報生報業者此生作善作惡來生受後報業者或是過去
无量生中作善作惡或於此生中受或在未來无量生中方受其報向
者行惡之人現在見好此是過去生報後報善惡熟故所以現報在有
此樂果豈關現在作諸惡業而得好報行人之現在見苦者是過去
生中生報後報惡業熟故現在善根力劣不能排遣是得此苦報豈
關現在作善而招惡報何以知然現見世間爲善之者爲人所讚歎人所
尊重故知未來必招樂果過去既有如此惡業所以之佛菩薩教令
親近善友共行懺悔知識有於得道中則爲舍利是故弟子至到歸依
佛如是十方盡虛空界一切三寶　弟子等无始以來至於今日積惡如
恒沙造罪滿天下捨身與受身不覺亦不知或作五逆深厚濁纏无間罪業
或造一闡提斷善根業輕誣佛諸（語）謗方等業破滅三寶毀正法業不信
罪福起十惡業迷真反正癡惑之業不孝二親反戾之業輕慢師長
无禮敬業朋友不信不義之業或作四重六重八重障聖道業毀犯
五戒破八齋業五篇七聚多缺犯業優婆塞戒輕重垢業或菩
薩戒不能清淨如說行業前後方便汙梵行業月无六齋懈怠之
業年三長齋不常修業三千威儀不如法業八萬律儀細罪業不修
身戒心慧之業春秋往造罪業行十六種惡律儀業於苦衆生无傷愍業
矜不念无矜隱業不救不濟无救護業心懷嫉妒无度彼業於怨親境不
平等業耽荒五欲不厭離業或因衣食園林池沼生蕩逸業或以盛年
放恣情愛欲造衆罪業或善有漏迴向三有障出業如是等業无量无
邊今日發露向十方佛尊法聖衆皆悉懺悔　弟子等承是懺悔无間
等罪諸業所生福善願生生世世滅五逆罪除一闡提或有如是輕重之罪
從今以去乃至道場誓不更犯恒習出世清淨善法精持律行守護威儀如度海者
愛惜浮囊六度四等常標行首戒定慧品轉得增明速成如來卅二相八十種好十力无畏

平肯貴身肯五欲不癩亂業或因衣食園林池沼生諸放逸業或以[illegible]
放恣情愛放造衆罪業或善有漏迴向三有障出世業如是等業无量无
邊今日發露向十方佛尊法聖衆皆悉懺悔　願弟子等承是懺悔无間
等罪諸業所生福善願生生世世滅五逆罪除一闡提或有如是輕重之罪
從今以去乃至道場　誓不更犯恒習出世清淨善法精持律行守護威儀如度海者
愛惜浮囊六度四等常標行首戒定惠品轉得增明速成如來卅二相八十種好十力无畏
大悲三念常樂妙智八自在我　作礼一拜　第二卷竟　弟子今以悉相懺悔一切諸業
今當次弟便復二別相懺悔若總若別若麁若細若輕若重若說不說
品類相從皆令消滅　別相懺者先懺身三次懺口四其餘諸罪次弟誓
顯身三業者弟一殺如經所明恕己可為喻勿煞勿行杖雖復禽獸之殊
報命畏死其是事一若尋此衆生无始已來或是我父母兄弟六親眷屬以業因緣
論迴六道出生入死改形易報不復相識而今興害食噉其宍相傷慈之甚
是故佛言設得餘食當如飢世食子肉想何況食噉此魚肉耶又
言為利煞衆生以錢納衆生肉二俱是惡業死墮叫呼地獄故知煞
害及以食噉罪深河海過重岳丘然弟子等无始已來不遇善友
皆為此業是故經言煞害之罪能令衆生墮於地獄餓鬼受苦若
在畜生則受虎豹豺狼鷹鷂等身或受毒虵蝮蝎等身常
惡心或受麞鹿熊羆等身常懷恐怖若生人中得二種果報
一者多病二者短命煞害食噉既有如是无量種種諸惡果報是
故弟子至到誓顙歸依佛　如是十方盡虛空界一切三寶
背弟子自從无始以來至於今日有此識常懷毒害无有慈心或因貪
起煞因瞋因癡及以慢煞或興惡便誓願煞及以呪煞或破決湖池
焚燒山野田獵魚捕或因風放火飛鷹走犬惱害一切如是等罪今
悉懺悔或以檻擗撩摝收軟弓弩彈射飛鳥走獸之類或以罾
網罟釣罩水性魚鼈[illegible]

[illegible]　如是十方盡虛空界一切三寶
等弟子自從無始以來至於今日有惡識常懷毒害無自愍心或因貪
起殺因瞋因癡及以憍殺或興惡便誓殺願殺及以呪殺或破決湖池
焚燒山野田獵漁捕或因風放火飛鷹走犬惱害一切如是等罪今
悉懺悔或以檻弶坑撥收戟弓弩彈射飛鳥走獸之類或以罾
網罾釣料漉水性魚鼈黿鼉蝦蜆螺蚌濕居之屬使水陸之空
行藏窜無地或畜養雞豬牛羊犬豕鵝鴨之屬自供庖廚或貨他宰
殺使其哀聲未盡毛羽脫落鱗甲傷毀身首分離骨肉銷碎剝裂
炮燒煮炙楚毒酸切橫加無辜但取一時之決口不知要苦之者痛
得味甚寡不過三寸舌根而已然其罪殃累永劫如是等罪今日至
誠皆悉懺悔　又復無始以來至于於今日或復興師相代壃埸交
諍兩陣相向更相殺害或自殺教殺聞殺歡喜或習屠膾為利
殺烹宰他命行於不忍或恣忿怒揮戈舉刃或斬或刺或椎著
坑壍或以水流溺或塞穴壞巢土石磓磓或以車馬轢蹋一切
眾生如是等罪無量無邊今日發露皆悉懺悔　又復無始以來
或墮胎破卵毒藥蠱道傷殺眾生墾掘地種植田園養蠶煮繭
傷殺滋甚或打撲蚊蚋掐齧蚤虱或燒除糞掃開決溝渠枉害
一切或啖果實或用穀米或食菜茹橫殺眾生或然樵薪或露燈
燭燒諸虫蟻或食醬醋不著搖動　或瀉水湯澆殺
虫類如是至乃行住坐臥四威儀中恒常傷殺飛空著地細微眾生弟
子以凡夫識闇不覺不知今日發露皆悉懺悔　又復無始以來至于
今日或以鞭杖枷鎖桁械壓拉拷掠打擲手腳蹴踏拘縛籠繫
斷絕水穀如是種種諸惡方便苦惱眾生今日至誠向十方佛尊
法聖眾皆悉懺悔　願悉弟子等承是懺悔無殺害想於諸眾生

□□於三行住座臥四威儀中恒常傷煞蹴踏著地細微衆生弟
子以凡夫識闇不覺不知今日發露皆悉懺悔　又復无始以來至于
今日或以鞭杖枷鏁桁械壓柆考掠打擲手脚蹴踏拘縛籠繫
斷絕永殺如是種種諸惡方便苦惱衆生今日至誠向十方佛尊
法聖衆皆悉懺悔　願弟子等承是恩悔无煞害想於諸衆生
得一子地若見危難急厄之者不惜身命方便救解脫然後為說最
妙正法使諸衆生覩形見影皆蒙安樂聞名聽聲恐怖悉除　作礼
盜竊劫盜之罪經中說言若物屬他他所守護於此物中一草一葉不與不
取何況盜竊但自衆生唯現在利故以種種方便非道而取致使未來
受此殃累是故經言劫盜之罪能令衆生墮於地獄餓鬼受苦若
在畜生則受牛馬驢騾駱駝等形以其所有身力血肉償他宿債
若生人中為他奴婢衣不蔽形食不充命貧寒困苦人理殆盡劫
盜既有如是苦果是故弟子今日至到稽顙歸依佛
如是十方盡虛空界一切三寶　弟子自從无始以來至於今日或盜
他財寶興刀強奪或自恃身逼迫而取或恃公威或假勢力高
拘大枷枉押良善吞納姦貨考直為此因緣身羅憲網或枉
那治領他財物假公益私假益公損彼利己損利彼割他自饒口
與心悋或盜設租估俻他開稅匿公課輸藏隱使役如是罪今悉懺
悔　或是佛法僧物不與而取或經像物或治營塔寺或供養常
住僧物或擬招提僧物或盜取誤用恃勢不還或自借或他人或復攝
儭痛忘或三寶物混亂雜用或以衆物穀米薪鹽豉醬酢菜茹
菓實錢帛竹木繒綵幡蓋香花油燭隨情逐意或自用或與
人或施佛花菓用僧鬘物因三寶物移自利己如是等罪
无量无邊今日慚愧皆悉懺悔又復无始已來至于今日或罪

住僧物或擬招提僧物或盜取誤用恃勢不還或自借或他人或復擭
餓漏忘或三寶物混亂雜用或以衆物穀米藂薪塩豉醬酢菜茹
菓實錢帛竹木繒綵幡蓋香花油燭隨情逐意或自用或與
人或種佛花菓用僧鬘物因三寶物移自利己如是等罪
无量无邊今日慚愧皆悉懺悔又復无始已來至于今日或罪
周旋朋友師僧同學父母兄弟六親眷屬共住同止百事所
須更相欺罔或於鄉隣比近移離拓墻侵他田宅改標易
相罔略田園因公託私奪人邸店及以毛野如是等罪今悉懺悔
又復无始來或攻城破邑燒村壞柵偷賣良人誘他奴婢或復枉
押无罪之人使其形殂血刃身被徒鏁家業破散骨肉生離分張
異域生死隔絕无量无邊今悉至到心皆盡懺悔　又復无始已
来至于今日或商估博貨邸店市易輕秤小升減割尺寸盜竊
分銖欺罔圭合以麁易好以短換長欺誑百端希望毫利
如是等罪今日悉懺悔　又復无始以來至于今日穿踰墻壁
斷道抄略抵突債息負情違要面欺心口或非道陵奪鬼神
禽獸四生之物或假託卜相取人財寶如是乃以利求利惡求多求
无厭无足如是等罪无量无邊不可說盡今日到向十方佛尊法
聖衆皆悉懺悔　願弟子等承是懺悔劫盜等罪所生功德
生生世世得如意寶常雨七珍上妙衣服百味甘饍種種湯藥隨
意所須應念即至一切衆生无偷奪想一切皆能少欲知足不耽不染
常樂惠施行慈齋道頭目髓腦如棄涕唾迴向滿足檀波羅蜜
作礼一拜　第三卷竟　次復懺悔貪愛之罪經中說言但為欲閉在
癡穀沒生死何莫作餓之賬出衆生為是五欲因緣從昔以來流轉生死
一衆生一劫之中所積身骨如王舍城毗富羅山所飲母乳如四海水身

蓋所願應念所至一切衆生死偷奪想一切皆能少欲知足不貪不染
常樂惠施行忍辱道頭目髓腦如棄涕唾迴向滿足檀波羅蜜
作礼一拜　第三卷竟
次復懺悔貪愛之罪經中說言但爲欲閉在
癡獄沒生死何莫作餓之賬出衆生爲是五欲因緣從昔以來流轉生死
一一衆生一劫之中所積身骨如王舍城毗富羅山所飲母乳如四海水身
所出血復過於此父母兄弟六親眷屬命終哭泣所出目淚如四海
水是故說言有愛則生受盡則滅故知生死貪愛爲本所以經
言婬欲之罪能令衆生墮於地獄餓鬼受苦若在畜生則受鴿雀
鴛鴦等身若生人中妻不貞良得不隨意眷屬不婬欲所有
弟子自從无始以來至於今日或通人妻妾奪他婦女侵陵貞潔汙
比丘尼破他梵行逼自不道濁心邪視言語嘲調或復恥門戶
汙賢善名或於男子女五種人所起不淨行如是等罪今悉懺悔
又復无始已來至於今日或眼爲色或受染玄黃紅紫珠璣玩寶
飾或取男女音聲言語長短黑白恣態之相起非法相或耳貪
好聲宮商絃管伎樂歌唱或取男女音聲啼哭之相起非法想
或鼻藉名香沉檀龍麝鬱金蘇合起非法相或舌貪好味鮮
美甘肥衆生血肉資養四大更增本處起非法相或身樂華綺錦
繡繒纊一切細滑七珍服起非想或意多亂相觸向乖法有此
相造罪无太深如是等罪无量无邊今日至到向十方佛尊法聖
衆皆悉懺悔　願弟子等承是懺悔婬欲等罪所生功德願生生
自然化生不由胞胎清淨皎潔相好光嚴六情開朗聰利明了達
恩愛猶如桎梏觀此六塵如幻如化於五欲決定厭離乃至夢中不
起耶想內外因緣永不能動願以懺悔眼根功德願令此眼徹見十方
諸佛淨清法身不以二相願以懺悔耳根功德願令耳常聞十方諸
佛賢聖所說正法如教奉行願以懺悔鼻根功德願令此鼻常聞
香積入法位香捨離生死不淨臭穢願以懺悔舌根功德願令此舌常
餐法喜禪悅之食不貪衆生血肉之味願以懺悔身根功德願令此身被
如來衣著忍辱鎧臥无畏床坐四禪座願以懺悔意根功德願令意

[illegible]
諸佛淨清法身不以二想願以懺悔耳根功德願令耳常聞十方諸
佛賢聖所說正法如教奉行願以懺悔鼻根功德願令此鼻常聞
香積入法位香猶離生死不淨臭穢願以懺悔舌根功德願令此舌常
飡法喜禪悅之食不貪衆生血肉之味願以懺悔身根功德願令此身披
如來衣著忍辱鎧臥无畏床坐四禪座願以懺悔意根功德願令意
成十相洞達五明深觀二諦空平等理從方便惠起十妙行入法流水
念念增明顯發如來大无生忍　作礼一拜　弟子等自從无始以來至於今日
以此懺悔身三業竟今當次弟懺悔口四惡業經終說言口業之罪能
令衆生墮於地獄餓鬼受苦若在畜生則受鵂鶹鴝鵒烏
形聞其聲者无不增惡若生人中口氣常臭所有言語人
不信受眷屬不和常好鬪諍口業既有如是惡果是故弟
子今日至誠歸依於佛　如是十方盡虛空界一切三寶
弟子等自從无始以來至於今日忘言兩舌惡綺語傳空謗
有言空不見言見見言不見不聞言聞聞言不聞不知
言知知言不知欺賢罔聖言行相乖自稱讚譽得過人法我
得禪无色四定阿那波那十六得觀得須陀洹至阿羅漢得辟
支佛不退菩薩天來龍來鬼來神來旋風土鬼皆至我所
彼問我答顯異惑中要世名利如是等罪今悉懺悔
又復无始以來至於今日或饒言鬪亂交扇彼此兩舌鬪構取弄
口舌向彼說此說此道彼離他眷屬壞人善友使抑塞者為
疏親舊者成怨或綺辭不實言不及語譏謗君父平薄師長
破壞忠良埋沒勝己通致二國彼此扇作浮花虛巧發言常虛
口是心非其途非一對面譽歎背則呵毀讀誦耶書傳耶惡法
或惡口罵詈言語麁獷或呼天叩地牽引鬼如是十方盡口業
所生諸罪无量无邊今至對向十方佛尊法聖衆皆悉懺悔
願弟子等承是懺悔口業衆罪所生功德生生世世具八音聲

破壞忠良埋沒勝己遂致二國彼此肩作浮花虛偽發言常虛
口是心非其塗非一對面譽歎背則呵毀讀誦耶書傳耶惡法
或惡口罵詈言語麁獷或呼天叩地牽引鬼神如是十方盡口業
所生諸罪无量无邊今日至對向十方佛尊法聖衆皆悉懺悔
願弟子等承是懺悔口業衆罪所生功德生生世世具八音聲
四无导辯常說和合利益之語其聲清雅一切樂聞善解衆生俗言
語若有所說應時應根令彼聽者即得解悟超凡入聖開發恵
眼 作礼一拜 第四卷竟 已懺悔身三口四竟次復懺悔佛法僧間一切諸
障經中佛說人身難得聞衆僧難值信心難生六根難具善友
難得而今相与宿殖善根得此身六根完具又值善友得聞政法於
其中間復各不能盡心精勤恐於未來長弱万若无有出期是故
弟子今日應復至到慚愧歸依佛 如是十方盡虛空界
一切三寶 弟子等自從无始以來至於今日常以无明覆蔽煩
惱障蔽見佛形像不能盡心恭敬輕蔑衆僧殘害善友破塔壞寺
焚燒形像出佛身血或自處花堂安置尊像卑猥之處使煙薰日
暴風吹雨露塵土汚穢雀鼠殘毀共住共宿曾无礼敬或裸露像
前初不嚴飾或遮掩燈燭閉開殿守障佛光明如是等罪今日至誠
皆悉懺悔 又復无始以來至于今日或於法間關鑰縱蟲噉損爛
以不淨手把捉經卷或臨經書非法俗語或臥床頭坐起不敬或
開閉箱篋垢穢蟲噉或手軸脫落部黨失次讓脫謬誤錦墨破
裂自不修理不肯流傳如是等罪今悉懺悔 或地聽經仰臥
讀誦高聲語嘆亂他聽法或耶解佛語僻說聖意非法說法法
說非法非犯說犯犯說非犯輕罪重罪重罪說輕或抄前著後抄後著
前前後著中中著前後綺錺文辭安置已典或為利養名譽恭
敬為說法无道德心求法師過而為論義非理褝擊不為長解
出世法或輕慢佛語尊重耶教毀呰大乘讚歎聞道如是等罪

BD04278號背　佛名經懺悔文（擬）　（18–14）

讀誦高聲語嘆亂他聽法或耶解佛語僻說聖意非法說法法
說非法非犯說犯犯說非犯輕罪重罪說輕或抄前著後抄後著
前前後著中中著前後綺飾文辭安置己典或為利養名譽恭
敬為說法无道德心求法師過而為論義非理禪擊不為長解
求出世法或輕慢佛語尊重耶教毀呰大乘讚聲聞道如是等罪
罪无量无邊今日至到皆悉懺悔　又復无始以來至於今日或
於法間有障戮害阿羅漢破和合僧害發无上菩提心人斷滅
佛種使聖道不行罷脫道人鞭拷沙門楚撻驅使苦言加謗
或破戒破於威儀或勸他人捨於八正受行五法或假託形儀閑竊
賊住如是罪今悉懺悔　或裸形輕衣在經像前不淨腳履
蹋上殿塔或著屣履入僧伽藍唾啑堂房汙佛僧地
乘車策馬排突寺舍如是等於三寶間所起罪障一
无量无邊今日至到向十方佛尊法聖衆皆悉懺悔
願弟子等承是懺悔佛法僧間所有罪障生生世世
常值三寶尊仰恭敬无有厭足天繒妙綵寶蓋瓔珞
繒高百千伎樂珍異花香非所有常以供養若未成佛
先往勸請門　甘露源門　若入涅槃願我常得最後供養
於衆僧中修六和敬得自在力興隆三寶上弘佛道
下化衆生　礼仏拜　无慚无愧以此罪故墮此地獄寶達
聞之悲泣而去　如上所説已懺悔於三寶間輕重之罪
其餘諸惡今當次第更復懺悔經中佛說有二種健兒
一者自不作罪二者作已能悔又長有二種白法能為衆生
滅除衆障一者慚二愧慚者自不作惡愧者不令他作慚
愧者可名為人若不慚愧與諸禽獸不相異也是故
弟子今日慚愧歸依佛　如是十方盡虛空界一切三寶

其餘諸惡今當次第更復懺悔經中佛說有二種健兒
一者自不作罪二者作已能悔又去有二種白法能為衆生
滅除衆障一者慚二愧慚者自不作惡愧者不令他作慚
愧者可名為人若不慚愧與諸禽獸不相異也是故
弟子今日慚愧歸依佛　如是十方盡虛空界一切三寶
弟子等无始以來至於今日或信邪倒見宰煞衆生解
奏魑魅魍魎鬼神欲希延年終不能得或忘言見鬼假
稱神語如是等罪今日慚愧皆悉懺悔　又復无始以來
至於今日或行動傲誕自高自大或持種姓輕慢一切貴
輕賤用强陵弱或飲酒鬪乱不避親疎惛醉終日不識尊
卑如是等罪今悉懺悔　或貪嗜飲食不有期度或食生
膾或噉五辛熏穢經像排突清衆縱心肆意不知限揆
疎遠善人狎近惡友如是等罪今悉懺悔　或貢高矯假
偃蹇自用輕忽尊長不識人情自是非他希望僥
倖如是等罪今悉懺悔　或臨財无讓不廉不恥屠肉沽酒欺誑
自活或出入息利計時責日積聚慳貪求无厭受人供養
不慚不愧或无戒德空納信使如是等罪今悉懺悔
或捶撻奴婢驅使僮吏不問寒暑或撥徹橋梁杜絕行路
如是等罪今悉懺悔　或放逸自恣无記散乱摴蒲圍碁
群會屯聚飲酒食肉更相恍賤无趣談話論說天下從年
竟歲空喪天日初中後夜禪誦不脩懈怠懶墮尸臥終日於六念
處心不經理見他勝事便生嫉妒心懷慘毒備起煩惱致使諸惡
猛風吹罪薪火常以熾然无有休息三業發善一切俱趣善法
既盡為一切闡提墮大地獄无有出期是故弟子今日至到稽
顙向十方佛一切三寶懺悔上來所有一切衆罪若輕若重若麁
若細若自作若教他作若隨喜作若以勢力逼迫令作如是乃

BD04278號背　佛名經懺悔文（擬）　（18–16）

竟歲空喪天日初中後夜禪誦不脩懈怠懶墮尸囚終日於六念
處心不輕理見他勝事便生嫉妬心懷惨毒備起煩惱致使諸惡
猛風吹罪薪火常以熾然无有休息三業塵善一切俱盡善法
既盡為一切闡提隨大地獄无有出期是故弟子今日至到稽
顙向十方佛一切三寶懺悔上來所有一切衆罪若輕若重若麁
若細若自作若教他人作若隨喜作若以勢力逼迫令作如是乃
至讚歎行惡法者今日誠發露懺悔願皆消滅
願弟子等承是懺悔一切諸惡所生功德生生世世慈和忠孝謙
卑忍辱知廉識善先意問訊從良貞謹清潔義讓遠離
惡友常遇善緣身攝六根敬護三業捍勞忍苦心不退
没立菩提志荷負衆生 作礼一拜 弟六巻始
已懺悔煩惱障已懺悔業障 所餘報
礼三寶已次復懺悔
障今當次弟披陳懺悔經中説言業報至時非空
非海中非入山石間无有地方所脫之不受報唯有
懺悔力乃能得除滅何以知然釋提桓因五衰相見恐
懼切心歸誠三寶五相即滅得延天年如是等比經教所明其
事非一故知懺悔實能滅禍但凡夫之人若不值善友更相
將導則靡惡不造致使大命將盡臨窮看之際地獄惡相
皆現在當今之時悔懼之交至不預脩善臨窮方悔後將何
及手殃禍異處宿顛叢持當獨趣入遠倒地獄所得
前行入於火鑊身心摧碎精神痛苦如此之時欲求一礼
懺豈復可得衆生等莫自恃盛年財寶勢力懶惰
懈怠放逸自恣死苦一至无問老少貧富貴賤皆悉
磨滅奄忽而至不令人知夫人命无常喻如朝露出
息雖存入息難保云何以此而不懺悔但五天使者既來无常
煞鬼奄至豈盛年壯色充得免者當今之時華臺邈守何

BD04278 號背　佛名經懺悔文（擬）　（18–17）

惡友棄遏善緣身攝六根斷諸三業[illegible]
沒丘菩提志荷負衆生 作礼一拜 第六卷始
礼三寶已次復懺悔 已懺悔煩惱障已懺悔業障所餘報
障今當次第披陳懺悔經中說言業報至時非空
非海中非入山石間无有地方所脫之不受報唯有
懺悔力乃能得除滅何以知然釋提桓因五衰相見恐
懼切心歸誠三寶五相即滅得延天年如是等比經教所明其
事非一故知懺悔實能滅禍但凡夫之人若不值善友更相
將導則靡惡不造致使大命將盡臨窮者之際地獄惡相
皆現在當尒之時悔懼交至不預脩善臨窮方悔後將何
及乎殊耦異處宿頭叢持當獨趣入遠倒地獄所得
前行入於大鑊身心摧碎精神痛苦如此之時欲求一礼
懺豈復可得衆生等莫自恃盛年財寶勢力懶惰
懈怠放逸自恣死苦一至无問老少貧富貴賤皆悉
磨滅奄忽而至不令人知夫人命无常喻如朝露出
息雖存入息難保云何以此而不懺悔但五天使者既來无常
煞鬼卒至盛年非色死得免者當尒之時華堂邃宇何
關人事高車大馬豈得自隨妻子眷屬非復我親七珍
寶飾迴為他玩以此而言世間果報皆為幻化上天雖

著 録 凡 例

本目錄採用條目式著錄法。諸條目意義如下：

1.1　著錄編號。用漢語拼音首字“BD”表示，意為“北京圖書館藏敦煌遺書”，簡稱“北敦號”。文獻寫在背面者，標註為“背”。一件遺書上抄有多個文獻者，用數字 1、2、3 等標示小號。一號中包括幾件遺書，且遺書形態各自獨立者，用字母 A、B、C 等區別。

1.2　著錄分類號。本條記目錄暫不分類，該項空缺。

1.3　著錄文獻的名稱、卷本、卷次。

1.4　著錄千字文編號。

1.5　著錄縮微膠卷號。

2.1　著錄遺書的總體數據。包括長度、寬度、紙數、正面抄寫總行數與每行字數、背面抄寫總行數與每行字數。如該遺書首尾有殘破，則對殘破部分單獨度量，用加號加在總長度上。凡屬這種情況，長度用括弧標註。

2.2　著錄每紙數據。包括每紙長度及抄寫行數或界欄數。

2.3　著錄遺書的外觀。包括：(1) 裝幀形式。(2) 首尾存況。(3) 護首、軸、軸頭、天竿、縹帶，經名是書寫還是貼簽，有無經名號，扉頁、扉畫。(4) 卷面殘破情況及其位置。(5) 尾部情況。(6) 有無附加物（蟲繭、油污、線繩及其他）。(7) 有無裱補及其年代。(8) 界欄。(9) 修整。(10) 其他需要交待的問題。

2.4　著錄一件遺書抄寫多個文獻的情況。

3.1　著錄文獻首部文字與對照本核對的結果。

3.2　著錄文獻尾部文字與對照本核對的結果。

3.3　著錄錄文。

3.4　著錄對文獻的説明。

4.1　著錄文獻首題。

4.2　著錄文獻尾題。

5　著錄本文獻與對照本的不同之處。

6.1　著錄本遺書首部可與另一遺書綴接的編號。

6.2　著錄本遺書尾部可與另一遺書綴接的編號。

7.1　著錄題記、題名、勘記等。

7.2　著錄印章。

7.3　著錄雜寫。

7.4　著錄護首及扉頁的內容。

8　著錄年代。

9.1　著錄字體。如有武周新字、合體字、避諱字等，予以説明。

9.2　著錄卷面二次加工的情況。包括句讀、點標、科分、間隔號、行間加行、行間加字、硃筆、墨塗、倒乙、刪除、兑廢等。

10　著錄敦煌遺書發現後，近現代人所加內容，裝裱、題記、印章等。

11　備註。著錄揭裱互見、圖版本出處及其他需要説明的問題。

上述諸條，有則著錄，無則空缺。

為避文繁，上述著錄中出現的各種參考、對照文獻，暫且不列版本説明。全目結束時，將統一編制本條記目錄出現的各種參考書目。

本條記目錄為農曆年份標註其公曆紀年時，未進行歲頭年末之換算，請讀者使用時注意自行換算。

條　記　目　錄

BD04201—BD04278

1.1　BD04201 號
1.3　妙法蓮華經卷二
1.4　玉 001
1.5　105:4918
2.1　149.6×26 厘米；3 紙；82 行，行 17 字。
2.2　01：51.7，28；　02：51.3，28；　03：46.6，26。
2.3　卷軸裝。首尾均脱。有烏絲欄。
3.1　首殘→大正 262，9/13C9。
3.2　尾殘→9/14C28。
8　7～18 世紀。唐寫本。
9.1　楷書。
11　圖版：《敦煌寶藏》，87/229B～231B。

1.1　BD04202 號
1.3　妙法蓮華經卷四
1.4　玉 002
1.5　105:5386
2.1　138.7×25.5 厘米；3 紙；73 行，行 17 字。
2.2　01：49.4，28；　02：49.5，28；　03：39.8，17。
2.3　卷軸裝。首脱尾殘。經黄打紙。第 1、2 紙接縫處上開裂。有烏絲欄。
3.1　首殘→大正 262，9/33A26。
3.2　尾殘→9/34A23。
8　7～8 世紀。唐寫本。
9.1　楷書。
11　圖版：《敦煌寶藏》，91/260B～262A。

1.1　BD04203 號
1.3　金剛般若波羅蜜經
1.4　玉 003
1.5　094:3787
2.1　（8+110.8）×25.5 厘米；3 紙；68 行，行 17 字。
2.2　01：8+12.3，12；　02：49.0，28；　03：49.5，28。
2.3　卷軸裝。首殘尾脱。經黄紙。有烏絲欄。
3.1　首 5 行上、下殘→大正 235，8/749B8～13。
3.2　尾殘→8/750A20。
8　7～8 世紀。唐寫本。
9.1　楷書。
9.2　有行間校加字。
11　圖版：《敦煌寶藏》，80/342B～344A。

1.1　BD04204 號
1.3　阿彌陀經
1.4　玉 004
1.5　014:0184
2.1　（10+65.3）×26.2 厘米；3 紙；43 行，行 17 字。
2.2　01：10+3.3，07；　02：47.0，28；　03：15.0，08。
2.3　卷軸裝。首殘尾全。首紙有殘洞，1、2 紙有横向裂縫。卷背有鳥糞。有烏絲欄。已修整。
3.1　首 5 行下殘→大正 366，12/347B29～C5。
3.2　尾全→12/348A28。
8　8 世紀。唐寫本。
9.1　楷書。
11　圖版：《敦煌寶藏》，57/75B～76B。

1.1　BD04205 號
1.3　金光明最勝王經卷五
1.4　玉 005
1.5　083:1735
2.1　（6.9+514.6）×25 厘米；13 紙；321 行，行 17 字。
2.2　01：02.4，01；　02：4.5+40，28；　03：44.5，28；
　04：44.5，28；　05：44.8，28；　06：44.8，28；
　07：44.5，28；　08：44.5，28；　09：44.5，28；
　10：44.5，28；　11：44.5，28；　12：44.0，28；
　13：29.5，12。
2.3　卷軸裝。首殘尾全。卷首上下殘缺。背有古代裱補。有烏

絲欄。已修整。
3.1　首4行上下殘→大正665，16/423B24～28。
3.2　尾全→16/427B13。
4.2　金光明最勝王經卷第五（尾）。
5　尾附音義。
8　8～9世紀。吐蕃統治時期寫本。
9.1　楷書。
9.2　有行間校加字。
11　圖版：《敦煌寶藏》，69/514A～520B。

1.1　BD04206號
1.3　大寶積經（兑廢稿）卷六七
1.4　玉006
1.5　377:8489
2.1　48.7×26.2厘米；1紙；28行，行17字。
2.3　卷軸裝。首尾均脱。有烏絲欄。
3.1　首殘→大正310，11/380A20。
3.2　尾殘→11/380B19。
8　9～10世紀。歸義軍時期寫本。
9.1　楷書。
9.2　有行間加行。
11　圖版：《敦煌寶藏》，110/449B～450A。

1.1　BD04207號
1.3　大般若波羅蜜多經卷八三
1.4　玉007
1.5　084:2234
2.1　（16.5+568.7）×25.9厘米；13紙；343行，行17字。
2.2　01：13.0，07；　02：3.5+44.2，28；　03：48.0，28；
04：47.5，28；　05：47.5，28；　06：47.6，28；
07：47.8，28；　08：47.5，28；　09：48.1，28；
10：47.8，28；　11：48.0，28；　12：47.5，28；
13：47.2，28。
2.3　卷軸裝。首殘尾脱。第1紙有殘洞，第2紙殘破，第3紙下邊殘缺、横向殘破，背有古代裱補。有烏絲欄。
3.1　首9行下殘→大正220，5/463A24～B4。
3.2　尾殘→5/467A19。
6.2　尾→BD04006號。
8　8～9世紀。吐蕃統治時期寫本。
9.1　楷書。
9.2　有刮改。
11　圖版：《敦煌寶藏》，72/380A～387B。

1.1　BD04208號
1.3　金光明最勝王經卷一
1.4　玉008
1.5　083:1443
2.1　（4+645.7）×25厘米；15紙；379行，行17字。
2.2　01：4+33.5，23；　02：46.2，27；　03：46.5，28；
04：46.5，28；　05：46.0，28；　06：46.0，28；
07：46.7，28；　08：46.4，28；　09：46.5，28；
10：46.5，28；　11：46.5，28；　12：46.5，28；
13：46.3，28；　14：45.8，21；　15：09.8，拖尾。
2.3　卷軸裝。首殘尾全。全卷破碎嚴重，背有古代裱補。有燕尾。有烏絲欄。已修整。
3.1　首3行中下殘→大正665，16/403A8～11。
3.2　尾全→16/408A28。
4.2　金光明最勝王經卷第一（尾）。
5　尾題後附音義2行。
8　9～10世紀。歸義軍時期寫本。
9.1　楷書。
11　圖版：《敦煌寶藏》，67/597A～605A。

1.1　BD04209號
1.3　金光明最勝王經卷三
1.4　玉009
1.5　083:1633
2.1　170.6×26.2厘米；4紙；100行，行17字。
2.2　01：42.7，25；　02：42.8，25；　03：42.6，25；
04：42.5，25。
2.3　卷軸裝。首尾均脱。上邊有等距離火燒殘缺。有烏絲欄。
3.1　首殘→大正665，16/415B23。
3.2　尾殘→16/416C12。
8　7～8世紀。唐寫本。
9.1　楷書。
11　圖版：《敦煌寶藏》，69/46A～48A。

1.1　BD04210號
1.3　大乘密嚴經（地婆訶羅本）卷下
1.4　玉010
1.5　040:0394
2.1　（3.5+259.4+3.5）×27厘米；7紙；148行，行17字。
2.2　1：3.5+4.5，04；　02：43.3，24；　03：43.1，24；
04：43.3，24；　05：43.2，24；　06：43.0，24；
07：39+3.5，24。
2.3　卷軸裝。首尾均殘。經黄紙。卷背有上下界欄。
3.1　首中下殘→大正681，16/742B19。
3.2　尾2行上中殘→16/745B4～7。
5　與《大正藏》對照，分段略有不同。
6.1　首→BD03942號。
6.2　尾→BD04138號。
8　7～8世紀。唐寫本。
9.1　楷書。
11　圖版：《敦煌寶藏》，58/503B～507A。

1.1 BD04211 號
1.3 妙法蓮華經卷四
1.4 玉 011
1.5 105:5373
2.1 209.8×26.8 厘米；5 紙；119 行，行 17 字。
2.2 01：42.8，24；　02：42.0，24；　03：42.0，24；
04：42.0，24；　05：41.0，23。
2.3 卷軸裝。首脫尾殘。第 1、2 紙及 2、3 紙接縫處下開裂。有烏絲欄。
3.1 首殘→大正 262，9/32B25。
3.2 尾殘→9/34A10。
8 7～8 世紀。唐寫本。
9.1 楷書。
11 圖版：《敦煌寶藏》，91/235A～238A。

1.1 BD04212 號
1.3 金光明最勝王經卷一〇
1.4 玉 012
1.5 083:1986
2.1 （9+241.1）×28.4 厘米；7 紙；150 行，行字不等。
2.2 01：9+5.5，09；　02：41.8，25；　03：41.8，25；
04：41.5，25；　05：41.5，25；　06：41.5，25；
07：27.5，16。
2.3 卷軸裝。首尾均殘。卷首下部殘缺。卷面多油漬。有烏絲欄。已修整
3.1 首 6 行中下殘→大正 665，16/452A21～27。
3.2 尾殘→16/455A1。
8 8～9 世紀。吐蕃統治時期寫本。
9.1 楷書。
11 圖版：《敦煌寶藏》，71/276A～279A。

1.1 BD04213 號
1.3 四分比丘尼戒本
1.4 玉 013
1.5 157:6969
2.1 （2.5+154）×27 厘米；5 紙；107 行，行 23 字。
2.2 01：2.5+8，07；　02：36.5，25；　03：36.5，25；
04：36.5，25；　05：36.5，25。
2.3 卷軸裝。首殘尾脫。有烏絲欄。
3.1 首 2 行中下殘→大正 1431，22/1034B2～4。
3.2 尾殘→22/1036A5。
5 與《大正藏》本對照，文字略有不同。
8 9～10 世紀。歸義軍時期寫本。
9.1 楷書。
11 圖版：《敦煌寶藏》，103/171B～173A。

1.1 BD04214 號
1.3 妙法蓮華經卷一
1.4 玉 014
1.5 105:4675
2.1 139.7×25.2 厘米；3 紙；84 行，行 16～18 字。
2.2 01：46.7，28；　02：46.5，28；　03：46.5，28。
2.3 卷軸裝。首尾均脫。經黃打紙。有烏絲欄。
3.1 首殘→大正 262，9/7B16。
3.2 尾殘→9/9A16。
8 7～8 世紀。唐寫本。
9.1 楷書。
11 圖版：《敦煌寶藏》，85/250A～251B。

1.1 BD04215 號
1.3 思益梵天所問經卷一
1.4 玉 015
1.5 043:0402
2.1 904.4×26 厘米；19 紙；509 行，行 17 字。
2.2 01：25.0，15；　02：48.3，28；　03：48.5，28；
04：48.2，28；　05：48.5，28；　06：48.8，28；
07：48.8，28；　08：49.0，28；　09：49.0，28；
10：49.0，28；　11：49.0，28；　12：49.0，28；
13：50.0，28；　14：48.1，28；　15：49.0，28；
16：49.0，28；　17：49.0，28；　18：49.9，28；
19：48.3，18。
2.3 卷軸裝。首殘尾全。卷面有等距離水漬及黴斑，卷尾有蟲繭。有燕尾。有烏絲欄。
3.1 首斷→大正 586，15/33C9。
3.2 尾全→15/40B20。
4.2 思益經卷第一（尾）。
8 9～10 世紀。歸義軍時期寫本。
9.1 楷書。
9.2 有硃筆校改。
11 圖版：《敦煌寶藏》，58/575A～587A。

1.1 BD04216 號
1.3 金剛般若波羅蜜經
1.4 玉 016
1.5 094:4345
2.1 155.8×26 厘米；5 紙；67 行，行 17 字。
2.2 01：03.0，02；　02：20.0，12；　03：47.0，28；
04：65.8，25；　05：20.0，拖尾。
2.3 卷軸裝。首殘尾全。卷首 2 行下部殘缺。尾有原軸，鑲蓮蓬形軸頭，螺鈿鑲嵌已脫落。有烏絲欄。
3.1 首 2 行中下殘→大正 235，8/751C9～11。
3.2 尾全→8/752C3。
4.2 金剛般若波羅蜜經（尾）。
5 與《大正藏》本對照，本卷經文無冥司偈，參見《大正

藏》，8/751C16～19。
8　9～10 世紀。歸義軍時期寫本。
9.1　楷書。
9.2　有硃筆行間校加字。
11　圖版：《敦煌寶藏》，83/25B～27A。

1.1　BD04217 號
1.3　大般涅槃經（北本）卷一二（原缺）
1.4　玉 017
3.4　説明：

查原京師圖書館藏《敦煌石室經卷總目》第四冊卷首目錄，“玉字一百卷”下註有“缺第十七卷，江先生親註未見”。第 40 葉 A 面，稱該玉 017 號長度為 6 尺 4 寸，首字為“見責”，尾字為“禪歡”。天頭標註為“涅槃”，又用鉛筆標註“原缺”。地脚有墨筆三角，並標註“未見”。整條著錄未見鈐有查勘印。由此，該卷應在入藏早期，即已遺失。

陳垣《敦煌劫餘錄》作“玉 17 號原缺”。

按：按照上述記載，該號可能為《大般涅槃經》（北本）卷一二。

首部二行經文為：

見人糞中有菴羅果即便取之有智見已呵

責之言汝婆羅門種姓清淨何故取是糞中

參見《大正藏》374，12/435C27～29。

尾部二行經文為：

彼第四禪内外過患一切無故善男子初禪

過患内有覺觀外有火災二禪過患内有歡

參見《大正藏》374，12/437B1～3。

原卷共計 120 行。按照古代寫經一般規格，每紙抄寫 28 行，則平均為 4.29 紙。以每紙約 50 厘米計，則原卷長度總計約為 2.14 米。與上述 6 尺 4 寸基本相合。

1.1　BD04218 號
1.3　妙法蓮華經卷四
1.4　玉 018
1.5　105:5341
2.1　(3.9+192.4)×25.4 厘米；4 紙；112 行，行 17 字。
2.2　01：3.9+44.5，28；　02：49.2，28；　03：49.5，28；
04：49.2，28。
2.3　卷軸裝。首殘尾脱。經黄打紙。卷首殘破嚴重，卷面多水漬，通卷中間殘裂。有烏絲欄。
3.1　首 2 行下殘→大正 262，9/31C6～8。
3.2　尾殘→9/33A26。
8　7～8 世紀。唐寫本。
9.1　楷書。
11　圖版：《敦煌寶藏》，91/94A～96B。

1.1　BD04219 號
1.3　金剛般若波羅蜜經
1.4　玉 019
1.5　094:4197
2.1　(1.5+117.3+3.5)×26 厘米；3 紙；72 行，行 17 字。
2.2　01：1.5+45.5，28；　02：47.5，28；
03：24.3+3.5，16。
2.3　卷軸裝。首尾均殘。有烏絲欄。
3.1　首 2 行下殘→大正 235，8/750C22～24。
3.2　尾 2 行上殘→8/751C9～11。
8　9～10 世紀。歸義軍時期寫本。
9.1　楷書。
11　圖版：《敦煌寶藏》，82/373B～375A。

1.1　BD04220 號
1.3　灌頂章句拔除過罪生死得度經
1.4　玉 020
1.5　250:7497
2.1　(5.9+112.7+2.2)×25.5 厘米；4 紙；72 行，行 17 字。
2.2　01：5.9+4.9，06；　02：46.5，28；　03：46.4，28；
04：14.9+2.2，10。
2.3　卷軸裝。首尾均殘。經黄紙。首紙有横裂，第 2 紙下邊有殘損。有烏絲欄。
3.1　首 3 行上殘→大正 1331，21/533A29～B3。
3.2　尾行上殘→21/534A15～16。
8　7～8 世紀。唐寫本。
9.1　楷書。
11　圖版：《敦煌寶藏》，106/487A～488B。

1.1　BD04221 號
1.3　金剛般若波羅蜜經
1.4　玉 021
1.5　094:4224
2.1　207×24.5 厘米；6 紙；正面 126 行，行 17 字；背面 2 行，行字不等。
2.2　01：03.0，02；　02：42.0，26；　03：41.5，26；
04：41.5，26；　05：41.5，26；　06：37.5，20。
2.3　卷軸裝。首殘尾全。卷面多水漬，第 6 紙中部破裂。背有古代裱補，紙上有字，朝裏粘貼，難以辨認。有烏絲欄。
2.4　本遺書包括 2 個文獻：（一）《金剛般若波羅蜜經》，126 行，抄寫在正面，今編為 BD04221 號。（二）《殘文書》（擬），2 行，抄寫在背面裱補紙上，今編為 BD04221 號背。
3.1　首殘→大正 235，8/751A7。
3.2　尾全→8/752C3。
4.2　金剛般若波羅蜜經（尾）。
5　與《大正藏》本對照，本卷經文無冥司偈，參見《大正藏》，8/751C16～19。
8　7～8 世紀。唐寫本。

9.1　楷書。
11　圖版：《敦煌寶藏》，82/438B～441A。

1.1　BD04221 號背
1.3　殘文書（擬）
1.4　玉 021
1.5　094:4224
2.4　本遺書由 2 個文獻組成，本號為第 2 個，2 行，抄寫在背面裱補紙上。餘參見 BD04221 號之第 2 項、第 11 項。
3.3　錄文：
（前殘）
□…□錢主/
□…□□立□崇（?）教（?）婢子/
（後殘）
3.4　說明：
筆跡模糊。該紙另一面還有文字，但朝裏粘貼，難以辨認。
8　9～10 世紀。歸義軍時期寫本。
9.1　楷書。

1.1　BD04222 號
1.3　妙法蓮華經卷六
1.4　玉 022
1.5　105:5790
2.1　593.6×26 厘米；15 紙；326 行，行 17 字。
2.2　01：41.0，23；　02：42.0，23；　03：41.7，23；
04：41.7，23；　05：41.7，23；　06：41.7，23；
07：41.7，23；　08：41.7，23；　09：41.7，23；
10：41.7，23；　11：41.7，23；　12：41.8，23；
13：41.5，23；　14：43.0，24；　15：09.0，03。
2.3　卷軸裝。首脱尾全。卷面刷黄。第 1 紙上邊有破裂，第 13 紙中間有 2 處殘洞，第 12、13 紙接縫處中間有開裂。卷面有鳥糞，上邊有 2 處蟲繭。背有古代裱補。有烏絲欄。
3.1　首殘→大正 262，9/50C20。
3.2　尾全→9/55A9。
4.2　妙法蓮華經卷第六（尾）。
7.1　卷首背有勘記“法花經第六卷”。
8　7～8 世紀。唐寫本。
9.1　楷書。
9.2　有行間校加字。有刮改。有重文號。
11　圖版：《敦煌寶藏》，95/119B～127A。

1.1　BD04223 號 1
1.3　梵網經盧舍那佛說菩薩心地戒品第十卷下
1.4　玉 023
1.5　143:6741
2.1　（20+333）×24.5 厘米；6 紙；234 行，行 17 字。
2.2　01：20+7，19；　02：34.5，24；　03：76.0，52；
04：76.0，52；　05：75.5，52；　06：64.0，35。
2.3　卷軸裝。首殘尾全。首紙殘缺嚴重，卷上邊殘缺，卷尾有破裂。背有墨筆痕；有古代裱補紙，上有文字，向裏粘貼，難以辨認。卷背有雜畫。有烏絲欄。
2.4　本遺書包括 3 個文獻：（一）《梵網經盧舍那佛說菩薩心地戒品第十》卷下，211 行，抄寫在正面，今編爲 BD04223 號 1。（二）《七佛遺教偈》，23 行半，抄寫在正面，今編為 BD04221 號 2。（三）《白畫人像》（擬），畫在卷背，今編爲 BD04223 號背。
3.1　首 14 行中下殘→大正 1484，24/1006B26～C10。
3.2　尾全→24/1010A21。
4.2　梵網經卷下（尾）。
5　與《大正藏》本對照，卷尾附有《七佛遺教偈》。
8　8～9 世紀。吐蕃統治時期寫本。
9.1 楷書。
9.2　有行間校加字。有倒乙。
11　圖版：《敦煌寶藏》，101/437B～443A。

1.1　BD04223 號 2
1.3　七佛遺教偈
1.4　玉 023
1.5　143:6741
2.1　本遺書由 3 個文獻組成，本號爲第 2 個，23 行半抄寫在正面。餘參見 BD04223 號 1 之第 2 項、第 11 項。
3.4　說明：
本文獻所錄為過去七佛遺教。具體內容與《彌沙塞五分戒本》結尾之七佛遺教偈（參見《大正藏》，22/199C21～200B05）基本相同，行文略有修訂，且把末尾長行改爲偈頌。
本遺書將該《七佛遺教偈》放在《梵網經》經文末尾，尾題之前，實則作爲《梵網經》附錄，與《梵網經》應視爲一個整體。
4.1　七佛遺教戒（偈）（首）。
7.3　尾紙空白處有雜寫若干字，可辨“送”字。
8　8～9 世紀。吐蕃統治時期寫本。
9.1　楷書。
11　圖版：《敦煌寶藏》，101/437B～443A。

1.1　BD04223 號背
1.3　白畫人像（擬）
1.4　玉 023
1.5　143:6741
2.1　本遺書由 3 個文獻組成，本號爲第 3 個，畫在背面。餘參見 BD04223 號 1 之第 2 項、第 11 項。
3.4　說明：
首紙背有一白描合掌信徒跪像。

1.1　BD04224 號

1.3　勝鬘經疏（擬）
1.4　玉 024
1.5　013:0113
2.1　(7.5 +455.7) ×25 厘米；14 紙；311 行，行約 27 字。
2.2　01：07.5，05；　02：36.5，24；　03：36.8，24；
04：36.8，24；　05：36.5，24；　06：36.5，24；
07：36.5，24；　08：36.5，24；　09：36.6，34；
10：36.5，24；　11：36.5，24；　12：36.5，23；
13：36.5，24；　14：17 +12.5，19。
2.3　卷軸裝。首尾均殘。卷下部有破裂，尾 2 紙有碎損，末紙殘缺嚴重。有烏絲欄。已修整。
3.4　説明：
本文獻首 5 行上下殘，尾 7 行下殘。未為歷代大藏經所收。與 BD05793 號為同一文獻，所存文字相當於 BD05793 號的第 512 行到第 848 行。兩者可以互校。
8　5 ~6 世紀。南北朝寫本。
9.1　隸書。
9.2　有硃、墨筆點標。有重文號。
10　第 3 紙上邊有紅藍鉛筆印記。
11　圖版：《敦煌寶藏》，56/528B ~535B。

1.1　BD04225 號
1.3　大般若波羅蜜多經卷五五七
1.4　玉 025
1.5　084:3347
2.1　47.6 ×26.3 厘米；1 紙；27 行，行 17 字。
2.3　卷軸裝。首脱尾全。卷首有殘破。有烏絲欄。
3.1　首殘→大正 220，7/877B3。
3.2　尾全→7/877C1。
4.2　大般若波羅蜜多經卷第五百五十七（尾）。
8　8 ~9 世紀。吐蕃統治時期寫本。
9.1　楷書。
11　圖版：《敦煌寶藏》，77/330B。

1.1　BD04226 號
1.3　法華經疏（擬）
1.4　玉 026
1.5　108:6197
2.1　(8 +519.1) ×26.2 厘米；16 紙；333 行，行 28 ~29 字。
2.2　01：8 +9.5，11；　02：35.5，23；　03：35.5，23；
04：36.0，23；　05：36.0，23；　06：36.0，23；
07：36.0，23；　08：36.0，23；　09：36.0，23；
10：36.0，23；　11：36.0，23；　12：36.0，23；
13：36.2，23；　14：36.0，23；　15：36.1，23；
16：6.3 +1.5。
2.3　卷軸裝。首尾均殘。卷首上下殘缺，接縫處多有開裂。
3.4　説明：
本文獻未為歷代大藏經所收。
8　5 ~6 世紀。南北朝寫本。
9.1　行書。
9.2　有行間校加字。有倒乙。
11　圖版：《敦煌寶藏》，97/244B ~251A。

1.1　BD04227 號
1.3　金光明最勝王經卷六
1.4　玉 027
1.5　083:1793
2.1　(3 +75.7) ×25.3 厘米；3 紙；49 行，行 17 字。
2.2　01：3 +22.7，16；　02：45.0，28；　03：08.0，05。
2.3　卷軸裝。首殘尾斷。通卷殘破嚴重，卷首、卷尾脱落 2 塊殘片，已綴接。有烏絲欄。已修整。
3.1　首 2 行下殘→大正 665，16/430B7 ~8。
3.2　尾殘→16/430C29。
8　8 ~9 世紀。吐蕃統治時期寫本。
9.1　楷書。
11　圖版：《敦煌寶藏》，70/104A ~105A。

1.1　BD04228 號
1.3　大般若波羅蜜多經卷二一四
1.4　玉 028
1.5　084:2548
2.1　(43 +3.7) ×25.6 厘米；1 紙；28 行，行 17 字。
2.3　卷軸裝。首脱尾殘。卷面殘破嚴重。有烏絲欄。
3.1　首殘→大正 220，6/71B1。
3.2　尾 2 行下殘→6/71B28 ~29。
8　8 ~9 世紀。吐蕃統治時期寫本。
9.1　楷書。
11　圖版：《敦煌寶藏》，74/50A。

1.1　BD04229 號
1.3　大般若波羅蜜多經卷一九二
1.4　玉 029
1.5　084:2477
2.1　(1.8 +155.3 +2.6) ×26 厘米；5 紙；95 行，行 17 字。
2.2　01：01.8，01；　02：47.0，28；　03：47.3，28；
04：47.3，28；　05：13.7 +2.6，10。
2.3　卷軸裝。首尾均殘。有烏絲欄。
3.1　首上下殘→大正 220，5/1030B9。
3.2　尾 2 行上殘→5/1031B15 ~16。
6.2　尾→BD04259 號。
8　8 ~9 世紀。吐蕃統治時期寫本。
9.1　楷書。
11　圖版：《敦煌寶藏》，73/429B ~431B。

1.1 BD04230 號
1.3 大般若波羅蜜多經卷五一五
1.4 玉 030
1.5 084:3271
2.1 (5.8+820.9)×26.2 厘米；18 紙；470 行，行 17 字。
2.2 01：5.8+29.8，20； 02：49.0，28； 03：48.8，28；
04：49.1，28； 05：48.9，28； 06：49.1，28；
07：49.1，28； 08：48.9，28； 09：49.1，28；
10：49.0，28； 11：49.1，28； 12：49.1，28；
13：48.8，28； 14：49.3，28； 15：49.2，28；
16：48.8，28； 17：48.9，28； 18：06.9，02。
2.3 卷軸裝。首殘尾全。首紙有焦炙殘洞。有烏絲欄。
3.1 首 3 行上中殘→大正 220，7/630C19~20。
3.2 尾全→7/636A22。
4.2 大般若波羅蜜多經卷第五百一十五（尾）。
8 8 世紀。唐寫本。
9.1 楷書。
11 圖版：《敦煌寶藏》，77/79A~89B。

1.1 BD04231 號
1.3 金剛般若波羅蜜經
1.4 玉 031
1.5 094:3735
2.1 (16+459.5)×26.5 厘米；10 紙；272 行，行 17 字。
2.2 01：16+31.5，28； 02：48.0，28； 03：47.0，28；
04：47.8，27； 05：47.7，28； 06：47.5，28；
07：47.5，28； 08：47.5，27； 09：47.5，28；
10：47.5，22。
2.3 卷軸裝。首殘尾全。卷首殘破；卷面有水漬，尾部尤多；第 5、6 紙間接縫處開裂。背有古代裱補。有烏絲欄。
3.1 首 9 行下殘→大正 235，8/749A18~29。
3.2 尾全→8/752C3。
4.2 金剛般若波羅蜜經（尾）。
5 與《大正藏》本對照，本卷經文無冥司偈，參見《大正藏》，8/751C16~19。
8 8 世紀。唐寫本。
9.1 楷書。
11 圖版：《敦煌寶藏》，80/90B~96B。

1.1 BD04232 號
1.3 維摩詰所說經卷上
1.4 玉 032
1.5 070:1044
2.1 (1.5+112.5+2)×24.5 厘米；3 紙；81 行，行 17 字。
2.2 01：1.5+34，26； 02：39.5，28； 03：39+2，27。
2.3 卷軸裝。首尾均殘。通卷殘破嚴重，背有古代裱補。有烏絲欄。
2.4 本遺書包括 2 個文獻：（一）《維摩詰所說經》卷上，81 行，抄寫在正面，今編為 BD04232 號。（二）《豬狗致哥嫂狀》（擬），14 行，抄寫在背面，今編為 BD04232 號背。
3.1 首殘→大正 475，14/542A28~29。
3.2 尾殘→14/543A26。
8 7~8 世紀。唐寫本。
9.1 楷書。
11 圖版：《敦煌寶藏》，64/458B~460A。

1.1 BD04232 號背
1.3 豬狗致哥嫂狀（擬）
1.4 玉 032
1.5 070:1044
2.1 本遺書包括 2 個文獻，本號爲第 2 個，14 行。餘參見 BD04232 號之第 2 項、第 11 項。
3.3 錄文：
［仲］（?）冬嚴寒，伏維 哥嫂尊體，動止萬福。即此/
［豬］狗蒙恩，在此平善。昨初冬得書，蒙誨示。/
□哥嫂萬福青（清）吉。又緣豬狗還憂在此，非□/
□樂。雖未得袈裟在體，且得八戒安身。現投（換?）/
［咨］（?）許（?）文印出家。並身不久。即當拜奉。豬/
［狗］在此蒙法藏闍梨安育，兄弟、男女不異。/
□不遠憂。昨晝師惠滿邊，雖不奉伏，具知/
□遛願垂昭。悉限以（?）路遠拜奉未由。謹/
□沙州百姓回（?）次。奉此起居不宣。謹狀丑年/
□二月十三日男豬狗狀/。
哥嫂座隨狀起居阿姨六子七子/
附帖及
法藏隨狀借問李二夫妻/
請不遠□。
（錄文完）
8 9~10 世紀。歸義軍時期寫本。
9.1 行書。

1.1 BD04233 號
1.3 佛名經（十六卷本）卷一三
1.4 玉 033
1.5 063:0760
2.1 280.2×25.5 厘米；6 紙；168 行，行 17 字。
2.2 01：46.7，28； 02：46.7，28； 03：46.7，28；
04：46.7，28； 05：46.7，28； 06：46.7，28。
2.3 卷軸裝。首尾均脫。經黃紙。第 4、5 紙接縫下部開裂，第 6 紙上部破裂。有烏絲欄。
3.1 首殘→《七寺古逸經典研究叢書》，3/646 頁第 111 行。
3.2 尾殘→《七寺古逸經典研究叢書》，3/660 頁第 296 行。
8 7~8 世紀。唐寫本。
9.1 楷書。

11　圖版：《敦煌寶藏》，62/166A～169B。

1.1　BD04234 號
1.3　大般若波羅蜜多經卷三〇三
1.4　玉 034
1.5　084：2832
2.1　（11＋827.9）×25.8 厘米；19 紙；507 行，行 17 字。
2.2　01：11＋29.2，25；　02：45.5，28；　03：45.6，28；
04：45.6，28；　05：45.7，28；　06：45.6，28；
07：45.5，28；　08：45.7，28；　09：45.6，28；
10：45.6，28；　11：45.5，28；　12：45.7，28；
13：45.5，28；　14：45.5，28；　15：45.5，28；
16：45.5，28；　17：45.6，28；　18：45.5，28；
19：24.0，06。
2.3　卷軸裝。首殘尾全。尾有原軸，兩端塗黑漆。卷首有殘洞，上下邊殘破。卷前部下邊有殘破；有烏絲欄。已修整。
3.1　首 7 行上下殘→大正 220，6/541A28～B5。
3.2　尾全→6/547B20。
4.1　□…□品第卌之一（首）。
4.2　大般若波羅蜜多經卷第三百三（尾）。
7.1　尾題之後有題記“勘了”。第 1 紙背面有勘記“三十一袟，三”，前者是本文獻所屬袟次，後者是袟内卷次。
8　8～9 世紀。吐蕃統治時期寫本。
9.1　楷書。
11　圖版：《敦煌寶藏》，75/203A～213B。

1.1　BD04235 號
1.3　大寶積經（兑廢稿）卷一一七
1.4　玉 035
1.5　377：8497
2.1　47.7×26 厘米；1 紙；28 行，行 17 字。
2.3　卷軸裝。首尾均脱。有烏絲欄。
3.1　首殘→大正 310，11/663C21。
3.2　尾殘→11/664A21。
7.1　卷尾背有勘記“卷第一百一十七，近下”。
8　8～9 世紀。吐蕃統治時期寫本。
9.1　楷書。
9.2　下邊有加行。
11　圖版：《敦煌寶藏》，110/458B～459A。

1.1　BD04236 號
1.3　妙法蓮華經卷一
1.4　玉 036
1.5　105：4595
2.1　232.9×25.2 厘米；5 紙；140 行，行 17 字。
2.2　01：46.7，28；　02：46.6，28；　03：46.6，28；
04：46.6，28；　05：46.4，28。
2.3　卷軸裝。首尾均脱。經黄打紙，砑光上蠟。第 4 紙下邊有破裂。有烏絲欄。
3.1　首殘→大正 262，9/5A15。
3.2　尾殘→9/7B11。
8　7～8 世紀。唐寫本。
9.1　楷書。
11　圖版：《敦煌寶藏》，85/32A～35A。

1.1　BD04237 號
1.3　大般若波羅蜜多經卷四一二
1.4　玉 037
1.5　405：8554
2.1　（8＋126.2）×25.4 厘米；3 紙；82 行，行 17 字。
2.2　01：8＋34.2，26；　02：45.5，28；　03：46.5，28。
2.3　卷軸裝。首殘尾脱。卷首殘破嚴重，有殘洞，卷中間有殘裂。有烏絲欄。
3.1　首 5 行上下殘→大正 220，7/62C7～14。
3.2　尾殘→7/63C4。
4.1　□…□第四百一十二，/□…□之二，三藏法師玄奘奉詔□/（首）。
7.1　第 1 紙背面有勘記“四百一十二”。
8　7～8 世紀。唐寫本。
9.1　楷書。
11　圖版：《敦煌寶藏》，110/569B～571B。

1.1　BD04238 號
1.3　善惡因果經
1.4　玉 038
1.5　291：8270
2.1　64.3×25.3 厘米；2 紙；27 行，行 17 字。
2.2　01：16.8，護首；　02：47.5，27。
2.3　卷軸裝。首全尾脱。經黄紙。有護首，有竹質天竿及縹帶殘根。護首與後紙脱開。有烏絲欄。卷中脱落一塊古代裱補紙，無字。
3.1　首全→大正 2881，85/1380B17。
3.2　尾殘→85/1380C16。
4.1　佛説善惡因果經（首）。
6.2　尾→BD00858 號。
7.4　護首有經名“佛説善惡因果經”，上有經名號。
8　7～8 世紀。唐寫本。
9.1　楷書。
11　圖版：《敦煌寶藏》，109/460B～461B。

1.1　BD04239 號
1.3　無量壽宗要經
1.4　玉 039
1.5　275：8017

2.1　38.5×31 厘米；1 紙；25 行，行 30 餘字。
2.3　卷軸裝。首脱尾殘。上邊有殘裂。有烏絲欄。
3.1　首殘→大正 936，19/84A27。
3.2　尾全→19/84C28。
8　8～9 世紀。吐蕃統治時期寫本。
9.1　行楷。
11　圖版：《敦煌寶藏》，108/525B。

1.1　BD04240 號
1.3　大般若波羅蜜多經卷四一七
1.4　玉 040
1.5　084:3092
2.1　（12.2＋78.4）×25.2 厘米；2 紙；54 行，行 17 字。
2.2　01：12.2＋30.6，26；　02：47.8，28。
2.3　卷軸裝。首全尾脱。卷首右下殘缺。有烏絲欄。已修整。
3.1　首 7 行下殘→大正 220，7/90C13～23。
3.2　尾殘→7/91B12。
4.1　大般若波羅蜜多經卷□…□，/第二分出住品第十九之□…□（首）。
7.1　卷背有勘記“四一十七”，為本文獻卷次。
8　8～9 世紀。吐蕃統治時期寫本。
9.1　楷書。
9.2　有刮改。
11　圖版：《敦煌寶藏》，76/379B～380B。

1.1　BD04241 號
1.3　金光明經卷四
1.4　玉 041
1.5　081:1421
2.1　（2.8＋96.8＋1）×31.7 厘米；3 紙；67 行，行 38～40 字。
2.2　01：2.8＋35.8，26；　02：47.0，31；　03：14＋1，10。
2.3　卷軸裝。首尾均殘。首紙下邊殘缺，中間有殘洞。有烏絲欄。已修整；
3.1　首 2 行殘→大正 663，16/354C7～10。
3.2　尾行殘→16/356B18～19。
8　8～9 世紀。吐蕃統治時期寫本。
9.1　楷書。
11　圖版：《敦煌寶藏》，67/457A～458A。

1.1　BD04242 號
1.3　妙法蓮華經卷二
1.4　玉 042
1.5　105:6164
2.1　50.5×23 厘米；1 紙；28 行，行 16 字。
2.3　卷軸裝。首尾均脱。通卷下邊殘缺，卷面有殘洞及水漬。有烏絲欄。
3.1　首殘→大正 262，9/18B23。
3.2　尾殘→9/19A1。
8　7～8 世紀。唐寫本。
9.1　楷書。
11　圖版：《敦煌寶藏》，97/163B～164A。

1.1　BD04243 號
1.3　大般涅槃經（北本）卷一二
1.4　玉 043
1.5　116:6546
2.1　150×26 厘米；3 紙；87 行，行 17 字。
2.2　01：50.0，29；　02：50.0，29；　03：50.0，29。
2.3　卷軸裝。首尾均脱。有烏絲欄。
3.1　首殘→大正 374，12/437B03。
3.2　尾殘→12/438B06。
8　6～7 世紀。隋寫本。
9.1　楷書。
11　圖版：《敦煌寶藏》，100/273B～275B。

1.1　BD04244 號
1.3　大般若波羅蜜多經卷八九
1.4　玉 044
1.5　084:2251
2.1　（18＋37）×25.8 厘米；2 紙；33 行，行 17 字。
2.2　01：18＋16，19；　02：21＋3.6，14。
2.3　卷軸裝。首尾均殘。下邊殘缺。有烏絲欄。
3.1　首 10 行上殘→大正 220，5/497A11～20。
3.2　尾 2 行上殘→5/497B12～14。
8　9～10 世紀。歸義軍時期寫本。
9.1　楷書。
11　圖版：《敦煌寶藏》，72/430B～431A。

1.1　BD04245 號 1
1.3　賢劫千佛名經（兑廢稿）
1.4　玉 045
1.5　068:0850
2.1　38.5×28.2 厘米；1 紙；22 行，行 17 字。
2.2　1 紙 4 個半葉，半葉長 9.6 厘米。每半葉 6 行，另有書口欄。
2.3　經折裝。首尾均脱。共分 4 個半葉，每半葉分上中下三欄書寫。上部有殘洞，下方殘破。有硃絲欄。
2.4　本遺書包括 2 個文獻：（一）《賢劫千佛名經》（兑廢稿），21 行，今編為 BD04245 號 1。（二）《雜字》（擬），1 行，今編為 BD04245 號 2。
3.1　首殘→大正 0447，14/379B4。
3.2　尾殘→14/379B24。
5　與《大正藏》本對照，尾 3 行爲重複抄寫，缺“天德佛，帝幢佛，滿願佛”，佛名略有不同，順序亦有顛倒。

8　9～10 世紀。歸義軍時期寫本。
9.1　楷書。
11　圖版:《敦煌寶藏》, 63/80B。

1.1　BD04245 號 2
1.3　雜字（擬）
1.4　玉 045
1.5　068:0850
2.4　本遺書由 2 個文獻組成，本號為第 2 個，1 行。餘參見 BD04245 號之第 2 項、第 11 項。
3.4　說明：
此乃利用兌廢稿空餘部分，抄寫雜字一行。
8　9～10 世紀。歸義軍時期寫本。
9.1　楷書。

1.1　BD04246 號
1.3　大般涅槃經（北本　思溪本）卷二九
1.4　玉 046
1.5　115:6474
2.1　(3.5+194.5)×26.5 厘米；5 紙；114 行，行 17 字。
2.2　01：03.5，02；　02：48.5，28；　03：48.5，28；　04：49.0，28；　05：48.5，28。
2.3　卷軸裝。首殘尾脫。經黃打紙。首紙上部殘缺。卷面有水漬。有烏絲欄。
3.1　首 2 行上殘→大正 374，12/535A8～9。
3.2　尾殘→12/536B20。
5　與《大正藏》本對照，分卷不同。經文相當於《大正藏》本卷第二十八師子吼菩薩品第十一之二至卷第二十九師子吼菩薩品第十一之三。與《思溪藏》、《普寧藏》、《嘉興藏》本相同。
8　7～8 世紀。唐寫本。
9.1　楷書。
11　圖版:《敦煌寶藏》, 99/401A～403B。

1.1　BD04247 號
1.3　妙法蓮華經卷六
1.4　玉 047
1.5　105:5849
2.1　(2+244.5)×25.5 厘米；6 紙；141 行，行 17 字。
2.2　01：02.0，01；　02：49.0，28；　03：49.0，28；　04：49.0，28；　05：49.0，28；　06：48.5，28。
2.3　卷軸裝。首尾均殘。有烏絲欄。
3.1　首行下殘→大正 262，9/53A12～13。
3.2　尾殘→9/54C18。
8　8 世紀。唐寫本。
9.1　楷書。
11　圖版:《敦煌寶藏》, 95/367A～370A。

1.1　BD04248 號
1.3　佛名經（十六卷本）卷一〇
1.4　玉 048
1.5　063:0702
2.1　(41+2)×30.5 厘米；1 紙；25 行，行 19 字。
2.3　卷軸裝。首尾均脫。卷右下殘缺，上下部殘破。有烏絲欄。已修整。
3.1　首 1 行下殘→《七寺古逸經典研究叢書》, 3/484 頁第 35 行。
3.2　尾殘→《七寺古逸經典研究叢書》, 3/486 頁第 60 行。
8　9～10 世紀。歸義軍時期寫本。
9.1　楷書。
11　圖版:《敦煌寶藏》, 61/401B。

1.1　BD04249 號
1.3　金剛般若波羅蜜經
1.4　玉 049
1.5　094:4322
2.1　161.2×25.5 厘米；4 紙；84 行，行 17 字。
2.2　01：40.5，24；　02：47.0，28；　03：47.0，28；　04：26.7，04。
2.3　卷軸裝。首殘尾全。上下有蟲繭。有烏絲欄。
3.1　首殘→大正 235，8/751B25。
3.2　尾全→8/752C3。
4.2　金剛般若波羅蜜經（尾）。
5　與《大正藏》本對照，本卷經文無冥司偈，參見《大正藏》, 8/751C16～19。
8　8 世紀。唐寫本。
9.1　楷書。
11　圖版:《敦煌寶藏》, 82/650B～652B。

1.1　BD04250 號 A
1.3　金光明最勝王經卷三
1.4　玉 050
1.5　083:1582
2.1　(63.3+11.5)×25.3 厘米；4 紙；34 行，行 17 字。
2.2　01：15.0，護首；　02：29.0，16；　03：19.3，11；　04：11.5，07。
2.3　卷軸裝。首全尾殘，有護首。有烏絲欄。已修整。
3.1　首全→大正 665，16/413C9。
3.2　尾 7 行下殘→16/414A12～18。
4.1　金光明最勝王經滅業障品第五，三藏法師義淨奉制譯（首）。
8　9～10 世紀。歸義軍時期寫本。
9.1　楷書。
11　圖版:《敦煌寶藏》, 68/441B～442A。

1.1　BD04250 號 B
1.3　金光明最勝王經卷三
1.4　玉 050
1.5　083:1583
2.1　(31.5+144.8+25)×25.3 厘米；5 紙；120 行，行 17 字。
2.2　01：31.5+1.8，20；　02：46.8，28；　03：47.2，28；
04：47.0，28；　05：2+25，16。
2.3　卷軸裝。首斷尾殘。通卷破碎嚴重。背有古代裱補。有烏絲欄。已修整。
3.1　首 19 行下殘→大正 665，16/414A19～B10。
3.2　尾 10 行下殘→16/415B20～29。
8　8～9 世紀。吐蕃統治時期寫本。
9.1　楷書。
11　圖版：《敦煌寶藏》，68/442B～445A。
從該件上揭下殘片 4 塊，現編爲 BD16065（2 塊），BD16066（2 塊）

1.1　BD04251 號
1.3　妙法蓮華經卷七
1.4　玉 051
1.5　105:6103
2.1　(2+72.5+27.5)×25.5 厘米；2 紙；56 行，行 17 字。
2.2　01：2+49，28；　02：23.5+27.5，28。
2.3　卷軸裝。首尾均殘。第 2 紙前中部有殘破、殘洞，左上邊殘缺。有烏絲欄。
3.1　首行上殘→大正 262，9/59A16。
3.2　尾 15 行上殘→9/59C4～60A1。
6.2　尾→BD06961 號。
8　8～9 世紀。吐蕃統治時期寫本。
9.1　楷書。
11　圖版：《敦煌寶藏》，97/19B～20B。

1.1　BD04252 號
1.3　大般若波羅蜜多經卷二八五
1.4　玉 052
1.5　084:2779
2.1　(2.5+41.2)×24.9 厘米；1 紙；26 行，行 17 字。
2.3　卷軸裝。首全尾脱。卷面有殘洞、破裂，下邊殘缺。背有古代裱補。有烏絲欄。已修整。
3.1　首 4 行下殘→大正 220，6/448A14～20。
3.2　尾殘→6/448B14。
4.1　大般若波羅蜜多經卷第二百八十五，/初分讚清淨品第卅五之一，三藏法師□…□/（首）。
8　8～9 世紀。吐蕃統治時期寫本。
9.1　楷書。硬筆書寫。
11　圖版：《敦煌寶藏》，75/70A。

1.1　BD04253 號
1.3　大般若波羅蜜多經卷八六
1.4　玉 053
1.5　084:2239
2.1　(17+700)×27 厘米；16 紙；411 行，行 17 字。
2.2　01：17+5，12；　02：48.0，28；　03：48.3，28；
04：48.5，28；　05：48.5，28；　06：48.5，28；
07：48.5，28；　08：48.5，28；　09：48.6，28；
10：48.5，28；　11：48.5，28；　12：48.5，28；
13：48.5，28；　14：47.5，28；　15：47.6，28；
16：18.5，07。
2.3　卷軸裝。首殘尾全。卷首殘破嚴重，油污變脆變色。有烏絲欄。
3.1　首 9 行中下殘→大正 220，5/479A5～14。
3.2　尾全→5/483C10。
4.2　大般若波羅蜜多經卷第八十六（尾）。
7.1　卷首背有勘記“大般若經卷八十六”。
7.3　第 2 紙背有 5 處雜寫。
8　8～9 世紀。吐蕃統治時期寫本。
9.1　楷書。
11　圖版：《敦煌寶藏》，72/401B～411A。

1.1　BD04254 號
1.3　大方廣佛華嚴經（唐譯八十卷本）卷三八
1.4　玉 054
1.5　002:0052
2.1　(16+99+3.8)×25.7 厘米；3 紙；66 行，行 17 字。
2.2　01：16+30，25；　02：50.3，28；
03：18.7+3.8，13。
2.3　卷軸裝。首尾均殘。經黄紙。有烏絲欄。已修整。
3.1　首 8 行下殘→大正 279，10/199A6～13。
3.2　尾 2 行下殘→10/199C12～13。
8　7～8 世紀。唐寫本。
9.1　楷書。
9.2　有行間校加字。
11　圖版：《敦煌寶藏》，56/250B～252A。

1.1　BD04255 號
1.3　金光明經懺悔滅罪傳
1.4　玉 055
1.5　081:1426
2.1　150.8×25.2 厘米；3 紙；82 行，行 17 字。
2.2　01：47.2，26；　02：51.8，28；　03：51.8，28。
2.3　卷軸裝。首全尾脱。經黄打紙。卷首横向破裂。背有古代裱補。有烏絲欄。
3.1　首全→大正 663，16/358B1。
3.2　尾全→16/359B1。

4.1 懺悔滅罪金光明經傳（首）。
8 7～8世紀。唐寫本。
9.1 楷書。
11 圖版：《敦煌寶藏》，67/464B～466A。

1.1 BD04256號
1.3 大乘百法明門論疏（擬）
1.4 玉056
1.5 209:7241
2.1 459.9×27.8厘米；12紙；正面290行，行約25～28字；背面14行，行字不等。
2.2 01：34.3，21； 02：41.2，26； 03：41.3，26；
04：41.0，26； 05：41.2，26； 06：41.2；26；
07：41.0，26； 08：41.2，26； 09：41.0，26；
10：41.0，26； 11：41.1，26； 12：14.4，09。
2.3 卷軸裝。首尾均殘。第2、3紙接縫處下部開裂，第11紙下邊有破裂。有烏絲欄。已修整。
2.4 本遺書包括3個文獻：（一）《大乘百法明門論疏》（擬），290行，抄寫在正面，今編為BD04256號。（二）《斷知更人名單》（擬），11行，抄寫在背面，今編為BD04256號背1。（三）《判官郭文宗著索宜宜等納氈狀》（擬），3行，抄寫在背面，今編為BD04256號背2。
3.4 說明：
本文獻未為歷代大藏經所收。
8 8～9世紀。吐蕃統治時期寫本。
9.1 前3紙草書，第4紙後為行楷。有合體字“涅槃”。
9.2 有行間校加字。有塗抹、倒乙、重文符號。
11 圖版：《敦煌寶藏》，105/58B～64A。

1.1 BD04256號背1
1.3 斷知更人名單（擬）
1.4 玉056
1.5 209:7241
2.4 本遺書由3個文獻組成，本號為第2個，11行，抄寫在背面。餘參見BD04256號之第2項、第11項。
3.3 錄文：
（一）
四月十一日斷知更人田苟兒，田進進，張再盈，氾悉囊。/
四月十二日夜目醜奴，崔骨骨。四月十三日夜鄧進進，張進君，/
羅君子。十四日夜氾吉安，索真賢。十五日夜段興興，張海全，/
索雞雞。四月二十一日夜斷知更人索宜宜，田進進。/
四月二十三日夜索康七，目醜奴，崔骨骨，索惠子頭下全斷。/
（二）
四月十四日夜斷知更人索真賢，氾吉安。四月十三夜斷知更人/
鄧進進，張進君，羅君子。四月十二夜斷目醜奴，四月十五日欠/
斷。/
（三）
四月十一夜田進進，田苟兒，張再盈，氾悉囊。十二夜目醜奴，崔/
骨骨。十三日夜鄧進進，張進君，羅君子。十四日夜氾吉安，索真賢。/
十五日夜張海全，段興興，索雞雞。/
（錄文完）
3.4 說明：
分別抄為三段。中間夾有《判官郭文宗著索宜宜等納氈狀》（擬）。三段的內容有重複處，詳情待考。
8 9～10世紀。吐蕃統治時期寫本。
9.1 行書，硬筆書寫。

1.1 BD04256號背2
1.3 判官郭文宗著索宜宜等納氈狀（擬）
1.4 玉056
1.5 209:7241
2.4 本遺書由3個文獻組成，本號為第3個，3行，抄寫在背面。餘參見BD04256號之第2項、第11項。
3.3 錄文：
奉處分官著□氈，著待毛次善，索宜宜，田進子，/
立便於官送納，如違者官重（罰?）。/
四月廿一日判官郭文宗記□□□（押?）。/
（錄文完）
8 9～10世紀。吐蕃統治時期寫本。
9.1 行書，硬筆書寫。

1.1 BD04257號
1.3 金剛般若波羅蜜經
1.4 玉057
1.5 094:4186
2.1 （4+114.7）×25.5厘米；4紙；66行，行17字。
2.2 01：4+24.5，15； 02：29.0，16； 03：49.0，28；
04：12.2，07。
2.3 卷軸裝。首尾均殘。經黃紙。背有古代裱補。有烏絲欄。第1紙與後3紙字體不同，似兩殘經綴接。背面有烏絲欄。
3.1 首2行上中殘→大正235，8/750C21～22。
3.2 尾殘→8/751C4。
8 7～8世紀。唐寫本。
9.1 楷書。
11 圖版：《敦煌寶藏》，82/347A～348B。

1.1 BD04258號

1.3　大般若波羅蜜多經（兑廢稿）卷一八三
1.4　玉 058
1.5　084:2454
2.1　46.4×27.3 厘米；1 紙；26 行，行 17 字。
2.3　卷軸裝。首尾均脱。有烏絲欄。尾有餘空，經文不全。
3.1　首殘→大正 220，5/986B10。
3.2　尾缺→5/986C7。
5　與《大正藏》本對照，第 9、10 行之間漏抄經文，缺文見《大正藏》本 5/986B18～19。
8　8～9 世紀。吐蕃統治時期寫本。
9.1　楷書。上邊有 5 個“兑”字。有武周新字“正”。
11　圖版：《敦煌寶藏》，73/356B。

1.1　BD04259 號
1.3　大般若波羅蜜多經卷一九二
1.4　玉 059
1.5　084:2478
2.1　(3.9+178.5)×26 厘米；4 紙；104 行，行 17 字。
2.2　01：3.9+40.5，20；　02：46.7，28；　03：46.8，28；
04：44.5+1.8，28。
2.3　卷軸裝。首尾均殘。第 1、2 紙接縫處有開裂，第 3 紙有破裂。有烏絲欄。
3.1　首 2 行下殘→大正 220，5/1031B15～16。
3.2　尾行上殘→5/1032C2。
6.1　首→BD04229 號。
8　8～9 世紀。吐蕃統治時期寫本。
9.1　楷書。
11　圖版：《敦煌寶藏》，73/432A～434A。

1.1　BD04260 號
1.3　妙法蓮華經卷四
1.4　玉 060
1.5　105:5381
2.1　(2+156.9+1.5)×26.4 厘米；5 紙；95 行，行 17 字。
2.2　01：2+3.4，03；　02：47.0，28；　03：41.0，24；
04：47.0，28；　05：18.5+1.5，12。
2.3　卷軸裝。首尾均殘。第 2 紙有殘洞。背有裱補。有烏絲欄。
3.1　首行下殘→大正 262，9/33A17。
3.2　尾行殘→9/34B22。
8　7～8 世紀。唐寫本。
9.1　楷書。
11　圖版：《敦煌寶藏》，91/253A～255A。

1.1　BD04261 號
1.3　維摩詰所説經卷中
1.4　玉 061
1.5　070:1080
2.1　(4+726)×26 厘米；16 紙；423 行，行 17 字。
2.2　01：4+19，13；　02：48.5，29；　03：49.0，29；
04：49.0，29；　05：49.0，29；　06：49.0，29；
07：49.0，29；　08：49.0，29；　09：49.0，29；
10：49.0，29；　11：49.0，29；　12：49.0，29；
13：49.0，29；　14：49.0，29；　15：49.0，29；
16：21.5，04。
2.3　卷軸裝。首殘尾全。前 3 紙下邊有等距殘缺，第 6、7 紙接縫處下部開裂。卷面有水漬、殘洞。有烏絲欄。
3.1　首 2 行上殘→大正 475，14/545C24～25。
3.2　尾全→14/551C27。
4.2　維摩詰<結>經卷第二（尾）。
8　8 世紀。唐寫本。
9.1　楷書。
9.2　有行間校加字。
11　圖版：《敦煌寶藏》，65/144B～154A。

1.1　BD04262 號
1.3　金光明最勝王經卷六
1.4　玉 062
1.5　083:1804
2.1　(1.7+59.8+3.5)×25.2 厘米；2 紙；40 行，行 17 字。
2.2　01：1.7+30.8，20；　02：29+3.5，20。
2.3　卷軸裝。首斷尾殘。上下邊殘破。有烏絲欄。
3.1　首行下殘→大正 665，16/431A3～4。
3.2　尾 2 行下殘→16/431B16。
8　8～9 世紀。吐蕃統治時期寫本。
9.1　楷書。
11　圖版：《敦煌寶藏》，70/139B～140A。

1.1　BD04263 號
1.3　灌頂章句拔除過罪生死得度經
1.4　玉 063
1.5　250:7505
2.1　(2.4+319.8)×25.9 厘米；8 紙；187 行，行 17 字。
2.2　01：2.4+18.2，13；　02：43.6，26；　03：43.3，26；
04：43.4，26；　05：43.3，26；　06：43.3，26；
07：43.3，26；　08：41.4，18。
2.3　卷軸裝。首殘尾全。卷首殘破，多黴斑。卷尾上下有蟲繭。卷首背有古代裱補。有燕尾。有烏絲欄。
3.1　首 2 行上下殘→大正 1331，21/534A12～14。
3.2　尾全→21/536B5。
4.2　佛説藥師經（尾）。
8　8 世紀。唐寫本。
9.1　楷書。
11　圖版：《敦煌寶藏》，106/518B～522B。

1.1　BD04264 號
1.3　孝順子修行成佛經
1.4　玉 064
1.5　303:8300
2.1　(2.1+228.6)×28 厘米；6 紙；133 行，行字不等。
2.2　01：2.1+36.3，24；　02：38.0，24；　03：38.0，23；
　　04：39.3，23；　05：39.0，24；　06：38.0，15。
2.3　卷軸裝。首殘尾全。有折疊欄。已修整。
3.1　首 1 行下殘→《藏外佛教文獻》，1/330 頁第 4 行。
3.2　尾全→《藏外佛教文獻》，1/337 頁第 14 行。
4.2　佛說孝順子修行成佛經一卷（尾）。
8　8 世紀。唐寫本。
9.1　楷書。有武周新字“日”、“臣”。
9.2　有倒乙。有行間校加字。
11　圖版：《敦煌寶藏》，109/578A～581A。

1.1　BD04265 號
1.3　大般涅槃經（北本　異卷）卷二九
1.4　玉 065
1.5　115:6483
2.1　408×26.5 厘米；9 紙；227 行，行 17 字。
2.2　01：49.0，28；　02：49.0，28；　03：49.0，28；
　　04：48.5，28；　05：49.0，28；　06：49.0，28；
　　07：48.5，28；　08：46.0，27；　09：20.0，04。
2.3　卷軸裝。首脫尾全。經黄打紙。第 2、3 紙接縫上中部開裂，第 3 紙上邊殘缺，第 6 紙上部殘破，第 8 紙下邊殘破。有燕尾。有烏絲欄。
3.1　首殘→大正 374，12/538A16。
3.2　尾全→12/540C14。
4.2　大般涅槃經卷第廿九（尾）。
5　與《大正藏》本對照，分卷不同。與所知諸藏均不同。
8　7～8 世紀。唐寫本。
9.1　楷書。
11　圖版：《敦煌寶藏》，99/466A～471A。

1.1　BD04266 號
1.3　大般若波羅蜜多經卷七〇
1.4　玉 066
1.5　084:2201
2.1　(25+150.3+2.2)×25.7 厘米；5 紙；111 行，行 17 字。
2.2　01：25+17.8，26；　02：44.2，28；　03：44.3，28；
　　04：44.0，28；　05：02.2，01。
2.3　卷軸裝。首尾均殘。卷首右下殘缺，卷面有横向破裂。有烏絲欄。
3.1　首 16 行下殘→大正 220，5/393C20～394A9。
3.2　尾行下殘→5/395A19。
4.1　大般若波羅蜜多經卷□…□，/初分無所德（得）品第十八之□…□（首）。
6.2　尾→BD04081 號。
8　8～9 世紀。吐蕃統治時期寫本。
9.1　楷書。
11　圖版：《敦煌寶藏》，72/243A～245A。

1.1　BD04267 號
1.3　大般若波羅蜜多經卷一九九
1.4　玉 067
1.5　084:2499
2.1　(31.5+575.6)×25.8 厘米；14 紙；359 行，行 17 字。
2.2　01：01.7，01；　02：29.8+17，28；　03：47.3，28；
　　04：47.7，28；　05：47.7，28；　06：47.7，28；
　　07：48.1，28；　08：47.7，28；　09：47.8，28；
　　10：47.7，28；　11：47.7，28；　12：47.7，28；
　　13：47.5，28；　14：34.0，22。
2.3　卷軸裝。首殘尾全。卷首右下殘缺，卷面有殘洞、多破裂，上下邊有殘缺。尾有原軸，兩端塗硃漆，軸頭已壞。背有古代裱補。有烏絲欄。已修整。
3.1　首 19 行上下殘→大正 220，5/1066A2～20。
3.2　尾全→5/1070A10。
4.2　大般若波羅蜜多經卷第一百九十九（尾）。
7.1　第 1 紙背端有勘記“廿”，為本文獻所屬袟次。
8　8～9 世紀。吐蕃統治時期寫本。
9.1　楷書。
9.2　有刮改。
11　圖版：《敦煌寶藏》，73/499B～507B。

1.1　BD04268 號
1.3　金光明最勝王經卷六
1.4　玉 068
1.5　083:1810
2.1　(1.8+67.1+1)×25.2 厘米；3 紙；44 行，行 17 字。
2.2　01：1.8+14.6，10；　02：44.5，28；　03：8+1，06。
2.3　卷軸裝。首尾均殘。通卷碎裂嚴重，尾紙脫落 2 塊殘片，已綴接。有烏絲欄。已修整。
3.1　首行下殘→大正 665，16/431C11～12。
3.2　尾殘→16/432B8。
8　7～8 世紀。唐寫本。
9.1　楷書。
11　圖版：《敦煌寶藏》，70/151A～151B。

1.1　BD04269 號
1.3　大般涅槃經（北本　思溪本）卷二七
1.4　玉 069
1.5　116:6562
2.1　(4+867.5)×26.5 厘米；18 紙；479 行，行 17 字。

2.2 01：4+45，28；　02：50.5，30；　03：50.5，29；
04：47.0，26；　05：50.0，28；　06：50.0，28；
07：50.0，28；　08：50.0，28；　09：50.0，28；
10：50.0，28；　11：50.0，28；　12：50.0，28；
13：50.0，28；　14：50.0，28；　15：50.0，28；
16：49.5，27；　17：49.5，27；　18：21.5，04。
2.3 卷軸裝。首尾均全。首紙下部殘缺，有殘洞。尾有原軸，兩端塗黑漆。背有古代裱補。有烏絲欄。
3.1 首2行下殘→大正374，12/522B2。
3.2 尾全→12/528A4。
4.1 大般涅槃經師子吼菩薩品第□…□（首）。
4.2 大般涅槃經卷第廿七（尾）。
5 與《大正藏》本對照，分卷不同。經文相當於《大正藏》卷第二十七師子吼菩薩品第十一之一前部。與《思溪藏》、《普寧藏》分卷相同。
8 7世紀。唐寫本。
9.1 楷書。
9.2 有刮改。
11 圖版：《敦煌寶藏》，100/341A～351B。
大正375，12/766C5～772B27（卷廿五）亦有相同內容。

1.1 BD04270號
1.3 妙法蓮華經卷六
1.4 玉070
1.5 105:5853
2.1 （14+97.1+1.8）×28厘米；4紙；69行，行17字。
2.2 01：14+3.5，10；　02：46.8，29；　03：46.8，29；
04：01.8，01。
2.3 卷軸裝。首尾均殘。卷首殘破嚴重。有烏絲欄。
3.1 首8行上中殘→大正262，9/53B9～16。
3.2 尾行殘→9/54A26。
8 8世紀。唐寫本。
9.1 楷書。
11 圖版：《敦煌寶藏》，95/379B～380B。

1.1 BD04271號
1.3 妙法蓮華經卷四
1.4 玉071
1.5 105:5349
2.1 209.8×26.7厘米；5紙；120行，行17字。
2.2 01：42.4，24；　02：42.0，24；　03：42.2，24；
04：42.2，24；　05：41.0，24。
2.3 卷軸裝。首尾均脫。第1紙有殘洞，接縫處有開裂。有烏絲欄。
3.1 首殘→大正262，9/30C10。
3.2 尾殘→9/32B25。
8 7～8世紀。唐寫本。
9.1 楷書。
11 圖版：《敦煌寶藏》，91/110B～113B。

1.1 BD04272號
1.3 大般若波羅蜜多經（兌廢稿）卷四四
1.4 玉072
1.5 084:2112
2.1 44×27厘米；1紙；26行，行17字。
2.3 卷軸裝。首全尾脫。卷面有墨圈。尾有餘空。有烏絲欄。
3.1 首全→大正220，5/245A23。
3.2 尾缺→5/245B21。
4.1 大般若波羅蜜多經卷第卌四，/初分譬喻品第十一之三，三藏法師玄奘奉詔譯/（首）。
8 8～9世紀。吐蕃統治時期寫本。
9.1 楷書。
11 圖版：《敦煌寶藏》，72/14A。

1.1 BD04273號
1.3 妙法蓮華經卷四
1.4 玉073
1.5 105:5309
2.1 （1.7+886.7）×26.5厘米；20紙；521行，行17字。
2.2 01：01.7，01；　02：47.0，28；　03：47.0，28；
04：47.2，28；　05：47.2，28；　06：47.5，28；
07：47.2，28；　08：47.2，28；　09：47.2，28；
10：47.2，28；　11：47.2，28；　12：47.2，28；
13：47.4，28；　14：47.4，28；　15：47.5，28；
16：47.4，28；　17：47.5，28；　18：47.5，28；
19：47.4，28；　20：35.5，16。
2.3 卷軸裝。首殘尾全。麻紙，未入潢。卷尾上下有蟲繭。有烏絲欄。
3.1 首1行中上殘→大正262，9/29C1。
3.2 尾全→9/37A2。
4.2 妙法蓮華經卷第四（尾）。
8 7～8世紀。唐寫本。
9.1 楷書。
11 圖版：《敦煌寶藏》，90/527B～540A。

1.1 BD04274號
1.3 無量壽宗要經
1.4 玉074
1.5 275:8018
2.1 （1.5+56.5）×31厘米；2紙；35行，行30餘字。
2.2 01：1.5+13.5，10；　02：43.0，25。
2.3 卷軸裝。首殘尾全。卷首有橫向破裂，通卷上下邊有破裂殘缺。卷尾有蟲繭4處。有烏絲欄。
3.1 首行中殘→大正936，19/84A20。

3.2　尾全→19/84C29。
4.2　佛說無量壽宗要經（尾）。
7.1　第2紙背有勘記“無頭經”。
8　8~9世紀。吐蕃統治時期寫本。
9.1　行楷。
9.2　有倒乙。
11　圖版：《敦煌寶藏》，108/526A~527A。

1.1　BD04275號
1.3　大般涅槃經（北本）卷四〇
1.4　玉075
1.5　115:6527
2.1　（9+706.6）×26厘米；15紙；409行，行17字。
2.2　01：9+21，17；　02：49.0，28；　03：49.2，28；
04：49.2，28；　05：49.0，28；　06：49.2，28；
07：49.2，28；　08：49.3，28；　09：49.0，28；
10：49.0，28；　11：49.0，28；　12：49.1，28；
13：48.5，28；　14：48.5，28；　15：48.4，28。
2.3　卷軸裝。首殘尾脱。經黄紙。首紙下部破裂，接縫處有開裂。有烏絲欄。
3.1　首5行下殘→大正374，12/598B24~29。
3.2　尾殘→12/603B4。
8　7~8世紀。唐寫本。
9.1　楷書。
9.2　有刮改。
11　圖版：《敦煌寶藏》，100/137A~147A。

1.1　BD04276號
1.3　金剛般若波羅蜜經
1.4　玉076
1.5　094:4296
2.1　（2.8+149.1）×29厘米；5紙；70行，行21~22字不等。
2.2　01：2.8+32，18；　02：42.1，21；　03：42.0，21；
04：20.0，10；　05：13.0，拖尾。
2.3　卷軸裝。首殘尾全。經黄紙。有燕尾。有竪向界欄，無上下邊欄。
3.1　首行下殘→大正235，8/751B17~B18。
3.2　尾全→8/752C3。
4.2　金剛般若波羅蜜經（尾）。
5　與《大正藏》本對照，本卷經文無冥司偈，參見《大正藏》，8/751C16~19。且文有脱漏，脱漏文為9/751C20~28。
8　7~8世紀。唐寫本。
9.1　楷書。
11　圖版：《敦煌寶藏》，82/604B~606A。

1.1　BD04277號
1.3　妙法蓮華經卷六
1.4　玉077
1.5　105:5670
2.1　（8.8+950.3）×25.5厘米；21紙；569行，行17字。
2.2　01：8.8+26.7，22；　02：46.3，28；　03：46.4，28；
04：46.3，28；　05：46.3，28；　06：46.3，28；
07：46.3，28；　08：46.3，28；　09：46.3，28；
10：46.4，28；　11：46.5，28；　12：46.1，28；
13：46.3，28；　14：46.1，28；　15：46.1，28；
16：46.1，28；　17：46.2，28；　18：46.1，28；
19：46.0，28；　20：46.2，28；　21：45.0，15。
2.3　卷軸裝。首殘尾全。經黄打紙。卷面多水漬。尾有原軸，兩端鑲蓮蓬形軸頭。有烏絲欄。
3.1　首5行下殘→大正262，9/46C27~47A3。
3.2　尾全→9/55A9。
4.2　妙法蓮華經卷第六（尾）。
5　尾有音義2行。
7.1　尾題下有題記2行：“第一千七百八十四部/凡一萬三百七十四言”。
8　7~8世紀。唐寫本。
9.1　楷書。
11　圖版：《敦煌寶藏》，94/71B~84B。

1.1　BD04278號
1.3　四分律比丘含注戒本
1.4　玉078
1.5　165:7007
2.1　（1.5+609）×31厘米；14紙；正面405行，行約29字；背面346行，行約20餘字。
2.2　01：1.5+25.5，18；　02：45.0，30；　03：45.0，30；
04：45.0，30；　05：45.0，30；　06：45.0，30；
07：45.0，30；　08：45.0，30；　09：44.0，30；
10：45.0，30；　11：45.0，30；　12：45.0，30；
13：45.0，30；　14：44.5，27。
2.3　卷軸裝。首殘尾缺。首紙上下方殘破。接縫處多開裂。有烏絲欄。
2.4　本遺書包括2個文獻：（一）《四分律比丘含注戒本》，405行，抄寫在正面，今編為BD04278號；（二）《佛名經懺悔文》（擬），346行，抄寫在背面，今編為BD04278號背。
3.1　首1行下殘→大正1806，40/432B13~15。
3.2　尾殘→40/444C6。
5　與《大正藏》對照，文字略有不同。本件不分卷。
7.3　卷尾有“勅受河洒（西）廳 曹元忠”一行大字。
8　8~9世紀。吐蕃統治時期寫本。
9.1　楷書。
9.2　有行間校加字、行間加行。有塗改。
11　圖版：《敦煌寶藏》，103/362A~377B。

1.1　BD04278 號背
1.3　佛名經懺悔文（擬）
1.4　玉 078
1.5　165:7007
2.4　本遺書由 2 個文獻組成，本號為第 2 個，抄寫在背面，346 行。餘參見 BD04278 號之第 2 項、第 11 項。
3.4　説明：

此件為《佛名經》（十六卷本）第 1～6 卷懺悔文，參見《七寺古逸經典研究叢書》3/32 頁第 343 行～291 頁第 274 行。文字略有參差。
7.3　在行中空白處倒寫雜寫“大德壹心念”。
8　9～10 世紀。歸義軍時期寫本。
9.1　楷書。
9.2　有行間校加字。有刪除、倒乙符號。

新舊編號對照表

一、千字文號與北敦號、縮微膠卷號對照表

千字文號	北敦號	縮微膠卷號
玉 001	BD04201 號	105：4918
玉 002	BD04202 號	105：5386
玉 003	BD04203 號	094：3787
玉 004	BD04204 號	014：0184
玉 005	BD04205 號	083：1735
玉 006	BD04206 號	377：8489
玉 007	BD04207 號	084：2234
玉 008	BD04208 號	083：1443
玉 009	BD04209 號	083：1633
玉 010	BD04210 號	040：0394
玉 011	BD04211 號	105：5373
玉 012	BD04212 號	083：1986
玉 013	BD04213 號	157：6969
玉 014	BD04214 號	105：4675
玉 015	BD04215 號	043：0402
玉 016	BD04216 號	094：4345
玉 017	BD04217 號	空號
玉 018	BD04218 號	105：5341
玉 019	BD04219 號	094：4197
玉 020	BD04220 號	250：7497
玉 021	BD04221 號	094：4224
玉 021	BD04221 號背	094：4224
玉 022	BD04222 號	105：5790
玉 023	BD04223 號 1	143：6741
玉 023	BD04223 號 2	143：6741
玉 023	BD04223 號背	143：6741
玉 024	BD04224 號	013：0113
玉 025	BD04225 號	084：3347
玉 026	BD04226 號	108：6197
玉 027	BD04227 號	083：1793
玉 028	BD04228 號	084：2548
玉 029	BD04229 號	084：2477
玉 030	BD04230 號	084：3271
玉 031	BD04231 號	094：3735
玉 032	BD04232 號	070：1044
玉 032	BD04232 號背	070：1044
玉 033	BD04233 號	063：0760
玉 034	BD04234 號	084：2832
玉 035	BD04235 號	377：8497
玉 036	BD04236 號	105：4595
玉 037	BD04237 號	405：8554
玉 038	BD04238 號	291：8270
玉 039	BD04239 號	275：8017
玉 040	BD04240 號	084：3092
玉 041	BD04241 號	081：1421
玉 042	BD04242 號	105：6164
玉 043	BD04243 號	116：6546
玉 044	BD04244 號	084：2251
玉 045	BD04245 號 1	068：0850
玉 045	BD04245 號 2	068：0850
玉 046	BD04246 號	115：6474
玉 047	BD04247 號	105：5849
玉 048	BD04248 號	063：0702
玉 049	BD04249 號	094：4322
玉 050	BD04250 號 A	083：1582
玉 050	BD04250 號 B	083：1583
玉 051	BD04251 號	105：6103
玉 052	BD04252 號	084：2779
玉 053	BD04253 號	084：2239
玉 054	BD04254 號	002：0052
玉 055	BD04255 號	081：1426
玉 056	BD04256 號	209：7241
玉 056	BD04256 號背 1	209：7241
玉 056	BD04256 號背 2	209：7241
玉 057	BD04257 號	094：4186
玉 058	BD04258 號	084：2454
玉 059	BD04259 號	084：2478
玉 060	BD04260 號	105：5381

玉 061	BD04261 號	070：1080	玉 071	BD04271 號	105：5349
玉 062	BD04262 號	083：1804	玉 072	BD04272 號	084：2112
玉 063	BD04263 號	250：7505	玉 073	BD04273 號	105：5309
玉 064	BD04264 號	303：8300	玉 074	BD04274 號	275：8018
玉 065	BD04265 號	115：6483	玉 075	BD04275 號	115：6527
玉 066	BD04266 號	084：2201	玉 076	BD04276 號	094：4296
玉 067	BD04267 號	084：2499	玉 077	BD04277 號	105：5670
玉 068	BD04268 號	083：1810	玉 078	BD04278 號	165：7007
玉 069	BD04269 號	116：6562	玉 078	BD04278 號背	165：7007
玉 070	BD04270 號	105：5853			

二、縮微膠卷號與北敦號、千字文號對照表

縮微膠卷號	北敦號	千字文號	縮微膠卷號	北敦號	千字文號
002：0052	BD04254 號	玉 054	084：2499	BD04267 號	玉 067
013：0113	BD04224 號	玉 024	084：2548	BD04228 號	玉 028
014：0184	BD04204 號	玉 004	084：2779	BD04252 號	玉 052
040：0394	BD04210 號	玉 010	084：2832	BD04234 號	玉 034
043：0402	BD04215 號	玉 015	084：3092	BD04240 號	玉 040
063：0702	BD04248 號	玉 048	084：3271	BD04230 號	玉 030
063：0760	BD04233 號	玉 033	084：3347	BD04225 號	玉 025
068：0850	BD04245 號 1	玉 045	094：3735	BD04231 號	玉 031
068：0850	BD04245 號 2	玉 045	094：3787	BD04203 號	玉 003
070：1044	BD04232 號	玉 032	094：4186	BD04257 號	玉 057
070：1044	BD04232 號背	玉 032	094：4197	BD04219 號	玉 019
070：1080	BD04261 號	玉 061	094：4224	BD04221 號	玉 021
081：1421	BD04241 號	玉 041	094：4224	BD04221 號背	玉 021
081：1426	BD04255 號	玉 055	094：4296	BD04276 號	玉 076
083：1443	BD04208 號	玉 008	094：4322	BD04249 號	玉 049
083：1582	BD04250 號 A	玉 050	094：4345	BD04216 號	玉 016
083：1583	BD04250 號 B	玉 050	105：4595	BD04236 號	玉 036
083：1633	BD04209 號	玉 009	105：4675	BD04214 號	玉 014
083：1735	BD04205 號	玉 005	105：4918	BD04201 號	玉 001
083：1793	BD04227 號	玉 027	105：5309	BD04273 號	玉 073
083：1804	BD04262 號	玉 062	105：5341	BD04218 號	玉 018
083：1810	BD04268 號	玉 068	105：5349	BD04271 號	玉 071
083：1986	BD04212 號	玉 012	105：5373	BD04211 號	玉 011
084：2112	BD04272 號	玉 072	105：5381	BD04260 號	玉 060
084：2201	BD04266 號	玉 066	105：5386	BD04202 號	玉 002
084：2234	BD04207 號	玉 007	105：5670	BD04277 號	玉 077
084：2239	BD04253 號	玉 053	105：5790	BD04222 號	玉 022
084：2251	BD04244 號	玉 044	105：5849	BD04247 號	玉 047
084：2454	BD04258 號	玉 058	105：5853	BD04270 號	玉 070
084：2477	BD04229 號	玉 029	105：6103	BD04251 號	玉 051
084：2478	BD04259 號	玉 059	105：6164	BD04242 號	玉 042

108：6197	BD04226 號	玉 026
115：6474	BD04246 號	玉 046
115：6483	BD04265 號	玉 065
115：6527	BD04275 號	玉 075
116：6546	BD04243 號	玉 043
116：6562	BD04269 號	玉 069
143：6741	BD04223 號 1	玉 023
143：6741	BD04223 號 2	玉 023
143：6741	BD04223 號背	玉 023
157：6969	BD04213 號	玉 013
165：7007	BD04278 號	玉 078
165：7007	BD04278 號背	玉 078
209：7241	BD04256 號	玉 056
209：7241	BD04256 號背 1	玉 056
209：7241	BD04256 號背 2	玉 056
250：7497	BD04220 號	玉 020
250：7505	BD04263 號	玉 063
275：8017	BD04239 號	玉 039
275：8018	BD04274 號	玉 074
291：8270	BD04238 號	玉 038
303：8300	BD04264 號	玉 064
377：8489	BD04206 號	玉 006
377：8497	BD04235 號	玉 035
405：8554	BD04237 號	玉 037
空號	BD04217 號	玉 017